破产法评论（第2卷）

LAW & BUSINESS 法商图书

# BANKRUPTCY LAW REVIEW

# 营商环境与破产重组

李曙光　刘延岭　主　编
张钦昱　赵坤成　执行主编

法律出版社 LAW PRESS·CHINA

# 专家委员会

# Expert Consultative Committee

# 《破产法》实施中的几个问题

## ——《破产法评论(第2卷)》序

《企业破产法》实施至今已逾13年,时至今日有必要跟踪、评估《企业破产法》的实施情况,全国人大财经委已启动这一工作。对《企业破产法》实施情况进行评估,是修改《企业破产法》的一个重要前提,非常重要,这项工作由学者、学术机构来做最为合适。最高人民法院2018年把"破产法实施评估"这一任务委托给中国政法大学破产法与企业重组研究中心,在最高人民法院的组织下,我们研究中心发放了800多份问卷,其中法官问卷共发放389份,破产管理人问卷共发放429份。中心的专家专门就破产法问卷的设计做了深入的探讨,问卷共设计一百多个问题,按照华东、华南、华北等大片区划分进行发放,从全国22个省市收回了问卷,另有八九个省份没有发到或没有回应。从调查问卷回收的情况以及我们的研究来看,全国《企业破产法》的实施情况有以下几个特点:

第一个特点是《企业破产法》实施的主要环境与十年前相比发生了巨大变化。十多年前破产法实施的环境中,基本还以政策性破产为主,而新的《企业破产法》并未在社会上形成很大关注。近些年,特别是2015年供给侧结构性改革政策推出之后,《企业破产法》的实施环境发生了根本变化,其中比较重要的标志有,破产案件的受理数量不断增长、破产审判庭不断涌现、管理人队伍有组织成规模发展、破产案件复杂化、类型多元化等。比如以重庆钢铁、渤海钢铁为代表的钢铁行业出现的许多大型破产案件,又如金融领域出现了一些中小型金融机构甚至有一定规模的商业银行的破产案件。

第二个特点是破产清算案件占比较高。根据最高人民法院的数据,从1993年到2018年初,与破产相关案件有3.6万件,其中破产清算案件为1.5万件,占比41%;破产债权纠纷确认案件为9127件,占比30%左右;对外追收债权纠纷案件数量排名第三,为5127件;破产抵销权纠纷案件最少,仅有2件;申请破产重整案件为319件;破产和解案件为7件。

第三个特点是法条作为引用依据的作用比较明显。根据北大法宝统计,《企业破产法》法条具体应用的次数较高,其中对于《企业破产法》第17条的引用超过1000次。引用次数前三名的条文分别是第2条、第46条和第7条。第2条是关于破产原因的规定,第46条是关于未到期债权加速到期的规定,第7条是关于破产申请的规定。引用率排名第四和第五的条文是第21条和第3条。

总体来看,《企业破产法》实施中主要有以下三个问题值得关注:

**一、法律与司法政策的关系问题**

近些年破产案件急剧增多,特别是疫情以来,由于政府救助措施比较有力,延缓了一些应该进入破产程序的企业进入程序,但破产案件数量仍较大。从世界范围来看,各国都有很多困境市场主体本应当进入破产程序,但由于各国政府都采取了一系列救助措施,延缓了其进入破产程序的进度,不过总体来看,延缓是短期的,不可能长期拖延。近几年破产案件数量急剧增长,对于破产制度的要求非常高。按照科斯定理,当交易费用为零时,产权界定对资源配置的效率没有影响;当交易费用为正时,如何进行产权界定、如何进行制度安排,对资源配置起至关重要的作用。这几年中国破产案件的增加,对制度的要求越来越高,主要有两种制度模式:一种是以已有的《企业破产法》作为基本依据;另一种是以司法政策作为主要推动力。这包括以下四个方面:

第一,在供给侧结构性改革中破产法的价值。为实现供给侧结构性改革的政策目标,早期强调多兼并少破产,多重组少破产清算。虽然当时有一些描述不甚专业,但也表明了《企业破产法》的重要性。供给侧结构性改革前期,《企业破产法》逐渐被整个市场和投资者所认知和重视。

第二,营商环境改善需求是最重要的推动力,大量的司法政策是根据改善营商环境的需求制定的。近些年几项重大的政策,都是根据优化营商环境需要而制定的。比如2018年全国破产审判工作会议,作为全国第一个较为重要的破产专门会议,发布了会议纪要,其中对《企业破产法》有很多制度突破和新的解释;《最高人民法院关于适用〈中华人民共和国企业破产法〉若干问题的规定(三)》针对营商环境改善需要制定了相应的破产法司法政策;《全国法院民商事审判工作会议纪要》进一步修补了涉及营商环境的我国破产制度的有关缺陷。

第三,中国在新冠疫情防疫过程中的政策问题。2020年4月至6月,最高人民法院陆续出台了数个文件,如《最高人民法院关于依法妥善审理涉新冠肺炎疫情民事案件若干问题的指导意见》(以下简称《指导意见》),其中有相当一部分内容涉及破产方面,但也留下了一些未解决的问题,如这些规则如何落地的问题。这些政策即便是司法政策,也多为原则性规定。比如《指导意见》提出重整方案提交时间可以延期半年,但是以“6+3+6”方式延期半年(重整计划根据《企业破产法》规定在六个月内提交,法院可裁定延期三个月,根据《指导意见》可再裁定延期半年),还是以“6+6”方式延期半年(重整计划根据《企业破产法》规定在六个月内提交,法院可根据《指导意见》直接裁定延期半年),司法文件中并没有细致的规定。现在政府有些财政支持政策还无法落地,比如一些房租减免政策,在发达国家能够直接发到个人户头,但在中国却“只闻楼梯响,不见人下来”,说明政策落地难。

第四,专业领域的司法政策。包括2020年7月最高人民法院出台的《全国法院审理债券纠纷案件座谈会纪要》,其中关于破产的条文非常多。因为在经济情况不好时,企业对债券市场依赖度较高,很多企业要依靠发债进行内循环保生存,然后才能谈到进行国际竞争。发债多了,违约也就多了,债券市场违约率相对较高,债券市场纠纷也较多。但是债券发行人的破产与一般企业破产有很大不同,这其中有很多值得探讨的问题,如涉及的债券持有人是普通债权人还是特别债权人;承销商、受托人与管理人的关系问题等。债券民商事纠纷也涉及破产问题,《全国法院审理债券纠纷案件座谈会纪要》对债券市场破产问题做了较详细的规定。另外还有房地产业的破产问题,因为现在房地产商破产数量较多,甚至有些大房地产商也面临危机。目前全国共有8万多家房地产开发商,每天破产两家,速度非常快,也产生了一些法律与政策的冲突问题。当下我国破产市场发展速度较快,与国家推动的一些改革试点相关,如深圳改革开放40周年推出新政策、海南自由贸易港建设加速等,使得破产法改革呼声较高,如深圳个人破产条例颁布以及北京正在考虑制定个人破产条例等。改革试点多点推进涉及法律与政策的关系问题,很多地方在建设综合改革试验区,中央在包括上海、厦门、深圳、成都等地都建立了综合改革试验区,颁布了很多特殊政策,在破产领域将涉及成文法和司法政策之间的关系问题。

总之,改革要有所突破,就要解决改革政策与法律依据的关系问题。因为现在立法、修法耗时费力,游说成本较高,程序较复杂,而且有许多观念上的障碍,所以司法政策可以有一定突破。但是有些司法政策出台没有法理依据,也没有经过详细论证,其可操作性也存在一些挑战。在改革中,司法机关法律解释的边界究竟在哪里?特别是疫情期间,司法政策过多是否是好事?目前破产案件越来越复杂,但制度供给不足,能否完全依靠司法政策,是否有更好的方法?我认为应当更多通过立法、修法的途径来解决法律和政策的冲突,以及制度供给不足的问题。

## 二、《企业破产法》的实施与其他法律的关系

《企业破产法》与许多部门法律交集很深,实践中问题较多,包括刑民交叉问

题、涉及《民事诉讼法》的案件管辖问题等。《民法典》颁布后,《企业破产法》与《民法典》的关系问题就是一个热点问题。《民法典》中有几方面内容对《企业破产法》影响较大:

第一,民事主体分类方面。《民法典》中对民事主体有两个三分法:第一个三分法是把民事主体分为自然人、法人和非法人组织,其最大意义是把原来《民法通则》中的公民改为自然人。自然人的概念比较宽泛,为下一步个人破产立法打开了通道。非法人组织还涉及个人独资企业、合伙企业和法律服务机构等破产问题。第二个三分法是对法人制度做了重大改革,将法人分为营利法人、非营利法人和特别法人。《企业破产法》仅涉及营利法人的破产,非营利法人和特别法人要破产都无依据,《民法典》的新制度为下一步《企业破产法》的修改提供了很大空间。《民法典》中民事主体的分类结合了中国国情,其中非营利法人和非企业法人组织的概念不同,一些民办学校、民办医院是非企业法人组织,但不一定是非营利法人,因为《民办教育促进法》中提出,民办学校可以适当营利,民办学校是营利法人还是非营利法人,这是我国法律相互冲突的一个问题。因此《民法典》在民事主体分类方面,为《企业破产法》下一步的修改及实施带来了很多新问题。

第二,民事法律行为方面。依据《民法典》中民事法律行为认定的有关规定,《企业破产法》第31条、32条、33条属于可撤销的行为。《民法典》对于有效的法律行为、无效的法律行为、可撤销的法律行为和效力待定的法律行为都有新的表述,对其内涵进行了扩充和调整。同时增加了一些有关意思表示的规定,包括虚假意思表示的效力规定,以及公序良俗规定等条款。《民法典》关于可撤销行为、无效行为的规定,比《企业破产法》第31条、32条、33条的规定更为宽泛,法院对无效、可撤销行为的认定有很大自由裁量的空间。因此,《企业破产法》应做出相应调整。

第三,制度的效力问题方面。《民法典》中一些理念和具体制度与《企业破产法》有冲突。如《企业破产法》采取受理开始主义,自法院受理破产案件开始,其他涉债务人案件程序应自动中止。但《民法典》并未认可破产受理开始主义,《民法典》仍采用"破产宣告"说,但破产宣告与破产受理、破产程序终结之间有时间差,这其中涉及权利相对人的权利保护问题。又如,破产宣告与企业终止也有区别,虽然《民法典》中规定企业生命完结的程序是破产宣告加注销,无论是作为破产程序中的债务人而独立存在的实体,还是由管理人管理的实体,其许多行为在《民法典》和《企业破产法》之间的边界都是不同的。比如在破产清算程序中,如果债务人同时为抵押人,按照《企业破产法》第46条的规定,未到期的债权加速到期;根据《民法典》第411条第1项,应当在破产受理之日就可以确认;但是如果为第三人提供浮动抵押，第三人破产而债务人未破产的情况下，在抵押人被宣告破产时才可以确认。但在重整与和解程序中，如何处理该问题尚且待定，《民法典》与《企业破产法》均未作规定。比如，第46条涉及的保证合同，债权加速到期之后保证合同是否也随之加速到期？《民法典》和《企业破产法》对此都没有规定。另外，债务人所欠的利息是否在保证人保证范围内也有很大的争议。因此，《民法典》并没有解决《企业破产法》的问题，反而带来了一些新的问题。《企业破产法》的理念更多的是商法和金融法的理念，与《民法典》理念有所冲突。

**三、管理人协会的定位和发展**

关于我国的破产管理人制度，需要考虑以下几个问题：

一方面，管理人协会发展快速。2018年全国仅有23家，到2020年10月1日已经有94家，省级、地市级管理人协会都有。地方管理人协会发展如此之快，但为什么全国管理人协会却迟迟没有进展？现在国家社团管理严格，全国管理人协会在挂靠机构、注册资金、办公地点等方面还未确定，由何国家机关牵头主管也是问题。

另一方面，管理人协会发展迅猛是积极趋势。破产案件剧增，需要更多的管理人，市场越来越大，目前的专业人员远远不够。当下世界疫情肆虐使得经济雪上加霜，需要专业人士帮助处理这一巨大的经济麻烦。管理人是重要的专业力量，围绕管理人制度，有些深层次改革必须推进：第一，管理人的市场化改革；第二，管理人的薪酬改革；第三，管理人的选任改革；第四，管理人在破产程序中的角色改革；第五，管理人的责任制度改革。如管理人在破产程序中的角色改革中，一个很重要的问题是，在清算和重整程序中，管理人的作用有何不同？在重整程序中，管理人管理模式是否有必要？美国没有管理人管理的概念，其破产案件多为自行管理模式，这较为市场化，而我国管理人管理局限于律师和会计师管理中，投资银行及相关专家无法进入，但公司重整特别是上市公司重整案件，各利益相关方是很希望投行加入其中的。资产证券化等金融工具的使用，以及战略资金的进入，都需要有投行等专业机构的介入。建议考虑在《企业破产法》修订中，或将管理人范围扩大到投资银行，或在重整中特别是上市公司重整中规定必须有投资银行介入。在中国破产实践中，采用更多的是管理人管理模式，而非债务人自行管理模式，如果债务人自行管理模式居多，则管理人的概念可能会发生变化。所以我们希望有更多的投行加入重整程序中来。在管理人的责任制度改革中，管理人的责任问题凸显，现阶段很多管理人权力很大，某些观点认为一些破产管理人同时享有股东、董事和总经理的权力，而在正常的公司治理中，股东会、董事会和总经理应各有各的权力。但是在现行制度中的破产状态下，管理人的权力没有与之相应的责任，也没有追责机制，因此，最近发生了许多针对管理人的投诉和诉讼，这值得我们破产界高度关注。

希望《破产法评论（第2卷）》能对《企业破产法》实施中遇到的问题有所回应。本卷主要关注点在营商环境与破产的关系，以及破产重组这两个主题，既有从顶层设计出发对《企业破产法》的实施进行的评估分析、破产法与经济增长和营商环境的关系，也有中外关于企业重组与纾困的不同制度分析，还有数字时代中破产法对新问题的回应与变革，当然，也一并附上了最新的破产重组相关数据及研究报告。期冀本卷内容能为读者带来些许启发。

是为序。

**李曙光**

**2020年11月于蓟门法大**

# 目录 CONTENTS

## 破产法改革的顶层设计



## 破产法促进经济繁荣



## 营商环境中的破产法

## 企业重组与纾困



## 数字时代的破产法回应



## 大数据与破产重组

# 目录 CONTENTS

## Design of Bankruptcy Law Reform



## Economic Prosperity and Bankruptcy Law



## Bankruptcy Law in Doing Business

## Reorganization



## Bankruptcy Law Challenge in Digital Age



## Big Data and Bankruptcy Reorganization

# 破产法改革的顶层设计

BANKRUPTCY
LAW REVIEW

# 我国破产法的实施与改革完善

**刘贵祥**

最高人民法院审判委员会专职委员。

党的十八大以来,以习近平同志为核心的党中央高度重视发展社会主义市场经济。党的十九大进一步提出要加快完善我国社会主义市场经济体制,建立现代化经济体系,建立和完善包括破产制度在内的市场主体救治和退出机制。习近平总书记在中央全面深化改革委员会第五次会议上深刻指出,完善市场主体退出制度,对推进供给侧结构性改革、完善优胜劣汰的市场机制、激发市场主体竞争活力、推动经济高质量发展具有重要意义。要遵循市场化、法治化原则,提高市场重组、出清的质量和效率。习近平总书记的重要指示既指明了破产法律制度对于社会主义市场经济的重要作用,也为我们从事破产法治工作提供了基本遵循和行动指南。

破产法是市场经济法律体系中的一项基础性法律制度。破产法的制度设计及实施状况事关优胜劣汰竞争机制是否确立,事关市场主体退出机制能否顺利运行,事关市场在资源配置中起决定性作用是否有效贯彻,事关供给侧结构性改革能否顺利推进,意义重大。《企业破产法》自 2007 年 6 月 1 日起正式实施以来,已历经十二年。这十二年间,《企业破产法》见证和促进了中国社会主义市场经济由高速增长向高质量增长的转变,见证和促进了全面依法治国方略的发展完善,见证和促进了新时代中国特色社会主义市场经济逐渐走向市场化、法治化的巨大变革。伴随社会转型和法治完善,《企业破产法》自身也必然要与时俱进、改革完善,以便更好地规范、保障和促进新时代中国特色社会主义市场经济的发展。顺应时代发展要求和司法实践的呼唤,全国人大常委会已将《企业破产法》修订列为二类立法项目,《企业破产法》的立法完善已经正式提上议事日程。认真总结和梳理十二年来《企业破产法》司法实施的情况,既是人民法院为修改完善《企业破产法》建言献策的基础,更是人民法院自身不断提高破产审判能力和质量的需要。

## 一、人民法院贯彻实施《企业破产法》的举措及成效

现行《企业破产法》作为我国市场经济条件下第一部真正意义上的破产法，总结了先前立法的经验与不足，吸收借鉴了国际先进立法经验和成果，为健全完善我国社会主义市场经济提供了法治保证。《企业破产法》实施以来，全国法院从服务和保障社会主义市场经济发展的大局出发，采取切实有效措施推动《企业破产法》实施，破产审判工作在依法清理“僵尸企业”、推进市场主体救治和出清、防范化解重大风险等方面作出了积极贡献，破产审判工作获得了较大发展。自 2007 年至 2015 年，全国法院共受理破产案件 33,021 件，结案 25,801 件。尤其是 2016 年以来，为服务保障供给侧结构性改革，最高人民法院从破产立案、专业化建设、信息化建设等方面采取了一系列措施，强力推进破产审判工作，破产案件数量连续三年持续显著上升。2018 年，全国法院新收强制清算与破产类案件 18,823 件，同比增长 97.3%；审结 11,669 件，同比增长 86.5%。

### （一）出台司法解释和司法政策，为破产法的有效实施提供指引

自 2007 年以来，最高人民法院在全国人大财经委、全国人大法工委大力支持下，制定了《最高人民法院关于适用〈中华人民共和国企业破产法〉若干问题的规定（一）》《最高人民法院关于适用〈中华人民共和国企业破产法〉若干问题的规定（二）》《最高人民法院关于适用〈中华人民共和国企业破产法〉若干问题的规定（三）》《关于〈中华人民共和国企业破产法〉施行时尚未审结的企业破产案件适用法律若干问题的规定》《关于审理企业破产案件指定管理人的规定》《关于审理企业破产案件确定管理人报酬的规定》《全国法院破产审判工作会议纪要》等司法解释、批复和司法政策性文件，及时总结审判实践经验，推动破产审判工作开展。

地方各级人民法院在《企业破产法》和司法解释的框架内，也制定了相关破产案件审理规范，为具体案件审理提供支持。从文件发布的部门来看，多数集中在高级人民法院，其中发文数量与各地统计的案件受理数量成正比。这表明制度供给越充分，越能促进破产案件的受理和审理，越能发挥破产制度的功能。

近年来国家有关部门也制定了相关文件促进破产制度的实施和完善。2018 年 12 月 4 日，发改委等 11 部门发布《关于进一步做好“僵尸企业”及去产能企业债务处置工作的通知》，聚焦“僵尸企业”处置的府院联动机制，就妥善处置“僵尸企业”构建了若干制度规则。2019 年 7 月 16 日，国家发展改革委、最高人民法院等 13 部委印发了《加快完善市场主体退出制度改革方案》，就完善市场主体退出中几个非常重要的制度作出改革安排。

### （二）不断完善破产审判的专业化建设

最高人民法院以破产审判庭设立为载体，大力推进破产审判专业化建设，以期建立市场化、常态化、法治化的市场主体救治和退出机制。2016 年 6 月 21 日，最高人民法院下发了《关于在中级人民法院设立清算与破产审判庭的工作方案》，要求直辖市至少明确一个中级人民法院设立清算与破产审判庭，省会城市、副省级城市所在地中级人民法院应当设立清算和破产审判庭。在这一政策指引下，全国法院破产审判的组织机构建设快速发展，截至 2018 年年底，全国法院已经设立 98 家清算与破产审判庭。2019 年年初，深圳、北京、上海三地先后设立破产法庭，破产审判专业化升上了新高度。2019 年 2 月 28 日，最高人民法院下发《关于强制清算与破产案件单独绩效考核的通知》，为破产审判专业化提供审判管理保障。

### （三）通过信息化手段推进《企业破产法》实施

为适应信息化时代的要求，最高人民法院研发建设了全国企业破产重整案件信息平台，于 2016 年 8 月 1 日上线运行。全国企业破产重整案件信息平台由全国企业破产重整案件信息互联网、企业破产案件法官工作平台、破产管理人工作平台三部分组成，目标在于实现对债务人信息的全面、真实、专业、规范、及时的公开，吸引更多投资人，实现困境企业重整再生；通过网上预约立案、异议申请、材料提交、信息检索、破产财产处置等事务，降低破产程序实施成本；通过该网全面发布企业破产案件审理流程、破产信息动态、法律文书电子送达等，加速破产案件审理进程。最高人民法院还制定下发了《关于企业破产案件信息公开的规定（试行）》《企业破产案件法官工作平台使用办法（试行）》《企业破产案件破产管理人工作平台使用办法（试行）》，以保障网站规范运行。截至 2019 年 7 月 31 日，平台访问量突破 7 个亿，公开文书 41,816 篇，公开公告 48,768 篇。

### （四）完善配套保障机制，优化破产法律实施环境

为了协调解决破产程序中的各类问题，最高人民法院一直积极推动法院与政府破产案件协调、破产费用保障、管理人行业自律等破产审判配套机制，以期为破产法的实施创造良好有利的外部环境。截至 2019 年上半年，全国各省市区共成立了 42 家破产管理人协会，各地共出台关于政府法院联动协调处理破产案件的文件 30 个，有效推进了破产制度实施。

### （五）促进执行程序与破产程序的有效衔接，充分发挥破产法的功能，助力解决执行难

由于当事人的认识程度和我国执行与破产工作的特殊背景，长期以来，人民法院执行领域中集聚了大量符合破产条件的案件。这一方面加剧了执行工作的难

度，占用了有限的执行资源；另一方面也使众多本应通过破产程序及时出清的“僵尸企业”不能及时退出市场，影响了破产制度功能的发挥，妨碍了优胜劣汰机制的运行。为此，各级人民法院积极探索建立执行程序与破产程序的有效衔接机制，推动破产法功能的有效发挥，推动解决执行难。最高人民法院出台了《关于执行案件移送破产审查若干问题的指导意见》，并多次召开专门会议研究推动执行案件移送破产审查工作，很多地方法院也相应制定了实施措施，一大批符合移送条件的执行案件通过执破衔接机制进入破产程序，最终得以彻底化解。

## 二、《企业破产法》实施中面临的主要问题

《企业破产法》自2007年实施以来，在规范企业破产程序、保护债权人、债务人等利害关系人合法权益、促进企业优胜劣汰、实现市场资源优化配置等方面发挥了重要作用，促进了信用文化发展与营商环境改善。但在看到成绩的同时，我们也要清醒地认识到，《企业破产法》实施过程中还面临不少困难，存在诸多问题，我国破产法治建设仍然任重而道远。

### （一）对破产存在认识偏差，破产功能未能充分发挥

由于对破产制度存在片面理解，“破产保护”观念普及不够等原因，民众对破产还普遍存在排斥心理，相关主体申请破产的动力不足，进入破产程序的困境企业数量偏少。在化解过剩产能、处置“僵尸企业”工作中，有的地方还存在出于局部、地方利益考虑，设置条件阻碍企业依法破产，破产程序所具有的公平清理债权债务、维护市场信用体系、合理配置资源、促进优胜劣汰的作用未能充分发挥。

### （二）破产审判工作发展不充分、不平衡

虽然十二年来我国破产审判工作取得了长足进步，但与破产法律制度的应有功能相比，发展还很不充分，破产制度本身具有的一些基础性功能尚未完全发挥。比如市场出清功能，对“诚实而不幸的债务人”的保护功能，促进“大众创业、万众创新”的制度激励功能，社会风险的管理和化解功能，等等。从横向来看，破产审判工作区域发展还很不平衡。浙江、广东、江苏三个省份受理和审结的破产案件数量占到总数一半左右。在同一个区域内部，也同样存在发展不平衡问题。以广东为例，珠三角地区特别是广州、深圳、佛山受理和审结的破产案件数量较多，而粤东粤西等地区破产案件数量少，甚至有个别市因为各种原因近年未受理过破产案件。

### （三）府院联动机制需要进一步加强

坚持社会主义市场经济改革方向，核心问题是处理好政府和市场的关系。在坚持使市场在资源配置中起决定性作用的前提下，仍然要更好地发挥政府的作用。

在破产法实施过程中，由于人民法院调动资源的有限性，对于企业风险处置、资产变现、职工安置、税费减免、引入战略投资人、政策帮扶等问题的解决，需要各级政府更好地发挥公共管理和服务职能。为此，一些地方法院积极探索，与相关地方政府建立了"府院联动"机制。但目前这种"府院联动"机制大多较为原则，仍需要继续完善并制度化。

**（四）金融机构参与度低，不良债权处置面临新情况**

企业破产中，破产重整计划草案、清偿方案等均需要债权人会议表决通过，并经法院裁定确认后才能执行。银行等金融机构通常是企业最大的债权人，其意愿往往直接影响破产程序的推进。目前，银行各级分支机构行使表决权需层报总行审批，决策链条长、审批结果具有不确定性，重整计划难以及时通过。此外，破产程序中所涉金融不良债权也出现规模不断增大、处置主体多元化、处置方式多样化等新态势，原有处置政策和规则已经不能适应新情况。对于债权收益权转让、金融不良资产证券化等创新处置模式，立法和司法层面均缺乏规则指引。

**（五）破产费用保障机制缺乏，阻碍了破产程序的进行**

企业破产中常常面临破产费用缺乏问题，这也是导致破产制度功能难以充分发挥的重要因素。为解决破产费用来源问题，实践中有的地方通过鼓励破产案件相关主体垫付、鼓励各地法院与政府协调建立费用保障机制等方式来缓解，但问题并未得到有效解决。尤其是中央开展"僵尸企业"处置工作以来，广州等地一些国有"僵尸企业"破产启动费用不足，无法支付管理人报酬等问题凸显，急需将清理"三无企业"的破产费用通过财政列支加以解决。

**（六）破产程序的效率不高**

随着我国市场经济的发展，破产案件逐渐增多。破产案件大小不同、难易有别，应区别对待，具体情况具体分析，不同的案件配以不同的程序。但由于我国破产法没有规定简易程序，导致小额破产案件的审理只能适用普通程序，影响了破产案件的审理效率。

**（七）管理人制度不健全，难以适应需要**

破产程序中，管理人至关重要。当前，我国的破产管理人制度不健全，不能完全适应破产工作需要，已经成为法院开展破产审判工作、提高质量和效率的"瓶颈"。具体表现在：第一，选任破产管理人机制有待完善。现行管理人选任机制不够合理，随机选任的管理人业务能力与破产案件往往不匹配。管理人的准入门槛与资格要求规定过于简略，管理人不履行或不当履行职责的法律责任过于原则。第二，管理人地位和身份缺乏普遍的社会认同。管理人很难有效开展工作。第三，管理人的保障措施不健全,管理人工作上往往消极应付,有的甚至拒绝履职。第四,管理人自律组织缺失,全国性的管理人协会至今尚未建立,难以统筹整个管理人执业市场并有效提升管理人执业水平。

**(八)破产配套制度不完善,影响破产制度价值的实现**

例如,没有针对企业破产的税收政策,重整豁免的债务要征收25%的所得税,增加了重整投资人的财务负担及重整计划的执行难度。银行、工商、税务征信系统没有规定破产重整企业的信用修复问题,导致企业虽已重整,却仍背负原不良信用记录,重整后无法重返市场,影响融资、对外业务开展,有的重整企业甚至因此陷入再次破产境地。企业注销难,不少破产企业完成破产程序也因办理注销的条件无法满足而难以注销,不能及时退出市场。

**(九)某些重要制度缺失,不能适应破产实践需求**

例如,破产法预重整制度缺失,影响了重整功能的有效发挥;关联企业破产问题法律规定付之阙如,实践中争议较大,亟须规范;个人破产制度有待探索;跨境破产制度难以满足跨境破产实践的发展需求,等等。

## 三、推动《企业破产法》实施需要遵循的原则和思路

当前《企业破产法》实施的各项工作逐步步入深水区,解决目前存在的问题,推动《企业破产法》的实施和破产工作发展,需要深入研究,统筹谋划,才能有所突破。

**(一)基本原则**

第一,坚定市场化工作方向。党的十八届三中全会通过的《中共中央关于全面深化改革若干重大问题的决定》提出,要使市场在资源配置中起决定性作用,强调要推动资源配置依据市场规则、市场价格、市场竞争实现效益最大化和效率最优化,并明确提出"健全优胜劣汰市场化退出机制,完善企业破产制度"。破产审判工作要对接这一顶层设计,始终坚定市场化工作方向,并将其体现和落实到破产审判的各个方面、各个环节和各个程序。例如,(1)重整案件的受理。要准确把握对重整申请的审查标准,尤其在对债务人是否具有重整价值以及重整可行性进行审查时,应当坚持市场化原则,综合考量债务人财产价值和恢复持续盈利能力等因素,对申请人提交的重整可行性材料进行初步审查。除有证据证明债务人明显不具有重整价值或者重整可行性,否则人民法院应当及时受理重整申请。(2)破产财产的处置。要着力构建统一、开放、竞争、有序的破产财产处置市场,通过公开、公平、公正的市场机制处置破产财产,提升破产财产价值。(3)企业重整价值的市场检验和评估。重整企业到底值不值钱、值多少钱,重整企业的股东权益能否清零等问题,都

不是单纯的法律问题,不能简单化处理,凭主观臆断解决,而是要通过市场机制加以解决。

第二,坚定法治化工作方向。党的十八届四中全会通过的《中共中央关于全面推进依法治国若干重大问题的决定》提出全面推进依法治国,总目标是建设中国特色社会主义法治体系,建设社会主义法治国家。2019 年 2 月 25 日,习近平总书记主持召开的中央全面依法治国委员会第二次会议深刻阐述"法治是最好的营商环境"这一重要论断。破产审判工作要按照这一顶层设计,始终坚定法治化工作方向。"法治化"的要求同样需要真正体现和落实到破产审判的各个方面、各个环节和各个程序,重点在于两个方面:(1)完善破产案件受理、审理各方面的实体和程序规则。法治就是"规则之治"。具体到破产审判领域,债权人等利害关系人有哪些权利?债权人认为债权人会议的决议违反法律规定损害其利益的如何寻求上级法院的监督制约?当下反映突出的合并破产、破产程序中的刑民交叉等问题的处理,都需要我们健全、完善审理规则,让"法治化"真正落到实处。(2)落实破产程序中的权利保障。规则本身不是目的,"努力让人民群众在每一个司法案件中感受到公平正义",让权利得到有效保障和救济,才是司法的根本目的。破产审判工作的法治化原则必须落实到破产程序相关利害关系人的权利保障上来。全国法院通过审理破产案件,在权利保障方面做了一些工作,但还不充分,各级法院要注意针对破产审判实践中的重点难点问题,深入进行研究,适时通过立法建议等方式,将权利保障的意见建议被立法所吸收,促进立法完善。

第三,坚持破产审判常态化工作模式。所谓常态化,就是破产案件的受理、审理不因人、因事、因地而变,这也正是市场化、法治化的内在逻辑和内生需求。破产审判的常态化需要在以下几个方面加强:一是破产案件受理常态化。人民法院要严格依照法定条件在法定时限内审查受理破产案件,不得在法律和司法解释之外设定破产案件的受理条件。二是破产案件审理常态化。要建设一支稳定、专业的破产审判法官队伍和管理人队伍,建立一套完备的破产法律规则体系,实现对破产中的各方当事人的公平、公正保障。三是破产审判府院联动机制常态化。要在保障政府依法行政的基础上,加大破产审判府院联动机制建设,积极争取地方党委政府对破产工作的支持,妥善解决破产审判中的职工安置、信用修复等方面的突出问题;推动税收征管、工商登记管理等方面配套法律法规的修订完善,最终实现破产审判相关政府公共服务的"依法行政",而不是"因案协调"。从这个方面讲,我们推动破产审判工作法治化、常态化也是推动社会治理体系和治理能力现代化的重要方面。此外,还要以常态化为落脚点继续推动信息化的建设和发展,充分利用现代化科技手段,切实提升破产审判工作效率和管理水平。

**(二)工作思路**

第一,继续加强专业化建设,为破产审判发展提供人才保障。专业化建设是推进破产审判工作的主体工程。我们必须建设一支稳定、专业的破产审判工作队伍,破产审判事业的长期发展才有坚实的基础和保障。前一阶段,我们推动设立了一批清算和破产审判庭,2019～2020年,全国先后成立了深圳、北京、上海等14家破产法庭。这项工作只能继续加强,不能削弱。要鼓励条件成熟的地方法院通过设立破产法庭的方式,不断推进破产审判专业化建设,为破产审判工作的发展提供人才和组织保障。

第二,重视破产程序的经济效益,着力提升破产审判工作的效率。破产审判工作在依法维护各方主体合法权益的同时,还要注重提升程序运行的效率和效益。要通过促进破产程序的及时启动、加大对债务人财产保全和追收力度、鼓励债务人企业继续经营、促进企业整体转让和成功重整、降低破产程序运行的时间和成本,提高破产程序的效益,实现债务人财产价值的最大化,有效提高对债权人的清偿率。通过对有拯救价值企业的成功挽救,减少企业破产给社会经济造成的损害。

第三,协同推进,着力提升破产审判整体水平。破产审判工作是一项系统工程,推进破产审判工作仅靠破产审判庭单兵突破、单打独斗是不够的,还必须整合内外资源,协同推进,才能取得事半功倍的效果。具体而言,主要在以下几个方面协调推进:一是要推进人民法院内部相关部门和相关程序的协同。立案、诉讼、执行和破产要有机整合,减少内部阻力。对于一些债权债务关系清晰、债务人企业因陷入资金链困境而出现破产原因的案件,在立案、诉讼环节发现后就可以适当释明,引导其依法进入破产程序,减少立案、诉讼、执行环节的无用功。在当前"大执行、小破产;强执行、弱破产;简执行、繁破产"的工作格局下,执行程序和破产程序的衔接和融合更加彰显其必要性和可行性。审判实践中,关键是要找准阻碍程序衔接和转换的原因,有针对性加以解决。二是要进一步理顺上下级法院之间的审判监督、权益保障与破产程序推进的不可逆性之间的关系,既要保障上级法院能够对破产程序中重大违法行为进行有效监督和及时纠正,又要充分考虑破产程序不可逆的特殊性,严格限制审级监督的事项范围和程序,防止影响阻碍破产程序的有效运行。三是要合理划分人民法院、破产管理人之间的职权范围,推进破产程序内部主体之间的协同。人民法院主要依法推进破产程序,管理人主要负责承担具体的破产管理事务,依法尊重和保障债权人、债务人,企业股东等利害关系人在破产程序中的合法权益,以利于各方各司其职、各负其责,协同推进破产程序。要积极推进全国破产管理人协会的成立,提升管理人的整体执业水平和履职能力。四是要推进人民法院与党政机关之间的协同。要在党委的领导下,通过府院联动、协调等机制依法推进和完善与破产审判密切相关的政府公共服务职能,为解决法律事务之外的公共行政事务提供制度保障。

## 四、修改完善破产法的建议

《企业破产法》的修订已经列入立法规划,人民法院要为《企业破产法》的修订完善提供实践经验和改革建议,这是司法服务保障国家经济社会发展大局的必然要求,是司法工作者义不容辞的责任。反过来看,法律的修改完善也能为破产审判工作提供更加规范完善的制度保障,从而为人民法院破产审判工作迎来新契机,促进推动破产审判工作迈上新台阶。为此,结合对破产审判工作的实践探索和应然思考,提出如下修改完善《企业破产法》的建议。

### (一)建立及时启动破产程序的激励约束机制

现行企业破产法缺乏对于及时启动破产程序的激励约束机制,导致很多本该破产的企业长期游离在破产程序之外,企业资产不断损耗流失,最终形成了大量"无产可破"的"僵尸企业"。对此,一是可以通过修法明确规定公司股东、高管、实际控制人在特定情形下负有及时启动破产程序的义务,以此激励和约束有关人员及时启动破产程序。对于重整而言,这种尽早挽救的机制尤为重要。只有尽早启动挽救程序,才能提高重整程序的有效性,防止企业病入膏肓才开始重整。对破产清算而言,可以防止企业财产进一步减损流失直至无产可破时才开始启动破产清算程序,有利于债权人利益最大化。二是增加执行案件移送破产审查情形下,人民法院可以依职权启动破产程序的规定。是否申请企业破产,是债权人或债务人的私权自治范畴,人民法院作为国家司法机关,原则上无权强制。但破产法不仅具有保障债务公平清偿,保护债权人、债务人合法权益的私法属性,而且还具有保障市场经济优胜劣汰规则充分发挥效用、维护市场有序运行的社会法属性。在"僵尸企业"层出不穷、市场主体退出机制不完善的情况下,国家公权力适当介入和调整破产程序的启动,以之作为申请主义的补充,具有一定的合理性、必要性和正当性。尤其是在执转破程序中,完全采取当事人申请主义,实践当中已经出现了一定的问题。按破产法规定以及相关司法政策,执行转破产需要征求一方当事人同意,在当事人不同意的情况下,执行程序不能向破产程序转换。这就导致大量符合破产原因的执行不能案件长期滞留在执行程序中,无法及时转入破产程序实现市场出清,严重阻碍了"解决执行难"工作的开展,也成为制约破产审判工作推进的一个障碍,不利于"僵尸企业"清理。因此,建议增设特定条件下人民法院依职权启动破产程序的规定,将其范围限于执行案件移送破产审查的情形,作为依申请启动的有益补充,有效解决破产程序启动难的问题。

### (二)完善破产程序启动后执行中止的规定

破产程序启动后,及时停止个别清偿而转为概括清偿,是确保债务人资产保值增值的重要方面。但《企业破产法》关于破产申请受理后保全措施解除、执行程序中止的规定并没有得到严格遵守,成为影响破产案件审理程序顺利推进的一个突出问题。形成这一问题的原因,主要在于相关单位落实法律规定不到位,当然,立法规定不细致、不完善也是实践中产生争议的一个诱因。因此,此次修法,有必要对此进行细化完善。

一是明确规定解除保全措施和中止执行的范围。为保障破产程序公平受偿的制度价值,破产申请受理后,所有有关债务人财产的执行程序都应当中止,保全措施都应当解除,这不仅包括民事执行,也包括有关债务人财产的行政执行和刑事执行。

二是规定管理人负有及时通知相关单位的法定义务。破产程序启动后,管理人应当向被采取保全措施的债务人财产的登记机关、相关单位或其他执行法院及时送达受理破产裁定书、指定管理人决定书、管理人所在单位介绍信函及本人工作证件,以便相关单位及时了解破产程序启动的事实,从而及时中止执行、解除保全措施。

三是明确规定违反法律规定的后果。为使破产法的规定落到实处,立法明确违反上述规定的责任追究方式十分必要。建议在修改破产法时,明确规定被采取保全措施的债务人财产的登记机关、相关单位知道或者应当知道债务人企业破产申请被受理的事实仍不配合解除查封,导致相关权利人损失的,应当依法承担相应的损害赔偿等民事责任,构成犯罪的,依法追究刑事责任。破产申请受理后,有关债务人财产的执行程序未依照《企业破产法》第 19 条的规定中止的,采取执行措施的相关单位应当依法予以纠正。执行法院知道或者应当知道债务人企业破产申请被受理的事实,仍继续执行,导致相关权利人损失的,应当依法承担相应的损害赔偿等民事责任,构成犯罪的,应规定相关机关依法追究其刑事责任。

### (三)完善管理人相关制度

在《企业破产法》颁行之初,按照法律关于"指定管理人和确定管理人报酬的办法由最高人民法院规定"这一授权,最高人民法院制定了《关于审理企业破产案件指定管理人的规定》和《关于审理企业破产案件确定管理人报酬的规定》(以下简称

《管理人报酬规定》)两个司法解释,为管理人制度的确立提供了基本法律框架。经过十余年的实践,管理人制度也需要进一步完善。具体的立法修改建议包括以下几个方面:

一是强化管理人独立、中立、专业的法律地位。破产程序中,人民法院是破产程序的主导者,破产管理人是接管、管理和处分债务人财产、调查债务人财产状况等具体破产事务的独立的破产事务执行者。管理人的独立性体现在,既独立于法院,也独立于单个的债权人,甚至独立于债务人企业。破产法中应当合理划分法院、管理人、债权人会议、债权人委员会等主体和机构之间的职能范围,保障管理人履职的独立性。管理人具有独立的履职地位和履职范围,也应当勤勉尽责,忠实执行职务。对此,《企业破产法》修改时应当明确管理人行使职权的独立性,不得使法院代替管理人作出本应由管理人自己作出的决定。

二是完善管理人的指定规则。虽然《企业破产法》第 22 条规定,管理人由人民法院指定,但无论从实践还是理论上,均需要进一步建立健全管理人的市场化选任机制,允许债权人在选择或指定破产管理人方面发挥更大作用。破产管理人的专业履职地位及其履职范围决定了其在破产程序推进中发挥重要作用,管理人的履职能力和执业水平事关债权人的最终清偿结果,与债权人利益关系甚巨,债权人选择或指定破产管理人对实现程序目的具有重要意义。对此,大多数国家破产法强调管理人选任机制应当由债权人会议决定,法院通常仅指定临时管理人,之后正式的管理人则由债权人会议批准任命或者另选他人。例如,《美国破产法》第 7 章第 702 条规定,债权人亦可以通过行使对管理人的选择权来实现对管理人的控制。《企业破产法》在修订时应当丰富管理人选任机制,强化债权人提名或委任管理人的权利。

三是促进管理人报酬的合理化。《管理人报酬规定》总体上按照市场化的原则对于管理人报酬计算依据、计算标准等问题进行了规定,但实践中还是产生不少与管理人报酬相关的争议,需要立法对此进一步加以明确。从根本意义上讲,管理人报酬的合理化取决于统一、竞争、有序的管理人市场的形成,这个还需要假以时日。这里,我们需要强调的是,虽然法律规定管理人报酬的决定权在人民法院,但是具体案件中,尤其是重大的破产清算、重整案件中,要引导管理人制定较为具体的报酬计算和收取方案提交给债权人会议。《企业破产法》与《管理人报酬规定》对破产案件中管理人报酬方案的初步确定、异议、协商、调整等作出了框架性的规定,但是,在具体破产案件中,尤其是在重整案件中,管理人或者债务人应当结合债务人财产状况、债务清偿计划等因素,在重整计划草案中就报酬金额、收取时间等制定明确具体的管理人报酬方案。这既是债权人知情权保障的重要内容，也是债权人会议履行“审查管理人的费用和报酬”职权的重要保障，还构成管理人维护自身合法权益的基本依据。

**（四）完善债权人的权利体系**

完善债权人的权利体系对于《企业破产法》的修改完善具有特殊重要的作用，是《企业破产法》实施在微观层面的落脚点。从近年世界银行发布的《全球营商环境报告》中我国“办理破产”指标得分来看，我国《企业破产法》有关债权人参与破产程序的相关制度规定还不够完善，不仅影响了破产制度维护债权人合法权益、服务供给侧结构性改革的效果，也导致我国“办理破产”指标“破产框架力度指数”中的“债权人参与指数”失分较多。在《企业破产法》修改中，主要包括两个方面：在实体上构建以知情权、表决权和监督权为核心的债权人权利体系；在程序上理顺上下级法院之间的审判监督、权益保障与破产程序推进的不可逆性之间的关系。

首先，债权人的知情权保障具有重要意义和基础作用，是构成债权人有效行使其他权利的前提和基础。目前《企业破产法》中有一些相应的规定，比如第 23 条规定，管理人依照本法规定执行职务，向人民法院报告工作，并接受债权人会议和债权人委员会的监督。管理人应当列席债权人会议，向债权人会议报告职务执行情况，并回答询问。第 57 条规定，债权表和债权申报材料由管理人保存，供利害关系人查阅。第 68 条规定，“债权人委员会执行职务时，有权要求管理人、债务人的有关人员对其职权范围内的事务作出说明或者提供有关文件”。但是，审判实践中反映出来的突出问题是存在大量的信息不对称，尤其是对于单个债权人对破产程序中的重要事项、财务资料、决策内容和过程等知情权保障不足。针对实践中的突出问题，《最高人民法院关于适用〈中华人民共和国企业破产法〉若干问题的规定（三）》第 10 条规定：单个债权人有权查阅债务人财产状况报告、债权人会议决议、债权人委员会决议、管理人监督报告等参与破产程序所必需的债务人财产和经营信息资料。管理人无正当理由不予提供的，债权人可以请求人民法院作出决定；人民法院应当在 5 日内作出决定。《企业破产法》修改中，可以对此加以吸收借鉴，适时将司法解释中被实践证明行之有效的规定上升为立法。当然，对于知情权的限度、清算与重整程序中债权人知情权的区别、上市公司重整中债务人企业或管理人的信息披露义务等内容，还需要在《企业破产法》修改过程中进一步研究。

其次，债权人的表决权与债权人会议的表决机制密切相关，与《企业破产法》第 61 条规定的债权人会议的职权范围密切相关。《企业破产法》第 61 条规定的内容构成了债权人表决权行使的基本范围。对于债权人的表决权需要区分清算与重整程序作出分别规定。清算程序中，基于破产财产分配顺序的法定性等因素，需要适当弱化个体债权人的表决权，强化债权人的知情权、监督权保障；重整程序中，需要优化债权人对于重整计划草案等行使表决权的配套规则的修订完善，比如最佳利益规则、绝对顺位规则等。另外，基于当前信息化的快速发展，对于非现场方式的债权人会议表决机制也需要通过立法予以明确。

最后，债权人的监督权需要加强。从被监督的主体上看，债权人的监督权可以区分为对债权人会议、债权人委员会的监督、对管理人的监督和对人民法院的监督等。监督权还体现为当债权人的权益受到侵害时，法律是否提供了充分、有效的救济途径。《企业破产法》第 64 条规定了债权人申请撤销债权人会议决议的内容，“债权人认为债权人会议的决议违反法律规定，损害其利益的，可以自债权人会议作出决议之日起十五日内，请求人民法院裁定撤销该决议，责令债权人会议依法重新作出决议”。申请撤销债权人会议决议的权利需要与破产程序的推进做好协调衔接，因为债权人会议的决议很可能在撤销之前就已经开始履行了，第三方也可能已经基于对债权人会议决议的信赖而善意地参与了交易并取得相应权利，债权人会议一旦撤销，相关当事人的权利如何救济值得研究。因此，在完善债权人监督权的制度设计中，需要理顺上下级法院之间的审判监督、权益保障与破产程序推进的不可逆性之间的关系。

**（五）进一步完善重整相关制度规定**

与破产清算程序的法定性、强制性更为突出相比，重整程序更强调债权人、重整意向投资人的意思自治。对于重大破产重整尤其是上市公司重整案件，应当充分发挥市场的资源配置、价值发现作用，完善规则，精细化审理，妥善平衡职工债权人、供应商债权人、金融债权、债务人企业高管、股东等利害关系人权益，保存企业营运价值，促进社会生产力的发展。完善重整制度的重点主要有以下三个方面：

第一，关于重整的适用范围。从国外立法及实践看，基于重整程序具有历时较长、程序比较复杂、社会成本较高的特点，因此通常适用于股份有限公司、金融机构以及规模较大、对国计民生有重要影响的大型有限公司。从实施效果看，重整程序也并非优化资源配置的唯一手段，尤其在中央提出“严格控制增量，防止新的产能过剩”的要求下，破产清算在淘汰落后产能方面的作用同样值得重视，甚至不可替代。《企业破产法》虽然没有对重整程序的适用主体进行限制，但从避免滥用重整程序带来资源浪费以及防止利用重整程序逃废债务给债权人利益造成更大损害等角度考虑，应当强调，重整程序的适用应当建立在企业具有挽救价值和挽救可能性的基础上。

第二,关于重整控制权。《企业破产法》第 73 条关于“在重整期间,经债务人申请,人民法院批准,债务人可以在管理人的监督下自行管理财产和营业事务”的规定,明确了管理人在企业破产重整期间的主要控制权主体地位。这一方面赋予管理人介入企业经营的职权,有利于保证客观公正地对债务人财产管理和处分;另一方面也有利于对企业在破产嫌疑期间所发生的交易行为进行彻底审查,追讨不当减少的债务人财产。但是,重整不仅仅是公平地分配破产财产、清偿债务,更重要的是由企业的利益相关者,即债务人、债权人及重组方等市场主体通过协商、博弈,依据损失共担、收益共享的原则拯救企业。从实践来看,由于重整事务的复杂性、涉及业务的多面性,目前以律师事务所、会计师事务所为主体的管理人,在办理大型企业重整案件时,常常面临履职能力与重整事务要求不相匹配的难题。对此,一方面需要通过调整管理人结构、增强管理人业务能力加以解决;另一方面也要通过完善债务人自行管理机制,丰富企业重整控制权的主体,建立更加符合市场化需求的重整控制权分配机制,从而促进重整成功。

第三,关于强制批准重整计划草案的条件。由于重整程序本质上是债权人、债务人、出资人甚至战略投资人多方主体谈判博弈的平台,因此如何平衡上述主体之间的利益冲突,成为法院裁定批准重整计划的关键。《企业破产法》第 87 条既是法院强制批准的标准,也是各方博弈的底线。由于该条规定的原则性,在客观上为法院运用强制批准提供了非常广泛的自由裁量权。但是强制批准作为司法公权力对当事人自治的强行干预,应当慎重使用。在法院强制批准重整计划时,必须严格遵守债权人利益最大化、公平对待以及绝对优先三项原则。在具体适用时,应当特别关注同意表决组中持反对意见的债权人的利益保护,确保其在重整中获得的利益不低于清算利益。在是否应当对股东权益进行调整以及如何调整的问题上,不但需要考虑企业进入重整程序的原因,还要合理评估企业价值,确定股东权益的真实价值,以确保对股东权益调整的公平、公正。

此外,《全国法院破产审判工作会议纪要》第 18 条规定确需强制批准重整计划草案的,重整计划草案除应当符合《企业破产法》第 87 条第 2 款规定外,如债权人分多组的,还应当至少有一组已经通过重整计划草案,即规定了最少组别通过原则。《最高人民法院关于适用〈中华人民共和国企业破产法〉若干问题的规定(三)》第 11 条第 2 款进一步对重整计划草案表决机制进行了调整,明确规定只有权益因重整计划草案受到调整或影响的利害关系人才有资格参加表决,权益未受调整或影响的利害关系人不参加表决,从而促进表决程序的高效性与结果的合理性,并在一定程度上有助于提高强制批准的门槛,减少适用强制批准的情形。这些规定也可适时吸收到《企业破产法》的修改当中。

对于重整计划的强制批准,除了规定实体要件外,程序上亦有进一步改善的空间。可以增加规定对法院强制批准通过重整计划草案裁定的上诉机制,以加强上一级法院的监督,更好地保障当事人权益,防止强裁权的滥用。

第四,关于预重整。为克服传统重整制度成本高、时间长、程序烦琐等不足,英美等破产法治发达国家经过实践探索,发展出了一套将法庭外重组与法庭内重整优势相结合、有利于节约重整成本、提高重整效率的新型企业拯救模式,我国业界称为“预重整”。由于预重整兼顾了当事人的自由意志和司法程序的强制性,有利于节约庭内重整时间,提高重整效率,因此已经得到了司法实践的高度重视,实务中出现了一批通过预重整拯救企业的案例。预重整的通常操作方式是:在企业正式进入重整程序之前,先由债权人与债务人、出资人等利害关系人通过庭外商业谈判,拟定重组方案;重整程序启动后,可以重组方案为依据拟定重整计划草案,提交人民法院依法审查批准。人民法院受理重整申请前,债务人和部分债权人已经达成的有关协议,与重整程序中制作的重整计划草案内容一致的,有关债权人对该重整计划草案视为同意,不再实际参与表决。但上述协议内容在表决前进行了修改并且对有关债权人不利的,或者存在足以影响有关债权人利益的重大事由的,受到影响的债权人应当按照《企业破产法》的规定重新进行表决。《企业破产法》修改过程中,需要给司法实践中创制的预重整制度提供法律支撑,预留空间,以便完善庭外重组与庭内重整的衔接机制。

### (六)建立破产简易程序

从审判实践的角度看,清算案件中“无产可破”或者仅有少量破产财产的破产案件数量占据相当高的比例,审判实践对于破产案件简易审理的制度需求日益强烈。广东高院的报告显示,深圳中院受理的破产案件中,中小微企业约占 85%。近年来,无产可破案件比例较高,在“僵尸企业”破产及执转破案件中占比超过 70%。上海市高级人民法院的统计数据则显示,从 2007 年 6 月破产法实施以来,破产清算案件审理周期普遍超过 300 天,仅有 2017 年审理天数低于 300 天,为 234 天,破产重整案件审理周期更长。因此,构建简易破产程序既可以有效贯彻多元化纠纷解决和程序繁简分流的要求,又可有效应对破产程序的司法总体需求和企业破产法适用范围的扩容需求,对于提升破产程序效率、更好实现相关主体的利益、优化司法资源配置、完善我国破产法律制度具有重要意义。

从国外立法情况看,设立破产案件的简易审理程序已是其他国家地区的普遍做法,如德国、英国、日本、瑞士、美国等国的破产制度中均对破产简易审理程序作出了规定。英国简易破产程序的主要特点包括适用范围、期限等,英国新破产法大大缩短了破产案件的审理期间,以更方便的程序处理破产财产,提高效率。以前企业破产案件的审理期间大约为 3 年,现在通常为 1 年,甚至更短,尤其是官方管理人负责的案件。《德国破产法》第九部分消费者破产程序和其他小额程序的第三章对简易破产程序作了专门规定,其主要内容包括破产申请程序的接受、简化一般程序、简化财产分配制度等。

《全国法院破产审判工作会议纪要》已经明确要求建立破产案件审理的繁简分流机制。据统计,全国已经有 28 家法院出台了破产案件简易审理的业务文件,包括 8 家高级人民法院、13 家中级人民法院和 7 家基层人民法院,这为《企业破产法》修改中单独设立破产简易程序提供了较为坚实的实践基础。下一步的具体制度设计中,需要统一明确简易程序的适用对象,对于债权人数和债务人企业资产较少、债权债务关系明晰、债务人财产状况清楚的破产清算案件,可着重通过缩短程序时间、简化流程、加大公告送达等信息化应用力度的方式加快审理,并从审判组织、管理人形式、债权申报、信息化的送达方式、破产财产的处置和分配等方面构建简易化的审理环节。

**(七)探索建立个人破产制度,进一步扩大破产制度适用主体,完善破产法律制度体系**

破产作为一种经济现象,是商品经济条件下市场竞争的必然产物,应当允许所有不能清偿债务的自然人、法人均可通过破产程序实现救济,并保障债权人的公平清偿。在我国,个人破产制度的建立具有现实意义。在市场经济条件下,自然人越来越多地参与市场活动,市场主体的竞争、股票期货市场交易、银行按揭贷款等因素常常使个人陷入债务危机,无力清偿到期债务。此外,近年来,中小民营企业由于治理结构不规范,股东或实际控制人的个人财产与公司企业财产往往出现混同或者交叉担保现象,资金链断裂引发企业陷入支付不能困境后,股东等实际控制人也因此背负巨额债务。个人破产制度的缺位,不但影响了股东等实际控制人申请破产的积极性,也不利于帮助中小民营企业主早日从创业失败的困境中东山再起,由此带来的企业主逃避债务损害债权人利益、资本外流等现象,极大扰乱市场经济秩序、扩大了人们对投资创业失败的畏惧观念,不利于鼓励投资者参与投资、创业,发挥人力资本的作用。因此,建立个人破产制度、统一破产法的适用,是社会主义市场经济进一步发展的需要,对于平衡保护债权人和债务人的利益,弥补民事诉讼个人财产执行制度的不足,完善市场经济法律体系具有重要意义。建议在此次破产法修订过程中,积极研究探索以专章形式增加个人破产制度问题。

当然,个人破产制度的建立还有很多需要研究解决的问题。具体而言,在我国建立个人破产制度首先要考虑的是适用范围的问题,即是否要区分商人与非商人或经营者与消费者。目前从国外立法情况来看,多数国家对此不再严格区分,而是将个人破产制度适用于所有自然人,如日本;但通常对破产财产状态与破产原因有严格的要求,例如,在德国法上,对于个体经营者,仅在财产状况清晰、债权债务关系简单时,方可适用个人破产程序。① 未来我国进行立法选择时,可以考虑适当进行区分,分别设计不同规则。另外,破产免责制度作为个人破产制度的重要内容之一,是随着破产法开始注重保护债务人利益后逐渐出现,但也成为担心债务人借此"逃债"的主要根源,因此,设立个人破产制度需要确立有效的机制,防止该制度被债务人滥用,损害债权人的利益,进而破坏信用交易。参酌国外立法例,法律在赋予债务人免责可能性的同时,也对剩余债务的免除进行了严格的限制,申请个人破产需要充分地披露个人财产、收入状况,个人破产制度并不必然带来剩余债务的免除,以避免债务人借破产逃债的可能性。此外,个人破产制度还包括对自由财产的界定,以保障债务人今后的基本生活需要;继续完善个人信用制度,确立失权和复权制度等。由于个人破产制度涉及面广,影响力大,和其他相关制度联系紧密,因此个人破产立法具有牵一发而动全身的效果,需要理论和实务部门进一步加强研究,全面分析论证,必要时甚至可以开展一定的试点,以便为立法提供坚实的理论基础和实践经验。

### (八)建立关联企业破产制度

随着社会经济的发展,企业的功能不再由单一的企业个体来实现,而是越来越多地由多个不同形态的企业组成的企业联合体来共同实现,关联企业和企业集团已成为一种重要的经济现象,并且日趋复杂化和国际化。对关联企业和企业集团的调整也成为包括公司法、破产法等在内的诸多法律部门的共同任务。近年来,随着企业破产案件日益增多,破产程序中如何处理破产企业的关联企业,公平保护破产债权人,有效化解社会矛盾,也成为摆在实务界和理论界人士面前重要的课题。

---

① 《德国破产法》第304条第1款规定:"债务人为不从事或不曾从事独立经济活动的自然人的,以本章中未作出另外的规定为限,适用破产程序的一般规定。债务人曾经从事独立经济活动的,以其财务状况明晰并且以该债务人不存在因劳动关系所生的债务为限,适用本款第1句。"第2款规定:"只在破产申请提出时,债务人的债权人人数少于二十的情形,方为本条第1款第2句规定的财产状况明晰。"《美国破产法》中的清算程序被规定在第7章,该章适用于所有的"人",根据该法第101条第41款的规定,这里的"人"包括自然人、合伙和公司等法人。也就是说,该章既适用于企业破产也适用于个人破产。转引自许德凤:《论个人破产免责制度》,载《中外法学》2011年第4期。

按照目前企业破产法的立法理念及相关司法解释的规定，破产程序通常只单一适用于单独的企业。但是关联企业之间和企业集团内部之间经济利益一体化现象较为普遍，其破产处理比一般企业破产复杂得多，如果适用传统单独破产原则，不利于债权人的公平保护，而且造成效率低下，案件久拖不决，破产成本巨大。目前我国破产审判实践中已经利用实体合并规则对关联企业破产案件进行处理，但由于一直缺乏统一的制度规定，导致各地法院对适用关联企业合并破产的条件把握和具体做法上存在差异。针对实践需求，早在 2012 年最高人民法院民二庭即对此展开调研并形成了一定的调研成果。《全国法院破产审判工作会议纪要》第 32 条至第 39 条针对“关联企业破产”问题作出了一定回应。但从法律效力、规则体系等角度言，还远远不够。在破产法修改过程中，需要从申请主体、合并破产类型、适用标准、管辖、债权人异议救济等方面对关联企业合并破产问题作出规定，以弥补现行立法空白，建立系统完善的关联企业合并破产法律制度。

### (九)健全跨境破产规则

《企业破产法》关于跨境破产问题仅在第 5 条一个条文作了规定，这种概括的规定已经不能满足实践发展的需要。在我国推进“一带一路”国际合作的大背景下，完善跨境破产法律制度，对于依法妥善化解“一带一路”建设过程中产生的债权债务问题，平等保护中外当事人合法权益，营造公平公正的营商环境，推动建设开放型世界经济具有重要意义。

跨境破产专业性强，对法官专业能力要求较高，涉及与域外法院的沟通协调，立法完善时至少应对以下问题进行明确：(1)受理法院级别。(2)具体受理法院。(3)是否应赋予外国破产管理人直接向我国法院提出申请权利及关于“外国主要程序”的判断和外国平行程序的处理。(4)关于主要程序的识别问题。(5)关于我国债权人合法权益保护问题。(6)关于互惠问题。

### (十)修改和完善破产配套法律制度

破产不仅是一个法律问题，同时也是一个经济问题和社会问题。破产法的有效实施，破产制度功能的充分发挥，不仅需要破产法自身修改完善，而且还需要税法、公司法、民法典、劳动法、社会保障法等相关配套法律制度的共同完善、同步推进。当前实践中，破产法与税法的冲突协调问题尤为突出，建议此次修订时，能够统筹考虑，重点解决。

## 五、结语

改革开放以来，我国破产立法经过四十多年的不断探索，逐步趋于完善，当前已经形成了与社会主义市场经济要求基本适应的破产法律制度体系。全国法院通过实施破产法,妥善审理了数以万计的破产案件,为企业改制、经济转型、社会发展作出了积极贡献,在生动丰富的破产审判实践中诠释彰显了破产制度对市场经济发展的促进作用和保障价值。然而社会在不断的变革之中,因此,破产法也不可能一成不变,需要对其评估,确保破产法满足当前的需要。当前,中国特色社会主义进入了新时代,在新发展理念的指引下,我国社会主义市场经济也由高速增长转向高质量发展阶段,供给侧结构性改革的推进,“僵尸企业”的清理,对破产法治建设提出了新的要求,破产法的改革完善又站在了一个新的历史起点。身处伟大的时代,我们将亲身见证并积极参与破产法治的变革,自当承担历史赋予我们的使命,全身心投入破产法理论研究,积极实践探索,群策群力,为我国破产法的改革发展完善作出新的更大的贡献。

# 《企业破产法》实施情况的评估报告*

最高人民法院、中国政法大学破产法与企业重组研究中心

《企业破产法》自 2007 年 6 月 1 日起实施已逾十年，十年间经济社会发展与司法实践的积累，为《企业破产法》相关制度和理念的进一步完善提供了充分的理论与实践基础。2018 年 9 月全国人大常委会公布立法规划，将《企业破产法》的修改纳入“需要抓紧工作、条件成熟时提请审议”的第二类项目当中。2019 年 3 月，全国人大财经委决定对《企业破产法》等五部法律开展法律实施评估。根据《全国人大财经委关于开展法律实施情况评估工作的方案》，最高人民法院负责配合全国人大财经委对破产法实施情况进行全面评估。

最高人民法院党组对该项工作高度重视，为了加强组织领导，保障评估工作顺利开展，专门拟定了《评估工作方案（稿）》，报请全国人大财经委。根据工作方案，最高人民法院组成由审判委员会专职委员刘贵祥担任组长，民二庭相关领导和同志、部分高院同志参加的评估工作小组；并采用联合评估的方式，由最高人民法院民二庭和中国政法大学破产法与企业重组研究中心组成破产法实施评估课题组，负责具体评估工作，形成本报告。

## 一、《企业破产法》实施的总体情况和效果

### （一）全国法院受理的破产案件数量和类型情况

《企业破产法》实施的十余年里，法院审理破产案件不断增加，破产案件案由分布日益多样，法律条文应用频率持续提高，《企业破产法》日益成为市场经济发展的助推器。

---

* 本报告在编辑过程中有所精简。——编者注

从破产案件数量来看,2005 年至 2017 年审结的案例数量逐年增加,2012 年至 2017 年增幅较大,特别是十八届三中全会以来,全面深化改革措施稳步推进,供给侧结构性改革的展开,“执行难”攻坚战的打响,为法院审理破产案件数量提供了重要的背景依托,其中 2013 年至 2014 年增幅达到 300%,2015 年至 2016 年增幅达到 51%,2018 年达到 11,669 件,为历史最高值。

从破产案件受理的地域分布来看,近年来普遍集中于浙江、江苏、广东三个省份。以 2018 年为例,上述三个省份受理的案件总量为 4323 件,占到总量的 45%,将近一半。

从破产程序类型的适用情况看,破产清算程序被适用的比例明显高于重整及和解。以近五年数据为例,全国法院受理的破产案件中,清算案件占据绝对比重,分别为 86.8%、84.2%、86.1%、88.4%、90.7%;重整案件占比分别为 12.7%、14%、13.2%、11.1%、9.1%;和解案件占比分别为 0.5%、1.8%、0.7%、0.5%、0.2%。

从破产案件的案由分布统计来看,申请破产清算案例最多,约 1.5 万件,总占比约 41%;其次是破产债权确认纠纷案例,有 9127 件,对外追收债权纠纷排名第三,为 5127 件;破产抵销权纠纷案例最少,仅有 2 件。

关于《企业破产法》法条具体应用次数的统计表明,应用数量达 1000 例案件以上的法条有 17 条,依次是第 2 条、第 46 条、第 7 条、第 21 条、第 3 条、第 10 条、第 58 条、第 48 条、第 25 条、第 19 条、第 18 条、第 113 条、第 107 条、第 32 条、第 44 条、第 20 条、第 120 条。其中,被应用最多的是第 2 条,共 5491 件。

**(二)《企业破产法》实施过程中呈现的特点**

“徒法不足以自行”,破产法的有效实施,离不开破产原因、破产申请和破产受理这三个必要条件,其中,破产原因是客观存在的法律事实,破产申请是市场主体主观自愿寻求破产救济行为,受理破产申请是破产法赋予法院的职责。唯有三个条件同时具备,市场化破产需求才能转化为实际破产来满足这种需求。三个必要条件的相互作用使《企业破产法》十余年的实施历程呈现出了以下特点:

第一,《企业破产法》实施的环境是供给侧结构性改革背景下的破产制度实施。与十年前截然不同,当前《企业破产法》实施的重要背景,一是全球经济形势的变化;二是国内供给侧结构性改革进入到关键阶段,“僵尸企业”的处置、降杠杆等工作进入深水区。一部好的《企业破产法》能否有效实施,与我国的供给侧结构性改革、市场经济体系的建立紧密联系,破产法自身在整个市场经济体制中的基本法功效和作用日趋凸显。

第二,专业化队伍的建设需求与日俱增。专门的破产管理人团队和破产审判队伍的建设,强调管理人的职业素养和专业道德、破产法官的专业化审理和整个审判机构的专业化。管理人团队的专业化、审判队伍专业化、审判程序规范化、裁判规则标准化、绩效考评科学化对破产法的进一步完善提出了新的要求。

第三,破产案件的类型更加复杂,法律的关系更加多元。当前破产审判中出现很多上市公司的破产重整案件、关联企业破产问题、房地产企业的破产问题,涉及的债务金额、债权人数量巨大,法律关系复杂。例如,渤海钢铁集团破产案件,债务达到约2000亿元之巨,债权银行有105家,其关联企业有60多家,职工数万人。此类案件得到了业界的广泛关注,既与现在的去产能、整个中美贸易摩擦和企业的降杠杆密切相关,还涉及处置各种不良资产等技术性问题,其背后涉及各种复杂的破产法律关系值得深入的研究。

第四,破产审理的技术性、程序性更强、更复杂。与40年前相比,现在很多破产案件中出现一些新型的公司治理结构、股权结构,资产证券化等新情况,面临着大量关联企业合并破产问题是实质合并还是形式上的合并的认定问题、庭外与庭内重组衔接问题、执行程序转破产程序等问题,技术性、专业性强,对程序的要求也相应增强,都需要复杂的法律技术和立法设计的支持。

第五,破产审判实践仍然需要政府的政策性支持和其他部门法的配合。一方面,当前破产案件审理中多用到一些金融工具,包括债转股、资产证券化中的破产隔离、金融机构破产重整等,需要综合性的政策;另一方面,随着破产案件的增多,配套法律制度不健全、不完善的问题日益明显,原来的很多法律,包括行政管理上的很多程序规定,都是针对正常经营状态的企业,很少考虑或针对企业破产的情形。当企业破产逐渐成为一种常态的情况下,需要前端的社会治理和法律制度作出相应的变革。

## 二、《企业破产法》实施的质量和效益分析

为进一步考察法律文本中体现的立法目的是否合法、合理,以及制度设计是否能实现立法目的,课题组专门就现行破产清算、重整、和解三大程序的运行和成本收益,并形成《破产法立法质量与成本收益评估报告》,本部分就其中的重点问题予以说明。需要重视的是,立法质量与法律的实施应区分对待,法律是否完善要通过法律的实施效果鉴定,但反过来实施环节中的实际困难也会影响立法目的的实现,而后者并非法律文本的问题。

### (一)三大破产程序运行的质量分析

《企业破产法》全面涵盖了清算、和解、重整、自行管理等各类破产救济制度,制

度供给充足,并与我国国情相符合。自实施以来,《企业破产法》对健全我国市场经济体制发挥着不可替代的作用,成为市场竞争优胜劣汰、困境企业拯救再生的制度保障。《企业破产法》的作用和影响随着配套司法硬件的逐渐完善、社会商业文化的逐渐进步,日趋显著。但数据显示,2018 年市场监管总局公布的全国注销企业数量为 181.35 万家,全国法院新收强制清算与破产类案件 18,823 件,刨除其中的重整案件,适用破产程序的企业占所有退出市场企业的比例不足 1%,行政注销的企业数量远远大于破产清算的企业数量。破产法的三大程序距离充分发挥其立法目的仍然任重道远。

1. 破产财产匮乏是清算程序实现其立法目的主要障碍。清算程序的立法目的在于保护债权人、阻断债务危机。从近几年的数据变化看,清算工作有着巨大的进展,为市场经济清除冗杂实现出清发挥着非常积极的作用。但是清算程序往往因破产财产匮乏而陷入"破产的破产",对债权人保护乏力,进而影响了当事人适用程序的积极性。

从各方面数据来看,当前清算程序的主要问题在于普通债权清偿率低。以江苏市吴江区法院的破产审判工作为例,2018 年吴江区审结的破产案件 61 件,其中破产清算案件的普通债权平均清偿率仅为 4.03%,清偿率为零的案件达 29 件。据北京市高级人民法院统计,北京市进入破产清算的企业 30% 以上是无产可破的企业。数据同时显示,普通债权清偿率低的症结在于债务人不愿申请破产保护。仍以吴江区法院为例,其 2018 年受理的 85 件案件中,债权人直接申请或申请执行人同意移送破产审查的为 83 件。反映出债务人股东或实际控制人担心被追究出资不实、侵占资产、关联交易等行为的责任,怠于履行清算义务,惧于寻求破产保护。

破产财产匮乏的主要原因并非法律本身,而是社会商业习惯对破产程序的抵触。需要加强法律的贯彻实施,在实施环节可以考虑如何缩减审判期、降低清算程序带来的诉讼成本,在当前的社会信用水平下尽最大可能去保护债权人的利益,逐渐改变社会对清算程序的制度预期,让清算程序真正成为市场重建信心的基石。

2. 重整程序呈现逆向选择趋势。重整程序是 2007 年《企业破产法》引入的全新制度,其立法目的是尽量让企业重生而不是分解拍卖,维护企业财产的整体经济价值,并在更高层面实现对社会利益的保护。

从现实数据来看,随着外部经济环境的变化、相关政策的变动等,我国至今仍只有 54 家上市公司实施重整,这一数量在全部 A 股市场占比几乎忽略不计。从数据的分布来看,近年来,随着全国法院受理的各类破产案件数量持续上升,其中重整案件所占比例仍然较低。这与社科院国家金融与发展实验室提供的我国非金融企业部门杠杆率的变动数据成逆向运动。从理论上讲,重整因为较高地保留了企业的完整性和资产价值、提高了债权人在未来的清偿预期,并能够很大程度地保护企业原股东和管理层的利益,因而在破产危机发生后,与其继续增加负债、勉力维持、深陷债务负担的泥沼,提早选择重整对于企业来说成本更低,收益更高。然而在近几年经济下行、贷款困难、债务危机大增的背景下,企业更多选择的是继续增加杠杆率而非重整制度。这表明,目前的重整制度不能向企业的行为选择提供一个有效的经济激励,立法目的的实现程度较低。

3. 破产和解的运用极为稀少。在我国的司法实践中,目前和解案件的数量在全部破产案件中的占比极小,自 2007 年以来,每年适用和解的案件数量平均不超过两位数。以浙江省 2017 年的破产工作数据为例,全省法院共受理破产申请审查案件 2006 件,法院经审查后正式立案受理破产案件 1626 件,其中破产清算 1587 件、破产重整 38 件,而破产和解仅为 1 件,和解案件占总受理案件比例约为 0.6‰。在我们的调研中,关于和解程序适用的问题,343 位受访法官中 243 位回答从未适用过和解程序,378 位受访管理人中 259 位回答从未参与过和解程序。其余的受访者的绝大多参与和解程序的案件数量小于 3 件。

**(二)司法工作框架的运行情况评估**

破产法的司法工作框架是破产程序公正有效的基础。按照《企业破产法》的规定和实际工作的一般流程可以分为破产申请的受理、破产管理人的指定、债务人财产的保护、三大破产程序的裁定以及执转破等环节,对其运行情况的评估主要体现在法院审理破产案件的周期上。

1. 受理审查期限和机制带来的隐性诉讼成本较高。根据《企业破产法》第 10 条的规定,最长在 37 天时间内法院必须完成破产原因的查明,判断是否有足以承担破产费用的破产财产,以及为案件指定合适的管理人。在调研中发现,70% 以上的受访法官认为裁定破产申请的时间并不足甚至过短,从未发生破产程序开始后诉讼成本过大、财产极为匮乏的法官只有 20 人,管理人只有 14 人。法官问卷中认为较为频繁的达到 160 人,管理人问卷中认为较为频繁的是 185 人。数据说明,因裁定期限过短和审查形式不明确对后续程序带来的不利影响。如果法官能在前置程序查明企业的基本情况,对于已无财产破产的企业采取简易程序等方案可以大量节约诉讼成本。此外,在调研中大部分法官和管理人认为在法院在收到申请后,增设委任临时管理人,实质审查破产原因是否成立,会有效降低诉讼成本和无产可破案件的发生概率,并且可以实现提前分流,对于已无财产破产的企业采取简易程序等方案,大大改善破产案件的审理效率。

2.《企业破产法》第 19 条规定难以落实,严重影响破产程序的推进和债务人财产的归集。《企业破产法》第 19 条规定,人民法院受理破产申请后,有关债务人财产的保全措施应当解除,执行程序应当中止。此条规定对于保护债务人财产与债权人公平受偿均具有重要意义。但这一条文在执行中遇到较大障碍:一是受理破产案件的法院在解封解压时,往往得不到其他法院的配合,要做大量的协调工作;二是有些对债务人财产采取了保全措施的机关仅将破产理解为破产清算程序,从而拒绝在重整、和解程序中给予解封,或者将“保全措施”理解为诉讼保全措施,不适用于公安机关、行政机关对财产进行的查封措施。上述问题严重影响了破产程序推进的效率,增加法院之间、法院与其他部门之间的协调成本。

对此,调研中提出的主要建议是赋予受理破产案件的人民法院自行解除查封的权力,从而避免当前法院需要协调其他查封扣押机关的被动局面。另外有一种折中的建议是认为可以写明,如果不予解封的,破产案件对财产的处置结果优先于其他财产处置程序。此外,调研中也有人提出,目前的破产保全措施是从破产申请受理时启动,而从申请到受理的审查期间最长可以达到 37 天,在这段时间内债务人财产有可能得不到充分保护,建议将破产保全措施的时间节点提前到破产申请时。

3. 资产处置周期长是目前导致破产案件审理周期长的最主要因素。根据上海市浦东区人民法院的统计,2011 ~ 2013 年审结的 28 件破产清算案件平均审理周期为 347 天。2012 ~ 2016 年,绍兴市柯桥区法院共受理企业破产清算案件 49 件,已审结 10 件,平均审理天数为 709.6 天,其中最长的审理时间为 1280 天,最短的为 549 天,具体程序进展平均时程为:从接受申请材料至裁定立案受理(审查申请、选定管理人期间)为 26.1 天;立案受理申请至第一次债权人会议(公告、申报债权期间)为 79.4 天;第一次债权人会议至裁定宣告破产(审计评估期间)为 105.8 天;而宣告破产至第二次债权人会议(资产处置期间)为 498.3 天,即资产处置平均时程占破产案件审理平均时程的 70.2%,资产核查与处置周期长是目前导致破产案件审理周期长的最主要因素。

造成资产核查与处置困难的一个重要的制度性缺陷是破产财产的资产结构复杂、租赁经营的现象普遍。有证厂房与无证厂房混同,房产与土地权属不统一。这些资产的核查处置涉及众多政府部门的大量协调工作,没有一定级别的牵头部门推进,没有统一的对接部门,该项工作难以进行,需要为法院和政府的有效联动制定稳定的法治框架,在法治化的要求下各司其职。

4. 债权人缺乏积极性影响了“执转破”工作进行。“执转破”是指将执行程序中符合破产条件的企业法人依法转入破产程序,近年来逐渐成为一种常规的法院工作机制,成为全面推进破产审判工作的有力抓手,也是破解“执行难”的重要举措。值得关注的是,“执转破”效率的地区差异性巨大,成功“执转破”的案件集中在上海、江浙、广东一带,“执转破”已经成为启动破产程序的主要途径;而此外的地区“执转破”效率却比较低,很大程度上,债权人不同意影响了执转破的效率。为了解决上述困难,“执转破”是否可以由法院依职权启动是争议很大且广受关注的问题,调研中法官们分歧很大,183 人支持法官依职权将执行不能作为理由启动破产,146 人持反对意见。这一争议涉及的破产法基本诉讼原理亟待讨论和解决。

**(三)破产管理制度的运行情况评估**

1. 清算组依然是管理人的主要类型。《企业破产法》虽然引入了主要由中介机构担任的管理人制度,但仍然保留了清算组作为管理人的形式,实践显示清算组依然是管理人的主要类型。以上海市法院的数据为例,从机构类型担任管理人次数来看,自《企业破产法》实施以来,律师事务所、清算组、破产清算事务所、会计师事务所分别担任管理人 282 次、203 次、85 次、58 次。

清算组担任管理人,可以充分调动政府资源、协调破产案件进程,但也有对市场意志尊重不够的问题。调研中 237 位受访法官对清算组对破产程序的干预持否定态度,认为应尽量减少或不适用清算组的管理模式,占受访法官人数的 71%,形成了主导性的意见。而管理人的调研结果更加激进,有大量的管理人认为应当将清算组模式从破产法中取缔,共 304 位受访管理人认为应尽量减少或不适用清算组的管理模式,占受访者的 83%。考虑到清算组模式对国有企业破产的必要性,在新法中应保留清算组但对这种模式的适用加以严格的限制,并应探索让清算组更好地发挥管理人作用的工作机制。

2. 法院裁定受理破产申请同时指定管理人存在障碍。《企业破产法》第 13 条规定,人民法院裁定受理破产申请的,应当同时指定管理人。整体来看,裁定受理破产申请时“同时”指定管理人,对于有效防止债务人财产流失,保护债权人的利益有着重要的意义。但目前实践中尤其从法官群体的问卷反馈来看,做到“同时”指定尚有一定的困难。问卷调查显示,有 70% 的法官和 53% 的管理人认为法院在受理破产申请时,做不到“同时”指定管理人。这说明,裁定受理破产申请到管理人被指定并到位,依然有一定的时滞。从目前的实践情况来看,无法同时指定管理人的原因,一是管理人选任制度不健全,各地以高院、中院为主导的管理人选任制度,在选任方面有较大差别,不同地方的法官、管理人对此感受也有较大差别;二是按照现行管理人选任模式,都需要抽签、摇号、竞标或排队,再加上评审周期,而且这些工作必须法院裁定受理后才能完成,自然带来一定的时滞。

3. 管理人选任模式有待改进。关于目前选任管理人机制是否合理的问题,法官回卷数据中,共发放389份问卷,有效回答382份,其中认为合理的有49人,认为不合理的有46人,287人认为需要进一步改进。由此可以看出,我国目前选任破产管理人机制方面在实践中还有待完善,现行管理人选任机制不够合理,通过排队、抽签选任的管理人和破产企业未必相匹配。

调查问卷表明,在实践中,无论是法官还是管理人,都认为先召开债权人会议,由债权人会议选任管理人方案不可行。一方面是由于债权人可能难以形成一致的意见,造成效率低下的问题;另一方面可能存在大债权人利用其优势地位,左右管理人的选择。因此目前实践中,无论是管理人还是法院,都不支持先召开债权人会议选任管理人的方式。

针对管理人问卷关于"您认为当前的破产管理人选任制度中存在的问题有哪些"的问题回答中,70份问卷认为法院和政府影响管理人选任;173份问卷认为轮候、摇号违反市场规律;143份问卷认为管理人良莠不齐。

**(四)《企业破产法》成本收益评估**

法律实施效果评估侧重于考察法律的实施在实践中产生效用,对国民经济与社会观念的影响。这部分的评价主要通过数据统计与成本效益分析完成,具体而言,落脚于债权人的破产回收率,破产回收率越高,能够反映出破产法实施的效率越高。但破产财产的匮乏会严重影响债权人的破产回收率,而破产财产匮乏并非破产的制度内成本,而是破产法实施的社会成本。解决这一问题一方面应通过立法、修法尽量改善破产法对利益相关方的制度激励,但更多地应在于加强破产法的实施,降低实施成本,提高制度稳定性逐渐改善社会的制度。

1. 关于世界银行回收率分析。世界银行的营商环境框架评价体系给出了一种回收率的理解方式,即按债权人通过重组、清算或债务执行(抵押物没收或破产)等法律行动收回的债务占债务额的百分比来记录,由时间、成本、财产处置结果(整体出让或零散出售)等数据套用函数计算得出。但其回收率计算并非是统计中国法院办理破产案件的实际情况得出的,而是按照世行假设案例中的条件,答卷人结合中国法律规定和破产案件处理经验对设问作答后得出的。

近年来,世界银行报告中显示我国办理破产的"回收率"仅为36.9%(相当于1美元债权最终收回36.9美分),仅略高于亚太地区平均水平(35.5%),不到全球最佳实践者("办理破产"指标排名第一)的一半(全球最佳实践者日本为93.45%)。其中涉及的成本大约占破产企业财产价值的22%,包括诉讼费(0.5%)、律师费(5%~10%)、通知与公布费用(1%)、破产代表费(5%~10%)、会计、评估员、检查人员和其他专业人员费用(7%)、拍卖商费用(1% ~5%)以及服务提供者和/或政府征税费用(5%)。

虽然世行的分析框架并不是从真实的案例出发统计具体的破产成本,但其中有借鉴意义的一个重要参数是财产处置结果是否保持企业持续经营,其对于回收率的高低产生直接影响。目前我国很多地方法院在启动破产程序之后都尝试“破产不停产”的处置方案,在结果上实现了对债权人清偿比例的提升。例如,2018 年4 月 19 日绍兴中院受理的诸暨雅迪纤维破产案中,法院批准雅迪纤维在不停产的状态下,完成资产的处置与交付。买受人清荣公司完成了与雅迪纤维全体员工的劳动合同签订工作。成功找到接盘人使公司留住了大量核心技术人才,500 余名职工的 1081 万余元职工债权得到 100% 清偿,新引进的战略投资者将继续投入数亿元资金进行产业结构升级。持续经营带来的收益会反映到破产财产之中,与此同时持续经营引起的成本也需要被考虑到成本分析之中。

2. 实际破产回收率的分析框架。世行的分析框架并不是从真实的案例出发统计具体的破产成本,但是法律评估必须是真实有效的,所以我们应将成本分为五大类:持续经营成本、法律行动成本、管理人成本、资产折旧成本,形成一个用于实际计算的破产收益率统计框架。通过这一框架的分析,对比不同地区案件,可以帮我们找出导致不同地区债权人破产回收率不同的具体参数(成本),并进一步追踪影响该参数的不同做法,以回收率和相应的成本为参照逐步改善破产法的立法和实施工作,促进破产法实施效率的提高。在目前回收的数据中较为全面地提供了各项成本的是浙江省的若干法院,目前仅通过浙江省若干法院的数据还不足以对全国的破产法实施情况作出评估,也仅能够做出一些初步的判断。

一是破产财产匮乏是影响破产法实施的重大问题。绍兴市法院 2016 ~ 2018 年审结的 204 宗破产案件中无产可破的 63 件,占比 30%;杭州市法院 2016 ~ 2018 年审结并且已清偿案件共计 259 件,其中无产可破 46 件,占比约为 18%;嘉兴市 2017 ~ 2018 审结的 92 件破产案件中 31 件无产或几乎无产可破,占比约为33.6%。破产财产匮乏的原因绝大部分并不来自法律文本本身,更多的是和社会信用水平、商业文化、民众的厌讼情绪有关。需要长期稳定的实施破产法,不断加强对债权人利益保护,持续提高债权人破产回收率来逐渐塑造有利市场经济健康发展的商业习惯和法律文化。

二是持续经营需要法庭监督。从成本参数与回收率的相关性来看,一般来说回收率越高的案件,法律行动成本和管理人薪酬也会相应增高。但存在一个很不稳定的参数——持续经营成本。在一些数据中持续经营换回了高回收率,但在另一些数据中,持续经营的成本过高反而降低了原本的回收率。例如,杭州申浙家禽有限公司的持续经营成本为100余万元,而总体债权回收率仅为1.97%,一般债权回收率仅为1.3%,持续经营明显是低效的。经营就存有风险,那么持续经营应该如何启动,管理层如何监督,如果发生了纠纷如何解决,就成为新的命题。在未来的新的立法中需要深入思考,建立起完整的法庭约束机制。

三是管理人报酬需要行业自律。从杭州市2016~2018年的破产数据来看,一般的规律是管理人薪酬与回收率和债权总额同时呈正相关关系。债权总额超过1亿元并且回收率超过均值的"双高"破产案件共计27件,在有产可破的案件中占比约为14.3%,这些案件中的管理人平均薪酬超过300万元。但是也发现债权总额不高,债权人回收率极低而管理人薪酬很高的个别案件。例如,杭州申浙家禽有限公司破产案件的债权总额为2400万元,总体债权回收率1.97%,普通债权的回收率为1.3%,然而其继续经营费用和管理人薪酬分别高达100万元和130万元。杭州富兴集团有限公司的普通债权回收率更是低至0.56%,但管理人薪酬却高达1360万元。

上海法院数据显示,管理人报酬占可供清偿财产总额的比例平均为4%。管理人平均取得报酬40.81万/件,其中,有报酬的案件数为263件,占58.4%,平均69.8万/件。无报酬的案件为187件,占41.6%。从整体趋势来看,无报酬的案件比例呈先升后降趋势,其中2013年管理人无报酬的案件比例高达55%。

从整体数据来看,管理人从事不同破产案件的报酬差异较大,在促进管理人报酬收取标准合理性的同时,也需要关注无产可破案件中管理人报酬的保障问题。同时,调研意见也反映,为了避免管理人利用信息不对称给债权人造成损害,法院监督与管理人协会自律是一种可能的选择,在问卷中也有法官和管理人建议此种模式。

## 三、《企业破产法》具体条文的主要问题和修改建议

从上述《企业破产法》实施及评估的情况来看,在提出具体修改建议之前,笔者认为《企业破产法》的修改有两个值得重点关注的基本问题。

第一,根据当前的实际情况,如何切实推进《企业破产法》的实施比《企业破产法》的修改更为迫切,至少同样迫切。其迫切性主要体现为两点:一是还有很大一部分应该通过破产程序依法退出市场的企业由于种种原因并未能依法进入到破产程序中来,从而导致市场经济中"僵尸"遍地,信用垃圾堆积。二是已经进入破产程序的案件因为种种原因,破产程序难以有效推进,《企业破产法》中的明文规定难以

落实。较为典型的是《企业破产法》第 19 条“人民法院受理破产申请后,有关债务人财产的保全措施应当解除,执行程序应当中止”的规定在审判实践中还存在很大的实施障碍。主要障碍是破产案件受理以后相关行政机关作出的保全措施解除困难,如海关、税收等相关部门作出的查封等措施,相关刑事程序中的查封、扣押、冻结措施解除的问题则更加突出。

第二,配套法律制度的完善和修改比《企业破产法》的修改更为迫切,至少同样迫切。较为典型的是《税收征收管理法》等税收方面实体和程序规定与破产法律规定的衔接。比如,业界已经讨论较多的破产程序中税收优先权与担保物权的冲突问题,当存在担保物权设定之前的税收债权时,是适用《税收征收管理法》第 45 条还是适用《企业破产法》第 109 条、第 113 条的规定?我们应当督促、协助政府尽快建立起完善的社会配套制度,如常态化的政府财政支持企业破产社会费用制度,建立职工工资保障基金、管理人报酬保障基金等制度,以及在工商管理、企业挽救融资制度、重整企业信用修复、破产企业税务合理调整、企业破产注销、企业档案保存管理等方面及时进行适应破产法市场化实施需要的改革,建立相应制度从根本上解决问题。

## 四、具体条文修改建议和典型案例

### (一)第一章“总则”部分

1. 扩大破产法适用范围,建立个人破产制度。个人破产制度是指作为债务人的自然人不能清偿其到期债务时,由法院依法宣告其破产,并对其财产进行清算和分配或者进行债务调整,对其债务进行豁免以及确定当事人在破产过程中权利义务关系的法律规范。在新的全球金融与经济环境下,在中国市场经济进入到关键阶段,加快个人破产法的起草进程具有重要性与必要性。

2. 管辖。在第 3 条地域管辖的基础上,吸收《最高人民法院关于审理企业破产案件若干问题的规定》第 1 条、第 2 条的内容,明确地域管辖和级别管辖。

此外,在关于设置专门的区域性破产法院集中管辖破产案件的设问中,4/5 的受访法官支持这一改革,认为不合理的仅有 75 人。认为设立区域性法院的优势根据支持率分别为:“有助于提高破产案件的受理效率,减少管辖权纠纷”(181 人),“破产案件的审理难度大,基层和中级法院处理困难”(151 人),“有效防止地方保护主义”(151 人)。管理人 424 份有效问卷中,304 份支持区域性破产法院的集中管辖方案,占比 71.69%。

### (二)第二章“申请和受理”部分

1. 建立依职权执行案件移送破产审查制度:由于执行转破产需要征求一方当事人同意,因此在当事人不同意的情况下,难以依职权直接移送,因此仍有部分符合破产原因的执行不能案件滞留执行程序。

2. 增加规定特定主体的破产申请义务:破产法实施过程中发现很多进入破产程序的企业均已长期亏损,资产大量损耗流失,债权人利益无法得到保护,甚至无法支付破产费用。为促使出现不能清偿到期债务情形的企业尽早申请进入破产程序,从而有效保护企业债务人财产,增加企业通过破产程序再生的可能,保护企业债权人利益,应参考国外立法例,增设债务人企业责任人破产申请义务。在破产法中增加规定出现破产原因的企业的董事、监事、高管等责任人有义务申请启动破产程序,如未及时申请破产程序导致债权人利益受损的,应当承担相应法律责任。调研问卷显示,80%左右的法官与管理人受访者同意增设企业责任人破产申请义务。

关于企业责任人破产申请义务,需要进一步深入研究的问题是:其一,产生破产申请义务的时间,是企业出现不能清偿到期债务的破产原因,还是企业要达到资不抵债。其二,企业责任人的范围除企业董事、监事、高管外,是否需要包括企业的控股股东、实际控制人。其三,企业责任人不履行破产申请义务,导致债权人损失,是单纯承担民事法律责任,还是应当进一步承担行政责任甚至刑事责任。

3. 第 8 条,申请时还应当提交“职工安置预案”,主要针对国有企业,具有较强的计划经济色彩,同时债务人不提交该材料也不能构成拒绝受理破产的理由,建议进行修改。

4. 第 10 条,增加对债务人或债务人有关人员下落不明送达方式的规定。建议明确债务人下落不明的,在“全国企业破产重整案件信息网”等相关网站或是在债务人住所地张贴公告即视为通知,并建议公告期限以 7 日为宜,不要求适用《民事诉讼法》关于 60 天公告期的规定。

另有法院提出,司法实践中,债务人会出现法定代表人下落不明、高管联系不上的情况,此种情况下,法院在 5 日内通知债务人并不可能,无形之中增加了破产案件的审理周期。建议将本条修改为:“债权人提出破产申请的,人民法院应当自收到申请之日起五日内通知债务人。人民法院应当自收到破产申请之日起二十五日内裁定是否受理。有特殊情况需要延长前两款规定的裁定受理期限的,经上一级人民法院批准,可以延长十五日。”

5. 第 15 条,以上规定对于破产企业的主要人员无疑是种约束,但是此种约束过于原则,在司法实践中不具有可操作性,例如,对于隐匿、私藏企业印章和账簿、文书等资料的行为，除了罚款、拘留等强制措施外，并无其他手段，相关人员私盖公章现象较多，很大程度上加大了破产案件的审理难度以及破产债权的审查难度，甚至导致破产重整的失败。故建议将上述条文增加一款“占有和管理债务人印章和账簿、文书等资料的相关人员，经人民法院、管理人通知交付，未在指定期限内交付的，经管理人申请，人民法院可以作出裁定后强制执行”。

6. 第 18 条，在实践中，就待履行合同反映出来的问题主要是：(1)哪些合同可以适用待履行合同挑拣权；(2)“履行完毕”的标准；(3)破产约定条款的效力；(4)待履行合同的转让是否允许；(5)继续履行的前提或条件该如何评价；(6)待履行合同解除的后果；(7)相对方拒绝履行的后果；(8)不确定期的处理。此外，目前理论和实务中争论的问题还集中于管理人的解除权是否应作适度限制？如何限制？关于第 18 条的修改，温州中院专门进行了研究，我们将研究报告作为附件三提交。

7. 第 19 条，该条虽明确规定法院受理破产申请后，有关债务人财产的保全措施应当解除，执行程序应当中止，但实际操作过程中，由于债务人财产的保全措施、执行案件由不同法院实施，同一标的物在不同案件中被查封或轮候查封，由作出保全措施的法院逐案解除保全措施，客观上难以一次性完整实现，且普遍存在外地法院或其他单位(其他可能采取保全措施的单位如公安、税收、海关等)不予配合的情况。

建议修法时明确破产受理时，之前的查封、冻结等保全措施自动失效，或者授予破产受理法院直接解除查封、扣押、冻结等保全措施的权力。与此同时，也一并明确前述保全措施，不仅仅限于民商事的保全，还及于行政、刑事的保全，特别是刑事保全尤需明确。即一旦人民法院受理了破产申请，附加于债务人财产之上的保全措施自然解除，而不需要人民法院另行作出宣告保全措施失去效力的裁定。①

此外，调研中也有人提出，目前的破产保全措施是从破产申请受理时启动，而从申请到受理的审查期间最长可以达到 37 天，在这段时间内债务人财产有可能得不到充分保护，建议将破产保全措施的时间节点提前到破产申请时。

8. 第 21 条，建议明确仲裁与破产案件集中管辖的关系。

### (三)第三章“管理人”部分

1. 第 22 条，建议增加债权人在管理人指定中的意见权重，或者采纳世界银行的建议，修改关于指定管理人的现行法律规定，改为管理人由债权人会议指定，或由

① 安建主编：《中华人民共和国企业破产法释义》，法律出版社 2006 年版，第 36 页。

债权人会议提名、法院审查批准。

2. 建议对债务人的相关人员不向管理人移交债务人的财产、印章和账簿、文书等资料或不履行其他配合义务的情况下，可以采取强制执行措施作出规定，为启动相关执行程序提供明确的法律依据。

3. 在调研中，关于管理人指定和报酬问题，提出的建议主要是：其一，在管理人指定方面，目前法院的轮候、摇号和竞争方式中，摇号的方式可能使列入名册的管理人一直不能中签，即使具有较好管理能力，也因未被摇中而无法进行破产管理。竞争机制存在的问题在于入选条件的设定，有些重大复杂案件入选条件的设置便排除了大批管理人，使管理人只能在国内几家管理人中产生。甚至有些案件的条件设置以管理人垫资入场作为条件。其二，目前管理人指定时"无利害关系"的条件要求排除了熟悉债务人经营情况的管理人进行财产管理。其三，管理人建议在管理人指定环节，应探索由债务人或者债权人推荐管理人的做法，并制定更为公平的摇号、轮候或者制定较为统一的竞争选择管理人条件。

根据安排，浙江省破产管理人协会专门针对该章进行了调研并提出了具体的修改建议，我们经整理后作为附件四提交。

### （四）第四章"债务人财产"部分

第 31 条，建议明确管理人的撤销权：其一，对于在受理破产申请前一年内，债务人为其他人的债务提供保证或者债务加入的，管理人能否参照《企业破产法》第 31 条的规定予以撤销？或者保证债务、债务加入的债务对于债务人来说是否属于"不真实的债务"，管理人可以根据《企业破产法》第 33 条的规定主张无效？其二，被撤销的个别清偿有担保的情况下，担保将随清偿解除，但当个别清偿被撤销后存在一个担保恢复的问题，需要法律予以明确。

另外，需要通过立法明确规定破产撤销权的行使期间。

### （五）第五章"破产费用和共益债务"部分

1. 破产企业财产在变卖、转让环节会涉及一系列的税收问题。比如，土地在变卖环节会涉及增值税、土地增值税、印花税、城市维护建设税。资产有增值的还涉及企业所得税。根据《企业破产法》第 41 条第 2 款的规定，管理人变卖破产企业财产所产生的增值税、土地增值税、印花税、城市维护建设税属于破产费用，应优先受偿。这种税款属于在破产财产变现中发生的纳税义务，是必须列支的费用。在司法实践中，经常看到，一家濒临破产的企业欠缴税款数额巨大，而根据法律规定税款具有优先受偿权，如此一来，债权人的清偿率进一步降低。

建议明确破产程序中对管理人转让无形资产和销售不动产等应税行为征收税

款的性质。实践中,有的依据《企业破产法》第 41 条第 2 项将此款列入破产费用。有的依据该款本质上为税款将此款作为税收债权。还有的将此款列入共益债务,理由是该款是为全体债权人的共同利益或者为进行破产程序所必需负担的债务。对该项税款性质认定不同,将决定此款受偿的顺序,且对清偿率产生影响。

也有法院建议,将企业破产受理后继续营业所产生的税收明确列入共益债务,修改第 4 项为"为债务人继续营业而应支付的劳动报酬和社会保险费用以及由此产生的纳税义务及其他债务;明确若受理后停止营业,则不再缴纳任何税收,包括企业土地使用税及房产税,增加规定"税务机关应当向管理人申报税收债权,税收款额应当计算至破产受理之日截止"。

典型案例:在贵阳中院审理的磷酸盐厂破产清算案件中,该企业因协调取得划拨土地使用权,经变卖并缴纳土地出让金后,随之增加了 600 余万元的增值税。如全额缴纳该笔税款,势必影响债权人的清偿率。后法院与政府税务部门反复沟通协商,为该企业争取减免税款,使需要交纳的税款降低到 100 余万元,减轻了破产企业的债务负担。

杭州市萧山区人民法院审理的浙江红剑集团有限公司及关联公司合并破产案件,其关联公司之一的杭州红山化纤有限公司破产财产以 4017 万元拍卖成交,向国地税缴纳相关税费合计 656.93 万元,一个破产企业居然名列萧山区年度纳税榜第 512 位。

2. 第 41 条,第 41 条第 1 款的细化:衍生诉讼费用和执行费用,其他还包括公告费、公证费、财产保全费、鉴定费、调查费用等;第 41 条第 2 款的细化:聘用评估、审计或其他专业机构的费用、场地费、保管费等;第 41 条第 3 款的增加:税费;增加"债权人通过债委会参与破产程序产生的费用"。

**(六)第六章"债权申报"部分**

1. 第 46 条,建议明确主债务人破产停止计息的法律后果是否及于保证人和其他连带债务人。

2. 第 48 条,建议明确职工对管理人调查公示的劳动债权金额有异议,可以不经劳动争议仲裁前置程序直接向法院起诉;建议明确债权人、债务人对职工债权是否有异议权以及职工债权人对其他债权人的债权是否有异议权。

3. 第 58 条,对于异议期间、超过起诉时限启动异议诉讼的后果未予以明确,建议立法进一步规定债权异议期间,并明确期间的法律性质、法律后果,以提高破产程序效率。可参照《最高人民法院关于适用〈中华人民共和国企业破产法〉若干问题的规定(三)》加以修改,但对债务人异议方面的表述加以调整"依照本法第五十七条规定编制的债权表,应当提交第一次债权人会议核查。债务人、债权人对债权表记载的债权有异议的,可以向受理破产申请的人民法院提起诉讼。未在债权人会议核查结束后十五日内向人民法院提起诉讼的,人民法院予裁定确认债权”。

4. 税务机关属于行政机构,与其他的市场主体性质上有所不同。同时,基于破产程序的概括性,所有的债权都应当进行申报,申报后是否给予确认,要按照法律规定进行。因此,应该明确规定当企业破产时,若税款尚未缴清的,税务机关需要主动向破产管理人申报债权。

应该明确规定当企业破产时,若有罚款尚未缴纳的,行政机关应当主动向破产管理人申报债权。

虽然附期限申报的债权案件的出现频率不高,但是保障附期限债权人申报债权的权利同样重要。由于计息方式的多样化,采取不同的计算方法对债权人的利益维护程度也不同。在本次修法中,应细化附期限债权人的种类,根据不同主体设定不同的权利。

**(七)第七章“债权人会议”部分**

1. 第 61 条,债权人会议的职权需要区分清算和重整程序作细化和分别的规定。比如在破产案件简易审理程序中,如果破产财产分配方案是严格按照第 113 条的规定顺序制定的,只需要向债权人会议作说明,而无须再通过债权人会议表决,以提高程序效率。

债权人会议是破产程序中的重要决策机构。问卷显示,债权人会议的召开方式、表决事项以及债权人会议与债权人委员会、管理人之间的职权划分,对于破产程序顺利进行至关重要。在回答债权人会议的职权是否应当区分破产清算和破产重整程序作出不同规定的问题时,83% 的法官、76% 的管理人认为债权人会议职权应当区分破产清算和破产重整,并作出不同规定。

2. 第 62 条,根据该两条规定,第一次债权人会议的召开期限为人民法院发布受理破产申请公告之日起 105 天内,该期限为固定时间,实践中很多破产企业涉及问题多且复杂,如企业继续经营的问题(房地产企业在建工程的恢复建设,上述时间内工程可能都未完工),第一次债权人会议召开前债权审查根本无法完成,债权人都无法确定。而鉴于法律的明确的规定,又不得不在规定的时间内召开会议,第一次债权人会议形同虚设,无法解决任何根本问题。建议规定对于复杂破产案件的债权人会议,经管理人申请,人民法院审查后可准许延期召开。

3. 第 64 条,建议具体规定债权人会议决议无效、可撤销的情形。

4. 第 65 条,破产财产分配方案系严格按照法律规定的权利顺序将破产财产予以分配，不同于重整计划草案涉及权利的妥协让步问题。实践中管理人将破产财产分配方案提交债权人会议表决未通过后，往往无任何修改的再次进行表决，徒增管理人、债权人劳动及破产费用支出，拖累破产案件审理效率。建议将第1款修改为："本法第六十一条第一款第八项、第九项、第十项所列事项，经债权人会议表决未通过的，由人民法院裁定"，同时删除第2款，即债权人会议表决未通过破产财产分配方案的，由人民法院裁定，无须两次表决。

5. 第68条，建议吸收《最高人民法院关于适用〈中华人民共和国企业破产法〉若干问题的规定（三）》的内容，具体规定债权人会议不可向债权人委员会作概括性授权以及可以授权的事项。

### （八）第八章"重整"部分

总体来讲，破产清算程序的法定性、强制性更为突出，重整程序更为强调债权人、重整意向投资人的意思自治。对于重大破产重整尤其是上市公司重整案件，应当充分发挥市场的资源配置、价值发现作用，完善规则，精细化审理，妥善平衡职工债权人、供应商债权人、金融债权、债务人企业高管、股东等利害关系人权益，保存企业营运价值，保护社会生产力。

1. 第73条，关于重整控制权，为及时提供破产救济，建议转向为以DIP（debtor in possession，债务人自行管理）为原则（优先选择DIP模式，以激励债务人及其董监高意愿寻求破产保护），只有在例外情形下才适用管理人接管或引入第三方接管的模式。

同时，建议增加债务人自行管理的条件和享有的职权，例如，对于债务人申请重整的，只要债务人有自行管理的能力，自行管理不会对债权人利益造成不利影响，债权人会议反对意见少，均可以允许债务人自行管理。建议对债务人自行管理期间，能否准许债务人重新组建高管和经营团队的问题、债务人诉讼谁做代表的问题、债务人能否行使第18条的解除权的问题、债务人和管理人的权利边界等相关问题予以明确。另建议规定债务人自行重整的，可以聘请有关人员制作重整计划草案，相关费用参照管理人报酬减半收取。

债务人自行管理有利于鼓励债务人较早申请重整，同时也有利于重整程序中的资产管理。问卷显示，54%的法官受访者、48%的管理人受访者在其办理的重整案件中，从未使用过债务人自行管理模式。这一数据与世界范围内重整程序较多地适用债务人自行管理模式形成较强反差。在美国，债务人自行管理（DIP）制度是重整制度财产管理的基本模式。在调研中，多位参会人员认为债务人自行管理有利于企业尽早进入重整程序与重整的迅速推进。在重整程序中，应当以债务人自行管理作为财产管理的原则。

2. 第 79 条，现行立法规定重整计划提交时间为“6 +3 个月”模式。从提出合理计划角度出发，要在前述期限内充分了解债务人企业经营状况、平衡众多错综复杂的利益冲突，提出合理可行的偿债方案、融资方案、后续经营方案显然难度非常之高，需要对提交重整计划的时间作出适当的延长；但从优化时间成本、提高重整效率的角度来看，前述期限远长于英美国家提交重整计划的平均时间，应当适当缩短提交重整计划时间以督促管理人或债务人运用专业知识快速提出合理有效的重整计划。因此，建议在破产法修改时可以分类考虑重整案件的具体情况，并对相应重整计划的提交时间作出更为合理的规定。另外，对于重整计划的执行期间是否能够延长以及如何延长的问题，现行立法也没有明确规定，建议在修改破产法时予以充分考虑，以满足司法实践的需求。

3. 第 85 条第 2 款的规定过于粗糙，既没有规定表决的规则，也没有规定出资人组表决通过的具体标准，导致实践中的操作缺乏法律依据。

典型案例：重整企业的股权转让因给债权人质押，工商行政管理部门不予协助变更，没有法律救济手段。例如，保定中院审理的天威薄膜公司破产重整案，通过的重整方案将出资者权益归零，原股东已经没有权益，但该股权质押给债权人，工商行政部门在未见到质押权人的认可手续时，不予过户，造成重整计划受阻。

4. 第 87 条，强制裁定批准重整计划：第一，我国立法并未如域外立法那样明确重整中的信息披露制度，虽然借助于债权人的查阅权、管理人的通知义务等能在一定程度上予以弥补，但既有规定仍显不足。第二，对于重整计划的分组问题，立法规定可以设小额债权组，但实践中对小额债权的偿债安排是否符合最佳利益规则有待进一步检视。是否允许创设其他类型债权的表决组，最好在立法上予以明确，包括具体分组评价规则。第三，对于表决中的恶意表决问题现行立法亦未明确规定，有待修法时借鉴域外经验予以明确。第四，在对重整计划进行强裁时，缺乏绝对优先规则对反对债权组的利益保护，有待修法时予以完善。

现行批准制度混淆了正常批准和强制批准的条件，特别是第 2 款第 1 项、第 2 项、第 3 项的规定，最后半句话的表达，似乎体现了只要该组表决通过就无须考虑其合法性问题或者说无须考虑最佳利益规则、绝对优先规则的遵守，等等。建议本次修法时予以调整。

建议参考美、德、日等国破产法的规定，从以下三个方面对《企业破产法》第 87 条规定人民法院裁定批准重整计划草案的条件进行修改：(1) 获得清算价值清偿的底线规则。第 3 项“按照重整计划草案，普通债权所获得的清偿比例，不低于其在重整计划草案被提请批准时依照破产清算程序所能获得的清偿比例,或者该表决组已经通过重整计划草案”。普通债权在本法规定的破产清算程序中,排在债权清偿顺序的最后。因此,在普通债权组未表决通过重整计划草案需要人民法院强制批准时,要求普通债权依照重整计划草案所获得的清偿比例,不低于其在重整计划草案被提请批准时依照破产清算程序所能获得的清偿比例。① 是否意味着,在普通债权组表决通过重整计划草案的情况下,对于异议债权人也可以突破“清算价值”清偿的底线?《企业破产法》修改中加以明确。(2)第5项“重整计划草案公平对待同一表决组的成员,并且所规定的债权清偿顺序不违反本法第一百一十三条的规定”,是否可以理解为类似于美国破产法上“绝对顺位规则”的适用?但即使在美国,“绝对顺位规则”也仅针对表决未通过的债权组适用。总之,关于重整计划的批准条件,《企业破产法》第86条、第87条的关系需要进一步理顺,法定的批准要件需要进一步厘清。(3)另外,《全国法院破产审判工作会议纪要》第18条规定了“重整计划草案强制批准的条件”,确需强制批准重整计划草案的,重整计划草案除应当符合《企业破产法》第87条第2款规定外,如债权人分多组的,还应当至少有一组已经通过重整计划草案。债务人不得对每个组别都完全借助强制批准规则来使重整计划获得批准。这一规定也可适时反映到《企业破产法》的修改当中。(4)强化程序要求,在法院审查批准重整计划过程中引入听证程序,充分听取有异议债权人的相关意见。

5. 第92条,即未申报债权或迟延申报债权在重整后能否继续获偿及清偿顺位的问题。破产清算模式下,这一规则相对比较清晰,但是重整程序中,这一规定直接吓退了众多重整投资者,因对这一重大不确定性的担忧,不少投资者选择了放弃。建议在本次修法中应明确迟延申报债权将作为劣后债权对待,而不申报债权则作为除斥债权对待。

也可对本条的适用设置合理的条件:一是若管理人或人民法院在案件受理时已向债权人送达申报债权通知,债权人仍放弃权利不在破产程序中申报债权或补充申报的,在重整或和解协议执行完毕后再要求清偿的,人民法院应不予支持。二是凡是在破产程序中未按照规定的期限申报债权的,诉讼时效当然不予中止。如在和解、重整程序中,未按照本法规定申报债权的,在和解协议、重整计划执行完毕后不加区分的再向债务人要求清偿,如果此时未申报的债权数额较大,不但导致债务人比履行完毕的重整或和解协议偿还更多的债务,还很可能导致刚刚通过重整

---

① 安建主编:《中华人民共和国企业破产法释义》,法律出版社2006年版,第126页。

或和解程序得以重生的债务人陷于再度破产境地，浪费了之前为重整或和解程序而付出的各种成本。实践中也已经出现有债权人申报债权时不全额申报（如不申报债权利息）以提高清偿比例，在和解、重整计划执行完毕后再要求清偿，有意无意地利用这一规定损害债务人利益的现象。

6. 增加关于重整企业信用修复的规定。关于企业重整信用修复机制的阻力来源的统计中，绝大多数人认为银行征信系统的不良信息记录会阻碍债务人企业重整信用修复，也有人认为工商行政管理部门的不良信息记录、税务部门的不良信息记录等对债务人信用信息修复也有影响。法律应对于重整成功与企业信用修复之间的关系作出规定。

7. 增加"预重整"制度。建立当事人庭外重组和司法程序之间的衔接机制，允许当事人通过谈判、协商等非正式方式对债务重组事宜作出合理安排。在企业正式进入重整程序之前，可以先由债权人与债务人、出资人等利害关系人通过庭外商业谈判，拟定重组方案。重整程序启动后，可以重组方案为依据拟定重整计划草案提交人民法院依法审查批准，有利于增加当事人处置破产事宜的选择空间，降低制度性成本，提高破产制度效率。

《企业破产法》修改中，需要给预重整制度提供法律支撑，完善庭外重组与庭内重整的衔接机制，降低制度性成本，提高破产制度效率。人民法院受理重整申请前，债务人和部分债权人已经达成的有关协议，与重整程序中制作的重整计划草案内容一致的，有关债权人对该重整计划草案的表决意见视为同意。但上述协议内容在表决前进行了修改并且对有关债权人不利的，或者存在足以影响有关债权人利益的重大事由的，受到影响的债权人应当按照《企业破产法》的规定重新进行表决。

### （九）第九章"和解"部分

在破产法实践中，和解程序适用数量偏低。在关于和解程序适用情况的调研问卷中，在法官问卷中，共回收有效回答 373 份，其中 278 份回答没有适用过，占比 74.5%；在管理人问卷中，共回收有效问卷 420 份，其中 297 份回答没有适用过，占比 70.71%。和解程序源自大陆法系，但近年来在德国、日本等国的破产法改革中，均取消了和解程序。我国的和解程序需要改革。

在座谈调研中，对于和解程序的改革方向主要有两个方向：其一，将和解程序改革成为适合中小微企业适用的拯救再生程序。其二，在和解程序中加入法庭外债务重组的相关程序内容。

### （十）第十章"破产清算"部分

1. 第 109 条，对破产人的特定财产享有担保权的权利人，是需要向管理人主张行使优先受偿权，还是可以直接向人民法院请求？管理人如何判断？由于法律规定管理人统一接管债务人企业财产，建议明确应当向管理人主张优先受偿权。

2. 第113条，其一，建议对于各类有可能列入“工资”范畴的各类劳动经济报酬，为避免个别企业的管理层为私利而有意抬高各种不合理报酬金额，应对优于普通债权优先清偿的“工资”数额设定上限。具体可以参考当地和经济发展状况和平均工资水平来设定。例如，将各类归口于“工资”范围的年度经济报酬上限设定为当地城镇人均可支配收入的5倍。超出该范围的，列入普通债权范围进行清偿。此外，对于与劳动者基本生命健康权密切相关的工伤保险赔偿金、各类医疗费、抚恤金等劳动债权，则不应受任何时间和额度限制，理应对这部分债权优先清偿。建议在对工资的额度和工资、经济补偿金、社会保险费用的优先受偿期限作一定限制的基础上，应按照以下顺序对劳动债权内部的清偿顺位进行细化：第一位：医疗、伤残补助、抚恤费用；第二位：工资；第三位：基本养老保险、基本医疗保险费用；第四位：经济补偿金。同时建议将《全国法院破产审判工作会议纪要》第28条规定的财产分配顺序写入立法，即按照人身损害赔偿债权优先于财产性债权、私法债权优先于公法债权、补偿性债权优先于惩罚性债权的原则合理确定清偿顺序。

其二，税收债权位于第二顺位，优先于普通债权，在审判过程中照此分配，在扣除破产费用、共益债务、职工债权等费用后，所剩财产寥寥无几，如税收债权优先于普通债权，普通债权的清偿比例微乎其微，实际上违背了概括性清偿的宗旨，经常导致普通债权人反对意见强烈。在当前注重保障民生权益、维护社会和谐稳定的时代背景下，建议适当降低税收债权的清偿优先性，将其与普通债权均列为第三顺序，与普通债权同权受偿。这样有利于提高债权人接受程度，一定程度上减少社会矛盾。

3. 增加“劣后债权”的规定。劣后债权是指在破产程序中清偿顺序排列于普通债权之后的债权，仅在普通债权完全受偿后仍有剩余财产时才可能受偿，但与除斥债权不同，其在破产程序中可受清偿的权利未被剥夺。《最高人民法院关于审理企业破产案件若干问题的规定》采用了除斥债权的立法模式，第61条规定了不属于破产债权的种类，包括滞纳金、行政和司法机关的罚款罚金、破产宣告后的债务利息、债权人参加破产程序所支出的费用、超过诉讼时效的债权等。《全国法院破产审判工作会议纪要》第28条则规定，破产财产依照《企业破产法》第113条的顺序清偿后仍有剩余的，可依次用于清偿破产受理前产生的民事惩罚性赔偿金、行政罚款、刑事罚金等惩罚性债权。为保证有法可依，提高破产债权立法规定的逻辑性和整体性，进一步完备保护债权人的制度体系，建议采用劣后债权的模式，将存在清偿可能性的劣后债权予以规定。通常劣后债权包括:(1)破产债权在破产宣告或破产受理后的利息;(2)债权人参加破产程序的费用;(3)行政、司法机关对破产企业的罚款、罚金;(4)破产案件受理以后债务人未支付应付款项的滞纳金等。

从对国外立法的考察来看,美国、德国、日本等国也均规定了劣后债权制度。

#### (十一)第十一章“法律责任”部分

1. 缺乏追究清算责任的手段和方式。破产法对于清算义务人的责任追究仍不彻底,手段也相当有限,应当予以完善。对于不能清算或不能全面清算的企业,对于清算责任如何承担公司法司法解释和破产法司法解释性文件不统一,法律应当明确其清算义务责任的归属,需要追究哪类人的责任,责任形式是什么。对于清算过程中,相关义务人不配合清算,目前也缺乏规制手段,需要进一步加强。建议引入执行程序中对于债务人可采取的强制措施和惩戒手段,同时强化刑事制裁,加强对于妨碍清算罪的受理、审理,使清算责任最终能够落实。

2. 第125条,该条第1款规定:“企业董事、监事或者高级管理人员违反忠实义务、勤勉义务,致使所在企业破产的,依法承担民事责任。”《最高人民法院关于债权人对人员下落不明或者财产状况不清的债务人申请破产清算案件如何处理的批复》规定:“债务人的有关人员不履行法定义务,人民法院可依据有关法律规定追究其相应法律责任;其行为导致无法清算或者造成损失,有关权利人起诉请求其承担相应民事责任的,人民法院应依法予以支持。”但是《最高人民法院关于适用〈中华人民共和国公司法〉若干问题的规定(二)》第18条规定:“有限责任公司的股东、股份有限公司的董事和控股股东未在法定期限内成立清算组开始清算,导致公司财产贬值、流失、毁损或者灭失,债权人主张其在造成损失范围内对公司债务承担赔偿责任的,人民法院应依法予以支持。有限责任公司的股东、股份有限公司的董事和控股股东因怠于履行义务,导致公司主要财产、账册、重要文件等灭失,无法进行清算,债权人主张其对公司债务承担连带清偿责任的,人民法院应依法予以支持。上述情形系实际控制人原因造成,债权人主张实际控制人对公司债务承担相应民事责任的,人民法院应依法支持。”法律与司法解释的规定存在分歧,对于追究相关责任人的具体要件未予确定,建议完善《企业破产法》或出台司法解释进一步明确。

3. 第129条,建议增加债务人相关人员作伪证、拒不配合管理人工作的法律责任。

### 五、《企业破产法》修改中建议增加的重点内容

本部分主要就建议增加和重点完善的简易破产程序、债权人会议机制、债权人

权利体系、重整制度、合并破产问题等作一初步阐述。

### (一)破产案件简易审理程序

目前《企业破产法》并没有规定破产简易程序,最高人民法院《全国法院破产审判工作会议纪要》已经明确要求建立破产案件审理的繁简分流机制。从审判实践的角度,清算案件中"无产可破"或者仅有少量破产财产的破产案件数量占据相当高的比例,审判实践对于破产案件简易审理的制度需求日益强烈。广东高院的报告显示,据统计,深圳市中级人民法院受理的破产案件中,中小微企业约占85%。近年来,无产可破案件比例较高,在"僵尸企业"破产及执转破案件中占比超过70%。上海市高级人民法院的统计数据则显示,从2007年6月破产法实施以来,破产清算案件审理周期普遍超过300天,仅有2017年审理天数低于300天,为234天,破产重整案件审理周期更是长久。

据统计,全国已经有28家法院出台了破产案件简易审理的业务文件,其中8家高级人民法院、13家中级人民法院和7家基层人民法院,这为《企业破产法》修改中单独设立破产简易程序提供了较为坚实的实践基础。

1. 适用对象

债务人企业财产状况清楚、债权人数较少、债权债务关系清晰的破产清算案件。其一,案件类型限于破产清算案件,破产重整案件、和解案件因为更多地引入相关利害关系人协商机制,体现更多的意思协商和自治,应适当弱化法律的强制干预,不宜通过简易程序审理。其二,条件系"债务人企业财产状况清楚、债权人数较少、债权债务关系清晰",具体的"债权人数较少"的标准是3人还是5人等,可以留待司法解释作出具体规定。

2. 简易的环节

(1)审判组织。《企业破产法(草案)》第16条曾规定:"人民法院受理破产申请后,应当组成合议庭审理。但是,对财产数额较小、债权债务关系清楚、债权人人数较少的破产案件,人民法院可以不组成合议庭审理。"立法过程中,最高人民法院和有些地方、单位提出,企业破产案件涉及的问题比较复杂,影响面大,以不采取独任审理为宜。但经过十余年的实践,在法官专业能力基本可以保障、管理人履职能力提升、外部监督日益健全的背景下,独任审理的条件逐步具备。

(2)个人管理人。有些规模较小、债权债务关系又比较简单的企业破产案件,可以指定符合条件的个人担任管理人。

(3)债权申报。美国破产法上,只有当债权确认有其意义时,才有必要提交债权证明。例如,许多第7章破产案件都属于"无产可破"的案件,即留给无担保债权人的财产数额为零。在这些案件中,债权证明的提交就毫无意义。对于简易破产程序中债务人确无财产可供分配或者财产不足清偿破产费用的,对于债权申报的必要性需要作出务实的调整。

(4)信息化的送达方式。按照《企业破产法》的规定,其中涉及需要“公告”的主要程序环节有:①公告裁定受理破产案件并告知债权人申报债权等相关事项;②公告宣告破产裁定;③破产财产最后分配公告;④公告终结破产程序;⑤公告进入重整程序的裁定;⑥公告批准重整计划终止重整程序的裁定;⑦公告进入和解程序的裁定;⑧公告认可和解协议终止和解程序的裁定。因为公告环节较多,故公告的方式、时间也成为影响破产案件审理效率的一个因素。对此,最高人民法院对于破产案件审理统一开发使用了“一网两平台”(破产重整案件信息网、法官工作平台和管理人工作平台),并配套下发《最高人民法院关于企业破产案件信息公开的规定(试行)》,其中第 7 条明确规定,人民法院、破产管理人可以在破产重整案件信息网发布破产程序有关公告。人民法院、破产管理人在其他媒体发布公告的,同时要在破产重整案件信息网发布公告。人民法院、破产管理人在破产重整案件信息网发布的公告具有法律效力。实践当中,基于目前破产重整案件信息网还处于逐步完善阶段,对于破产资产体量较大、涉及债权人数较多、分布区域较广、债权债务关系较为复杂的破产清算案件、重整案件,人民法院、管理人一般除了在破产重整案件信息网上发布公告外,还会在当地或者全国性具有影响力的纸质媒体上发布,但对于“无产可破”或者仅有少量债务人财产、债权人数较少、债权债务关系较为清晰的破产清算案件,相关公告完全可以由破产审判法官、管理人直接通过破产重整案件信息网进行发布,并通过立法明确赋予其相应的法律效力,节约时间,节省成本,提高效率。

(5)破产财产的处置和分配。实践中为了推进破产案件简易审理,我们需要认真思考的问题是:对于“无产可破”或者仅有少量债务人财产、债权人数较少、债权债务关系较为清晰的破产清算案件,如果管理人制定了严格符合《企业破产法》第 113 条规定分配顺序的分配方案,在人民法院的监督(裁定认可)之下,是否可以适当弱化债权人会议表决的环节和程序要求?法理上,完全符合法律规定的清偿顺序和比例的破产财产分配方案无须提交给债权人会议表决通过。实践中,对于简易的破产清算案件,其破产财产分配方案完全符合法律规定的情况下适当弱化债权人会议表决机制的思路也是可行的。

值得引起注意的是,日本破产实务中几乎不存在需要决议的事项。过去,破产管理人的解雇、监察委员的设置、营业的停止和继续、对管理人行为的许可等,都是债权人会议的决议事项。但现行法规定该权限都归属于法院的许可事项。废除这些必要决议事项后,向债权人提供信息的任务则主要靠破产管理人主持的债权人说明会和会议记录的披露(《日本破产法》第11条、第12条)等来实现。从立法来看,《日本破产法》第135条规定,下列当事人之一提出申请时,法院必须召集债权人会议;但是,考虑到已知的破产债权人的数量以及其他事由而认定召开债权人会议不妥的,不在此限:破产财产管理人;第144条第2款规定的债权人委员会;就已知的破产债权人的总债权,具有法院已进行评价的数额的10%以上的破产债权的破产债权人。可见,在日本破产清算程序中,债权人会议并非必须,这与我国《企业破产法》规定的涉及债权人重大权益事项的决定权原则上必须委诸于债权人会议而不区分清算还是重整程序,形成对比。当然,他们也经历了债权人会议决议事项由多到少的立法变革,这一趋势值得引起重视。

美国破产法律制度对债权人委员会制度规定得较为细致与全面,其破产法在第7章清算程序中规定,管理人有义务代表无担保债权人整体的利益,监督破产财团的变现和分配过程,需要债权人亲自参与或介入的工作并不多。在极少数财产数额巨大、极端复杂或争议较大的案件中,债权人仍可以选择成立债权人委员会,与管理人协商并提出意见,或为破产财团的管理工作提供帮助。在第11章重整中关于债权人委员会的规定则不尽相同。因重整中通常让债权人担任经管债务人继续负责企业的运营管理,指定管理人则是例外。因此,为了确保第11章破产程序公平有效地运行,确保债权人及其他利害关系人的利益诉求在重整计划的制订及其他事务中得到合理体现,必须有特定主体来与经管债务人相制衡。在此背景下,无担保债权人的官方委员会(official committee)应运而生。根据《美国破产法》的规定,除"小型企业"重整案件外,所有第11章案件都必须指定债权人委员会。例如,"为确保债权人或股东获得充分之代表"所必需,还可以设立其他委员会或改变既有委员会的组成。第12章家庭农场主债务整理和第13章个人债务整理案件不需要设立债权人委员会,因债务人在这些程序下制订的清偿计划不需要与债权人协商,亦不需要经债权人表决批准,因此没有设立债权人委员会的必要。常设管理人承担着对债务人进行的调查,监督债务人的破产准备、破产申请、计划的批准和履行等职责,债权人有权参与上述破产程序并提出意见。

(6)担保物权的优先清偿。《全国法院破产审判工作会议纪要》第25条规定,担保权人权利的行使与限制。在破产清算和破产和解程序中,对债务人特定财产享有担保权的债权人可以随时向管理人主张就该特定财产变价处置行使优先受偿权,管理人应及时变价处置,不得以须经债权人会议决议等为由拒绝。但因单独处置担保财产会降低其他破产财产的价值而应整体处置的除外。该规定需要体现在《企业破产法》的修改当中。

应当注意的是,我们把简易程序的适用范围界定在破产清算案件中,并不意味着重整或者和解案件就没有进行规则简易修改的空间,比如,可参照《美国破产法》的规定,在第 11 章案件(商事重整)中,如果债权已在破产信息清单中列出,则可视同债权证明已经提交——除非列入清单的债权被标明属于争议债权、或然债权或未经决算的债权[ §1111(a),《联邦破产程序规则》§3003(b)]。因此,在第 11 章案件中,若债权人的债权已被列入信息清单且不存在前述例外情况,则其就无须再提交债权证明;因为信息清单所列明的记录具有同样的功能。在涉及成百上千债权人的大型第 11 章案件中,这种"视同提交"的规则能极大提高工作效率,省去了不少成本以及文本工作。

至于破产简易程序的立法体例,建议可以安排在第十章"破产清算"单列一节,"简易程序"。

**(二)债权人会议机制**

1. 债权人会议的职权范围需要区分清算与重整案件分别设定。目前,《企业破产法》对于债权人会议的职权范围总体上并没有针对清算、重整与和解程序进行分别规定。按照一般的研究结论,重整与清算案件对于无担保债权清偿的整体制度安排存在较为重大的差异。以"通过破产财产分配方案"这一职权为例,通常认为,在清算案件中,管理人应当根据法定的分配顺位(或者经债权人会议表决通过的破产财产分配方案)进行破产财产分配。审判实践中,通常管理人也都是严格按照法定的清偿顺位来制定破产财产分配方案的,在这种情况下,债权人会议就破产财产分配方案再进行表决的意义不大,相反会损害破产程序进行的效率。因此,在清算案件中,在保障债权人知情权的同时,需要适当削弱债权人对破产财产分配方案等的表决权,以提升清算程序效率。在重整案件中,则根据法院裁定批准的重整计划,在一定期限内,以债务人的未来收入进行清偿。因此,清算案件体现更多的强制性和法定性,重整案件中对无担保债权人的清偿方式和期限要更为灵活。

以《美国破产法》为例,关于债权的清偿规则,因案件为清算案件或重整案件而有所不同。在第 7 章清算案件中,经确认的无担保债权人须严格按照法定的分配规则受偿。第 7 章管理人会将破产财产予以收集并变现为现金,再根据 §726(a)所规定的 6 种不同的分配级别进行分配。对于每一层级的债权来说,都只有在其获得完全清偿后,才能对下一层级进行清偿。破产法院也无权变更该法定分配顺序。在第 11 章、第 12 章以及第 13 章重整案件中,对债权人的清偿是根据法院批准的重整计划来进行的，而不是由管理人直接根据法律规定分类进行的。德国、日本等国的破产法也均体现出这样的特征，即清算程序更强的法定性、强制性。

2. 债权人会议决议的无效和可撤销。《企业破产法》第 64 条规定，债权人认为债权人会议的决议违反法律规定，损害其利益的，可以自债权人会议作出决议之日起 15 日内，请求人民法院裁定撤销该决议，责令债权人会议依法重新作出决议。但是，对于债权人会议决议可撤销的情形没有作出明确规定，导致审判实践中对此难以把握。故《最高人民法院关于适用〈中华人民共和国企业破产法〉若干问题的规定（三）》第 12 条对于债权人会议撤销的具体情形进行了明确，规定，债权人会议的决议具有以下情形之一，损害债权人利益，债权人申请撤销的，人民法院应予支持：（1）债权人会议的召开违反法定程序；（2）债权人会议的表决违反法定程序；（3）债权人会议的决议内容违法；（4）债权人会议的决议超出债权人会议的职权范围。

司法解释对于债权人会议决议效力的规定应当适时吸收到立法中。需要注意的是，债权人会议决议的效力应当区分无效和可撤销具体规定，如债权人会议的决议内容违法、债权人会议的决议超出债权人会议的职权范围两种情形，显属债权人会议决议无效的情形。其无效属于绝对无效、自始无效，从程序上亦无须以债权人申请为必要，法院可以在批准或认可程序中（如认可破产财产分配方案、批准重整计划等）依职权进行审查。

3. 申请无效和可撤销的程序设计。申请无效和可撤销的期间、是向破产案件受理法院申请还是向上一级法院申请、申请受理以后是否需要裁定中止债权人会议决议的执行，等等，需要立法予以明确规定。

**（三）完善债权人的权利体系**

完善债权人的权利体系对于《企业破产法》的修改完善具有特殊重要的作用，是《企业破产法》实施在微观层面的落脚点。从近年世界银行发布的《全球营商环境报告》中我国“办理破产”指标得分来看，我国《企业破产法》有关债权人参与破产程序的相关制度规定还不够完善，不仅影响了破产制度维护债权人合法权益、服务供给侧结构性改革的效果，也导致我国“办理破产”指标“破产框架力度指数”中的“债权人参与指数”失分较多。在《企业破产法》修改中，主要包括两个方面：在实体上构建以知情权、表决权和监督权为核心的债权人权利体系，在程序上理顺上下级法院之间的审判监督、权益保障与破产程序推进的不可逆性之间的关系。

1. 债权人的知情权保障具有重要意义和基础作用，构成债权人有效行使其他权利的前提和基础。目前《企业破产法》中有一些相应的规定，比如第 23 条规定，管理人依照本法规定执行职务，向人民法院报告工作，并接受债权人会议和债权人委员会的监督。管理人应当列席债权人会议,向债权人会议报告职务执行情况,并回答询问。第 57 条规定,债权表和债权申报材料由管理人保存,供利害关系人查阅。第 68 条规定,债权人委员会执行职务时,有权要求管理人、债务人的有关人员对其职权范围内的事务作出说明或者提供有关文件。但是,审判实践中反映出来的突出问题是存在大量的信息不对称,尤其是单个债权人对于破产程序中的重要事项、财务资料、决策内容和过程等知情权保障不足。针对实践中的突出问题,《最高人民法院关于适用〈中华人民共和国企业破产法〉若干问题的规定(三)》第 10 条规定,单个债权人有权查阅债务人财产状况报告、债权人会议决议、债权人委员会决议、管理人监督报告等参与破产程序所必需的债务人财产和经营信息资料。管理人无正当理由不予提供的,债权人可以请求人民法院作出决定;人民法院应当在 5 日内作出决定。《企业破产法》修改中,可以适时将司法解释的规定上升为立法。当然,对于知情权的限度、清算与重整程序中债权人知情权的区别、上市公司重整中债务人企业或管理人的信息披露义务等内容,还需要在《企业破产法》修改过程中进一步研究。

2. 债权人的表决权与债权人会议的表决机制密切相关,与《企业破产法》第 61 条规定的债权人会议的职权范围密切相关。基本上,《企业破产法》第 61 条规定的内容就构成了债权人表决权行使的基本范围。总体来看,如前所述对于债权人的表决权需要区分清算与重整程序作出分别规定。清算程序中,基于破产财产分配顺序的法定性等因素,需要适当弱化个体债权人的表决权,强化债权人的知情权、监督权保障,具体的制度设计可以通过召开"债权人说明会"的方式来保障债权人的知情权、监督权。重整程序中,需要优化债权人对于重整计划草案等行使表决权的配套规则的修订完善,比如最佳利益规则、绝对顺位规则等。另外,基于当前信息化的快速发展,对于非现场方式的债权人会议表决机制需要通过立法予以明确。

3. 债权人的监督权,从被监督的主体上可以区分为对其他债权人的监督或者异议、对债权人会议、债权人委员会的监督、对管理人的监督和对人民法院的监督等。监督权还体现为当债权人的权益受到侵害时,法律是否提供了充分、有效的救济途径。例如,《企业破产法》第 64 条规定了债权人申请撤销债权人会议决议的内容,"债权人认为债权人会议的决议违反法律规定,损害其利益的,可以自债权人会议作出决议之日起十五日内,请求人民法院裁定撤销该决议,责令债权人会议依法重新作出决议"。申请撤销债权人会议决议的权利需要与破产程序的推进做好协调衔接,因为债权人会议的决议很可能在撤销之前就已经开始履行了。并且在履行过程中,第三方可能已经基于对债权人会议决议的信赖而善意的参与了交易并取得相应的权利。因此,在完善债权人监督权的制度设计中,需要理顺上下级法院之间的审判监督、权益保障与破产程序推进的不可逆性之间的关系。

**(四)关联企业合并破产**

主要基于民营中小企业公司治理结构不规范,许多大型企业通过设立关联企业进行集团化运作以降低交易成本等原因,现实经济生活中关联企业人格混同现象较为严重。关联企业成员法律上以其自身财产对外独立承担责任,但母公司或实际控制人通常将各关联企业成员当作其整个经营体的一个部门,根据企业集团的目标调配关联企业成员的相关资产。有时企业集团的目标并不总是与单一成员的目标一致,甚至存在较大的冲突。当关联企业成员破产时,其法律主体名下的资产和债务,会与其按独立法律实体要求运作所拥有的资产和债务严重不符,这样就形成了以非独立法律实体运作和以独立法律实体偿债的冲突。针对实践需求,早在2012年最高人民法院民二庭已经形成《关于适用实体合并规则审理关联企业破产清算案件的若干规定(征求意见稿)》,其后形成《最高人民法院关于适用〈中华人民共和国企业破产法〉若干问题的规定(六)(征求意见稿)》。2018年最高人民法院出台的《全国法院破产审判工作会议纪要》中第32条至第39条针对"关联企业破产"问题作出了一定回应,但从法律效力、规则体系等角度言,还远远不够,需要从申请主体、实体标准、管辖、债权人异议救济等方面,建立关联企业合并破产法律制度。

1.合并的实体标准。关联企业不当利用企业控股股东、实际控制人、董事、监事、高级管理人员及其直接或间接控制的企业之间的关系,以及可能导致企业利益转移的其他关系,造成关联企业成员之间法人人格高度混同,损害债权人利益的,人民法院可以适用关联企业实体合并规则。

审判实践中,既有合并破产清算,也有合并破产重整的案件,福州中院受理的闽发证券有限责任公司等四公司合并破产清算案件是具有典型意义的个案,该案中,法院裁定实质合并的理由系人格混同,并从资产、人员、业务等方面论述认定人格混同的事实依据,判断人格混同的关键在于法人失去独立的法人意志和法人财产。绍兴中院在审理浙江纵横集团有限公司等六公司合并重整案件中,则主要从以下方面认定关联公司人格高度混同:(1)财务混同;(2)高管人员、内部机构和经营场所混同;(3)经营决策受制于集团公司,各关联公司无自主决策权和管理自由;(4)资产混同,难以区分单个公司的财产和负债;(5)浙江纵横集团有限公司的关联公司资本显著不足;(6)集团公司、关联公司之间存在贷款担保关系。

在美国,实质合并规则仍只存在于判例法中,并未进入成文法体系,人格混同虽然仍是主要的判断标准，但同时延伸到资产和负债分离的难度、债权人对债务人单一性或整体性人格的信赖等辅助性判断标准。《联合国贸易法委员会破产法立法指南》第 219 条、第 220 条指出，破产法应当尊重企业集团中各成员的独立法律身份，但法院可以在下列两种情况下针对企业集团中两个或多个成员进行实质合并：一是法院确信企业集团成员的资产和债务相互混合，以致没有过度的费用或迟延就无法分清资产所有权和债务责任；二是法院确信企业集团成员从事欺诈图谋或毫无正当商业目的的活动，为取缔这种图谋或活动必须进行实质性合并。

2. 申请主体。司法实践中，一些地方法院对此作了探索，《广东省高级人民法院关于全省部分法院破产审判业务座谈会纪要》（粤高法〔2012〕255 号）中明确，各级法院应当积极探索关联企业合并破产问题，在充分尊重法人人格独立和股东有限责任的基础上，对于关联企业成员存在法人人格、财产高度混同，利用关联关系损害债权人利益等情形的，可依据管理人或债权人的申请采取关联企业合并方式。《北京市高级人民法院企业破产案件审理规程》第 7 条规定，关联企业不当利用关联关系，导致关联企业成员之间法人人格高度混同，损害债权人公平清偿利益的，关联企业成员、关联企业成员的债权人、关联企业成员的清算义务人、已经进入破产程序的关联企业成员的管理人，可以向人民法院提出对关联企业进行合并破产的申请。还有法官从案件审理中总结经验认为，为保护债权人的整体利益，受理破产案件的法院可以依职权启动关联企业破产实体合并程序。

也有学者提出，一般认为，实质合并破产的申请权人包括债权人、债务人及各关联企业，在关联企业已启动破产程序的情况下，管理人可以作为申请人。清算义务人实际享有并行使申请权的情况甚少，出资人不宜享有申请权。

3. 严格的程序控制。关联企业合并破产，对企业法人人格的否认具有终局性，对债权人，甚至包括对债务人企业自身利益关系影响巨大，且后续不可修复或修复成本极高，因此应当审慎适用。从立法角度言，审慎适用不仅体现在实体标准的把握上，也体现在程序的严格控制上。（1）听证程序。《全国法院破产审判工作会议纪要》第 33 条规定："人民法院收到实质合并申请后，应当及时通知相关利害关系人并组织听证，听证时间不计入审查时间。人民法院在审查实质合并申请过程中，可以综合考虑关联企业之间资产的混同程度及其持续时间、各企业之间的利益关系、债权人整体清偿利益、增加企业重整的可能性等因素，在收到申请之日起三十日内作出是否实质合并审理的裁定。"把听证作为征求债权人等利害关系人对于实质合并的意见的强制性程序要求。（2）异议债权人等的程序救济。相关利害关系人对受理法院作出的实质合并审理裁定不服的，可以自裁定书送达之日起 15 日内向受理法院的上一级人民法院申请复议。当然,这一复议程序是否将导致实质合并破产裁定的中止执行等问题需要进一步研究。

4. 管辖。采用实质合并方式审理关联企业破产案件的,应由关联企业中的核心控制企业住所地人民法院管辖。核心控制企业不明确的,由关联企业主要财产所在地人民法院管辖。不同法院之间发生管辖权争议的,应当依照《民事诉讼法》第37条的规定,由争议双方协商解决;协商解决不了的,报请共同的上级人民法院指定管辖。对于关联企业合并破产管辖的问题,"核心控制企业"的界定将是立法和司法的一个重要课题。

当然,还涉及合并破产的举证责任、合并之后债权清偿顺位包括担保物权、优先债权、普通债权等的处理等诸多繁杂的问题,需要深入研究。

**(五)跨境破产**

现行《企业破产法》关于跨境破产问题仅规定了第5条一个条文,概括的规定已经不能满足实践发展的需要,在我国推进"一带一路"国际合作的大背景下,完善跨境破产法律制度,对于依法妥善化解"一带一路"建设过程中产生的债权债务问题,平等保护中外当事人合法权益,营造公平公正的营商环境,推动建设开放型世界经济具有重要意义。问卷反映的数据表明,73%的法官受访人认为有必要通过立法来规范外国破产判决、裁定在我国的承认与执行。在破产程序涉及境外财产时,有46%的法院选择将债务人境外财产直接归入境内破产财产统一管理,25%的法院选择通过"其他"方式根据具体情况协调沟通,仅有25%的法院有意愿且有能力寻求境外法院的司法协助。

跨境破产专章涉及以下问题:(1)受理法院级别。数据显示53%的法官认为此类案件应由高级法院受理,另外47%的法官则认为应由中级法院受理。(2)具体受理法院。数据显示认为应由债务人住所地、债务人实际经营所在地、债务人主要财产所在地法院管辖的百分比分别为24%、15%和29%,有更多比例的法官认为上述三个地点的法院均可受理,占比32%。(3)是否应赋予外国破产管理人直接向我国法院提出申请权利及关于"外国主要程序"的判断和外国平行程序的处理。达61%的多数法官认为不应赋予外国破产管理人直接向我国提出承认与执行申请的权利,与国际趋势和示范法所倡导的原则出现较大差异。(4)关于主要程序的识别问题。(5)关于我国债权人合法权益保护问题。问卷反映73%的法官认为应当以我国法律为基础,考量外国破产程序中对我国债权人合法权益,尤其是程序性权益的保护;77%的法官认为我国债权人合法利益的保护程度应该成为考虑对外国判决、裁定承认与否的决定因素。(6)关于互惠问题。互惠原则可以作为外国破产判决、裁定在我国得以承认与执行依据，且即使是对于在跨境破产领域与我国尚无互惠先例的国家，我国也可通过积极推定互惠关系先行施惠。

### （六）个人破产制度

尽管我国大陆地区破产法没有个人破产的概念，但是个人破产的事实大量存在。许多"执行不能"的案件只能以"终结本次执行程序"的形式结案，成为法院执行的历史包袱，影响了强制执行的司法权威和公信力。同时，个人破产制度的缺位，严重遏制了个人债务人的创业创新动力，成为市场经济活动中的"僵尸人"。个人破产制度在传统的对债务人"穷追不舍"的讨债模式之外，提供了一个债务人与债权人、社会多方共赢的债务清算模式。从维护我国企业法人有限责任制度的科学性、有效推动市场主体制度完善、彻底解决执行难、维护我国婚姻家庭制度的稳定性等方面考虑，建立个人破产制度具有重要的现实意义。因此，建议修改现行的《企业破产法》，增设个人破产制度，使破产制度适用于一切自然人、法人和其他组织，并研究完善相关的配套制度。为早日完成个人破产立法，建议参照域外经验，对个人破产制度的立法目标、适用对象、程序适用确定（清算或再生）模式、破产免责、财产豁免/自由财产、债权清偿顺序、再生程序设计、程序架构、程序成本、滥用防止等内容作出规定。

2019 年 7 月，国家发改委等十三部门印发《加快完善市场主体退出制度改革方案》，提出要研究建立个人破产制度。该方案向社会公布后，得到社会舆论的普遍关注和比较积极的回应。目前，浙江台州、温州等地已经就个人债务清理进行了试点，并有了成功的案例。建议人大常委会授权部分地区开展个人破产制度试点工作，为修法奠定良好的实践基础。

### （七）配套体制机制完善

1. 府院联动机制与破产服务与管理局设立建议。在调研中，法院和管理人提出，目前地方的"府院联动"机制较为原则，呼吁设立破产服务与管理局，以妥善解决在破产中所产生的大量行政事务，提高破产案件办理的效率，加快市场出清速度，构建更好的营商环境。问卷也反映这一呼声。针对是否有必要设置破产服务与管理局这一问题，在 377 份法官有效问卷中，300 人认为有必要设立，占比约 80%（79.57%），422 份管理人有效问卷中，316 人认为应当设立，占比 74.88%。破产服务与管理局可以包括以下主要职能：（1）追踪破产法实施并整理法律实施数据，为法律实施和修改提供实证依据。（2）负责破产法实施中操作规程的制定以及为立法的修改提供建议，推动立法水平和质量的不断提升。（3）追踪董事、监事和高管落实公司法规定的诚信义务情况。破产管理局可以成为一个对企业亏损破产负有直接责任的董事、监事和高管进行追究和监督的机构。(4)作为公共管理人管理个人破产案件。许多破产案件,尤其是个人破产案件,其破产事务的管理因为没有盈利的驱动,私人执业者没有动力参与。政府作为市场经济的信用提供者和公共产品提供者,有义务以法律援助的形式为私人破产提供管理服务。待我国个人破产制度建立后,可由破产管理局担当此职责。(5)管理破产管理人。我国目前的破产管理人按破产法规定由各级法院进行管理。但法院作为裁判机构,不应该行使破产管理人的行政管理职能。

2. 设立破产援助基金。破产援助基金是在破产企业无产可破的情况下,由基金支付相关的破产费用,实现市场的有效出清,目前部分地区建立了相关的专项资金,如浙江全省设立的破产专项资金已达1亿余元。破产援助基金作为保障无产可破企业及时出清、加快市场资源流转的重要保障,具有重要的实践意义。关于实践中保障基金的设立情况,我们总共发放法官问卷389份,其中有效问卷371份,156人认为有相应的基金,215人认为没有相应的基金。总共发放管理人问卷429份,其中有效问卷417份,193人认为有相应的基金,224人认为没有相应的基金。在接下来的修法中要逐步探索建立完善的破产援助基金制度。

3. 破产管理人自律机构。破产管理人是随着《企业破产法》实施出现的一支专业力量,《企业破产法》实施十几年来,破产管理人行业队伍逐渐发展壮大,破产管理人行业自律的需求已经显现。调研中,多位管理人提出了应成立全国破产管理人协会的建议。目前,我国已有多地成立破产管理人协会。地方破产管理人协会主要在法院指导下,由当地列入管理人名册的中介组织成立。问卷显示,37.7%的管理人认为地方管理人协会已经成为“管理人执业所需的日常培训和学习,最常见的组织主体”。全国破产管理人协会的成立,有利于进行统一的行业自律监管,协会可以在管理人资格的认定、管理人培训、管理人权利保护、惩戒等方面发挥作用。

当然,配套体制机制完善中涉及一些配套法律制度尤其是税收相关法律制度的修改和完善,则需要专门、深入的研究和论证。

# 破产法之有效实施与配套法律制度之完善

**王福祥**

吉林大学法学博士，北京市金杜律师事务所合伙人。

**李　锴**

吉林大学法学硕士，北京市金杜律师事务所合伙人。

破产法是市场经济中不可或缺的基本法律。破产法对市场主体的劣汰功能、拯救功能和对破产资源的市场配置功能，是市场经济平稳运行和可持续发展的基本制度保证。破产法功能的有效释放，取决于破产法的有效实施。而破产法的有效实施，受制于很多因素，其中与破产法的实施相配套的法律制度是否完善，就是极为重要的制约因素。

## 一、破产法实施有效性分析

所谓破产法的有效实施，是指破产法在市场经济中的各项调整作用和功能能够得到充分而及时的发挥。具体体现在以下方面：

一是破产法适用的有效性。破产法有效实施，以破产法被有效认同和适用为前提。如果破产法得不到市场主体的认同，进而得不到适用，再完美的破产法，也仅仅是停留在纸面上的法律，在现实经济生活中无从发挥任何作用。所以，要重视破产法的有效实施，要充分发挥破产法的调整作用，就必须让破产法走进市场经济，走进市场主体，并被市场主体所认知、理解和适用。尤其要让破产法走进已经发生或将要发生财务困境或经营困境的市场主体，让这些困境企业根据自己资产负债、生产经营的基本情况适时适用破产法化解自己的债务危机，走出困境，而不是一味地回避、拒绝破产。“个人与公司似乎并不将破产视为最后一搏，因此他们并没有不惜一切代价避免破产的发生。没有人想落得一个破产的下场……债务人只是把破产视为通向欣欣向荣彼岸的一个途径,而非‘剧终’。”①一时陷入财务和经营困境的企业应当把破产视为涅槃重生的机会予以把握。

让破产法走进债权人,让债权人根据自己的债权情况及对债务人的了解情况,适时适用破产法最大限度回收债权,避免损失扩大。

让破产法走进投资人,让投资人根据投资企业的实际情况,适时适用破产法化解所投资企业债务危机,最大限度维护投资权益,避免损失殆尽。

还要让破产法走进破产并购主体,让并购重组主体根据自己的需求以及重整企业的具体情况,适时参与对重整企业的并购交易,通过市场化的方式配置破产资源。

唯有如此,破产法的调整作用和破产保护的强大功能才能被广泛的市场主体所认知、理解并主动加以适用,破产法在市场主体中的自主意识以及自我利益安排中才会占有一席之地,才会在困境发生或将要发生时有足够的时间和条件进行适用,从而在市场主体中间形成良性的、自觉的、高度认同的破产法实施的市场氛围和常态化态势。唯此情况下,我们才有资格有底气说破产法是在有效实施。

二是破产法实施效率的有效性。破产法实施的有效性与实施效率密切相关。效率越高,说明破产法实施的有效性越好。“效率原则是我国企业破产法遵循的一项重要原则,效率不仅是指法院的办案速度,还包括处理案件所换取的效益,效益内含于效率之中。法院效率低,意味着当事人发动和利用破产程序所消耗的成本增大,便会抑制当事人利用破产程序的积极性,更会降低破产程序作为我国市场主体的退出机制的价值追求。”②破产法实施的效率,体现在破产程序的方方面面,包括破产案件的受理效率、破产争议审理效率、破产事务管理效率、破产程序推进效率、破产程序终结效率等。其中,破产案件的受理效率最为关键,是破产法有效实施的基础和基本前提。“破产案件受理作为法律规定的重要启动程序,对于破产程序的发动具有特别重要的意义。”③市场主体认同破产法、理解破产法、愿意适用破产法,但破产申请不被法院受理,或受理的条件设置严苛,受理效率低下,就不能说破产法的实施是有效的。

三是破产法实施结果的有效性。破产法实施的有效性,最终体现在结果的有效性。破产法实施结果的有效性,集中体现在破产程序展开过程和终结后的法律

---

① [美]小戴维·A.斯基尔:《债务的世界》,赵炳昊译,中国法制出版社2010年版,第1页。
② 汤维建主编:《新企业破产法解读与适用》,中国法制出版社2006年版,第57~58页。
③ 韩长印主编:《破产法学》,中国政法大学出版社2016年版,第60页。

效果、经济效果和社会效果。

所谓破产法实施法律效果的有效性，是指破产程序展开过程中，凡与破产企业发生法律关系的所有当事人的合法权益，都能依法得到妥善安排和公平对待；随着破产程序的终结，凡与破产企业所发生的全部法律关系归于消灭或得到重新安排；破产清算的市场主体顺利退出市场，破产重整的市场主体顺利走出重整程序，作为企业法人主体继续活跃于市场经济中。

所谓破产法实施经济效果的有效性，是指随着破产程序的终结，所有债权都获得一定程度和一定形式的清偿，最大限度避免债权损失；重整企业获得拯救，员工就业得到保障；原始出资人的出资权益在可能的情况下获得一定程度的保护；破产资源通过重组方的市场化介入而获得有效配置；企业重整成功后作为纳税主体继续为国家贡献税款；破产清算企业的破产财产通过公开拍卖的方式重新流动起来，其使用价值得到高效利用；国家宏观经济政策得以贯彻，经济结构趋于合理，经济运行平稳并可持续。通过实施破产法，使破产法在经济运行中起到稳定器的作用。"破产法实际上是一个'维稳器'，它能过滤血液，保持整个社会肌体的活力、健康。历史经验也证明，没有行之有效的破产法，市场经济共同体就会发生脑血栓、心肌梗死等恶劣后果。"①通过实施破产法，使"破产制度能够确保对经济活动损失进行更为及时和破坏性较小的处理，从而保证了经济活动通过破产制度达到更为流畅、更加稳定和更有预测性的延续"。②

所谓破产法实施社会效果的有效性，是指随着破产程序的及时启动、有效推进和顺利终结，各方当事人的合法权益在破产程序中获得公平清偿，各种因破产企业引起的纠纷、矛盾和对立情绪在破产程序中得以有效化解，已经显现或潜在的不稳定因素得以消除，一时陷入财务困境的市场主体，经过破产程序的洗礼，都有了财务上重新开始的机会，社会处于和谐稳定态势。

## 二、配套法律制度对破产法实施有效性的制约

与破产法实施相配套的法律制度，是指与破产法的实施有关的并形成制约因素的法律制度。所谓制约，是指对破产法实施有效性构成积极或消极的影响。凡构成积极影响的制约，将会增加破产法实施的有效性；凡构成消极影响的制约，将会

① 李曙光：《破产法的转型》，法律出版社2013年版，第125页。

② 自然人破产处理工作小组起草：《世界银行自然人破产问题处理报告》，殷慧芬、张达译，赵惠妙校，中国政法大学出版社2016年版，第50页。

削弱破产法实施的有效性。社会生活的整体性,法律关系的相关性,决定了法律之间存在天然的协同性。任何一部法律的实施,离开其他法律的协同,难以收到良效。破产法的实施同样如此。法律之间的协同,就是法律之间的目标和宗旨实现过程中的同向配套和配合。离开其他法律制度对破产法的同向配套和配合,孤立地就破产法而实施破产法,我们认为不会收到好的效果,亦即破产法实施缺乏有效性。

在破产法实施过程中,其他配套法律对破产法的消极制约,主要体现在以下方面:

**(一)对市场主体适用破产法的消极制约**

破产法有效实施的基本前提就是市场主体积极地适用破产法。破产实践一再表明,市场主体能否积极地适用破产法,将成为破产法能否被有效实施的关键。而恰恰在此关键问题上,我们没有形成市场主体积极适用破产法的鼓励和激励机制。不仅如此,现行的与破产法实施相配套的法律制度或操作流程中,存在严重的消极制约市场主体主动适用破产法的现象。

一是为市场主体适用破产法人为设置诸多前提性条件。例如,上市公司要适用破产法进行重整,必须先行解决大股东对债务人的占款及债务人违规担保问题,或至少要有切实可行的解决方案;必须要有确定的重组方和确实可行的重组方案,以确保重整成功率;必须得到金融债权人的认可;地方政府相关部门要出具情况说明函、同意函或债务人某种特殊情况的保证函,等等。这些前提性条件,没有具体的规则和期限要求,与破产法的规定明显不符。满足不了这些前提条件,债务人就无法进入重整程序。

二是为市场主体适用破产法设置诸多利益受损的规定。例如,金融债权人适用破产法,让债务人进入破产或重整程序,根据监管部门的相关规定,该笔金融债权分类评级上极有可能被认定为不良贷款,该笔贷款没有得到核销拨备前,无疑将影响该金融机构的贷款规模等;因债务人进入破产程序,该笔贷款转不良,按照金融债权人内部考核规定,贷款相关部门及相关人员将在部门业绩考评、部门奖金、个人职务晋升等方面受到严重影响;重整计划安排债转股或以物抵债等时,由于监管规则明确要求金融机构的资本占用率,金融机构在一定期限内不对股权或实物资产进行处置的,资本占用率将大幅提高,从而影响金融机构的贷款业务。无论从监管层面、监管规则层面或金融机构内部考核层面,都没有将金融机构主动利用破产程序及时回收债权,最大限度挽回损失作为考核或奖励的指标。换言之,债务人进入破产程序,对金融机构而言,只有消极利益和负面的影响。如此情形,金融机构已然没有主动适用破产法的内在动力。

三是因配套法律制度的缺失,致使破产程序不能从根本上解决市场主体的债务负担,严重影响市场主体主动适用破产法的积极性。例如,债务人实际控制人及家族成员为债务人融资承担的连带责任保证,由于没有个人破产制度,即使企业破产程序终结,只要债权未获全额清偿,这些个人提供的担保仍然有效,仍要承担未获清偿部分的清偿责任。这对实际控制人下决心适用破产法是一个很大的心理障碍。

破产法实施的根本路径就是市场主体对破产法的主动适用。只有从调动市场主体积极适用破产法方面入手,方可从根本上长远解决破产法的有效实施问题。关于市场主体适用破产法问题,“更佳的选择或许是以一种柔性的方式激励当事人对破产制度主动加以运用(无论是在破产程序之内还是之外)。只有这样,破产法才能更早地介入(直接或间接地)债务人财务危机的处理,甚至作用于健康公司经营之规范,其所具有的功能也能得到最大限度的发挥”。[①] 如果与破产法实施相配套的法律制度不能解决市场主体适用破产法的鼓励和激励问题,不能最大限度简化市场主体适用破产法的前提条件问题,不能消除市场主体适用破产法的不利影响和后顾之忧问题,就会严重制约破产法的有效实施。

**(二)对破产法实施效率的消极制约**

破产法实施效率集中体现在破产实务的效率上。破产实务分为破产审判实务和破产事务管理实务。破产审判实务是法院的职责,破产事务管理实务是管理人的职责。破产审判实务包括破产案件的受理、破产实体权利争议的审理和破产程序的推进等。其中最为紧要的是破产案件的受理。破产案件由法院审理,这是破产法赋予法院的审判职能。如果破产案件不能畅通地进入法院,破产程序不能及时启动,破产法的有效实施就是一句空话。而法院受理破产案件也受制于某些客观因素,如维护社会稳定因素、无产可破而没有破产费用等因素。这些消极制约因素不能得到解决,法院受理破产案件就会有后顾之忧,影响受理效率。

破产事务管理实务涉及很多社会职能部门,如破产企业财产调查,会涉及工商企业管理部门、国土部门、房产登记部门、开户银行、车辆管理部门、证券登记部门、社会保险部门等。管理人要独立完成破产企业财产调查,并提高调查的效率和准确性,无疑需要所涉部门的配合。然而这些与破产财产调查和破产财产法律登记有关的部门,都有自己的行规,都有规范自己行为的规章制度和法律规定。当这些

---

① 美国破产法协会:《美国破产重整制度改革调研报告》,何欣、韩长印译,中国政法大学出版社 2016 年版,译者前言第 7 页。

内部规章和相关法律规定与破产事务的管理不协调，不承认管理人独特的法律人格，因而对管理人的调查不予配合，则会严重影响破产事务管理效率。

### （三）对破产法实施效果有效性的消极制约

破产法实施效果的有效性体现在破产程序展开过程和终结后的法律效果、经济效果和社会效果的有效性方面。配套法律制度消极制约破产法实施效果主要体现在以下方面：

一是出资人权益调整受制于股权质押、司法冻结及登记过户规定，不能有效调整到位，影响重整效果；

二是重整企业法人资格被吊销，受制于工商企业管理规定，难以撤销行政处罚，恢复法人资格，影响重整效果；

三是重整企业信用受制于有关规定，重整期间和重整之后难以恢复信用，影响重整效果；

四是重整企业受制于税法规定，致使重整企业承担的税负过重，难以恢复元气，影响重整效果；

五是由于缺乏破产援助资金和破产并购基金等破产支持机制，致使法院难以受理破产案件，或虽有重整价值，但因找不到重组方而导致重整失败，影响破产法实施效果；

六是重整计划涉及诸多行政审批事项，受制于行政部门相关规定，重整企业难以满足行政部门的特殊要求，致使重整计划执行受阻，影响重整效果。

## 三、配套法律制度的完善

从法律之间的密切关联性角度而言，与破产法有效实施相配套的法律制度的完善，显然是一个非常庞大而系统的法律工程。本文无意探讨这样的系统工程。笔者想就几个严重影响破产法实施有效性的配套法律制度的完善进行初步探讨。

### （一）关于建立自然人破产法律制度

我国自然人破产问题仍然处于学术研究论证阶段，还没有列入国家正式立法任务，不能不说是我国破产制度完善方面的一大缺憾。“建立个人破产制度自微观层面言，是制定统一破产法典，完善破产机制的需要；自宏观层面言，则是建立、健全我国社会主义市场经济法律体系的需要。”[①]自然人作为民事主体，广泛参与市场经济活动，自然存在不能清偿到期债务的情况，自然需要破产法保护。在有自然人破

---

① 汤维建：《破产程序与破产立法研究》，人民法院出版社2001年版，第84页。

产制度的国家，自然人所背负的负债，可以通过破产程序来清偿，无法清偿的不再清偿，债权债务关系得到了结，同时，债务人重新获得新生。在没有自然人破产制度的国家，自然人所背负的债务，要一直背负下去，直到全额清偿或与债权人和解为止。由于背负的债务沉重，又没有解脱的法律制度救济，这部分人将成为"终生"的债务人。

在充分的市场经济条件下，建立自然人破产制度，有四方面的意义：

一是最大限度保护企业家。企业家是生产力中最活跃的因素。所有社会政治经济法律制度，所有生产关系和上层建筑，最根本的出发点和归宿点，就是解放和保护生产力，尤其是保护企业家这一最具活力的生产力。自然人破产制度是对企业家生产力的非常重要的保护手段。在笔者看来，从事生产、经营的企业家及其家族成员，都是社会生产力的杰出代表。这些企业家有想法，有敢为天下先的勇气和精神，有创业的激情，也有创业积累的经验和教训。他们是国家的财富，他们的创业精神应受到国家的鼓励和保护。当企业家所经营的企业陷入困境，企业家将企业全部财产清偿债权人之后，企业家及其家族成员因为连带担保而仍然背负沉重的债务，他们将难有翻身之日，进而将彻底失去继续创业的激情和动力，不仅不再成为对社会的贡献者，可能由此成为社会的负担甚至对立面，成为债权人永远追讨的对象。这无疑是对社会生产力的极大浪费。"现代破产法已经牢固树立了一项新目标，就是给那些'诚实而不幸的债务人'提供财务上'全新开始'的机会。全新开始可以使那些本来陷入绝望的债务人从债务的重压中解脱出来，重新开始正常的生活，成为对社会有用的成员。以防范产生'终身债务人'这一社会底层阶级。"①换言之，"破产制度为个人提供了一种支持、一张安全网，鼓励个人在社会认为合适的程度上，在经济上活跃起来"。② 如果有个人破产制度，这些企业家就能预知创业失败的最坏结果，就能看到还有重新开始创业的机会和希望。"如果潜在的创业者提前知道失败的风险会被破产制度减轻，那么他们就更有可能去对抗创业过程中产生的风险。在21世纪初，至少有一部自然人破产法作出重大修订背后的主要目标就是推动企业家精神。"③在企业破产的同时，为破产企业提供连带担保的个人也同

---

① ［美］查尔斯·J. 泰步：《美国破产法新论》（上册），韩长印、何欢、王之洲译，中国政法大学出版社2017年版，第4页。

② 自然人破产处理工作小组起草：《世界银行自然人破产问题处理报告》，殷慧芬、张达译，赵惠妙校，中国政法大学出版社2016年版，第49页。

③ 自然人破产处理工作小组起草：《世界银行自然人破产问题处理报告》，殷慧芬、张达译，赵惠妙校，中国政法大学出版社2016年版，第48页。

时破产，随着破产程序的结束，这部分人由于解除债务负担，有了轻装上阵，重新开始创业的机会。这些人以前创业积累的摸爬滚打的经验和教训，成为再次创业的宝贵财富。这种个人的经济解放，创业经验教训的积累，创业智慧和激情的再次激发，正是个人破产制度对社会生产力保护的集中体现。

二是最大限度地保护人类社会文明的进步。一部个人破产法发展的历史，一定意义上就是人类社会文明发展和进步的历史。“破产法在古代及中世纪欧洲，长期是一种只对债权人有利而不利于债务人的法律制度，破产对债务人来说如同现在刑法对罪犯一样，只有消极利益而毫无积极利益，诸如倾家荡产、商誉扫地、权利受限、资格被剥、人身禁闭、苦役还债、转卖为奴甚至处死分割等均是其物化形态。”①破产制度发展到近现代，随着人类文明程度的不断提高，其情形发生了巨变。“原来不利于债务人的三大制度，即破产有罪主义、破产惩戒主义和破产不免责主义，先后分别由其对立面，即破产无罪主义、破产不惩戒主义和破产免责主义取而代之。”②社会文明在进步，这是人生而自由平等理念在个人破产法上的彻底体现，也是人权保护的伟大胜利。这种人类文明发展成果已经固化在现代各国个人破产法之中，并通过个人破产法的实施，实实在在体现在个人破产人的身上。在没有个人破产法的国家，个人债务人是感受不到，也享受不到这种现代文明的。这些债务人长期被债权人追讨着、袭扰着、威胁着，甚至人身自由被非法限制着。所有这一切，都源于没有个人破产制度。

三是破产制度的完整考虑。“个人破产法是公司企业破产法的基础。只有建构个人债权债务责任意识，才能建构企业债权债务的责任意识，进而建构个人信用、企业信用然后扩展为全社会信用的责任体系，这是现代破产法的宗旨和目的之一。”③只有企业破产制度，而没有个人破产制度，这样的破产制度是不完整的，是有重大缺陷的。不仅如此，由于缺少个人破产制度，破产法在市场经济中的调整功能也是不完整的。破产法存在的基本依据是市场经济，破产法的基本功能是规范市场主体的债权债务关系。只有把所有市场主体的债权债务关系进行破产法意义上的规范，这个破产法的功能才算完整。只规范企业主体而不规范个人主体的债权债务关系，这样的破产法只能算作市场经济中的“半拉子”破产法。由于破产法规范市场主体的不完整，进而会导致破产法的功能大打折扣。所以，没有个人破产法

---

① 汤维建：《破产程序与破产立法研究》，人民法院出版社 2001 年版，第 88～89 页。

② 汤维建：《破产程序与破产立法研究》，人民法院出版社 2001 年版，第 89 页。

③ 李曙光：《破产法的转型》，法律出版社 2013 年版，第 204 页。

这个事实本身，对现行破产法之功能的释放就是一种制约和限制。

四是破产法实施考虑。破产法的有效实施，离不开破产当事人对破产制度的信赖和适用。诚然，破产当事人自然包括企业、公司，但一定意义上讲，主要是个人。尤其对民营企业而言，最终是否适用破产法解决债权债务问题的决策者，不是企业本身，而是企业的实际拥有者个人。可以说，破产法能否有效实施，很大程度上看企业的拥有者个人的态度。企业欠债是事实，企业拥有者个人为企业提供连带担保也是事实。基于企业不能清偿到期债务，且资不抵债这一事实，企业拥有者愿意将企业交出来清偿债务。但企业交出后，由于不能全额清偿，个人担保责任便显现。又由于个人全部身家都已投入企业，再无能力履行担保，个人债务由此陷入无解境地：不交出企业，债权人围追堵截；交出企业，个人担保仍然无解。于此情形，企业拥有者往往更容易做出两种选择：一种是“跑路”，祈望一跑了之；另一种是拖延，企业不交，继续经营，转移经营所得，能拖多久是多久，财产能转移多少是多少。总之，因为仅有企业破产法，不能彻底解决企业拥有者个人担保债务问题，只好远离破产，不会主动使用，只能被动接受。没有个人破产法，企业拥有者以及为企业提供连带担保的个人在企业破产后仍然看不到个人的前途或东山再起的机会，只好消极地对待企业破产，甚至极力阻止或为企业破产设置障碍。为了更好地解决企业尤其是民营企业的债务危机问题，需要尽快制定个人破产法。“由于这些企业在借款时几乎都是由企业股东承担了无限连带责任担保，通过重整程序也许可以挽救企业，却无法挽救企业的老板股东，因为股东的担保责任在企业破产后仍必须履行。没有个人破产制度就没有办法最终解决债务问题。所以，这些企业的老板在债务危机中往往仍然只能跑路、跳楼，将‘烂摊子’留给社会。”①在企业拥有者如此心态下，破产法实施还想收到成效也就不太可能了。

基于以上分析，笔者认为，要发挥企业破产法的强大功能，当务之急是尽快出台个人破产法。企业破产法和个人破产法原本是一体之法，只有出台个人破产法，破产法律制度才完整，破产法律功能才强大，破产法的有效实施才有可能。

### （二）关于完善出资人权益调整法律制度

企业重整制度是新破产法最为耀眼的制度。破产法的有效实施，很重要的方面是看企业重整的成效。相当多的重整企业，都要借助重组方投入的资金或盈利资产来实现和完成重整。参与重整的重组方，或是财务投资人，或是产业投资人，或是财务投资人和产业投资人的联合。重组方介入重整，基本上对重整企业都有持

① 王欣新：《破产法前沿问题思辨》（上册），法律出版社 2017 年版，第 12 页。

股比例的要求。为满足重组方的持股要求,所有的重整都是通过调整重整企业出资人权益给重组方,让投资人成为重整企业新的股东而完成投资。由此路径,我们可以断言,企业重整要引进有实力的投资人,对重整企业出资人权益进行调整不仅是必要的,也是必需的法律步骤。从重整实践来看,重整企业出资人权益调整往往是重整能否获得成功,收到成效最为关键的法律步骤。而恰恰在这个关乎重整命运的关键问题上,破产法仅有一个条款规定出资人权益可以调整。[①] 至于调整的理据,股权之上的权利负担如何解决,股权之上的司法冻结如何解除,调整股权如何过户,不仅破产法没有规定,就是公司法、证券法、物权法、担保法、民事诉讼法等都没有规定。出资人权益调整,是企业重整绕不过去而必须妥善解决的问题。这个问题解决地是否彻底,直接关系重整的效率和成败。正因如此,我们必须予以高度重视。

公司法上出资人的出资形成股权,进而形成出资人基于股权而享有的其他权益,如参与经营管理的权利、知情的权利、参与分红的权利等。所有这些权利统称为出资人权益。在企业信用正常情况下,出资人权益作为公民和法人的财产性权益受到公司法、证券法等法律的严格保护。同理,出资人将持有的股权设立质押,同样受到担保法的保护。出资人对他人负有债务,债权人将出资人的股权作为财产申请法院予以冻结,自然受到民诉法的保护。但是,当企业信用出现困境而进入破产程序情况下,基于重整企业的资产负债这一基本事实以及重组方的实际投资,需要对出资人权益做出新的调整。

重整企业股权之上的权利负担与股权调整冲突之核心在于股权价值的分配。对重整企业出资人的出资权益进行调整,基于这样几个特殊理由:

一是重整企业资产不足以清偿全部负债,即重整企业没有净资产,已经资不抵债,出资人权益应当调整归零。这是对重整企业出资人权益进行调整的经济基础。美国的重整实践也是如此。"要知道,(股东)这个群体处于破产分配顺位的最末端,其股权在重整计划中往往会归零。"[②]在司法实践中需要综合考虑多种因素,例如,需要明确界定资不抵债的标准,对重整企业资产估值是基于运营价值还是清算价值。《德国破产法》第 19 条第 2 款规定债务人的财产不再能够抵偿现有债务,即为资不抵债。但如果根据各种情况确定继续经营企业具有极大可能性的,则在评

---

① 《企业破产法》第 85 条第 2 款规定,重整计划草案涉及出资人权益调整事项的,应当设出资人组,对该事项进行表决。

② [美]查尔斯·J. 泰步:《美国破产法新论》(下册),韩长印、何欢、王之洲译,中国政法大学出版社 2017 年版,第 1153 页。

估债务人财产时,应以继续经营企业作为评估基础。可见德国对重整企业资不抵债的界定是基于企业的经营价值。另外,对于进入重整程序的上市公司虽然多数情况下所有者权益也为负值,但基于其上市主体地位,股票在二级市场存在交易市值,特别是公司如果仍有运营价值的情况下,我们不能简单地认为上市公司出资人权益一律归零,仍然部分存在,但明显处于“缩水”状态。从有利于重整考虑,有必要对上市公司出资人权益中的“缩水”部分进行调整。

二是进入重整程序的企业,都存在严重的财务困难和经营困难,多数情况下需要引进重组方的资金和盈利资产。而重组方介入重整的前提条件就是持有重整企业全部或部分股权。为满足重组方的持股要求,有必要对重整企业出资人权利进行调整。

三是虽然重整企业没有净资产,股东权益归零或“缩水”,但企业仍有营运价值,仍要生产经营。从债权人绝对优先于出资人受偿原则考虑,可以把出资人权益调整给债权人,即债转股,以减少债权人的债权损失。

四是只有建立出资人权益调整机制,才可以为重整企业引进重组方打通法律上的交易通道,才会为债权人减少不必要的损失,才会完整保存重整企业的营运价值。

五是基于重整企业资产负债基本面,在出资人权益归零或严重“缩水”状态下,在破产程序中依据破产法这一特别法对出资人权益进行调整,应当得到其他法律的尊重。其他法律对出资人权益的保护,是以投资企业财产信用正常为前提和基础的,完全没有考虑所投资企业资不抵债这一特殊情况。而破产法则恰恰是针对企业资不抵债这种情况做出可以调整出资人权益规定的。所以,在企业出现财务困境和经营困境时,应优先适用破产法来解决债权债务问题和挽救企业。

然而,重整实践中,在出资人权益调整这个关键问题上往往会遇到诸多法律障碍,影响重整效率和效果,进而影响整个破产法的有效实施。

出资人权益调整遇到的第一个法律障碍是重整企业股权因质押而难以调整。质押权人可能是重整程序中的债权人,也可能仅仅是重整企业股东的债权人。在重整企业股权设定质押的情况下,出资人权益调整涉及质押股权能否剥夺问题。由于没有相应的法律规定,要对已设立质押股权进行调整,基本上要征得质押权人的同意。在质押权人不同意调整情况下,出资人权益调整方案则只能绕道而行,调整那些没有设定质押的股权。如此的后果,一方面将增加重整的难度;另一方面只调整未设立质押的股权,造成新的不公平。由于质押股权无法调整,偿债资源减少,会降低债权人的清偿。

出资人权益调整遇到的第二个法律障碍是重整企业股权因质押而难以解除释放。质押权人不解除质押,那么出资人权益调整涉及的股权让渡就无法落到实处。关于出资人权益调整所涉股权质押如何释放,至今仍没有明确的法律规定,实践中基本靠谈判协商解决。基于股权质押事实,协商质押权人释放质押股权,往往要增加重组方的成本,该成本又往往被转移到全体债权人身上,降低债权人的清偿率。不仅如此,任何利益都存在边界问题,与质押权人协商释放质押股权,也有利益边界。超出边界,重组方或债权人无法满足质押权人的利益诉求时,自然无法达成交易,破产重整便陷入困境以至于失败。

出资人权益调整遇到的第三个法律障碍是重整企业股权因法院冻结而难以解除。由于股权之上有司法冻结,即便出资人权益调整方案获得法院批准,在冻结法院不解除冻结情况下,也是无法办理股权过户手续的。而冻结法院要解除冻结,必须得到申请人的同意。如果申请人是重整企业的债权人,批准的重整计划对其有约束力,解除冻结的工作相对好做。如果申请人不是重整企业债权人,仅仅是股东的债权人,要求其申请解除冻结异常困难。如此一来,在股权之上有司法冻结情况下,没有冻结申请人的同意,调整的股权无法办理过户,重整计划将无法得到执行,同样影响破产法的有效实施。

要从根本上解决上述法律障碍,必须采取以下措施:

一是明确破产法优先适用的法律地位。在企业进入重整程序后,破产法的适用要优先于其他法律,必须赋予破产法这个地位和权威,依据破产法对出资人权益进行的调整,经法院裁定批准后,所有其他一般法律都要为落实这一调整让路,破产法的实施才是有效的。

二是根据重整企业资产负债基本面,我们要设立一种制度,规定重整企业资不抵债以及不能全额清偿债务时,重整企业股权价值归零,法院对该股权的冻结丧失执行标的意义,并不能为冻结申请人带来额外的清偿价值。受理破产案件法院为落实出资人调整方案,有权协调原冻结法院径行解除保全措施,无须征得保全申请人的同意。或赋予审理破产案件法院在重整计划对冻结股权做出调整时,可以不经冻结申请人同意径行解除,以配合重整计划的执行。破产程序是司法程序,具有绝对权威,经法院裁定批准的重整计划是生效的法律文书,也具有法律效力。只要法院批准了重整计划,只要重整计划对股权做出调整,就应同时赋予破产法院径行解除冻结或赋予原冻结法院径行解除冻结的权力。

三是根据重整企业资产负债基本面,我们还要设立一种制度,规定凡资不抵债的,股权价值归零,以此股权设立质押的,视为担保物灭失,不再具有担保意义和价值。重整计划可以对质押股权进行调整。法律赋予破产案件审理法院依据裁定批准的重整计划径行对涉及调整的质押股权裁定解除,无须征得质押权人的同意。

四是根据重整计划安排的债转股及引入重组方所需股权情况,凡出资人权益调整方案涉及对冻结股权和质押股权进行部分调整的,经法院裁定批准重整计划后,破产案件审理法院可以依职权径行解除调整部分股权的冻结和质押,协助办理过户手续。

出资人权益调整遇到的第四个法律障碍是,重整计划调整股权过户问题。股权过户是股权调整最终的法律状态。只有股权过户完成,重整计划中关于股权调整的内容才视为最终完成。所以,经重整计划调整的出资人权益只有最终表现为股权按照重整计划的要求完成法律形态的过户手续,重整计划关于出资人权益调整的内容才落到实处。从这个意义上讲,出资人权益调整涉及股权过户事项的,该股权能否过户、能否顺利和及时过户,确实关系到重整计划能否执行到位问题,进而关系到破产法能否有效实施问题。

重整计划执行过程中的股权过户问题一直十分棘手,其原因主要源于登记机构所要求的过户手续。重整企业股权过户分两种情形:一是上市公司股票过户;二是非上市公司股权过户。前者涉及证券登记公司,后者涉及商事登记主管机关。这两种股权登记机构都要求股权过户时,要么转受让各方同意并到登记机构办理;要么由法院出具过户裁定和协执。前一个要求几乎没有可操作性,一者因为有的出资人反对出资人权益调整,不可能配合过户股权;二者因为企业股东多,且分散各地,不可能都来登记机构办理过户。后一个要求,涉及法院对股权过户事项的理解、态度和法律依据。如果法院认为执行重整计划不属于法院的职责,无法律依据出具过户裁定和协执,那么,股权过户便陷入僵局。

在笔者看来,如果不从法律的精髓层面理解法律,仅仅机械地死抠法条,基于法律规定难以穷尽的必然逻辑,要在现有法律中找到法院可以为执行重整计划出具过户裁定和协执的具体条文,确实没有。

笔者认为,人民法院裁定批准的重整计划就是生效的法律文书,具有法律效力,政府有关职能部门有责任配合执行重整计划。基于重整计划已经法院裁定批准这一事实和重整计划对所有表决组所涉当事人均具有法律约束力这一本质特征,证券登记公司和商事登记主管机关依据生效的重整计划关于出资人权益的安排径行办理过户手续也是于法有据的,不仅不会发生股权过户争议,即便发生,只要严格执行重整计划,股权登记部门在法律上不存在任何责任。如此安排,将显著提高重整计划执行效率,彻底消除股权过户的不确定性,给重整市场更加明确的股权过户的稳定预期。

### (三)关于完善税收法律制度

在破产法实施过程中,国家税法及税务政策如何定位,如何配合破产法的实施收到良效,这是税法本身必须解决的问题。现行税务政策,将企业破产行为视为普通商事行为,不仅照章收税,而且多多益善,连滞纳金也不放过,根本没有考虑如何完成配合破产法有效实施这一特殊使命。

笔者认为,企业破产行为性质上虽是商事行为,但这种商事行为与其他正常市场主体实施的普通商事行为是有本质区别的。这种区别在于:

一是破产法是国家公共经济政策的重要组成部分,承担着特定的经济调节职能与社会管理和稳定功能。从这个意义上讲,企业破产这种商事行为是在国家大的经济政策引导下的商事行为,是为完成国家的宏观经济政策、稳定经济秩序、优化经济结构,净化经济环境、健康发展经济而必须实施的商事行为。换言之,实施企业破产,这是国家的战略考虑和战略布局,显然与一般市场主体实施的商事行为不同。

二是企业破产商事行为,是在企业发生严重的财务困境和经营困境这一特定条件下实施的,是在破产企业资不抵债,债权人将遭受重大经济损失的境况下实施的,它本身就存在诸多的困难、不确定性以及诸多的利益对立和情绪对抗,显然与其他市场主体实施的商事行为不同。

三是企业破产商事行为是一种涉众商事行为。这种商事行为涉及众多债权人、众多出资人、众多企业员工和重组方,显然与一般商事行为不同。

四是企业破产商事行为是需要其他市场主体对重整企业进行紧急输血重组的商事行为。破产重整自然涉及债务重组收益。但这种收益,仅具有账面上的意义,与法庭外企业重组获得的实实在在的重组收益性质上是不同的。所以,企业破产商事行为不是简单的一桩生意,一笔买卖,与其他市场主体实施的商事行为不同。

基于以上分析,笔者认为,税法在如何配合破产法有效实施方面的基本法律定位如下:

一是全力配合破产法的贯彻实施,成为破产法实施的助力而非阻力。

二是通过助力破产法的实施,配合国家宏观经济政策调整和经济结构布局,促进国家经济稳定健康发展。

三是通过助力破产法的实施,实行优惠的税务政策,积极鼓励市场主体参与对重整企业重组,促进破产并购交易。

四是在破产财产分配方面让利于债权人,提高债务人适用破产法的积极性,减少债权人之间的利益对立和不满情绪，顺利推进破产程序。

五是在配合破产法有效实施这一事关全局、长远和根本性的问题上，税务政策要算大账，要算国家的账，要算长远账，而不要只算小账，只算眼前账。将企业破产视为普通商事行为加以征税，甚至收取滞纳金，收取债务重组收益所得税就是在算小账、眼前账。放水养鱼，让利于债权人，减少重整成本，保证重整成功率，保存国家纳税主体和税源，激活市场主体经济活力，则是税务政策的大账。

税法是实施破产法的调节手段，鼓励实施破产法，这是税务政策的使命之一。因税法调节而使破产法有效实施，长远的最大赢家仍是国家。税法鼓励破产法实施，挽救更多市场主体，也是在挽救税收源头。

国家税收政策与破产法的有效实施关系密切，甚至一定意义上决定着破产法实施的成败。税收政策之于破产法的实施意义，在破产法立法之时，对此考量得并不充分，在税法制度中对企业破产这一特殊情形甚至未加考虑。经过十多年破产实践，税收政策对破产法实施的掣肘越发明显，如不进行大刀阔斧式的调整，制约破产法的有效实施将是必然的。

税收政策对破产法的实施有四个方面的影响：

一是破产程序启动之前所欠税款在破产程序中的分配地位；

二是破产程序启动之前所欠税款滞纳金在破产程序中的分配地位；

三是破产财产处置过程中所涉税款滞纳金在破产程序中的税法对待；

四是破产重整程序中，根据重整计划的安排，不再清偿的债权依法豁免而使重整企业获得的重整收益应否缴纳企业所得税的税法对待。

国家税款本质上取之于民而又用之于民，所以每个公民和法人都有依法纳税的义务，这一道理不仅不言自明，同样适用于破产程序。破产程序本质上处理的民事法律关系，是集中进行的民事活动，自然也要依法纳税。但我们不要忘记破产程序所进行的民事活动，是在债务人不能清偿到期债务，且资产不足以清偿全部债务情况下进行的民事活动。不能全额清偿债务是破产程序最本质的特征，法律上意味着债权人将遭受一定程度的财产损失，而且是再也无法弥补的损失。从这个意义上讲，企业破产这种商事行为将意味着部分债权的不可避免的损失。问题是这种破产损失是由债权人全部承担，还是与国家一起承担，这是问题的根本。笔者认为，破产损失如果全由债权人承担，而国家税款不受影响，那么，这样的制度安排就是在限制破产法的有效实施。反之，如果破产损失由债权人和国家一起背负，这样的制度安排将使破产法得到有效的实施。在破产损失的承担问题上，表明了国家对破产法实施的一种态度：与债权人争利，则竭泽而渔，破产法不能有效实施；让利于债权人，则放水养鱼，破产法能够有效实施。笔者认为，我们应采取放水养鱼的国家战略，让破产法得到有效实施，以换取国家经济的健康发展和社会长治久安。如果放眼于破产法在市场经济中调整功能的有效发挥以及对经济健康发展的保驾护航的作用，那么，国家首要考虑的不是破产程序中如何确保税收问题，而是如何通过税收政策调节从而确保破产法的有效实施，并通过这种有效实施而使国家获得长期的稳定的税收。在破产法实施这个国家大政方针问题上，税收政策应充当促进破产法实施的调节手段，而不是执行单一的税款收取功能。这才是国家的大智慧和明智之举。鉴于此，笔者认为对现行破产程序中的税务政策应做出以下调整：

一是破产程序前所欠税款，不再享有优先顺位清偿，与普通债权一样，按比例获得清偿。如此税务制度安排，等于激励和奖励当事人积极选择破产程序解决问题，是破产法实施有效性的积极制约因素。否则，如现行政策一样，破产前所欠税款优先清偿，与债权人争利，则构成破产法实施有效性的消极制约。德国、奥地利、澳大利亚等国家的新破产法都将税款优先权彻底视为一般债权，从世界各国立法趋势来看，税款债权在破产程序中的优先性正在淡化。

二是破产受理前所欠税款滞纳金不再作为普通债权参加破产财产分配。虽然现行做法是将税款滞纳金作为普通债权对待，表面上看国家已做出让步，似乎对债权人有利，但法理上仍然是不成立的。滞纳金的本质是惩罚，是对欠税企业的教育性质的惩罚，目的是让欠税的企业为自己的欠税行为付出代价，以增强企业的纳税意识和责任，确保国家税收安全。这显然是一种强化纳税意识，保证税收的一种惩罚性调节手段。这种手段在企业正常经营态势下是没有问题的，也是必要的。但在企业进入破产程序情况下，如果把滞纳金视为破产债权，哪怕是普通的破产债权，参与破产财产的分配，那么，惩罚的事实既已确定。这种确定的惩罚事实所导致的后果却与最初设立税款滞纳金制度所要惩罚的主体对象背道而驰。在破产程序中，如果承认税款滞纳金为债权，无论是优先顺位还是与普通债权一样的顺位，笔者认为都是不妥的。因为一旦确立滞纳金债权并参与分配，就意味着国家税务机关通过滞纳金制度惩罚的不再是欠税企业，而是欠税企业的所有债权人。换言之，一旦确立税款滞纳金债权，本质上即把国家与债权人摆到了对立面的位置，不仅仅是国家与债权人争利问题，而是国家在惩罚所有的债权人，让本已受到损失的债权人雪上加霜。所以，将税款滞纳金作为普通债权参与分配，则构成破产法实施有效性的消极制约。

三是明确重整收益免征企业所得税。重整收益是指在破产重整程序中，债权人未能清偿的债务，重整企业不再清偿。在破产清算状态下，破产企业未能清偿的债务将全部豁免，由于是破产清算，破产企业主体随着破产程序的终结而注销，豁免的债务对破产企业而言没有任何意义，没有收益可言。在重整状态下，重整企业法人主体持续存在，重整企业不再清偿的债务，法律形态上表现为重整企业获得了重整收益。这种重整收益要不要缴纳企业所得税，则一直是一个有争议的问题。争议的焦点是企业所得税所征收的所得是实实在在的所得，还是虚拟的所得。如果是包括虚拟的所得，那么，重整收益就要缴纳所得税。如果必须是实实在在的所得，如企业正常经营状态下，债权人放弃债权，就是企业实实在在所得，缴纳所得税没有问题。在破产重整程序中，重整企业尽其财产所能对债权进行清偿，无法清偿的部分，破产法规定要全部豁免，且豁免的债务对重整企业而言，没有形成任何实质意义上的收益，仅仅因为企业重整，法人资格延续而表现为虚拟状态的收益。如果国家对这种虚拟的重整收益也要征收企业所得税，那么，原本就缺乏经营现金流的重整企业，怎么可能交得起所得税呢？又有哪家投资人愿意投资需要交纳重整收益所得税的企业呢？如此制度安排，怎么能收到破产法实施的实效呢。所以，笔者建议，国家税法要明确规定凡重整企业所获得的重整收益一律免交企业所得税，以此鼓励破产并购，并给并购重组方以稳定的制度预期，而不是埋下潜在的可能涉嫌偷漏税的风险。

四是破产程序进行中的税款滞纳金一律免收。凡进入破产程序的企业，税务机关不得以任何理由收取破产企业的税款滞纳金，不能在破产程序中继续惩罚所有债权人。

**（四）关于完善重整企业信用恢复法律制度**

企业的生命力在于信用，有信用的企业才有生命力。缺乏信用的企业就会出现困境甚至危机。信用的基础是企业的财产实力，不能清偿到期债务，说明企业的信用出现问题。企业资不抵债，说明企业的信用从根本上出现危机。企业的破产清算，本质上是对企业信用的彻底清算。企业破产重整，本质上是对企业信用的挽救和恢复。

为确保企业注重维护信用，有关法律法规规定对失信企业进行警示性和公示性惩罚，即将失信企业拉进失信黑名单并广而告之，让失信企业不再获得信用。这种失信黑名单对失信企业的信用惩罚是致命性的，意味着进入黑名单的失信企业不可能再获得其他金融机构的信用支持和扶持。所以，一旦失信，企业将丧失融资能力和资格，生产经营将步履维艰，甚至无计可施。我国困境企业主要在四个方面信用问题：(1)因不履行生效法律文书确定的义务而被人民法院列入失信被执行人名单；(2)因不履行借款合同项下的还款义务，而在相关商业银行的企业信贷等级以及在人行征信中心的信用记录均为不良;(3)因拖欠税款被税务机关降低信用等级并采取联合惩戒措施;(4)因为经营问题被工商行政部门列入异常。

正因如此,失信企业才不得不选择破产重整来挽救信用和恢复信用。然而,令人遗憾的是,破产重整程序并没有给失信企业带来明显的信用挽救和恢复。这集中体现在三个方面:

一是在重整程序中的企业难以获得信用。虽然破产法明确规定,在重整期间,企业可以借款用于重整或生产经营,①但由于重整企业作为失信企业,仍在失信黑名单中,借款变得异常艰难。如此说来,不改变现行信用制度安排,重整企业要在重整期间获得金融机构的信用支持是不可能的,后果自然是增加重整企业重整成功的不确定性,甚至是增加了重整失败的可能。

二是重整之后的企业仍然背负失信的黑名,难以获得金融贷款支持。虽然重整之后,股东发生变更,资产负债结构获得改善,企业实力明显不同于重整之前,但对金融机构而言,失信企业主体并没有改变。由于主体未变,因此该主体重整之前的失信记录将一直跟随该主体,哪怕重整之后脱胎换骨也仍然被牢牢地记载在失信黑名单之中。如此制度安排,不仅对重整企业不公平,对投资重整企业的重组方更是不公平,对重整制度的适用和推广就更加起不到积极的作用。

三是重整企业实际控制人、法定代表人等高管人员往往也受重整企业的牵连拉入失信黑名单,严重影响这些人的重整投入和热情,一定程度上降低重整效率。

笔者认为,要提高破产法实施的效率和效果,要提高投资人对重整企业的投资热情,要彻底挽救重整企业的信用,就必须全面建立重整企业信用恢复制度。重整企业信用恢复制度的核心,就是有利于鼓励重整、促进重整,提高重整的效率和成功率。重整企业信用恢复制度的主要内容体现在四个方面:

一是凡进入重整程序的企业,要从失信黑名单中剔除,不得再有失信记录。进入重整程序的企业,其信用受到破产法的保护,不存在在破产程序中失信的问题。破产程序之前的失信记录应该画上句号。如此信用恢复安排,有利于重整企业融资。进入重整程序的企业,为维持生产经营,及时融资是第一要务。在美国,"通常,经管债务人在提出重整申请之后必须最先考虑的问题之一就是如何获得融资"。② 而重整企业获得融资与重整期间对重整企业的信用恢复是有直接关系的。

---

① 《企业破产法》第75条第2款规定:"在重整期间,债务人或管理人为继续营业而借款的,可以为该借款设定担保。"

② [美]查尔斯·J.泰步:《美国破产法新论》(下册),韩长印、何欢、王之洲译,中国政法大学出版社2017年版,第1170页。

二是在重整期间，重整企业融资贷款所形成的债权，在破产程序中绝对优先保护，以增强重整企业的信用基础，给放贷人以明确的安全预期。美国破产法特别重视重整期间融资的安全问题。“为了消除债权人向第 11 章债务人授信的任何顾虑，国会特意设计了§364 这一规定，以提供层层递进的激励机制，并保护债权人免受债务人不计后果而过度举债所带来的风险。”①这样的重整理念和对重整企业信用制度设计，我们应当借鉴。

三是重整之后的企业，视为企业获得新生，变成没有失信记录的新生企业，关于该主体之前的失信不良记录应一律作废，重新对重整后的企业信用情况进行考核记录。如此改革，可以给投资人以投资重整企业的信心，也给金融机构贷款给重整后的企业以正当合规依据。如此调整，金融机构的贷款活跃了，投资活动活跃了，重整企业盘活了，一举多得。

四是为最大限度调动重整企业实际控制人和高管的重整积极性和重整工作效率，笔者建议，在重整期间，暂时将实际控制人和高管从失信黑名单中删除，待重整完成后，根据重整计划清偿情况，再决定是否重新拉入失信黑名单。

**(五)关于完善银行贷款监管法律制度**

防止出现系统性金融风险，这是金融监管部门的首要职责，也是金融监管法律的基本使命。对金融风险的防控，首先要从银行贷款开始监管。监管部门出台的《贷款风险分类指引》《农村合作金融机构信贷资产风险分类指引》，财政部出台的《金融企业呆坏账核销管理办法》，以及《商业银行法》《贷款通则》等，都从不同维度对银行贷款做出监管规定。

防范金融风险，仅仅依靠信贷管理制度是不够的。破产法在防范金融风险方面具有独特的作用。我们在防范金融风险总的措施中，应该把适用破产法化解金融风险这一行之有效的手段考虑进来。但遗憾的是，现行信贷管理规定只是将企业破产作为信贷资产安全的祸根和破坏力量来加以防范和补救，甚至采取一系列不利于贷款行的惩罚性监管措施予以应对。这种做法本身，对银行债权人主动适用破产法是一个打击，严重忽视或削弱破产法在化解金融风险过程中的重要作用，严重制约着破产法的有效实施。只要对现行监管规定稍作简要梳理，不难得出这样几个结论：

按照现行贷款风险分类，次级、可疑和损失类贷款合称为不良贷款。从审慎性

---

① ［美］查尔斯·J. 泰步：《美国破产法新论》（下册），韩长印、何欢、王之洲译，中国政法大学出版社 2017 年版，第 1171 页。

以及不能清偿到期债务为企业破产一般原因角度考虑，贷款企业一旦进入破产程序，该贷款一般要归入不良。这是对破产企业贷款的基本定性。这是第一个结论。

基于这种定性，不良贷款在未核销之前，银行贷款额度受到一定限制，影响银行放贷业务和利润。这是第二个结论。

不良贷款核销需要严格的程序和条件，甚至要对破产企业的保证人追责后才符合核销条件，如此苛刻的条件和漫长的时机等待，无疑对贷款行的贷款规模的释放影响重大。这是第三个结论。

不良贷款最终导致损失，可能会影响经办行业绩考核及经办人职务晋升、奖金发放等切身利益。这是第四个结论。

如破产程序安排债转股或以物抵债，会相应地占用银行资本金。如不能在一定期限内处理股权或抵债资产，占用资本金比例还将大幅提高，同样影响贷款行的正常经营。这是第五个结论。

这样的监管规定在对待破产法的指导思想和方向上是有问题的。这种监管制度表明，银行贷款一旦涉及债务人破产，不管是破产清算、破产和解还是破产重整，不管破产清偿率是多少，不管清偿内容是什么，也不管破产程序持续多长时间，只要是沾上破产，那么就自然发生一系列不利于贷款行、贷款经办人的后果。由于对不良贷款如此严格的负面评价，导致几乎所有金融机构把破产程序视为洪水猛兽，骨子里都不希望贷款企业破产，哪怕是挽救企业、最大限度避免金融机构损失的重整程序。这种观念不纠正，这种贷款监管制度不改变，在金融机构为债权人的情况下，破产法要得到有效实施是不可能的。逻辑很简单，基于贷款监管制度已经连带破产程序中银行贷款的不良归类，连带贷款行的业务限制和利润影响，连带贷款行相关部门的负面评价，连带与该笔贷款有关的个人的职务晋升、绩效考评和奖金等经济利益损失，这种制度把贷款银行、经办个人和破产程序对立起来。对立的结果就是贷款银行远离破产程序，拒绝破产程序，反对他人启动破产程序，基本上不会主动利用破产程序。在银行债权人普遍反感破产程序的情况下，破产法的实施无疑缺少最重要的力量即债权人的支持，这是很可怕的情形。银行债权人不仅自己拒绝破产程序，而且在破产程序听证时也反对其他债权人启动破产程序。金融机构所能采取的唯一行动，就是对债务人起诉、仲裁和个别执行，在无果情况下，只有等待，至于等待的结果已经不再重要。唯一重要的就是对机构对部门对个人追责最大限度地迟延发生。破产法的有效实施离不开债权人这个十分重要的支持因素。如果债权人，尤其金融机构债权人不仅对破产程序不积极，反而极力反对破产程序，那破产法只能束之高阁，成为好看而无用的法律摆设。

笔者认为，现行贷款监管规则，只考虑破产的消极方面和贷款无法全额收回的风险应对方面，全然没有考虑破产在最大限度挽回贷款损失方面的积极作用。我们要树立破产保护贷款债权的新理念，重视破产法在贷款债权保护方面的积极的其他法律不可替代的作用，要建立全新的与破产法有效实施相适应相对接的贷款监管规则。笔者认为，现行的贷款管理规则改革的方向就是全面重视和发挥破产法在化解金融风险过程中的积极作用，全面配合破产法的有效实施。这种改革的基本要点如下：

一是建立银行债权人适用破产法的激励机制。贷款银行在不良贷款既成事实情况下，应积极利用破产程序止损，或最大限度挽回损失，而不是无谓地等待和拖延，从而进一步恶化债务，扩大损失。应实行破产程序与债权回收结果挂钩的考评机制。凡是及时启动破产程序，尤其是启动重整程序，取得较好的债权回收效果的，债权清偿达到一定区间比例且效果明显可观的，对贷款行不良贷款核销、贷款规模等方面要予以适当放宽监管，以示激励，对经办部门和经办人员要予以嘉奖。

二是建立灵活的破产程序中不良贷款认定机制。已经进入破产程序的银行贷款债权，要根据破产案件的具体情况来认定该破产企业贷款债权是否属于不良，而非一律认定不良，以减少因破产而认定贷款不良给银行贷款业务造成的冲击。应根据破产程序中清偿方案的内容，如全部债权拟转为上市公司股票，法律上视为全额清偿，即可不再认定贷款债权为不良贷款，从而不再影响贷款行的贷款业务。

三是建立破产程序中不良贷款损失免责机制。企业破产是市场经济竞争规律的自然结果，是很正常的一种经济现象。这种现象的发生与贷款时贷款行各部门和经办人没有必然的联系。不能将破产企业贷款损失的责任无条件无理由地算在无辜机构和个人身上。当然，如果有足够的证据表明商业银行的工作人员故意违反《商业银行法》相关规定的，则另当别论。

四是建立资本金占用调节机制。监管规则之所以规定资本金占用制度，主要是防止银行不经营主业，大量持有工商企业股权或以物抵债资产，且长期不处置，占用银行大量信贷资金，出现经营风险。通过资本金占用制度，可以约束银行尽快处置股权或实物资产。但笔者认为，这种资本金占用制度比较僵化，缺乏弹性，不利于银行债权人在破产程序中接受债转股或以物抵债，影响破产效果。我们应当建立具有一定弹性且可根据具体情况进行调节的资本金占用机制。如按照重整计划的安排，银行债权人可分得上市公司股票，且二级市场流动性强，交易价格稳定，银行随时可以变现。这样的债转股，不应再规定资本金占用。另外，一定期限内不处置的股权或抵债资产，资本金占用要有区间比例，时间越长，占用比例越高，这样比较合理。

五是建立无故拖延、回避、拒绝破产的惩罚机制。贷款行要密切关注贷款企业的运行状况、还款能力以及资产尤其是经营性资产安全情况，一旦发现有异常，如经营现金流不足或断裂，经营性资产拟被评估拍卖，面临全面停产可能等情形，而该企业又具有挽救价值，经挽救，贷款债权会最大限度得到保护，贷款银行应当及时启动破产程序。无故拖延、一味回避、拒绝破产，导致贷款企业资产和营运价值严重贬值和流失的，贷款行要承担对贷款企业监管不到位的责任。该企业进入破产后的清偿率不高，由此导致的贷款损失与错过最佳破产时机有关，该贷款行要承担监管不利的相应惩罚性后果。

六是建立银行债权人积极参与破产程序的工作机制。银行债权人要积极并全程参与破产程序，包括在债权人会议，在债权人会议主席岗位，在债委会成员岗位，在对管理人执业行为监督，在重组方的选择，在重整计划的制作等环节中发挥更积极的作用，这样，破产程序就可以为债权人所用，为债权人服务，真正成为促使债权人利益最大化的法律程序。

笔者坚信，对贷款监管规则的上述调整和改革，将把银行债权人与破产程序的对立状态回归到统一的、和谐的、可积极利用的状态。这种回归对破产法的有效实施将是革命性的改变和促进。

**（六）关于建立政府破产援助基金制度**

破产法的有效实施不可能一帆风顺，当实施过程中遇到资金短缺时，只能求助于政府。政府对破产法的有效实施责无旁贷。

破产实践表明，破产法实施过程中，经常遇到的资金短缺有以下两种：

一是“三无”破产案件。即无资产、无人员、无资料。这样的案件，法院没有理由不受理。但法院也担心受理之后如何处理。遇到的第一个难题是，要不要指定管理人？管理人报酬如何解决？第二个难题是，破产费用诸如破产公告、财产调查等管理人执行职务的费用如何解决？显然，对“三无”案件，在破产费用和管理人报酬没有解决之前，法院的态度是能不受理最好。

二是“两无一有”破产案件。即无财产、无资料，有员工。这类案件比“三无”案件更棘手。不仅没有破产费用和管理人报酬，也无法清偿员工劳动债权。随之而来的问题就是员工如何安抚。这是法院最不愿意面对的问题。

上述类型的破产案件所遇到的难题，显然靠市场是无法解决的。我们所讲的市场化破产，面对这样的难题，市场这只看不见的手往往“失灵”。在市场“失灵”时，政府这只看得见的手要及时发挥作用。破产政策是国家经济政策的重要组成部分,踏踏实实落实破产政策如同落实经济政策一样,国家要有配套的法律制度。其中,建立配套的破产援助基金制度,就是政府落实破产政策的重要举措。“破产法的有效实施关系国家经济发展大局和社会秩序稳定,具有全局性和根本性的特点,其实施中遇到的社会性问题,完全依靠市场自身的规律与力量是无法得到有效解决的,因此,政府在社会保障制度不健全、社会保障总体水平较低情况下,应当积极介入,解决破产法实施中的社会难题,包括提供资金援助并逐步建立一个援助资金的长期机制,承担起应尽的社会责任,防止社会问题的积累、恶化与爆发。”①

笔者认为,落实国家破产政策,尤其当下配合国家经济结构调整,“僵尸企业”出清,化解过剩产能等重大经济政策,均要倚重破产法的有效实施。在破产政策和破产法有效实施过程中遇到的市场力量无法解决的破产程序资金短缺障碍,唯一的解决之道就是依靠政府。可以说,建立政府破产援助基金,这是政府在配合落实国家破产政策过程中必须承受的机制成本。

政府建立破产援助基金,主要用于解决“三无”案件和“两无一有”案件中的破产费用、管理人报酬和员工劳动债权的清偿问题。这样的配套制度安排,无疑是破产法有效实施的长效机制。这样的机制,对增加法院受理破产案件的信心、化解法院的后顾之忧,进而解决破产案件受理难、受理效率低问题,解决破产程序推进难,推进效率低问题,解决破产案件中维护员工权益和稳定等问题均具有重要意义。

**(七)关于建立政府破产重整并购基金制度**

当陷入财务困境和经营困境的企业具有挽救价值时,往往通过破产重整程序进行挽救。在重整程序中挽救企业,有时需要引进具有一定实力的重组方投入资金或盈利投资。当重整企业需要引进重组方时,能否成功引进重组方一定意义上决定企业重整成败。所以,困境企业能否重整成功,有无重组方将成为至关重要的因素。

重整程序为重整企业引进重组方的过程,无疑是市场化的过程。这个市场化过程本质上是双向选择的结果。即重整案件资产负债及经营基本面和股东、债权人的基本诉求,决定所要引进重组方的基本条件,这是重整案件本身对重组方的选择。作为重组方,对重整企业的资产负债以及营运业务本身也有要求,也要算经济账和未来账,也要考虑投入产出之结果是否有利可图。这是重组方对重整企业的选择。当这种双向选择经过谈判、磨合、博弈,最终达成合意时,重整企业成功引进重组方,重整成功。反之,这种双向选择无法达成合意,重整企业无法引进重组方,

---

① 王欣新:《破产法前沿问题思辨》(上册),法律出版社2017年版,第40页。

重整失败,进入破产清算。这就是市场化破产的基本逻辑,是让市场在配置破产资源中起主导作用的基本逻辑。

对于重组方而言,破产并购仅仅是一个投资项目、投资机会。从投资的一般规律和理念出发,重组方投资的基本逻辑是,低价、压价并购,溢价产出、安全退出。任何重组方都要核算投入产出、投入退出的资金成本、时间成本和机会成本,至于通过投资实现挽救重整企业的社会意义和普世价值等,在重组方的投资理念中并非十分重要。基于此,有些重整企业因没有重组方而夭折,不得不破产清算。企业破产清算将会带来一系列社会问题。"现代社会的经济结构具有整体性、社会性和规模性等特点,反映在经济组织之间,便是其联系的紧密化和命运的一体化。某一经济组织的破产很可能造成其他经济组织的连锁性倒闭。这对国民经济的发展无疑具有灾难性。"①鉴于此,"一个异于从前的破产程序目标模式——社会本位模式乃应运而生"。② 破产法、破产政策是完善国家治理,包括社会治理和经济治理的举措之一。破产法的这种价值理念是通过破产程序对债权人和债务人的一体化保护实现的。从完善国家治理维度讲,对债权人和债务人的同等保护,最为有效的手段是重整。企业重整是现代破产法价值的核心,也是实现破产法服务于国家治理的最有效路径。

企业重整首先面临的问题是,什么样的企业具有重整的价值和意义?破产法对这个问题并没有清晰的界定。但我们赞同这样的理解,即《1978 年美国破产法》的立法记录的阐释:"商事重整案件不同于破产清算案件,旨在对企业的财务进行重新安排,以尽力维持其运营、为雇员提供工作岗位、对债权人提供更多的清偿、为股东提供可能的回报。商事重整的理念就在于,财产的营运价值要高于其清算价值。"换言之,凡企业的营运价值大于其清算价值的,一般而言都能形成对各方有利的多赢局面,都具有重整的价值。我们的破产政策应该多方位、多举措支持并促进这样的企业重整。

企业重整面临的另一个问题是,具有重整价值的企业,没有重组方怎么办?是任由其破产清算了之,还是另辟蹊径,争取重整空间?笔者认为,从社会本位和综合效益最大化角度,应尽可能减少破产,另辟蹊径,争取重整。具有重整价值的企业,因为各种原因可能找不到重组方,但绝不意味着找不到重组方的企业就是没有重整价值的企业。如前所述,重组方基于自身的投资理念,对投资重整企业的条件要

---

① 汤维建:《破产程序与破产立法研究》,人民法院出版社 2001 年版,第 62 页。
② 汤维建:《破产程序与破产立法研究》,人民法院出版社 2001 年版,第 62 页。

求很高，甚至不乏趁机压价并购重整企业。所以，具有重整价值的企业，在市场上不一定能找到合适的重组方。于此情况下，我们所要另辟的蹊径，就是找政府。

笔者认为，政府应当为重整企业承担重组方补位的职能，即政府成立破产并购重整基金，深度介入重整企业的重组。重整企业在市场上找不到重组方时，政府破产并购基金站台补位，作为重组方参与完成对企业的重整。政府并购基金一方面原则上通过市场化的运作方式介入企业重整。这里的市场化运作，和其他投资主体一样，要算经济账，要考虑投入成本、时间成本等，不能亏本重组，重组后也不能亏本经营，最后不能亏本退出重整企业。政府破产并购基金并非公益基金，唯有市场化运作，破产并购基金才会像滚雪球那样越滚越大，才能参与更多的重整，才能集聚长久的生命力。笔者认为，这种政府主导的破产并购基金，才是破产法有效实施的长治久安之策。另一方面政府成立的破产并购基金不能唯利是图，不能过度讲究利益最大化，反而要讲政治、讲大局、讲破产政策的落实。政府破产并购基金的核心使命就是对那些具有重整价值而又没有重组方的重整企业进行重组挽救，换取综合社会效益。所以，政府破产并购基金，算经济账，是为了不断壮大，走远走稳，参与更多的挽救重整企业的项目；算政治账，是为了国家破产政策、经济政策的刚性落实，换取社会的和谐稳定和破产当事人各方综合效益。政府破产并购基金只要不亏本或在略有盈利的前提下，算政治账就是根本就是核心。诸如就业人员多的重整企业，生产经营可持续但略有微利的重整企业，产业前景看好但需较大投入和较长时间扶持的重整企业，从事特殊行业及环保产业的重整企业，从事国家高精尖产品生产的重整企业，涉及公共利益的重整企业等，在没有其他社会重组方的情况下，政府破产并购基金要挺身而出，完成重整。这就是政府破产并购基金存在的价值和所要完成的使命，这也是我们建议设立政府破产并购重整基金的基本初衷。有了政府兜底的重组方存在，相信那些有挽救价值的企业的重整获得成功的概率将大幅提升，破产法实施的有效性无疑也将随之显现。

破产法的有效实施，离不开市场主体对破产法的高度认同和积极适用，离不开破产程序的高效运转和取得的良好法律效果、经济效果和社会效果。要保障破产法的有效实施，就必须革除现有法律制度中对破产法有效实施构成消极制约的各种弊端，同时要建立并完善对破产法有效实施构成积极和协同效应的各项配套制度。唯有如此，破产法的有效实施方成为可能。

# 破产法促进经济繁荣

BANKRUPTCY LAW REVIEW

# 破产法与经济增长*

**穆格·阿达莱特·麦高恩　丹·安德鲁**[**]

**翻译：于志明**

中国政法大学法与经济学专业硕士研究生。

目前企业退出市场的法律制度有哪些，又是通过何种方式促进经济增长的？本文针对这一系列问题进行实证分析研究，列举了一系列可能同企业退出市场有关的制度，包括了破产法，商品市场、劳动力市场以及金融市场中的相关制度，宏观的经济政策，补贴制度，税收制度以及环保制度。这些制度能够通过多种方式对破产企业退出市场时的整体经济状况产生直接的影响，比如影响市场选择的强度、影响破产企业中稀缺资源再分配的范围和速度。市场并不是完全有效的，市场的不完善性会阻碍破产企业有效地退出市场，建立一套有效的破产制度就显得尤为重要。基于这种情况，本文将分别从企业破产法和个人破产法的目标以及较佳的制度设计的角度，结合不同国家生产率间存在差异的关键性因素进行理解和分析。最后，本文提出了一种分析方法，通过一系列指标来比较不同国家间的企业破产制度以及个人破产制度之间存在的关键性差异，对今后研究企业退出市场的相关制度和经济增长的关系提供政策建议。

## 一、引言和主要发现

在过去的十多年间，经济增长逐渐放缓，这使人们更加关注经合组织（OECD）

* 本文原文是经合组织经济部门的系列研究论文（OECD Economics Department Working Papers）第1309期，2016年发表。

** 本文通信作者是：经济合作与发展组织经济部的穆格·阿达莱特·麦高恩（Muge Adalet McGowan）和丹·安德鲁（Dan Andrews）。作者要感谢 Catherine L. Mann、Giuseppe Nicoletti、Jean – Luc Schneider、Alessandro Saia、Ben Westmore、William Witheridge、Valentine Millot 和 Peter Pontuch 的宝贵意见，以及 Catherine Chapuis 和 Sarah Michelson 对统计和编辑工作的出色支持。

国家在经济增长中所面临的阻碍。在此期间,许多研究已经关注到政策性进入壁垒对经济增长的影响,但是目前研究者却很少关注到与企业退出市场相关的制度对经济增长的影响。实际上,企业退出市场对经济增长产生的贡献往往十分显著,①凸显了经济增长同企业退出制度之间的潜在相关性,企业退出制度实际上影响着低效企业能否及时有效地退出市场。随着时间的推移,企业退出制度的作用越发重要。由于市场选择的能力较弱,市场不能及时有效地淘汰低效产业,这会直接导致生产率增长水平低于市场平均增长率水平的低效企业没有退出市场,导致越来越多的低效企业在市场上徘徊。在一些经济体中,休眠企业越来越普遍,这类企业会在消耗稀缺资源的同时阻碍更多创新型企业的发展。由此可见,与企业退出市场相关的制度将变得越来越重要。

近期,世界银行的营商环境指标显示,关闭一家企业需要高昂的成本,经合组织的研究表明高成本同经济发展水平低下有关。具体而言,高成本是由于企业生产率溢出效应的范围较小、劳动力、资本和技术的配置不合理②所导致的。尽管经合组织的这些研究已经表明企业退出市场的相关制度十分重要,但是研究者对那些影响企业退出市场成本相关制度中的关键特征了解不足,他们难以给出具体的制度建议。

在此背景下,本文试图建立一个分析框架以明确与企业退出市场有关的制度以及这些制度如何影响经济增长。这些与企业退出市场有关的制度包括破产法,商品市场、劳动力市场以及金融市场中的相关制度,宏观的经济政策,补贴制度,司法效率,积极的劳动力市场政策,知识产权制度,税收制度以及环保制度。这些制度可以通过多种不同的方式直接影响企业退出市场的总体经济状况,比如通过市场

---

① 参见 OECD, The Sources of Economic Growth in OECD Countries, OECD, Paris。

② 例如,可以参照 Westmore(2013)和 Saia 等人(2015)关于生产率溢出的相关研究;Andrews 和 Cingano(2014)关于劳动力错配的相关研究;Andrews、Criscuolo 和 Menon(2014)关于资本错配的相关研究;Adalet McGowan 和 Andrews(2015)关于技术错配的相关研究。具体参见 Westmore, B. (2013), "R&D, Patenting and Productivity: The Role of Public Policy", *OECD Economics Department Working Paper*, No. 1046; Saia, A, D. Andrews and S. Albrizio (2015), "Productivity Spillovers from the Global Frontier and Public Policy: Industry Level Evidence", *OECD Economics Department Working Paper*, No. 1238; Andrews, D. and F. Cingano (2014), "Public Policy and Resource Allocation: Evidence from Firms in OECD Countries", *Economic Policy*, No. 29(78), pp. 253 – 296; Andrews, D, C. Criscuolo and C. Menon (2014), "Do Resources Flow to Patenting Firms?: Cross – Country Evidence from Firm Level Data", *OECD Economics Department Working Papers*, No. 1127; Adalet McGowan, M. and D. Andrews (2015), "Skill Mismatch and Public Policy in OECD countries", *OECD Economics Department Working Paper*, No. 1210。

选择的方式,可以提升那些无法持续经营的企业处理经济困境的能力,促进那些可持续经营的企业重组。市场选择还会影响到破产企业中稀缺资源重新分配到更高效用途上的范围和速度。不完善的市场通常会对破产企业的有序退出产生不利影响,建立高效的破产制度显得至关重要。

本文将重点从企业破产制度和个人破产制度的制度目标、制度设计层面,结合不同国家生产率间存在差异的关键性因素进行理解和分析。在诸多关键性因素中,破产制度中有八项指标同整体的经济状况存在相关性,笔者研究了这八项指标是如何对整体经济增长产生影响的。不同的国家在这八项指标的诸方面存在巨大的差异,例如,重整程序的启动、资产保全、优先权规则,破产企业获得新融资的可能性,现任企业管理层的命运、对异议债权人的处理、法院在破产中的作用、对保护就业的重视程度以及破产主体的重新开始。

针对这些关键性指标,本文在评估现有的制度指标是否适用的基础上,确定不同国家间和时间序列上存在的若干差距,明确不同国家间破产制度的不同特征。为解决这些差距,笔者建议向经合组织的成员发放一份简短的调查问卷,记录不同国家的企业破产制度和个人破产制度中影响经济产出的关键特征,通过这些问卷的结果,将能够确定目前企业退出市场的相关制度对资本配置以及经济增长的贡献。本文的第二部分介绍企业退出制度和经济增长之间的相关性,第三部分和第四部分讨论企业破产制度和个人破产制度的制度目标、隐藏的交易成本,解释不同国家间经济状况存在差异的关键性因素以及可以采用的制度指标,第五部分提出一项旨在改进企业破产制度和个人破产制度的政策性建议。

## 二、企业退出制度与经济增长

### (一)企业退出与整体经济增长

一套运行良好的企业退出制度可以区分开有效的市场行为和无效的市场行为,这种区分对整体经济的增长至关重要。我们获取了经合组织中有相关估值的国家的数据,通过这些数据可以看出,至少有一名雇员的企业最近的平均离职率约为9%,不过各国间存在很大差异[图1(a)]。在经合组织的成员国①中,进入市场的企业的比率和退出市场的企业的比率间具有正相关性。这种正相关性实际上反映了一个"创造性破坏"(creative destruction)的过程,在这一过程中许多新的企业不断地取代过时的企业。另外,这种市场选择的过程可以提高生产率水平,这是因

① 参见OECD (2003), The Sources of Economic Growth in OECD Countries, OECD, Paris。

为从平均生产率水平来看,现存所有企业的平均生产率水平是低于那些可以持续经营企业的平均生产率水平的。实际上不同国家现有的经验已经明确了企业退出对经济的增长有着积极的贡献——在美国这样一个低效企业很难存续的国家里,企业退出市场对于经济增长的影响尤为强烈,而企业进入市场对经济的直接贡献则更加复杂。①

如果将那些无法持续经营的企业所消耗的资本、劳动力、技术和创意这些稀缺资源重新分配给更加高效的企业,那么整个经济体可获得的收益就会被放大。现有的证据表明,企业退出市场可以为新产品的出现提供契机,而对于新进入市场的企业而言,它们也在一系列的市场活动中有效地回收了破产企业的资产。② 这种资产回收在一般情况下主要表现为有形资产的重新分配,但是通过员工的流动和专利的销售也可以将无形的知识扩散到新的企业中去。③ 相较于在稳定的企业中继续工作的职工,如果破产企业职工下岗创业成功,那么相比较于其在原企业继续工作,对整体经济增长贡献更大。④

---

① 然而需要注意的是企业进入市场也会对经济增长产生间接的影响,这增加了现有企业进行创新的压力。OECD (2003), The Sources of Economic Growth in OECD Countries, OECD, Paris;Alam, A, P. Casero, F. Khan and C. Udomsaph (2008), "Unleashing Prosperity: Productivity Growth in Eastern Europe and the Former Soviet Union", World Bank Publications, No. 6588.

② 例如,虽然美国颁布的禁酒令导致了啤酒厂的灭亡,但是企业家们抓住了这一新饮料市场的机会,意外地导致了新的软饮料公司进入市场(Hiatt et al. ,2009)。关于退出企业资产的生产性回收,参见澳大利亚 PC (2015) 针对航空业的研究;Hiatt 等人(2009)针对饮料业的研究;Hoetker 和 Agarwal (2007)针对磁盘驱动器行业的研究。具体参见 Hiatt, S. R. , W. D. Sine and P. S. Tolbert (2009), "From Pabst to Pepsi: The Deinstitutionalization of Social Practices and the Creation of Entrepreneurial Opportunities", *Administrative Science Quarterly*, 54(4); Hoetker, G. and R. Agarwal (2007), "Death Hurts, but It Isn't Fatal: The Post – exit Diffusion of Knowledge Created by Innovative Companies", *Academic Management Journal*, Vol. 50。

③ 当然,如果知识是隐性的,这个扩散过程可能会更加困难。具体参见 Hoetker, G. and R. Agarwal (2007), "Death Hurts, but It Isn't Fatal: The Post – exit Diffusion of Knowledge Created by Innovative Companies", *Academic Management Journal*, Vol. 50。

④ Røed, K and J. F. Skogstrøm (2014), "Job Loss and Entrepreneurship", *Oxford Bulletin of Economics and Statistics* 76(5), pp. 727 – 744.

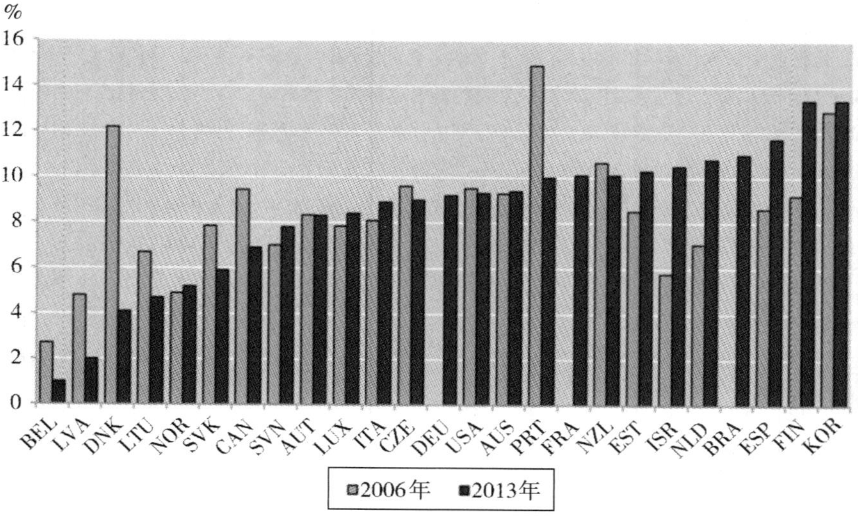


上述国家依次为：比利时、拉脱维亚、丹麦、立陶宛、挪威、斯洛伐克、加拿大、斯洛文尼亚、奥地利、卢森堡、意大利、捷克共和国、德国、美国、澳大利亚、葡萄牙、法国、新西兰、爱沙尼亚、以色列、荷兰、巴西、西班牙、芬兰、韩国。

**(a)商业领域的雇主企业退出比率(2006 年与 2013 年的比较)**

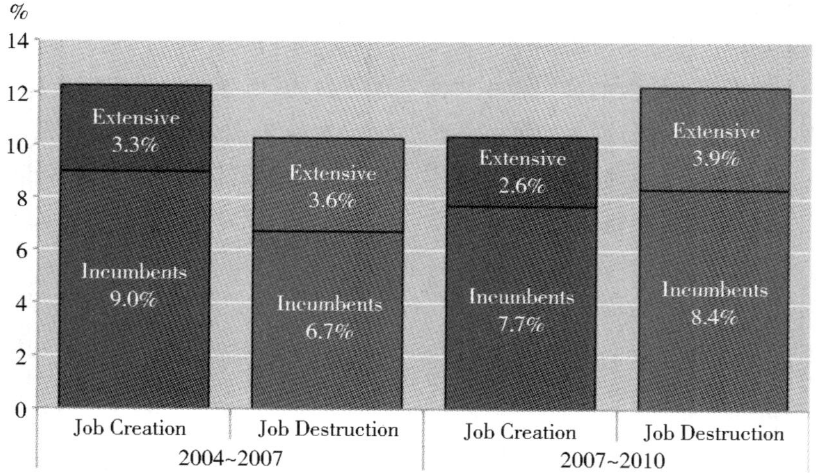


**(b)全部工作变动分为现存企业的工作变动和因企业进入或退出市场导致的工作变动**

**图 1　不同国家企业退出和职位变动关系的证据**

上述横坐标依次为：增加的工作机会、减少的工作机会、增加的工作机会、减少的工作机会；

Extensive：代表企业进入或退出市场导致的工作变动；

Incumbents：代表现存所有企业的工作变动情况。

注:(a)中雇主企业退出率是指雇主企业退出的数量占至少有1名雇员的企业的百分比。雇主企业退出,是指企业在退出市场年度内至少有1名职工离职,或者企业缩小到只有1名职工以下至少两年。企业退出不包括由于合并、接管、分立、企业重组和退出群体导致的人口退出,这些情况只是由于公司活动而改变。拉脱维亚、挪威和斯洛文尼亚的早期估计数是2005年数据,巴西、新西兰和美国后期的估计数是2011年的数据,澳大利亚、加拿大、法国、以色列和韩国的后期估计数是2012年的数据。

(b)中计算出来的贡献率是按照企业进入或退出而创造或损失的就业机会在平均总就业机会中占的比例,参与统计的包括17个国家以及3个行业,17个国家包括奥地利、比利时、巴西、法国、芬兰、匈牙利、意大利、日本、卢森堡、荷兰、新西兰、挪威、葡萄牙、西班牙、瑞典、英国以及美国,3个行业包括制造业、建筑业以及非金融商业服务业。

资料来源:(a)数据来自经合组织数据;①(b)数据来自《资源流向专利公司:从公司层面数据得到的跨国证据》。②

## (二)公共政策和企业退出

公共政策如何对即将退出市场却无法偿还到期债务或资不抵债的困境企业产生影响?公共政策对整体经济增长具有何种影响?困境企业可以采取多种方式退出市场,如立即关闭企业,暂停企业的部分业务或者企业内部重组,企业希望通过上述方式改善业绩。③ 企业退出市场并不必然由企业财务危机所致,也可能系企业自愿退出市场,比如企业家退休或企业转而追求其他利益而关闭现在的企业。我们暂不考虑企业自愿退出的情形,因为公共政策在企业自愿退出时对总体经济状况产生影响的范围尚不清楚。④

旨在处置不良企业的破产程序可能有以下目的:债务人收回担保债权人占有的债务人丧失抵押品赎回权的抵押资产,收回债务人欠担保债权人的款项;永久关闭企业,将企业资产单独出售或整体出售,即企业分批清算或企业作为持续经营主体整体清算,将企业出售所得收益分配给债权人;恢复破产企业的业务经营,允许破产企业减免部分债务、重新安排债务、债转股、分批出售部分资产、重组。

企业退出市场的预期可能引发一系列制度变革,比如,利用制度变革克服破产企业有序退出市场时的缺陷;政府建立企业退出壁垒;相较于平均就业机会减少,

---

① OECD (2015d), Entrepreneurship at a Glance, OECD, Paris.

② Andrews, D., C. Criscuolo and C. Menon (2014), "Do Resources Flow to Patenting Firms?: Cross-Country Evidence from Firm Level Data", *OECD Economics Department Working Papers*, No. 1127.

③ 这一过程也可以通过并购和离岸外包进行,但这些途径超出了本文的范围。

④ 分散的证据表明,企业退出的原因在不同的国家有所差别。例如,在澳大利亚,几乎95%的企业退出是由于与财务困境无关的原因(澳大利亚PC,2015年)。然而,来自比利时的证据表明,超过40%的公司通过法院驱动程序(主要是破产)或自愿清算退出市场,而14%则被收购、合并或拆分(BalCAEN等人,2012年)。

企业退出引发就业机会的减少在政治层面更为显著。实际上,每年都会有数百万个工作岗位产生和消失,而1/3岗位的消失是由企业退出所致[图1(b)],该数据有助于更好地理解企业退出在政治上带来的显著影响。因此出于多方考虑,各国都会对企业退出市场的行为加以规制,各国需要重点考虑制度设计中如何尽量减少制度对经济增长带来的不利影响,同时要为企业破产中失业的工人提供足够的保险。

1. 分析框架

扭曲的制度会对市场选择和经济资源再分配产生不利影响,也会给整体经济带来巨大的成本负担。图2旨在说明破产制度如何通过市场选择和经济资源再分配两方面对企业退出的整体经济状况产生影响。在破产制度下,有效的市场选择会提升经济体处置不可持续经营的企业的能力,同时促进可持续经营企业重组,促进企业未来内部生产力提高。有效的破产制度也会影响破产企业消耗的稀缺资源被重新分配到生产力水平更高的用途上的范围和速度。

虽然图2的框架经过精心设计,但下列情形并未涵盖在框架内:某些制度会通过其他途径影响整体经济,例如,产品市场法规会对研发产生影响;企业在决定进入市场、尝试重大创新和选择资本结构方面进行内在性的调整,会增加企业的退出成本(框1)。

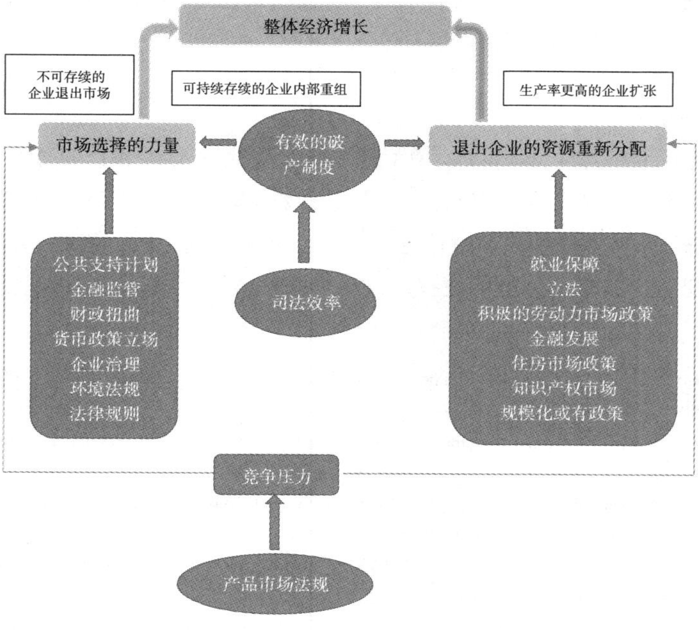


**图2 政策如何在企业退出市场时影响经济的增长**

资料来源:经合组织的测算。

**框1　制度导致的企业退出成本、进入成本以及具体实验**

研究表明,若破产制度对倒闭企业过度惩罚,会减少风险资本的供给,①同时会减少企业进入市场的比率。② 从企业层面来看,企业退出成本也是影响创新的一个决定性因素,企业退出成本会影响新进入市场的企业研发新产品和开创新模式的意愿。从美国目前的情况来看,每年大约有25%的产品是本年度的新产品或者是第二年要停止销售的产品,至少有40%的新产品销售周期仅为一年,在新产品中,企业仅用到他们尝试过的技术中的1/3到1/2。③ 鉴于创新过程本身具有不确定性,该实验允许参与者在不投入全部资金的情况下评估项目并且对项目进行商业化运作,若项目不成功,参与者则会迅速中止该项目。④

当其他条件相同时,提高企业破产成本的制度会降低企业实验新创意的动机。实际上,理论模型已表明,企业退出成本甚至可能比企业进入成本更加重要。无论企业采取何种创新策略,他们都必须承担进入市场的成本,但是退出成本过高则会对尝试采取高风险经营策略的企业产生一定影响,导致此类企业的风险进一步提高,风险回报的比率失调,提升此类企业经营失败的可能性。⑤ 过度惩罚破产企业的制度会对企业资本结构选择方向产生影响,具体表现为企业将更偏向投资更易抵押的有形资产,而不再投资不易抵押的无形资产。⑥ 破产制度最重要的作用是找到宽恕破产企业家与保护破产企业的债权人间的平衡点,避免破产制度对融资成本产生不利影响。

2. 破产制度

市场具有不完善性,即市场存在协调问题、不完全契约和信息不对称等问题。市场的不完善性导致仅依靠市场的力量无法保证破产企业有序退出,破产制度就尤为重要(框2)。当债权人怀疑债务人无法偿还到期债务时,债权人会产生敦促债务人"迅速退出"的激励。虽然债权人这种"迅速退出"的个人债权催收行为可能导

---

① Armour, J. and D. Cumming (2006), "The Legislative Road to Silicon Valley", *Oxford Economic Papers*, Vol. 58.

② Peng, M. W., Y. Yamakawa and S. H. Lee (2010), "Bankruptcy Laws and Entrepreneur Friendliness", *Entrepreneurship Theory and Practice*, Vol. 34, pp. 517 – 530.

③ Gabler, A. and M. Poschke (2011), "Growth through Experimentation", Centre Interuniversitaire de Recherche en Économie Quantitative Working Papers, No. 11.

④ Nanda, R. and M. Rhodes – Kropf (2012), "Innovation and the Financial Guillotine", *Harvard Business School Working Paper*, No. 13 – 38.

⑤ Bartelsman, E. J., E. Perotti and S. Scarpetta (2008), "Barriers to Exit, Experimentation and Comparative Advantage", *RICAFE2 Working Paper*, No. 56, London School of Economics.

⑥ García – Posada, M. and J. S. Mora – Sanguinetti (2014), "Are there Alternatives to Bankruptcy? A Study of Small Business Distress in Spain", *Journal of the Spanish Economic Association*, Vol. 5.

致债务人可收回资产的总值减少，但债权人依然会谋求迅速实现他们个人债权。实践中有许多突发情况发生且债务人在签订最初合同后仍可以获得新的融资或产生新的负债。因此，债务人和债权人很难在事前创设一个非常完整的合同文本来保证最后债权人的债权得到完全清偿。① 鉴于上述原因，在破产制度中设立有效处置商业实体财务危机的规定以及处理独资经营者或企业家的财务危机的规定，即在破产制度中建立企业破产制度和个人破产制度就显得十分必要。

**框 2　建立破产制度的理由：企业退出市场时存在市场缺陷**

当企业陷入困境，合同的不完备性和谈判中的摩擦会导致诸多市场缺陷产生，依靠私人力量无法完全解决这些市场缺陷。例如：

• 针对企业真实价值的判断，债务人和债权人间存在信息不对称和不完全信息，这是影响有效谈判的重要障碍。破产法可以对破产企业的资产和债权进行有效审查，发挥核实作用，有效解决信息不对称问题。②

• 当企业存在多名债权人时，个别债权人的利益可能同集体债权人的利益产生冲突③。破产法可通过预防下列情形，解决债权人间的协调问题：防止债权人挤兑，发生个别清偿：如果让可持续经营的企业生存下来，集体债权人由此会获得更高的清偿比例，因此要防止企业破产时的挤兑问题；防止“搁置”（hold – out）问题：防止每个债权人都在等其他债权人先确定各自债权。

• 企业通常有第三方的利益相关者，例如现任雇员、前任雇员以及税务机关，前任雇员主要涉及他们的工资和养老金。第三方利益相关者不会直接参与谈判。破产法可以指定法院任命的官员、政府担保的企业雇员、主张养老金的雇员，由他们代表利益相关者的当事方参与谈判。

---

① Hart, O. (2000), “Different Approaches to Bankruptcy”, *NBER Working Paper Series*, No. 7921.

② Smith, D. and P. Stroömberg (2005), “Maximizing the Value of Distressed Assets: Bankruptcy Law and the Efficient Reorganization of Firms”, in L. Laeven and P. Honohan ed. *Systemic Financial Crises: Containment and Resolution*, Cambridge University Press.

③ Marinc, M. and R. Vlahu (2012), *The Economics of Bank Bankruptcy Law*, Springer – Verlag, Berlin Heidelberg.

- 谈判的交易成本会降低企业的最终价值并导致企业效率低下。① 破产法可以强迫当事方在规定的期限内达成协议,直接减少交易费用,如法律费用;允许企业筹集新资金,防止对具有可行性的新项目投资不足,或允许现任管理层保持对企业的控制权,利用管理层在经营企业方面的专业知识来提高企业价值,间接降低交易成本。
- 破产法还可以延迟破产企业的资产出售,促进破产企业资产的流动性条件改善,为由于行业环境或宏观经济环境不景气而陷入困境才不得不急于出售资产的企业提供保险。②

破产制度不仅可以解决上述市场缺陷,还可以通过多种途径影响多要素生产率(MFP)的增长。首先,有效的破产制度可以在事前将不可持续经营的企业和可持续经营的企业区分开。在此基础上,破产制度可以促进不可持续经营的企业退出市场,促进可持续经营的企业重组,从而加强市场选择。其次,有效的破产制度可以防止稀缺资源被禁锢在低效企业,将稀缺资源更加快捷便利地重新分配到更高效的用途上。最后,有效的破产制度可以降低企业的破产成本(框 1),促进企业创新,吸引更多有能力的人自主创业,鼓励现存的企业改变以往保守的经营策略,转而进行根本上的创新。上述几点可以解释在全球技术前沿不断创新、知识不断传播、资源得到有效配置的情形下,较低的破产成本同多要素生产率总体增长之间具有显著的正相关关系。③

破产制度通过对资本深化的影响,对劳动生产率会产生更加广泛的影响。欧洲一些国家近期认为低效的破产制度是在解决不良贷款(NPL)上升过程中的一大障碍,不良贷款没有起到通过提供新的贷款来为目前缺少投资的企业提供资金的作用,而是将银行资本、贷款管理人的负担、重组任务绑定在一起④。如果没有合适的债务重组工具,极度扩张的企业可能不会产生投资动机,因为在此情况下,企业获得的一切回报都将用于清偿债务。鉴于上述情形,破产制度对保持金融体系的稳定具有重要影响。

---

① Hart, O. (2000), "Different Approaches to Bankruptcy", *NBER Working Paper Series*, No. 7921.

② Hotchkiss, E., J. Kose, R. Mooradian and K. Thorburn (2008), "Bankruptcy and the Resolution of Financial Distress", in B. Eckbo ed., *Handbook of Corporate Finance: Empirical Corporate Finance*, Vol. 2.

③ OECD (2015a), The Future of Productivity, OECD, Paris.

④ Bergthaler, W., K. Kang, Y. Liu and D. Monaghan (2015), "Tackling Small and Medium-sized Enterprise Problem Loans in Europe", IMF Staff Discussion Note, No. 4; OECD (2015b), OECD Economic Survey Italy, OECD, Paris.

我们要重点关注，在一般均衡的情况下，信贷成本和工资成本都反映出破产制度未来会给各种生产要素的持有者带来风险，不同的企业具有不同的特点，风险也可能有所差异。对于正在进行前期技术实验的初创企业来说，我们应当采取对破产企业惩罚较轻的破产制度，但这种惩罚较轻的破产制度可能并不适合可通过较低成本取得借款的老牌企业，相较于初创企业而言，老牌企业具有更多可供抵押的有形资产①。行业和企业的类型存在差异，因此针对各行业和企业所采取的较佳破产制度也应有所不同，如果仅从国家层面进行破产制度的设计，结果必然只能是"次优"，还可能会导致制度适用上的扭曲。

3. 其他企业退出制度

尽管设计一套有效的破产制度至关重要，但图 2 的框架表明，有效的破产制度还需在其他相关制度中同破产制度保持一致性，这种一致性可概括为以下四点：

第一，我们需要建立一套行之有效的司法制度，其对破产程序的有效运行至关重要。行之有效的司法制度在促使利益相关者选择正式的破产程序上也具有重要作用，②这印证了一个事实，即法院的参与通常占据着破产成本中最大的一部分。法院在核实信息和合同执行方面具有较大的优势，这对有效解决企业的财务困境十分关键。③ 当法院的司法资源比较紧张且法官缺乏必要的专业知识时，破产制度在区分可持续经营的企业和不可持续经营的企业方面的能力可能会因此而削弱。④

第二，商品市场的变革在增大竞争压力的同时，提高了企业退出市场的可能性，导致弱势企业更难以在市场上继续生存。在加强市场选择的基础上，此种利于市场竞争的变革和分配效率之间呈现出正相关关系。此种变革促进了现有企业释

① 例如，来自意大利的证据表明 2005 年其采用了有助于贷款的重新谈判的重组程序，提高了利率，减少了投资，而随后在 2006 年进行的改革，加强了清算中的债权人权利，产生了相反的效果（Rodano 等人，2015 年）。Rodano, G., N. Serrano - Velarde and E. Tarantino (2015), "Bankruptcy Law and Bank Financing", Working Papers 547, IGIER (Innocenzo Gasparini Institute for Economic Research), Bocconi University.

② Claessens S. and L. Klapper (2005), "Bankruptcy Around the World: Explanations of its Relative Use", *American Law and Economics Review*, Vol. 7.

③ Gennaioli, N. (2013), "Optimal Contracts with Enforcement Risk", *Journal of the European Economic Association*, Vol. 11; Gennaioli, N. and S. Rossi (2010), "Judicial Discretion in Corporate Bankruptcy", *Review of Financial Studies*, Vol. 23.

④ Ayotte, K. and H. Yun (2009), "Matching Bankruptcy Laws to Legal Environments", *Journal of Law, Economics and Organisation*, Vol. 25.

放一部分资源,提高稀缺资源被重新分配给生产力水平更高用途的可能性。①

第三,即使建立起一套相对完善的产品市场监管法规,但由于其他领域的制度特点,效率低下的企业仍可能在市场中徘徊。例如:

• 不恰当的公共支持计划:政府的部分行为会削弱市场选择的力量,比如随意对陷入困境的企业进行补贴、对夕阳产业进行其他形式的支持等。目前在一些经合组织国家中,由于危机爆发,政府会采取为中小企业提供贷款担保这样一些政策性举措,这种现象仍然存在并且规模尚未缩减,这一问题需要引起我们的注意。

• 金融监管失灵:企业破产会导致银行财务状况恶化,使银行财务报表"常绿"(evergreening)。银行缺乏处理不良贷款和解决资产负债表亏损的动机,阻碍资不抵债的企业退出市场。例如,20 世纪 90 年代,为防止资产负债表上出现亏损,日本的金融机构持续向生产力水平较低的公司提供信贷资金,而银行在其报告的资本比率已经接近监管要求的最低标准的情况下更是如此。② 当国家采取非常宽松的货币政策时,金融机构又不会急于确认不良贷款带来的损失。

• 财政扭曲:若面临财务困境的企业过度杠杆化,即企业融资产生的债务,包括由于税收产生的一部分债务,债务总量超过了公司股权,会延长企业的存续期间,陷入财务困境的企业持续存在会使更多创新型企业处在严重不利情形中。③ 对小企业实行优惠税率的企业税收制度往往会导致生产力发展水平较低,这可能会产生类似的结果。如果取消对家族企业遗产税的豁免,会加强市场选择的能力,导致管理不善的家族企业退出市场。④

• 公司治理问题:公司法的规定可能导致并购和收购程序复杂化,公司治理程

---

① Andrews, D. and F. Cingano (2014), "Public Policy and Resource Allocation: Evidence from Firms in OECD Countries", *Economic Policy*, No. 29(78), pp. 253 – 296.

② Peek, J. and E. Rosengren (2005), "Unnatural Selection: Perverse Incentives and the Misallocation", *American Economic Review*, Vol. 95, No. 4; Caballero, R., T. Hoshi and A. K. Kashyap (2008), "Zombie Lending and Depressed Restructuring in Japan", *American Economic Review*, 98(5), pp. 1943 – 1977.

③ 降低企业所得税税率对市场选择的影响尚不清楚,但由于边际企业不太可能获得利润,因此不会直接受到政策变化的影响。然而,如果企业税率的降低不成比例地刺激更靠近边际的企业的 MFP 增长(Andrews 和 Criscuolo,2013),从而使边缘企业更难生存,则可能会产生间接影响。但作为跨国公司集团一部分的前沿企业为了逃避企业税而转移利润的趋势使这一情况更加复杂。具体参见 Andrews, D. and C. Criscuolo (2003), "Knowledge Based Capital, Innovation and Resource Allocation", *OECD Economics Department Working Papers*, No. 1046。

④ Bloom, N. and J. Van Reenen (2007), "Measuring and Explaining Management Practices Across Firms and Countries", *Quarterly Journal of Economics*, Vol. 122, No. 4.

序(如会计准则)可能无法从本质上揭示陷入困境的公司真实的财务状况。

• 宽松的环境监管:环境监管制度的松懈会削弱市场选择。严格的环境监管制度会惩罚落后的企业,会提高技术最先进的企业的生产率。[①]

• 法治薄弱:法律规章的执行过于宽松或对不合规行为的容忍,都可能延长本该破产企业的生存期。

第四,企业退出制度旨在强化市场选择,促进再分配的政策会加强企业退出制度产生的影响。随着时间的推移,促进高效企业发展的政策会导致弱小的困境企业越发难以生存,间接加强市场选择的作用,将稀缺资源重新分配到更高效的用途上。这些政策主要包括:

• 促进工作的更替:《就业保护立法》(Easing Employment Protection Legislation)呈现逐渐放宽的趋势,这对再分配具有促进作用。[②] 同这一趋势紧密相连的是集体解雇(Colletive Dismissals)规则,如果没有集体解雇规则,当雇主想要一次性解雇大量职工时,企业需要承担由此产生的额外的延误、相应的成本并且企业还要履行相应的通知程序,这在某种程度上导致企业退出市场无法实现。不同国家的集体解雇规则在立法设计上并不相同,在 2008 年至 2013 年,经合组织成员国的集体解雇规则普遍都变得更加严格。[③] 但在一些情况下,推动企业和职工代表之间进行协商和信息共享会改善企业重组的前景,有助于职工获得相应培训。

• 促进劳动力流动:住房市场政策可以促进企业现有劳动力的重新配置,例如,较低的交易成本、简洁易懂的房地产法规、较少的租金管控等因素都会提高居民的流动性。经过精心设计的劳动力市场政策(ALMPs)同样会促进劳动力的流动。相较于因其他原因而失业且无法再就业的工人,此种劳动力市场政策可以有效提高因企业破产而失业的工人再就业的可能性。[④]

• 促进资本的再分配:从理论上说,金融市场的发展可以促进资本在生产领域再分配,[⑤]创新型企业往往在股票市值更高、风险资本市场更发达的国家更具增长

---

① Albrizio, S., T. Koźluk and V. Zipperer (2014), "Empirical Evidence on the Effects of Environmental Policy Stringency on Productivity Growth", OECD Economics Department Working Papers, No. 1179.

② Andrews, D. and F. Cingano (2014), "Public Policy and Resource Allocation: Evidence from Firms in OECD Countries", Economic Policy, No. 29(78), pp. 253 – 296.

③ OECD (2013a), OECD Employment Outlook, 2013, OECD, Paris.

④ Andrews, D. and A. Saia (2016), "Coping with Creative Destruction: Reducing the Costs of Firm Exit", *OECD Economics Department Working Papers*, No. 1310.

⑤ Buera, F. J., J. P. Kaboski and Y. Shin (2010). "Finance and development: a tale of two sectors", *American Economic Review*, 101(5), pp. 1964 – 2002.

潜力。[①]

• 促进无形资产再分配:有效的无形资产再分配存在诸多障碍,目前的知识产权制度支持在二级市场上进行专利研发,该制度将促进成熟的技术从现有的企业重新分配到更高效的用途[②]。同样,不具备约束力的非竞争性契约会阻碍员工加入竞争对手的团队或形成附加利益,[③]促进企业中隐性知识在生产领域的再分配。

• 限制规模的或有政策:该政策让大企业承担更多成本,从而对企业发展产生障碍。例如,《法国劳动法》规定,一旦企业员工规模达到 50 人,企业会面临更加严格的监管。此项规定导致企业始终将职工规模保持在 50 人以下。[④] 该政策对分配效率也将产生不利后果,主要表现为相较于职工人数多于 50 人的大公司而言,小公司的生产效率反而更高。

## 三、企业破产制度

### (一)制度目标和较佳制度设计

有效的破产制度不仅要为陷入困境的企业提供便利,[⑤]并且还要通过恰当的、可预期的方式促进企业退出市场。具体来说,企业破产制度的目标应是:降低破产成本,低成本促进可持续经营的企业破产重组,促进不可持续经营的企业破产清算并保障破产企业的债权人、股东、职工和其他利益相关者[⑥]的收益总额最大化;平衡

---

① Andrews, D. and F. Cingano (2014), "Public Policy and Resource Allocation: Evidence from Firms in OECD Countries", *Economic Policy*, No. 29(78), pp. 253 – 296.

② 当然,专利聚合器(PAs)的兴起引发了人们对二级市场在多大程度上促进了 IT 部门专利的有效重新分配的质疑。虽然 PAs 可以通过从破产公司获得专利、组织专利拍卖和通过许可协议帮助企业获得使用创意的权利,从而促进无形资产的重新分配(Chien,2009 年),但 PAs 引发的诉讼造成了重大的净损失(Bessen,et al. ,2012 年)。Chien, C. (2009), "Of Trolls, Davids, Goliaths, and Kings: Narratives and Evidence in the Litigation of High – Tech Patents", *North Carolina Law Review*, 87, pp. 1571 – 1615; Bessen, J. , J. Ford and M. J. Meurer (2012), "The Private and Social Costs of Patent Trolls, Do Non – Practicing Entities Benefit Society by Facilitating Markets for Technology", Regulation.

③ Marx, M. , D. Strumsky and L. Fleming (2009), "Mobility, Skills, and the Michigan Non – Compete Experiment", *Management Science*, 55(6), pp. 875 – 889.

④ Garicano L. , C. LeLarge and J. Van Reenen (2013), "Firm Size Distortions and the Productivity Distribution: Evidence from France", *NBER Working Paper*, No. 18841.

⑤ 直到最近,破产制度设计欠佳的西班牙规定了有担保债权人不再有贷款赎回权并且担保债权人可以扣押抵押品,为困境企业通过正式破产程序进行重组提供了很少的机会(García – Posada 和 Mora Sanguinetti,2014 年)。具体参见 García – Posada, M. and J. S. Mora – Sanguinetti (2014), "Are there Alternatives to Bankruptcy? A Study of Small Business Distress in Spain", *Journal of the Spanish Economic Association*, Vol. 5。

⑥ 其中包括以未缴税款形式存在的政府以及破产从业人员。

相关利益主体,确保公平解决债务清偿问题,并且不会妨碍投资者和企业家未来采取风险性的经营策略;力求及时解决破产问题。

既然已经明确了破产制度的目标,但较佳的破产制度设计是什么?就这一问题尚未达成共识。鉴于破产制度在整个制度体系中同其他制度存在互补性,因此不存在“一刀切”的模式。尽管如此,目前仍有许多研究明确了国际上较佳的制度设计。[①] 此类研究表明较佳的制度设计包括但不局限于以下方面:

• 破产制度具备促使债权人或债务人启动破产程序的明显诱因:该设计的目的是鼓励债务人在陷入财务困境时尽早采取行动,提高重组成功的概率。

• 破产制度可以提供有效的清算规则,为企业提供公平的重生机会,有助于评估企业是否可通过清算或重组实现企业价值最大化。

➢ 破产制度应当支持可持续经营的企业重生:破产制度需保证当少数债权人反对重组计划时,必要的多数债权人可推翻少数债权人的投票,保证重整计划通过,防止少数债权人“拒不接受”重整计划。异议债权人的利益也应受到相应保护,确保异议债权人和与异议债权人处于同一清偿顺位的债权人获得相同条件的清偿。

➢ 破产制度应当敦促不可持续经营的企业破产清算:破产制度在清算过程中需保持灵活性,促使企业作为可持续经营的整体出售,对无法继续存续的企业,破产制度应当鼓励其及时清算,实现各相关主体利益价值最大化。

• 防止债权人和债务人通过战略设计产生不利影响。例如:

➢ 若没有对债权人投票权精心设计,单个债权人会利用投票权威胁其他主体,导致谈判产生低效结果。[②]

➢ 当缺乏明晰可靠的威胁时,债务人可选择策略性违约,即债务人可宣布破产,获得债务减免。

➢ 欺诈性的企业家可以“隧道化”(Tunnel)资产,即在破产前转移资产。区分诚实性企业家与欺诈性企业家在破产制度设计中非常重要。同美国相比,许多欧

① IMF (1999), Orderly and Effective Insolvency Procedures, Washington, DC; International Federation of Insolvency Professionals— INSOL (2000), Statement of Principles for a Global Approach to Multi-Creditor Workouts, London; United Nations Commission on International Trade Law —UNCITRAL (2004), Legislative Guide on Insolvency Law, Vienna; World Bank (2015), “Resolving Insolvency: Measuring the Strength of Insolvency Laws”, Doing Business Report, Washington, DC.

② Quinn, J. (1985), “Corporate Reorganization and Strategic Behaviour: An Economic Analysis of Canadian Insolvency Law and Recent Proposals for Reform”, *Osgoode Hall Law Journal*, Vol. 23.

洲国家却并不存在这种区分性制度。[①]

• 提供庭外和解制度。

• 建立跨境破产程序规则、平等地对待国内外债权人。

• 在某些国家,即使企业系独立的法律主体,但是企业破产也可能导致个人破产,因此个人破产制度的设计十分重要。有效的个人破产制度应考虑债务人未来创收的前景和动机,促使企业家在破产后能获得二次重新开始的机会。

**(二)程序**

图 3 说明破产程序的三个关键阶段与破产程序所耗用的时间、破产成本和破产程序成功的可能性间的关系。帮助公司解决财务困境的程序可分为三类:

• 庭外和解程序:债务人和债权人在没有法院正式干预的情况下,就合同内容重新磋商。庭外和解程序可能导致双方原来签订的合同改变,如双方重新约定付款的时间、债权人降低债务的利率、债权人全部或部分免除债务、债权人提供新的贷款等。庭外和解协议不能将重组计划强加给异议债权人。

• 混合预防性重组程序:此程序可将正式破产程序中的司法干预同低成本的庭外和解程序的优点结合起来,包括自动冻结资产、重组计划对异议债权人具备约束力,易于谈判、债务人仍控制其资产。程序设计应平衡不同利益相关者的权利。例如,大多数债权人批准了重整计划才可促使企业重整成功,但关键问题在于如何保护异议债权人利益。

• 正式破产或重组程序:在法院或破产管理人的干预和监督下,债务人同债权人谈判,减少其需承担的债务,推动企业破产重组或破产清算。正式的程序可以限制债权人和债务人的权利,影响他们的行为。例如,债务人可能失去对资产的控制,重组计划可能对包括异议债权人在内的全部债权人产生约束力。

特别是南欧国家,缺乏非正式的破产程序或者非正式的破产程序并没有被广泛应用,[②]迫使暂时陷入财务危机但可持续经营的企业被迫进入正式破产程序。正式破产程序导致时间的延误和高昂的程序成本侵蚀公司的价值,阻碍困境企业将资源迅速重新配置到更具生产力的用途,妨碍企业家开拓新的业务领域,降低企业活力。若破产制度限制较多,那么充满活力并且愿意创新的企业将会迁移到破产制度限制较少的司法管辖区内。若缺乏非正式的破产程序,破产制度中权衡取舍

---

① 在美国,欺诈性企业家可能没有资格注销债务,没有资格从记录和数据库中注销债务,并可能被追究刑事责任。

② Costantini, J. (2009), "Effects of Bankruptcy Procedures on Firm Restructuring: Evidence from Italy", mimeo.

的问题将进一步加剧。

限制企业家进入新领域的机会,降低了企业的活力。限制性较高的破产制度可能导致富有活力和创新精神的企业迁移到限制性较低的破产制度的司法管辖区内。非正式程序的缺乏会导致破产制度设计中的权衡取舍问题进一步加剧。

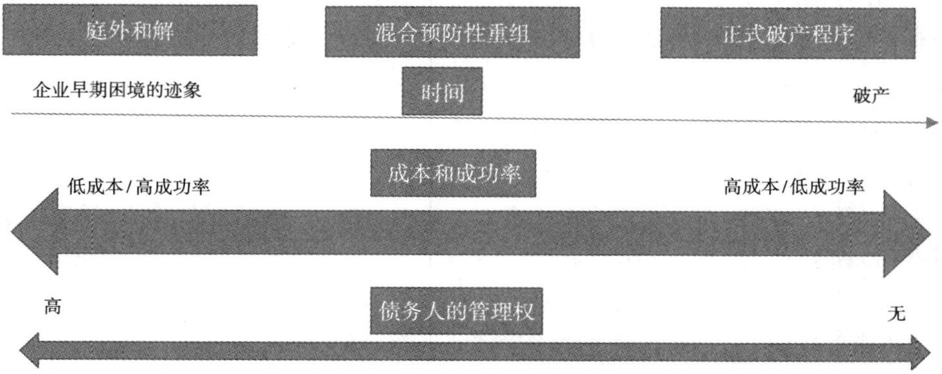


**图 3　破产程序的关键阶段**

资料来源:Carcea 等人的文章。①

### (三)事前激励和事后激励

立法者设计破产程序时,需考虑两个关键方面:破产程序要激励投资者延长信贷的时间,监督企业业绩;破产程序需激励债务人对企业进行更为透明有效的管理。破产制度可通过提升两方面效率实现高效结果:企业破产前尚处于健康状态时的激励,即事前效率;企业陷入困境并进入破产程序后的激励,即事后效率。本文更倾向强调事后效率,因为事后效率更容易衡量。但事前效率也十分重要,其可防止债权人和公司管理层采取风险行为,即道德风险。事前效率和事后效率可能会冲突,会使破产制度的设计更加复杂化。

对效率低下且不可持续经营的企业来说,其破产时最佳的选择就是破产清算,将其资本释放到更为高效的用途。但在实践中如何有效区分可持续经营的企业和不可持续经营的企业可能是我们目前面临的一个问题。有时一些经济效率低下且无法持续经营的破产企业可能被错误地划分为可持续经营的企业,该企业因此被允许破产重整,而没有破产清算,即第 I 类错误。

---

① Carcea, M. C. , D. Ciriraci, C. Cuerpo, D. Lorenzani and P. Pontuch (2015), "The Economic Impact of Rescue and Recovery Frameworks in the EU", *European Commission Discussion Papers*, No. 4.

相反,对于只是暂时面临财务压力但整体经济效率较高的企业可能会产生第Ⅱ类错误,即企业可能被要求破产清算而没有破产重整,产生第Ⅱ类错误一般由于缺乏重整程序所致,或由于现有的程序错误地将此类企业划分为低效且不可持续经营的企业所致。

为实现事前效率,破产法应当建立起筛选机制,该机制要:充分保护债权人权利,激励债权人为破产企业提供低成本的信贷支持,激励他们密切监督债务人的支付能力;对债务人和管理层形成足够的威慑,防止他们随意贷款或隐瞒公司真实财务状况等问题,而债务人随意贷款或隐瞒公司财务真实状况的行为可能导致第Ⅰ类错误,①该机制可确保债务人认真对待债务清偿问题。

企业进入破产程序后,事后效率要实现下列目标:实现债务人、债权人以及包括职工在内的其他利益相关者的资产总值最大化;防止个别债权人"竞相诉诸于法院",采用效率低下的个别清偿解决方案,低效的个别清偿行为可能导致第Ⅱ类错误,该机制可确保破产成本最小化;实现资产的再分配,提高福利。

破产制度本身的特点决定了事前效率和事后的效率间可能存在冲突。例如,保留现任管理层可能对提升事后效率有益,尤其体现在当管理层拥有和破产企业相关的专业技能以及专业知识时,企业破产时保留现任管理层可防止管理层在企业陷入困境时采取高风险的策略,即为了公司重生而赌博。一旦管理层知道即使企业破产自己仍然可以继续掌权,他们可能在避免企业破产上的动机会减弱,这实际上可能会降低效率。②

同侧重于债务人权益保护的法律相比,侧重于债权人权益保护的法律对实现事前效率更加有利。但当公司即将破产时,有助于事前效率的法律可能会对事后效率产生不利影响。侧重于债权人权益保护的破产制度保证了债权人在企业破产时可获得高额回报,破产制度会给予债务人企业及其管理层相应的惩罚,避免债权人承担不必要的风险或策略违约带来的损失。从事前角度来看,此种破产制度将

---

① 关于《美国破产法》第11章重组在最大限度地减少第Ⅰ类错误方面是成功的这一问题,有相互矛盾的证据。一方面有证据表明,与20世纪80年代相比,21世纪初成功脱离《美国破产法》第11章的大公司所占的百分比有所下降(Baird和Rasmussen,2003年)。另一方面有证据表明,第11章迫使资不抵债的公司降低杠杆率,并进行有助于提高公司破产后经营现金流的组织变革(Aivazian和Zhou,2012年)。

② Hart, O. (1995), Firms, Contracts, and Financial Structure, Oxford: Oxford University Press; Berkovitch, E., R. Israel and J. Zender (1997), "Optimal Bankruptcy Law and Firm - Specific Investments", European Economic Review, Vol. 41.

导致信贷条件改善。① 一旦企业陷入破产困境,债务人知道其处于弱势地位,可能尝试通过会计处理隐瞒损失,或通过减少研发支出保障产品质量支出增加企业的现金流,推迟破产进程。若现任管理层知晓当企业破产时他们会被撤职,这个问题会更加严重。在这种情况下,相较于破产重组而言,债权人会倾向于要求企业破产清算,这必然导致企业清算的可能性提高,产生过度清算问题,由此产生第Ⅱ类错误。该类破产制度可能进一步降低新进入市场的企业进行技术创新或者开创新领域的动机。②

**(四)企业破产制度的主要特点**

考虑到重组过程的三个关键阶段(见图3)及各个阶段间的权衡问题,假设企业的财务问题是欺诈所致,图4概述了此时债权人和债务人间如何权衡,以及此时各方当事人可选择的各种方案会如何影响破产制度的效率。我们暂不考虑其他其他利益相关者。以政府为例,对于破产企业的税收损失政府可能要通过其他地方的调整来弥补,比如提高企业所得税税率。如下所述,制度设计中的特点可能会因国家不同而有所差异,这些制度对经济的发展产生了潜在影响。

无论是偏向清算还是重整都会提高第Ⅰ类错误或者第Ⅱ类错误的可能性,因此破产制度既不能偏向清算也不能偏向重整,应该尽可能地提供更多的解决企业财务困境的选择。目前建立一套运行良好的重整程序十分重要,有证据表明从平均水准上来看,重组中资产回收率更高,重组过程不一定比清算过程长。③ 有效的预防性重整制度同更高的创业水平具有相关性④,破产制度设计一个可行的理念是其可为企业提供重整的机会,但也存在一定风险,即不可持续经营的企业在战略上会通过重整防止企业破产清算,从而延长企业的困境期,最终降低企业的价值,同时阻碍法院的部分程序。第Ⅰ类错误意味着破产的经济成本,根据我们之前的研究得出的假设是:相较于过度惩罚失败的企业家且不为企业家提供重生机会的破

---

① Berkowitz, J. and M. White (2004), "Bankruptcy and Small Firms' Access to Credit", RAND Journal of Economics, Vol. 35.

② 有利于债权人的制度也会阻碍创新(Acharya 和 Subramanian,2009 年),并允许债权人获得适当的回报和减少对企业特定人力资本的投资(Berkovitch 等人,1997 年)。具体参见 Acharya, V. and Subramanian, K. (2009), "Bankruptcy Codes and Innovation", The Review of Financial Studies, Vol. 22, No. 12; Berkovitch, E., R. Israel and J. Zender (1997), "Optimal Bankruptcy Law and Firm - Specific Investments", European Economic Review, Vol. 41.

③ Bris, A., I. Welch and N. Zhu (2006), "The Costs of Bankruptcy: Chapter 7 Liquidation versus Chapter 11 Reorganization", *The Journal of Finance*, Vol. 61.

④ Carcea, M. C., D. Ciriraci, C. Cuerpo, D. Lorenzani and P. Pontuch (2015), "The Economic Impact of Rescue and Recovery Frameworks in the EU", European Commission Discussion Papers, No. 4.

产制度而言,这种破产制度的成本更低。

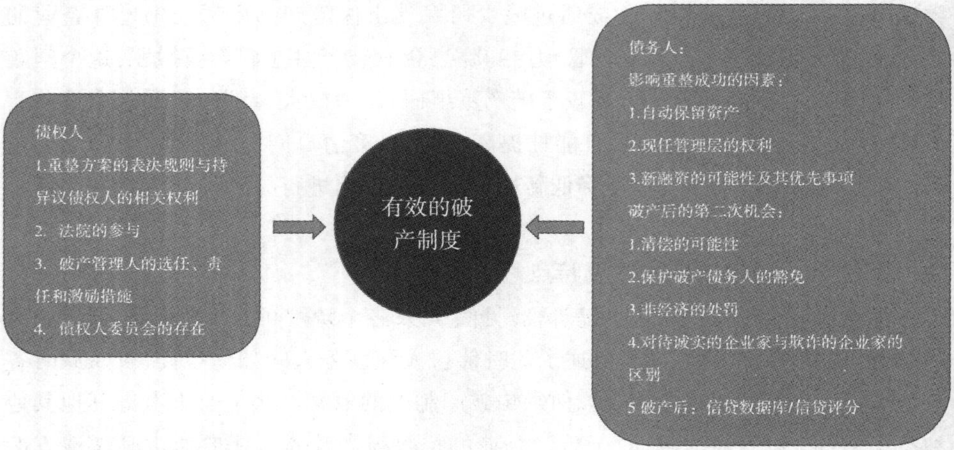


**图 4　破产制度的主要特点**

资料来源:经合组织的计算。

### (五)因与经济发展水平相关,各国破产制度存在差异

各国对企业破产问题的规定各不相同,这种差异反映了各国破产制度不同的制度目标以及各国对事前效率和事后效率的取舍。破产和重组往往涵盖了倾向债务人权益保护的制度以及倾向债权人权益保护的制度,这些制度产生的结果各不相同。在一些国家中,破产制度倾向采用破产清算程序,如瑞典;而在另一些国家,破产制度倾向采用破产重组程序,如法国。美国的破产制度是混合模式,《美国破产法》第 7 章的清算程序和第 11 章的重整程序都有十分明确的法律规定。①

《美国破产法》第 11 章破产重整的规定十分成功,其有以下特点:自动中止向债权人支付所有的利息及本金,防止有担保的债权人对其抵押品止赎;管理层继续经营管理企业业务;债务人可通过信贷额度或吸收新的融资方式获得资金,并且由债务人继续持有融资;为防止程序拖延,只有在清算中可获得的清偿额低于其债权总额但大于零而"受损失"的债权人享有投票权,而且每一类别债权人中只要大多数人同意就必须批准该重整计划;如果异议债权人在该重整计划下获得的回报高于清算时的回报,法院有权对异议债权人"强制执行"重整计划。

随着时间的推移,各国对美国式重整制度的看法有所趋同,实践证据表明这种

---

① 在美国,企业可以同时启动第 7 章和第 11 章的程序,而债权人可以启动第 7 章,现任管理层有可能将这一行动转化为第 11 章。

趋同与美国的重整制度产生了有利的结果有关。① 由于补充制度存在差异，全面采用美国第 11 章的做法在其他国家不一定可取。② 例如：

• 在强制执行水平和司法效率水平较低的环境中，为降低个别债权人"匆忙退出"和私下讨债的动机，破产制度仍应坚持倾向于债权人权益保护的模式。随着司法效率水平的提高，破产制度可能会向更有利于债务人权益保护的方向发展，例如，破产制度允许诚实但不幸的破产企业的管理层保持对企业的控制并且防止不必要和低效的清算行为。③ 巴西破产制度的改革是一典型案例，巴西 2005 年对本国的破产制度进行了类似于美国破产法第 11 章式的改革后，在司法资源相对充足的地区经营的企业比在司法资源短缺的地区经营的企业获得贷款的机会更高，并且在投资规模和经济发展水平上也更具优势。④

• 在银行等金融系统中，重整程序可能并不成功。全部债权被完全担保的债权人不会从重整中受益，他们更倾向于破产清算。⑤ 因此在金融系统中，相较于债务融资，注入新股融资重组的可能性似乎更大。

表 1 列出了破产制度的 8 项具体特征，这些特征因国家不同而有所差异，但这些特征都与总体经济增长有关。这些具体特征通过破产程序的三个关键方面与总体经济增长相关联：

• 市场选择的影响——相较于继续经营企业的经济状况，退出企业的经济状况。

• 再分配的影响——将稀缺资源放到困境企业中的机会成本，将这些资源迅速重新配置到更具生产力的用途上的潜在收益。

• 企业内部效应的影响——未来为提高企业生产率，进行内部重整的范围。

---

① 有证据表明，一些欧洲国家的改革引用了一些有利于重组成功的特点，从而降低了破产清算的发生率（英国、西班牙）、缩短了的破产程序（西班牙）、增加了重组作为破产相关的全部程序的一部分以及提高了资产回收率（意大利）。详见欧盟委员会（2014a）。

② 事实上，随着时间的推移，《美国破产法》第 11 章的程序变得越来越低效（复杂和昂贵的问题）（澳大利亚生产力委员会，2015 年），这凸显了制度设计的重要性。

③ Ayotte, K. and H. Yun (2009), "Matching Bankruptcy Laws to Legal Environments", *Journal of Law, Economics and Organisation*, Vol. 25.

④ Ponticelli, J. (2015), "Court Enforcement, Bank Loans and Firm Investment: Evidence from a Bankruptcy Reform in Brazil", *Chicago Booth Research Paper*, No. 14 – 08.

⑤ Brouwer, M. (2006), "Reorganisation in US and European Bankruptcy Law", *European Journal of Law Economics*, Vol. 22.

**表 1　破产制度和生产力增长的具体特点**

| | | | | 集约边际未来企业内部生产力 |
|---|---|---|---|---|
| | 市场选择的影响 | | 再分配的影响 | |
| 破产制度的具体特点 | 可持续经营的公司重组 | 不可持续经营的公司退出 | | |
| 债权人启动重整程序的能力 | + | | | + |
| 保全资产的可用性 | + | | | + |
| 相对于无担保债权人的新融资的可能性和优先权 | + | | − | + |
| 重整期间保留现任的管理层 | “+/−” | | | + |
| 对异议的债权人“强裁”重组计划的可能性 | + | | | + |
| 法院的有限参与 | | + | + | |
| 重视就业保障 | | − | − | − |
| 重新开始的可能性 | | + | + | + |

注：本表显示了破产制度的主要特征同通过三种途径，即市场选择、资源再分配和企业内部生产力实现的经济增长之间的联系。例如，资产保全帮助可持续经营的企业通过更有力的市场选择提高生产率，因此提供了成功重整的机会，反过来又通过企业内部的生产率提高为未来的经济增长创造空间。

资料来源：经合组织的计算。

前七个具体特征将在下一部分中讨论，而最后一个特征将在第四部分中讨论。如下文所述，尽管每个特征本身都很重要，但其中一些特征之间可能会出现互补性。

1. 债权人启动重组程序的能力

在有效的破产制度中，是否可以尽早启动破产程序是十分关键的因素。破产程序越拖延成本越高，导致本可以持续经营的企业重整成功的可能性变低。因此，赋予债务人和债权人恰当的机会及合适的动机，促使他们主动启动重整程序十分重要。尽管目前所有经合组织成员国都已允许债务人启动破产清算和重整程序，但各国对债权人能否启动重整程序的规定却有所差异（见附表 1）。①

① 例如，在澳大利亚、奥地利、比利时、加拿大、智利、爱沙尼亚、希腊、匈牙利、冰岛、拉脱维亚、立陶宛、卢森堡、荷兰、挪威和斯洛文尼亚，债权人只能启动清算，不能启动重组。

如果债权人无法启动重组程序,无疑会提高部分可持续经营企业破产清算的可能性,即提高第Ⅱ类错误的可能性。赋予债权人启动重整程序的选择权,不仅可以防止拖延,把程序成本降至最低,还可以促进可持续经营的企业破产重整并继续成功运营,提高企业内部未来的经济收益。

启动重整程序的规定和破产制度的其他规定呈现出互补性。例如,某些国家的破产制度对债务人申请重整方面的激励较低,某些国家在重组程序中会解雇公司现任管理层,不让他们继续经营。从这一点看,提高债权人启动破产程序的能力十分重要。

2. 资产保全的可能性

如果企业在破产重整程序中可以继续经营,无疑会提高企业重整成功的可能性。资产保全为重整程序的当事人提供了在不中断强制执行的情况下谈判的空间。如果缺乏资产保全制度,而企业保持继续经营的价值又高于企业清算价值,资产保全制度的缺失则可能导致企业过早被清算。[①] 此时不仅提高了可持续经营的企业被清算的可能性,而且阻碍企业家探索新的业务领域,同时对愿意创新的企业进入市场产生不利影响(框 1)。若债权人收回贷款的能力有限,则会提高信贷成本,对创业产生不利影响。[②] 因此,资产保全不可完全不加以限制,要采取一定的措施限制资产保全的时间,严格保证保全的资产用于促进重整计划实施,这种限制十分必要。

自 2000 年以来,各国对资产保全是否可以被自动批准、资产保全时间的规定有所不同(见附图 1),但对保全资产的使用,经合组织国家的观点趋于一致。是否应自动进行财产保全,各国目前还没有达成共识。例如,欧盟 2014a[③] 建议应当依债务人请求实行资产保全。尽管各国规定有所差异,但各国普遍认识到资产保全制度在为可持续经营企业提供重整和持续经营的机会方面具有重要作用。若缺乏资产保全制度,即使破产制度可以筛选出可持续经营的企业重组,债权人仍可通过索

---

① Wruck, K. (1990), "Financial Distress, Reorganisation and Organisational Efficiency", *Journal of Financial Economics*, Vol. 27.

② Armour, J. and D. Cumming (2008), "Bankruptcy Law and Entrepreneurship", *American Law Economic Review*, Vol. 10, No. 2; Lee, S., Y. Yamakawa, M. Peng, J. Barney (2011), "How do Bankruptcy Laws Affect Entrepreneurship Development Around the World?", *Journal of Business Venturing*, Vol. 26; Broadie, M., M. Chernov and S. Sundaresan (2007), "Optimal Debt and Equity Values in the Presence of Chapter 7 and Chapter 11 Reorganisation", *Journal of Finance*, Vol. 62.

③ European Commission (2014a), Impact Assessment: Commission Recommendation on a New Approach to Business Failure and Insolvency, Brussels.

取生产性资产的方式干扰企业的持续经营，在这种情况下，强有力的市场选择不一定会出现（见表1）。资产保全制度提高企业内部重整成功的可能性，为企业未来的经济发展创造空间。

3. 在存在无担保债权人的情况下，新融资的可能性及优先权

优先权规则是指在清算时各利益相关者获得清偿的顺序。根据一般破产法原理，清偿顺序在借款合同中预先规定，但企业因破产发生可能偏离事前约定的优先权规则。通常债务人向次级债权人支付任何款项之前，优先债权人应得到全额偿付，尤其是债权人拥有最高的优先权。股东作为自愿承担高风险的投资主体，其清偿顺位应该劣后于所有债权人。另外不同国家对雇员、供应商和税务机关在内的其他利益相关者的优先权的规定有所不同（见附表2）。

通过优先权制度可以提高破产程序的可预测性和公平性，提高破产程序的效率。但有时可能需要偏离优先权制度，例如，新融资的优先权（DIP Financing）。因为新融资对重整成功有积极的促进作用，同时新融资可以提高债权人最终获偿的资产总价值。① 融资优先权的范围和具体的制度设计尚不明晰。目前国际上较佳的做法是令新融资优先于无担保债权受偿。同时，制度设计中要防止现有的债权人通过向公司注入新资本，利用新融资优先权将其全部债权的清偿顺位提前。除非担保债权人同意，否则新融资通常不能优先于现有的担保债权人受偿。若新融资优先于现有的担保债权人，则会减少企业可用信贷规模同时对法律的确定性产生不利影响。②

困境企业和重整企业获得新融资的可能性及新融资的优先顺位问题，各国规定存在明显差异（见图5）。在45个经合组织成员国及伙伴国家中，12个国家没有赋予新融资优先权，13个国家的新融资优先于担保债权人和无担保债权人，③其余20个国家的新融资仅优先于无担保债权人。理论研究表明最后一种模式最可取。

---

① European Commission (2014a), Impact Assessment: Commission Recommendation on a New Approach to Business Failure and Insolvency, Brussels; European Commission (2014b), Commission Recommendation on a New Approach to Business Failure and Insolvency, Brussels; Bergthaler, W., K. Kang, Y. Liu and D. Monaghan (2015), "Tackling Small and Medium - sized Enterprise Problem Loans in Europe", IMF Staff Discussion Note, No. 4.

② 这适用于所有债权人仍然更有可能通过成功的重组而不是清算收回其投资的情况。有担保债权人是指有担保债权的贷款人，即在债务人违约的情况下，以担保物作为强制执行债务的担保。关于有担保债权人优先权规则在各国之间如何不同的讨论，见其他部分内容。

③ 前者包括阿根廷、中国、匈牙利、印度、印度尼西亚、立陶宛、卢森堡、新西兰、挪威、斯洛伐克共和国、瑞士和土耳其，而后者包括奥地利、巴西、加拿大、智利、哥伦比亚、捷克共和国、爱沙尼亚、希腊、爱尔兰、以色列、意大利、墨西哥和葡萄牙。

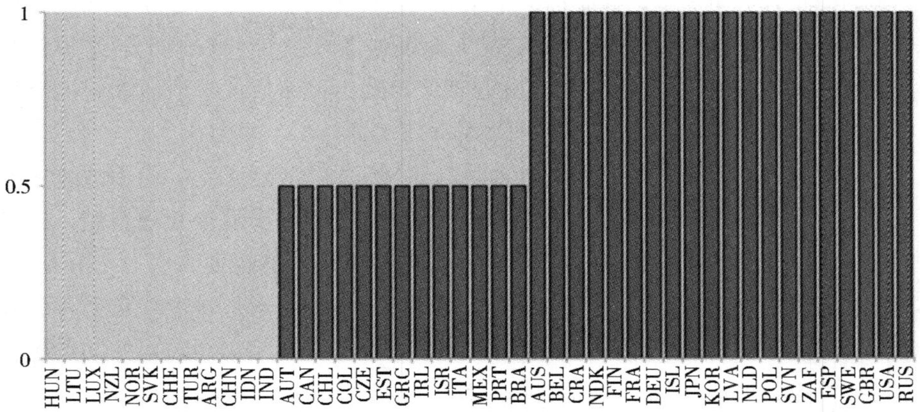


上述国家依次为：匈牙利、立陶宛、卢森堡、新西兰、挪威、斯洛伐克、瑞士、土耳其、阿根廷、中国、印度尼西亚、印度、奥地利、加拿大、智利、哥伦比亚、捷克共和国、爱沙尼亚、希腊、爱尔兰、以色列、意大利、墨西哥、葡萄牙、巴西、澳大利亚、比利时、哥斯达黎加、丹麦、芬兰、法国、德国、冰岛、日本、韩国、拉脱维亚、荷兰、波兰、斯洛文尼亚、南非、西班牙、瑞典、英国、美国、俄罗斯。

**图 5　新融资的可能性和优先权**

注：无优先权 = 0；新融资优先于有担保和无担保的债权人 = 0.5；新融资仅优先于无担保的债权人 = 1。

资料来源：世界银行营商环境数据库。

特别是暂时陷入困境但可持续经营的企业，若无法获得新融资，企业重整可能因此失败。通过市场的选择，新融资可减少第Ⅱ类错误发生，提高企业重整成功的可能性，促进经济增长。目前部分债权人希望通过对困境企业再投资，利用新融资优先权将全部债务的清偿顺位提前，这可能导致信贷错位，阻碍高效企业的发展。

4. 在重整过程中保留现任管理层

若重整过程中迫使企业管理层离开企业，企业内可能产生冲突，影响企业的生产经营，因此在重整过程中，企业可不解雇现任管理层，允许现任管理层继续负责困境企业的日常运营。破产制度若没有为现任管理层提供足够的保障，其可能导致企业的管理层产生隐藏公司真实财务状况的动机并迫使管理层为企业的重生而赌博。[①] 这会削弱市场选择的力量，推迟重整进程，本可通过重整实现经济增长的

① Marinc, M. and R. Vlahu (2012), *The Economics of Bank Bankruptcy Law*, Springer - Verlag, Berlin Heidelberg.

企业重整成功的可能性因此降低。若保留现任管理层会对破产企业管理层产生激励,促使他们在具有可用新融资的情况下提高对公司生产经营的投资,这种做法将有利于提高市场选择。[①] 若保留现任管理层导致担保债权人申请清算而拒绝让可持续经营的企业重整,这种做法就可能弱化市场选择[②]。

针对破产企业现任管理层去留这一问题,各国间存在分歧。《美国破产法》第11章保留了现任管理层对企业的控制权,允许现任管理层继续管理企业。欧洲各国则根据现任管理人承担责任的大小,让管理层保留不同程度的权力。图6显示,即使允许现任管理层继续负责企业日常的业务活动,但也必须将其置于破产从业人员或者法院的强制监督下,这种监督将提高破产成本,增加司法系统的负担。在管理水平较低的南欧国家,我们可以发现一种非常有趣的现象,管理水平较低的国家中现任管理层倾向于保留对企业的控制权。[③]

---

① 当然,管理层薪酬计划的设计很可能也会影响企业进行一些成本高昂但可以提高生产率的投资动机,而这些投资的收益可能只有在滞后的情况下才能实现。具体参见 von Thadden, E., E. Bergloöf and G. Roland (2010), "The Design of Corporate Debt Structure and Bankruptcy", *Review of Financial Studies*, Vol. 23; Ayotte, K. (2007), "Bankruptcy and Entrepreneurship: The Value of a Fresh Start", *Journal of Law, Economics and Organisation*, Vol. 23。

② 此外,债权人把允许管理层继续进行负责经营视为确保偿还债务的障碍,从而增加信贷成本和降低企业进入比率,特别是如果债权人认为管理层可以战略性违约(Moulton 和 Thomas,1993 年)。具体参见 Kaiser, K. (1996), "European Bankruptcy Laws: Implications for Corporations Facing Financial Distress", *Financial Management*, Vol. 25; Moulton, W. and T. Howard (1993), "Bankruptcy as a Deliberate Strategy: Theoretical Considerations and Empirical Evidence", *Strategic Management Journal*, Vol. 14。

③ Bloom, N. and J. Van Reenen (2007), "Measuring and Explaining Management Practices Across Firms and Countries", *Quarterly Journal of Economics*, Vol. 122, No. 4; Adalet McGowan, M. and D. Andrews (2015), "Skill Mismatch and Public Policy in OECD countries", *OECD Economics Department Working Paper*, No. 1210.

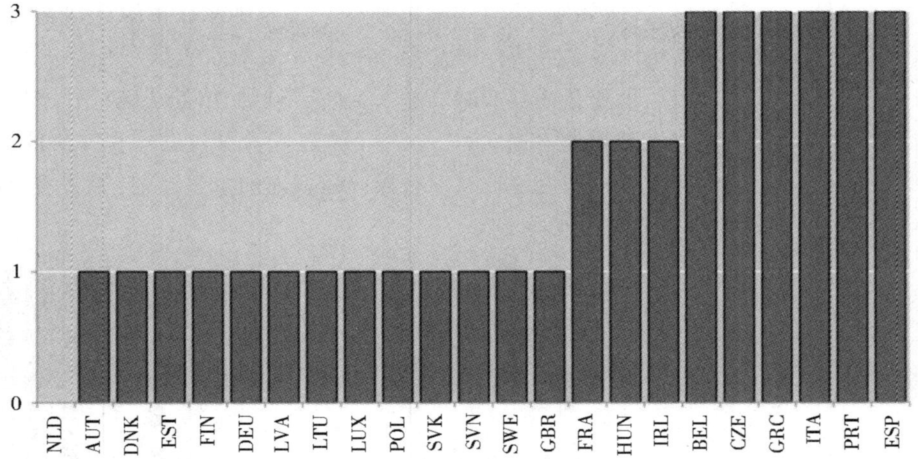


上述国家依次为：荷兰、奥地利、丹麦、爱沙尼亚、芬兰、德国、拉脱维亚、立陶宛、卢森堡、波兰、斯洛伐克、斯洛文尼亚、瑞典、英国、法国、匈牙利、爱尔兰、比利时、捷克共和国、希腊、意大利、葡萄牙、西班牙。

**图6　现任管理层的命运**

注：债务人企业被剥夺日常经营的权力，破产从业人员由法院指定 = 0；破产从业人员由法院指定，但该从业人员不负责企业管理或在法院的监督下负责经营管理 = 1；破产从业人员可以在法院外指定（如由债权人委员会选举）= 2；没有规定指定破产从业人员 = 3。

资料来源：Carcea 等人的文章。①

5. 存在异议债权人时，利用强裁通过重整计划的可能性

若重整计划需要所有债权人一致同意，可能会延迟破产程序。因此，破产制度需建立起允许必要多数债权人通过重整计划的规定，即"强裁"（cramdown）制度，该制度对破产企业及时重整、解决可持续经营企业面临的临时财务困境、加强市场选择具有重要意义，有利于提高未来企业内部的经济收益。确保异议债权人获得与他同类债权人相同的保护，保证异议债权人在重整计划中获得的清偿不低于他们在清算程序中可以获得的清偿，以上两方面保障对于克服强裁对信贷的供应产生潜在不利影响具有十分重要的意义。

不同国家对重整计划表决权相对数量的规定上存在重大差异（见图7）。例如，在奥地利和立陶宛，多数人同意无法通过重整计划；在希腊，意大利和英国等一些

① Carcea, M. C., D. Ciriraci, C. Cuerpo, D. Lorenzani and P. Pontuch (2015), "The Economic Impact of Rescue and Recovery Frameworks in the EU", *European Commission Discussion Papers*, No. 4.

国家,某些类别的债权人,例如职工、有担保的债权人会被排除在重组计划表决权之外。初步证据表明,允许多数人决定是否批准重整计划对改善破产程序的结果具有积极意义。2014 年,西班牙的破产制度加入“强裁”规则,增加了破产程序的成本和时间。① 结合其他改革措施,例如为中小企业和消费者引入庭外和解协议、赋予企业重生的可能,利用“强裁”制度通过存在异议债权人的重整计划,能够缩短破产流程并且降低清算企业的比例。

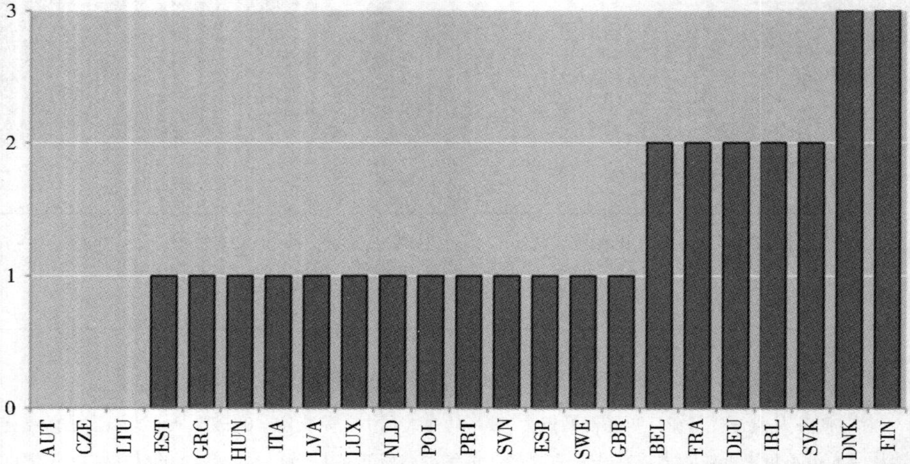


上述国家依次为：奥地利、捷克共和国、立陶宛、爱沙尼亚、希腊、匈牙利、意大利、拉脱维亚、卢森堡、荷兰、波兰、葡萄牙、斯洛文尼亚、西班牙、瑞典、英国、比利时、法国、德国、爱尔兰、斯洛伐克、丹麦、芬兰。

**图 7　针对异议债权人“强裁”通过重整计划的可能性**

注:不存在“强裁”制度或者没有可以影响债权人权利的制度为 0;存在“强裁”制度,但排除某些债权人,比如税务机关、职工、有担保债权人、商业债权人,此时表决权 = 1;存在多数决制度,且无论权益是否受重组计划影响,所有类型债权和所有债权人有表决权 = 2;存在“强裁”制度且所有的债权人或者可能仅仅是受重整计划影响的人具有表决权 = 3。

资料来源:Carcea 等人的文章。②

---

① 这倾向于微型企业的资本结构偏向抵押贷款,而抵押贷款需要抵押有形投资,这降低了企业获得无抵押贷款的机会,例如风险资本,企业规模分布和总生产率(García - Posada 和 Mora - Sanguinetti,2014 年)。García - Posada, M. and J. S. Mora - Sanguinetti (2014), “Are there Alternatives to Bankruptcy? A Study of Small Business Distress in Spain”, *Journal of the Spanish Economic Association*, Vol. 5.

② Carcea, M. C., D. Ciriraci, C. Cuerpo, D. Lorenzani and P. Pontuch (2015), “The Economic Impact of Rescue and Recovery Frameworks in the EU”, *European Commission Discussion Papers*, No. 4.

6. 法院的适度参与

法院直接参与或指定破产从业人员参与破产程序，对保障破产程序所涉及的各方主体的权益具有重要作用，通过法院协调可以提高破产程序的事后效率。但法院的参与需要一定的成本，尤其是对规模较小且无力支付法院参与产生固定费用的小企业来说，需要付出一定的代价。[①] 法院参与破产程序中要注意以下几点：仅在绝对有必要需法院干预的情况下，法院才可介入破产程序；在需要法院干预时，法院需提高处理复杂破产案件的专业化水平；法院需要设计一套行之有效的破产从业人员补偿方案。

尽管在重整过程中，某些阶段确需法院介入，但大多数程序都可在庭外进行。这可以减少法院的工作量，使法院能够集中精力更加及时地解决需要法院介入的疑难案件。[②]

世界各国对法院介入破产程序后法官自由裁量权范围的规定上存在些许差异。[③] 主要包括：法官在多大程度上影响破产从业人员的候选人和最终破产从业人员的确定；企业选择清算或重整。法院的参与需要被加以限制，只有法院可促使不可持续经营的企业退出市场，即加强市场的选择，提高总体生产率时，或者法院可在一定范围内及时释放稀缺资源，将其重新分配到更高效的用途上时，法院才可以参与到破产程序。

赋予法官一定的自由裁量权可以有效防止"社会效率低下"的清算。例如，在法国，破产法的主要目标是保护就业，这一目标可能对有利于经济增长的再分配制度产生不利影响。若法院介入破产程序的规则设计不当，将控制权分配给破产从业者也可能导致效率低下。例如，匈牙利的破产从业人员薪酬计划存在一定的问题，其导致一些亏损巨大且经济回报很低的困境企业仍然能够在市场上生存。[④]

---

① Bergthaler, W., K. Kang, Y. Liu and D. Monaghan (2015), "Tackling Small and Medium-sized Enterprise Problem Loans in Europe", *IMF Staff Discussion Note*, No. 4.

② Franks, J. and O. Sussman (2001), "Resolving Financial Distress by Way of a Contract: An Empirical Study of Small UK Companies", mimeo; Betker, B. (1997), "The Administrative Costs of Debt Restructurings: Some Recent Evidence", *Financial Management*, Vol. 26.

③ Carcea, M. C., D. Ciriraci, C. Cuerpo, D. Lorenzani and P. Pontuch (2015), "The Economic Impact of Rescue and Recovery Frameworks in the EU", *European Commission Discussion Papers*, No. 4.

④ 薪酬计划以破产期间产生的营业收入和资产出售收入的固定百分比为基础。当预期的营业收入大于资产出售的潜在收入时，薪酬计划会激励企业持续经营。参见 Franks and Loranth (2014)。具体参见 Franks, J. and G. Loranth (2014), "A Study of Bankruptcy Costs and the Allocation of Control", *Review of Finance*, Vol. 18, Issue 3。

司法程序效率过低是解决不良贷款不断增加的一大障碍。① 除可对破产法本身进行变革外,还可通过建立专门的法院或者庭外和解来解决司法效率过低的问题。从历史上来看,在经济危机期间,债权人不愿采用高成本的法院破产程序,②他们尝试了包括"伦敦规则"(London Rule)③在内的其他方式,庭外重组的趋势由此产生。建立一个单独的、专门的破产法院可能受到其他某些制度性因素的制约,但不同国家的经验表明,专业化的法官以及专业化的破产从业人员队伍确实会提高破产程序的效率,降低破产程序的成本,提高整个破产程序中可用于偿债资产的最终价值④。

7. 重视就业保护

附表 2 显示,不同国家间的优先权规则存在差异,特别是在职工债权方面差异尤为显著。在芬兰和德国,职工享有有限的优先权或没有优先权,而在如澳大利亚、哥伦比亚、法国、希腊、墨西哥等国,职工债权在清算中优先于其他各方。

《法国破产法》将保护就业置于首位⑤,体现在:职工债权人优于其他债权人获得工资债权清偿的规则;法院具有强大的作用,法院可在没有债权人批准的情况下,选择一种可最大程度上保护就业的方案,即使这种决定会使利益相关者最终获得的清偿价值低于其他情况。⑥ 上述措施会产生一种倾向于重整而非清算的趋势,这可能对经济增长产生不利影响,具体表现为:导致无法持续经营的企业继续保持

---

① OECD (2015b), OECD Economic Survey Italy, OECD, Paris; OECD (2015c), OECD Economic Survey Ireland, OECD, Paris.

② Laryea, T. (2010), "Approaches to Corporate Debt Restructuring in the Wake of The Financial Crisis", IMF Staff Position Note, No. 2.

③ "伦敦规则"是在 20 世纪 70 年代制定的,旨在解决集体诉讼问题,该问题迫使许多本可以重组的企业清算。在亚洲危机期间以及最近在意大利和法国都使用了类似的方法进行协调(Novarese,2009 年;Lucheux 和 Pusch,2009 年)。具体参见 Novarese, A. (2009), "Bankruptcy Law and Reforms", in H. Gibbon and Q. Carruthers ed., Corporate Restructuring: The Breaking Wave, pp. 133 – 136。

④ OECD (2013b), "What Makes Civil Justice Effective?", OECD Economics Department Policy Notes, No. 18; World Bank (2005), Doing Business in 2005: Removing Obstacles to Growth, Washington DC.

⑤ Plantin, G., D. Thesmar and J. Tirole (2013), "Reforming French Bankruptcy Law", *Les Notes du Conseil d'analyse économique*, No. 7.

⑥ 在美国,不同的债权人和债务人谈判重组计划时,破产法院充当裁判的角色,而法院则在法国充当监督和控制破产程序的角色。具体参见 Davydenko, S. and J. Franks (2008), "Do Bankruptcy Codes Matter? A Study of Defaults in France, Germany and the UK", *The Journal of Finance*, Vol. 63, No. 2; Blazy, R., J. Petey and L. Weill (2010), "Can Bankruptcy Codes Create Value? Evidence from Creditors' Recoveries in France, Germany and the UK", *Laboratoire de Recherche en Gestion et Economie Working Papers*, No. 11。

经营,会弱化市场的选择;阻碍了跨企业资源再分配的实现,阻碍经济增长;企业选择内部重整战略,该战略未来可能不会促进企业经济增长。上述观点引出一个问题,是否有更有效的方式,如设计合理的劳动力市场政策,为因企业破产而失业的职工提供保障?①

当前政策中获取的指标,主要来自对当地破产从业者的调查,对法律和法规的研究或可公开获得的信息,这些指标涵盖了上文讨论的一些相关特征。其中两个最主要的数据来源是世界银行和欧盟委员会。

图 8 列明了世界银行《营商环境报告》中破产框架力度,其中数据越高意味着该国的破产制度在促进可持续经营的企业重整和促进不可持续经营的企业清算方面更为有效(见附件框 A1)。该指标共包含四个部分:破产的原因,即债务人和债权人可以发起的诉讼类型以及发起的原因;对债务人资产的管理,即企业继续经营并获得新的融资的能力;关于重整计划的批准和重整计划的实施,即债权人表决权问题;债权人相对于其他债权人、债务人和破产从业者的相对权利。②

世界银行的指标未充分反映保全资产的用途、资产保全的时间长短、破产程序中解雇职工的限制、法院的权力及现任管理层的命运这些因素,但这些因素都十分重要。世界银行的指标没有将个人破产制度考虑在内,而个人破产制度对企业破产制度的效率也会产生影响。在某种程度上,我们可以利用欧盟委员会提供的数据(见附件框 A2)来解决世界银行指标中的空白,比如法院在破产中的作用,现任管理层的命运。虽然这些数据仅仅涵盖了经合组织体中的一小部分,③但可以对其扩展,利用这些指标测量那些非欧洲经合组织国家缺失的要素,并对现有的国家样本数量进行更新。自 2012 年年底进行问卷调查以来,样本中的国家已对其破产制度进行了广泛的改革。但要获得一个适用于经济计量分析的较长时间序列数据,还有很多工作有待完善。

---

① Andrews, D. and A. Saia (2016), "Coping with Creative Destruction: Reducing the Costs of Firm Exit", *OECD Economics Department Working Papers*, No. 1310.

② 在过去几年中,那些对破产法律进行改革的经济体,在破产框架指数的强度方面得分远高于那些破产规定过时的经济体,并且倾向于向私营部门提供更多的信贷(Word Bank,2015 年)。具体参见 World Bank (2015), "Resolving Insolvency: Measuring the Strength of Insolvency Laws", Doing Business Report, Washington, DC。

③ 这些数据涵盖了 23 个欧洲国家(21 个经合组织成员国以及立陶宛和拉脱维亚)。

数值从0到16不等,数值越大表明破产框架的实力越强(2015年)。

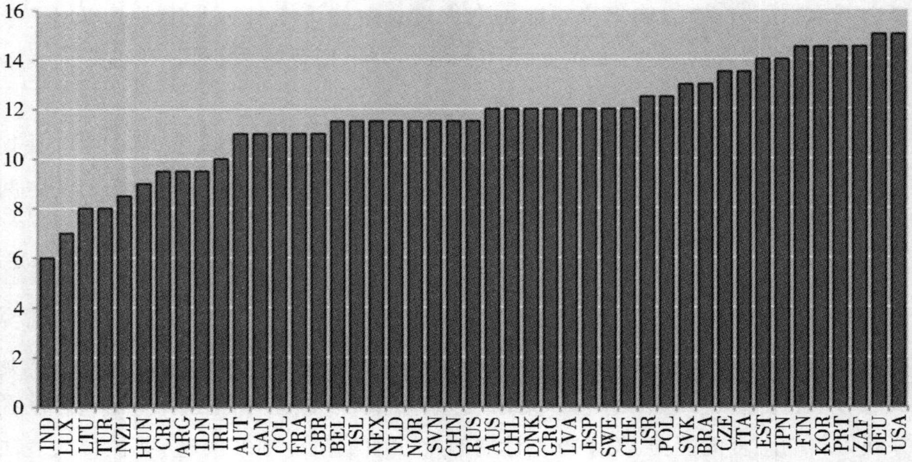


上述国家依次为:印度、卢森堡、立陶宛、土耳其、新西兰、匈牙利、哥斯达黎加、阿根廷、印度尼西亚、爱尔兰、奥地利、加拿大、哥伦比亚、法国、英国、比利时、冰岛、NEX、荷兰、挪威、斯洛文尼亚、中国、俄罗斯、澳大利亚、智利、丹麦、希腊、拉脱维亚、西班牙、瑞典、瑞士、以色列、波兰、斯洛伐克、巴西、捷克共和国、意大利、爱沙尼亚、日本、芬兰、韩国、葡萄牙、南非、德国、美国。

**图8　世界银行破产框架实力指标**

资料来源:《世界银行营商环境报告》。

鉴于图8中的破产水平指标在2015年才被引入,经合组织(OECD)的研究通常是根据Djankov等人的案例研究展开①,并结合以结果为基础衡量标准的《世界银行营商环境报告》来衡量各国企业破产制度的严格程度。研究要求受访者估算破产程序最可能的结果、破产程序从违约到偿还债权人的全部或部分款项耗用的时间以及根据附件框A3中的案例研究得出破产程序中各方应承担的费用。② 将上述结果结合起来,计算债权人的债权回收率,即有担保债权人在破产程序结束时收回的比率(见附图2),这种债权回收率代表了扣除成本和相关费用后可回收的债权现值以及冗长的破产程序所造成的价值损失。

鉴于破产程序十分复杂,若未给答卷人提供复杂的破产案件的细节,调查问卷

① Djankov, S., O. Hart, C. McLiesh and A. Shleifer (2008), "Debt Enforcement Around the World", *Journal of Political Economy*, Vol. 116, No. 6.

② 更具体地说,关闭企业的成本是指法院费用和政府征费,破产管理人、拍卖人、评估人和律师的费用,以及消耗债务人财产的所有其他费用和成本。还提供有关关闭企业所需天数的信息。

的答卷人很难给出准确的答案。相较于调查询问破产程序的平均时间,案例研究更加简便,但案例研究也有局限性(框3),其研究会被限定在一定范围内,导致此案例在分析破产制度的效率和制度设计之间的能力被削弱。

**框3　世界银行以结果为基础衡量指标的案例研究方法存在的局限性**

世界银行利用结果作为基础衡量指标进行研究是有效的,但案例研究法有一定的局限性,以一家具有特定特征的酒店为例,其局限性包括:

• 仅涉及企业破产:在许多国家中,企业破产法和个人破产法各不相同。个人破产制度,特别是刚进入市场的企业家破产会对企业的效率产生影响。

• 诱发破产的因素:市场需求问题,比如市场环境恶化可能会导致导致企业无法履行其义务,但从长期来看企业是可以持续经营的。

• 强调正式破产程序:破产企业未获得通过庭外和解或其他非正式方式解决企业困境的选择权。

• 债权人的数目和相对权利:案例中只存在一个有优先顺位的担保债权人,即银行。因此不存在优先权问题,而优先权问题是破产制度中一个重要内容。案例中也存在无担保债权人,对这些债权人的安排以及无担保债权人是否有权阻止担保债权人取回担保财产尚不清楚,而这些规定在各国可能有所差异。

• 债务人/管理层视角/激励措施:企业所有者和管理层希望保持公司的运营,他们在债务人的视角下不会考虑清算。

• 债权人可获得的信息:案例研究中存在一个假设前提,债权人知道对持续经营的企业来说,资产保全对企业更有利,即债权人不需要法院或其他人告诉他们这些信息。但是通常实践中并非如此,因此可能会增加破产程序的费用。

• 新的融资:企业不需要额外的融资来继续运营,但这是重整成功的重要组成部分。

• 非复杂的金融结构:本案中的债务所涉及的抵押物是酒店,属于有形资产,而无形资产却很难抵押。反之,由于无形资产很难抵押,又会增加融资难度。无形资产的作用更多的是帮助特定企业产生特定价值,因此无形资产的价值在出售资产时更容易遭受贬值。

• 未考虑的其他因素:小企业会较少受到潜在的破产政治化的影响;资产掏空:破产企业为资产所有人的利益可能会把资产和利润从企业中转移出去,导致企业实行对企业并不利的快速资产单独出售行为;企业只在本地运营而债务人可以去其他司法管辖区宣布破产,这一问题没有被考虑在内。

## 四、个人破产制度

企业破产制度的不同特点也同样适用个人破产制度,但个人破产制度主要面向企业家和小企业。在小企业中,企业与个人资产和负债间的区别较为模糊,这种混淆主要因为债权人需要债务人提供个人抵押或者担保,比如债务人其住房上再设立一个抵押,或是因为企业家在注册企业并受有限责任制度保护之前,企业家同样要使用其个人资产。① 不同国家的证据表明,有利于企业家个人的破产法会提高企业家亲自管理企业概率,促进小企业家使用个人破产制度,②提高进入市场的企业的比率,吸引更优秀的企业家。③

有效的个人破产制度和有效的企业破产制度之间有许多相同的目标和特征,比如,大量潜在的破产案件可能加重法院的负担,因此需要预警机制和非正式程序。④ 本部分将讨论个人破产制度实现个人有效"重新开始"的能力以及现有指标下不同国家间的差异。

### (一)重新开始的重要性

个人破产制度能多大程度上限制企业家未来重新开办企业的能力,取决于该制度在促进破产个人"重新开始"方面的作用,即债务人可免于用未来的收入偿还破产清算中未偿还的债务。有效的"重新开始"可以降低破产成本以及债务人因破产而产生的耻辱感,这种破产所带来的耻辱感通常被人们看作创业的障碍之一。有效的"重新开始"可通过市场选择促进经济发展,促使不能持续经营的企业及时退出市场,同时将破产企业的稀缺资源释放出来供更多高效的企业回收并加以更好的利用(见表1)。

个人破产制度更好地激励企业家创业创新,提高了个人"重新开始"的可能性,

---

① Berkowitz, J. and M. White (2004), "Bankruptcy and Small Firms' Access to Credit", RAND Journal of Economics, Vol. 35; Cumming, D. (2012), "Measuring the Effect of Bankruptcy Laws on Entrepreneurship across Countries", *Journal of Entrepreneurial Finance*, Vol. 16.

② Armour, J. and D. Cumming (2008), "Bankruptcy Law and Entrepreneurship", *American Law Economic Review*, Vol. 10, No. 2.

③ Eberhart, R., C. Eesley and K. Eisenhardt (2014), "Failure is an Option: Failure Barriers and New Firm Performance", Rock Centre for Corporate Governance at Stanford University Working Paper, No. 111; Fossen, F. (2014), "Personal Bankruptcy Law, Wealth, and Entrepreneurship—Evidence from the Introduction of a Fresh Start Policy", *American Law and Economics Review*, Vol. 16.

④ Laeven, L. and T. Laryea (2009), "Principles for Household Debt Restructuring", IMF Staff Position Note, No. 15.

这一举措同时促进了经济增长，具体的激励措施包括：增加进入市场的企业数量①；为失败的企业家提供第二次机会，促使他们利用此前的经验和教训再创业，确保再创业中企业经济水平增长②；吸引更优秀的企业家，即具有更高人力资本价值的个人③。

现有证据表明，资金对初创企业会产生积极影响，这反映了信贷约束的存在；但对潜在的富裕的企业家来说，信贷约束较小。④ 虽然有效的"重新开始"可降低企业家的个人风险，但其可能对信贷规模以及信贷成本产生不利影响。德国的数据表明，对于不太富裕的个人，上述两种不利影响更为突出，倾向于保护债务人的个人破产制度可为个人提供保险，这种保险带来的效应要超过利率变动的效应，因此个人破产制度会鼓励不太富裕的个人创业，促进经济的包容性增长。⑤ 有效的"重新开始"不必然意味着效率和公平之间的权衡。

### （二）各国个人破产制度的差异

可获得的各国个人破产制度间的比较数据相对有限，其中一个数据来源⑥包含了 1990 年至 2005 年 15 个国家/地区的数据（有关详细信息，请参见附表 3）⑦。该数据来源包含以下信息：债务免除的等待时间，即破产人为了获得破产前债务的免除必须等待的年限；与企业没有直接关系的债务人资产豁免范围，例如，家庭住宅或配偶的资产的豁免；对债务人的公民权利和经济权利的限制。⑧ 后两点可通过类似"重新开始"的方式影响经济增长。有证据表明，尽管债务豁免会增加信贷成本

---

① Cumming, D. (2012), "Measuring the Effect of Bankruptcy Laws on Entrepreneurship across Countries", *Journal of Entrepreneurial Finance*, Vol. 16.

② Burchell, B. and A. Hughes (2006), "The Stigma of Failure: An International Comparison of Failure Tolerance and Second Chancing", University of Cambridge Centre for Business Research Working Papers, No. 334.

③ Eberhart, R., C. Eesley and K. Eisenhardt (2014), "Failure is an Option: Failure Barriers and New Firm Performance", Rock Centre for Corporate Governance at Stanford University Working Paper, No. 111.

④ Vans, D. and B. Jovanovic (1989), "An Estimated Model of Entrepreneurial Choice under Liquidity Constraints", *Journal of Political Economy*, Vol. 97, pp. 809 – 827.

⑤ Fossen, F. (2014), "Personal Bankruptcy Law, Wealth, and Entrepreneurship—Evidence from the Introduction of a Fresh Start Policy", *American Law and Economics Review*, Vol. 16.

⑥ Armour, J. and D. Cumming (2008), "Bankruptcy Law and Entrepreneurship", *American Law Economic Review*, Vol. 10, No. 2.

⑦ 包括的国家有：奥地利、比利时、加拿大、丹麦、芬兰、法国、德国、希腊、爱尔兰、意大利、荷兰、西班牙、瑞典、英国和美国。

⑧ 其中包括：(1)资产处置权的丧失；丧失投票权或担任民选职务；(2)获得信贷或参与公司管理的限制；(3)限制旅行或截取邮件或因未付款而被监禁。

和抵押要求①,但债务豁免可降低创业失败的成本,促使部分不愿承担风险的人着手创业,对企业家的创业精神产生积极影响②。

欧盟委员会近期发起了一项调查,旨在确定破产制度是否倾向于保护企业家以及企业家在申请破产后重新创业的可能性③。调查为欧洲各国提供了很有价值的信息,表明在许多欧洲国家,破产给企业家带来的失败感、耻辱感往往是很高的(见图9)。

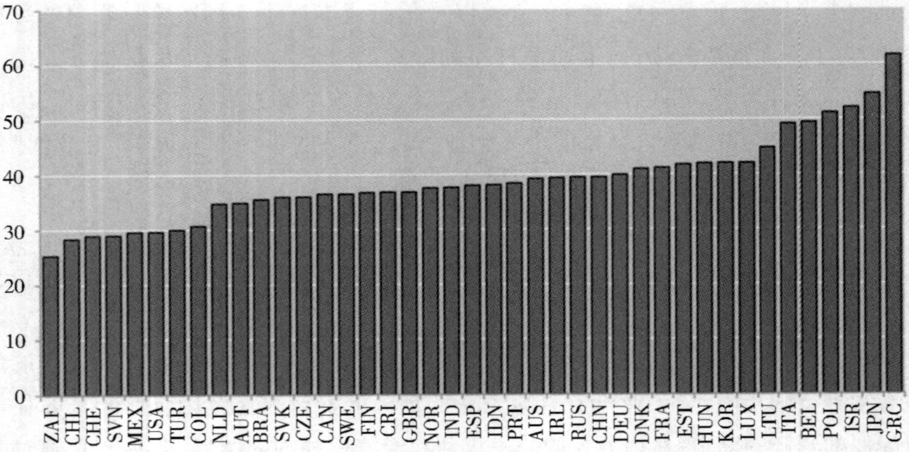


上述国家依次为：南非、智利、瑞士、斯洛文尼亚、墨西哥、美国、土耳其、哥伦比亚、荷兰、奥地利、巴西、斯洛伐克、捷克共和国、加拿大、瑞典、芬兰、哥斯达黎加、英国、挪威、印度、西班牙、印度尼西亚、葡萄牙、澳大利亚、爱尔兰、俄罗斯、中国、德国、丹麦、法国、爱沙尼亚、匈牙利、韩国、卢森堡、立陶宛、意大利、比利时、波兰、以色列、日本、希腊。

**(a)企业重新开始的可能性**

---

① Berkowitz, J. and M. White (2004), "Bankruptcy and Small Firms' Access to Credit", RAND Journal of Economics, Vol. 35; Davydenko, S. and J. Franks (2008), "Do Bankruptcy Codes Matter? A Study of Defaults in France, Germany and the UK", *The Journal of Finance*, Vol. 63, No. 2.

② Gropp, R., J. Scholz and M. White (1997), "Personal Bankruptcy and Credit Supply and Demand", *The Quarterly Journal of Economics*, Vol. 112.

③ European Commission (2014c), Bankruptcy and Second Chance for Honest Bankrupt Entrepreneurs, October. European Commission (2011), Business Dynamics: Start - ups, Business Transfers and Bankruptcy, Brussels.

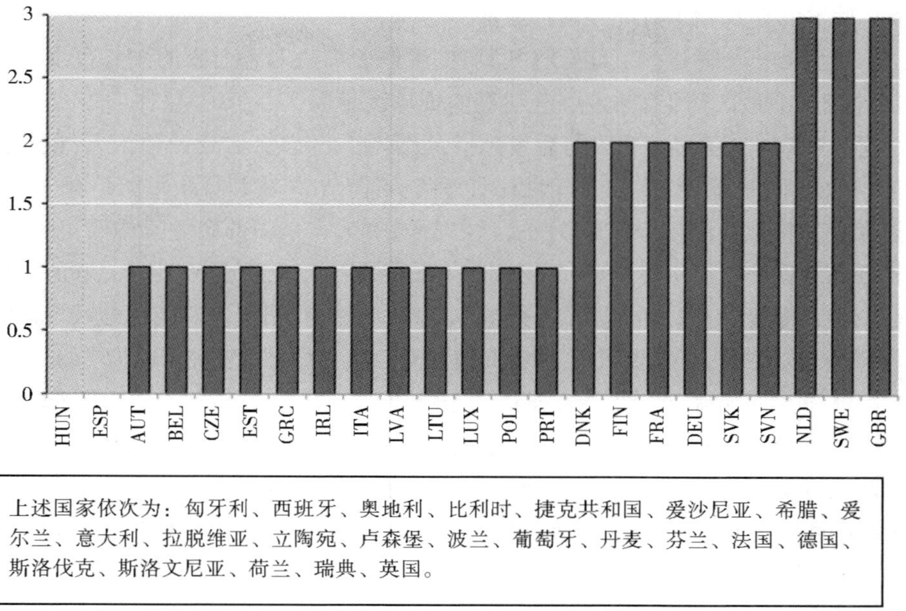


**(b)破产的企业家清偿债务的期限和可能性(2012～2013年)**

**图9　企业失败的耻辱和"全新开始"的可能性**

注:(b)组:无债务豁免=0;无债务豁免或法官自由裁量或清偿期超过3年=1;清偿期为3年,但须视某些因素确定,如偿还的债务比例等=2;清偿期为3年或3年以下=3。

资料来源:(a)组:经合组织的报告,①(b)组:Carcea等人的文章。②

附件框A2中的调查显示,不同国家或地区对债务是否可以豁免的规定存在显著差异[见图9(b)]。尽管在希腊、意大利和西班牙等南欧国家,不存在债务豁免或者对债务豁免的限制非常严格,但在荷兰、瑞典和英国,债务豁免的规定更有助于激发企业家创业精神。我们要了解更详细的以年为单位的债务豁免的时间数据,不能根据各国的债务免除周期大于或者小于3年作为指标进行分组。对各国间存在的差异,欧盟委员会建议把整个欧洲关于诚实债务人债务免除期的规定统一为最长3年。在债务豁免后尽快将诚实债务人的名字从信用评级数据中删除。面临财务困难的企业或个人,会选择搬至债务免除期对其更有利的管辖区,因此将欧

① OECD (2015d), Entrepreneurship at a Glance, OECD, Paris.

② Carcea, M. C., D. Ciriraci, C. Cuerpo, D. Lorenzani and P. Pontuch (2015), "The Economic Impact of Rescue and Recovery Frameworks in the EU", European Commission Discussion Papers, No. 4.

洲各国债务免除期进行统一很有必要。[①]

欧盟委员会还建立了综合指数,用以说明破产法对企业家的友好程度以及在26个国家或地区企业家获得重生机会的难易程度。[②]

• 破产法对企业家的友好程度包括:法院倾向于债务人还是债权人;债务偿还计划的期限;还款计划是否属于法院程序的一部分;司法和行政职能是否分开;是否存在债权人委员会;破产程序的平均时间;对无力偿债的企业家的豁免保护,包括住宅的保护以及一定百分比的最低收入的保护;非财产后果,例如,取消公职职位资格或需要财务监督的职位。根据该指标,奥地利、德国以及英国的破产法对企业家是友好型的,而在爱尔兰、挪威和波兰对企业家是限制型的[见图9(a)]。[③]

• 破产后获得重生机会的难易程度包括:诚信企业家与欺诈企业家待遇的区别;有无针对中小企业的特殊程序;债务免除的可能性和时间;无须通过法院命令自动免除债务的可能性;负面信用评分的维持时间;免除债务后从信用数据库中移除的可能。根据该指标,在丹麦、爱沙尼亚、挪威和波兰,企业家成功重新创业的机会很低,而在比利时、葡萄牙和斯洛文尼亚,诚信企业家可以轻松地获得第二次机会重新创业[见图9(b)]。

利用评估调查和公开获得的法律资源,有助于获取相关国家破产制度的信息。鉴于个人破产制度对于企业家精神以及经济增长的重要作用,近年来许多经合组织国家的个人破产制度已发生了变化,因此,上述数据来源的时间以及覆盖国家有必要进行更新和扩展,[④]需要更新扩展的国家包括爱、沙尼亚、希腊、匈牙利、爱尔兰、意大利、拉脱维亚、波兰和西班牙(IMF,2015年)。[⑤]

## 五、商讨及后续步骤

破产制度及其他制度可能要进一步改革,通过多种途径促进经济增长。通过

---

① European Commission (2014a), Impact Assessment: Commission Recommendation on a New Approach to Business Failure and Insolvency, Brussels.

② European Commission (2014c), Bankruptcy and Second Chance for Honest Bankrupt Entrepreneurs, October.

③ 虽然挪威拥有相对有效的公司破产制度,但由于高度复杂的法律程序,导致免除破产债务需要较长时间,从而降低了个人破产制度的效率(OECD,2014年)。具体参见 OECD (2014年), OECD Economic Survey Norway, OECD, Paris。

④ Armour, J. and D. Cumming (2008), "Bankruptcy Law and Entrepreneurship", *American Law Economic Review*, Vol. 10, No. 2.

⑤ 例如,爱尔兰于2012年进行改革,将债务免除时间缩短至3年,而在西班牙,2015年对个人破产制度的改革使"重新开始"变得更加容易。

评估各种因素对经济增长贡献的大小以及根据各国普遍经验来探索各个因素间的联系，可以为政策制定者提供更为丰富的工具应对经济衰退。

这种分析需要评价破产制度的相关指标，有效掌握破产制度与经济增长相关性的关键特征。因此，为成功推进“退出政策和经济增长”项目进入下一阶段，秘书处已向成员国分发了一份简短的调查表，旨在收集经合组织国家破产制度的数据，以丰富、扩展现有的指标。为控制成本，问卷的范围仅限于框 4 中详细列出的一些关键问题。为提高对个人破产制度的衡量，秘书处要求各国针对有限问题做出答复，结合答复更新上述数据来源中可用的指标。关于企业破产制度，问卷将加入一些附加问题，以填补世界银行和欧盟委员会指标未涵盖的空白。

**框 4　拟议破产调查表的细节**

根据上述数据来源所涵盖的特征，要求各国对个人破产制度的债务豁免做出回复。为了简便并最大限度上减少混乱，我们对这些问题进行了框架化的设计，便于各国可以按是或否或年数提供答案（更多详细信息，请参见附表 2）。秘书处具体提议如下：

可提供 1995 年至 2005 年年度指标的 15 个经合组织国家①，提供自 2005 年以来的发展信息，包括进行相关改革的年份。

• 其余 19 个经合组织成员国和相关伙伴国家，提供 2016 年的信息以及 1995 年以来在这些领域进行的重大改革信息。

关于企业破产制度，我们将构建一个数据集，该数据集将整合并扩展 2015 年引入的《世界银行营商环境报告》破产实力框架指标的较佳特征以及欧盟委员会在 2013 年收集的指标。秘书处就此提供了一份调查问卷：

• 非欧洲经合组织国家和相关合作伙伴国家，对世界银行数据尚未完全掌握的破产制度特征作出回应，包括资产保全的详细信息，启动破产程序时对职工解雇的限制，法院的相对权力，对重整计划持反对观点的债权人“否决”重整计划的能力，现任管理层的命运。

• 自 2013 年以来，以欧洲委员会数据集为代表的 23 个欧洲经合组织（及合作伙伴）国家②需要提供有关上述领域发展的信息。

• 为确定经济计量分析的范围，所有国家需对自 1995 年以来每隔 5 年的企业破产制度的 7 个关键特征（参见表 1）做出说明，即 1995 年、2000 年、2005 年以及 2010 年的具体说明。各国还可选择就每个领域的任何重大改革提供简短的非技术性细节。

① 这 15 个国家包括：奥地利、比利时、加拿大、丹麦、芬兰、法国、德国、希腊、爱尔兰、意大利、荷兰、西班牙、瑞典、英国和美国。具体参见 IMF (2015), Technical Background Notes to “A Strategy for Resolving Europe’s Problem Loans”, Washington, DC。

② 这些国家包括：奥地利、比利时、捷克共和国、爱沙尼亚、芬兰、法国、德国、希腊、匈牙利、爱尔兰、意大利、拉脱维亚、立陶宛、卢森堡、荷兰、波兰、葡萄牙、斯洛伐克共和国、斯洛文尼亚、西班牙和美国。

考虑到近年来各国在破产领域实行的改革,我们如果可以获得能够更好地反映破产制度中国家间差异的政策指标,对于量化结构性改革,“经济增长之路”(Going for Growth)和“进行国家调查”(Country Surveys)至关重要。我们计划从经济整体、行业和企业层面,探讨破产制度指标与劳动生产率增长(MFP 和投资)之间的关系。根据最新获得的企业数据来看,我们可对第 2 部分框架中的关键途径进行测试,该框架将破产制度和其他退出政策通过市场选择、企业间资源的再分配以及公司内部生产率的提高联系起来,推动经济增长。

具体而言,新的破产指标以及上述的其他补充政策将与正在进行的资本错配研究联系在一起。最新证据表明,随着时间的推移,某些国家的资本错配有所增加①。秘书处目前正在调查财务困境企业或“僵尸企业”对整体经济的普遍性、持久性的影响及其中暗含的联系。当国家间存在重大差异时,秘书处将分析退出政策之间的关系,包括分析拟议的破产制度效率指标和“僵尸企业”的普遍性问题。

## 附件:政策性指标调查

**附表 1　由债权人启动重整**

| 债权人只能申请清算 | 债权人可以申请清算或者重整 | |
|---|---|---|
| 阿根廷 | 中国 | 南非 |
| 澳大利亚 | 哥伦比亚 | 西班牙 |
| 奥地利 | 哥斯达黎加 | 瑞典 |
| 比利时 | 捷克共和国 | 瑞士 |
| 巴西 | 丹麦 | 土耳其 |
| 加拿大 | 芬兰 | 英国 |
| 智利 | 法国 | 美国 |
| 爱沙尼亚 | 德国 | |
| 希腊 | 印度尼西亚 | |
| 匈牙利 | 爱尔兰 | |

① Gopinath, G., S. Kalemli - Ozcan, L. Karabarbounis and C. Villegas - Sanchez (2015), “Capital Allocation and Productivity in South Europe”, NBER Working Paper, No. 21453.

续表

| 债权人只能申请清算 | 债权人可以申请清算或者重整 | |
|---|---|---|
| 冰岛 | 以色列 | |
| 印度 | 意大利 | |
| 拉脱维亚 | 日本 | |
| 立陶宛 | 韩国 | |
| 卢森堡 | 墨西哥 | |
| 荷兰 | 新西兰 | |
| 挪威 | 波兰 | |
| 俄罗斯联邦 | 葡萄牙 | |
| 斯洛文尼亚 | 斯洛伐克共和国 | |

资料来源:《世界银行营商环境报告》数据。

**附表 2　优先权规则**

| | |
|---|---|
| 澳大利亚 | 职工债权人,有担保债权人,无担保债权人(包括税收),与破产程序有关的费用、股东 |
| 奥地利 | 有担保债权人、职工债权人(通过公共破产保护基金单独处理)、无担保债权人 |
| 比利时 | 有担保债权人、法定债权人(税收和社会保障)、无担保债权人 |
| 加拿大 | 优先债权人(政府)、优先债权人(与破产程序有关的费用)、有担保债权人、无担保债权人 |
| 智利 | 有担保债权人(与破产程序有关的费用、职工债权、养老金、税收)、存款和抵押、无担保债权人 |
| 哥伦比亚 | 职工债权人、税收、有担保债权人(包括与破产程序有关的费用)、供应商、无担保债权人 |
| 捷克共和国 | 有担保债权人绝对优先权 |
| 丹麦 | 有担保债权人、无担保债权人 |
| 芬兰 | 与破产程序有关的费用有优先权,除此之外没有一般优先权规则,税收和职工债权人没有优先权 |
| 法国 | 有担保债权人(包括工资和税收)、无担保债权人 |
| 德国 | 有担保债权人、优先债权人、无担保债权人、职工债权人没有优先权 |
| 希腊 | 职工债权人、新融资、有担保债权人(包括税收)、无担保债权人 |
| 匈牙利 | 有担保债权人(金融机构、职工、政府)、无担保债权人、新融资 |

续表

| | |
|---|---|
| 爱尔兰 | 有担保债权人(与破产程序有关的费用、抵押权人)、优先债权人(社会保险、税收和职工债权)、无担保债权人 |
| 以色列 | 与破产程序有关的费用、确定的税收、新融资、担保债权人、职工债权人和税收、无担保债权人 |
| 意大利 | 优先债权人(动产、不动产的留置权和新融资)、优先债权人、抵押担保的债权人 |
| 日本 | 优先债权人(新融资和税收)、无担保债权人 |
| 墨西哥 | 职工债权人、税收、与破产程序有关的费用、担保债务人(法律费用、优先劳动债务) |
| 荷兰 | 有担保债权人、税收和社会保险债权、无担保债权人 |
| 新西兰 | 有担保债权人(包括新融资)、行政费用、职工债权人、优先税收债权人、无担保债权人 |
| 挪威 | 养老金、工资、税收、与破产程序有关的费用、无担保债权人 |
| 波兰 | 有担保债权人(新融资、与破产程序有关的费用)、优先债权人(税收、就业及社会福利)、无担保债权人 |
| 葡萄牙 | 有担保债权人、优先债务(职工,社会保障和税收)、共同债务、次级债务 |
| 斯洛伐克共和国 | 担保债权人、无担保债权人 |
| 西班牙 | 新融资、抵押债务、职工债权人、税收、无担保债权人 |
| 瑞典 | 担保债权人、职工债权人、无担保债权人 |
| 瑞士 | 担保债权人、优先债务(职工债权人、社会保障和税收)、无担保债权人 |
| 土耳其 | 质押的债务、遣散费 |
| 英国 | 抵押债权人、与破产程序有关的费用、养老金和工资、无担保债权人 |
| 美国 | 与破产程序有关的费用、工资和福利、税收、有担保债权人、无担保债权人、股东 |

资料来源:作者根据 Euler Hermes 编制的表格整理。①

**附表 3　个人破产制度的主要特征**

| 国家 | 获得清偿的可能性 | 清偿的时间 | 豁免 | 无法清偿 |
|---|---|---|---|---|
| 奥地利 | 1990—1994:1<br>1995—2005:0 | 1990—1994:37<br>1995—2005:7 | 1990—2005:2 | 1990—2005:0 |

① Euler Hermes (2014), "International Debt Collection: the Good, the Bad and the Ugly", *Economic Outlook*, No. 1213.

续表

| 国家 | 获得清偿的可能性 | 清偿的时间 | 豁免 | 无法清偿 |
|---|---|---|---|---|
| 比利时 | 1990—1997:1<br>1998—2005:0 | 1990—1997:37<br>1998—2005:0 | 1990—2005:1 | 1990—2005:3 |
| 加拿大 | 1990—2005:0 | 1990—1992:1<br>1993—2005:0.75 | 1990—2005:0 | 1990—2005:2 |
| 丹麦 | 1990—2004:5<br>2005:0 | 1990—2004:5<br>2005:3 | 1990—2005:1 | 1990—2005:3 |
| 芬兰 | 1990—1992:1<br>1993—2005:0 | 1990—1992:37<br>1993—2005:5 | 1990—2005:1 | 1990—2005:3 |
| 法国 | 1990—1993:0<br>1994—2005:5 | 1990—2005:0 | 1990—2005:2 | 1990—1994:1<br>1995—2005:2 |
| 德国 | 1990—1998:1<br>1999—2005:0 | 1990—1998:37<br>1999—2000:7<br>2001—2005:6 | 1990—2005:0 | 1990—1998:3<br>1999—2005:1 |
| 希腊 | 1990—2005:1 | 1990—2005:20 | 1990—2005:1 | 1990—1997:4<br>1998—2005:3 |
| 爱尔兰 | 1990—2005:0 | 1990—2005:12 | 1990—2005:1 | 1990—2005:2 |
| 意大利 | 1990—2005:1 | 1990—2005:38 | 1990—1992:2<br>1993—2005:1 | 1990—2005:3 |
| 荷兰 | 1990—1998:1<br>1999—2005:0 | 1990—1998:38<br>1999—2005:3 | 1990—2005:2 | 1990—2005:0 |
| 西班牙 | 1990—2005:1 | 1990—2005:15 | 1990—2005:1 | 1990—2005:3 |
| 瑞典 | 1990—2005:1 | 1990—2005:10 | 1990—2005:1 | 1990—2005:2 |
| 英国 | 1990—2005:0 | 1990—2003:3<br>2004—2005:1 | 1990—2005:1 | 1990—2005:2 |
| 美国 | 1990—2005:0 | 1990—2005:0 | 1990—2005:0 | 1990—2005:1 |

注:a. 若有清偿的可能性,那么数值为0,否则为1。清偿的年限取典型清偿前的年数;如果无法清偿,则该值为预期期限减去40。b. 豁免涉及破产前的资产,这些资产从破产财产中免除,如果免除破产财产的资产只包括个人物品、贸易工具等,则价值为1;如果豁免更慷慨,则价值为0;如果豁免为"负",则价值为2,即配偶财产可被拉入破产财产。c. 涉及对债务人与破产有关的民事和经济权利的限制的不利条件,如果除丧失处理破产财产中资产的权力外没有别的不利条件,则不利条件为0,对于经济行为有不利条件,不利条件等于1,即丧失投票权、当选公职或专业团体的成员资格;经济不利条件,即限制获得信贷或参与公司管理;影响邮件和/或旅行,即禁止未经同意的旅行或由受托人打开的邮件;债务人可能因未偿付债务而被监禁。

资料来源:Armour 等人的文章。①

① Armour, J. and D. Cumming (2008), "Bankruptcy Law and Entrepreneurship", *American Law Economic Review*, Vol. 10, No. 2.

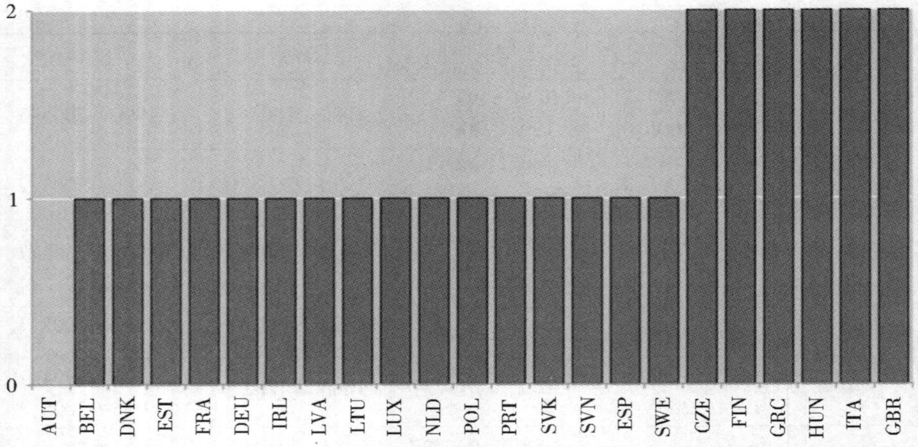


上述国家依次为：奥地利、比利时、丹麦、爱沙尼亚、芬兰、德国、爱尔兰、拉脱维亚、立陶宛、卢森堡、荷兰、波兰、葡萄牙、斯洛伐克、斯洛文尼亚、西班牙、瑞典、捷克共和国、芬兰、希腊、匈牙利、意大利、英国。

**面板(a)　可以资产保全的可能性**

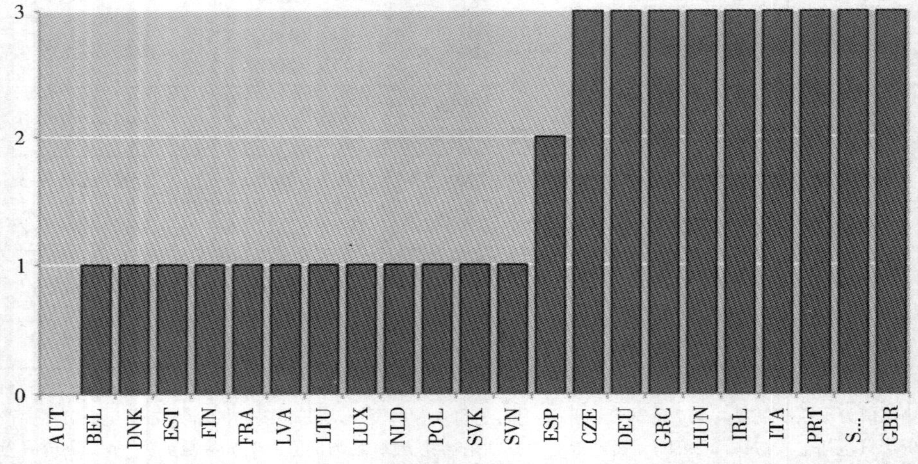


上述国家依次为：奥地利、比利时、丹麦、爱沙尼亚、芬兰、法国、拉脱维亚、立陶宛、卢森堡、荷兰、波兰、斯洛伐克、斯洛文尼亚、西班牙、捷克共和国、德国、希腊、匈牙利、爱尔兰、意大利、葡萄牙、瑞典、英国。

**面板(b)　资产保全的时间长度**

**附图1　资产保全**

注：面板(a)：无保全=0；可以保全且自动保全=1；可以保全但要根据请求保全=2。面板(b)：无保

全 = 0，保全时间超过 4 个月或无限期的可能性 = 1；保全时间少于 2 个月 = 2；保全时间可能在 2 ~ 4 个月 = 3。

资料来源：Carcea 等人的文章。①

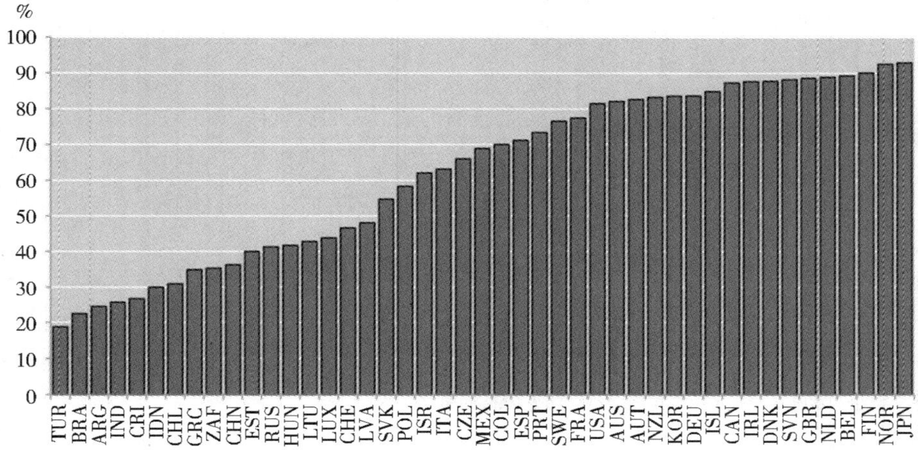


上述国家依次为：土耳其、巴西、阿根廷、印度、哥斯达黎加、印度尼西亚、智利、希腊、南非、中国、爱沙尼亚、俄罗斯、匈牙利、立陶宛、卢森堡、瑞士、拉脱维亚、斯洛伐克、波兰、以色列、意大利、捷克共和国、墨西哥、哥伦比亚、西班牙、葡萄牙、瑞典、法国、美国、澳大利亚、奥地利、新西兰、韩国、德国、冰岛、加拿大、爱尔兰、丹麦、斯洛文尼亚、英国、荷兰、比利时、芬兰、挪威、日本。

**附图 2　有担保债权人的债务回收率**

注：回收率是有担保债权人在程序结束时债权回收的比例。

资料来源：《世界银行营商环境报告》数据库。

**框 A1　《世界银行营商环境报告》的破产框架指数**

破产框架指数的强度基于四项指数：

• 启动程序：该指数从 0 到 3 不等，数值越高，表明破产的可能性越大，由三个部分组成：债务人可以启动哪种类型的程序：清算？重组？或两者兼有？债权人可以启动哪种类型的程序：清算？重组？或两者兼有？宣告债务破产的标准是什么：资产流动性，即债务人到期不能偿付债务或资产负债表检验，即负债是否大于资产。

• 债务人资产管理：该指数从 0 到 6 不等，较高的值表明从公司利益相关者的角度对债务人资产实行更有利的处理，并衡量：债务人是否可以继续实施对企业生存至关重

① Carcea, M. C., D. Ciriraci, C. Cuerpo, D. Lorenzani and P. Pontuch (2015), "The Economic Impact of Rescue and Recovery Frameworks in the EU", European Commission Discussion Papers, No. 4.

要的交易;债务人是否可以终止负担过重的合同,即履行成本大于获得的利益的合同;债务人是否可以撤销在申请破产前进行的交易,例如,导致债权人获得超过其在债务人资产中所占比例的份额的交易,免费赠与或以较低的价格进行资产处置的交易债务人是否可以在破产程序中获得新的融资,继续经营;在分配资产时,融资是否优先于无担保债权人。

• 重整程序:该指数从 0 到 3 不等,较高的数值表明重整计划的批准和内容更符合国际公认的惯例,并衡量:该重整计划是否仅由权利受到重整计划修改或影响的债权人投票;有表决权的债权人是否分为若干类别,每一类别的债权人分别表决,每一类别的债权人同等对待;债权人重整收到的金额是否与清算收到的金额相等。

• 债权人权利指数:该指数的范围为 0 ~ 4,较高的数值表明债权人的参与度和权利更大,并衡量:债权人是否能参与选择破产中的代表;批准出售债务人资产是否需债权人同意;债权人是否有权获得有关债务人和破产程序的信息;债权人是否可以对影响其权利的决定提出异议,如批准其他债权人的债权。

**框 A2　破产制度的特点:欧盟委员会的数据**

欧盟各成员国破产框架的数据系根据欧洲破产专业人员协会(Insol Europe)2013 年的一项调查得出。调查数据已被用来构建破产制度的效率指数(见附图 3),该指数基于 12 个维度:早期重整可能性是否存在;启动早期重整过程的条件;是否存在可替代的预防程序;债务人在预防程序中是否仍占有其资产;暂停偿付是否可能,即债权人对债务人的个别强制执行活动中止;暂停偿付的期限;重整计划批准只需要多数赞成而不需要债权人全部同意,即是否有“强裁”;在预防程序中获得新的融资的可能性;有限的法院参与;协议的保密性;破产的早期是否有预警程序,特别是针对中小企业的预警;在破产后的债务清偿的可能性。

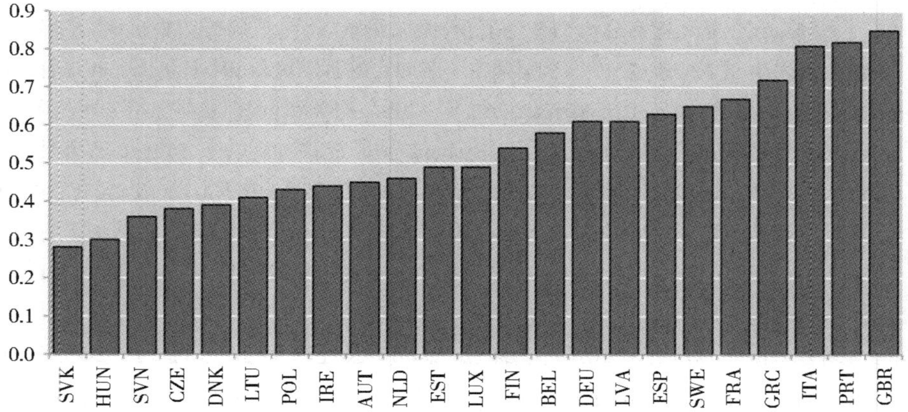


上述国家及地区依次为：斯洛伐克、匈牙利、斯洛文尼亚、捷克共和国、丹麦、立陶宛、波兰、北爱尔兰（英国）、奥地利、荷兰、爱沙尼亚、卢森堡、芬兰、比利时、德国、拉脱维亚、西班牙、瑞典、法国、希腊、意大利、葡萄牙、英国。

**附图 3　破产制度的效率(2012～2013 年)**

资料来源:Carcea 等人的文章。①

**框 A3　世界银行成果指标的基础:案例研究**

《世界银行营商环境报告》中的“破产处置”指标,即关闭一家企业的成本和时间是根据一份问卷调查得出,该问卷调查要求答复者根据以下案例研究估计最有可能的结果、完成破产程序的时间和所有当事方承担的程序成本:

- Mirage 是一家本地有限责任公司,在经济体量最大的城市经营一家酒店;其唯一的资产和收入来源是酒店财产。酒店价值为人均国民总收入的 100 倍或当地货币 200,000 美元中较大的一个数字。2009 年 1 月 1 日,Mirage 与当地一家银行 BizBank 签署了一份为期 10 年的贷款协议。贷款由酒店财产和在允许此酒店作为抵押品的经济体中的普遍商业押记(企业抵押)担保。BizBank 的未偿信贷额等于酒店的市场价值,占 Mirage 未偿债务总额的 74% 。Mirage 欠 BizBank 的未偿金额正好等于酒店业务的市场价值。
- 无担保债权人(如供应商、税务机关和雇员)持有 Mirage 剩余 26% 的债务。在无担保债权人中,最大的团体是 Mirage 的供应商(总共 50 家),Mirage 欠所有这些供应商他们最后一次交货的货款。

① Carcea, M. C. , D. Ciriraci, C. Cuerpo, D. Lorenzani and P. Pontuch (2015), “The Economic Impact of Rescue and Recovery Frameworks in the EU”, European Commission Discussion Papers, No. 4.

• Mirage 创始人拥有公司 51% 的股份，是公司董事会（或同等监管机构）主席。其他股东的表决权不得超过 5%。公司拥有一名专业的总经理和 201 名员工。在这种情况下，所有各方都是当地公民。Mirage 创始人和 Mirage 的管理层都希望保持公司的运营。

• 今天是 2015 年 1 月 1 日。自与 BizBank 签署贷款协议以来，Mirage 已满足其贷款的所有条件，并按时支付了所有款项。然而，2014 年年底，由于市场状况恶化，Mirage 出现了意外的经营亏损。因此，Mirage 将拖欠银行其下一笔贷款，该笔贷款将于明天也就是 2015 年 1 月 2 日到期。Mirage 既不能从金融机构获得新贷款，也不能与 BizBank 重新谈判当前的贷款。

• 公司预计 2015 年和 2016 年的净资产为负并且经营亏损。公司预计 2015 年的现金流将涵盖所有运营费用，包括供应商付款、工资、维护成本和税款。它不包括向 BizBank 支付的本金或利息。

• 如果 Mirage 作为一个持续经营的企业出售，即作为一个拥有在可预见的未来继续经营所需资源的企业，它将获得其当前市场价值的 100%。但如果 Mirage 的资产是个别出售的，那么它们只能获得 Mirage 当前市值的 70%。

# 破产法与经济复苏*

**托马斯·杰克逊**

美国罗切斯特大学教授。

**大卫·斯凯尔**

美国宾夕法尼亚大学法学院教授，欧洲公司治理协会会员。

**翻译：牛　童**

中国政法大学法学院经济法方向硕士研究生。

为衡量经济增长或者经济恢复，我们通常以失业率和GDP增长率为衡量指标。在试图弄明白刺激经济增长的制度政策时，我们的关注点通常是鼓励投资的政策、创业企业和有合理回报的风险投资。破产法领域的学者倾向于将专业领域的知识融合进去，并坚信用批判性思维进行思考的破产政策是所有致力于加快经济复苏的制度都需要考量的重要因素。本文概括了破产法在促进强劲经济增长中的关键作用，指出破产法及实践中可以改进的几个方面，以便增强破产法在促进经济增长以及从衰退期实现经济复苏的作用。我们认为，尽管就业率适合作为成功经济政策的基础衡量指标，但如果将其带出宏观关注点而像通常一样作为独立破产政策的考量因素，则会在无意中削弱破产法在促进经济增长中的关键作用。

## 一、破产法与经济增长

我们先从基本命题开始：一个有效的自由市场和创业型经济需要依靠有效的破产程序。创业创新通常设想能够获得成功，它鼓励资金流向新业务和受财富前景驱使的新想法。但现实是，因承担风险而获得巨大回报的前景也必然同时意味着承受潜在的失败和损失。风险和回报的相互关系有不利方面，也有有利方面。因

---

* 载《宾夕法尼亚大学法学院法律与经济研究机构研究系列文集》（University of Pennsylvania Law School Institute for Law and Economics Research paper）2013年第13期。

此,在任何自由市场和创业型经济中,对成功冒险的回报由失败的冒险承担。只有在乌比冈湖或者以政府救助为常态的社会中才会所有的冒险都成功。相信市场奖惩机制的人反对救助,不管救助对象是金融公司还是工业公司,也不管债权人属于哪种类别,因为他们意识到救助扭曲了激励机制,干扰了监控和规制公司的重要市场机制。

现代破产法存在的主要意义①在于帮助减少会阻碍资产向其最佳使用处流动的分歧。即使认为这么描述破产法的目的会过于狭隘的人也会认可,这即使不是主要目的,也是其中一个目的。当一个公司在公允估值中的负债超过资产面临破产时,债权人意识到并不是所有人都能够全额获得清偿,他们有动力尽早进行求偿或者利用可利用司法程序来扣押资产。对于有偿付能力的公司来说,"先到先得"是明智的政策,不过该政策也给没有偿付能力的公司带来了被称作"公共池塘问题"的外部效应。② 个人债权人采取自我救济手段会导致公司资产被拆分,公司解散。但并不是所有丧失偿债能力的公司都应该进行清算;公司应该关闭的"经济失败"和资不抵债的"财务失败"之间有着公认的区别。有时,资产处于最佳使用状态,债权人在缺乏协调机制的情况下将公司解散,为"拯救"一些债权人却将其成本强加于全体债权人以及全社会的做法是低效率的。

例如,无力偿清债务和财务失败的区别可能是有用的。佳斯迈威在20世纪80年代初期申请破产时看起来完全有偿付能力,不过事实上,深入观察就会发现其处于破产绝境。此次破产主要是由20~40年前进行的石棉生产所带来的毁灭性侵权责任所致,20~40年也正是石棉肺发病所需要的时间。侵权债权人的出现是需要时间的,不过随着时光的流逝,该公司在1982年提出破产申请时,其根本无法支付银行账单、贸易款项和偿付侵权债权人的情况就都很清楚了。20世纪80年代的佳斯迈威不再生产石棉,其已经成为多元化的建筑供应公司。如果它不用承担因过去生产产品所带来的毁灭性侵权责任,我们完全有理由相信,人们愿意加入佳斯迈威继续从事与石棉肺无关的建筑材料的生产。当人们意识到非常沉重的侵权责任垂悬且规模不断扩大时,佳斯迈威已经不可能在不经历破产等集体清偿程序的情况下继续开展业务了。因为合意债权人会要求支付,以便在侵权债权人之前获得

---

① 这里我们指其对于公司和其他商业项目。我们将不考虑仅适用于人类社会全新开始的独立政策。

② 该问题在 Thomas Jackson, Bankruptcy, *Non - Bankruptcy Entitlements, and the Creditor's Bargain*,91 *Yale L. J.* 857(1982)中得到过系统研究。虽然作者可能后悔使用了"债权人讨价还价"这一通常被评论家所使用的具有自身含义的词汇,不过破产作为对外部效应的回应这一观点仍是核心要义。

清偿，即使这些侵权债权人的请求通常还是潜在的或有争议的；新贷款人和供应商对佳斯迈威的态度也越来越谨慎。通过聚集债权人进行破产，阻止债权人个人救济的使用，给予与破产后的佳斯迈威交易的债权人优先权，使“谁分得什么”这一棘手的问题从更简单的资产“最佳利用”问题中剥离，佳斯迈威的业务得以继续进行。[①]

第二个棘手的问题在于，设计破产法是为了回应将控制权从旧的权益所有者转移给债权人这个问题，尽管我们认为这对于目标实现来说没那么有效，这点我们将在下文进行讨论。在资不抵债的公司，旧的权益所有者是错误的决策者。他们很有动力铤而走险，毕竟获得巨大回报的微小可能性是权益所有者能看到的使其利益“转变为金钱”的唯一途径。[②] 实际上，他们现在正在用“其他人的钱“来为自己谋取潜在利益。破产企业的权益所有者有动力将事物尽量地串联在一起，同时增加公司业务的风险。破产法回应了这种关注，其允许债权人开始甚至强行开始将剩余所有权从权益所有者转移至债权人的程序。[③]

因此，破产法在支持资产流向最佳使用方面发挥了关键作用：这是以市场为基础的经济系统之基本组成部分，因此也是加快经济增长和经济复苏政策的重要要素。我们可以考量的下一个问题是，破产法的政策和实践是否足够充分，是否有调整破产法以使其更好地发挥促进经济增长之重要作用的途径。[④] 虽然我们会建议做很多有可能做出的修改，不过总体上说美国破产法还是发挥了良好作用的。

## 二、破产法与实践：两个问题和一些补救措施

在 21 世纪初，美国破产法或许是世界上最佳的将无法清偿债务的后果与对资

---

① 这并不是说实现这个目的是“简单的”。很多的石棉肺索赔人很尴尬地符合《美国破产法》第 105 节对于“索赔”的定义。See generally Mark Roe, Bankruptcy and Mass Tort, 84 *Colum. L. Rev.* 846 (1990), as well as Thomas Jackson, The Logic and Limits of Bankruptcy Law (Harv. U. Press, 1986), pp. 47 – 54, as well as David Skell, Debt's Dominion, *A History of Bankruptcy Law in America*, Princeton U. Press, 2001, pp. 217 – 221.

② 这与“保留任何价值”有所不同，当消灭股权的控制转移机制缺失时，权益总是有正面价值。这是有限责任的结果，其能阻止权益恶化至 0 以下。因此，即使最微小的上行可能性都会给权益带来正面价值。

③ 和集体化一样，虽然作为非破产法律规则更加合理，但是将其作为合同条款，即作为在破产时给予债权人控制权的“可选择的”合同进行“草拟”基本上是不可能。

④ 本文关注的是我们没有准确定义的较大的公司。我们的关注点不是个人企业，“夫妻”店或者来来往往的众多饭店，虽然我们的一些可能与其相关的想法。我们不是建议恢复旧的，包括单独可适用于小型的和公立企业框架（前者见第 11 章，后者见第 10 章）的 1978 年之前的破产法，但大型的、股份通常公开交易的上市公司与市面上的非常小的公司还是有些区别。

产进行最佳配置的阻碍相隔离的法律。[①] 其中部分原因在于破产法有着悠久历史且美国遵循"法治"的体系,即破产法规则事先可知晓且通常在实践中也得到遵守。这其中有一部分是历史上卓越创新的成果,例如,19 世纪末 20 世纪初铁路重整中衡平法上的临时接管制度就引导我们将破产作为功利工具,而不是羞辱和惩罚的手段。一整套规则出现:比如,在公司提出破产申请时强制全面停顿的自动中止规则;允许债务人履行双方均有实质性待履行义务的合同的规则,即使该合同处于违约状态;取回权规则则允许债务人取回在破产前不久转让的财产;还有优先权规则。所有这些规则都符合更广泛的观念,即破产法意在将财务失败和经济失败相隔离。也许不太明显不过同样重要的是,为了实现破产法的有效性,其规则是允许公司现存的管理层继续在破产过程中管理业务的。[②] 这是悠久的、非惩罚性观念的产物,即破产法的存在是为了在合乎情理的情况下恢复而不是惩罚:其为了保证业务继续而对新融资设置宽限期;[③]基于市场的干预和估值也进一步简化。

然而,虽然破产法在促进资产的最佳使用上有重大进步,其在很大程度上将如何处置资产这一问题与谁获得资产价值这一问题相互隔离,但是我们认为破产法以及其带来的控制权的转移至少还存在两个结构性问题。一是作为一个常见问题,破产可能发生得太晚,早期的干预将有利于更好地实现目的。二是破产法和实践在做出有效资产决策和保留工作之间总是存在紧张状态甚至冲突。具有讽刺意味的是,后者是经济复苏的关键衡量指标之一。我们将研究每一个问题,并提供一些虽然不能完全消除但可以降低其负面影响的改进途径。

破产法同时允许由债务人自愿申请和由三个以上无担保债权人强制申请两种案件启动方式。[④] 众所周知,事实上绝大多数公司重整案件是由债务人根据《美国破产法》第 301 节主动申请启动的。[⑤] 不过毫无疑问,该统计数字隐藏着底层动态。这是公司所有权分层的结果,现实是,如何处置公司资产的决定通常由权益所有者通过他们的代理人管理层做出。对于典型的有偿付能力的公司,该决策权的定位没什么大问题。股东的大部分行为都是在"利用自己的钱游戏":股东有权获得公

---

① 就如我们当中有人指出的,"美国的破产法是世界上独一无二的。或许最令外人吃惊的是,美国的个人和企业并不将破产作为万不得已的手段和需要不惜一切代价来避免的结果"。See David Skell, *Debt's Dominion, A History of Bankruptcy Law in America*, Princeton U. Press, 2001, pp. 217 – 221.

② Bankruptcy Code § § 1104, 1107.

③ Bankruptcy Code § 364.

④ Bankruptcy Code § § 301, 303.

⑤ Susan Block – Lieb, Why Creditors File So Few Involuntary Petitions and Why the Number is Not too Small, 57 *Brooklyn L. Rev.* 803 (1991).

司无限的上行价值,因此他们可以从好的决策中获益;但如果公司价值下降,股东将是第一个权益受损的,因此他们需要在至少一段时间内为错误决策埋单。虽然不完美,不过非常实用,且最接近资产所有者在没有竞争性需求的情况下做出的决策。①

然而,这种情况在公司滑向破产,变得资产不足以支付所有固定债务时发生改变。当企业无力清偿债务时,股东已经不是在真正意义上利用自己的钱了,而是在用债权人的钱。到了无力清偿债务时,债权人为错误的决策埋单,公司价值的任何缩水都直接由他们承担。而正确决策则有助于股东,因为公司价值的任何增加都直接归属于他们。这在很大程度上改变了决策的动力。② 股东不会做出典型投资人风险承受能力范围内具有最高期望值的决策,反而可能增加投资决策的风险或者撇开风险不谈,在没有相似期望价值的情况下作出风险型决策。这是可以获得决策正面价值而不承担价值贬损代价的团体的自然动力,因为他们是剩余财产所有者且有限责任使他们最多丧失其投资,而不会有更坏的结果。不过对于作为公司所有者的团体来说,这就是个越来越错误的动机,它改变了由公司单一类所有者作出决策的机制。

即使在破产之外,法院也认识到了并在努力解决这个问题。虽然公司董事通常仅对股东和公司负有诚信义务而对债权人没有,当公司无力清偿债务时,他们的义务扩展至债权人。③ 但该义务的准确边界和触发条件却是不明确的,法院仅提到了“无力清偿债务时期”和“濒临破产”。特拉华法院是适用公司法的案件最重要的管辖法院,其不愿意赋予债权人广泛的权利来强迫公司董事履行这些职责。④

关于这个问题,破产法还有一个更关键的解决方法。虽然债务人和管理层在

---

① 有时我们称为“独资老板”。See Douglas Baird & Thomas Jackson, Corporate Reorganizations and the Treatment of Diverse Ownership Interests: A Comment on Adequate Protection of Secured Creditors in Bankruptcy, 51 *U. Chi. L. Rev.* 97(1984), 104 - 109.

② 该动力在真正无力清偿债务的时点之前就开始发生改变。当公司走向破产滑坡时,越来越倾向于将利益归属于股东,而将负担归属于债权人。没有像“电灯开关”似的瞬间,况且确定破产这一开关控制之前的时刻本身就很复杂。准确地说,轻松使用破产时点作为开关控制就至少是导致本文此节将探究的延迟问题的部分原因了。

③ 特拉华法院曾在 Credit Lyonnais Bank Nederland v. Pathe Communications Corp., 1991 Del. Ch. LEXIS 215 (Del, Ch. Dec. 30, 1991) 指出,无力清偿债务或者即将无力清偿债务的公司的管理层对债权人负有义务。Credit Lyonnais 案件在义务的性质和范围上引发了一连串的评论。

④ 最近,特拉华最高法院裁定债权人可以提起衍生诉讼,在公司濒临破产时代表公司来行使管理层职责,不过其不能直接履行管理层职责。North American Catholic Educational Programming Foundation, Inc. v. Gheewalla, 930 A. 2d(Del. 2007).

第 11 章重整[①]中仍保持“占有”,不过有两件事发生了改变。一是在破产程序中债务人的决策处于司法审查之下;二是破产程序的终点是对债务人资产的所有权进行重新洗牌。在绝对优先权规则下,[②]在无力清偿债务的公司中,股东将失去利益,债权人将成为公司新的权益所有者。[③] 破产程序进行得越快,留给在破产程序中进行战略决策的时间就越短。[④] 因此,破产法可以被视为是将之前的剩余权益所有者,即股东的所有权转移给新的剩余权益所有者即债权人的法律规则或者机制。

该法律规则能够完成所有权转移的原因与破产法背后其他被公认的主要目的在整体上是相关的,即以集体债权人催收机制取代非破产状态下“先到先得”的个人主义催收机制。对个人主义催收机制的顾虑在债权人面对破产时的催收“角逐”中也可见一斑——“我需要尽快催收,因为会有人无法得到清偿,我不希望那个人是我。”这会导致对持续经营价值的潜在破坏。虽然权利可以集体行使,但是无担保债权人却通常不能实现。如果只有一个无担保债权人,则没有进行破产的需要。然而无担保债权人是商业贷款人、贸易债权人、侵权索赔人、有医疗保健索赔权的职工和退休工人以及其他分散且未协调好的个人和公司的集合,其分散性决定了没有有效的途径来草拟或者执行一套合同条款来进行“集体化”或者“改变所有权”。

---

① 允许对债务人最了解的人继续掌舵。从这个角度看,这将美国破产法与其他国家的破产法明显地区分开,也同多德弗兰克法案中对金融机构的“有序清偿制度”区分开。

② 通常来说,绝对优先权(APR)规则规定,以有担保债权人为首的高级索赔人在将资产分配给下一级债权人之前将获得全额清偿。这在《美国破产法》第 725 节、第 726 节,1129(b)(2)中有体现。曾有人对绝对优先权规则中有担保债权人和无担保债权人的资产分配提出疑问,其主张该规则没有反映对上述类别债权人的非破产优先权。See Anthony Casey,The Creditors' Bargain and Option – Preservation Priority in Chapter 11, 78 *U. Chi. L. Rev.* 759(2011).该质疑的优点我们改天再议。就当前的目的来说,该观点有计划改变现存实践和传统的意识就足够了,毕竟案件中对绝对优先权规则操作的现行理解也未能远离困扰。

③ 这极大地简化了引入新投资资源、资产估价、行使全员投票权等复杂的程序。这些复杂性可对价值进行转移,尽管如我们稍后将稍微讨论一下的那样,越来越简短的破产程序和对市场估值的倚仗会导致所有权的转移和基于绝对优先权的资产分配。

④ 管理层在破产程序启动之后,会有强烈的动力去取悦公司可能的新的权益所有者,即旧的债权人。另外,《美国破产法》第 1104 节中有在债权人的请求下罢免“拥有控制权的债务人”的程序性规定。即使如此,在破产程序进行期间必然存在先前的权益所有者和通过多种方式出现的债权人之间的冲突。虽然股东在破产之外可能也不再拥有和之前同等的控制权,但是他们仍然有动力使用一切机制来拖延最终清算日的到来并推进更冒险的资产配置决策。最近重整实践中的变化告诉我们,至少在 1978 年《美国破产法》颁布以后,即使是在债务人占有财产模式下,权利均衡的重心也已经转移了给债权人。关于该转移及其重要性的讨论,See Douglas G. Baird & Robert K. Rasmussen, The End of Bankruptcy,55Stan. L. Rev. 751(2002),as well as David A. Skeel Jr, Creditors' Ball: The “New” New Corporate Governance in Bankruptcy,152 *U. Penn. L. Rev.* 917(2003)。

另外的选择或者说是法律的要求是可能实现的，虽然也很难，那就是把债权人权益转化为股东所有者权益，并消灭原有股权的利益。如果不执行与破产类似的司法程序，那么要求明确估值的就不仅有资产，还有求偿权，且其中很多求偿权是有争议的、不确定的或未清偿的。如果有了这个规则却另外要求这些问题在法院得到解决，其结果跟现行的破产实践结果就没有特别大的区别了。①

因此，破产法为未协调好的债权人提供了不通过破产就无法轻易实现目的的"规则"，包括对债权人进行"集体化"资产分配和根据资产决策将所有权从股东转给债权人。它们存在只为一个目的：对公司的资产和未来做出有效的决策。②

不过，就如物理概念所言，观察会影响被观察的事物，这一破产规则本身改变了人们的行为方式。当三个以上个人债权人有权在某种情况下启动破产程序时，③立即产生的一个问题就是：个人债权人是否认为启动资产集体分享的破产程序比寻求个人债权清偿，得到全额偿付并离场更加可取。很明显"离场"的动力比启动强制性破产程序的动力更大，这就催生了著名的二级破产对策，即偏颇性清偿规则。据此，债权人破产之日起 90 天内采取的行动被视为无效。④ 虽然并不一定能消除债权人尝试离场而不启动强制性破产程序的动力，因为债权人如果能够收回款项或确保利益的话，让这 90 天在没有破产申请被提出的情况下过去，其仍然"获

① 这并不意味着该方案作为破产的替代方案获得了强烈支持。这里的基础论著是 Michael Bradley & Michael Rosenzweig, The Untenable Case for Chapter 11,101 *Yale L. J.* 1043(1992)和 Barry Adler, Financial and Political Theories of American Corporate Bankruptcy,45 *Stan. L. Rev.* 311(1993)。对于该方法我们当中也有人曾经关注过。David Skeel, Markets, Courts, and the Brave New World of Bankruptcy Theory, *Wisc. L. Rev.* 465(1993)。有趣的是，该争论在现代已经不再提及，因为在 2009 年之后，对于重要金融机构"选择加入"解决方案的建议大量存在。See Jone Coffee, Systemic Risk After Dodd Frank: Contingent Capital and the New Regulatory Strategies Beyond Oversight, 111 *Colum. L. Rev.* 795(2011)。我们对于这个新论调的初步疑虑在下文 Thomas Jackson & David Skeel, Dynamic Resolution of Large Financial Institutions,2 *Harv. Bus. L. Rev.* 435(2012)中有所阐述。

② 我们当中有人主张，破产同时也扮演资产流动性提供者的这一角色。Kenneth Ayotte & David Skeel, Bankruptcy Law, as a Liquidity – Provider, *U. CHI. L. REV.* (未出版的手稿，2013 年即将出版)我们将这一问题搁置一边，以便进行现在的讨论。

③ Bankruptcy Code § 303(b)(1). 从 1978 年开始，强制性破产申请的标准在经历挑战后被证明，即"债务人通常在债务到期时不支付债务人的债务"。《美国破产法》第 303 节(h)(1)。先前的"资产负债表"破产测试作为"破产假象"被移除，理由是其过于模糊。"通常不偿付"债务测试可能更容易显示，但其本身无疑加剧了问题，理论上，无力清偿的债务人通过清算资产可以偿还债务直至资不抵债，之前讨论的佳斯迈威案件就是如此。我们一会儿会讨论，在很多案件中，通过借款来继续支付债权人的需求成为这两个模式站不住脚的理由。

④ Bankruptcy Code § 547. 如果债权人是《美国破产法》第 101 节(31)中所指的"局内人"，追溯期为一年。

胜”,但这减少了债权人的上述动力。

偏颇性清偿规则就是致力于让债务人和债权人恢复原状。就像说“如果你插队并被我们抓到,我们会把你送回没有插队时的位置”。其本身并不消除债权人宁愿争夺资产也不太愿意启动破产程序的动力。①

至少可以观察到的是,针对公司的强制性破产请求明显是个例外,而不是普遍规律。② 那么就只剩下自愿申请了。就和我们已经提到的担忧一样,股东没有理由启动破产程序,因为这将成为使其丧失对公司上行价值之权利的触发机制。可见,债权人没有动力启动破产程序,股东也没有。

这样的话,我们为什么还要观察破产程序呢?我们认为通常情况下,新债权人坚持以股东和管理层提出破产作为其获得新借款的条件,至少对大公司来说是这样。因为破产申请提出前的债权人和破产申请提出后的债权人有着明确的区分,即使有稳固持续经营基础的公司,也会因为需要流动资产而面临资不抵债。此时,公司就可能需要面对新贷款人坚持以提出破产申请作为提供新资金条件的要求。这样在破产中,新贷款人将有权获得“共益费用”优先权,优先于所有提出破产申请前的无担保索赔人。③ 然而问题在于,该机制对于破产案件能够在合适时间而不是较晚时间启动来说是否足够及时。如上文谈到的,其他所有的激励机制都不足以保证破产程序的及时启动。

我们怀疑该激励机制对于及时启动破产案件的有效性。部分原因在于破产的最佳时间可能不是资不抵债之时,而是在那之前,当公司滑向资不抵债时股东的动力开始偏离有偿付能力的剩余权益所有者。部分原因在于从债务人处流出的信息滞后于现实。当潜在的新贷款人意识到其需要坚持以提出破产申请作为发放贷款的条件时,很可能该公司已经处于破产状态了。④

既然如此,那么破产法可以通过尽早启动破产程序进行改进。方法如平常一

---

① 这在现实世界的成本介入之后就变得复杂了,初审材料的收集和破产案件发生后债权人质疑债务人的优先论断时需要支付的合理费用均如此。

② Susan Block – Lieb, Why Creditors File So Few Involuntary Petitions and Why the Number is Not too Small, 57 *Brooklyn L. Rev*. 803 (1991).

③ Bankruptcy Code § 364.

④ 对此问题有很激烈的法律辩论。See Alan Schwartz, A Normative Theory of Business Bankruptcy, 91 *Va. L. Rev*. 1199 (2005); Robert Rasmussen, The Ex Ante Effects of Bankruptcy Reform on Investment Incentives, 72 *Wash. U. L. Q*. 1159 (1994); Barry Adler, A Re – Examination of Near – Bankruptcy Investment Incentives, 62 U. *Chi. L. Rev*. 575 (1995); Barry Adler, Bankruptcy and Risk Allocation, 77 *Cornell L. Rev*. 439 (1992).

样,都是指向如何实现该目的,而不是使情况越来越糟糕。没有灵丹妙药,不过有一些方法值得我们尝试。

第一,《多德—弗兰克法案》在规制重要金融机构时提出的一些好的想法可以尝试:生前预嘱。[①] 至少对于特定规模的公司来说,要求其准备一份可供审查和质疑的、定期更新的文件,以明确破产程序如何开展将有较大好处。最重要的是,这些程序事先公布,债权人和管理人都知晓,这将会消除关于破产案件启动之后会发生什么以及何时启动破产程序等问题的不确定性。针对生前预嘱方法最明显的反对理由是草拟并更新解决方案会产生附加费用。虽然这是一个合理的疑虑,但比较重要的是我们应该意识到,即使是为大型公司准备的生前预嘱也并没有最近按照《多德—弗兰克法案》的要求为系统性重要金融机构准备过的生前预嘱复杂。要求大型公司的一些子公司设立生前预嘱不仅有利于破产案件本身,而且不确定性的减少将使破产更容易被债权人接受,即使债务人本身并不是那么接受。这也有助于美国证券交易委员会和其他监管机构在破产案件启动中发挥潜在作用,这一看法我们随后会介绍。

第二,考虑重新引入基于债务人资产负债表或者不合理小额资本提出强制性破产请求的可能性。也就是说,在强制性破产现存的"现金流"测试之外,法律应该允许提出可以经受"资产负债表"破产挑战的强制性破产请求。曾经将资产负债表破产测试移除的原因在于资产负债表破产比较难以确认;债权人会滥用其权力,未经时间的检验而直接基于该测试提出申请。尽管资产负债表破产比较难以确认,但与此同时,其也会成为普遍不支付到期债务的标准,特别是在债务人选择性地支付一些比较喜欢的债权人而忽视其他债权人的时候。[②] 况且,至少对于大型公司来说,真正的问题并不是可能滥用权力提出申请,而是拖延提出申请。尽管重新引入资产负债表破产测试本身并不能在很大程度上解决问题,不过至少是在向着正确的方向前进。[③]

第三,与前两点相关,那就是允许美国证券交易委员会,或者其他明确的主要政府监管机构基于和债权人同样的理由提出强制性破产请求,债务人可以有同样

---

① 《多德—弗兰克法案》要求每个系统性重要金融机构提交快速解决方案,指明如何对应财务困境,包括为了减少系统性溢出风险影响的步骤。Dodd – Frank Act section 167(d).

② 继续佳斯迈威案例:当存在潜在侵权债权人时,可以在一段时间"普遍地支付到期债务"给现存的、清算好的债权人,虽然该公司在资产负债表的角度上已经绝无清偿能力。

③ 如果想审慎地操作,可以将该资产负债表破产测试的启用限定为超过 5%、100 万美元或者类似数字求偿权的债权人专属。

的权利反对该申请。① 这个主意作为第 14 章的一部分被提出，针对国家大型金融机构，联邦存款保险公司有权基于资产负债表破产测试提出强制性破产请求，②我们认为应该考虑更广泛的适用这个方法，准确地说，这是因为第 14 章指出的顾虑本身并不仅局限于金融机构。另外，让美国证券交易委员会或者主要监管机构在破产案件的启动中介入，将赋予其一个在法院监管程序中的角色，即减少政府帮助企业脱离困境或者后期拯救就业等介入行为带来的“走后门”影响，这些问题我们将在本文的下一部分讨论。

再谈一些可能比较激进，或者说至少是有争议的建议，采取一系列适度的激励和惩罚措施来推动主要参与人更加及时地提出破产申请是值得审慎考虑的。我们暂且提出三点建议。

1. 考虑加入激励措施。通过公司决策者给予债务人赏金，促使其提交破产申请，而不是在追求巨大财富的希望中拖延。我们考虑的是一些可以保留的东西，在成功的重整中，可以将一小部分正面价值给予旧的权益所有者。比如可以考虑这样一种组织管理体制，权益人可以保留由市场导向的评估程序所决定的资产持续经营价值和资产零散清算价值之间差额的适当百分比，该百分比的大小与公司资不抵债的程度成反比。③ 因此，比如说，如果一个公司在处于资产和债务均等的破产临界点时提出申请，那么在成功重整之后可能将持续经营价值和清算价值之差额的 10% 分配给权益人，④然而当公司在债务大大超过资产时提出破产申请，就不

① 我们意识到该建议可能有一些讽刺意味。1938 年《钱德勒法案》中的重大革新是由于美国证券交易委员会拥有在基于第 10 章的重整中的担任重要角色，该角色在 1978 年的《美国破产法》中大部分被否定。See David Skell, Debt's Dominion, *A History of Bankruptcy Law in America*, Princeton U. Press, 2001, pp. 119 - 123, 160 - 183. 我们没有期望美国证券交易委员会和从前一样的权力来支配第 10 章下的重整程序；与第 10 章不同，当事人可以保留主要决策机构。

② “《美国破产法》第 14 章：一个建议”，2012 年 2 月（胡佛研究所经济政策工作组决议项目分组）。透露一下的话，我们两个都是解决方案项目组的成员，在第 14 章草拟建议中发挥了作用。

③ 几年前，我们当中就有人建议采取类似的策略来鼓励及时启动银行破产程序。David A. Skeel, Jr., The Law and Finance of Bank and Insurance Insolvency Regulation, 76 *Tex. L. Rev.* 723 (1998).

④ 该分配的原因是实用性而非原则性的。其并不是基于任何潜在意义所指的，非破产环境下任何形式的重整都应该将债权人限制在清算价值内。

会向权益人分配任何价值。诚然,这个主意有些粗糙[①]并且存在相当大的计量问题。[②] 有人认为当前的系统在某种程度上是有代价的,较晚启动破产案件会导致价值毁灭,问题是该赏金是否会使收益超过可以容易想到的成本。[③] 我们认为,只要设计得当,该问题的答案一定是肯定的。

2. 同时,我们还可以一并考虑为实际申请强制性破产的债权人设置赏金,假如其申请无人反对或者经受住了挑战的话。另外,为了避免不正当的动机,赏金应该公允,不过至少需要足以抵消债权人没有理由启动破产程序而只愿意求偿或获得担保的自然特性。为了说明,我们考虑如下情景:支付给提出强制性破产请求的债权人相当于其他无担保债权人最终收到款项的105%,不过绝不会超过将支付给无担保债权人类别总额2%的钱款。[④] 这个替代方案还有避免依靠法院估值的额外好处。

3. 如前所述,除了获得优先偿付的交易费用和返还支付款项的连带费用之外,偏颇性清偿规则的威慑效果是有限的,或者至少是不完整的。我们观察到,破产案件普遍在支付大额款项的偏颇性清偿期间经过后很快启动,这可能不仅仅是巧合。[⑤] 债权人,特别是对债务人有影响力的债权人的利益要么获得偿付,要么拖延进行破产直至90天过去。然而处罚所有的偏颇性清偿是毫无意义的,他们当中很多是无辜的或者无意的,这远远超过了第547节之安全港规则的规制范围。我们可以创造一个制止性规则,将有意的和无意的偏颇性清偿区分开来。考虑加入适当的罚金是非常有意义的,数额或许可以是所获得的偏颇性清偿款项的5%或者10%,该罚金适用于所有收到偏颇性清偿款项且有"实际意图来避免即将发生的破

---

① 还是以佳斯迈威为例,过去的侵权责任被发觉时可能已经将佳斯迈威彻底摧毁。即使如此,随着新兴债务规模的扩大,我们在文中探讨的规则可能会导致破产申请相对较早地开始。

② 即使持续经营业务的出售可以决定其自身的持续经营价值,那么谁来决定假设的清算价值?我们倾向于法院决定清算价值,由法院指定的估价专家引导,不过这将无可否认地重新引入法院决定清算价值的问题,这种模式在依据1978年《美国破产法》进行重整的早期案件中起支配作用,现在的实践有背离这种模式的倾向。

③ See, Barry E. Adler, Bankruptcy and Risk Allocaion, 77 *Cornell L. Rev.* 439(1992).其主张允许股东在破产中求偿将增加事前风险承担的动机。

④ 为了保证提出强制破产申请的债权人不首先获得部分款项,等待优先权期间经过后再启动强制破产案件,可以将赏金支付对象局限于没有在破产案件启动前六个月内获得 偏颇性清偿的债权人。我们认为这不必要地将事情复杂化了,只要补充采取我们下一个针对故意选择退出的人给予惩罚的方案就足够了。

⑤ Barry Adler, Douglas Baird & Thomas Jackson, Cases, Problems and Materials on Bankruptcy($4^{th}$ ed. 2007), p. 353.

产程序”的债权人。[①] 明确的规则有诸多好处,特别是在简化管理和节约诉讼成本方面。当增加的惩罚太小以至于除了大型或公然的违反之外采用此方法都显得异常时,“实际意图”测试[②]也能在其他方面发挥作用。另外,其存在可能使其“警告”作用跟真正的事后影响一样重要。

最后,在结束通过改进途径来确保破产程序不太晚开展以提高破产法在促进经济复苏和增长中作用的议题之前,我们需要注意一个更加普遍的问题。我们都曾写过在破产自动中止和优先权规则中对于合格金融合同整体销售例外的顾虑。[③]我们反对的理由在于,试图将通常作为和债务人有关的最复杂实体的交易对手从破产后果中隔离出来的安全港规则减弱了对公司来说最有效的监督人进行准确监督的动力。好的监督会带来正外部效应,其不仅保护进行监督的债权人,也保护更广泛的债权人群体。承担要么努力从债务人处抽身、要么加强其地位之破产成本的交易对手发出的信号可能是使其他债权人意识到破产程序无可避免,且其启动宜早不宜迟的最有效方法之一。

我们在这提到这一点旨在说明,经验不仅适用于合格金融合同的交易对手以及保护他们免受破产后果的监管作用,其可以是更加普适的。通过有影响力债权人监管或者可视信息自由流动进行干预的规则、具有积极外部效应的干预规则可能是让债权人明白当一个公司滑向破产边缘时正在发生什么的更好方法之一。保持这些机制和信息渠道的公开性本身就是我们所知道的保证信息得到传播和破产程序及时启动的最有效方法之一。我们需要再次考虑的是,保护特定债权人不受破产冲击的事前规则和对特定债权人进行事后救助或者保护的规则对于监督和随后向全体债权人传播信息有着类似的影响。

## 三、目标的冲突:资产的有效使用还是保留工作机会

我们认为,有效地解决“公共池塘”和“最优决策者”这两个结构性问题是破产

---

① 面对重要贷款人时,这可能要和延长优先权期间相结合,因为“大债权人可能扭断债务人的手臂,把债务人榨干,然后让其维持91天,”虽然债权人形式上不是《美国破产法》第101节(31)规定的局内人。

② E. g. ,Bankruptcy Code § 548(a)(1)(A);Bankruptcy Code § 550(b).

③ 这些例外通常出现在Bankruptcy Code § § 362(b)(7), (17), (27); 546(e) -(g),(j); 559 - 562。我们的顾虑可以在下述文章中被发现:Darrell Duffie & David Skeel, A Dialogue on the costs and Benefits of Automatic Stays for Derivatives and Repurchase Agreements. Available electronically at http://ssrn. com/abstract = 1982095. ,最后访问日期:2019年10月30日。David Skeel & Thomas Jackson, Transaction Consistency and the New Finance in Bankruptcy, 112 *Colum. L. Rev*. 152(2012).

法对经济恢复作出的最重要贡献,这也是本文的关注点。不过大多数人在衡量经济恢复时,都会特别关注创造的就业机会和雇佣水平。这是恰当的。

那么,我们为什么没有真正关注工作和就业机会呢?有一个特殊的原因。我们认为,在破产法中明确地关注工作机会,至少作为单独的规则或者自行发展出来的规则加以关注,往往会产生和资产配置问题的意外冲突,而至少对公司来说,破产法是唯一适合解决该问题的方案。不过我们认为对工作以及保住工作的关注是普遍的,几乎不可能把破产法作为独立的关注点或政策在任何层次上予以排除。我们也认为将破产作为独立的关注点,重点关注其破坏性影响至少是有意义的,尽管这是个不全面的权宜之计。准确地说,在成功的重整中,保持经济效率和保留工作两个政策是趋于融合的。不过当如何处置公司资产的经济决策指向清算这一可能性时,这两个政策就互相冲突了。

我们重视创造工作岗位以及终止工作带来的混乱这些问题,不过将该问题作为独立政策与资产配置一起强加给破产法,对破产法来说要求太高了。就业问题,如果与资产配置问题不一致,通常需要透明、人道地通过其他途径加以解决。回应资产使用问题的破产法解决方案必然是“微观”的,然而很多时候破产过程中对“工作”的关注,会不经意地甚至反常地具有“宏观”影响。在本文的这一部分,我们将在对破产重整的历史和对工作的关注做个简介之后,尝试解释上述问题产生的原因。

### (一)破产和工作简介

我们再次将关注点放在公司上,破产法的核心规则是要求债权人为集体利益而努力,而不是仅关注保护自己的利益。根据绝对优先权原则分配资产意味着拥有高级求偿权的高级债权人将在低级债权人基于他们的利益要求获得清偿之前从资产中获得全额清偿。① 这一点可以在第7章,所谓“清算”章的分配规则中更清晰地看到。包括基本的“集体化”规则在内的规则适用于重整和清算等所有破产程序。因此,如前所述,自动中止规则阻止了个人债权人进行催收的努力。②尚未履行完毕的对债务人有净价值的合同被视为资产,交易对方不能终止。③ 破产前夕向特定无担保债权人进行的支付,即偏颇性清偿被认为是选择退出破产程序,这与集体

① 如前一部分所示,与此相关的是决策权从股东转给债权人。基于当前的目的,我们完全可以将这个相关政策先放在一边。

② Bankruptcy Code § 362.

③ Bankruptcy Code § 365.

化规则是相冲突的,因此如果该行为在破产之日前90天内完成可以解除。[①] 如果接受人是很可能对即将到来的破产程序有更好认知的"局内人",则该期间为一年。被聚集的资产随后被典型而零散地销售,其收益按照绝对优先权规则分配给求偿人。[②]

不过,破产法规则的精髓并没有在根据第7章进行的典型清算程序中显现出来。资产清算在破产程序之外也可能发生。基于"平等即公道"这个永垂不朽的原则将资产的价值在债权人之间的分配比发生在破产程序之外的更加公平,不过其系统经济效益如何尚不清楚。

破产法的重要价值体现在重整领域。在此,"集体化"规则有真正的效果。如果资产放在一起更值钱的话,那么它们就可以放在一起。典型的第7章解决的是阶层间的分配问题,而资产使用在破产内外或多或少是一样的。第11章与第7章不同,它戏剧性地改变了资产使用的结果,将其从破产外部转为破产内部。将资产集中起来,使破产法成为自由市场和创业经济的有效工具,关注将资产转移到最佳使用之处——这是能力而不是要求。理论上,这些集中起来的资产完全可以严格根据第7章的绝对优先权规则进行分配。

当经济决策是将公司作为一个持续经营整体继续存续,最多只会出现和工人或者周围社区利益的缓和冲突。现存的工人可以得到他们想要的,至少他们这种情况下的合理诉求可以得到满足。当重整"启动",因为资产不会被拆分,对资产的处置决策和对员工等人的溢出效应很可能有很大的一致性。不过当一个公司不仅面临财务失败而且面临经济失败时,其资产和继续保留在该公司相比,应该被更好地配置到其他地方。债权人的利益和现存工人的利益毫无疑问是有分歧的。此时,《美国破产法》创造的法律蓝图就如何处理利益分歧问题就发挥了重要作用。

1978年《美国破产法》原本设想的框架是假设资产将按照第7章清算章出售,不过推定重整是根据协商计划而不是第11章重整章的出售进行。[③] 如果资产确实很明显地需要清算,第7章的程序是最佳的,工人或工人团体的境况就很少有人注意。不过采用第11章和协商框架的动力,即使对于不可能重整的公司来说都是非常强大的。如我们所见,几乎所有的破产程序启动都是通过所谓的"主动申请",债务人有非常大的动力维持运营,如果不是在破产程序之外,那就在破产程序之内。

---

① Bankruptcy Code § § 547(preferences);Bankruptcy Code § § 101(31) (insider).

② Bankruptcy Code § § 725,726.

③ 重整看起来不可行就足够了,该架构似乎认为该案应转而适用第7章。See Bankruptcy Code § 1112(b).

在没有资产出售预期的情况下，第11章的架构必然建立在估值问题、估值冲突及其解决方案的基础上。写进1978年《美国破产法》的解决方案是给债务人，且通常是拥有控制权的债务人延长期间以制订并提交重整计划，在该期间任何利益相关方不得提交与之相悖的计划。① 随后还有附加期间用以寻求对计划的接受和投票。② 估值争议将由破产法官解决。③ 个人债权人将以“清算”标准进行保护；④只有一类债权人可以通过对计划投反对票援引绝对优先权规则。⑤ 即便如此，上述问题的解决有赖于对公司整体以及公布的对公司求偿权的估值，估值问题将由破产法官而不是市场解决。

在1978年《美国破产法》制定后的早些时候，基于其程序和本性，第11章下的重整程序可能是冗长且受估值争议驱使的。债务人或拥有控制权的债务人提出重整计划的“独占期”通常延期超过120天，且常常超过甚至远远超过一年。拖延会继续，因为拖延可能对股东有利，就如同其处于破产程序之外一样⑥。此外，不诉诸或依赖于市场估值意味着由破产法官来做“生死”估值决策，决定公司应该存续还是清算以及公司的估值是否足够债权人甚至是股东更好地参与。

不足为奇的是，面对潜在的侩子手角色，破产法官倾向于对持续经营的可能性和估值保持乐观态度。从破产法官的角度来说这有两点好处：参与权的扩大使更多人可以分得潜在的正面价值，而不是相反；公司“依然活着”，这明显减少了工人、供应商和常常被社会团体围绕的破产法官的压力。长期存在的认为破产重整的目标是“保住工作”而不是或者至少得包括资产的最佳利用的观念导致了这样的直觉。⑦ 乐观的是，非市场导向的估值允许通常意味着公司最终将无法存续这种情况的出现，虽然命运是可以改变的，这也部分体现了估值兼具正面和负面意义的基本

---

① Bankruptcy Code § 1121(b) (120 days). 该期间可以缩短或者延长至共计18个月。Bankruptcy Code § 1121(d). 2005年增加了对延长期限的限制，之前针对可能的延长是没有限制的。

② Bankruptcy Code § 1121(c) (3) (presumptive total of 180 days).

③ Bankruptcy Code § § 1128, 1129.

④ Bankruptcy Code § 1129(a)(7)(A)(ii).

⑤ Bankruptcy Code § 1129(b).

⑥ 不过重要的是，拥有控制权的债务人的决策现在处于司法监管之下。

⑦ 这是1987年伊丽莎白·沃伦和道格拉斯·贝尔德针对破产法目的之现存经典争论分歧的重要组成部分，主要是其在从非破产的优先权和资格的偏离中扮演的角色。See Elizabeth Warren, Bankruptcy policy, 54 *U. Chi. L. Rev.* 775(1987); Douglas Baird, Loss Distribution, Forum Shopping, and Bankruptcy: A Reply to Warren, 54 *U. Chi. L. Rev.* 815(1987). 这也反映出，破产法从来不是学术分析的纯粹产物，而是一直反映着多种政治观点和团体力量的较量。See David Skell, Debt's Dominion, *A History of Bankruptcy Law in America*, Princeton U. Press, 2001, pp. 12–20.

想法。这也意味着破产法官没有被视作侩子手。

此外，当重大的破产决定被视为是对工作或者员工权利的破坏时，国会通常会采取行动以确保员工的权利和对工作的关注没有在破产中丧失。突出的例子包括第1113节，限制破产中拒绝集体谈判协议的能力①和第1114节，限制破产中缩减退休人员医疗福利的能力。② 在这些情况下，我们很难反驳关注资产最佳使用的决策与其他政治政策的考虑是齐头并进的。

几乎与此同时，对资产最佳使用效率的考虑开始侵蚀第11章的一些形式架构和规则，特别是对倚仗独占期间、协商和关于估值的司法裁量等方面。无论是对创造性律师执业，学术批判还是司法意识，或者很有可能是对这三者的回应，1978年《美国破产法》适用于重整的形式架构没有什么重大改变，据此进行的实践却有改变。③ 债权人开始强烈地要求公司"持续经营销售"，因此采取以市场为基础的公司资产估值。一个通常的破产法规，最初是几乎可以肯定地普遍适用于第7章和零散资产出售的，没想到的是，其在第11章中开始作为将公司整体出售的工具使用。④ 几乎同时，在实务层面，相关的贷款人开始通过将严格的承诺囊括于债务人的借款协议当中，对破产案件施加越来越强的控制。这些承诺直接或间接地有效缩短了债务人的独占期间。

这两个改变的结合会产生一些戏剧性的效果。首先，他们把如何处置这些资

---

① 1986年通过，主要是回应NLRB v. Bildisco & Bildisco, 465 U. S. 513(1984)，《美国破产法》第365节下对集体议价协议的单方拒绝不违反《全国劳工关系法案》。

② 1988年加入作为1988年《退休人员福利破产保护法》的一部分以回应1986年LTV公司破产中，中止78,000名退休人员健康和人寿保险福利的案件。概要请见In re Visteon Corp., 612 F. 3rd 216 (3rd Cir. 2010)。推动这些国会回应的行为或决策作为破产政策不一定是正确的。员工在集体议价协议中的贡献有充分的事实论据，特别是当公司和债权人都不能在破产之外的协议有效期内单方面改变协议条款时。在"是贡献，而不是标签"原则下，员工的贡献在Chicago Board of Trade v. Johnson, 264 U. S. 1 (1924)案中第一次显著地被承认，破产中对集体议价协议的拒绝可能是个错误，考虑到国家特许经营的法律，这正像在最近的克莱斯勒和通用汽车破产案件中对汽车特许经营协议的拒绝是个错误一样。不过我们的要点不在于作为破产法和政策的抽象决策的"正确性"，而是明显被认为"对员工不友好的"的国会回应。

③ See David Skell, Debt's Dominion, A History of Bankruptcy Law in America, Princeton U. Press, 2001, p. 213. "法律和经济学者及他们的观点出乎意料地对1994年的立法没有什么影响力……不过实际的破产实践呈现了很多市场导向的特征，这些特征被学者们支持。"

④ 《美国破产法》第363节规定"使用、销售或者出租不动产"。预示进入新时代的主要案件是In - re Lionel Corp., 722 F. 2d 1063 (2nd Cir. 1983) 和 In re Braniff Airways, 700 F. 2D 935 (5th Cir. 1983)。See Douglas Baird, The New Face of Chapter 11, 12 *Am. Bankr. Inst. L. Rev.* 69(2004); Douglas Baird & Robert Rasmussen, The End of Bankruptcy, 55 *Stan. L. Rev.* 751(2002)。

产的决定与如何分配这些资产的斗争割裂开来。这些资产现在可以在破产程序中较早出售,即使针对求偿权的有效性或者优先权的争论尚未得到解决。[①] 其次,但同样重要的是,以市场估值代替对资产的司法估值。如果资产利用比不利用更有价值,那么预计市场报价会将此反映出来。[②] 最后,如果对资产估值没有争议的话,针对资产如何处置的决策对员工或者社会团体的影响就不再有争议的空间。实践的改变完成了强硬的法律规则看起来似乎无法完成的任务。

**(二)克莱斯勒的教训**

不过故事还没有结束,正如2009年戏剧性的克莱斯勒破产案所揭示的那样:无论出于什么理由,保护可见的众多工作岗位这种自然政治本能都是推动危机救助的充分理由而无须得到更多工会支持购买的动议。联邦政府有浓厚的兴趣来保住克莱斯勒员工的工作。我们断定这导致了克莱斯勒出售的结果和“保住了工作”的重整,只不过是基于对什么时候、如何以及为什么工作应该保住的错误理解。

为了理解我们的观点,我们需要回顾从1980年开始的联邦政府对克莱斯勒的第一次紧急财政援助,因为这一次的动态更清晰,虽然在2009年的克莱斯勒重整中同样体现得很好。[③] 在第一次克莱斯勒救助时期,美国通过施加政治压力和日本汽车公司订立协议,迫使当时没有一家在美国有工厂的日本汽车公司同意到1981年为止“自愿”限制进口到美国汽车市场的数量,[④]由于担心华盛顿的政治反应,日本汽车公司可能在更早的时候就开始这么做了。要求日本汽车普遍不超过该“自愿”

---

① 《美国破产法》明确允许很多有求偿权的资产可以“无财产负担地”销售。Bankruptcy Code § 363(f).有人主张重要的继承者责任条款在特定情况下讲得通。See Thomas Jackson, Translating Assets and Liabilities to the Bankruptcy Forum, 14 *J. Legal. Studies* 73,94–97(1985).

② 虽然我们一般鼓励增加出售,但是正如在文章中显而易见的,当债务人的贷款人同时也是潜在的买方或者债务人的局内人且有意控制公司时,忧虑是有理由的。See Kenneth Ayotte & David A, Skeel, Jr. An Efficiency—Based Explanations for Current Corporate Reorganization Practice,73 *U. Chicago L. Rev.* 425, 465–467 (2006).

③ 1980年克莱斯勒救助的基础是《克莱斯勒贷款担保法》,对克莱斯勒提供15亿美元的美国政府担保私人贷款。贷款利率约为10%,比当时市场上的利率低了大约4个百分点,美国政府获得1440万克莱斯勒股票作为担保。另外,贷款担保条款要求“所有者、股东、管理人员、雇员、交易员、供应商、国内外金融机构州和当地政府”提供20亿美元的承诺或让步。在财政部的压力下,大多数让步都来自贷款人。克莱斯勒得以支付30%将近6亿美元的债务,并将将近7亿美元债务转换为特定类别的优先股。救助的重要公共正当理由是保住克莱斯勒会拯救20万之多的美国工作岗位。See Barry Ritholtz, Bailout Nation: How Greed and Easy Money Corrupted Wall Street and Shook the World Economy(2009); The Chrysler Bail–Out Bust, Report on The Heritage Foundation. Available electronically at. ,最后访问日期:2019年10月30日。

④ See Stephen Cohen, The Route to Japan's Voluntary Export Restraints on Automobiles. Available electronically at www. gwu. edu/ ~ nsarchiv/japan/scohenwp. htm. ,最后访问日期:2019年10月30日。

配额成为对外国供应的人为限制。鉴于此,不管克莱斯勒在20世纪80年代早期是生是死,首先影响的都不是国内汽车受需求决定的销售数量,而是由什么实体进行销售。① 在需求固定的世界中,克莱斯勒销售的汽车越多,意味着另外两个国内汽车厂家——通用汽车公司和福特公司销售的汽车越少。②

鉴于此,无可争议的是,20世纪80年代初期救助克莱斯勒意味着与不救助相比,克莱斯勒销售了更多的汽车,而通用汽车和福特销售了更少的汽车,这不等同于说当时或现在的人们能清楚地理解这一点。③ 我们假定1980年的克莱斯勒是当时效率最低的生产商,从20世纪70年代看这是合理的,从事后看更为合理。当企业以有效使用资产而不是担忧保住工作为出发点时,这个故事会有截然不同的结局。从有效使用资产的角度来说,拯救克莱斯勒是一个错误。从这个角度来说,我们需要有效率的生产商,④而克莱斯勒不是。如果暂且不考虑垄断问题,人们会希望把生产从低效率的克莱斯勒转移到更高效的通用汽车和福特。克莱斯勒会丧失工作岗位,不过当通用汽车和福特占有了原由克莱斯勒占有的市场份额,其很可能会扩大就业并增加从供应商处的购买。

不过如果把出发点转换成"保住工作"的话就完全错误了。有效率的生产商是知道如何用较低的成本来制造产品的,这常常意味着较少的包括人力资源在内的投入可以获得同样的产出。如果最优先考虑"保住工作"则意味着相当反常地限制高效生产者而扶持低效生产者。此外,克莱斯勒保住的工作岗位和因通用汽车和福特裁员而缩减的工作岗位都集中可见,这就更难以归因于单一事件或政府介入本身了。⑤ 对"工作岗位"的政治关注有相当的动力偏袒低效而不是高效,这与其他公认的、根深蒂固的关于资产有效使用的破产政策大相径庭。

带着上述观点,我们现在可以清楚地看到克莱斯勒2009年的破产程序中发生

---

① 有一小部分人提出"供应方"论点,认为克莱斯勒生产的一些汽车强化了需求。我们先不讨论这个观点,不仅因为这在任何一个案件中都不可能是重要因素,而且因为如果克莱斯勒擅长强化需求,那么它在1980年肯定就不需要政府救助了!

② 美国汽车公司和德洛雷安汽车公司当时也还在。

③ See Barry Ritholtz, Bailout Nation: How Greed and Easy Money Corrupted Wall Street and Shook the World Economy(2009); The Chrysler Bail - Out Bust, Report on The Heritage Foundation. Available electronically at.,最后访问日期:2019年10月30日。克莱斯勒增加的市场份额不是通过加入国外竞争获得的,而是通过从其他国内生产商那里抢客户获得的。

④ 这里,我们是在"三大汽车公司"中相对而言的。进口限制在很大程度上是基于当时日本生产商的巨大的效率,特别是其质量上也远超国内生产商。

⑤ 包括目前和未来将被解雇的福特和通用汽车工人在内的大量的"隐形"选民无人代表、无人倾听,他们永远不会明白他们交的税被用来毁掉自己的工作以挽救克莱斯勒的工作岗位。

了什么，尽管其在最高法院的终审诉讼将以往发生的一切全部撤销前获得了一些司法部门令人费解的“点头”。① 克莱斯勒几乎可以肯定是效率最低的汽车生产商，其面临消亡，是因为市场产能严重过剩。美国国内外的年产能超过 1700 万辆，而至少在可预见的未来，需求稳定在 1000 万～1300 万辆。从系统中撤出近 1/4 的产能无论如何发生都将是痛苦的。就业机会将会减少，经销商将被关闭，供应商和社会团体将受到影响。经济现实表明，问题不在于“是否”要降低产能，而在于由“谁”来承担。

但正如 20 世纪 80 年代，政治上对“拯救就业”的持续关注意味着拯救效率最低的生产者。② 如果克莱斯勒被清算，也许是通过出售部分或全部资产给菲亚特或其他买家，那么当时在绝对优先权规则下进行清算也能得到保护的有担保债权人的情况可能会更好。此外，福特等效率更高的生产商就可以按照以前的数量继续生产，而不必附带减少其产能和工作岗位。通过拯救克莱斯勒，政府很可能拯救了工作岗位，但只有在奥威尔式的世界里，因为高效公司用比低效公司更少的岗位进行生产而惩罚他们的道理才说得通。政府拯救了克莱斯勒集中且群体明确的工作岗位。我们说政府“挽救了工作岗位”大致上是既忽视了其他制造商在应对需求和产能从 1700 万辆减少到 1000 万～1300 万辆时所受到的影响，也忽视了这些工作岗位是通过扶持效率最低的生产商而挽救的！

---

① 尽管破产法官允许在存疑的程序和限制下出售的意见在第二巡回法庭的仓促决定中被证实 Re Chrysler LLC，576 F. 3D 108（2d Cir. 2009）（2009 年 6 月 5 日讨论并裁决，当其理由几乎不能反驳已经发布的判决时于 2009 年 8 月 5 日发表事后意见）。2009 年 12 月 14 日，最高法院准予复审，撤销了第二巡回法院的意见并指示第二巡回法院驳回诉讼，Ind. State Police Pension Trust v. Chrysler LLC, 130 S. Ct. 1015（2010）。因此，第二巡回法庭的意见不具有先例价值。United States v. Munsingwear, 340 U. S. 36（1950）. 最高法院在 7 月发布然后解除了一个遵循第二巡回法院裁决意见允许完成销售的中止（早于第二巡回法院证明该裁决的书面意见）129 S. Ct. 2275（2009）这个相当了不起的步骤使有人猜测，最高法院在其撤销了允许直接销售的公告六个月后撤销第二巡回法庭的意见，“表达了对第二巡回法庭关于 363（b）节要求之解释的不认同”，Fred David, Interpreting the Supreme Court's Treatment of the Chrysler Bankruptcy and its Impact on Future Bussiness Reorganizations, 27 *Emory Bankr. Developments J.* 25, 27（2010）. Found at http://www. law. emory. edu/fileadmin/journal s/ bdj/ 27 /27. 1/David. pdf.，最后访问日期：2019 年 10 月 30 日。这是有道理的，因为在最高法院解除中止并允许完成交易时，第二巡回法院还没有写下它解释在当时框架下允许销售直接进行的证明法官决定理由的意见书，当第二巡回法院写下该意见时，最高法院的成员可能意识到了它的缺陷，因此利用了稍后的机会来撤回意见。这是个猜测，不过是个很有可能的猜测！

② 这几乎破坏了破产优先权规则的做法是这个悲惨故事的一部分。See Mark Roe & David Skeel, Assessing the Chrysler Bankruptcy, 108 *Mich. L. Rev.* 727（2009）；另外可参见克莱斯勒非 TARP 担保贷款人于 2009 年 5 月 4 日向 SDNY 破产法院提交的简报，Available electronically at http://www. scribd. Com / doc/ 14952818/Objection－to－Chrysler－Sale－motion.，最后访问日期：2019 年 10 月 30 日。

那么,这个故事与破产法以及它在经济增长和复苏中的作用有什么关系呢?克莱斯勒2009年破产结果的发生仅仅是因为政府强力干预了破产程序,而司法系统没有抵抗。不过故事比这更深刻。政府对克莱斯勒的干预可以被视作对实践变化的直接回应,这使对克莱斯勒的资产采用市场估值更为合理。或许按照中立竞争性投标规则进行的持续经营实体出售的价值将低于将吉普品牌出售给一家公司,将克莱斯勒拥有的各种房地产出售给各种当地买家,以及将克莱斯勒最高效的一两家工厂出售给其他汽车公司。不过政府让公司无法做出决定。尽管司法系统对这种滥用破产法和政策行为的反应并没有看上去那么慢,但政府有他自己的办法。克莱斯勒的大多数有担保贷款人都是不良资产救助计划(TARP)资金的接受者。无论是通过这种放贷者身份施加政府压力,还是通过各种其他的政府身份,如司法机构、证券交易委员会、职业安全与卫生管理局、国税局和许多其他可以施加压力的机构,政治现实都是,政府有巨大的能力塑造结果,①同时还声称这不是一个"救助",而是一个"拯救就业"的合理干预。②

除了保证透明度和相信司法系统很有可能最终会"把事情办好"之外,我们对此没有有效的应对措施。这种应对措施可能在2009年对克莱斯勒的救援行动中已经形成。在目前的重整程序中尤其如此,市场销售普遍取代司法资产估值后,人们可以而且应该坚持使得竞标价值最大化的明确程序,那就是坚持真正的竞标过程。尽管竞价程序可以大大缓解充足信息的复杂性、"柠檬问题"以及"赢家诅咒" ③等问题并尽量避免诸如政府在克莱斯勒案中所坚持的人为限制竞价等行为对程序的滥用,但是市场和司法监督不能将一切都神奇搞定,不过,可以采取最大限度减少程序滥用可能性的方法建立程序。问题不在于完美,而在于选择。鉴于司法估值或以某种方式进行的政府干预是市场估值的替代方法,我们认为重点应该是在司法监督和审查的支持下,使市场机制尽可能有效。

---

① See Mark Roe, A Chrysler Bankruptcy Won't Be Qucik, report on the Wall Street J. May 1, 2009. Available electronically at http://online. wsj. com/article/SB124113528027275219. html. , 最后访问日期:2019年10月30日。"更糟的是,关于共同持有克莱斯勒70%债务的花旗银行和其他'四大'债权人的投票是否应该计入三分之二这个用以约束该公司其他42名债权人的门槛,这个问题会引发法律纠纷。《美国破产法》要求债权人的投票必须以'善意'的方式进行。小债权人难以主张花旗银行和其他TARP接受者的投票并非完全善意。反对者会说,花旗银行和其他一些银行同意财政部提出的1美元债务支付32美分利息的提议,是受到了财政部通过联邦补贴维持其运转的影响。如果此类诉讼开始,就不容易解决。"

② 正如1980年克莱斯勒救助所发生的一样。

③ See Kenneth Ayotte & David A, Skeel, Jr. An Efficiency – Based Explanations for Current Corporate Reorganization Practice, 73 *U. Chicago L. Rev.* 425, 465 (2006).

同时，从 1978 年《美国破产法》关于披露、投票和司法裁判等设想结构演变而来的实践经验教训也告诉我们应当精简第 11 章的核准规则，使其更易于进行快速的司法重整，而不是直接出售。[①] 特别是在与强制性的生前预嘱相结合的情况下，简化的程序既可以保护需要保护的内容，又可以尽量减少以拖延为目的使用程序。虽然复杂的公司，特别是没有破产前计划的公司可能需要完整的独占期，[②]但大多数有生前预嘱的公司需要的时间应该少得多。[③] 此外，竞争计划或者可能出现的竞争计划的压力在很大程度上有助于减少第 11 章作为一种拖延机制的使用，而无须根据第 363 条诉诸持续经营销售。

因此，特别是在我们先前的一些提议得到执行的情况下，我们赞成将独占期大大缩短至 30～60 天，这将既加强破产前的规划，又在重整过程中增加一剂不必诉诸第 363 条销售的具有威胁性的竞争。我们同样希望将随后的征求意见和投票期缩短至额外的 30 天。随着披露和意见征求规则的简化，这些提议将在很大程度上有助于 1978 年设想的原始架构随着市场化销售实践的不断发展而再次具有“竞争力”。

明确理解破产法只能做这么多有助于实现破产法对经济增长和复苏贡献的最大化。如果要将资产以最佳使用状态进行分配，就不应该要求它同时也作为拯救就业的一项独立政策。相反，这应成为其他法律法规和政府政策的关注点，它们的优势和协调功能是公开可得的，而不是隐藏在复杂的、从政治上讲难以理解的程序中。如果政府向因克莱斯勒清算而失业的工人提供了无论是培训补助金还是其他形式的经济援助，那么这一决定可以根据其自身的价值进行讨论。讽刺的是，没有这样做使其他由于克莱斯勒被救助而不可避免地失去了工作的汽车制造企业的工人，从来没有机会讨论可给予他们的类似援助。

---

① See Daniel Bussel & Kenneth Klee, Recalibrating Consent in Bankruptcy, 83 *Am. Bankr. L. J.* 663 (2009). 该文中有一些有用的主意。

② 雷曼兄弟在法律允许的 18 个月独占期的最后一天提交了重整计划。当然，不仅仅因为雷曼兄弟超级复杂，而且其完全没有做过破产前计划。

③ 确实，越来越多地使用提前准备好的、在需要提交重整计划时可行的“预计划包”是作为强制性限制的确认我们在此所建议方向的重要步骤。

# 营商环境中的破产法

BANKRUPTCY
LAW REVIEW

# 世界银行营商环境报告(2019年):培训如何提高破产效率*

翻译:李鹦键

中国政法大学中欧法学院经济法专业硕士研究生。

体制完善和制度健全的司法机构是法治的基础。培训法官有助于迅速解决案件,形成高质量的司法判决。培训也可以促进裁判的统一性与可预测性,增强公众对司法的信心。训练有素的法官在审判中贯彻稳定性和可期待性原则,借以维护法治,应对日新月异的社会。

确保司法机构可以高效地解决复杂的商事纠纷,是所有法治体系的基本内容。由此,专门的司法教育与司法培训对于保障司法程序的效率与质量具有重要意义。例如,如果法官受过经济学基础训练,则其与未受此种训练的法官相较而言,前者所作判决被上诉的可能性明显更小。此外,法官培训能防止案件错判;如果法院开展了培训活动,案件改判率会更低。许多文献评估了合同执行与破产办理的监管环境如何影响国外的经济产出。有效的合同执行对经济持续发展至关重要,这一观点也得到了实证研究的支持。

## 一、司法培训的概念

尽管法院历史悠久,法官培训却是较晚才出现的现象。20世纪60年代,在法国、荷兰和美国兴建了第一批专业培训学校。以前,普遍认为法官已经掌握了所有必备知识,因而也无法从额外或持续的培训中再次受益。在法国,尽管公众一度批评法官脱离现实、古板守旧,法官在整个职业生涯中也不曾接受任何培训。随着法律日益复杂,法官们公开表达对于自己能力不足的担忧,法国即在1959年建立了国

* 资料来源:《世界银行营商环境报告(2019年):为改革而培训》中的“司法系统的培训与效率”部分。

立法官学校。

近年来,为推进司法培训,欧盟和国家司法学校在国际论坛上商议构建一套司法培训的共同原则(见表1)。这些原则尚未成为国际标准,但也表明利益相关者已经共同迈出了第一步。

**表1　司法培训的原则**

| 共同原则 | 欧洲司法培训体系的原则 | 国际组织开展司法培训的原则 |
|---|---|---|
| 司法培训具有多科性,包括法学和非法学的知识、技能与理念 | 司法培训具有多科性和实践性,旨在传播与法学教育互补的专业技能与理念 | 考虑到司法的复杂作用,司法培训的内容应当广泛涉及多门学科,包括法学与非法学的知识、技能、社会语境、价值和道德等 |
| 法官需要接受基础培训 | 所有法官应当在受任命前或任命后接受基础培训 | 所有司法机构的成员应当在受任命前或受任命后接受培训 |
| 接受持续培训是法官的权利与义务 | 所有法官应当享有在受任命后及其整个职业生涯中持续接受定期培训的权利。参加培训的时间应当算入工作时间的一部分。每个会员国应当建立相应机制,确保法官行使该项权利,履行相应义务 | 所有司法机构的成员应当在其职业生涯中接受定期培训。接受司法培训是成员的权利和义务。司法机构的每个成员都应当保障时间参与培训,这是其司法工作的一部分 |
| 司法培训机构应当决定培训内容 | 根据司法独立性原则,国家司法培训机构全权负责司法培训的设计、内容和实施 | 为了贯彻司法独立性,司法机构和司法培训机构应负责司法培训的设计、内容和实施 |
| 法官可以培训法官 | 培训主要由之前受此培训过的法官进行 | 培训应由法官主导,且主要由之前受过此培训的法官进行 |
| 应当使用适当的教学方法 | 在培训过程中,应当注重运用有效的现代化教育手段 | 司法培训应当反映专业成人培训项目在实践中的最优做法,应当广泛采用最新方法,包括新技术、远程/在线学习(可适时补充)以及电子媒体 |
| 应当提供适当的资金 | 会员国应当向负责培训的机构提供充足的资金及其他资源支持,以实现其目标和宗旨 | 所有国家都应当向负责司法培训的机构提供充足的资金及其他资源支持,以实现其宗旨和目标 |
| 高级司法机构应当提供培训 | 最高司法机构应当支持司法培训 | 司法机构领导人领导和高级司法机构应当支持司法培训 |

在过去的几十年里,司法诉讼越来越复杂,对专业化法官的需求也随之增加。

然而，报告显示，在所评估的 190 个经济体中，仅有 101 个经济体确立了专门的商事管辖权，仅有 31 个经济体设立专门审判破产案件的破产法院。确立专门的商事管辖权有利于加快案件审理速度（见图 1）。

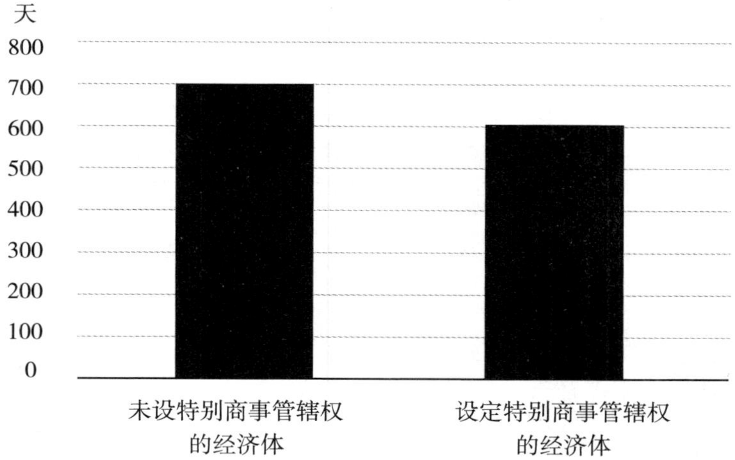


**图 1　在设有特别商事管辖权的经济体中，解决商事纠纷的时间缩短了 92 天**

资料来源：营商环境数据库（Doing Business database）。

设立专门法院是为了审理在商事、破产、证券或知识产权等领域中的复杂疑难案件。专门法院需要那些接受过特定化和精细化培训的专业法官。在瞬息万变的商业世界，商业监管环境不断变化，法官必须及时更新知识储备。

**框 1　通过加强对律师和法官的培训来促进投资**

公司、公司金融和资本市场越来越复杂，它们对薪酬、金融稳定和经济增长都会产生影响。再加上频繁的法律变动和技术变革，这种复杂性将给企业发展造成阻碍。商业活动必须依赖于训练有素的、经认证的会计、律师和法官等专业人士的帮助来克服障碍。法官运用实际知识的能力越强，越有助于发挥司法的制衡作用。① 在新的公司法体系中，监管具有不确定性，这增加了市场参与者之间信息不对称的风险。人们期待法官能及时更新投资知识。在数字货币或首次代币发行②等实例中，为保障少数投资者能防范应计风险，法律专业人士必须与时俱进。

鉴于商事法律的多学科性质——它与经济学、金融学和会计学有学科交叉——针对

① Palumbo 等人，2013 年；Lorizio 和 Gurrieri，2014 年；Magnuson 等人，2014 年。

② 首次代币发行（initial coin offerings）是通过出售虚拟货币或代币进行融资的一种方式。新企业无须出售股票，即可创造和出售自己拥有的虚拟货币。

法官和法律从业人士的专项培训对此起到了关键的缓冲作用。事实上,法官能否公正有效地处理经济纠纷,取决于他们对法律和事实的了解程度。培训不仅有助于增进法官对法律的理解,也有助于法官应对晦涩的金融学或技术性概念。

经济体在商事法律领域的司法能力与其商业环境质量、法院效率和公众信心存在正相关关系。①数据显示,在 155 个经济体中,有 120 个经济体为执业律师提供培训,但是仅有 83 个经济体提供了关于商事法律的专项培训。约有 76% 的高收入经济体为执业律师提供专项法律培训,相对地,只有 24% 的低收入经济体提供了此类培训。

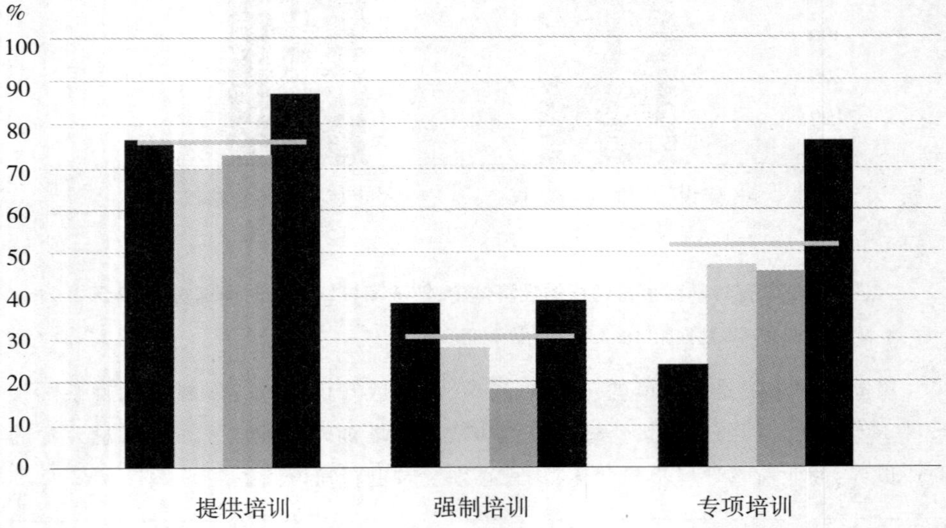


**图 2　在低收入经济体中,更为普遍的是对律师提供强制性培训,鲜有专项培训**

资料来源:营商环境数据库(Doing Business database)。

注意:图示柱状从左至右依次为低收入、中低收入、中高收入、高收入经济体;图示水平线为全球平均水平。

在不同经济体中,担任法官的要求各有差异。在 10 个经济体内,法院审判商事纠纷的法官候选人无须法律学位(但必须满足替代条件)。只有诸如法国、秘鲁和马达加斯加等 38 个经济体要求法官候选人具备关于商事法律、金融或资本市场的先前经验或专门知识。仅有 55 个经济体向法官提供了关于商业、公司法、金融或资

① 关于欧洲复兴开发银行在转型国家提供商事法律培训的核心原则,更多信息参见 www.ebrd.com/documents/legal－reform/core－principles－for－commercial－law－judicial－trainning.pdf.

本市场的专门培训。在全球范围内,缺乏专门培训的主要原因在于法院的工作量过大,且很少有直接适用于案件审判的针对性培训。①

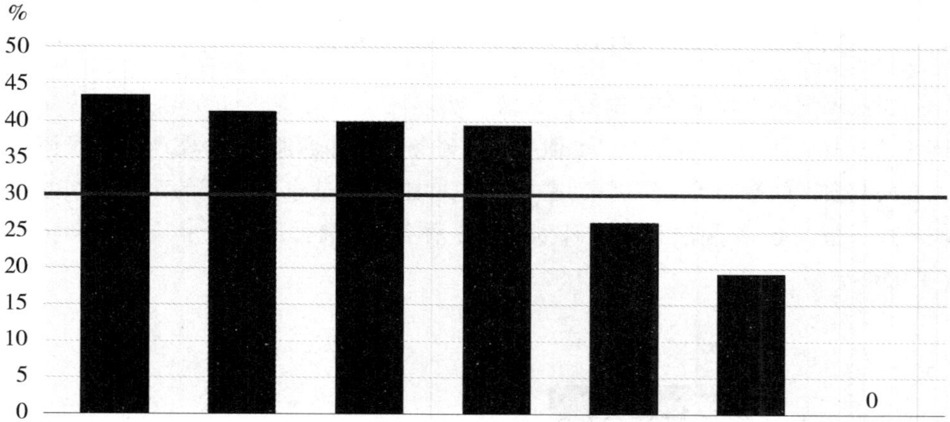


**图3　约1/3的经济体为法官提供专门培训**

资料来源:营商环境数据库(Doing Business database)。

注意:图示柱状从左至右依次为欧洲和中亚、东亚和太平洋地区、撒哈拉以南非洲、经合组织高收入国家、中亚和北美、拉美和加勒比地区、南亚;图示水平线为全球平均水平。

说明:司法制度应当成为促进投资和经济增长的推动者,而不是阻碍者。数据显示,如果世界范围内对培训更多地给予关注并投入资源,将使受培训律师和法官获益。即使提供了持续的培训和教育,在案件审理中它们也很少被强制或实际运用,这加剧了法官缺乏专业知识的局面。然而,实施标准化的强制培训并不是合适的解决方案。设定最低标准不能起到激励作用。相反,将统一的培训计划纳入年度司法绩效评估之中,或以其他方式激励人们不断学习,能够有利于间接发挥司法制度对投资的重要作用。

特别是破产案件,因为关涉人数众多且类型多样的债权人、破产管理人、破产从业者以及身陷财务困境的债务人等利益相关者的利益需求,处理这类案件的法官必须拥有丰富的相关知识,同时掌握诸如金融和会计知识技能等特定技能。

相较于一般性法律知识而言,在办理破产案件时,法官的专业性工作所积累的人力资本,在明显缩短程序时间和促成更可行的案件结果这两方面,产生极为重要的影响。比如,为了成功实施重整,法官必须运用良好的会计和财务技能,因此,应当基于他们能充分理解债务人财务困境的优势来指定破产法官,而普通的商事审判法官没有这一特点。在法国,破产法官通常能够透彻理解商业运作过程,这也保证了法官能够更加积极地参与听证和举证质证环节。司法破产培训对成功实施监

① 欧洲议会2017年。

管改革的影响更为广泛。在实施破产改革后，通过对法官提供基础性培训，司法体系发生了变化。

## 二、监管改革、司法培训和司法效率三者紧密相关

司法培训可以促进司法执行。在破产法理论学习与实践过程中，法官接受持续化的专业培训，因而有能力考虑债务人的财务状况和商业活力、破产程序对债务人合同与资产的影响等多种因素，进一步做出更完善、信息更全面的判决。在办理破产这一指标上，实施法官培训计划的经济体得分更高，且更趋于最佳监管实践（见图4）。

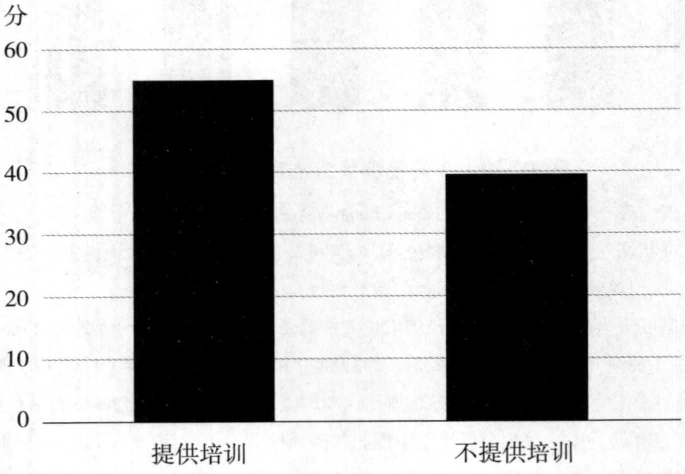


**图4　经济体提供培训和在办理破产中得分更高，二者具有正相关性**

资料来源：营商环境数据库（Doing Business database）。

培训可以作为向司法机构引入新的法律、方法和实践做法的重要渠道。实际上，培训也可以提高法官裁判的可预测性。针对特定监管改革事项，为所有法官提供统一的信息和知识，法官们更可能对新规则作出相似解释，从而作出更一致的判决。比如，在2014年，智利通过了新的破产法，其中特别要求对处理破产程序的民事法官进行破产法培训，同时赋予上诉法院权力，其可采取措施以保证该法成功实施。从那以后，智利全国的法官都接受了新破产法规定的培训，因此在圣地亚哥，办理破产程序的时间已经缩短。此外，《世界银行营商环境报告（2018年）》表明，先重组后清算的时间从3.2年降至2年。数据还显示，办理破产改革和培训计划之间存在正相关关系（见图3）。进言之，在人均收入相同的经济体内，实施培训计划的

经济体实施破产改革的可能性高出了 11% 。

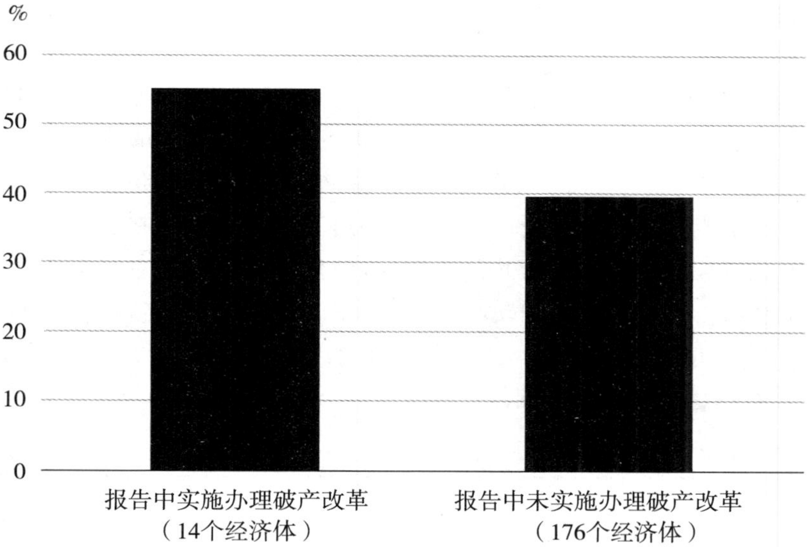


**图 5　根据《世界营商环境报告(2019 年)》,提供培训的经济体实施办理破产改革的概率更高**

资料来源:营商环境数据库(Doing Business database)。

注意:2017 年度、2018 年度在办理破产领域进行改革的 14 个经济体中,有 9 个经济体在破产法中有培训计划。这些经济体是比利时、吉布提、埃及、肯尼亚、吉尔吉斯斯坦、马来西亚、巴基斯坦、卢旺达和土耳其。控制人均收入后,该关系在 1% 的水平下显著。

阿联酋和印度尼西亚的实例表明,经济体的培训计划对推动该国实施商事诉讼和破产领域的改革提供了支持。在近年,两国都修改过法律,根据报告,两国在合同执行和破产办理方面的表现也更为优异,都建立了健全的法官培训体系,这为成功实施上述改革做出积极贡献。

## 三、阿拉伯联合酋长国

从 20 世纪 90 年代早期开始,阿联酋一直致力于推动本国司法现代化进程,提高司法制度的质量与效率。通过实施法院管理技术、适用新的科技手段以及增强司法队伍的专业化程度,有效地重构了司法体制。这些措施为司法制度带来了变革性影响,在商事诉讼和破产领域更甚。司法培训在提高结构性改革方面发挥了关键作用,特别是在 2008 年成立专门商事法院、在 2014 年推行电子案件管理系统以及在2016年适用新的破产法这三方面上意义显著。培训可以作为向司法机构引进新的法律、方法和实践的重要方式。通过持续的专项培训,法官可以将立法改革付诸实践,并使用新型案件管理工具来减少案件延审,提高裁判质量。

自20世纪90年代以来,培训司法人员一直是实施司法机构现代化战略中不可或缺的一步,但直到2016年通过《迪拜司法机关法》(Dubai Judicial Authority Law of 2016),它才被正式引入法律,作为法官任命、绩效考核、激励和晋升体系中的基本要素。该法规定,准法官在受任命之前必须通过培训课程,且在正式任职前必须参加入职培训。此外,法官的晋升和完成培训计划挂钩,要求法官每年必须达到一定的培训次数。事实上,按照阿联酋法律接受正式培训的培训者数量,与裁判准确率之间存在正相关关系(见图6),裁判准确率可以用维持原判的案件与受上诉法院重判或改判的案件的比率来表示。

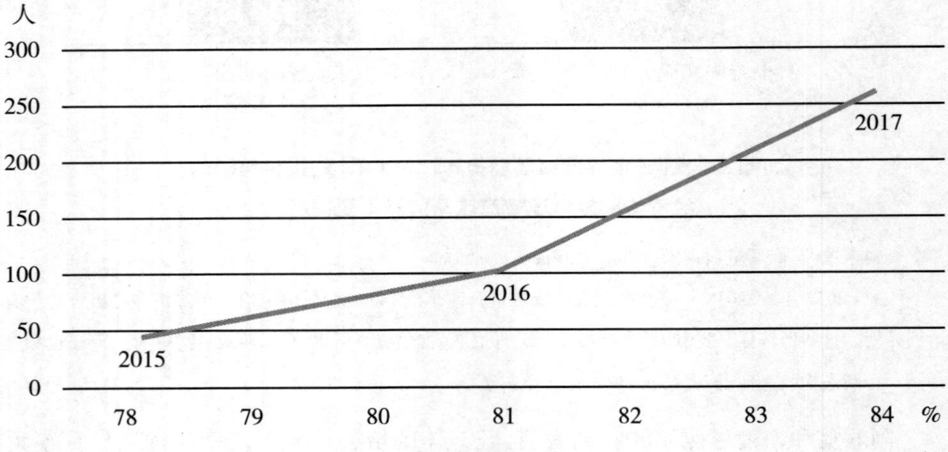


**图6　培训者越多,裁判越准确**

资料来源:迪拜法院相关数据。

注意:裁判的准确率指二审维持原判的案件所占百分比,与受上诉法院发回重审或改判的情况相对。

在司法委员会的指导下,阿联酋制定了司法培训的总体战略。提供培训的是迪拜司法学院(Dubai Judicial Institute),该学院是提供司法培训的专业化机构。学院持续提供专业培训,涵盖多元化主题,包括法律意识、伊斯兰经济学、司法委员会领导学以及定制的培训课程。同时,在实施改革后的12个月内,所有商事法官都应当接受与每项司法改革或新制度相关的培训。开展培训的形式也包括与其他国家和国际公共机构合作举办研讨会、由法院直接资助或提供课程等。监测和评估是培训体系的一部分。每次培训完成后的三个月内,迪拜司法学院和法院的人事部门会评估培训效果。

阿联酋实施了旨在提高商事审判质效的监管改革，司法培训为有效施行改革发挥了重要作用。在2008年，建立的六个专门法院中有一个是商事法院。在法院内部设置了不同的巡回法庭，以处理商事合同、破产、知识产权、商业公司、独家经营许可和海事领域的争议。每个巡回法庭都会接受相关领域的专业培训。培训缩短了审案周期，降低上诉率，提升裁判质量。在过去的3～4年中，约有35%的初审判决上诉，在这些判决中，有87%至89%被上诉法院维持。结果表明，商事法院的绝大部分初审判决都具有较高的质量。

阿联酋还投入资源为法官提供关于新技术的全面培训。在2014年，迪拜法院采用了新的案件管理系统，在每个法院设立案件管理办公室，以协助处理案件，加快审判流程。智能申请移动应用程序也促使提交诉状、呈递法院文书、缴纳诉讼费用等事项更为便利。高质量的培训使新体制得以高效运作。在商事法院实施改革后，案件平均审理时间减少。自2014年至2018年，从提交诉状、审理案件到获得最终判决的平均时间从380天减少到351天。通过学习如何使用网上案件管理系统，许多法官不再依赖文员来核对和打印诉讼文书，到2017年年底，迪拜法院通过电子方式呈递和处理的案件数量已超过30万件。

开展关于破产程序的法官专项培训，对阿联酋充分发挥新法优势至关重要。为了建立完善的司法破产体系，阿联酋在2016年颁布了新的破产法，引入重整程序以取代旧制度。适用新的破产程序需要法院积极参与，而法院的积极参与意味着法官需要具有破产经验，接受相应培训。自该法施行以来，法官一直在接受培训。在2017年，为了研习新的破产法，破产法官们参与了两场研讨会：一场是国家司法学院举办的，共有27名破产法官参会学习；另一场则是由美国司法部开办，与会法官达到31名。高级法官也提供了额外的培训课程和研习项目。

几年来，阿联酋持续推动司法培训，提升审判质效。法官也巩固了业务技能，从这种终身学习、不断进步的文化中受益。

## 四、印度尼西亚

受1997年亚洲金融危机的影响，印尼一直致力于完善本国商业监管体系。在国际货币基金组织的帮助下，印尼政府着力于如何提升法院商事案件审理水平，其中包括采用培训这一方式。1999年，随着“同一屋檐”（one roof）路径的实施，进一步巩固了司法系统的独立性，该路径旨在将行政机构对法院的行政控制权移交给司法机构；司法培训的组织方式也发生根本变化。2003年，最高法院被赋予提供司法培训的权力,成为国际司法改革援助的中坚力量。在最高法院内部,司法培训中心(judicial training center)逐渐演变为负责组织和强化司法培训的部门。

司法培训中心通过实施三个独立培训计划来履行职责:基础综合司法培训、持续司法教育和认证培训。基础综合司法培训为期两年,对象针对准法官,培训方案包括课程学习与实习。持续司法教育则基于培训需求,意在为已工作 1 ~ 5 年和 6 ~ 10 年的法官提供辅助培训。认证培训是为专案法官和专门法院法官而特别开设,后者的工作范围涵盖仲裁、商事纠纷和渔业等特定领域。

重视培训也对印尼司法体系的其他方面产生了影响。最高法院实施了旨在提高效率的司法改革,包括调整组织结构,完善工作程序,优化配置人力资源,组建新的工作组和司法培训中心;由此,积案数量到 2009 年减少为 11,479 件。2015 年,印尼引入了允许当事人自我代表的小额诉讼程序,该项举措具有里程碑意义。在小额诉讼程序的基础上,司法培训中心设计了一项为期 5 天的小额诉讼法庭培训,帮助法官高效审判。这一培训促使小额诉讼案件的结案率从 2015 年的 79% 增长至 2016 年的 88% 。

报告数据也反映出印尼的司法改革与司法培训的发展进程。数据显示,在雅加达和泗水的一审法院,商事案件的审理时间已经缩短(见图 7)。

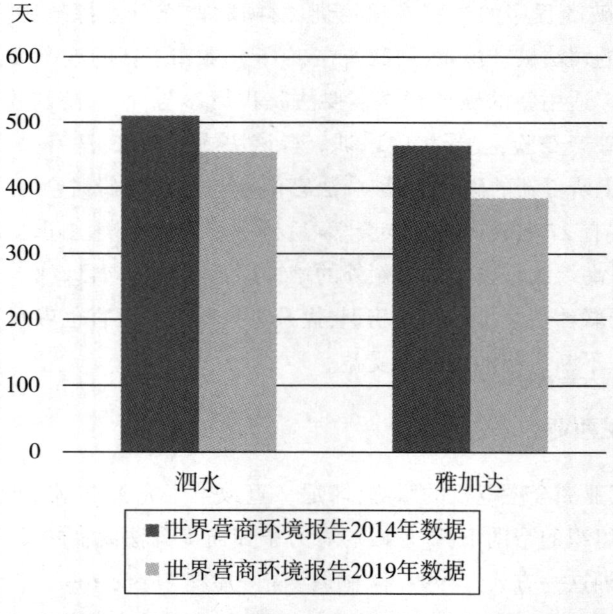


**图 7　在泗水和雅加达,当地法院一审审判商事案件的时间减少**

资料来源:营商环境数据库(Doing Business database)。

在办理破产方面，2004 年《印尼破产法》明确规定了针对准法官的培训条款。同时，对具有破产案件管辖权的商事法院法官，也能为他们提供培训计划。随着法官专业水平的提高，审判效率快速提升，法院绩效有所增加，本报告也证实了这一点。在雅加达，办理中小企业破产的时间一直在缩短，从 2004 年的 72 个月减少到 2012 年的 13 个月，之后一直维持在这个速度（见图 8）。此外，尽管雅加达的重整案件数量增加了一倍以上，从 2012 年的 66 件增加到 2016 年的 146 件，雅加达中区商事法院仍然保持了先前的结案速度：2012 年审结 55 件，2016 年审结 118 件。

印尼已经建立了完备的司法培训计划，但在司法服务质量方面仍有改进的余地。考虑到法官的高轮换率，培训计划可能还需要进一步发展。即便如此，可以明显看出印尼政府非常重视司法培训，同时，该国在报告评估的经济指标上具有突出表现。

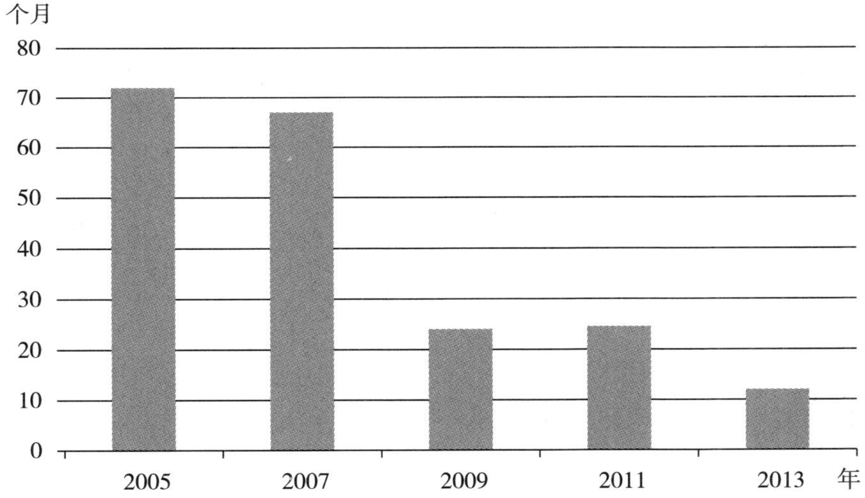


**图 8　在雅加达，办理中小企业破产的时间稳步减少**

资料来源：营商环境数据库 Doing Business database。

注意：所统计的在雅加达办理中小企业破产的时间，从 2012 年起不间断 13 个月测算而得。

## 五、结论

商业运作对司法制度提出要求，一旦出现纠纷，将会有合格的法官正确解释和适用法律，及时解决相关争议。法官应当是训练有素的专业人士，深受商界和社会的信任——同时也需要一套培训体系，使法官能够接受全面持续的培训。

世界上很多经济体都构建了行之有效的法官培训体系。尤其是阿联酋不断推动建立司法培训体系,并在法院裁判效率与质量方面取得了累累硕果。在司法改革的背景下,印尼在积极化解法院积压案件和破产案件方面也取得优异的成绩。

然而,许多经济体并未普遍开展全面持续的法官培训和法院工作人员培训。正如报告所显示的那样,培训书记员、审判人员、法警等法院工作人员,通常被制定国家培训计划的司法部门所忽视,但这些培训计划对保障司法的质量与效率同样也具有重要作用。

# 中国企业破产法治环境的优化
## ——对标世界银行《营商环境报告》之“办理破产”指标体系

**张钦昱**

中国政法大学副教授,破产法与企业重组研究中心研究员,博士生导师。

### 一、问题的提出

作为优胜劣汰市场机制坚定捍卫者的破产法,在出清病弱企业,优化营商环境方面扮演举足轻重的角色。世界银行每年发布《营商环境报告》,对全球 190 余个经济体的营商环境法律法规及其执行情况进行客观评估,其中的“办理破产”指标①,旨在通过量化排名,良性地促使各国破产制度日臻完善,最终实现“好”的破产制度。② 越来越多的经济体开始以营商环境排名的提升为其经济改革的主要目标。比如,前英国首相大卫·卡梅伦(David Cameron)曾表示,英国志在于 2020 年时,在世界银行营商环境排名中力争位居欧洲第一和全球前五。纳伦德拉·莫迪(Narendra Modi)当选印度总理时,曾明确提出要把在营商环境排名中进入前 50 的目标,作为他执政的一个基准。③

2020 年《营商环境报告》中,我国“办理破产”指标排名较前一年上升 10 名,但“办理破产”子指标中“破产时间”较前一年下降 2 名,“破产成本”并无提升,回收率单项排名仅上升 1 名。除去“破产时间”与“破产框架力度指数”两项指标外,其

---

① 在 2012 年前,《营商环境报告》中衡量破产的指数称为“关闭企业”(closing a business)。自 2012 年起,改为“办理破产”(resolving insolvency),以更精准地体现该项指标的含义。需要指出的是,该项指标的内容和范围均未有变化。

② See Simeon Djankov et al., Debt Enforcement around the World, 116 (6) Journal of Political Economy, 1105 – 1106 (2008).

③ Gerard McCormack, Why ‘Doing Business’ with the World Bank May Be Bad for You, 19 *European Business Organization Law Review*, 649 – 676 (2018).

他指标排名都远低于"办理破产"总指标排名。[①] 近5年来,我国"办理破产"指标的分数几无变化,稳定在世界50名至60名区间。这既有我国破产制度改革欠缺针对性,与"办理破产"指标的相关要求有一定差距,也有世界范围内各个国家纷纷掀起破产制度改革浪潮,排名顺位迎头赶上的影响。随着对市场出清在营造良好营商环境中具有重要作用的深入认知,我国出台了系列破产与市场主体退出制度的完善政策。例如,2019年2月25日,最高人民法院通过《关于适用〈中华人民共和国企业破产法〉若干问题的规定(三)》(以下简称《破产法司法解释(三)》),正是为营造稳定公平透明、可预期的营商环境提供有力的司法服务和保障。[②] 从2020年世界银行《营商环境报告》中可以看出,《破产法司法解释(三)》为我国"办理破产"总指标排名的提升带来正外部性,但全部制度改革也没有被世界银行认可。在反思我国破产制度改革政策,对标国际高标准后,亟需反思我国破产法改革的进程。面对总指标中部分指标排名增长乏力,我国部分改革成果未被认可的现实,我们不禁要反思我国在打造良好的破产法治方面还存在哪些不足,在哪些方面尚能有所作为?

深入研究分析"办理破产"指标,有利于革新我国破产法改革理念,强调平衡多元利益主体下的整体破产效益,发挥破产法重整再生的市场经济价值,制定针对性的排名追赶方略,反思与重构我国破产法的薄弱滞后环节,优化市场主体退出机制与营商环境,保障我国参与世行评估时获得能全面、准确、反映破产优良改革的客观评价。本文正是在剖析世界银行《营商环境报告》"办理破产"指标体系的基础上,爬梳我国相关指标的改革成效,检讨既有破产制度与实践短板,并通过借鉴破产排名"优等生"的经验,在宏观理念与微观制度方面双管齐下,为健全破产制度、完善社会主义市场经济法治体系建言献策。

## 二、标准解构:各方共益的"办理破产"指标

何为"好"的破产制度,可谓见仁见智。对有担保债权人而言,保障其以最少的成本、最快的速度收回贷款的设计,是有效的破产制度;对普通债权人而言,能够满足其最大程度受偿的机制是受到赞许的;对出资人而言,理想的破产法需要承担企业死里逃生、涅槃重生的重任,以免其投资血本无归的厄运;对雇员而言,失业意味

---

① 本文的各项数据、指标含义、调查问卷内容,除特殊说明外,均来自历年世界银行《营商环境报告》,载 http://www.doingbusiness.org/en/reports,最后访问日期:2020年3月4日。

② 参见乔文心:《完善民事程序规则规范破产案件审理:最高法发布优化营商环境两个司法解释》,载《人民法院报》2019年3月29日。

着难以养家糊口,破产法至少应当确保其获得体面补偿或不被扫地出门;对上下游的供销商而言,破产法应当在处置企业破产过程中,保障供销网络的完整性;对税务机关而言,债务人拖欠的税收之债妥善回收,是"好"破产制度的当有之意。

### (一)"办理破产"指标的利益均衡

面对纷繁复杂的各方主体利益,《营商环境报告》早期以回收率为其唯一着力点,仅将债权人,特别是有担保债权人的利益诉求是否实现,作为"有效"破产制度的评判标准。2015 年后,评价体系引入"破产框架力度"指标,愈发关注其他利益相关方,实现各方主体利益的均衡协调发展。①

1. 以偿付结果为导向的回收率评估

稀缺的债务人财产是债权人受偿的唯一源泉。债务人的资产池在其进入破产程序后,一般仅能被动地消耗。债务人财产留存得越多,债权人得到的份额自然越多,即回收的债权比例越高。"办理破产"指标的第一部分设计出破产时间、破产成本及破产结果三个子指标,进而计算得出回收率指标,以考查一国或地区破产程序运行的成本与收益。回收率指标旨在降低破产程序的运行成本,扩增债务人留存财产,提高债权人回收的债权份额,从破产程序的偿付结果上均衡债务人与债权人的利益。

第一,破产时间。破产法以集体争议解决机制取代了个别清偿机制的混沌,避免了各债权人旷日持久的谈判协商,"有效解决了囚徒困境和公地悲剧"②。以效率促进公平清偿秩序的实现,是破产法一直追寻的目标。比如,联合国国际贸易法委员会《破产法立法指南》以"确立有效力和高效率的破产法的关键目标和结构"作为第一部分的主题,并将"及时、高效地解决破产事务"作为各国破产法应当确立的关键目标之一。③ 企业的破产"战线"拉得越长,需要应付的麻烦层出不穷。此时的企业本就鲜有盈利能力,资产池由于只出不进,将随着时间的消逝渐渐枯竭。企业的资产价值也会随着时间流逝而减损。比如在"办理破产"指标的预设前提下,占全部资产四分之一的债务人所有的家具价值,将以每年 20% 的速度折旧。此外,重整

---

① 第一份《营商环境报告(2004 年)》包含的破产指标有六项,分别为:破产时间、破产成本、绝对优先权保留、有效结果的实现、破产目标指数、法院权力指数,自 2005 年起,改革为破产时间、破产成本及破产结果。鉴于第一份报告的实验性色彩及与后续年份的非连续性,本文将不予分析《营商环境报告(2004 年)》的破产指标。

② See Thomas H. Jackson, The Logic and Limits of Bankruptcy Law, Beard Books, 1986, pp. 1 – 19.

③ United Nations Commission on International Trade Law, Legislative Guide on Insolvency Law, United Nations Publication, 2005, p. 12.

程序拖得越久,案件结果的偿付可预期性越差,这将动摇管理层与职工的信心,致使供货商和消费者为规避重整失败转向破产清算的风险而另寻他处。

第二,破产成本。“办理破产”指标所衡量的破产程序成本,并不等同于程序经过可能发生的全部花费。《企业破产法》第五章规定了两大类成本,破产费用和共益债务。前者是指保证破产程序启动和顺利进行所需支付成本的各项费用的总称,后者是指为全体债权人可获得的偿付利益而由债务人财产负担的债务的总称。[①]“办理破产”指标仅以其中的破产费用为蓝本,以破产程序漫漫征程的重要经常性支出为底线,圈定以下费用为破产成本:法庭费用和政府税费、破产管理费、拍卖费、评估费和律师费,以及其他一切费用和成本。

第三,破产结果。企业资产被拆分出售的总价显然比整体出售低得多,保有盈利潜质的企业对债权人才是最有利的。若企业被整体收购或经过注资等重组操作,即使所有权人被更替,企业的业务流水线仍可得到维系。因此,“办理破产”指标在调查问卷中专设问题,询问债务人在破产程序彻底结束后企业的境况,并预设前提:假设债务人在破产程序后尚能持续经营,即拥有债务人财产的全部市值,否则,零散出售的破产财产仅等值于债务人财产价值的70%。衡量破产债务偿付状况的落脚点在回收率指标。回收率的计算方法是综合各国通货膨胀情况得出贷款利率乘和债务人总资产的乘积,再用债权人可以回收的债务人财产数额除以前结果做百分比表示。其中,债权人可以回收的债务人财产数额由破产结果减掉破产程序成本和占债务人财产四分之一家具的折旧价值得出。如果债务人能够维系运营价值,破产结果等于债务人的财产总额,若债务人财产被拆分出售,该数值要在债务人财产总额基础上打七折。贷款利率经货币基金组织《国际金融统计数据》(International Financial Statistics)、各国中央银行及《经济学人》信息部(Economist Intelligence Unit)公布的数据综合得出。为了计算现实回收率,在计算时会考虑破产程序运行期间各国所出现的通货膨胀情况,以避免最终的回收率计算有所偏差。

通过回收率的计算公式可以发现,回收率指标的确定仅与破产程序的期间、成本、结果及贷款利率有关。考虑到贷款利率为公开信息,回收率只需要发放调查问卷,搜集期间、成本、结果三项数据即可,无须考虑其他因素。至于企业的总资产,除破产成本外,均可以在计算中相抵。因此,关于破产成本的数据,可径直搜集破产费用占企业总资产的比重。回收率指标也有其局限性。回收率较高国家的破产法,债权人保护必然较强,但这可能是以损害其他各方权益为代价的。稀缺的债务人资

① 参见齐明:《破产法学:基本原理与立法规范》,华中科技大学出版社2013年版,第245页。

产仅能优先偿付有担保债权人,可能无法足额给付职工、税务机关,遑论普通债权人与出资人。为了确保回收率的数值不为零,回收率指标紧盯排在清偿队列最靠前的有担保债权人的债权回收情况,无暇顾及其他利益相关方感受。

2. 以程序民主为要义的破产框架力度

破产带来羞耻感、恐惧和无知,破产法模式变革的具体化进程面临着诸多障碍:严重的破产耻感无疑是关键诱因。① 据调查,企业家将破产置于创办企业恐惧之首,远高于无规律的收入及工作的不稳定性。② 消弭破产的污名化绝非一朝一夕之功,适度照顾债务人等其他利害关系人的利益是重塑破产法良好面貌的开端。破产框架力度指标由破产程序启动、债务人财产管理、重整程序、债权人参与共四类指标构成,占"破产框架力度"指标的比例分别为 18.15%、37.5%、18.15%、25%。所有指标均不仅仅反映有担保债权人的权益,而是反映了各类债权人、债务人等的多方利益诉求。

第一,破产程序启动指标。该指标可分为启动主体与程序、启动标准两个部分,重点关注破产程序的"可获性",即破产程序能否被简便民主地启动。只有债权人和债务人均能启动破产清算或破产重整程序,才是最佳的破产实践。一方面,"办理破产"指标特别强调债务人对破产程序启动的自主选择权,确保其能尽早进入破产保护,避免损失的扩大。另一方面,两类破产程序应由申请人恣意选择提起,确保申请人选择最有利于自身的途径。通常有现金流、资产负债表两种破产程序启动标准,分别指称债务人无法清偿到期债务与债务人资不抵债的情况。鉴于资产负债表以债务人的资产负债表为观察对象,易致破产界限由债务人操控,存在被滥用的可能,现金流标准遂被大多数国家立法采纳。③

第二,债务人财产管理指标。该指标又由"待履行合同""撤销权""启动后融资"3 大类指标构成。随着企业市场行为的蓬勃展开,作为其财富积累手段的合同成指数性增长。当企业陷入绝境时,如何对待众多尚未完全履行的合同是棘手问题。根据契约神圣理念,合同在一般情况下自然应当得到遵守,否则将丧失提升破产财团总体价值的机会;若强制债务人履行一些负担过重的合同,必然有悖于维系破产财团最大化的破产法基本准则。于是,公认的待履行合同处置规则是赋予管

---

① 参见[匈]蒂伯·塔基提:《破产耻感与再生政策》,李泽民译,载李曙光、刘延岭主编:《破产法评论》(第 1 卷),法律出版社 2018 年版,第 56 ~ 57 页。

② See European Commission, Entrepreneurship in the EU and Beyond, 2012, http://ec.europa.eu/public_opinion/flash/fl_354_en.pdf, 2019 - 05 - 28.

③ 参见王东敏:《新破产法疑难解读与实务操作》(修订版),法律出版社 2007 年版,第 40 ~ 41 页。

理人选择权,让其从破产财团整体角度,自主判断破产程序启动前债务人与对方当事人均未履行完毕合同的命运。“债权人之间的债权除具有优先受偿权者外,不考虑其发生时间的先后、金额之多寡、债权发生之原因,都应当平等地接受清偿。”①当个别清偿或优惠清偿等规避债权平等性原则的行为能够被破产法撤销时,该国或地区的此类指标方能得到满分。进入破产程序的企业不一定歇业,其或能在“自动中止”②等制度的保护下暂缓债权人追索债权,并通过持续运营熬过寒冬,谋求东山再起的机会。企业面临资金周转的难题,是否允许其获得新资本的注入?更为重要的是,如何对待新的融资,特别是在受困企业的吸引力断崖式下跌、新融资面临难以回收的极大风险的背景下?“办理破产”指标指出,若破产法允许债务人在破产程序启动后获得融资,并给予该融资以优先受偿待遇,则该破产设计是值得赞许的。

第三,重整程序指标。重整程序指标由“表决权主体”“分组表决”“异议债权人对待”三大类指标组成。仅有在被调整权益的债权人拥有重整计划草案表决权的情况下,表决权主体部分的指标才达到最优。比如,若担保债权人能够全部收回其债权,破产法就应当排除其表决重整计划草案的权利。为平等对待拥有实质相似权利的债权人,一个经济体的破产法应当将债权人被分成若干组别,每组分别表决,并公平对待各组债权人。“异议债权人对待”指标旨在保护少数派权益,保障其不会受到多数债权人的倾轧。该指标的具体要求是遵守“债权人利益最大化”或“清算价值保障”原则,即任何一个反对重整计划草案的利害关系人,依据重整计划草案都可以至少获得其在破产清算程序中原本可得到的清算利益。③

第四,债权人参与指标。依据契约理论角度分析,剩余索取权和剩余控制权移至债权人,债权人成为破产企业的最终控制者,不过债权人负责具体的财产和营业事务不切实际,一般通过管理人或经管债务人模式管理债务人。④ 该指标要求债权人应当享有下述四种权利:管理人任命权,即债权人委任管理人或否决其他人任命管理人的权利,借此缩减债务人管理的代理成本;重要事项决策权,即当债务人出售重要资产时债权人的强制批准权,防止债务人资产流失而债权人却不自知;信息

---

① 王利明、崔建远:《合同法新论 · 总则》,中国政法大学出版社 1996 年版,第 15 页。

② 参见[美]大卫 · G. 爱泼斯坦等:《美国破产法》,韩长印等译,中国政法大学出版社 2003 年版,第 60 页。

③ 参见王欣新:《破产法理论与实务疑难问题研究》,中国法制出版社 2011 年版,第 355 页。

④ 参见张钦昱:《公司重整中出资人权益的保护——以出资人委员会为视角》,载《政治与法律》2018 年第 11 期。

获得权,即单个债权人获得债务人财产状况的权利,以弥补债权人与债务人之间信息不对称的“鸿沟”;决议反对权,即债权人对法院或管理人做出的债权确认决议的否决权,以防止因不良债权的混入而稀释债权人的分配数额。

### (二)“办理破产”指标的嵌入实效

作为世界银行最为著名的知识产品之一,①《营商环境报告》由190个经济体的48000多名专业人员协助提供了过去17年指标所依据的数据,记录了3800多项商业监管改革,用实证研究证明商业法规对驱动国家竞争力的重要性,为世界各国提供对全球良好实践的独特见解的,已然成为可实践的客观数据库。各国政府越来越多地对标《营商环境报告》来改进本国经济制度的外在吸引力与内在活力。②

“办理破产”指标的评估方法具有一定的合理性与适应性。③ 世界银行以各国法律经验为基础设计统一适用的调查问卷,坚持对不同的经济体提出相同的假设性问题,在世界范围收集这些问题的答案,汇总成可复制性强的国际惯例与数据库供各国改革参考。将相同标准匹配适用各国的做法,确保不同经济体之间具有较强的可比性。世界银行认为企业会在规则不太繁重的情况下遵守规则,而复杂的规则往往成为滋生腐败的沃土。④ “办理破产”指标中提倡缩减破产时间与成本,保障债权人参与监督程序的破产规则更明确便捷,能够减少腐败的可能性,提高法律执行效率。我国《企业破产法》多为原则性规定,地方区域性破产政策又庞杂多样,公民对破产制度的适用有抗拒心理。缺乏对作为市场经济之基的破产制度的正确理解与实践经验、破产法处于转型时期的不稳定性与破产制度普遍且强烈的耻感,中国的企业家通常不惜一切代价避免破产。⑤ 2018年全国法院审结强制清算与破产类案件11669件,⑥与同年通过注销或吊销推出市场的2394015户⑦我国企业总量相比,显得寥寥无几。我国若能精准对标每年测算“全球最佳实践”的“办理破

---

① Besley Timothy, Law, regulation, and the business climate: the nature and influence of the World Bank Doing Business project, 29 J Econ Perspect, 99 – 120 (2015).

② See World Bank Group, Doing Business 2020, 2019, p. 25.

③ “办理破产”指标的测量方法具体参见:Simeon Djankov, Oliver Hart et al., Debt Enforcement Around the World, 116(6) *Journal of Political Economy*, 1105 – 1149 (2008).

④ See Gerard McCormack, Why ‘Doing Business’ with the World Bank May Be Bad for You, 19 *European Business Organization Law Review*, 649 – 676 (2018).

⑤ 参见[匈]蒂伯·塔基提:《破产耻感与再生政策》,李泽民译,载李曙光、刘延岭主编:《破产法评论》(第1卷),法律出版社2018年版,第56~57页。

⑥ 参见乔文心:《完善民事程序规则规范破产案件审理:最高法发布优化营商环境两个司法解释》,载《人民法院报》2019年3月29日。

⑦ 数据由中国政法大学破产法与企业重组研究中心收集整理。

产”指标,建立一套公平、高效、透明的商业监管体系,引导企业自觉遵守监管,提高企业家申请破产程序助力危困企业重生的积极性,解决我国破产诸多难题指日可待。

确保全球经济体数据的可比性是营商环境指标的核心考虑因素,世界银行在设计假设行问题时均以各经济体最能反应自身经济状况的最大商业城市为基准,但在一个国家,特别是大型经济体内,商业法律及其执行差异并不是两个参考城市所能体现的。截至2019年年底,全国仍只有深圳、北京、上海、天津、广州、温州六城市建立了独立的破产法庭。全国各地总共成立破产管理人协会58家,省级破产管理人协会只有10家,大部分管理人协会位于经济发展较快的南方。在“基础版”《营商环境报告》的评价体系基础上,开发兼顾地区差异、顺应破产需求的中国特色营商环境评价体系势在必行。

## 三、困境剖析:破产法“软”“硬”实力进阶的梗阻

我国颁布《营商环境条例》,正是受到《营商环境报告》的启发与激励。尽管我国近年来在破产法领域的改革有所建树,但没有抓住破产法理论与实践的国际新发展,相关措施大都无的放矢,没有针对“办理破产”指标的要求对症下药,致使我国破产法改革成果未得世界银行认可,“破产指标”排名没有大的起色。

### (一)破产法改革逻辑反复

自2004年世界银行发布《营商环境报告》以来,我国“办理破产”指标三降三起,其排名演变与我国破产法及市场经济改革逻辑的反复休戚相关。

颁布于1986年的《中国人民共和国企业破产法(试行)》因早已与破产实践脱节,难以适应市场经济的步伐,在实践中鲜有用武之地,与之配套的《最高人民法院关于贯彻执行〈中华人民共和国企业破产法(试行)〉若干问题的意见》做出部分改良,但扬汤止沸,再加上政策性破产在实践中广为推广,我国“办理破产”指标排名逐年走跌至80名。得益于2007年6月1日起实施的新《企业破产法》,我国“办理破产”指标排名于2008年显著攀升18名。不过,《企业破产法》实施过程中遇到始料未及的困境,比如囿于严重的破产耻辱感,申请破产的企业远远少于退出市场企业,管理人角色定位模糊、专业性不强、中介功效难以发挥等因素,①我国的排名一路探底至第82名。近年来,我国破产法领域颁布了系列法规,比如在2011年最高

① 参见李曙光、王佐发:《中国〈破产法〉实施三年的实证分析——立法预期与司法实践的差距及其解决路径》,载《中国政法大学学报》2011年第2期。

人民法院颁布《最高人民法院关于适用〈中华人民共和国企业破产法〉若干问题的规定(一)》明确了破产程序启动条件、举证责任分配与法院审查破产申请标准,以提高破产法适用程度,规范企业非法退市行为;2013 年出台的《最高人民法院关于适用〈中华人民共和国企业破产法〉若干问题的规定(二)》厘清了债务人财产的认定范围;2015 年,在"办理破产"指标纳入"破产框架力度"的考核部分后,凭借"破产框架力度"的各子指标表现良好,我国排名实现突围;2016 年 6 月 21 日,最高人民法院印发《关于在中级人民法院设立清算与破产审判庭的工作方案》(法〔2016〕209 号),规范了各地清算与破产审判庭的设立、职能范围、管辖、人员配备及配套措施等;2016 年 8 月 1 日,全国企业破产重整案件信息网正式开通,按照案件流程全公开原则,发布破产案件各类信息,促进信息交流互通机制;2017 年 1 月 20 日,最高人民法院印发《关于执行案件移送破产审查若干问题的指导意见》,疏浚了执行不能案件移送法院进入破产程序的渠道。2018 年 3 月 4 日,最高人民法院印发《全国法院破产审判工作会议纪要》,意在发挥破产审判功能,助推建设现代化经济体系,着力服务构建新的经济体制,完善市场主体救治和退出机制。一些专项改革也如火如荼地开展。遗憾的是,上述对破产法的良好探索没有被世界银行认可,未能录入《营商环境报告》,成效也未显现于排名走势。我国并未对症下药地针对"办理破产"诸指标予以调整,致使资源和精力白白浪费。

在债权人参与指标中,我国对信息取得权的改革得到了世界银行的认可。《企业破产法》通过规定破产申请证据、债务人有关人员的义务、债权人会议的职权、管理人行为的报告义务、重整计划草案的提交、重整计划草案说明及回答询问、破产财产变价方案的载明事项,确保债务人信息得以披露。① 令人惊异的是,在 2019 年《世界营商环境报告》中我国在"信息获得权"部分居然一分未得。分析个中缘由,我国《企业破产法》的规定不够具体明确,致使债权人会议难以行使知情权,个人债权人也难以据此要求获取债务人的财务信息。为修正这一立法漏洞,《破产法司法解释(三)》明确单个债权人有权查阅参与破产程序所必备的债务人财务和经营信息资料,为我国破产指标得分再下一城。

一国或地区"办理破产"指标的提升,往往伴随着破产法的革故鼎新。比如 2018 ~ 2019 年实施破产法改革的 14 个国家和地区,在 2020 年的排名平均提升 10 位。其中,印度因促进重整程序,排名上升 56 位;约旦通过引进重整程序、允许债务人启动重组程序、维持破产企业持续运营等举措,排名上升 38 位,我国排名提升只

---

① 《企业破产法》第 8、15、61、69、79、84、111、115 条。

取得了平均值成绩。此外，我国被《营商环境报告》录入的“办理破产”改革有两项，但其他存在两项以下破产实践改革的104个经济体其改革都晚于中国。也就是说，中国是所有经济体中改革最为迟缓的国家。“逆水行舟，不进则退”。自2017年至2019年，我国“办理破产”指标的得分连续3年横盘整理，可排名却下降8名，盖因其他国家和地区破产法不断精进从而反超我国的缘故。

近年来，多项举措的出台，正是着眼于我国办理破产指标的薄弱环节。在“债务人财产管理”指标中，我国在2019年《世界营商环境报告》的唯一失分点在于破产启动后的融资未能获得优先对待，不能吸引新的投资人向奄奄一息的企业注资，企业便因难以获得“活水”而复苏。2019年3月28日，《破产法司法解释（三）》颁布实施，其针对性地规定，破产程序启动后为债务人继续营业的借款优先于普通破产债权受偿，这使得我国的债务人财产管理指标终补齐短板。对我国破产弱项予以相应改善，这对我国提升办理破产排名起到了立竿见影的效果。在2020年《营商环境报告》中，“债务人财产管理”与“债权人参与”指标首次获得满分，我国“办理破产”指标陡增至51位，达到指标历史最高位，正是得益于我国破产法卓有成效地改革。

**（二）债务人资产利用低效**

作为检测一国破产法实践运行情况的“软实力”，回收率指标难以通过一项改革取得立竿见影的效果，一直是各国破产改革中难啃的“硬骨头”。与作为破产基础设施的法律文本较为扎实可靠相比，我国破产法在实践层面表现不佳，占一半比例的回收率指标在2020年仅排在第85位。

将回收率指标系统拆解，具体而微地观察三个子指标的表现情况。其一，我国破产时间指标表现较优，位列世界190个经济体的47位，是子指标中唯一高于我国“办理破产”总体排名及回收率排名的指标。我国《企业破产法》在程序各阶段对时间均有所约束：在第二章有5个条款涉及法院受理阶段的期间、在第六章限定债权人申报债权的期间、在第八章规定重整期间、在第十章规定清算期间。下一步改革的重点，或将围绕进一步缩减各阶段的时限展开。毕竟，我国当前破产程序历经1.7年，距离破产时间排名第一爱尔兰的0.4年、近邻日本的0.6年还有较大差距。其二，我国在破产成本方面表现不佳，位列世界后段，破产成本占债务人财产22%的比例也高于世界均值16.04%、经合组织成员均值9.3%。具体而言，案件受理费占0.5%，律师代理费占5%～10%，信息通知与公告费占1%、管理人执行职务的费用、报酬和聘用工作人员的费用占5%～10%，会计师、资产评估师、监督者等执业人士报酬占 7%，拍卖费用占 1% ~5%，公共服务支出及税费占 5%。[①] 平心而论，我国司法成本低廉；专业执业人士薪酬与拍卖采市场化运作，收费较高在情理之中；公共服务是企业在运营期间，为破产财团保值增值而不得不付出的对价。于是，值得商榷的是管理人成本与税费。依据《企业破产法》第 25 条，管理人职责的专业性和复杂性并不强于执业人士，甚至诸多管理人就是由执业人士担任，但债务人财产的 5% ~10% 要给付管理人费用，比例较高。税务机关若对破产企业等闲视之，不给予其税收优惠，将不利于奄奄一息的企业涅槃。其三，我国与其他 167 个有破产实践的国家和地区一样，债务人在破产程序结束后将面临肢解的命运。造成这样结局的其中一个原因，在于破产清算而非重整程序是我国最常被用于处置破产企业的法庭内手段，债务人财产一般会经过拍卖而变价出售，鲜有因出售或企业恢复营运而得到整体保存。多数中国人认为破产法是"死亡"法，是孕育结束的文化，"带有一种'到此为止'的'结束'刚性"[②]，却忽略破产法还是"再生"法，其中的重整制度具有妙手回春的品格。比如，2017 年我国新增重整案件仅有 548 件，而同期全部新增破产案件为 9542 件，重整案件适用率约为 5.8%。[③] 当然，存在因重整程序设计缺陷，当事人选择更优途径解决纠纷的可能，不过这些问题可归因于破产成本及期间，并非重整程序独有。债务人资产落得被分割出售境地的其他原因，包括兼并重组市场不发达，参与活跃度和市场流动性不足，并购双方匹配困难；债务人资产利用的理念落后，债权人以尽快回收债权为常态，没有理解整体留存的运营资产反倒实现其更多获益；对收购方的鼓励机制欠缺，受让方盈利面临较大风险的同时还须承受巨额负债，得不偿失。在传统破产理念影响下，债务人资产并未得到充分利用。

世界银行《营商环境报告》中的回收率指标根据办理破产程序的时间、成本与诉讼结果综合得出。回收率越高，表明破产成本越低，资产利用率越高，破产程序越完善。我国破产程序回收率始终徘徊在低位，破产程序呈现高成本、低收益的特征，破产程序对当事人而言并非雪中送炭，只是其面临债务困境的无奈之举。如果破

---

① World Bank Group, Doing Business 2020: Training for Reform (Economy Profile: China), p. 105, http://www.doingbusiness.org/content/dam/doingBusiness/country/c/china/CHN.pdf, 2019 -11 -03。

② 李曙光、郑志斌主编：《公司重整法律评论》（第 5 卷），法律出版社 2019 年版，序第 2 页。

③ 并无官方发布的重整案件数据，本文的数据乃通过整理《人民法院报》的公告获得，可能会因多方原因致公告缺失或信息有误。全部新增破产案件数据来源于刘贵祥、贺小荣：《人民法院优化企业破产法治环境、服务经济高质量发展新闻发布会》，载 https://www.chinacourt.org/chat/chat/2018/03/id/49202.shtml，最后访问日期：2019 年 6 月 7 日。

产程序中资产利用现状得不到改善，破产制度对危困企业的吸引力仍然微乎其微，破产法促进社会信用流转、保障企业再生、实现市场主体优胜劣汰的功能便难以充分展现。

**（三）债权人监督程序失灵**

将破产法律制度比喻为支撑一国破产法治的骨骼系统，只有骨骼够硬，破产法治才能健康发展。从我国“破产框架力度”指标各项得分观察，我国破产法条文并没有实现全副武装到“牙齿”的“硬度”，“重整程序”和“债权人参与”指标在近年改革中仍缺乏适应国际标准的点睛之笔。这两项指标的失分项与我国破产法对债权人的保护程序不够完善息息相关。

“对债权人利益的保护是传统破产法的基本精神和理念，甚至是传统破产法的惟一使命。”[①]为更好地维护债权人利益，破产法通常会赋予债权人破产管理人任命权、重要事项决策权与重整计划表决权等具体权利，而不是单纯地将破产程序的监督权交给管理人或法院。世界银行专家在评估过程中，倾向于对赋予债权人监督破产程序权利的国家打出高分。我国因没有合理地赋予债权人参与重整计划决策的权利，使得债权人无法以投票方式监督重整计划对自身利益的分配，一直没有获得“重整程序”指标中“表决权主体”的分值。此外，我国破产程序中，因为债权人始终无法监督破产管理人的选任和参与重要事项的决策，多年来也与“债权人参与”指标中“管理人任命权”和“重要事项决策权”两项得分无缘。

债权人权益受到调整是其获得表决权的逻辑前提。以无关人士的表决结果观察：若表决赞成，花费成本征求他们的意见属于多此一举；若他们表决反对，由于重整计划草案不涉及这些“外部人”的切身利益，他们的表决缺乏合理解释。[②] 切身权益受到现实冲击的债权人，因承担牺牲自我而换取企业重燃转机的后果，赋予这些债权人对重整计划草案说“不”的权利，符合公平原则；与重整计划执行结果毫无关联的债权人，无须顾忌他们的感受，不应当赋予他们干涉他人命运的权利。依据我国《企业破产法》第 82 条，包括有担保债权人、拖欠工资等的职工、拖欠税款的税务机关、普通债权人，都可以表决重整计划草案。比如，截至 2019 年底，我国全部 61 起上市公司重整案件中，仅有科建股份重整案、中银绒业股份重整案、庞大汽贸集团重整案、莲花健康重整案 4 起案件因职工债权完全受偿而不设职工债权组，其他

---

① 李永军：《重申破产法的私法精神》，载《政法论坛》2002 年第 3 期。

② See Maurice Axelrad, Voting Rights of Creditors and Stockholders in Chapter X Reorganizations, 105 *University of Pennsylvania Law Review*, 692 – 701 (1957).

案件中只要有职工债权或税务债权，即使这两类债权得到全额清偿，权益没有受到丝毫影响的职工债权人和税务债权人，也享有对全部重整计划草案的表决权。再如，在32起上市公司重整案件中，普通债权人组内出现分段递减式清偿现象，债权人在最低段位的部分清偿比例为100%，这些得到全额受偿的普通债权人仍然对重整计划草案享有表决权。这相较"办理破产"指标中的最优模式，即剥夺权益没有被重整计划草案改变或影响债权人的表决权，还有不少差距。2019年《破产法司法解释（三）》弥补了表决权主体的问题，规定"对重整计划草案进行分组表决时，权益因重整计划草案受到调整或者影响的债权人或者股东，有权参加表决"，却令人惊异的未被世界银行认可。任何人在受到公权力不利行为的影响时，有获得告知、说明理由和提出申辩的权利。世界银行此项评估要求的"权利被设计改变或影响的债权人才有权表决重整计划草案"不仅仅包括表决权的行使，还应当涵盖债权人的异议权，特别是债权人对重整计划可行性的异议权。重整计划作为实行重整的关键，遗漏对权利人的异议救济途径，将不当剥夺债权人利益，无法对重整程序的顺利展开有效监督。对比在重整单项获得满分的国家，美国在《联邦破产程序规则》第9024条规定，重整计划即使通过，也可由利害关系人在裁定作出后180日内申请撤销；日本《公司更生法》第232条规定，在法院裁定重整计划时，管理人、公司、债权人、股东、因更生而负担债务者或提供担保者等利益相关人，可以就更生计划陈述认可或不认可的意见。早在2000年6月《企业破产与重整法（草案）》中，我国便要求在法院裁定批准重整计划前，应当开庭审理，听取管理人、监督人、当事人及有关部门和专家的意见。[①] 只是在《企业破产法》的正式文本中因为程序的繁琐而删除。面对我国"表决权主体"指标多年来未有提升的窘境，增加表决权主体对重整计划可行性的异议权或能够带来柳暗花明的效果。

我国在破产框架力度指标部分表现最为糟糕的是债权人参与指数，在4项要求中除"决议反对权"、"信息获得权"符合要求外，其他2项均失守。理性来看，世界银行"办理破产"所采取的指标体系，更多是破产行业2.0时代的标准，但我们还在1.0时代苦苦跋涉。[②] 在国际破产立法向着更为注重各方利益协同并举的演进趋势下，我国基础性的债权人保护工作做得还不够扎实，实属不该。具体分析之，《企业破产法》第22条明确了管理人应当由法院指定，债权人会议认为管理人不能依法、

---

① 《中华人民共和国企业破产与重整法（草案）》第106条。

② 参见陈夏红：《如何看待我国"办理破产"排名的下降?》，载 https://www.thepaper.cn/newsDetail_forward_2632344 /11/15/2018，最后访问日期：2019年6月8日。

公正执行职务或者有其他不能胜任职务情形的,可以申请人民法院予以更换。注意,债权人会议对管理人的任命仅享有申请更换权,并没有任命、批准或拒绝的权利,这直接与“办理破产”指标的要求相悖。债权人会议的职权包括通过债务人财产的管理方案、通过破产财产的变价方案以及通过破产财产的分配方案,从中难以推导出债权人享有对债务人大量重要资产出售的决定权。《破产法司法解释(三)》规定管理人处分债务人重大财产的,应当事先制作财产管理或者变价方案并提交债权人会议表决,债权人会议表决未通过的,管理人不得处分。该规定有效地填补债权人会议职权的纰漏,但成为财产方案的表决主体仅意味着其可以通过或否决变价方案,而无法更改财产方案。毕竟,除对财产方案享有投票权外,债权人重要事项决策权的重要内容还包括参与制定重大决策、对决策内容提出异议及更改的权利。因此,《破产法司法解释(三)》对债权人会议职权的理解尚显片面。当债权人被赋予重整计划制定参与权、异议救济权时,“债权人参与”指标的要求才在我国真正落地,法院主导型的破产监督失灵才能发生质变,作为破产企业新控制者的债权人才能更好地监督破产程序。

## 四、观念纠偏:以破产效益为本位的理念革新

效益即资源配置价值最大化,是衡量一切法律乃至所有公共政策适当与否的根本标准。① 破产法并不直接产生效益,其效益体现在以较低的破产成本获取最大的资产收益。破产成本与资产收益贯穿破产程序始终,是检验破产程序适当性的标尺。我国破产程序成本较高,债务人一般面临肢解的命运,债权人的债权回收率自然较低,破产程序对经济社会的整体效益不佳。破产法的进化应当顺应经济发展规律,提高债务人业务经营收益;以破产效益为核心,提高债权人在破产程序中的参与度,充分发挥债权人参与破产的积极性、主动性,保障债权人的决策权、选任权。破产法的理念革新应当从瓜分债务人剩余资产的落后观念向盘活债务人有效资产的效益观念转变,着力保留破产资产的整体运营,从本源上解决债务人的经营困境,提高债权人的受偿份额。

### (一)破产法理论的市场化导向

政府与市场的关系是经济治理中永恒的话题,我们一直在不完善的市场和不

---

① 参见[美]波斯纳:《法律的经济分析》(上),蒋兆康译,中国大百科全书出版社1997年版,第13页。

完善的政府以及二者不尽完善的组合之间艰难抉择。① “市场化破产在本质上是指企业是否破产、何时采取破产行动，完全由市场决定。凡市场经济发达国家，都有发达的市场化破产制度保驾护航。”②破产法是保障完全丧失竞争力的市场主体及时退出，尚存生产能力的市场主体得到救济再生的最后一道屏障。我国在 2006 年制定《企业破产法》时，强调破产法的立法宗旨是“维护社会主义市场经济秩序”，在立法文本上针对市场化做出了大量全新的制度设计。然而，在《企业破产法》实施过程中，我国破产法在市场化的道路上还有较长的路要走。破产程序中行政权与司法权错位，法院行政管理与司法审判职能混淆现象时有发生，政府对企业的“软预算约束”层出不穷。再如围绕有担保债权与劳动者拖欠工资在破产程序中清偿顺位的争议，致使我国《企业破产法》延迟颁布 2 年。最终，政策性破产时优先对待职工的做法让位于优待有担保债权人，这为有担保债权人提前锁定了风险，激励其大胆为企业提供资金。不过，《企业破产法》实施 10 年有余，人们对企业破产以及破产法的认知仍然没有根本改观。一提到破产，人们脑中呼之欲出的是生产凋敝、劳动者失业以及随之而来的群体性上访、社会不稳定等破产引发的“瀑布效应”。错位的破产观念与文化累加，致使在处理企业经营失败的外部化问题时，人们往往呼吁政府的大力干预，将为企业职工纾困解困、保障社会秩序的问题置于优先序列。③面对这些破产制度在我国适用中的痛点，回归破产市场化，建立市场化的破产法才是解决正道。

在充分总结实践经验的基础上建立市场化、法治化、常态化的解决机制是破产法实现市场化实施的关键，是深化市场经济体制改革中必须解决的问题。④ 广东、江苏、浙江等地破产审判庭在破产实践中坚持市场化导向，实现破产审判从粗放政策导向型向精细型市场导向型的转变。⑤ 归纳各地成功经验，破产法实现市场化是我国提升破产回收率，改善营商环境的必由之路。破产法的市场化改革包含监管机关理念的嬗变与破产环境的优化两个维度。当前，我国破产法治实践中，法院和行政机关主导破产进程。公权力规制破产程序中的不法行为时，难免会抑制市场

---

① 参见[美]查尔斯·沃尔夫：《市场或政府——权衡两种不完善的选择》，谢旭译，中国发展出版社 1994 年版，第 5 页。

② 王福祥：《论市场化破产及其实施机制》，载李曙光、郑志斌主编：《公司重整法律评论》（第 1 卷），法律出版社 2011 年版，第 27 页。

③ 参见张钦昱：《僵尸企业出清新解：强制注销的制度安排》，载《法学杂志》2019 年第 12 期。

④ 参见王新欣：《论破产法的市场化实施》，载《人民法院报》2017 年 12 月 6 日。

⑤ 参见徐阳光：《关于〈企业破产法〉的回顾与展望——第八届中国破产法论坛暨〈企业破产法〉实施十周年纪念研讨会述评》，载《法律适用》2017 年第 19 期。

积极性,难以充分发挥破产资产价值。为此,应当推动"府院联动"机制,转变行政机关监管理念,以市场化、法治化手段引导市场主体及时退出,促进重整企业资产盘活,维系企业生产力,激发盈利潜质。破产程序应当适应新技术的发展,比如健全全国性重整网络平台与破产资产网拍平台,弥补投资人与债务人的信息不对称,构建良好的信息传导环境,降低交易成本。需要健全破产财产专业管理的人才市场,利用行业专家的知识、信息优势,迅速对接不同层次主体需求,让资产自由地根据供给与需求流动,最大化实现破产资产价值。

### (二)债权人参与监督的常态化思维

伴随着《企业破产法》的颁行,破产法理念经历重大变革,从单一的债务集中清偿程序发展成为企业拯救、风险分担与疗治经济创痛的市场经济基本法。[①] 作为债务无法清偿的投资风险最终承担者,债权人一直是破产法保护的重要支点。

按照1990年诺贝尔经济学奖获得者米勒的观点,在企业无力还债时,应当认为企业股东已经丧失了对企业的权益,从而其所有者资格也失去了存在基础,企业的债权人应当成为新的企业控制人;因为股东在公司的净资产低于零后,由于有限责任制度的保护,往往采取高风险投资博取高利益的行为,如果不加以限制,很容易损害债权人的利益;而债权人为了降低回收投资风险,比股东更有动力选择有助于企业实现价值的破产解决方案。[②] 激励债权人积极参与监督,将债权人参与监督的思维贯穿于制定破产法律制度全过程,确保债权人享有充足的监督权、参与权,实现程序民主,是破产制度改革中亟需的重要当代破产法治理念。破产程序的重要任务是广泛吸收债权人参加破产程序,有效完成破产程序。债权人的公平受偿的目标要求保障利益相关者,尤其是债权人,能够参与到破产程序中来,有效发挥监督作用。[③] 倘若债权人缺乏对破产事务的监督,债权人会议会沦为对事前已经形成的诸如重大资产处置决策的通知,债权人委员会的监督权成为具文,债权人权益便落入任人宰割的境地。破产法追求符合市场经济利益的债务调整方式。当债权人监督权被束之高阁,债权人利益无法在破产程序中得到保障时,投资者为防止债权无法回收,在未来决策中势必更加保守,会将自有资金优先投向具有足够信用背书的大型企业,这使得本就融资坎坷的中小企业雪上加霜,而这些最为渴望资金的中小企业恰恰代表新经济的希望。任何削减债权人破产事务监督权、重要信息知情

① 参见贺丹:《市场化的破产法与破产法的市场化》,载《人民法治》2017年第11期。

② 参见许德风:《破产法伦——解释与功能比较的视角》,北京大学出版社2015年版,第85页。

③ 参见杨忠孝:《破产法上的利益平衡问题研究》,北京大学出版社2008年版,第97页。

权的法律设计都不适合继续存在破产法律的语境中,保障债权人在破产程序中的监督才是符合破产法效益目标的不二法则。

为推行债权人参与监督的常态化思维,协调债权人、管理人与法院之间的职权配置,重塑债权人控制权,提高破产制度效用,立法机关应当明确厘清债权人会议的职权,健全债权人异议救济制度,确保债权人畅通便捷行使监督权,完善破产管理人对债权人的信义义务,扩充债权人在破产程序中的话语权,将保障债权人参与监督的常态化机制深刻地融入破产法的每一个条文。执法、司法机关须转变思维,允许债权人会议利用现代网络通讯技术等形式召开,尽可能地为债权人参与监督创设途径,着力保障债权人的参与权。

**(三)运营资产至上的整体化观念**

在破产法的理念由刑罚惩戒、建立债权人的有序清偿秩序转换到现代的以企业复兴为导向后,肢解企业资产,将其价值分配给债权人不应再成为唯一选择。破产企业如果能够不拆分出售财产,而是以整体出售等方式维系运营价值,就能够更好地发挥资产组合所带来的远超单独出售的正向协同效应,为债权人带来更高的破产回收率。具体来看《营商环境报告》的要求,"办理破产"指标中的"破产结果"指标只有0分和1分两个选项,分别对应企业的破产处置结果为分拆销售和持续经营。由此可见,只有最大化地维系企业的运营价值,才是世界银行所认可的"好"破产制度。"办理破产"指标单项成绩优异的国家也大都秉持持续经营的观念。在比中国"办理破产"指标排名更为靠前的51个国家中,只有包括中国在内的不到20%国家对破产企业的处置结果为分拆销售。

企业从组建到营业需要花费周折。"多证合一,一照一码"、"证照分离"、登记电子化改革如火如荼地展开,企业仍须成功获得融资、购买资产、招募培训员工等前期筹备始得成立。"打江山难,守江山更难。"企业必须持续开拓创新,维系生产供货链条,赢得消费者青睐,积淀商誉,上市公司还要维持昂贵的信息披露等成本。企业的整体运营资产不仅包括厂房、土地、机器等实物样态存在的有形资产,精通企业业务的骨干、多年积累的商誉和既有的商品供销网络等都是企业在市场竞争中的有力武器。倘若公司破产清算,财产被变价出售,供销网络瓦解,有机的企业生态系统分崩离析,将各种要素聚合、打磨、糅合在一起发挥最佳合力的"无形"价值随之消逝。企业的其他隐形财产或也出现减损,比如破产清算企业的应收账款较之正常企业更难回收。① 也就是说,对于同样的资产,零散出售会比持续运营的价

① Mark S. Scarberry et al., Business Reorganization in Bankruptcy, West Group, 2006, p.1.

值低得多,这就是企业运营资产的魅力。

我国当前已然重视重整程序的价值。最高人民法院主管破产审判的领导即指出"要改变重清算轻重整的观念"[①]。"重整以企业拯救为首要目标,建立被重整债务人的营业保护机制、维系债务人营业并进行拯救是重整制度的重要内容。"[②]如果说重整程序是以重振旗鼓的方式促使企业资产焕发生机,企业资产的整体出售则似改旗易帜,让更有能力的所有权人接管资产,拯救企业的存续业务。在我国破产法实践中也有一些对企业资产整体出售的重整案件,为推广运营资产至上的整体化观念提供了良好的示范效果。在国内第一起"出售式"重整成功案例——山东淄博钜创纺织品有限公司破产重整案中,钜创公司没有选择分拆销售公司资产,而是选择将自身具有活力的高档花式弹力牛仔布、服装等主营业务售让他人,使其核心业务能够完整留存。[③] 由此,职工利益得到完全保障,银行债权得到较大维护,普通债权人得到相应比例受偿,实现了各方共赢的良好结果。我国应当在持续加大重整程序适用力度的基础上,向债权人宣传整体存留的运营资产会带来更多利益回报的理念,进一步明确在债务人资产处置过程中,留存债务人营业,保持债务人业务的完整,最大程度地实现该资产价值的最大化。

## 五、重构进路:以点破面的系统化创新

破产法律制度是维护破产参与人合法权益,服务结构性改革,构建高效透明市场化经济的重要保障。作为营商环境的世界性展示,《营商环境报告》是近年来我国破产法改革一直努力对标的方向,人民法院破产审判工作也与优化营商环境中的"办理破产"指标密切相关。[④] 在进一步精进破产法律制度的过程中,应当直面《营商环境报告》中我国的特殊问题,结合当前中国改革发展国情,坚持全面统筹与以点破面改革相统一的方法论,双管齐下推动我国企业破产法治环境的优化。

---

① 参见李洪鹏、于忠洋:《最高法:破产重整要改变重清算轻重整的观念》,载《法制晚报》2017 年 11 月 15 日。

② 王卫国:《破产法精义》,法律出版社 2007 年版,第 210 页。

③ 参见徐阳光、何文慧:《出售式重整模式的司法适用问题研究——基于中美典型案例的比较分析》,载《法律适用(司法案例)》2017 年第 4 期。

④ 参见最高人民法院民事审判第二庭编著:《最高人民法院关于企业破产法司法解释(三)理解与适用》,人民法院出版社 2019 年版,前言第 3 页。

## (一)“办理破产”指标的内化选择

一国破产环境影响本国企业退出市场的效率和企业涅槃重生的成本。良好的破产环境,在企业生长期有利于市场信用体系的建立,降低企业融资成本;在企业成熟期,有利于企业规划未来发展方向;在企业困境期,能够保障债权人的财产利益,提升债务人对企业重生的信心,减少企业再建的后顾之忧。

在破产法改革上,诸多国家或地区以“办理破产”指标为标准,调整其改革方向,进一步加深了破产法的趋同性。2018 ~ 2019 年,14 个国家或地区对标“办理破产”指标,对其破产法体系实施改革。近年来,我国持续优化市场的营商环境,2019 年我国营商环境排名跃升至第 31 位,但“办理破产”指标在 190 个经济体中排名第 51 位,排名落后于营商环境总体排名。我国破产环境并没有为市场经济“创收”,反而拉低了营商环境的整体表现。自 2011 年起,我国破产法领域颁布了系列法规,旨在改善我国破产环境,但一些改革探索并未得到世界银行认可,对破产环境的改善也收效甚微,时常造成破产企业无法可依的局面。比如,我国在 2019 年颁布实施的《破产法司法解释(三)》,其在“重整程序指数”上的改革就未得到世界银行的确认。

我国对标“办理破产”指标的改革具有政策、经验、立法等方面的支持。自 2018 年以来,中央多次在会议上强调需为我国市场经济与行政体制改革营造良好的营商环境,营商环境的建设成为这两年政府工作的重点内容。遗憾的是,当前我国的改革措施多集中于开办企业便利化、压减许可审批、创新监管及政务服务建设,较少涉及“办理破产”指标的优化。我国应在破产法改革中以“办理破产”指标为锚点,补齐营商环境短板。

在各国破产法纷纷对标“办理破产”指标的国际大背景下,我国在破产法修改引入“办理破产”指标,具有丰沛的国际实践经验。“新冠”疫情期间,我国服务业、制造业等行业遭受冲击,可以预见会有更多的危困企业面临债务危机,进入破产程序。因疫情而陷入危机的企业,并非唯有“清算消亡”唯一路径的选择,①破产法需为这类企业提供丰富与多元的制度工具。此外,跨境破产、关联企业破产、金融企业、自然人等特殊主体破产等新问题层出不穷,破产管理人协会制度、预重整制度、执行转破产制度与企业破产专项基金等新制度悄然新生。现行《企业破产法》在原制度上的小修小补不过是扬汤止沸,破产法改革应当对标“办理破产”指标,接受结构性重组。

① 参见李曙光:《破产审判助推抗击疫情》,载《人民法院报》2020 年 4 月 2 日。

### (二)“办理破产”指标的本土进路

1. 建构高效透明的破产程序

破产程序是处置“僵尸企业”、化解过剩产能、推动经济发展质量变革的利器。①高效透明的破产审理程序无疑是推动破产法治前行的程序之手。

第一,简化破产审理程序,提高审理效率。令全部市场主体不加区分地适用同一套破产程序符合公平原则,却因忽视了企业彼此的区别而产生实质的不公。世界范围内95%的企业是中小企业。② 中小企业一般规模不大、财产不多、债权债务关系不复杂、案件审理难度不高,若按部就班地走完破产程序的各个阶段费时耗力,对深陷泥潭的中小企业是一种煎熬,诸多企业甚至出现“跑路”现象,企业债务没有清理,浪费宝贵的司法资源。有学者就曾亲眼见过多个破产案件拖得时间太长,以至于车辆等财产因多年长期露天放置而导致最终全部报废的结果,确实令人痛心。③

“小公司破产案件中评判破产制度好坏的基准不是被拯救的企业个数,而是看破产法是否有效并能快速解决问题。”④应当设计破产案件简易审理机制,依据案件难易程度实施繁简分流,以全方位提升破产债权的回收率。我国早在2000年6月全国人大财政经济委员会形成的破产法修改草案中,即用专章规定了简易程序。只是因为有学者认为简易程序主要适用于自然人而非法人、破产案件与一般民事案件相比仍较为复杂、当事人因一裁终局难获救济等理由,遂在最终的立法文本中被删除。⑤ 为提高破产案件审理效率,纾解破产成本高、效益低的弊端,国家发展改革委员会、最高人民法院等十三部委于2019年6月印发《加快完善市场主体退出制度改革方案》指出“研究建立主体强制退出制度,完善相关法律法规,对……市场主体,依照法定程序实施强制退出”。该方案明确了强制注销制度的法律地位,以“程序正义、行政干预少、实施成本低”理念,为僵尸企业的市场出清开辟新思路。⑥ 同时,全国各地近来展开破产案件简易审理的改革,比如上海市高级人民法院于2018年印发《关于简化程序加快推进破产案件审理的办案指引》(以下简称“上海破产指

---

① 张钦昱:《论公平原则在重整计划强制批准中的适用》,载《法商研究》2018年第6期。

② International Bank for Reconstruction and Development & The World Bank, Report on the Treatment of MSME Insolvency, World Bank Publications, 2017, p. 5.

③ 参见徐建新主编:《破产案件简化审理程序探究》,人民法院出版社2015年版,第63页。

④ [美]道格拉斯·贝尔德:《破产重整的新思维》,张钦昱译,载李曙光、郑志斌主编:《公司重整法律评论》(第1卷),法律出版社2011年版,第390页。

⑤ 参见王利明:《关于制定我国破产法的若干问题》,载《中国法学》2002年第5期。

⑥ 张钦昱:《僵尸企业出清新解:强制注销的制度安排》,载《法学杂志》2019年第12期。

引”)，对吊销未注销企业、当事人协商同意、债务人资产较少、债权人数量不多等破产案件采取简化审理程序。破产程序的简化主要体现为缩短时限、精简机构、鼓励信息化等特点。关于破产程序审理时限的缩短，“上海破产指引”规定，简化审理程序的破产案件立案、审查、受理的期限不得延长，一般于裁定受理之日起 6 个月内审结。江西省高级人民法院于 2018 年印发的《企业破产案件审理规程(试行)》规定，债务人符合宣告破产条件的，法院应当自收到申请之日起 5 日内裁定宣告破产；债权申报期限原则为 30 日，最长一般不超过 45 日。关于破产程序中有关机构的简化，深圳市中级人民法院于 2015 年印发的《破产案件审理规程》(以下简称“深圳破产规程”)规定，适用简易程序审理的破产案件一律不设立债权人委员会。

第二，加快破产信息化进程，降低程序成本。“公司破产案件是昂贵的，甚至可以说，真是太贵了!”①破产程序的成本与债权人的债权回收是此消彼长的关系。不菲的破产成本还会对破产程序的适用产生“挤出”效应，债权人会考虑选择替代解决机制。在重整程序语境下，即使债务人最终顺利走出阴霾，高昂的程序耗费也会成为重整制度广为诟病的原因之一。比如，有学者统计 75 家重整公司，得出破产重整程序的直接成本为债务人资产的 3.93%。② 加快破产信息化建设，是解决高昂破产成本与由此带来的挤压回收率上升的有力手段。“深圳破产规程”规定可以采用传真、电子邮件等简便方式送达相关文书；管理人可以通过网络拍卖方式处置破产财产。最高人民法院于 2016 年印发的《关于进一步做好全国企业破产重整案件信息网推广应用工作的办法》(法〔2016〕385 号)规定，人民法院对破产案件信息应以公开为原则，应当告知当事人可以通过破产重整案件信息网行使相关权利，查阅案件信息。《破产法司法解释(三)》规定债权人会议的决议除现场表决外，可以采取通信、网络投票等非现场方式进行表决。我国应当顺应实践需要，健全全国层面的法律法规体系，推动破产程序信息化的正当性、法定性、专业性，从根本上提升债权的回收率。

2. 提升破产企业的营运价值

债务人企业营运价值的保留，是“办理破产”指标评估破产结果的关注焦点，能够维持企业持续运营的国家可以获得破产结果指标的单项满分。营运价值是企业

---

① Matthew Adam Bruckner, Crowdsourcing (Bankruptcy) Fee Control, 46 *SetonHall Law Review*, 361 - 362 (2016).

② Brian L. Betker, The Administrative Costs of Debt Restructurings: Some Recent Evidence, 26(4) Financial Management, 56 - 69 (1997).

在持续营业状态下的整体价值,是包含无形资产与利益在内的资产组合价值。[①] 提升营运价值是资产再资本化的过程,即在市场交易中发现和实现营运价值,发现企业资产创造价值的潜力并使之具备融资能力,通过引进投资者以赋予困境企业新的信用支持,将困境企业的资产转变成能融资的资产。维持企业资产与就业的重整制度,是营运价值理论的实践成果。重整成功的企业自然而然地维持了企业营业状态,企业营运价值高于其净资产通过清算变价所能获得的回收价值。

在营运价值理论推广应用后,各国开始注重持续经营与整体资产对破产企业重整再生的影响,以重整程序提升营运价值成为各国提高破产回收率,完善破产制度与营商环境之路的不可或缺环节。2020 年《营商环境报告》记录了各经济体进行的 15 次使解决破产问题变得更加容易的改革。这些改革的一个共同特点是采用维持企业运营的重整程序作为现有清算程序的替代程序,重整程序可以防止面临财务困境却有偿付能力企业被清算退市。2018 年 3 月,最高人民法院发布的《全国法院破产审判工作会议纪要》也强调,破产重整的对象应当是具有挽救价值和可能的困境企业,人民法院参考债务人的资产状况、技术工艺、生产销售、行业前景等因素评估债务人的拯救价值与可能性。重整成功的破产企业能够恢复自身财务状况与生存能力,重生为具有市场竞争力的健康企业。

为提升破产企业运营价值,拯救具有存续经营能力的困境企业,除重视重整程序价值与宣传业务持续运营会带来更多利益回报的理念外,建立健全以保障企业继续运营为目标的破产重整法律制度也必不可少。近年来面对许多资产专用性较强或特殊资质的破产企业,为使这类优质资产能再生活力,避免拆分带来的效益减损,我国破产司法实践出现了多起以山东淄博钜创纺织品有限公司破产重整案为首的,将传统存续型重整制度与破产清算内容相结合的出售式重整案例。这一新重整形式通过出售破产企业整体或部分资产营业的方式助力企业业务经营延续,提高了破产企业重整成功率。因缺乏相关具体法律制度支撑,出售式重整能否成功实现业务经营的存续这一目标,在司法实践中仍是未知数。因我国特殊监管规则,重整投资人为了企业壳资源,会收购已没有任何营运能力却拥有金融牌照等特殊资质的破产企业,原破产企业则通过子公司或设立分公司的方式清算债务。[②] 企业营运价值并不等于保留债务人的"壳价值"[③],这种重整并没有实现原企业的持续

---

① 参见王卫国:《论重整制度》,载《法学研究》1996 年第 1 期。

② 参见徐阳光、何文慧:《出售式重整模式的司法适用问题研究——基于中美典型案例的比较分析》,载《法律适用(司法案例)》2017 年第 4 期。

③ 张艳丽:《破产重整制度有效运行的问题与出路》,载《法学杂志》2016 年第 6 期。

经营，于运营价值提升意义不大。有些以持续运营为目标的出售型重整在重整计划执行期间因不良信用记录，税费负担和各类债权人利益平衡等问题而履行不能，从而导致企业出现二次重整或破产清算。①

针对出售式重整司法实践中的持续经营困境，建立一套实际可行的完整法律保障，使出售式重整实质性地维持破产企业优质经营业务，整合优化破产企业的各种优质经济关系与资源是我国优化企业破产法治环境的创新选择。明确出售式重整的适用条件，筛选真正拥有整体或相对独立优质资产的破产企业，评估适格重整投资人。科学民主协商资产出售的合理价格，以公开透明的信息披露制度吸引多位投资人竞争，提升破产企业的再生价值。引入府院联动机制确保业务后续衔接，在行政司法与个人的合力推进下，扫清重整计划执行的企业不良信用，税费成本，职工安置等难题。

3. 多维保障债权人的参与权

第一，扩充债权人在破产程序中的参与度。

与《营商环境报告》要求各国赋予债权人重要事项的决策权不同，我国当前破产法律体系仅明确债权人享有表决财产管理或变价方案的权利，致使债权人参与重要事项决策低效，债权人最终控制权落空。将债权人重要事项决策权具体落实在法律文本中，应当规定管理人制定出售重大资产决策前须通知债权人会议等相关主体，在制定重整计划草案时应当保障利害债权人广泛参与、协商讨论，监督程序，以提高债权人会议决策通过率，有效维护债权人对破产财产的支配权。由于破产资产价值评估方法多样、市场环境多变、企业品牌价值浮动等因素，破产程序的当事人对企业重大资产的估值难以达成一致意见，债务人也会利用与债权人的信息不对称大量隐匿变卖破产财产，我国破产法应当在债务人出售重大资产前规定债权人有权请求中立的独立专业人员评估重大资产，阻止债务人与潜在投标人之间串通，以保障管理人提交的财产管理或变价方案公平合理，避免变价方案损害债权人合法利益。在更为重要的，《企业破产法》应当扩充债权人参与权的内容，囊括债权人对财产管理或变价方案异议的异议权，给予债权人在符合人数、程序等有关要件下享有更改方案的申请权，充分保障异议债权人的救济权利。

第二，加大破产管理人选任的自由度。

管理人需要决定债务人的内部管理事务，决定债务人的日常开支和其他必要

---

① 参见郭娅丽：《出售型破产重整司法适用的现实困境与突破思路》，载《兰州学刊》2020 年第 2 期。

开支,在第一次债权人会议召开之前决定继续或者停止债务人的营业,并且管理和处分债务人的财产。[①] 管理人在行使这些职权的过程中会涉及商业判断,存在犯错的空间,由其承担相应的责任当在情理之中。"在破产程序中法院起主导作用……管理人履行职责的终极目标,就是协助人民法院做好案件相关工作。"[②]鉴于管理人执行职务应当向法院报告工作,[③]法院成为管理人执业行为的背书人,法院将不得不卷入商业交易与安排。倘若发生决断错误,中立的法院该如何承担责任?

破产事务繁杂,挑战众多,应当由专业人士大展拳脚。破产案件的适格管理人,远非考取资格证书那般简单,也并非法院"按照管理人名册所列名单采取轮候、抽签、摇号等随机方式"[④]就可以"草率"决定,管理人应当具有与该案特殊需求匹配的专业技能、辉煌的执业经历与较佳的信誉口碑。事实上,2004 年的《企业破产法(草案)》曾规定,对法院指定的管理人,债权人委员会可以确认或另行选任。但是,基于每个债权人都想指定自己中意的管理人,有时会相持不下,难以及时选任出管理人,以及选任的管理人被大债权人操纵,在破产案件中不能保持公正地位等理由,正式文本还是在最终改为法院享有独家任命管理人的职权。[⑤]《全国法院破产审判工作会议纪要》提出要完善管理人队伍结构、探索管理人跨区域执业、实行管理人分级管理、建立竞争选定管理人工作机制等措施提升管理人职业素养和执业能力,尚未在管理人选任方面有所突破。未来在修改破产法时应当赋予债权人委员会依据案件具体情况自主选择管理人的权利,实现作为受托人的管理人为作为受益人的债权人管理债务人财产,达到受益人利益最大化的目的。

第三,加强债务人财务信息披露的透明度。

为彰显我国对债权人信息获取权利的保护,《破产法司法解释(三)》增加下述规定:"单个债权人有权查阅债务人财产状况报告、债权人会议决议、债权人委员会决议、管理人监督报告等参与破产程序所必需的债务人财务和经营信息资料。管理人无正当理由不予提供的,债权人可以请求人民法院作出决定;人民法院应当在 5 日内作出决定"。该条直面"办理破产"调查问卷的问题,连"单个"债权人的表述

---

① 《企业破产法》第 25 条第(三)~(六)项。

② 《中华人民共和国企业破产法》起草组:《〈中华人民共和国企业破产法〉释义》,人民法院出版社 2006 年版,第 104 页。

③ 《企业破产法》第 23 条第 1 款。

④ 《最高人民法院关于审理企业破产案件指定管理人的规定》(法释〔2007〕8 号)第 20 条。

⑤ 参见最高人民法院民事审判第二庭编著:《最高人民法院关于企业破产法司法解释理解与适用:破产管理人制度 · 新旧破产法衔接》,人民法院出版社 2007 年版,第 37 ~ 38 页。

都别无二致。

调查问卷关于"信息获得权"设计的问题具有两面性。"单个债权人有权获得有关债务人财务信息"不仅仅针对债务人、管理人等依申请公开信息的情形,还应当包括义务人主动披露信息的要求。比如,"办理破产"指标所依赖的基础性文件——联合国国际贸易法委员会《破产法立法指南》指出,"债务人在相当长的期间内而不仅仅是破产程序启动伊始,就其营业和财务信息具有持续披露的义务"。① 因此,《企业破产法》应当在第 15 条、第 25 条关于债务人义务、管理人职责的规定中,增加要求其向法院、债权人等真实、准确、持续、完整地披露相关信息的规定。重整程序中也须健全信息披露规则。特别地,在重整计划草案起草期间,应当给予债权人及时获取信息或参与其中的权利。否则,若债权人对重整计划草案不甚满意,其只能待表决时行使否决权,致使企业重整失败,债权人为重整程序的既有投入成为明日黄花,造成两败俱伤的局面。

4. 全面减轻企业的破产成本

我国破产成本方面表现欠佳,拉低"办理破产"指标排名。通过对指标的解构,在我国市场环境之下,影响我国破产成本偏高的主要因素在于居高不下的管理人成本和税收费用。

在管理人报酬方面,我国破产管理人报酬占债务人财产 5% ~10% ,而排名第三的日本,管理人报酬仅占债务人财产 1% 。据我国《企业破产法》与《最高人民法院关于审理企业破产案件确定管理人报酬的规定》,破产管理人的报酬由法院在 0. 5% ~15% 的范围内,按照超率累退法确定或调整破产管理人报酬。我国破产程序以法院主导,法官在确定管理人报酬时拥有较大的自由裁量权,法官更倾向于在法定比例内顶格确定管理人报酬,②这助推了高昂破产成本的产生。为规范法官合理确定管理人报酬,可以考虑适度缩小法官确定管理人报酬的区间,降低区间最大值,提高区间最低值,使得管理人报酬尽可能趋近于中位值。限制法官自由裁量权也应当量化自由裁量标准。我国破产法修改可制定管理人工作量化分析机制,以客观数据为依据,合理确定管理人报酬,建立管理人动态报酬机制。此外,我国税收法律制度并未对破产企业优待,在某些情况下,破产企业甚至会因税负过高而耗费大量时间、人力协调税收,降低了破产效率。以重整程序中出售不动产为例,债权人

① United Nations Commission on International Trade Law, Legislative Guide on Insolvency Law, United Nations Publication, 2005, p. 168.

② 参见李帅:《论我国破产司法能力的优化—以中日营商环境破产指标的对比为视角》,载《中国应用法学》2018 年第 5 期。

可以免征契税，而债务人可能因为不动产增值产生高额的土地增值税。我国税收法律制度不能及时适应破产法的需要，债务人税负较重，使得本就因资产不足而面临经营危机的债务人企业雪上加霜。为降低企业税收负担，建议针对破产的不同程序，在一定程度上予以税收返还，并将返还部分用于清偿企业债务。加强府院联动，地方政府、法院与税务机关应建立信息共享机制，加强沟通协调，合理调整破产企业涉税问题。

## 六、结语

"办理破产"指标并不展现一个商业领域营商状况的全貌，难免有以偏概全之嫌。[①] 但是，在该指标运转16年，已然成为世界各国和地区营商环境可比性权威依据的背景下，可以预见在较近的未来都难以有更为科学的指标能够对其取而代之。面对畅通企业退出市场通道的使命感、提升"办理破产"指标排名的压迫感，持续改善营商环境的迫切感，我们当前所能做的就是洞悉指标含义，比照考核要求排查我国破产立法与实践的不足，对症下药地逐一完善，尽快提升我国的排名。在这一场指标排名的游戏中，各国或地区都是务实者，会瞄准目标精准打击，避免胡乱打枪浪费立法资源。

2019年10月，我国出台《优化营商环境条例》，明确要持续优化市场经济活动"软环境"，对标国际先进水平，符合中国特色实践。2020年5月，中共中央，国务院出台《关于新时代加快完善社会主义市场经济体制的意见》，强调健全破产制度，实现市场主体有序退出，为社会主义市场经济体制改革强化法治保障。把破产指标纳入法治化轨道，以法治降成本、护自由、促效率，已经成为当前完善市场化退出机制，优化企业破产法治环境的以一持万之策。以系统性改革增强我国破产法律制度与社会主义市场经济体制的关联性与耦合性，主动创新强化新时代下的市场主体全生命周期法治保障，有利于推动包括破产法律法规在内的社会主义市场经济法治体系的整体协调施力，实现经济活力、创新力与竞争力整体高质量发展。

---

① See Gerard McCormack, Why 'Doing Business' with the World Bank may Be Bad for You, 19 *European Business Organization Law Review*, 649 - 676 (2018).

# 为何世界银行《营商环境报告》可能弄巧成拙？*

**杰拉德·麦考马克**

英国利兹大学国际商法教授，主要研究领域为商法、国际商法、法律协调、比较破产法、公司治理（特别是发展中国家）、银行法和财产法。

**翻译：朱天宇**

中国政法大学民商经济法学院经济法学专业硕士研究生。

本文批判性地探讨了法律对促进经济发展的作用，认为世界银行《营商环境报告》项目作为最具影响力的“法律与发展”议题，并不合乎其目的。世界银行《营商环境报告》项目及相应的排名体现了一系列意识形态与技术偏好，其与经济发展的关系并不确定。环境和文化敏感性在“现实”世界中都很重要，把复杂的问题简化为单一的排名不适合在法律框架内真正改善营商环境。

## 一、介绍

本文严厉地批判了政策制定者们目前所面对的最具影响力的法律和发展议题——世界银行《营商环境报告》项目。世界银行《营商环境报告》不合乎其目的，应被取代。

* 本文2018年刊载于《欧洲商业组织法评论》（European Business Organization Law Review）第19期。作者感谢英国经济与社会研究理事会（ESRC，the UK Economic and Social Research Council）全球挑战研究基金（Global Challenges Research Fund）资助了本文的部分研究。作者同时感谢包括赵景琛与张子年在内的各位同事，特别是Chuyi Wei博士在本项目中的付出。

长期以来,法律对促进经济发展所起的作用都是一个存在争议的问题。[①] 某些法律制度或许有助于促进经济发展,但是也很难说两者之间存在必然的因果关系。尽管如此,世界银行《营商环境报告》及相应的排名[②]还是在全球范围内吸引了政策制定者们的关注。例如,英国政府承诺未来将在世界银行的该项排名中跻身全球前五[③],而欧盟委员会则将一些欧盟国家相对较差的排名列为建立欧盟资本市场联盟的理由之一。[④]

《营商环境报告》强调,运转良好的法律和监管体系对构建高效的市场经济体系非常重要。一个糟糕的监管环境可能会对产出、就业、投资、生产力乃至居民生活水平产生诸多不利影响。《营商环境报告》密切关注法律和发展问题,其所使用的方法非常易懂,能为研究人员提供大量非常有价值的数据。然而,排名的编制方式却在鼓励各国对评分机制进行"博弈"。[⑤] 排名有意无意地体现了一系列特定的偏好,这些偏好与经济发展的关系并不确定。《营商环境报告》在很大程度上(如果不是完全的话)反映的是法律文本,而这些法律文本可能并不一定能反映出一个国家的实际情况。[⑥]

本文认为,由于《营商环境报告》在设计和实施过程中固有的理论和方法上的

---

① 相关主题参见 North DC (1990) Institutions, institutional change and economic performance. Cambridge University Press, Cambridge; Goodhart CA (1997) Economics and the law: too much one – way traffic? *Mod Law Rev* 60:1 – 22; Posner RA (1998) Creating a legal framework for economic development. World Bank Res Obs 13:1 – 11; Dam KW (2013) *The law – growth nexus: the rule of law and economic development*. Brookings Institution Press, Washington, DC。

② 参见 http://www. doing business. org/. 历年的《营商环境报告》均可从世界银行网站上免费下载,2018 年版《营商环境报告》,参见 http://www. doingbusiness. org/ ~ /media /WBG/Doing Business/Documents/Annual – Reports/English/DB2018 – Full – Report. pdf/,最后访问日期:2020 年 7 月 16 日。2018 年版《营商环境报告》发布于 2017 年 10 月 31 日,对各经济体的排名以 2017 年 6 月为基准。最近有关智利在《营商环境报告》中的排名的争议,参见 https://www. worldbank. org/en/news/statement/2018/07/11/world – bank – group – statement – on – external – audit – of – chiles – rankings – in – doing – business – report,最后访问日期:2020 年 7 月 16 日。

③ UK Insolvency Service (2016a), para. 2.3. 在保守党 2015 年的竞选宣言中提到了这一点。

④ Capital Markets Action Plan, COM(2015) 468. 关于世界银行的营商环境排名见于该行动计划的第 25 页:"2015 年版《营商环境报告》对各国的破产框架在 0 – 16 分的范围内进行了评分并排名,欧盟国家得分的简单平均数为 11.6 分,比经合组织高收入国家的平均数(12.2 分)要低 5%。其中,一些成员国的得分低于 8 分。"

⑤ 2016 年版《营商环境报告》在第 v 页前言中承认了这种博弈存在的可能性:"大学排名往往会导致大学试图与评分机制进行博弈,并将资源和努力从一些重要但无法测量的方面转移到能够追踪衡量却短视的任务上。"

⑥ 一项措施作为法律文本与实际适用在结果方面的差别参见 Hallward – Driemeier M, Pritchett L (2015) How business is done in the developing world: deals versus rules. *J Econ Perspect* 29:121 – 140。

缺陷,该报告不应继续存在,至少不能以目前的形式继续存在。2013 年,世界银行曾委托一个独立审查小组(Independent Review Panel)对《营商环境报告》进行审查,该小组的报告提出了类似本文的反对意见,慈善机构、援助机构和媒体评论员在也表达了同样的看法,态度也更为激进。① 本文深入研究了特定指标所使用的方法、指标与有疑问假设间的关系细节。过去,类似的工作曾在《营商环境报告》中的“纳税”指标和“雇用工人”指标中展开。② 本文则以不同的方法考察了《营商环境报告》中“获得信贷”与“办理破产”两项指标。③

含介绍在内本文共有八个部分。第二部分关注世界银行《营商环境报告》的背景,其起源可以追溯到 20 世纪 60 年代的法律与发展运动,更可直接追溯到 20 世纪 90 年代精英经济学者提出的“法律重要”假说。第三部分着重探讨了《营商环境报告》的影响和受重视程度,强调某些国家已经设立了高级别的委员会和工作小组,提高其在世界银行《营商环境报告》中的排名。第四部分详细介绍了对世界银行该项目的一些批评,包括 2013 年独立审查小组的报告。④ 第五部分研究了世界银行对这些批评所做出的回应,以及世界银行在方法上所做出的改变。第六部分关注“获得信贷”指标及其与某些国际组织所重视的一系列法律命题的密切关系,但这些国际组织经验的可靠性更值得质疑。第七部分对“办理破产”指标进行了同样的研究。第八部分是本文的总结。

## 二、《营商环境报告》及其起源

《营商环境报告》是一个营商环境便利度的指数和相应的排名体系,旨在对世

① “Business as usual: World Bank rejects Doing Business reforms”, at http://www.brettonwoodsproject.org/2014/06/business-usual-bank-rejects-business-reforms/,最后访问日期:2020 年 7 月 16 日。“A bad business: Bank divisions on Doing Business revealed”, at http://www.brettonwoodsproject.org/2013/10/badbusiness/,最后访问日期:2020 年 7 月 16 日。

② Davis KE, Kruse MB (2007) Taking the measure of law: the case of the doing business project. *Law Soc Inquiry* 32:1095 - 1119; Deakin S, Lele P, Siems MM (2007) The evolution of labour law: calibrating and comparing regulatory regimes. *Int Labour Rev* 146:133 - 162; Lee S, McCann D, Torm N (2008) The World Bank's ‘employing workers’ index: findings and critiques—a review of recent evidence. *Int Labour Rev* 147:416 - 432; Bakvis P (2009) The World Bank's Doing Business report: a last fling for the Washington consensus? *Eur Rev Labour Res* 15:419 - 438; Sarfaty GA (2009) Why culture matters in international institutions: the marginality of human rights at the World Bank. *Am J Int Law* 103:647 - 683.

③ 有关另一个指标的考察参见 Lin L, Ewing - Chow M (2016) The Doing Business index on minority investor protection: the case of Singapore. Singap J Legal Stud 46 - 69。

④ Independent Panel Review of the World Bank Doing Business report (Washington DC, World Bank, 2013). 该小组由南非前财政部长特雷弗 · 曼纽尔(Trevor Manuel)担任主席。

界各国影响企业开办和运营的法规进行评估和衡量。这一排名的前提是假设各国的日常经济活动是由法律、法规和制度安排决定的。2004 年以来,各国营商环境便利度排名每年都由世界银行以报告的形式发布。① 在最初的版本中,世界银行《营商环境报告》通过 5 组指标衡量了 145 个经济体,②而在最近的 2017 年,报告通过 11 组指标衡量了 190 个经济体。③ 每个经济体都要根据单个指标进行排名,同时也要根据其中的 10 个指标得分在一个总表中进行排名。④ 这些报告和排名都是基于这样一种理念:更明智的商业法规能够促进经济增长。这些商业法规以高效的监管环境和健全的金融市场基础设施为标准,包括简单直接的商业登记程序、有助于关闭困境企业的程序以及对其中具有拯救价值者的重整程序。在 2018 年版《营商环境报告》中,总排名前 10 的经济体依次是新西兰、新加坡、丹麦、韩国、中国香港特别行政区、美国、英国、挪威、格鲁吉亚和瑞典。⑤ 但是,该排名并未直接衡量那些可能有利于营商活动的更一般的因素,如一国的地理位置,包括是否接近大型市场;基础设施硬件的质量以及犯罪、腐败和内部动乱的发生率。"在设定每一个指标所关注的各项因素时,即使是《营商环境报告》中相对涉及范围较小的指标,所关注的各项因素也并非面面俱到。"⑥

在编制数据时,《营商环境报告》依赖于四个主要信息来源:法典和有关行政手

---

① Djankov S, McLiesh C, Klein MU (2004) Doing business in 2004: understanding regulation. World Bank publications, Washington, DC. 关于该项目背景的简要讨论,参见世界银行首席经济学家保罗·罗默(Paul Romer)在 2017 年版《营商环境报告》第ⅳ页的前言中的论述,更多详情参见 Djankov S (2016) The Doing Business project: how it started: correspondence. *J Econ Perspect* 30:247 – 248。保罗·罗默教授已经辞去了他在世界银行的职务,他辞职的背景参见 https://www.worldbank.org/en/news/statement/2018/07/11/world – bank – group – statement – on – external – audit – of – chiles – rankings – in – doing – business – report,最后访问日期:2020 年 7 月 16 日。

② 最初的指标是创业、雇用和解雇员工、执行合同、获得信贷和关闭企业。

③ 参见 2018 年版《营商环境报告》,第 1 页;经济体排名见 http://www.doing business.org/rankings。

④ 参见 2018 年版《营商环境报告》第 11 页:"虽然《营商环境报告》并没有在劳动力市场监管指标上列出各经济体的排名……但它确实提供了有关这些指标的数据。"有关对《营商环境报告》过去对劳动力市场监管采用的方法所提出的批评参见 Benjamin P, Theron J (2009) Costing, comparing and competing: the World Bank's Doing Business survey and the bench – marking of labour regulation. In: Corder H, Bleazard J, Glazewski J (eds) Global administrative law: development and innovation. Juta, Cape Town, pp. 204 – 234。

⑤ 参见 2018 年版《营商环境报告》第 4 页,该排名同时注明:"2018 年的营商环境排名以 2017 年 6 月为基准,并以各经济体在总排名的 10 个指标中与前沿水平的差距的平均值(DTF)为基础。" 2016 年版《营商环境报告》第ⅳ – ⅵ页和 2017 年版《营商环境报告》第 1 ~ 5 页解释了该方法的演变。

⑥ 参见 2018 年版《营商环境报告》,第 13 页。

册中的有关法律法规;《营商环境报告》在相关国家的受访者;相应的政府部门;世界银行集团的区域性工作人员。《营商环境报告》团队与大量受访者进行广泛交流,以期将计量的误差降至最低。由于《营商环境报告》重点是法律和监管安排,这些受访者主要都是法律专业人士,因为他们被认为最有可能掌握相关知识。公司是不会直接接受调查的。①

从基本方法上来说,《营商环境报告》和排名是基于"法律起源"、"法律与金融"和"法律重要"理论的精密结合。这种方法是一个由拉斐尔·拉波塔(Rafael La Porta)、弗洛伦西奥·洛佩兹·德·西拉内斯(Florencio Lopez - de - Silanes)、安德鲁·谢莱弗(Andrei Shleifer)和罗伯特·维什尼(Robert Vishny)等金融经济学家组成的领导小组在20世纪90年代开发的。②《营商环境报告》的思想起源更为久远,可以追溯到20世纪60年代美国的"法律与发展"运动。"法律与发展"的理论研究者认为,发展是一个社会在一系列维度上向"现代社会"转变的过程。不同学科的学者们都认可现代化议程,跨学科对于发展一个全面的社会理论至关重要。③

学者们对法律与发展之间的关系有一组共同的假设。这种关系被认为是以现代化理论④为基础的"自由主义法制"的基本范式,即法律可以作为促进经济增长的手段。但是,在现代化进程中存在一个明显障碍:欠发达国家和地区的法律观念经常是形式主义的,并且由一系列受文化影响的态度、信仰和期望的驱动。⑤ 法律规则被认为是抽象、僵化且与社会需求脱节的,因而在实践中常被忽视。"正如第一批法律和发展学者所认为的那样,这种状态在范式上不是现代的。"⑥发展中国家盲目遵循规则和缺乏想象力的官僚习惯被认为阻碍了法律文本发挥其潜力,解决办

---

① 参见2018年版《营商环境报告》,第17~18页。

② La Porta R, Lopez - de - Silanes F, Shleifer A, Vishny RW (1997) Legal determinants of external finance. *J Financ* 52:1131 - 1150; La Porta R, Lopez - de - Silanes F, Shleifer A, Vishny RW (1998) Law and finance. *J Polit Econ* 106:1113 - 1155. 前三位作者完善了"法律起源"理论并回应了相关的批评,La Porta R, Lopez - de - Silanes F, Shleifer A (2008) The economic consequences of legal origins. *J Econ Lit* 46:285 - 332。

③ Ohnesorge JK (2007) Developing development theory: law and development orthodoxies and the Northeast Asian experience. *Univ Pa J Int Econ Law* 28, p. 233 text accompanying fn. 43.

④ Trubek DM, Galanter M (1974) Scholars in self - estrangement: some reflections on the crisis in law and development studies in the United States. *Wis Law Rev*, p. 1070.

⑤ Trubek DM (2006) The "rule of law" in development assistance: past, present, and future. In: Trubek DM, Santos A (eds) *The new law and economic development: a critical appraisal.* Cambridge University Press, New York, pp. 74 - 94.

⑥ Cohen AJ (2009) Thinking with culture in law and development. *Buffalo Law Rev* 57, p. 517.

法则是构建一种更加务实和反形式主义的地方法律文化。[1]

然而,由于时代经济与政治的严峻性和不确定性,法律和发展的学者热情逐渐减退。[2] 一位观察家评论道:"更广泛的现代化思潮屈服于各种现实,诸如越南战争、'现代'西方社会自身并不契合该模式的程度以及法律和发展活动资金的枯竭。"[3]这些"法律与发展"学者在20世纪70年代初承认,将"西方"法律移植给发展中国家并以此服务于发展的尝试其实并不成功。[4]

随着冷战的结束和苏联的解体,人们重新燃起了对法律和发展议程的兴趣。然而,在拉斐尔·拉波塔、弗洛伦西奥·洛佩兹·德·西拉内斯、安德鲁·谢莱弗和罗伯特维什尼等人提出的"法律重要"或"法律起源"理论中,却体现出了一种更为形式主义和右倾的扭曲。[5] 该理论是针对在国家控制经济体[6]中的政府寻租行为提出的,最初适用于投资者保护领域,后来普遍地扩展到了债权人权利和法律制度等领域。根据这一理论,"法律重要"是因为法律制度影响经济增长。更有争议的是,该理论还断言普通法系国家在经济方面会比大陆法系国家表现更好。[7] 该理论以在经济上的表现为基础评价不同法系,认为通常来说普通法系都要表现出更大的优越性。这种优越性是建立在两个命题之上的:普通法系的法官相比大陆法系

---

① Kennedy D (2006) The "rule of law", political choices, and development common sense. In: Trubek DM, Santos A (eds) *The new law and economic development: a critical appraisal*. Cambridge University Press, New York, pp. 95 – 173.

② 有关法律与发展的概览参见 Kennedy D (2013) Law and development economics: toward a new alliance. In: Kennedy D, Stiglitz JE (eds) *Law and economics with Chinese characteristics*. Oxford University Press, New York, pp. 19 – 70。

③ Ohnesorge JK (2007) Developing development theory: law and development orthodoxies and the-Northeast Asian experience. *Univ Pa J Int Econ Law* 28, p. 232.

④ Merryman JH (1977) Comparative law and social change: on the origins, style, decline & revival of the law and development movement. *Am J Comp Law* 25:457 – 491; Snyder FG (1982) The failure of law and development. *Wis Law Rev* 373 – 396.

⑤ La Porta R, Lopez – de – Silanes F, Shleifer A, Vishny RW (1997) Legal determinants of external finance. *J Financ* 52:1131 – 1150; La Porta R, Lopez – de – Silanes F, Shleifer A, Vishny RW (1998) *Law and finance*. *J Polit Econ* 106:1113 – 1155.

⑥ Djankov S (2016) The Doing Business project: how it started: correspondence. *J Econ Perspect* 30:247 – 248. 其中提到了"中央计划经济体的经验",并记录了"过度监管带来的创业人才和资源浪费"。

⑦ 伊斯特利(Easterly)对于这一理论不加批判的加以接受:"判例法的体制在法律和经济参与者促进市场所需的制度安排之间有一个积极的反馈回路。因此,与大陆法系国家相比,判例法国家最终建立了更多样的正式制度促进经济繁荣,如财产权、合同执行、法治,甚至公司责任制度等。" Easterly W (2006) *The white man's burden: why the West's efforts to aid the rest have done so much ill and so little good*. Oxford University Press, New York, p. 86. 但是罗(Roe)认为更相关的因素是政治制度而非法律渊源,参见 Roe MJ (2006) Legal origins and modern stock markets. *Harv Law Rev* 120:460 – 527。

具有更大的独立性，因此政府对市场发展的影响也就较小；普通法系是以判例而不是法典为基础的，更能适应不断变化的社会条件和社会需求。

有批评认为，“法律重要”理论和“法律起源”理论是以美国为中心的做法。① 该理论含蓄地假设美国的法律是法律趋同的目标、法律变迁的基准与终结。② 也有批评认为，这是一小部分精英金融经济学家的工作，他们对法律差异的了解非常有限，他们对跨文化法律的比较也存在不足。③ 大陆法系与普通法系的区别是该理论的基础，归属于哪一法系被认为是过去和现在经济发展中的一个重要的因素。然而，只将法律体系划分为这个或那个所谓的法系的方式是粗鲁的。例如，法国与立陶宛属于同一法系，但是两国的经济和法律在许多其他方面都有很大不同。法律体系在某种程度上都是混合的，特别是大陆法系与普通法系的区别似乎与法律起源理论中所讲的经济法律无关。④ 一个社会的其他方面，如政治、文化、宗教以及地理位置，直观上看要远比归属于何种法系更可能影响经济的发展。⑤ 诸如欧盟国家与非欧盟国家、东欧国家与西欧国家、波罗的海国家和非波罗的海国家等其他区别，从表面上看似乎也要比将拉脱维亚和中国台湾归入一个法律类别、立陶宛和叙利亚归入另一个法律范畴的法律起源分类，与经济发展要更为相关。⑥

尽管有这些批评，法律起源理论还是深刻影响了世界银行的《营商环境报告》，

---

① Michaels R (2009) Comparative law by numbers? Legal origins thesis, Doing Business reports, and the silence of traditional comparative law. *Am J Comp Law* 57:765 – 795. 在2009年的《杨百翰大学法律评论》(*Brigham Young University Law Review*)中也有一个对法律起源理论的专题研讨。

② 关于所谓公司治理变迁的终结参见 Hansmann H, Kraakman R (2000) The end of history for corporate law. *Georget Law Journal* 89:439 – 468. 该论文的标题有意且挑衅地回应了 Fukuyama F (1992) *The end of history and the last man*. The Free Press, New York。

③ Braendle UC (2006) Shareholder protection in the USA and Germany: “Law and Finance” Revisited. *Ger Law J* 7:257 – 278.

④ 有关法律体系的混合参见 Siems MM (2016) Varieties of legal systems: towards a new global taxonomy. *J Inst Econ* 12:579 – 602。

⑤ Acemoglu D, Johnson S, Robinson J (2001) The colonial origins of comparative development: an empirical investigation. *Am Econ Rev* 91:1369 – 1401; Stulz RM, Williamson R (2003) Culture, openness, and finance. *J Financ Econ* 70:313 – 349; Licht AN, Goldschmidt C, Schwartz SH (2005) Culture, law, and corporate governance. *Int Rev Law Econ* 25:229 – 255.

⑥ Siems MM (2007) Legal origins: reconciling law & finance and comparative law. *McGill Law J* 52, p. 65.

法律起源运动中的众多中坚力量构思了《营商环境报告》的工作和内容。① 作为报告工作组中的一员,西蒙·詹科夫(Simeon Djankov)曾经这样说:②

> 营商环境这一项目背后的灵感有两个方面。第一,安德鲁·施莱弗和我之前都研究过计划经济的实践,并记录了过度监管所造成的创业人才和资源的浪费。随着共产主义在欧洲的崩溃,认识到相对宽松的监管模式将会有助于东欧改革。第二,赫尔南多·德·索托(Hernando de Soto)在他 1989 年的著作《另一条道路》(*The Other Path*)中指出,在秘鲁开办企业过于高昂的成本剥夺了穷人的经济机会。③

的确,《营商环境报告》的方法受到了许多与法律起源理论相同的批评,包括普通法偏见、以美国为中心的方法以及潜在的放松管制和自由市场议题。一个世界银行的独立审查小组自己也指出:"《营商环境报告》无论对错,都是与广泛的放松管制议题联系在一起的。"④

本文的第四部分会回到对《营商环境报告》的批评,但在这之前首先在第三部分考虑其影响和受重视程度。⑤

## 三、《营商环境报告》的影响与受重视程度

《营商环境报告》是世界银行最为著名的知识产品之一。⑥ 它在公众中享有很高的知名度,其网站每年的点击量高达数百万次,已经成为学者、记者和政策制定者一个主要的资料来源。考虑到世界银行的学术声望,这其实一点都不让人感到

---

① 参见 2004 年版《营商环境报告》,第ⅶ页:"2004 年的《营商环境报告》项目由西蒙·詹科夫领导的团队负责……安德鲁·施莱弗共同撰写了主要背景的研究报告,并在撰写过程中提出了宝贵的建议。弗洛伦西奥·洛佩兹·德·西拉内斯和拉斐尔·拉波塔共同撰写了关于创业、雇用和解雇工人以及执行合同的背景研究报告。"

② Djankov S (2016) The Doing Business project: how it started: correspondence. *J Econ Perspect* 30:247 – 248. 同时参见 2017 年版《营商环境报告》第ⅳ页。

③ Djankov S, La Porta R, Lopez – de – Silanes F, Shleifer A (2002) The regulation of entry. *Q J Econ* 117:1 – 37; Djankov S, La Porta R, Lopez – de – Silanes F, Shleifer A (2003) Courts. Q J Econ 118: 453 – 517; Botero JC, Djankov S, La Porta R et al (2004) The regulation of labor. *Quart J Econ* 119:1339 – 1382.

④ Independent Doing Business Report Review Panel (2013), p. 11.

⑤ Davis K (2012) *Governance by indicators: global power through classification and rankings.* Oxford University Press, Oxford.

⑥ Besley T (2015) Law, regulation, and the business climate: the nature and influence of the World Bank Doing Business project. *J Econ Perspect* 29:99 – 120.

吃惊。约翰·布雷斯韦特(John Braithwaite)和彼得·达沃豪斯(Peter Drahos)①曾经提到这样一个事实:"当某些模式要求那些我们所看重的特征时,它们就会被采用。在这方面,一个特别重要的特征就是要变得成功、现代、文明、先进。由于对现代性的追求(或者说对后现代性、对真正的前卫的追求),边缘国家会模仿世界体系的中心国家。"

世界银行《营商环境报告》的作者声称,他们在说服各国按照他们的建议②进行改革方面,取得了相当巨大的成功,世界上的主要经济体都欢迎那些为提升他们自身的营商环境排名而做出的努力。前英国首相大卫·卡梅伦(David Cameron)曾说过:"英国志在于2020年在世界银行营商环境排名中位居欧洲第一和全球前五,并要在吸引外资方面领先欧洲。"③在纳伦德拉·莫迪(Narendra Modi)当选印度总理时,曾明确提出要把在营商环境排名中进入前50名的目标,作为他执政的一个基准。这意味着印度要相比当时的情况进步将近100名。④ 俄罗斯总统弗拉基米尔·普京(Vladimir Putin)在2012年的时候指出,俄罗斯要在2018年营商环境排名中进入全球前20位。⑤

由于世界银行"法律技术援助"行动的范围,发展中国家可能非常愿意接受世界银行所提出的理念和想法,而援助国可能会通过营商环境排名来衡量在某一特定受援助国,其投资是否安全。或许营商环境排名的最大作用是,较小的发展中国家可以借此向外国投资者展示它们营商环境的改善。

尽管如此,各国可能已经通过修改与实际情况或实质内容都没有太大关系的

---

① Braithwaite J, Drahos P (2000) *Global business regulation*. Cambridge University Press, Cambridge, p. 591.

② 参见2018年版《营商环境报告》,第v页:"在过去的十年里,60多个经济体建立了使用《营商环境报告》指标的监管改革委员会。相应的结果是,各国政府报告了3180多项监管改革,其中约920项改革是受《营商环境报告》的启发而进行的。这是《营商环境报告》真正的影响。"

③ 参见http://www. contr actor uk. com/news/00120 03conservative_manifesto_key_pledges_contractors. html,最后访问日期:2020年7月16日。

④ Besley T (2015) Law, regulation, and the business climate: the nature and influence of the World Bank Doing Business project. *J Econ Perspect* 29, pp. 99 – 100. 另参见http://profit. ndtv. com/news/economy/article – indiatomove – up – rapidly – in – ease – of – doing – business – ranking – arunjaitley – 1414337,最后访问日期:2020年7月16日。这一目标似乎不太可能实现,印度在2018年营商环境排名中排在第100名。参见2018年版《营商环境报告》,第4页。

⑤ 参见https://in. rbth. com/opinion/2015/11/26/ease – of – doing – busines – rank – crucial – for – russia_544593/,最后访问日期:2020年7月16日。当俄罗斯当局设定增加国内外商投资的目标时,他们意识到向投资者展示商业环境发生了重大变化是非常重要的。营商环境排名被选中作为一项基准。俄罗斯事实上在2018年营商环境排名中排在第35名。参见2018年版《营商环境报告》,第4页。

正式规则,从而“战略性”地利用营商环境排名。在这里要提到卢旺达的例子。卢旺达是世界上最贫穷的国家之一,但它的营商环境排名从 2005 年的 158 名提高到了 41 名,在各个国家中比平均收入远高于它的国家还要排名靠前。[①] 显然,无论是按绝对值还是按购买力计算,一个国家在营商环境排名中的地位都不能完全代表其人均国内生产总值。[②] 这种差异是本文接下去要讨论的人们对营商环境排名提出批评中的一个因素。

## 四、对《营商环境报告》的批评

一直以来,对《营商环境报告》和营商环境排名存在大量批评,这些批评分为四个主要方面:对普通法系客观存在或可察觉的偏见;对放松管制和自由市场解决方案的偏好;营商环境排名与实际情况之间缺乏关联;排名编制方法上存在缺陷。这几个方面在一定程度上是存在重叠的。

2004 年的第一份《营商环境报告》并没有掩饰其放松管制和自由市场的观点,也没有掩饰其相比于大陆法系而言,对普通法系的偏爱。在某种程度上,这是早期法律渊源理论的一种遗留观念。该报告认为一个“沉重”的监管体制在经济上带来了最为糟糕的结果,因为这样的体制总是伴随着公共机构效率低下、形成决策拖延时间长、行政手续的成本高昂、司法程序冗长、失业率上升、腐败加剧、生产力下降和投资减少。[③] 该报告表明,“普通法系国家的监管最少。大陆法系传统的法语系国家监管最多。但是传统并不就是命运”。[④] 该报告最后得出的结论是,在商业活动的法律监管方面,存在对所有国家“一体适用”的最优模式。

在 2004 年的《营商环境报告》中法国排在第 44 位,落后于牙买加和博茨瓦纳等国家,法国对这一相对较低的排名感到有些惊讶和失望。法国评论员和研究机构严厉批评 2004 年的这一报告错误理解了法国法律和法律文化。例如,法国法律文

---

① 有关讨论参见 Besley T (2015) Law, regulation, and the business climate: the nature and influence of the World Bank Doing Business project. *J Econ Perspect* 29, p. 117. 卢旺达最近一次排名第 41 名见 2018 年版《营商环境报告》,第 4 页。

② 各国近年来国内生产总值增长的排行,见世界银行和国际货币基金组织的数据库 https://data.worldbank.org/indicator/NY.GDP.MKTP.KD.ZG 与 http://www.imf.org/external/datamapper/NGDP_RPCH@WEO/OEMDC/ADVEC/WEOWORLD,最后访问日期:2020 年 7 月 16 日;获取大量数据库以及与这些数据库相关的可视化工具,参见 https://knoema.com,最后访问日期:2020 年 7 月 16 日;特别是 https://knoema.com/atlas/ranks/Real-GDP-growth,最后访问日期:2020 年 7 月 16 日。

③ 参见 2004 年版《营商环境报告》,第 83 页:“强化对商业活动的监管通常会带来糟糕后果,而明确界定并良好保护产权则会促进繁荣。”

④ 2004 年版《营商环境报告》,第 xiv 页。

化友好协会(Association of the Friends of French Legal Culture)就发表了两篇批评文章,[①]法国还成立了一个研究机构来展示法国法律的吸引力。[②] 但是,这些贡献在国际范围的影响即使不是很大程度上无效的话,也是微不足道的,因为几乎所有的文章都是通过法语来发表的。[③] 尽管如此,来自法国的批评看起来已经取得了一些成果。福尔瓦克斯松(Fauvarque - Cosson)教授[④]认为,法国人的反应是积极有益的,正是法国人迫使世界银行对部分假设进行修正。例如,在2004年之后的报告中,没有再出现2004年报告中所强调的存在"一体适用"模式的观点。[⑤] 此外,法国也在推动其法律和思维方式的现代化。法国政界和法律界展开努力,共同参与恢复法国法律在经济效率上的声誉,法国的营商环境排名也有所提高。[⑥]

然而,无论是世界银行内部还是在世界银行之外,人们已经开始探讨如何回应对营商环境排名更为广泛的批评。在2008年的时候,世界银行内部的一个独立评估小组(Independent Evaluation Group)建议提高《营商环境报告》的透明度,并对相应评估方法予以改进。[⑦] 还有建议提出,对监管成本和监管负担的关注,应当仅是一个特定国家对投资环境进行全面改革的一个方面。世界银行自己的独立审查小组在2013年的报告中详细阐述了这些批评。[⑧] 这份独立审查小组的报告指出:

- 《营商环境报告》可能会被误解;
- 诸如"获得信贷"等一些具体的指标名称具有误导性;
- 《营商环境报告》依赖于狭隘的信息来源;

---

① Association Henri Capitant des amis de la culture juridique Française (2006) Les droits de tradition civiliste en question. A propos des rapports Doing Business. Societé de Législation Comparée, Parisand available on http://www. henricapitant. org/,最后访问日期:2020年7月16日。

② 法国大陆法基金会,参见 http://www. fondation - droit continental. org/,最后访问日期:2020年7月16日。

③ "比较典型的是,几乎所有的这些文章都是用法语发表的,在国际范围几乎没有影响。"参见 Michaels R (2009) Comparative law by numbers? Legal origins thesis, Doing Business reports, and the silence of traditional comparative law. *Am J Comp Law* 57, p. 772。而在法国法律文化友好协会网站上有相应的俄文和中文翻译,但却没有英文翻译。

④ Fauvarque - Cosson B, Kerhuel A - J (2009) Is law an economic contest? French reactions to the doing business World Bank reports and economic analysis of the law. *Am J Comp Law* 57:811 - 829; Ménard C, du Marais B (2008) Can we rank legal systems according to their economic efficiency? *Wash Univ J Law Policy* 26:55 - 80.

⑤ 2004年版《营商环境报告》,第 xvi 页。

⑥ 法国在2018年的排名是第31位,参见2018年版《营商环境报告》,第4页。报告还把法国在"办理破产"领域的改革作为一个成功的案例研究,见第57~58页。

⑦ World Bank Independent Evaluation Group (2008).

⑧ Independent Doing Business Report Review Panel (2013), p. 11.

- 《营商环境报告》仅衡量可通过其方法获取的适用于各类商业活动的法规；
- 《营商环境报告》的数据收集方法还可以改进；
- 《营商环境报告》的目的不是帮助各国作出恰如其分的反应；
- 对《营商环境报告》综合排名的使用是存在问题的。

审查小组对排名表示了特别关注，因为排名涉及多个主题的一个汇总过程，包括什么对营商活动“更好”、到底有多好的价值判断。用该小组的话说，“汇总是一种内在价值承载的实践，依赖于有力的内置假设。对国家进行排名的行为可能看起来是缺乏价值判断的。实际上，它是将大量复杂信息总结为一个数字的主观方法”。①

审查小组的报告还强调了营商环境排名在方法上的缺点和瑕疵。② 最近的一项研究在这方面更进一步，强调某些营商环境指标与发展中国家的实际情况严重不匹配。③ 特别是，它将世界银行营商环境中的数据与世界银行企业层面的企业调查数据进行了比较，得出后者要更关注实践中管理者要花多久时间遵守监管的要求的结论。④ 通过比较《营商环境报告》和企业调查中三个具有广泛可比性的指标，研究发现，在营商环境排名中评估的企业完成特定的法律法规程序的法定时间，与企业调查中的企业经验并不能很好地相互关联。此外，在实施多次企业调查数据的国家，《营商环境报告》中评估的时间变化与企业调查中报告的实际时间变化之间也缺乏很强的关联性。但从理论上说，《营商环境报告》中评估时间的减少量应

① Independent Doing Business Report Review Panel (2013), p. 20. 对总体排名的有力辩护，参见营商环境排名幕后团队在2006年的一篇论文——S. Djankov et al, “Doing Business indicators: Why aggregate and how we do it”。在《营商环境报告》项目网站的方法部分，这篇论文被突出显示，参见 http://www.doingbusiness.org/~/media/WBG/DoingBusiness/Documents/Methodology/Other /why - aggregate - doing - business - 2006.pdf，最后访问日期：2020年7月16日。

② Independent Doing Business Report Review Panel (2013), pp. 21 - 23：“该报告所使用的方法将不同法律制度中许多有影响的性质差异和细微差别，简化为一种非常基本的、常常令人困惑的量化计量方法（表面的），在很大程度上不能令人信服地说能反映法律的现实情况。”

③ Hallward - Driemeier M, Pritchett L (2015) How business is done in the developing world: deals versus rules. *J Econ Perspect* 29:121 - 140.

④ 参见 Hallward - Driemeier M, Pritchett L (2015) How business is done in the developing world: deals versus rules. *J Econ Perspect* 29, p. 124：“企业调查并不是要尝试去衡量正式政策和法规的应然结果，而是要衡量实践中的实际情况。他们通过问卷调查和当面访谈的方式，对一个国家主要的城市中心的企业进行大规模的随机取样来收集答案。这些企业包括雇员10人以上的企业，外资企业和国有企业（着重强调）。”

当等同于企业调查中所报告时间的较大值。① 因此,有观点认为,当严格的法律规定遇到执法能力薄弱的政府时,法律规定最好不要被认为是创造了需要遵守的"规则",而是开辟了一个各种"交易"都可能存在的空间。

## 五、面对批评——世界银行的回应

尽管独立审查小组的报告中包含了批评意见,世界银行仍致力于保留营商环境的报告和排名。基于世界银行行长金墉(Jim Yong Kim)在2015年版《营商环境报告》前言中的表述,这一点其实是非常清楚的。② 金墉提到了独立审查小组的许多批评,但表示已经确定了一个两年目标,以在"不损害这一有价值出版物整体完整性"的前提下,改进《营商环境报告》的方法。

金墉还强调了《营商环境报告》的一些优点,称其最大的优点是它公开透明并符合明确制定的标准。③《营商环境报告》对不同的经济体提出了相同的假设性问题,并收集这些问题的答案;这种一丝不苟地坚持在任何地方都使用相同标准的做法,使不同经济体之间具有显著的可比性。但是他也承认,世界银行的这一做法有利也有弊。有别于一部分人的认知,《营商环境报告》并非是基于对企业的抽样调查。考虑到所有经济体的不同发展状况,设计一个同时适用于所有经济体的案例研究也不可行。《营商环境报告》希望能够覆盖全球,因此在指标的选择上部分地受制于在最不发达经济体中所能实际收集到的数据。④

世界银行承认,宏观经济稳定、没有腐败、竞争法律政策和劳动力技能,都是可持续经济发展的重要因素,但这些因素都没有通过营商环境指标体现。⑤ 不过,世界银行也指出,在营商环境排名中排名靠前的经济体,在全球竞争力指数(Global Competitiveness Index)和透明国际(Transparency International)的全球清廉指数(Corruption Perceptions Index)中也表现良好。⑥ 关于这一点,可以援引新加坡和印

---

① Hallward - Driemeier M, Pritchett L (2015) How business is done in the developing world: deals versus rules. *J Econ Perspect* 29:121 - 140.

② 参见2015年版《营商环境报告》,前言,第vii页。

③ 参见2016年版《营商环境报告》,第ⅳ页:"自第一份《营商环境报告》出版后……项目团队已经在方法上进行了诸多改进,扩大了所衡量的监管领域的覆盖范围,并强化了指标的关联性和深度。虽然该报告最初主要是为了衡量效率和遵守商业法规的成本,但在过去两年中,大多数的指标集合都成体系地反映了营商环境质量的不同方面。"

④ 参见2016年版《营商环境报告》,第v页。

⑤ 参见2018年版《营商环境报告》,第13页。

⑥ 参见2016年版《营商环境报告》,第4页。

度尼西亚的对比。新加坡和印度尼西亚地理位置相邻，在最新的全球清廉指数中，新加坡排名第8位，而印度尼西亚很大程度上还是个发展中国家，其相应的排名是第88位。① 新加坡在2018年营商环境排名中排名第2位（在过去一部分营商环境排名中排名第1位），而印度尼西亚的相应排名是第91位。

还有观点认为，《营商环境报告》和排名中所批判的那些复杂且低效的法律，增加了贪污和腐败的机会。营商环境排名中所提倡的更合理的商业法规减少了腐败的可能性，因为企业不会觉得它们需要规避这些法规。发展中国家很可能会有大量的规则，但拥有必要的资金、权力或政治关系的企业会想方设法去绕过这些繁文缛节。简言之，由于更好的规则减少了腐败的可能性，因此也能够被更好地执行。世界银行企业调查项目中的证据可以用来支持以下观点：企业会在规则不太繁重的情况下遵守规则，而复杂的规则往往成为滋生腐败的沃土。②

有些自相矛盾的是，对于继续保留《营商环境报告》及排名，一位来自独立审查小组的成员——蒂姆·贝斯利（Tim Besley）教授，提出了较有说服力的主张。③ 贝斯利教授认为，即使《营商环境报告》存在诸多缺陷，但其中所进行的各类数据收集也是在政策制定过程中进行政治经济学分析的一部分。④ 营商环境指标每年更新一次，这意味着政策改革很快就会在指标中反映出来。《营商环境报告》采用了一套长期固定的方法，使国家一级的表现能够随着时间的推移得到反映。这是一个正在进行中的项目，力求要在批评声中吸取教训。《营商环境报告》需要努力改进方法，在指标发生变化时谨慎地努力保持可比性并对变化做出解释。在贝斯利教授看来，与许多其他广泛使用的国际数据库所采用的方法对比起来，这种方法更为

---

① 关于全球清廉指数参见 http://www.transparency.org/cpi2015/，最后访问日期：2020年7月16日。

② 亦参见新任世界银行首席经济学家保罗·罗默在2017年版《营商环境报告》中第v页前言中的表述："潜在的企业家很可能因为创办企业的要求过于繁重，而在创办企业时就感到灰心。在这种情况下，企业家往往会选择非正规部门进行经营，而非正规部门对劳动条件的保护较少，且更容易受到经济冲击的影响。"

③ Besley T (2015) Law, regulation, and the business climate: the nature and influence of the World Bank Doing Business project. *J Econ Perspect* 29:99 - 120.

④ 参见 Besley T (2015) Law, regulation, and the business climate: the nature and influence of the World Bank Doing Business project. *J Econ Perspect* 29:99 - 120, at p. 106。"营商环境项目的主要成就是，就各国在法律和法规方面的一系列差异，这一在项目开始前系统了解不多的领域，进行了阐明并展开了更有根据的辩论。"

有利。①

一些主要的经济学家和政策制定者也为《营商环境报告》及其所使用的方法进行了有力辩护。② 他们承认,《营商环境报告》所衡量的是官方规则而非实际做法,规则文本和实际情况之间的分歧始终都会是一个问题。但他们认为,规则制定是政策制定的重要组成部分,并且还会影响制度安排。在这方面,可以与由约瑟夫·斯蒂格利茨(Joseph Stiglitz)担任主席的经济表现和社会进步衡量委员会③(Commission on the Measurement of Economic Performance and Social Progress)的报告进行对比。该报告评估了国内生产总值(GDP)作为指标衡量一个经济体生产能力的充分性。该委员会称:"报告或使用统计数字的方式可能会扭曲人们对于经济现象趋势的看法。"但委员会也总结认为,GDP 是有用的,"GDP 本身并没有错,但(可能)被错误地使用了。我们所需要的是更好地理解每项衡量指标的适当使用"。④ 在营商环境方面,也有很多类似的建议。例如:

> 一个根本的问题是,《营商环境报告》所采取的方法是否进步,而不是它是否完美地衡量了一切。我们认为,这是一个明显的进步。一个原因是它提供了有关法律法规若干重要方面的信息,作为决策者的一个基准工具是有用的;另一个原因是,它例举了一种涵盖各种各样潜在规则和制度安排的方法。⑤

尽管存在为《营商环境报告》有力辩护的声音,但人们还是认为,不能够如此轻

---

① Besley T (2015) Law, regulation, and the business climate: the nature and influence of the World Bank Doing Business project. *J Econ Perspect* 29:99 – 120, at p. 105.

② "A Review of Doing Business", available at http://www. doingbusiness. org/ ~ /media /WBG/DoingBusiness/Documents/Methodology/Open – Letter – Review – of – the – Arguments – on – DB. pdf? la = en (accessed 20 July 2018). 该公开信发表于独立审查小组报告发表之前。

③ Stiglitz JE, Sen A, Fitoussi J – P (2009) Report of the commission on the measurement of economic performance and social progress. https://www. insee. fr/en/statistiques/fichier/2662494/stiglitzrapport – anglais. pdf. Accessed 20 Jul 2018.

④ 参见经济表现和社会进步衡量委员会相关报告的执行摘要。参见 Stiglitz JE, Sen A, Fitoussi J – P (2009) Report of the commission on the measurement of economic performance and social progress. https://www. insee. fr/en/statistiques/fichier/2662494/stiglitzrapport – anglais. pdf. Accessed 20 Jul 2018, p. 8。GDP 被定义为"经济中所有居民生产者的生产总值总和,加上任何产品税,再减去任何不包括在产品价值中的补贴"。在计算时,不扣除伪造资产的折旧或自然资源的损耗和退化。参见 https://knoema. com/atlas /ranks /Real – GDP – growth,最后访问日期:2020 年 7 月 16 日。

⑤ "A Review of Doing Business", available at http://www. doing business. org/ ~ /media/WBG/DoingBusiness/Documents/Methodology/Open – Letter – Review – of – the – Arguments – on – DB. pdf? la = en (accessed 20 July 2018).

易地掩盖《营商环境报告》及排名的缺陷。用GDP做类比是不恰当的,因为GDP的测量要更为历史悠久,做得也更好。GDP是全球经济政策制定的基石。如果它被废除了,那很可能有必要用类似的东西去代替它。[①] 恐怕很难说《营商环境报告》也是如此,毕竟该报告直到2004年才出现。虽然《营商环境报告》有坚定的拥护者,但还是从一开始就受到了严厉批评。政策制定者、政治家和公众几乎都不会像对待GDP增速那样,过分执着于营商环境排名。

《营商环境报告》涉及非常重要的主题,但《营商环境报告》在执行和技术方面都还非常薄弱。这些报告有一点传教的基调:论述营商环境指标制定的理由和取得的成功,但却没有提出合理的怀疑,也没有以中立的视角来看待各项依据。《营商环境报告》有很多问题和技术缺陷。[②] 当我们详细考虑是如何制定的"获得信贷"和"办理破产"指标时,上述问题就会显得更加明显。本文首先要讨论的是"获得信贷"指标。

## 六、"获得信贷"指标

首先要指出的是,这一指标的命名是不恰当的,这一指标完全没有真正衡量"获得信贷"的情况。世界银行独立审查小组指出,这一指标事实上衡量的是,一个国家是否有收集和发布基本信贷信息的信贷局系统,以及是否有允许企业家利用动产获得信贷的担保交易法律制度。[③] 这一指标并没有直接去衡量其旨在要解决的问题。[④]《营商环境报告》在其方法部分,详细地解释了"获得信贷"指标是如何由包括"合法权利力度指数"和"信贷信息深度指数"内容的子指标组成的。[⑤] "合法权利力度指数"旨在确定某些要素在特定国家的担保法律制度和破产法律制度

---

① 然而,必须指出的是,GDP指标可能会引发一些令人惊讶的统计怪象。例如,利比亚在2017年的GDP增速达到了55%——以固定的本国货币为基础的市场价格计算,位居2017年全球各经济体GDP增速之首。详见https://knoema.com/atlas/ranks/Real-GDP-growth,最后访问日期:2020年7月16日。爱尔兰在2015年以25.5%的增长率名列前茅,这一高得完全不切实际的数字被认为是基于"一些一次性因素,包括飞机租赁资产的重新安置、大量所谓企业的反向交易以及国际贸易的转移来解释的。人们普遍认为,所有这些都不能反映实体经济的变化"。参见*Irish Times* 12 July 2016。

② 对营商环境项目中不正确的理论和方法的早期批评参见Arruñada B (2007) Pitfalls to avoid when measuring institutions: is Doing Business damaging business? J Comp Econ 35:729-747。

③ Independent Doing Business Report Review Panel (2013), p.15.

④ McCormack G (2015) World Bank Doing Business project: should insolvency lawyers take it seriously? Insolv Intell 28:119.

⑤ 关于"获得信贷"指标的方法的一些解释,参见2018年版《营商环境报告》,第88~91页;两个相关的案例研究见2017年版《营商环境报告》,第52~64页。

中的存在程度。"信贷信息深度指数"所侧重的则是信贷局或信贷登记处提供信贷信息的覆盖区域、覆盖范围和可获得性。在确定"获得信贷"指标总排名中时,"合法权利力度指数"要素占 60%,"信贷信息深度指数"要素占 40%。

一个国家的总排名由各项子指标的得分累加确定,用世界银行的话说,更高的得分说明该特定经济体的担保法律制度和破产法律制度"更适合扩大获得信贷的渠道"。[①] "获得信贷"指标从一开始就是《营商环境报告》和营商环境排名的一项重要内容,尽管多年来子指标列表发生一些变化,具体的方法也做出一些调整。[②] 有人可能会说,这些变化是人们从经验中学习的证据,同时也证明了《营商环境报告》的自我发展能力。然而,这一评价似乎过于乐观。本文认为,"获得信贷"指标存在三个主要缺陷:方法上的问题和相应的数据偏差;坚持使用存在诸多争议的模型;遵循形式主义规则。

### (一)方法上的问题和相应的数据偏差

单个子指标的一些分数似乎是存在问题的。《营商环境报告》解释说,有关借款人和贷款人法定权利的信息是通过向金融法学家发放问卷收集的。[③] 问卷答案还要经过与答卷人多次的后续沟通进行澄清和核实,包括采取电话会议或现场走访的形式。数据还会通过与第三方访谈、借助对法律法规和信息公共来源的分析来进行核实。从问卷答案与公开的数据来源两种方式所获得信息之间可能存在显著差异,《营商环境报告》可能不得不调和这种差异。尽管并非只有《营商环境报告》这样,但《营商环境报告》在处理问卷并得出最终评分的方式上缺乏透明度。例如,英国的评分在很多情况下都是有问题的[④],给英国的分数忽视了大量个体差异的粗糙评级。再如,评分看上去只与英格兰有关。苏格兰独立的法律体系有关于担保权利[⑤]的独特法律,但《营商环境报告》并没有考虑到这一点。合法权利力度指数

---

① 参见 2018 年版《营商环境报告》,第 89 页。另参见 Lopez - de - Silanes F (2008) Turning the key to credit: credit access and credit institutions. In: DahanF, Simpson J (eds) Secured transactions reform and access to credit. Edward Elgar Publishing, Cheltenham (chapter 1)。

② 相关的基本方法论参见 Djankov S, McLiesh C, Shleifer A (2007) Private credit in 129 countries. *J Financ Econ* 84:299 - 329。

③ 参见 2018 年版《营商环境报告》,第 88 页。

④ 2018 年版《营商环境报告》英国部分的内容可见 http://www.doingbusiness.org/data/exploreeconomies/united - kingdom,最后访问日期:2020 年 7 月 16 日。

⑤ 苏格兰的有关情况参见 Steven A (2013) Secured transactions reform. Edinb Law Rev 17:251 - 256。

的满分是 12 分,《营商环境报告》给了英国 7 分,[①]而根据这一指标的表面含义,评分者可能会根据对这些问题的解释给英国打 8.5 分或者 9 分。

《营商环境报告》所收集的答案似乎在“合法权利力度指数”子指标上有很大的问题,而在“信贷信息深度指数”子指标上则完全错误。例如,《营商环境报告》询问一国是否有现代的担保物品登记系统,任何利益相关的第三方都可以在线进行登记、变更、注销和查找,而英国的答案是否定的。关于“现代的担保物品登记系统”和“利益相关的第三方”这两个词的含义还存在问题,而英国公司担保登记系统现在允许公司债务人或担保权人在线登记公司创设担保权益的详细信息。[②] 任何想知道担保基本信息的人都可以在网上查找。担保合同本身也可以在网上获取,因此系统在这方面非常全面。但是该系统仅限于严格意义上的所谓抵押,不包括任何更广泛的担保权益。[③] 此外,它仅限于公司创设的担保,而不适用于个人或非法人实体授予的类似担保权益。但是至于《营商环境报告》为什么认为英国没有现代的担保物品登记系统,原因还不清楚。英国的担保物品登记系统是“现代的”——2013 年才投入使用,并且可以网上操作。在这种情况下,英国在这方面至少应该得到一半的分数。

一些《营商环境报告》的维护者可能会对这些批评置之不理,将这些归咎于《营商环境报告》的数据无法理解法律体系的复杂性,或者是经济学家和法学家之间存在的文化冲突。例如,蒂姆·贝斯利承认,经济学家可能会为实现分析的目的,而过于愿意接受对现实进行程式化和精简的描述,他们有时会因此被指责。在他看来,对经济变量的需求可以用简洁的方式表达,这意味着一些捷径是必然存在的。[④] 对

---

① 参见 http://www. doing business. org/data/exploreeconomies/united - kingdom#getting - credit/,最后访问日期:2020 年 7 月 16 日。

② 英国《2013 年〈2006 年公司法〉(第 25 部分修订)条例》(SI 2013/600)。该条例自 2013 年 4 月 6 日起,修订了《2006 年公司法》中有关公司抵押登记的第 25 部分。英国公司法的改革参见 Graham P (2014) Registration of company charges. *J Bus Law* 175 - 193。认为英国公司法仍需进一步改革的观点参见 Raczynska ME, Gullifer L (2016) The English law of personal property security: under - reformed? In: Gullifer L, Akseli O (eds) *Secured transactions law reform: principles, policies and practice*。Hart Publishing, Oxford (chapter 12).

③ 英国《2006 年公司法》第 859A 条第(7)款规定,担保包括了按揭,但其中却没有规定担保的法定定义。在 Re BCCI (No 8) [1998] AC 214 中,罗德·霍夫曼(Lord Hoffmann)认为抵押是一种不向受益人转让所有权和占有的担保权益。斯莱德(Slade J)在 Re Bond Worth Ltd[1980]CH 228 第 250 页中解释了“按揭”和“抵押”之间的技术区别,按揭涉及受赎回权约束的财产转让,而抵押并不转让任何东西,只是将担保财产的某些权利赋予抵押权人,作为对贷款的担保。

④ Besley T (2015) Law, regulation, and the business climate: the nature and influence of the World Bank Doing Business project. *J Econ Perspect* 29, p. 110.

此，虽然在某些情况下捷径是可以被接受的，但粗糙（和不准确）的评估是不可接受的。

## （二）对某些模型明显的盲目使用

"获得信贷"指标似乎墨守成规，并且过分强调了担保法律制度的特定要求，而这些要求对特定的经济体而言可能未必是最好的。[①]《营商环境报告》显示，这些指标上的高分有可能会提高信贷的可获得性。《营商环境报告》提供的一般证据表明，将资产作为抵押物的能力可能对信贷的成本和可获得性产生有益的影响。[②] 这无疑是一个被普遍认可的观点。根据阿莫尔（Armour）等人的说法："债权人权利对于债务融资非常重要。这是实证研究的主要内容……加强担保信用的取得和执行，增加了借款人获得信贷的机会，并降低了……他们的借款成本。"[③]但这还缺乏更进一步的证据来证明。特别是没有证据表明，世界银行所认为的担保法律的各个理想特征，无论是分开看还是作为整体，将会产生积极的作用。这种完全信奉《营商环境报告》"获得信贷"指标所设定模型的做法，忽视了经济体作为个体的历史和传统。[④] 同时，这种做法还存在这样一种风险：各国仅仅只是套用营商环境指标，并对各自的法律进行形式主义修改。这种形式主义的修改在实践中不仅毫无意义，甚至还可能适得其反。[⑤]

营商环境指标主要来自国际组织制定的示范法和指导原则，如联合国国际贸易法委员会（UNCITRAL）制定的《担保交易示范法》（Model Law on Secured Trans-

---

① 对"获得信贷：合法权利力度指数"的案例研究见2017年版《营商环境报告》，第52～57页。

② 这个问题的理论观点参见 Akerlof GA（1970）The market for "lemons"：quality uncertainty and the market mechanism. *Q J Econ* 84：488－500；Stiglitz JE，Weiss A（1981）Credit rationing in markets with imperfect information. *Am Econ Rev* 71：393－410；Hart O，Moore J（1998）Default and renegotiation：a dynamic model of debt. *Q J Econ* 113：1－41。

③ Armour J，Menezes A，Uttamchandani M，van Zwieten K（2015）How do creditor rights matter for debt finance? A review of empirical evidence. In：Dahan F（ed）Research handbook on secured financing in commercial transactions. Edward Elgar，Cheltenham（chapter 1）.

④ 在过去，尽管德国和奥地利的信贷市场已经建立并运作良好，《营商环境报告》还是批评（虽然是间接的）两国的法律没有一个全面的个人财产担保权益登记系统。见世界银行2004年版《营商环境报告》第68页和2005年版《营商环境报告》第47页。2005年版《营商环境报告》针对困扰个人财产担保法律的问题提出了一个简明的解决方案。认可最普遍的抵押形式，并建立一个以债务人名字为索引的动产抵押统一登记系统。

⑤ 中国实现经济上的跨越式发展，并没有遵守世界银行模型。参见 Kennedy D（2013）Law and development economics：toward a new alliance. In：Kennedy D，Stiglitz JE（eds）*Law and economics with Chinese characteristics*. Oxford University Press，New York，pp. 19－70。

actions)[①]和世界银行自身制定的《有效破产和债权人/债务人制度的原则》(Principles for Effective Insolvency and Creditor/Debtor Regimes)[②]。这些示范法等规则,都受到了美国《统一商法典》第9编(以下简称“第9编”)的启发。尽管第9编已有60多年的历史,也逐渐变得复杂,但全世界的信贷担保改革者往往将其视为“最先进的”。[③] 当然,事实证明第9编在世界上最大的经济体中被证明能够经过时间考验,并在商业实践和司法解释中经过了检验。就基本方法和理念而言,第9编的目的是通过易于遵守的规则来创设担保权益,并使这些担保权益具有对抗第三人的效力,以便利和促进获取信贷。此外,担保可以被设立在几乎所有类型的资产之上。[④]

看来,除非有一部以第9编为模板的担保法,否则该国在《营商环境报告》“获得信贷”指标上就不会表现太好。[⑤] 有这样法律[⑥]的新西兰[⑦]和澳大利亚[⑧]与美国一

---

① 参见 http://www. uncitral. org/pdf/english/texts/security/ML_ST_E_ebook. pdf,有关的背景参见 Foex B, Bazinas S (2007) Reforming secured transactions: the UNCITRAL legislative guide as an inspiration. Schulthess, Geneva。

② 2015年修订版的《有效破产和债权人/债务人制度的原则》参见 http://pubdocs. worldbank. org/en/91951 14684 25523 509/ICR – Principles – Insolvency – Creditor – Debtor – Regim es – 2016. pdf (accessed 20 July 2018),最后访问日期:2020年7月16日。

③ McCormack G (2013) Secured transactions law reform, UNCITRAL and the export of foreign legal models. In: Akseli NO (ed) *Availability of credit and secured transactions in a time of crisis*. Cambridge University Press, Cambridge, pp. 33 – 60.

④ Winship P (2016) An historical overview of UCC Chapter 9. In: Gullifer L, Akseli O (eds) *Secured transactions law reform: principles, policies and practice*. Hart Publishing, Oxford (chapter 3).

⑤ 依照美国《统一商法典》第9编,英国可能的改革参见 Law Commission, Company Security Interests (Law Com No 295, 2005) and Beale H (2006) The exportability of North American chattel security regimes: the fate of the English Law Commission's proposals. *Can Bus Law J* 43:178 – 199; McCormack G (2010) Pressured by the paradigm—the Law Commission and company security interests. In: De Lacy J (ed) The reform of personal property security law in the UK: comparative perspectives. Routledge – Cavendish, London, pp. 83 – 116。

⑥ Beale H, Bridge M, Gullifer L, Lomnicka E (2012) *The law of security and title – based financing*, 2nd edn. Oxford University Press, Oxford, chapter 23; Sheehan D (2011) The principles of personal property law. Hart Publishing, Oxford, pp. 313 – 317.

⑦ Personal Property Securities Act 1999.

⑧ Personal Property Securities Act 2009; Barns – Graham V, Gullifer L (2010) The Australian PPS reforms: what will the new system look like? Law Financ Mark Rev 4:394 – 404; Duggan A (2011) A PPSA registration primer. *Melb Univ Law Rev* 35:865 – 904. 对2009年的这一法案的评论参见 Whittaker B (2015) A review of the Personal Property Securities Act 2009: final report. https://www. ag. gov. au/Consultations/Documents/PPSReview/ReviewofthePersonalPropertySecuritiesAct2009FinalReport. pdf. Accessed 20 Jul 2018。

起在“获得信贷”指标中排名前10,其中新西兰排名第一,而美国自己则并列排在第二[①]。然而,第9编(和营商环境指标)中的一些选择不仅在技术上存在议,在政策层面也更为普遍地存在争议。例如,营商环境指标要求有担保债权在正式清算程序内外都优先于职工债权和税收债权。有些国家可能基于社会团结或一般公共政策的考虑,从而认为这种做法是不可取的。[②]

在更为技术的层面上,营商环境指标以及第9编表明,应当将公示登记制度的范围扩大到融资租赁和应收账款转让等具有同等功能的担保权益。在《营商环境报告》的评分中,德国、英国等主要经济体因为不遵循这一要求而被下调评分。德国的个人财产担保实质上并没有登记制度,[③]而英国的公司担保权益登记制度并不适用于具有许多相同经济功能但在法律上有区别的法律文件。事实上,并没有证据表明德国和英国这样的现行制度会对“获得信贷”造成损害。尽管有要求按照美国《统一商法典》第9编进行改革的呼声,伦敦的金融法学家仍然要求保留英国自己的制度。[④] 就“糟糕”的经验主义的实际情况出发,对英国而言最有效的做法可能不是直接完全套用《营商环境报告》的方案。这也引发第三种批评,即营商环境指标鼓励遵循形式主义规则,而很少注意到特定国家在诸多方面的复杂情况。

### (三)遵循形式主义规则

发达国家占据了《营商环境报告》中“获得信贷”指标排名前10和前20的大多

---

① 在世界银行2018年版《营商环境报告》“获得信贷”指标上,美国与哥伦比亚、文莱、赞比亚四国均得到95分并列第2,新西兰100分位列第1。—— 译者注

② 支持担保债权“完全”优先的观点和理由参见 Armour J (2006) Should we redistribute in insolvency? In: Getzler J, Payne J (eds) *Company charges: spectrum and beyond*. Oxford University Press, Oxford; Armour J (2008) The law and economics debate about secured lending: lessons for European lawmaking? *Eur Co Financ Law Rev* 5:3 – 29。

③ Brinkmann M (2016) The peculiar approach of German law in the field of secured transactions and why it has worked (so far). In: Gullifer L, Akseli O (eds) Secured transactions law reform: principles, policies and practice. Hart Publishing, Oxford (chapter 15); Hausmann J (1996) The value of public – notice filing under Uniform Commercial Code Article 9: a comparison with the German legal system of securities in personal property. *Ga J Int Comp Law* 25:427 – 478.

④ Calnan R (2010) What is wrong with the law of security. In: De Lacy J (ed) The reform of personal property security law in the UK: comparative perspectives. Routledge – Cavendish, London, pp. 162 – 187. Goode RM (2001) Insularity or leadership? The role of the United Kingdom in the harmonisation of commercial law. *Int Comp Law Q* 50:751 – 765; Bridge MG (2006) The Law Commission's proposals for the reform of corporate security interests. In: Getzler J, Payne J (eds) *Company charges: spectrum and beyond*. Oxford University Press, Oxford, pp. 267 – 290.

数位置,但其中也有一些会令人感到惊讶的国家。天主教海外发展机构(CAFOD)[①]的一位首席经济分析师在谈到《营商环境报告》时说:"在赞比亚90%以上的小企业都将获得信贷作为制约它们成功的主要因素时,《营商环境报告》在'获得信贷'指标上却将赞比亚排在全球第12位。决策者们会惊异到底要如何衡量这份出版物的价值。"[②]赞比亚的排名在最近一次(2018年)的报告中已经上升到了并列第2位,这就引出了一个问题:一些发展中国家信贷的获得在实践中被看作一个难题,为什么这些国家在"获得信贷"指标上的得分却如此之高?例如,除了赞比亚之外,尽管近代史上有过暴力动荡和政局不稳的状况,哥伦比亚和卢旺达的排名也非常高,而日本排在第77位,法国排在第90位,荷兰排在第105位。这怎么可能呢?

一个简单的回答是,这是由方法导致的,很可能是因为"获得信贷"这一指标名称正在误导不谨慎的数据使用者们,使他们假定它是对实际信贷的衡量。相反,这一指标是以有关担保和破产的法律以及信贷信息的共享为基础的。当然,这一指标不是对信贷数量或信贷分配的衡量,获得信贷的环境的许多方面都没有得到考虑,例如,金融体系的竞争力以及金融监管的各个方面。

人们或许可以将该指标改名为"担保物品和信贷信息的法律因素",但这样的称谓不具有"获得信贷"那样即时且夺人眼球的吸引力,这大概就是这一指标如此命名的原因。对各国来说实际就是,提高排名的方法就是按照指标改革自己的法律,而不需要考虑哪些改革可能会在实践中扎根,或者哪些改革是符合自己的法律历史和传统的。《营商环境报告》称赞某些国家是"最好的改革者",卢旺达[③]和哥伦比亚[④]在这方面被专门地挑选出来予以表扬。2016年版《营商环境报告》指出:

> 卢旺达在2009年强化了其担保交易制度,引入的条款包括当允许将更广泛的资产作为担保物,允许在担保协议中对债务和义务作一般性说明,允许在庭外执行担保物品,以及在破产时赋予有担保债权人绝对优先权。同时,卢旺达也建立了一个新的担保物品登记处。在2013年,卢旺达

---

① 天主教海外发展机构(the Catholic Agency For Overseas Development)前身为天主教海外发展基金(the Catholic Fund for Overseas Development),是英格兰和威尔士的天主教援助机构。它是一个国际援助机构,致力于减少发展中国家的贫困和痛苦。——译者注

② International Trade Union Confederation (2013).

③ 参见 http://www. doing business. org/reforms/overview/economy/rwanda,最后访问日期:2020年7月20日。

④ 参见 http://www. doing business. org/reforms/overview/economy/colombia,最后访问日期:2020年7月20日。

对能够通过担保协议进行担保的债务和义务的类型,赋予了更大的灵活性。

通过改革,哥伦比亚被认为是在过去12年里在拉丁美洲取得最大的进步的国家,其中改革最为显著的就是在纳税和获得信贷领域。2016年版《营商环境报告》指出:

哥伦比亚去年通过了一部以实用方式对待担保交易的新担保交易法,并建立了一个集中的、以公示为基础的担保物登记处,从而提高了获得信贷的机会。法律扩大了可作为担保物品的资产范围,认可了对可担保资产的一般性描述,在破产中为有担保债权人确立了明确的优先权规则,列明了在重整程序中解除有担保债权人中止执行行为的情形,还允许在庭外执行担保物品。

依照《营商环境报告》,卢旺达和哥伦比亚对法律文本进行了修改,但有什么证据能够表明,这样的修改在实践中提高了信贷的可获得性,以及改革已经扎根并与法律体系的其他部分能够相得益彰?《营商环境报告》隐含的信息似乎是,全球竞争是一股足以引起法律变革的强大力量,一个国家有可能按照自己的预期在任何程度上修改其现有的法律规范。换句话说,法律体系相对自由,可以从一个开放的法律规则菜单中进行选择。然而,这一命题有别于法律"移植"①及其有效性等方面既有的丰富文献。② 这些既有的丰富文献强调的是既有法律规范对未来法律发展的影响。③

也有经验证据表明,有效法律的颁行离不开对法律的理解和适用有密切利害关系的本国人民。有观点认为,法律规则的相互依存意味着,只有少数规则可以在

---

① 这方面的代表性研究参见 Watson A (1974) *Legal transplants: an approach to comparative law*. Scottish Academic Press, Edinburgh; 有关的回顾性评论参见 Cairns JW (2013) Watson, Walton, and the history of legal transplants. *Ga J Int Comp Law* 41:637-696。

② 法律移植在政治维度的讨论参见 Kahn Freund O (1974) On uses and misuses of comparative law. *Mod Law Rev* 37:1-27; Bebchuk L, Roe MJ (1999) A theory of path dependence in corporate ownership and governance. *Stanf Law Rev* 52:127-170。

③ Twining W (2004) Diffusion of law: a global perspective. *J Legal Plur* 36:1-45; Twining W (2005) Social science and diffusion of law. *J Law Soc* 32:203-240; Spamann H (2009) Contemporary legal transplants: legal families and the diffusion of (corporate) law. *Brigh Young Univ Law Rev* 1813-1878; Cabrelli D, Siems MM (2015) Convergence, legal origins, and transplants in comparative corporate law: a case-based and quantitative analysis. *Am J Comp Law* 63:109-154.

不涉及其他法律规则和法律概念的情况下被理解和适用。① 除非新法与原有法律制度之间存在互补性,否则外力助推下的改革可能会扭曲而不是改善国内法律框架。法律是一种需要被认知的制度这一概念意味着,法律要想有效并实际调整行为,就必须被使用法律的人理解和接受,也就是"客户"和法律中介机构。来自外部的法律变革可能促成更为激进的表面变革,也会使立法程序脱离当地政治和社会经济发展状况,无法满足不断适应和创新的要求。②

我们需要区分法律修改的方向和法律修改的形式。一位评论员评论表示③:"把世界一流的法律制度移植到发展中国家是法学家的第一直觉,但这很可能只会一无所获。对发展至关重要的制度,如果是从特定国家土壤中已经生长的根茎演化而来,就更有可能会结出果实。"改革进程的结果在历史上受到法律原理的影响,法律原理往往会导致法律以一种路径依赖的形式发展。法律原理是影响未来发展方向的一个独立因素。④ 对法律的修改可以通过调整已有的法律概念而不是引入新的概念来实现,因为已有的概念最为完善,因此使用起来也最为安全。法律概念在不同国家有不同作用,一个概念的引进可能会对引进国法律体系的其他部分产生意想不到的后果。⑤

在对东欧改革的分析和评估中,伯科威茨(Berkowitz)、皮斯特(Pistor)和理查德(Richard)⑥指出,当法律被移植到一个"陌生"的执行和实施环境中时,存在各种潜在的低效现象。在他们的分析中,本土立法是合作立法行为(cooperative economic behaviour)的焦点,而合作立法行为是合作经济行为的焦点。他们也赞同《营商环境报告》的一些假设,即制度对经济发展是必要的,但在他们的分析中,"本土"制

---

① Pistor K (2002) The standardization of law and its effect on developing economies. *Am J Comp Law* 50:97 - 130.

② Waelde TW, Gunderson JL (1994) Legislative reform in transition economies: Western transplants: a short - cut to social market economy status? *Int Comp Law Q* 43:347 - 378; DeLisle J (1999) Lex Americana: United States legal assistance, American legal models, and legal change in the post - communist world and beyond. *Univ Pa J Int Econ Law* 20:179 - 308.

③ Dam KW (2013) *The law - growth nexus: the rule of law and economic development.* Brookings Institution Press, Washington, DC, p. 6.

④ Armour J, Deakin S, Lele P, Siems MM (2009) How do legal rules evolve? Evidence from a cross - country comparison of shareholder, creditor, and worker protection. *Am J Comp Law* 57:579 - 629.

⑤ Teubner G (1998) Legal irritants: good faith in British law or how unifying law ends up in new divergences. *Mod Law Rev* 61:11 - 32.

⑥ Berkowitz D, Pistor K, Richard JF (2003) Economic development, legality, and the transplant effect. *Eur Econ Rev* 47:165 - 195.

度比移植制度的效用更好。因此,应当努力创造一个法律发展的内在过程,使法律创新和变革得以自我运行。这并不是要排除从其他国家借鉴引入法律的可能,而是说有意义地调整引进法律以适应本土状况,可以促进外国法与本国法的良好融合。

## 七、"办理破产"指标

《营商环境报告》在方法论中指出,"办理破产"指标的排名由两个相等权重的子指标所决定的。[①] 第一个子指标是破产程序中的回收率,第二个子指标是破产框架力度指数。数据收集的过程基本上与"获得信贷"指标相同,评估的信息来自向当地法学家和破产从业人员发放问卷所回收的答案,也会通过研究相关法律和法规,和其他有关破产制度的可获得的公开资料,对这些信息进行核实。

决定"办理破产"指标排名的两个子指标背后所使用的方法似乎极具争议。排名的第一个子指标取决于一组标准化的假设,回收率被认为是关于特定类型的本地公司破产程序的结果、时间和成本的函数。[②] 没有人会去考虑这样的市场主体是否真的采取公司这样的组织形式,也没有人会去衡量能否预见不同类型公司的不同结果和回报。回收率是以有担保债权人通过破产重整、清算或债务强制执行程序收回债权的百分比为基础的。

"回收率"的计算基本上取决于问卷的作答者对所在国家债权人回报的主观看法,因为这些事项在大多数国家都不会有任何公开且准确的数据。另外,排名的关注点仅放在有担保债权人的回报上,如果某个国家的破产法有财富再分配的特点,就必然会减少对有担保债权人的回报,那么这个国家在"办理破产"指标中的排名就会下降。例如,重新修订的《欧盟破产条例》(EU Insolvency Regulation)[③]在序言部分第22段提到,在下次审查条例时要改善职工的优先权利。这可能会导致欧盟国家在"回收率"指标上的排名降低,因为这一排名取决于一国采纳何种政策选择。[④]

---

① 对"办理破产"指标所采用方法的解释参见2018年版《营商环境报告》,第111~115页。

② 有关基本方法的知识基础参见Djankov S, Hart O, McLiesh C, Shleifer A (2008) Debt enforcement around the world. *J Polit Econ* 116:1105-1149。

③ Regulation (EU) 2015/848 of the European Parliament and of the Council of 20 May 2015 on insolvencyproceedings (recast) [2015] OJ L 141/19-72.

④ Balz M (1996) The European Union Convention on insolvency proceedings. Am Bankruptcy Law J 70:485-531, p.509. 作者Balz是《欧盟破产条例》起草人之一。

第二个子指标是要衡量特定国家破产框架力度指数,破产框架力度指数由以下四项内容组成:启动程序指数、债务人资产管理指数、重整程序指数和债权人权利指数。该指数得分的取值范围在0~16分,较高的得分意味着一国的破产法要更适合于拯救有拯救价值的公司和清算无拯救价值的公司。这一子指标的前提是一组规范性假设,即破产法的某些要素会比其他要素更好或更加可取。

然而,破产框架力度指数的评估是相对粗糙的,很大程度上就取决于直接的"全有或全无"的衡量,认为立法的解决方案要优于其他解决方案,同时也忽视了特定国家法律中的微妙和细微的差别。例如,根据这一排名,可取的做法是在破产程序中低于实际价格的破产前交易应该是可撤销的。但破产框架力度指数的排名并没有评估撤销程序在实践中是否易于实现,以及某些特定条件是否使特定案件中的撤销诉讼难以被成功提起。"这种方法只关心特定国家是否有特定的规则,这实际上忽略了其他能够实现相同目标的法律解决方案。"[①]

相对粗糙的评估的另一个例子是关于启动后融资,即债务人在正式破产程序启动后的融资。这种融资通常被视为解决"债务过剩"和"投资不足"问题所必需的,"债务过剩"就是现有的资产都进行了全额担保,"投资不足"就是对有价值项目的融资缺乏激励。[②] 这种融资在特定国家可能作为一种实践而存在,但并没有具体的法律条款允许这种融资。在这种情况下,这个国家似乎很可能得到0分。尽管在实践中,这个国家的启动后融资可能比在一个有具体立法框架的国家更容易获得,因为这些有立法框架的国家同时往往也有许多限制,使启动后融资事实上不易获得。例如,英国缺乏一个按照《美国破产法》第365条制定的新融资框架,英国政府在2009年[③]和2016年的时候,两次就引入该框架的优点征求了利益相关者的意见。这两次的答案都是坚决反对。在2016年时,几位调查对象评论认为,缺乏拯救融资很少会阻碍拯救企业,只要企业真正有拯救价值,就不会缺乏可用的资金。现有的框架是允许拯救融资的,目前也存在拯救融资市场。一些调查对象则担心,对优先权次序的任何改变会增加借贷成本,进而对借贷的整体环境造成负面影响。[④]

---

① Independent Doing Business Report Review Panel (2013), p. 23. 独立审查小组概括性地评论了营商环境项目的方法。

② Triantis GG (1993) A theory of the regulation of debtor - in - possession financing. *Vanderbilt Law Rev* 46:901 - 935; Dahiya S, John K, Puri M, Ramírez G (2003) Debtor - in - possession financing and bankruptcy resolution: empirical evidence. *J Financ Econ* 69:259 - 280; McCormack G (2007) Super - priority new financing and corporate rescue. *J Bus Law* 701 - 732.

③ UK Insolvency Service (2009).

④ UK Insolvency Service (2016b), para. 5.52.

## 八、结论

世界银行《营商环境报告》的支持者们认为，营商环境排名在为有关"支持增长和减贫的体制改革的关键问题"①的政策辩论提供信息方面发挥着至关重要的作用。这些指标同时也促进了经济包容：成功的基础是遵守规则，而不是依靠关系（或腐败）。②

那些寻求提高自身营商环境排名的国家可能会对其法律进行正式修改，但实际的影响是有限的。法律在不同的环境下也有不同的表现，法律的修改被移植到一个不同的实施环境中，可能不会产生其在"东道国"的效果。《营商环境报告》看起来忽略了有关法律移植的深入研究，以及从数十年的法律和发展工作实践中获得的实用见解。《营商环境报告》具有一种普遍的、类似帝国主义的愿景，它将法律规则和法律体系作为发展方程的支点，但各种非法律因素显然会影响一个国家的经济表现。这些因素可能难以科学地去量化和衡量，但法律因素也是如此。考虑到不同因素之间的相互作用，我们在法律和发展理论方面所能期望的最好的结果可能是，有一组务实、多方面的指标来构成并指导调查，而不是包罗万象的大胆想象。在这方面，有人提到了反身法（法律自创生理论）的概念，从而承认，当法律规范的移植不是通过直接套用，而是通过引导接收国社会行为者的次级效应来实现其目的时，其最可能产生有效的影响。③

法律体系有许多不同的功能，在手段和目的之间需要作出一个或多个选择。手段和目的之间的关系也是随机和不确定的。《营商环境报告》似乎体现出一种自上而下的形式主义逻辑，这一逻辑假设只要实施了某些特定的改革，预期的结果或多或少地就会自行发生。评价"成功"也正在成为一个自我参照的过程，它的判断标准是法律体系如何改变，而不是社会现实如何受到影响。《营商环境报告》有一种形式主义倾向，这种倾向表现为高估了"现实"世界中法律规则和结构与经济产出之间的紧密联系。

---

① "A Review of Doing Business", available at http://www.doingbusiness.org/ ~ /media/WBG/DoingBusiness/Documents/Methodology/Open – Letter – Review – of – the – Arguments – on – DB.pdf? la = en (accessed 20 July 2018), p. 2.

② "A Review of Doing Business", available at http://www.doingbusiness.org/ ~ /media/WBG/DoingBusiness/Documents/Methodology/Open – Letter – Review – of – the – Arguments – on – DB.pdf? la = en (accessed 20 July 2018), p. 2.

③ Teubner G (1983) Substantive and reflexive elements in modern law. *Law Soc Rev* 17:239 – 285.

本文关于“获得信贷”和“办理破产”的详细论述,旨在说明,给出基于经验的选择与罗列答案相比的优势。问题并不是法律规则是否从一个国家移植到另一个国家,而是特定国家的法律制度作为一个整体是否能够发挥支持而非阻碍经济增长的作用。解决这个问题需要更多持续调整和从经验中学习,而不是一个“宇宙大爆炸”那样一蹴而就的方法,而《营商环境报告》的各项指标恰恰暗含了这种一蹴而就的方法。本文强调了在数据收集过程中潜在的方法上的缺陷,以及可能存在的不准确之处,但《营商环境报告》仍然是一个非常有价值的统计信息和法律与发展假设的资料库。特定国家在政策制定过程中,以及比较政治经济学研究都可能用到这个资料库。但是,《营商环境报告》应该摆脱它对于排名的执念,不应将复杂的政策制定和执行简化为简练且单一的排名。这种简化的思想没有注意到微妙且细微的差别,也不尊重一个国家法律规则框架下的各种功能在另一个国家可能要通过法外程序来实现的现实。[①] 环境和文化敏感性在“现实”世界中都非常重要,把各种复杂的事情简化为一个单一的排名似乎很难与真正改善营商环境的法律架构所相容。

① Independent Doing Business Report Review Panel (2013), p. 23.

# 国际破产法原理

**莱因哈德·波克**

德国汉堡大学法学教授。

**翻译:赵天书**

中国政法大学中欧法学院讲师,硕士研究生导师。

## 一、问题的提出

纯粹技术性和价值无涉的法律规则鲜少有之。相反,如下文所示,法律规范总是可以回溯至某些基本原则,这些原则让法律具有系统性与合法性。这一逻辑也同样彰显于国际破产法的跨境破产程序规则中。对包括成文法、软法及法官法在内的构成这一法律领域的规范体系进行分析可以揭示规范背后的共同基本价值,并阐明这些原则不仅可以在司法解释和法律的适用上带来丰硕的成果,还可以帮助立法者制定适当的规范、促进国际法律的统一。

## 二、国际破产法

着手研究国际破产法的法律渊源,探求国际破产法所遵循的基本原理,需要我们处理内容丰富的素材。

### (一)跨境法律

第一类法律渊源包含适用于多个国家具有国际约束力的法律规则,这些法律规则不仅仅是纯粹的国内法律,而且是跨境法律。其中最为重要的是于2000年生效、2015年修订的适用于除丹麦以外的欧盟所有成员国的《欧盟破产条例》(EuIns-VO)。[①] 对于丹麦、芬兰、冰岛、挪威和瑞典等斯堪的纳维亚国而言,同样重要的还有1933年11月7日通过的《北欧破产公约》。欧洲委员会于1990年6月5日通

① 下文所引用的《欧盟破产条例》是2015年修订版本,即便是涉及该条例生效之前的案例。

过,但最终仅得到塞浦路斯批准的《伊斯坦布尔公约》中也可以找到一些有趣的内容。早在1889年,阿根廷、玻利维亚、哥伦比亚、巴拉圭、秘鲁和乌拉圭等国就缔结了《蒙得维的亚条约》,该条约在1940年针对阿根廷,巴拉圭和乌拉圭进行了修改,其中亦有国际破产法的规定。同样具有国际破产法内容的跨境法律还有1928年2月20日由15个南美国家缔结的《哈瓦那公约》,以及名气稍逊的《巴斯塔曼特法典》和拥有17个成员国的非洲商法协调组织(OHADA)1998年4月10日制定、并在2015年9月10日最后修订的《组织集体诉讼程序清算债务的统一法案》。

### (二)跨境软法

第二类法律渊源是包含着对跨境破产程序的立法者和当事方进行非约束性建议的法规。一个著名的例子是1997年12月15日的《联合国国际贸易法委员会跨境界破产示范法》(UNCITRAL Model Law on Cross - Border Insolvency),该法此后被41个州纳入国内法律。此外,国际组织还提出了各种建议,例如,2000年美国法律协会起草的《北美自由贸易协定国家之间跨国破产案件合作原则》(NAFTA)及1996年国际律师协会提交的《跨国界破产协约》。这一类软法还包括对跨境司法实践中有所帮助的合作准则,特别是美国法律学会和国际破产研究所于2012年发布的《国际合作案例中的全球合作原则》及2007年由欧洲破产法协会提出的《欧洲跨境破产交流与合作准则》。

### (三)国内法

第三类国际破产法的法律渊源是国内法。例如,《德国破产法》中的第335条及其以下条款是基于《欧盟破产条例》制定的。而《美国破产法》第15章则主要参照了《联合国贸易法委员会示范法》。英国有四个针对跨境问题的法律制度。《欧盟破产条例》仍然适用于英国与欧盟其他成员国之间的跨境破产问题。426号法令(《1986年破产法》)适用于英国与其他英联邦国家之间的跨境破产问题。在与除此之外的其他所有国家间的跨境破产案件上则适用《2006年跨境破产条例》。在该条例通过后,《联合国贸易法委员会示范法》被纳入了英语国家的破产法。最后,起到补充作用的是从普通法中引出的合作义务。①

① 关于英国跨境破产法体系的发展参见 *Fletcher*, in: Santen/van Offeren (Hrsg.), Perspectives on International Insolvency Law: A Tribute to Bob Wessels, Kluwer, Deventer 2014, S. 55 ff.; zu den vier Quellen des englischen Internationalen Insolvenzrechts *Bowen*, IILR 2013, 121 ff.; *Moss*, in: Tribute to Bob Wessels (a. a. O.), S. 95 ff.; *Taylor*, in: Affaki (Hrsg.), Faillite internationale et conflit de juridiction – Regards croisés transatlantique, FEC/Bruylant, Paris/Bruxelles 2007, S. 125 ff. Kritisch *Williams/Walters*, 35.1 (2016) ABIJ, 16 ff。

## 三、国际破产法原理

本文所指的国际破产法原理意指国际破产法的基本价值,并非英美法系的语境中所指称的从法律中总结出来①的重要的规则内容,②这些基本价值包含三个重要范畴。

### (一)冲突法原则

第一个类别是冲突法原则,这类原则解决了跨国界破产程序至少涉及两个主权国家而引起的问题。现代国际破产法通常以统一原则和普遍性原则为基础。③统一原则,是指对于具有全球影响力的无力偿债的债务人,原则上只适用一个统一的破产程序。而普遍性原则,从启动破产程序的国家的角度来看,在任何情况下都有效。因为程序启动国总会主张其"输出"的破产程序在全世界范围内都有效,而其他受影响国家是否承认一个"传入"的破产程序的效力则是另一回事。虽然国家平等原则早已写入《联合国宪章》第 2 条第 1 款,它阻止一个国家将其法律的效力强加给另一个国家。但国家之间的相互信任原则却要求各国对符合必要标准的原籍国的破产法及其破产程序予以认可。④ 无论如何,今天各国跨境破产程序普遍认可跨境司法机构之间的合作与交流原则。《欧盟破产条例》在第 41 条及其后各条中规定了主要破产与次要破产程序之间的关系,在第 56 条及其后各条中规定了关

① 出于篇幅的考虑下文讲主要对《欧盟破产条例》和《联合国贸易法委员会示范法》的法律价值进行评估。

② Paradigmatisch *Wood*, Principles of International Insolvency Law, 2. Aufl., Sweet & Maxwell, London 2007. In diesem Buch geht es trotz seines Titels nicht um Prinzipien, sondern um wichtige Regelungsgegenstände; vgl. etwa die Überschrift zu Teil 3 des Buches („*topics*"), ferner *Wood*, 4 (1995), IIR 94, 114 („*key issues*").

③ Vgl. für die EuInsVO Erwägungsgrund 23, ferner *EuGH* Rechtssache C – 195/15 *SCI Senior Home (in administration) gegen Gemeinde Wedemark/Hannoversche Volksbank eG*, ECLI:EU:C:2016:804 Rdnr. 17; zum UNCITRAL Modellgesetz *In Re ABC Learning Centres Ltd*, 728 F. 3d 301, 307 ($3^d$ Cir. 2013); *Goode*, Principles of Corporate Insolvency Law, 4. Aufl., Sweet & Maxwell, London 2011, Rdnr. 16 – 07, 16 – 08; *Omar*, in: Tribute to Bob Wessels (Fn. 3), S. 103, 105; aber auch *United Nations Commission on International Trade Law*, Legislative Guide on Insolvency Law, Part 1 and 2, United Nations Publications, New York 2005, S. 79 Rdnr. 14.

④ Für die Mitgliedstaaten der EU ergibt sich der Grundsatz wechselseitigen Vertrauens schon aus dem Europarecht; vgl. im Übrigen Erwägungsgrund 65 EuInsVO, ferner den *EuGH* in den Rechtssachen C – 341/04 – *Eurofood*, ECLI:EU:C:2006:281 Rdnr. 39 und C – 444/07 *MG Probud Gdynia sp. z o. o.*, ECLI: EU:C:2010:24 Rdnr. 27 ff. Bei den Beratungen des UNCITRAL Modellgesetzes wurde die Verbürgung der Gegenseitigkeit erwogen, schlieBlich aber verworfen, vgl. *Lifland*, in: Affaki (Fn. 3), S. 31, 54 Rdnr. 67.

联企业破产。《联合国贸易法委员会示范法》已经在其序言中阐明,其主要目的是促进程序主体之间的合作,以及在第25条及其后各条中,详细讨论了法院和破产管理人的合作。此外,在国际破产法中必须遵守辅助原则和比例原则。《欧盟破产条例》在其导言第86条①中对这两个原则进行了阐述,而其他法规虽没有明确提及它们,但也隐含地建立在它们之上。

**(二)程序法原则**

除了冲突法原则之外,还有程序法原则。国际破产法明确阐明了效率原则,根据这一原则,程序必须尽快地全面地实施被申请的法律保护。这一原则被写入《欧盟破产条例》导言第3条及第8条中,②在《联合国贸易法委员会示范法》的序言中也被提及。与效率原则并列的是透明原则——必须公开和透明地进行程序,以便受影响的人能够参与并主张其法律地位。公布的有关规定反映了这一原则。③ 此外,可预测性原则或者法律确定性原则也是非常重要的。例如,《欧盟破产条例》导言的第28条、第30条和第67条④以及《联合国贸易法委员会示范法》的序言都明确了这一原则。《联合国贸易法委员会示范法》还阐述了程序正义原则,该原则已被《欧盟破产条例》认可,在导言的第83条中得到采纳。⑤ 最后,必须遵守优先权原则,根据该原则,先进行的破产程序原则上应排除国外的后进行的破产程序。⑥

**(三)实体法律原则**

到目前为止,赖以建构国内破产法及国际破产法的实体法律原则在很大程度

---

① Vgl. auch *EuGH* Rechtssache C－649/13 *Comité d'entreprise de Nortel Networks SA und andere gegen Cosme Rogeau und Cosme Rogeau gegen Alan Robert Bloom und andere*, ECLI:EU:C:2015:384 Rdnr. 49; Rechtssache C－292/08 *German Graphics Graphische Maschinen GmbH gegen Alice van der Schee*, ECLI:EU:C:2009:544 Rdnr. 24.

② Dazu u. a. auch *EuGH* Rechtssache C－339/07 *Seagon gegen Deko Marty Belgium NV*, ECLI:EU:C:2009:83 Rdnr. 22; Rechtssache C－116/11 *Bank Handlowy w Warszawie SA und PPHU《ADAX》/ Ryszard Adamiak gegen Christianapol sp. z o. o.*, ECLI:EU:C:2012:739 Rdnr. 62; Rechtssache C－212/15 *ENEFI Energiahatékonysági Nyrt gegen Direcţia Generală Regională a Finanţelor Publice Braşov (DGRFP)*, ECLI:EU:C:2016:841 Rdnr. 22.

③ Z. B. Art. 24 ff. EuInsVO (dazu auch Erwägungsgrund 12), ferner Art. 14 UNCITRAL Modellgesetz, Procedural Principle 13 NAFTA Principles, Global Principle 25.1.

④ Dazu auch u. a. *EuGH* Rechtssache C－195/15 *SCI Senior Home (in administration) gegen Gemeinde Wedemark/Hannoversche Volksbank eG*, ECLI:EU:C:2016:804 Rdnr. 28.

⑤ Vgl. ferner *EuGH*, Rechtssache C－341/04 － *Eurofood*, ECLI:EU:C:2006:281 Rdnr. 65 ff.

⑥ Für die EuInsVO Art. 62 sowie *EuGH* Rechtssache C－341/04 *Eurofood IFSC Ltd.*, ECLI:EU:C:2006:281 Rdnr. 39, 49, 58; ferner Rechtssache C－444/07 *MG Probud Gdynia sp. z o. o.*, ECLI:EU:C:2010:24 Rdnr. 27.

上尚未得到充分研究。尤其是债权人平等对待原则,根据该原则,无论在程序法还是在实体法方面,同等债权人应得到同等的对待。例如,《欧盟破产条例》导言的第63条建立在债权人平等对待原则的基础上,①《联合国贸易法委员会示范法》在随附的《颁布和解释指南》中也明确强调了这一原则。② 除了债权人平等对待,这两个条例都遵循债权人清偿的利益最大化原则,分别见于《贸易法委员会示范法》序言,《欧盟破产条例》导言的第48条。此外,《联合国贸易法委员会示范法》在序言及第22条中,《欧盟破产条例》在第78条及其以下关于数据保护的条款中同样规定了债务人适当保护原则。然后,这两套规则都坚持了保护信赖利益的原则。③《欧盟破产条例》特别在导言的第67条、第68条及其后各条中规定了对有担保的债权人④和撤销相对人⑤适用程序启动国诉讼程序的例外情况,《联合国贸易法委员会示范法》在序言和第22条中提供了保护期待利益的法律基础。最后,社会福利原则同样非常重要,例如,《欧盟破产条例》为了保护了雇员的利益而设置了第13条,并在第11条中保护了租户的利益。⑥

**(四)原则位阶**

上述原则也可以被安置到一个层次结构中。例如,最为重要的债权人平等原则和债权人清偿的利益最大化应得到程序统一原则(而程序统一原则又应由优先

---

① Vgl. auch *EuGH* Rechtssache C – 195/15 *SCI Senior Home* (*in administration*) *gegen Gemeinde Wedemark/Hannoversche Volksbank eG*, ECLI:EU:C:2016:804 Rdnr. 31; Rechtssache C – 212/15 *ENEFI Energiahatékonysági Nyrt gegen Direcţia Generală Regională a Finanţelor Publice Braşov* (*DGRFP*), ECLI:EU:C:2016:841 Rdnr. 23, 33.

② *United Nations Commission on International Trade Law*, UNCITRAL Model Law on Cross – Border Insolvency Law with Guide to Enactment and Interpretation, United Nations Publications, New York 2014, Rdnr. 240.

③ Ausführlicher dazu *Bork*, in: Festschrift Klamaris, Sakkoulas Publications, Athens 2016, S. 77 ff.

④ Dazu unten IV. 2.; vgl. hier nur *EuGH* Rechtssache C – 195/15 *SCI Senior Home* (*in administration*) *gegen Gemeinde Wedemark/Hannoversche Volksbank eG*, ECLI:EU:C:2016:804 Rdnr. 17 f., 28.

⑤ Dazu *EuGH* Rechtssache C – 310/14 *Nike European Operations Netherlands BV gegen Sportland Oy*, ECLI:EU:C:2015:690 Rdnr. 18; Rechtssache C – 557/13 *Hermann Lutz gegen Elke Bäuerle*, ECLI:EU:C:2015:227 Rdnr. 34, 54.

⑥ Vgl. zu letzterem Bork/van Zwieten – *Snowden*, *Commentary on the European Insolvency Regulation*, Oxford University Press, Oxford 2016, Rdnr. 11.1.; ferner Bork/Mangano – *Bork*, European Cross – Border Insolvency Law, Oxford University Press, Oxford 2016, Rdnr. 4.81; Hess/Oberhammer/Pfeiffer – *Piekenbrock*, European Insolvency Law, C. H. Beck/Hart/Nomos 2014, Rdnr. 798; *Kienle*, NotBZ 2008, 245, 254; *Virgós/Schmit*, Report on the Convention on Insolvency Proceedings, EC Council Document 6500/96 of 3 May1996, Rdnr. 118; *Wessels*, International Insolvency Law, Kluwer, 3. Aufl., Deventer 2012, Rdnr. 10685.

性原则所支持)、普遍性原则、合作与沟通原则,以及效率原则的支持。为了保护受诉讼影响的人,这些原则可以对当事方提供实质性保护。对于债权人,应通过平等对待原则和清偿的利益最大化原则予以保护;对于债务人,应通过利益最大化的原则和社会福利原则予以保护;对第三方,应通过期待利益的保护原则和社会福利原则予以保护。实质性保护与对当事人的程序保护不同,后者是基于透明性,可预测性和程序正义的原则。当然,从这种相当系统的层次结构中推演出法律后果时必须多加小心。很多情况下,要对某些原则进行加权考虑。

## 四、以原则为导向的解决方案

以下将在国际破产法领域选定若干问题对以原则为导向的解决方案进行阐释。

### (一)司法裁判

在司法裁判中,有许多以原则为导向适用法律的例子。此处,可以用欧洲法院在 MG Probud 案[①]中的判决作为示例。在该案中,德国法院拒绝承认波兰的破产程序,并对破产债务人作出账户冻结的决定。这违反了国际破产法的各项原则。根据统一原则,MG Probud 只能进行一次破产程序,而且必须是波兰程序,因为它根据优先原则排除了德国的并行程序。根据普遍性原则,波兰的破产程序具有全球普遍效力,并根据《欧盟破产条例》第 19 条应在德国被自动承认。《欧盟破产条例》第 33 条规定了因违反公共政策而拒绝承认外国程序作为普遍性原则的例外,但必须对违反公共政策进行严格的狭义的理解。基于以上理由并考虑到相互信任的原则,能够得出的结论是,银行账户冻结的决定与波兰破产程序存在冲突,因此是不可接受的。

在另一个案例(安特卫普散货船案[②])中,加拿大最高法院做出了极有问题的决定。一位比利时破产管理人向加拿大当局申请破产撤销,要求返还一艘被一位美国债权人扣押的位于加拿大的债务人所有的船只。程序统一原则在本案也应予以重视。对比利时债务人只能启动一个破产程序,比利时的程序要根据优先性原则排除加拿大的程序。根据普遍性原则,比利时程序具有全球普遍效力,根据合作原则加拿大当局必须支持比利时程序。相互信任原则也要求加拿大当局信任并认可

---

① *EuGH* Rechtssache C – 444/07 *MG Probud Gdynia sp. z o. o.*, ECLI:EU:C:2010:24.

② *Antwerp Bulkcarriers N. V. v. Holt Cargo Systems, Inc.* [2001] 3 S. C. R. 951; vgl. auch *Holt Cargo Systems Inc. v. ABC Containerline N. V.* (*Trustee of*) [2001] 3 S. C. R. 907 sowie die erhellende Analyse beider Entscheidungen von *Pottow*, 104 [2006] *Mich. L. Rev.*, 1899, 1922 ff.

比利时破产法和破产程序。但是，加拿大最高法院最终拒绝了这一返还请求，并给出了一个无法被基于基本原则的权衡所接受的理由，即外国破产法必须与加拿大破产法的规定相同，并重视加拿大破产法的一个重要目标，对有担保债权人的保护。同时加拿大最高法院认为进行破产程序的国际合作虽然是一个重要因素，但不具有任何限制性。

与前两个案件相比，澳大利亚全联邦法院在 Akers 诉 DCT 案①中的裁决应被支持。该案中，一位开曼群岛的清算人要求澳大利亚当局移交属于债务人的资产。这与澳大利亚税务部门的主张相抵触，该部门希望用债务人位于澳大利亚的资产偿还其所欠税收。根据普遍性原则，开曼群岛的程序具有全球普遍效力，而合作原则和互信原则要求澳大利亚当局信任外国破产法和破产程序并支持外国程序。法院虽然在这里作出了否定性的判决，但却是正确的。因为开曼群岛的破产法规定，破产财产不包括外国税收资产。这以规定与《欧盟破产条例》第 2 条第 12 款不同②，违反了债权人平等对待的原则，并违背程序正义原则构成了对参与人的歧视。因此无法要求法院信赖外国程序的适当性，澳大利亚全联邦法院在这一案件中排除普遍性原则是合理的。

### (二)立法

以原则为导向的方法还可以使立法机的工作更为轻松，同时有助于厘清对现有法规的批判分析。以《欧盟破产条例》第 8 条为例，以原则为导向加以审视就很容易看出该规范并非站不住脚。根据该条，在破产程序开始时，债权人或第三方在债务人所有的位于其他成员国领土上的有形或无形的动产或不动产上的物权不会受到破产程序的影响，这个物权可以建立在特定物上，也可以建立在以不特定方式组合的不特定物的大部分之上。根据当下的通说，这一规定意味着位于破产程序启动国以外的欧盟成员国的担保财产既不能适用程序启动国的破产法也不能适用财产所在国的破产法。实际上，抵押财产不应受任何破产程序的影响，并应依据适

---

① *Akers as joint foreign representative v. Deputy Commissioner of Taxation* [2014] FCAFC 57; dazu *Atkins/McCoy*, 11 (2014) ICR, 304 ff.

② Vgl. auch *EuGH* Rechtssache C – 195/15 *SCI Senior Home* (*in administration*) *gegen Gemeinde Wedemark/Hannoversche Volksbank eG*, ECLI:EU:C:2016:804 Rdnr. 31; Rechtssache C – 212/15 *ENEFI Energiahatékonysági Nyrt gegen Direcţia Generală Regională a Finanţelor Publice Braşov* (*DGRFP*), ECLI:EU:C:2016:841 Rdnr. 38.

用于其上的信贷保护法在破产程序之外进行变价[1]。这是因为,尽管所有国家破产法都尊重信贷抵押品,但它们对于抵押品的使用,消费和变价以及清算费用是否从抵押物变价所获价款中给付都有不同的规定。《欧盟破产条例》导言的第67条和第68条以可预测性(法律确定性)和期待利益的保护为理由对该条款进行了辩护,欧洲法院在匈牙利东部银行案中也适用了这一条款。[2]

但是,不应认为这是一个适当的解决方案。[3] 在这一问题上存在普遍性原则、(担保)债权人的平等对待原则、债权人清偿的利益最大化原则、程序正义原则之与可预见性原则(法律确定性原则)、信赖利益保护原则和程序效率原则之间的大范围冲突。如此一来,该规范在原则导向的分析中将变得站不住脚。相反,应规定,抵押物权应受到程序启动国的破产法的影响。这种规范不仅符合普遍性原则,而且还符合所有有担保债权人之间的程序正义和平等对待原则,无论抵押物是位于程序启动国还是位于启动国之外的其他欧盟成员国。

就可预测性(法律确定性)原则而言,必须指出的是,每个明确的规则都可以确保法律确定性。在抵押担保权人已经预先知晓的情况下,不受限制地援引程序启动国的法律也是预期的明确规则。尽管应适用的破产法取决于债务人在诉讼程序启动时的利益中心(COMI),但这通常也是显而易见和有据可查的。如此一来,在设定抵押权时对程序启动国法律的查明可能会产生费用,但这毕竟不影响法律的确定性。

---

① *EuGH* Rechtssache C - 195/15 *SCI Senior Home (in administration) gegen Gemeinde Wedemark/Hannoversche Volksbank eG*, ECLI:EU:C:2016:804 Rdnr. 17 f.; Rechtssache C - 527/10 *ERSTE Bank Hungary Nyrt gegen Magyar Állam und andere*, ECLI:EU:C:2012:417 Rdnr. 41; Rechtssache C - 557/13 *Hermann Lutz gegen Elke Bäuerle*, ECLI:EU:C:2015:227 Rdnr. 38 f.; Bork/Mangano - *Bork* (Fn. 19), Rdnr. 4.66 ff.; *Mankowski/Müller/Schmidt - Schmidt*, EuInsVO 2015, München 2016, Art. 8 Rdnr. 34.

② *EuGH* Rechtssache C - 527/10 *ERSTE Bank Hungary Nyrt gegen Magyar Állam und andere*, ECLI:EU:C:2012:417.

③ 对这一方案提出批评意见的学者包括:*Bork* (Fn. 1), Rdnr. 6.12 ff.; *Bork*, Festschrift Klamaris (Fn. 16), S. 79 ff.; Bork/van Zwieten - *van Zwieten* (Fn. 19), Rdnr. 0.49; *van Galen/André/Fritz/Gladel/van Koppen/Marks/Wouters*, Revision of the European Insolvency Regulation, Proposals by INSOL Europe, INSOL Europe, Nottingham 2012, S. 52 Rdnr 5.6 f.; *Paulus*, IILR 2014, 366, 369 ff.; *Veder*, IILR 2011, 285, 289 ff.; *Virgós/Garcimartín*, The European Insolvency Regulation: Law and Practice, Kluwer Law International, The Hague 2004, Rdnr. 164; *Wessels* (Fn. 19), Rdnr. 10640b; *Wiórek*, Das Prinzip der Gläubigergleichbehandlung im Europäischen Insolvenzrecht, Baden - Baden 2005 S. 236 ff. Die Norm wird hingegen verteidigt von *Fletcher*, Insolvency in Private International Law, Oxford University Press, 2. Aufl., Oxford 2005, Rdnr. 7.87; Moss/Fletcher/Isaacs - *Fletcher*, The EC Regulation on Insolvency Proceedings, Oxford University Press, 3. Aufl., Oxford 2016, Rdnr. 4.11 et seq.; Sheldon - *Arnold*, Cross - Border Insolvency, Bloomsbury Professional, 4. Aufl., Haywards Heath 2015, Rdnr. 2.76。

考虑到效率原则，必须要承认，在设定抵押权时适用程序启动国法律的效率较低。但是首先，与外国借款人签约的抵押权人通常是专业贷款人，对于他们而言，查明外国破产法的负担是可以控制的；其次，在破产程序中适用程序启动国破产法是更有效率的，因为无论抵押品在何处，破产管理人均享有相同的权利，因而免于查明和适用外国法律带来的成本。

实际上，信赖利益保护原则也不能为该规范辩护。只有合理的期待才能得到保护，而豁免任何破产法的期待不值得被保护。任何提供信贷的人都应对借款人的破产以及由此需要适用的破产法有所预期。同样，仅由本国法律管辖的期望也不值得被保护。既然可以向外国债务人提供贷款，那么根据外国法律进行外国程序就不足为奇。因此，从保护合理预期的角度来看，抵押担保物位于程序启动国以外的成员国中的事实并不能作为例外的理由。顺便一提，《欧盟破产条例》第 8 条在诉讼程序启动的时间点上确定担保物所在地选择了错误的时间节点。这种时空归属不仅激励了在审判前将抵押品转移到国外的投机性动机，而且还忽略了设定抵押权时已经产生信赖利益的事实。因此，与《欧盟破产条例》第 8 条相反，最好将抵押担保物置于程序启动国的破产法管辖下，但应允许抵押权人证明设定抵押权时债务人的利益中心位于程序启动国以外的成员国。[①]

### （三）法律统一

以原则为导向的解决方案的最后一个应用领域是国际破产法的统一工作。许多组织都在从事这项工作，但遗憾的是，目前还没有详尽的协调理论。设计这样的理论并非本文的目的[②]，但是以下思考可能对这个问题的讨论略有助益。

---

① Ein Formulierungsvorschlag könnte lauten：

（1）Das Recht des Eröffnungsstaates bestimmt die Wirkungen des Insolvenzverfahrens auf dingliche Rechte. Sofern der gesicherte Gläubiger nachweist, dass der Schuldner den Mittelpunkt seiner hauptsächlichen Interessen bei Bestellung der Sicherheit in einem anderen Staat als dem Eröffnungsstaat hatte, bestimmt das Recht des anderen Staates die Wirkungen auf dingliche Rechte.

② Erste Ansätze findet man bei *Faria*, 14（2009）*Unif. L. Rev.*, 5 ff. and den bereichernden Beiträgen in：*Andenas/Baasch Andersen*（eds.）, Theory and Practice of Harmonisation, Edward Elgar Publishing, Cheltenham, UK/Northampton, MA 2012, vor allem die Überelegungen von *Andenas/Baasch Andersen/Ashcroft*, ebenda S. 572 ff. Hilfreich auch die methodischen Überlegungen von *Berger*, The Creeping Codification of the New Lex Mercatoria, Wolters Kluwer, 2. Aufl., Alphen aan den Rijn 2010, passim.

首先,应该达成共识,国际破产法的统一是必要和有意义的。① 法律统一工作在这一法律领域减少了不同国家规范冲突带来的复杂性,降低了不同国家之间的法律竞争问题。这一工作同时降低了跨境交易中 因预计交易相对人在之后是否会破产带来的交易费用,以及跨境破产程序的费用,因为交易双方都无须再支付大量费用来掌握程序启动国法律之外的法律制度、确定其规则以及由此产生的法律地位和法律后果。同时,统一的国际破产法被自身原则所支撑。当摆脱各种法律体系之间的协调工作时,程序将变得更加高效。② 因此,减少这类昂贵的工作既符合效率原则,又符合清偿利益最大化的原则。此外,当所有法律制度都具有相同规则时,法律确定性和相互信任将得到加强,这同时促进了对普遍性原则的接受,因为统一法律下将很少有理由不去承认另一国程序在世界范围内的有效性。③ 这也有利于促进债权人平等的原则,④因为如果本地债权人像在国内一样受到国外的保护,就不必再有保护本地债权人的例外。

但是,不应通过统一工作促进原则的实施,而是通过原则的践行促进法律的统一。原则为导向的法律统一工作可以分三个步骤开展。首先,不要通过选择相同问题的不同解决方案来启动工作,这很重要,否则很可能引发关于由谁提供最佳解决方案的争议。取而代之,应从原则的定义开始,即确保所涉及的法律制度都将基于详尽备述的相同原则。

---

① Vgl. nur UNCITRAL (Fn. 15), Rdnr. 5 f.: "However, national insolvency laws by and large have not kept pace with the trend, and they are often ill - equipped to deal with cases of a cross - border nature. This frequently results in inadequate and inharmonious legal approaches, which hamper the rescue of financially troubled businesses, are not conducive to a fair and efficient administration of cross - border insolvencies, impede the protection of the assets of the insolvent debtor against dissipation and hinder maximization of the value of those assets. Moreover, the absence of predictability in the handling of cross - border insolvency cases can impede capital flow and be a disincentive to cross - border investment. (...) Fraud by insolvent debtors, in particular by concealing assets or transferring them to foreign jurisdictions, is an increasing problem, in terms of both its frequency and its magnitude. The modern, interconnected world makes such fraud easier to conceive and carry out."

② Aus der Sicht der ökonomischen Analyse des Rechts *Gomez*, in: Hartkamp/Hesselink/Hondius/Mak/du Perron (Hrsg.), Towards a European Civil Code, Wolters Kluver, 4th ed., Alphen aan den Rijn 2011 S. 401 ff. m. w. N. in Fn. 6 und auf S. 423 ff.; *Wool*, 8 (2003) *Unif. L. Rev.*, 389 ff.

③ *Franken*, 11 (2005) ELJ, 232, 247.

④ *abez Henry*, später Britischer Richter und Autor der wegweisenden Entscheidung *Odwin v. Forbes* ([1817] 1 Buck 57, 60), forderte bereits 1825 ein einheitliches Internationales Insolvenzrecht "[in order to] place the subjects of each [state] on a footing of equality as to those rights which they are equally acknowledged to possess" (zit. nach *Nadelmann*, 10 (1961) ICLQ, 70, 77); vgl. auch *Graham*, 42 (1989) CLP, 217, 224; *Omar*, 11 (2002) IIR, 173, 184.

其次,研究这些原则通常要求何种规定。例如,债权人平等原则要求对外国债权人(包括公共债权人)的知情权和参与权,国内外清算收益的平衡分配以及对所有涉案者统一适用相同的破产法规,包括信贷抵押和破产撤销。普遍性原则首先要求有关国际管辖权的规则,承认外国程序和公认程序的跨境有效性,这涉及适用法律的问题,以及在国内支持境外破产程序的问题。

这两个步骤都是关于如何形成正确的问题,而不在于如何回答它们。尽管文化和法律背景不同,但原则上可以在同一基础上达成一致并在同一基础上确定相同的法律问题,这将有助于进一步推进法律统一的进程,因为这里的重点不是针对实际问题提出的有争议的解决方案,而是关于原则的共识。① 一旦谈判伙伴了解到有可能达成共识,他们可能会更愿意讨论具体的法律建议。

当然,最后必须解决制定具体规范时产生的具体问题。在这一阶段也不要直接就哪个国家法规是最佳蓝本进行争执,而应从原则中提出建议,这可能有助于统一规范的形成。② 例如,普遍性原则要求已经启动的破产程序在世界范围内有效。如果能够确信有待被各国认可的程序是以一个统一的法律框架为基础制定的,其全部细节上的不同皆来自相同的基础原则,那么形成被共同接受的方案可能更容易,同时也有助于遵循相互信任的原则。③ 因此,如果各方在统一谈判中就普遍性原则达成共识(事实上,今天已经是大体如此),虽不见得所有问题都能得以解决,但仍是迈出了重要的一步。这之后可能会有更多有争议的问题,如对物权的处理。如前所述,④在原则性分析中,《欧盟破产条例》第 8 条的规定是不合理的。相反,只有在所有可能的情况下都适用程序启动国的破产法,并且在任何情况下都不能排除所有破产法的情况下,这一折中解决方案才是可以接受的。

不能否认,以原则为导向的协调程序必须克服相当大的障碍。这些障碍从国际破产法领域延伸到其他需要统一的法律领域,如劳动法、公司法或税法,这些领域均具有与国际破产法不同的原则,⑤甚至受到不适宜的贸易保护主义影响。但是,以原则为导向的方法至少可以发现这些不适宜的因素,并批判在其影响下产生

① Vgl. auch *Pottow*, 104 (2006) *Mich. L. Rev.*, 1899, 1929 f.

② Vgl. zur Notwendigkeit der Berücksichtigung von Grundprinzipien bei der Harmonisierung auch *Gaa*, 27 (1993) *Int'l. Law.*, 881, 884 f., 893 f.

③ *Pottow*, 104 (2006) *Mich. L. Rev.*, 1899, 1931ff.

④ Unter IV. 2.

⑤ *Franken*, 11 (2005) *ELJ*, 232, 247.

的法规。无论如何,它可以促进思想和观点的富有成果的交流,①并帮助有关各方习惯于跨越国界运作法律体系,促进协调一致的思想。② 鉴于此,尽管目前不太可能在全球范围内统一国际破产法,但未来仍有希望。③

① *Lenaerts/Gutiérrez - Fons*, 47 (2010) *CML Rev.*, 1629, 1630.

② *Pottow*, 45 (2005) *Virg. J. Int'l. L.*, 935, 1011.

③ *Westbrook* 98 (2000) *Mich. L. Rev.*, 2276, 2294.

# 企业重组与纾困

BANKRUPTCY
LAW REVIEW

# 改革和完善我国破产重整中关键制度研究报告

**李曙光**

中国政法大学破产法与企业重组研究中心主任，教授。

**许美征**

国家前体改委宏观司副司长、中和应泰创始人兼董事。

受中国人民银行条法司和中国银保监会法规部委托，中国政法大学破产法和企业重组研究中心李曙光教授和北京中和应泰财务顾问有限公司许美征董事主持，对当前改革和完善破产重整制度亟待解决的几方面问题组织研究提出初步研究报告，供讨论参考。

市场主体有序进入和退出是竞争性市场经济有效运作和实现配置效率的先决条件。2007 年 6 月 1 日我国《企业破产法》开始施行，一方面通过破产清算制度使亏损企业、过剩产能退出市场；另一方面通过破产重整制度使陷入困境但有重组价值的企业获得新生，资源得到有效配置，促进经济结构调整。破产法的实施中，重整制度能否正确和有效实施十分重要。当前，在我国的破产重整实践中，重整制度发挥了重要作用。但是，同时存在一些突出的问题，使其有效性受到制约。表现在重整实行管理人制度，还是实行债务人自行管理制度；重整由市场主体主导，还是由外部人主导或是由行政官员主导等，都存在不同认识，并影响了重整的效果，重整实践中"强裁"制度滥用，以及重整前置程序缺失等方面。为了正确运用破产重整制度，使其对供给侧结构性改革和防范系统性金融风险发挥正向调节作用，亟须对影响重整制度有效发挥作用等方面的问题进行改革。

## 一、我国破产重整制度整体实施情况

2006 年，全国人大常委会审议通过了《企业破产法》，这部法律自 2007 年 6 月 1

日起开始实施。但在新破产法实施后,全国破产案件受理数量不但没有增加,反而连续下降。这种反常情况使得破产制度未能发挥其在市场经济中的优胜劣汰作用。

### (一)破产案件受理数量整体情况

自 2007 年《企业破产法》开始实施至今,全国的破产案件受理数量并未如预期增长,甚至低于新《企业破产法》实施前的案件数量。在 2013 年下降至历史最低点不足 2000 件。在 2015 年年底中央财经领导小组提出“供给侧结构性改革”的背景之下,破产案件受理数量快速增长,2017 年达到接近 10,000 件的历史高位。

但是与 2017 年全国注销、吊销企业数量相比,破产案件受理数量仍相距甚远。破产作为市场主体退出渠道之一,所发挥的市场出清作用仍十分有限。国家工商行政管理总局信息中心提供的数据显示,2017 年全国内资企业注销数量总计为 1,224,434 家,吊销数量为 597,937 家;外资企业注销数量为 19,108 家,吊销数量为 7698 家。

### (二)上市公司重整案件情况

作为 2017 年《企业破产法》的一个新制度,重整制度在实践中发挥了重要作用,许多处于困境的企业通过重整走向新生。尤其在供给侧结构性改革的背景之下,重整制度更是作为重要的路径选择之一。对危困企业的处理,是目前供给侧结构性改革的难点、重点。通过对我国上市公司重整案件资料分析,截至 2018 年 7 月 15 日,全国法院已受理 53 家上市公司的破产重整申请,这些案件信息披露较为全面,本报告以此为样本进行分析。

从上市公司所在中国经济区域看,各级人民法院受理的上市公司破产重整案件,华南地区受理 11 宗,西北、华东、东北地区各受理 9 宗,西南地区受理 8 宗,华中地区受理 4 宗,华北地区受理 3 宗(如图 2 所示)。从城市分布看,深圳中级人民法院受理上市公司案件较多,因为深圳是市场化改革领先地区,其作为全国最早开展市场化、法治化破产案件专业化审判工作的法院,处理上市公司重整案件具有得天独厚的优势。

从 53 家上市公司重整案件分析,上市公司根据昆山会议精神,证监会关于上市公司重大重组的有关规定以及最高人民法院(法发〔2009〕36 号文第 12 条的规定),重整都是由市场主体主导,采取两种形式:一是由债务人的实际控制人聘请具有并购重组专业知识的财务顾问与法律顾问组成清算组,由法院指定清算组为管理人主导重整,实质上是由债务人的实际控制人主导重整;二是进入重整的债务人在法院指定的管理人监督下实行债务人自行管理的方式。多数重整案都取得了成功。

### (三)非上市公司重整案件情况

2017 年是中国破产案件受理数量快速增长的一年,破产重整案件的数量也随之上升。2017 年中国新增非上市公司重整案件共计 546 件,本报告以这 546 份数据样本为例,从地区分布、管理人、受理法院方面展开分析。

从地区分布看,东部地区新增案件数量为 261 件,中部地区新增案件数量为 129 件,西部地区新增案件数量为 104 件,东北地区新增案件数量为 52 件。

非上市公司重整案,多数都不是由市场主体主导重整,而是由外部人即律师、会计师或由律师与当地政府派员组成的清算组,由法院指定为管理人主导重整,较大或大型的重整案,一般是由当地官员为主与律师组成的清算组主导重整。

从受理法院层级看,所统计 546 件非上市公司重整案件中,282 件由基层法院受理,占比约 51.65%;263 件由中级法院受理,占比约 48.17%,仅 1 件由高级法院受理,占比约 0.18%。由此可以看出,重整案件的审理集中于基层人民法院和中级人民法院。

### (四)破产审判庭的设立与现状

2014 年 11 月最高人民法院下发《关于在部分人民法院开展破产案件审理方式改革试点工作的通知》,决定在全国 9 省市分别选择 2 家高级法院、14 家中级法院和 5 家基层法院,就破产案件审理改革展开试点,具体包括民事执行程序转入企业破产程序、破产案件集中管辖、破产管理人管理、破产配套制度等问题。[①] 2016 年 6 月,最高人民法院下发《关于在中级人民法院设立清算与破产审判庭的工作方案》的通知,要求"直辖市应当至少明确一个中级人民法院设立清算与破产审判庭,省会城市、副省级城市所在地中级人民法院应当设立清算与破产审判庭"。[②] 截至 2017 年年底,全国法院的清算与破产审判庭,从 2015 年年初仅 5 家的基础上增至

---

① 参见黄少迪:《广西高院召开破产案件审理方式改革专题调研座谈会》,载 https://www.chinacourt.org/article/detail/2015/08/id/1685524.shtml,最后访问日期:2018 年 9 月 30 日;南京市中级人民法院课题组:《关于推动企业破产案件审理方式改革的调研报告——以南京中院破产审理为样本》,载 http://www.njgcfy.gov.cn/www/gcfy/2017/xwzx5_mb_a391609284456.htm,最后访问日期:2018 年 9 月 30 日;吴晓锋:《重庆法院多举措促破产案件审理方式改革》,载 http://www.legaldaily.com.cn/Court/content/2015-06/25/content_6140442.htm? node=53949&quot,最后访问日期:2018 年 9 月 30 日。

② 《最高人民法院要求在中级人民法院设立清算与破产审判庭》,载 http://www.court.gov.cn/zixun-xiangqing-24601.html,最后访问日期:2018 年 9 月 30 日。

97 家，包括 3 家高级法院、63 家中级法院、31 家基层法院。①

通过对破产受理案件数量变化、重整案件情况和破产审判庭现状的分析，可以看出，随着市场经济改革的深入和司法实践的不断完善，我国破产案件数量正迎来新的增长期，重整案件在其中占比不少，各级法院受理破产重整案件的破产审判庭体系已初步形成，重整制度在市场经济中正发挥其积极的作用。

## 二、国际上破产重整制度的改革

传统的破产法主要是破产清算，通过破产清算保护债权人，破产程序由法院指定的管理人主导，管理人依法公平、公正地将破产财产清偿给债权人，破产清算主要是管理人主导。

重整制度起源于 19 世纪末美国发生大规模铁路危机，靠大量发行债券建设铁路的公司陷入严重危机，若铁路系统破产清算，对社会经济的破坏作用是灾难性的，债权人的损失也十分惨重，华尔街的投资银行家及律师协助债权人等各利益方，设计了拯救铁路的重组方案，并在法院的支持和配合下，成功地实施了对铁路公司的财务和债务重组，开启了现代重整制度。

破产重整制度历经近百年的实践和总结而逐渐完善，1975 年美国参议院举行的破产重整制度改革听证会，焦点集中在对重整是否要强制任命重整管理人，一系列听证会最终促成了以 DIP 模式为原则的 1978 年《美国破产法》第 11 章，重整按第 11 章的规定，对进入重整的债务人原则上不指定管理人，而实行债务人自行管理的制度，即 DIP 制度（Debtor in Possession）。若发现债务人有严重的欺诈行为，则可以由债权人等利益方提出，由联邦托管人或法院指定监督人，监督债务人的欺诈行为。

破产重整与破产清算不同，它不是公平地分配破产财产清偿债务，而是由债务人、债权人、重组方等市场主体通过协商、谈判和博弈，达成各利益方共担重组损失、共享重整收益，拯救企业、避免破产清算的过程。因此重整不能由外部人主导，不实行由法院指定律师、会计师等外部人为管理人主导破产重整，而实行债务人自行管理的制度。

重整由债务人主导，但要通过各利益方之间的协商、博弈，达到各方利益平衡。

---

① 参见 2018 年 3 月 6 日，最高人民法院介绍法院破产审判工作情况的发布会，最高人民法院审判委员会专职委员刘贵祥发言，载 http://www.court.gov.cn/zixun-xiangqing-83772.html，最后访问日期：2018 年 9 月 30 日。

因此,在实行债务人自行管理的同时,必须有相应的协商制度和制衡机制。在美国,首先有联邦托管人(联邦托管人是美国司法部下属机构派出的),负责监督债务人是否有欺诈行为,联邦托管人还负责指定无担保债权人委员会、出资人委员会等;无担保债权不仅监督债务人的财务和经营,还参加重整计划的制订,是重整计划表决通过重要利益方,对自行管理的债务人形成重要的制衡。自行管理的债务人为拟订重整计划应聘请具有并购重组投资银行专业的财务顾问和法律顾问协助其与债权人、重组方等利益方谈判、协调,设计资产、债务、重组、股权结构调整,以及引入新出资人等,并在取得共识的基础上制订重整计划。无担保债权人委员会也可以聘请财务顾问与法律顾问,与债务人及其聘请的中介机构谈判,以促成各方认同的重整计划。因此,破产重整是市场主体依据市场原则进行充分协商、博弈达成共识以拯救企业的过程。

《美国破产法》第 11 章是先进的破产重整制度,对美国经济发挥了积极作用。一些国家也先后引进《美国破产法》第 11 章,但都因旧体制以及与旧体制相联系的利益方的抵制而导致引进失败。

如法国 1994 年破产法改革引入《美国破产法》第 11 章的一些规定,但法国破产法规定,启动重整后先进行 6 个月的观察期,在观察期内法院指定了管理人,重整由法院和管理人控制,把债务人、债权人等市场主体都排除在重整谈判程序之外,限制、剥夺市场主体的权利,有违市场机制的运作,而法院与管理人都不是市场主体,也没有参与市场并做出决定的讯息和能力,重整难以成功,观察期内 90% ~95% 申请重整的案例都转入清算。1999 年德国引入美国 DIP 重整制度也因同样原因而未获成功。

## 三、我国破产重整制度设计及实施的情况

我国 2007 年实施的破产法,已引入了美国的破产重整制度,即《企业破产法》第八章第 73 条规定在重整期间,经债务人申请,人民法院批准,债务人可以在管理人的监督下自行管理财产和营业事务。第 80 条第 1 款规定,债务人自行管理财产和营业事务的,由债务人制作重整计划草案,即美国的 DIP 重整制度。同时在第 80 条第 2 款又规定管理人负责管理财产和营业事务的,由管理人制作重整计划。

2007 年 4 月,《最高人民法院关于审理企业破产案件指定管理人的规定》(以下简称《规定》),要求对进入破产程序的债务人都由法院指定的管理人主导破产程序。但是最高人民法院没有对第八章重整,第 73 条和第 80 条第 1 款实行债务人自行管理的重整制度作出司法解释。

2007年10月最高人民法院民二庭与证监会上市部、法律部在昆山讨论重整问题，与会的多数代表认为最高人民法院关于指定破产管理人的《规定》不适用于重整，重整是市场主体通过协商、博弈、共商拯救企业的过程，不能套用破产清算指定管理人分配破产财产偿债的制度。昆山会议的总结与2009年最高人民法院(法发〔2009〕36号文第12条)相同，指出重整不同于清算，企业重整涉及重大资产重组、经营模式选择、引入新出资人等商业运作内容……人民法院指定管理人时应当注意吸收相关部门派员与专业人员参加……但36号文没有明确表明是什么相关部门和什么样的专业人才。得益于证监会对上市公司的重大重组的规定要求，上市公司进行重大重组应在其实际控制人主导下聘请具有投资银行专业知识/经验的有资质的财务顾问和法律顾问协助其进行。

2007年破产法实施，进入破产重整程序的企业多数是上市公司，进入重整的上市公司根据证监会关于上市公司重大重组的规定和昆山会议精神以及最高人民法院〔2009〕36号文第12条的要求，多数上市公司重整采取以债务人的实际控制人主导，同时聘请具有并购重组投资银行专业的财务顾问和有资质的法律顾问协助其与债权人、重组方等市场主体进行协商、谈判，达成共识后拟订重整计划。这种以市场主体为主导，并依据市场原则进行的重整方式，既符合第八章重整的法律规定，也符合市场化重整的原则。这类法治化、市场化的重整在实践中采取两种不同的形式。

一种形式是债务人的实际控制人在向法院申请重整的同时从市场上聘请具有投资银行专业知识/经验的财务顾问和法律顾问协助其协调债权人、重组方等利益方，拟定重整了初步方案；在法院受理破产重整申请后，根据《企业破产法》第73条规定，向法院申请自行管理，法院批准债务人在法院指定的管理人监督下自行管理财产和营业事务，并制订重整计划草案，法院指定的管理人只起监督作用，不主导重整，重整由债务人的实际控制人主导，重整实行的是债务人自行管理的制度。债务人在其聘请的财务顾问与法律顾问的协助下，协调债权人、重组方等利益方，在达成共识的基础上拟定重整计划，重整取得了成功。

另一种形式是进入重整的是国有控股的上市公司，其实际控制人是当地的国资委，拟申请重整的企业，其实际控制人国资委负责人依据证监会的要求从市场上聘请具有投资银行专业知识/经验的财务顾问和法律顾问组成清算组，法院受理重整后指定清算组为管理人，重整由清算组主导，清算组中的主导者是债务人的实际控制人，因此这种做法形式上是指定清算组为管理人，实质上是债务人的实际控制人主导重整，与《企业破产法》第73条和第80条第1款的法律规定相符，也符合市场化重整,主导重整、参与重整的都是市场主体。

我国引入 DIP 制度,实际运作与美国存在一些差异,如在美国实施 DIP 制度,主导重整的经管债务人是企业的职业经理,因为美国的企业一般都是委托职业经理经营,股东、实际控制人不直接经营企业。在我国,DIP 的经管债务人一般都是企业的大股东,民营企业一般是大股东本人,国有控股企业则是其控股的大股东——当地国资委的负责人,主导重整的是企业的控股股东、实际控制人,企业的经管人员则负责企业的日常经营业务,这种差异是符合国情的。

在美国,DIP 制度是重整的主要形式,重整对于拯救困境企业,尤其在经济危机时,重整制度发挥了重要作用。实行 DIP 制度的主导重整的经管债务人,不只是聘请律师,更要聘请具有投资银行专业的财务顾问,因为重整是在司法程序下的投资银行业务,需要具有投资银行专业的财务顾问协助经管债务人承担复杂的重组任务,如美国通用汽车,2008 年经济危机时濒临破产,为挽救企业,请求奥巴马政府资助,奥巴马要求其提供重整方案,通用聘请的美国著名的国际投行华利安公司和阿历克斯公司共同设计的复杂而有效的重整方案获奥巴马首肯,政府同意借款 500 亿美元支持,方案实施后大获成功,通用重新成为国际上销售量最大的汽车公司;重整中债务人、债权人、工人等利益方的利益都得到最大限度地保护,政府的借款也全部得到归还。

在我国,实行 DIP 制度进行重整只是少数,是重整初期进入重整程序的上市公司,根据证监会关于上市公司重大重组的规定进行重组,基本上符合 DIP 制度,多数按 DIP 方式进行重整的案例都取得了成功。

由于我国的法律源于大陆法系,受传统破产法的观念影响较深,传统的破产法对进入破产程序的债务人都由法院指定律师和会计师为管理人主导破产程序。我国新破产法实施最高人民法院制定的关于指定管理人的《规定》也是这样要求的,而对于第八章第 73 条和第 80 条第 1 款引入的 DIP 制度至今没有作出司法解释,因此各地法院对进入重整的债务人也是按《规定》指定管理人主导重整。2009 年最高人民法院(法发〔2009〕36 号文)指出……指定重整管理人应吸收相关部门派员与专业人员参加……于是各地法院指定的重整管理人都采取指定由律师和地方的行政官员组成的清算组为重整管理人。但这类清算组与重整初期主导上市公司重整的清算组不同,当时主导上市公司重整的清算组是根据证监会关于上市公司重大重组的规定组成,清算组的成员是由债务人的实际控制人加上有投资银行专业的财务顾问和有资质的法律顾问组成。此后进入重整程序的多数不是上市公司,法院指定管理人是依据《规定》以及最高人民法院法发〔2009〕36 号文,被指定重整管理人的清算组多数是律师和当地的行政官员组成。总之,进入重整的债务人实行的是管理人主导重整的模式,实践中也出现种种问题:有的按《规定》指定律师为管理人的案例因重整失败而清算;有的指定律师和行政官员组成的清算组为管理人,管理人制订的重整计划往往不公平或很不公平,遭到反对,法院则以强制批准通过,故造成实践中强裁的案例较多;更需要关注的是由法院指定为管理人的清算组的成员愈趋行政化,使重整演化为削债保企业,甚至保僵尸企业,对经济结构起着逆调节作用。

1. 按《规定》指定律师、会计师为管理人主导导致重整失败而清算

由于重整不是公平地分配破产财产偿债,而是拯救企业,拯救企业是市场主体通过协商、谈判达成共识的过程,按《规定》指定律师等外部人为管理人主导重整,把债务人、债权人等市场主体撇在一边,同时又缺乏具有并购重组的投资银行的专业人士协助,致使重整难以成功。如浙江玻璃,是在香港联交所上市的大型民营企业,陷入困境,企业的实际控制人根据证监会的规定聘请了具有投资银行专业的有证券从业资格的财务顾问和法律顾问,协助其拟定了重整的初步方案,方案既保住上市公司的壳资源,从而保护了出资人的利益,又最大限度地保护债权人利益,普通债权清偿率为20%以上。但是,法院受理浙江玻璃破产重整申请后,法院按《规定》指定当地的律师事务所为管理人,辞退了实际控制人聘请的财务顾问与法律顾问,债务人的实际控制人也靠边。

被指定为管理人的本县律师事务所,背后主持重整的是县政府的工作人员,律师和政府工作人员都不是企业的利益方,与企业的存亡不具有切身的利害关系,也没有参与市场并做出决定的能力和讯息,更缺乏重组境外上市公司的专业能力,致使浙江玻璃这个第一家在香港上市的大型民营企业、可以拯救也能够拯救的上市公司,在管理人的主导下,重整以失败告终。清算时全体出资人包括国际金融公司(世界银行的附属公司)和香港证券市场上投资于浙江玻璃的境内外投资者的权益统统为零,债权人的清偿率只有1.132%,出资人、投资者、债权人都遭到极大损失,对境外资本市场也产生负面影响。

又如陕西国德电气公司,是专业生产高压开关及轨道交通车辆核心精密零部件的大型民企,因企业财务人员涉嫌职务侵占、诈骗犯罪,使公司陷入财务困境,企业向西安中级人民法院申请破产重整,法院指定某律师所为管理人主导重整,债务人等被撇在一边。当债务人了解到该管理人不推进重整工作,而意图将国德公司推向破产清算,以便使其有关联的意向买家可以低价购得国德公司,因此,债务人向法院要求撤换管理人,但至今尚未解决。

这类重整案使一些企业，尤其是民企不愿进重整，这些民企认为进了重整即任人宰割，不如一走了之，“跑路”为好。

2. 按《规定》指定由律师与当地行政官员组成的清算组为管理人主导重整，导致大幅度削债保企业问题

指定这类清算组为管理人主导重整，既缺乏市场主体之间的协商、谈判和博弈，在平衡各方利益的基础上拯救企业，又缺乏具有并购重组投行专业的财务顾问协助设计多种挽救企业的方案，并平衡各利益方的利益，于是重整就是削债保企业，甚至是大幅度的削债，而受损的债权人由于《企业破产法》第 87 条第 3 项对普通债权强裁的规定存在问题（请见本文强裁制度的改革），使普通债权人对不公平的重整计划抵制作用失效，因此出现较多地以牺牲债权人的利益保企业的不公平重整案。如帝贤重整案，普通债权人损失 98%，出资人权益毫不受损；锦化重整案，普通债权人损失 95%，而出资人只损失 1%；金城股份债权人损失 95%，出资人损失为 35%。又如上市公司超日重整，重整计划将资本公积转增 16.8 亿股，全部用于转让给重组方，按正常价计约为 103 亿元，除去支付对价 14.6 亿元，重组方获收益 97 亿元；而债权人被削减的债权达 80%，但重整计划并未用部分资本公积转股的收益来补偿债权人的损失。这类不公平的重整案例在重整实践中不是少数，而这些案例大多是以强制批准而获通过。这类大幅度削债保企业的做法违背了重整原则——既要保护社会利益又要最大限度保护债权人利益；以及重整各方应公平分担重组损失和共同分享重整收益的原则。

3. 以地方行政官员为主组成的清算组主导重整的问题

近年来，清算组的组成或根据《规定》或依据 1986 年国有企业破产法中的行政性清算组，由当地政府官员为主吸收当地律师组成的清算组被法院指定为管理人，主导重整的是政府官员，重整既不是由债务人的实际控制人主导，专业人员也不具有并购重组投资银行专业的财务顾问和法律顾问。清算组成员的行政化导致重整的行政化，由这类行政性的清算组主导重整，既缺乏债务人、债权人和重组方等利益方之间的协商谈判，也缺乏资产重组、股权结构与经营模式调整等全面重组，常常是以大幅度地削债保企业，甚至保僵尸企业。

曾引起舆论界、法律界和金融界高度关注和债权银行强烈抵制的著名太阳能企业赛维集团的重整，是这类重整的典型案例。

赛维进入重整程序，法院指定开发区管委会主任与当地的律师所组成的清算组为管理人主导重整。

赛维重整由政府官员一手操办，从审计、评估、物色重组方，到制订重整计划，债

权人一无所知,更谈不上协商讨论。2016 年 8 月管理人将拟订的重整计划交债权人会议表决,债权银行看了大吃一惊,重整计划就是对银行砍债,削债 90% 以上,连担保债也未能幸免,普通债权的清偿率只有 6% ,是清算条件下的清偿率。如此低的清偿率令作为债权人的银行生疑,经查找,对进入重整的其中一家企业,即江西赛维 LDK 太阳能高科技公司,管理人以该公司 2015 年的资产负债为基数制订重整计划,该公司 2015 年的总资产为 57 亿元,而重整前一年即 2014 年该公司的总资产是 203 亿元,一年之间,总资产由 203 亿元降为 57 亿元,资产的大幅度缩水就形成了严重的资不抵债,这就为大幅度削债提供了平台,而 LDK 公司削减的 100 多亿元资产主要是对下属企业的应收账款,下属公司的大量应付账款被削减,这些下属企业的负债率就大幅度下降了,这些企业也就被保护了。同时该公司的资产大幅度缩水,也降低了收购方的收购成本,总之,收购方和被收购方均有利,承担巨大损失的是债权银行,90% 以上债权被消减掉,银行债权的清偿率只有 6% ,是清算条件下的清偿率,最大债权人招商银行 30 亿元的债权只能收回不到 2 亿元。

赛维的重整就是大幅度地削债,既没有通过重整提高 LDK 公司的盈利能力,为纽交所上市的控股公司从粉单市场回到主板提供条件,从而为 LDK 公司进行债转股提交平台,降低债务人的负债率,又保护了债权人利益;引入重组方也没有选择本行业的强者,对集团公司进行全面重组,淘汰落后企业,做强知名品牌。“重整”就是削债,以削减债权银行几百亿元的债务为代价保护赛维集团所属的企业活下来。

债权银行曾向管理人推荐具有投行专业的财务顾问,并提供市场化的重整方案,但都被管理人拒绝。

赛维重整案不是个案,它反映了当前破产重整制度存在的问题,一个市场化、法制化拯救困境企业、促进经济结构调整的重整制度,演化为官员减债,法院强裁,以牺牲大量信贷资产为代价,保企业、保过剩产能,甚至保僵尸企业。某钢铁贸易公司,在钢铁产能过剩的形势下陷入困境,欠债 160 亿元,政府将其送进法院“重整”,管理人制订的重整计划,减债 60% ,其余 40% 债务分 8 年偿还,重整计划遭到债权人强烈反对,但法院强制批准了重整计划,一个僵尸企业就这样保护了,债权银行损失上百亿元,法院和管理人获重整费 1 亿元。

## 四、改革和完善我国破产重整中的急待解决问题

总结十年破产重整的实践,并借鉴国际经验改革完善破产重整制度,从而使重整制度对经济和社会,特别是对当前经济结构调整发挥积极的作用,已是十分紧迫

的任务。从重整的实践看,当前亟待改革和完善以下三方面问题。

**(一)破产重整实行什么制度?是实行债务人自行管理制度,还是实行由管理人主导重整的制度?**

1. 建议破产重整时应主要实行债务人自行管理制度

2007 年最高人民法院关于指定破产管理人的《规定》是沿袭传统的破产管理人制度,该制度适用于破产清算,但不适用于重整。

首先,《企业破产法》第三章关于管理人的法律规定,其第 25 条所列的管理人职责是破产清算条件下的职责,即公平、公正地分配破产财产清偿债务,但是,重整不是公平地分配破产财产清偿债务,而是要拯救企业。拯救企业是由企业的利益方即债务人、债权人及重组方等市场主体通过协商、博弈,依据损失共担、收益共享的原则拯救企业,重整应由市场主体主导,不是由外部人主导,传统的破产管理人制度不适用于重整。

其次,为拯救企业,重整要通过资产与债务重组,经营业务与股权结构调整等一系列投资银行业务,因此需要具有投资银行专业的财务顾问和有资质的法律顾问等重组专业机构,协助债务人、债权人等市场主体协调和设计重组企业的方案,而《规定》所指定的专业机构只有律师事务所和会计师事务所,没有具有并购重组投资银行专业的财务顾问,因此按《规定》指定重整的专业机构不适应重整的需要。

最后,《规定》要求指定本地的律师、会计师为管理人主导重整,这种规定既不符合市场原则,也不适应重整需要,而且指定当地的律师为管理人往往难以抵制来自当地政府的不正确的行政干预。

因此,按《规定》指定管理人不适合于重整。重整的实践也表明,指定当地的律师事务所为管理人主导重整,导致重整失败而清算,如浙江玻璃。

因此建议最高人民法院应表明 2007 年关于指定管理人的《规定》不适用于重整,尤其是大型的复杂的重整案。

2. 建议最高人民法院尽快对《企业破产法》第八章第 73 条和第 80 条第 1 款作出司法解释,以指导破产重整

总结十年来重整的经验,并借鉴国际经验,对《企业破产法》第八章重整第 73 条和第 80 条第 1 款作出司法解释。

破产法实施初期,有较多的重整案实行债务人自行管理的重整制度,债务人自行管理采取以下两种方式:一种方式是法院受理债务人重整申请后,由债务人申请,法院批准,债务人在管理人监督下自行管理财产和经营业务并制订重整计划。即重整由债务人的实际控制人主导,法院指定的管理人只起监督作用。为制订重

整计划，债务人从市场上选聘具有投资银行专业的财务顾问和法律顾问，协助债务人协调债权人、重组方，拟订重整计划，这类实行债务人自行管理的重整案例都取得重整成功，如深圳市的深中华、中科健、盛润等重整案。另一种方式是债务人向法院申请重整的同时，从市场聘请具有投资银行专业的财务顾问和具有资质的法律顾问组成清算组，法院受理重整申请后，指定清算组为管理人，清算组的主导者是债务人的实际控制人，是债务人的大股东，如当地国资委控股的企业，主导重整的是当地国资委的负责人。采取这种形式实质是债务人自行管理的模式，这类案例多数也取得成功。

这些重整案例表明重整采取债务人自行管理制度在我国是可行的，多数的重整案例都取得了成功。

这两种形式都可以保留，第二种形式可能适合国有控股的企业。但需要强调指出当前指定清算组为管理人的制度需要改革，应实行债务人自行管理的市场化模式。

3. 建议对现行清算组制度进行改革

首先，建议重整中的清算组的组成应遵循市场化原则，去“行政化”。清算组的组成不能依据《规定》，更不能沿袭 1986 年国有企业破产法中清算组的组成办法，而应该依据市场原则：主导重整的应该是债务人的实际控制人，是市场主体，而非政府部门的行政官员；专业机构应由实际控制人以市场的方式选聘优先者，而不是由法院从管理人名册中指定；专业机构应具有投资银行专业的财务顾问与有资质的法律顾问。总之，被指定为重整管理人不能是由地方行政官员加当地律师组成的行政性机构，这类行政化的清算组往往导致市场化、法制化的破产重整制度演化为行政性的削债制度。

其次，建议不采用“清算组”的名称，清算组源于国有企业破产清算的主导机构，《规定》所指的清算组，也是适应于国有企业破产的特殊事宜，而清算组成员主要是从政府有关部门派出等。总之，行政色彩强，不适宜市场化的重组。因此，采用“清算组”的名称易与行政性的清算组趋同。

为此，由债务人的实际控制人与其选聘的具有投资银行专业知识/经验的财务顾问和法律顾问组成的机构可改名为“重整组”，法院受理重整后，指定“重整组”为重整管理人是合适的。此建议可以通过最高人民法院司法解释释明或者通过修法时予以明确。

4. 建议重视债权人委员会的作用

建议对于进入重整的企业，尤其是大型企业，债权银行应成立债权人委员会，其职责为不仅监督债务人的财务和经营业务，更要参与重整计划的拟订，必要时允许债委会聘请有资质有经验的财务顾问和法律顾问，参与重整计划的拟订；也可考虑明确法院指定的监督型管理人，其主要职责是代表债权人对债务人进行监督。

5. 建议明确监督型管理人职责

在进入破产重整程序之后，若发现债务人有严重的欺诈行为，则可以由债权人等利益方提出，法院指定监督管理人，接管企业并查处其欺诈行为。在没有发现债务人有欺诈行为时，可以不指定监督型管理人。或者法院指定的监督型管理人是代表债权人的利益，代表债权人对债务人自行管理的全过程及债务人进行监督，包括企业的经营和财务、资产评估、重整计划的拟订，以及与债务人、重组方利益的协调等，因此法院指定的监督型管理人应由债权人推荐或认可，并且应具有丰富的重整经验，其身份可以是具有重整经验和有资质的律师和有经验的并具有投资银行专业的财务顾问等。

**（二）滥用"强裁"是重整实践一个迫待解决的问题**

我国破产重整的实践中，"强裁"案例较多，尤其是由行政化的管理人主导重整，这个问题更突出，最高人民法院主管破产的领导多次提出"强裁要慎重"，但难以制止。如知名太阳能企业赛维集团重整案，以6%的清算条件下的清偿率强裁，引起舆论界、法律界和金融界的高度关注，债权人十分气愤，最大债权银行招商银行向银监会、最高人民法院投诉要求协调江西省新余市中级人民法院，但"强裁"还是实施了。

美国杜克大学著名破产法专家施瓦辛格教授对我国在该校的访问学者法学博士说："你们国家的法院以清算条件的清偿率'强裁'普通债权，这是错误的。"但是在我国，赛维集团的重整案以清算条件下的清偿率强裁反对重整计划的普通债权，并不违法，有关部门没有对赛维的"强裁"进行干预，可能也因为赛维强裁案并不违法。

何以不违法？是由于我国强裁制度存在问题。我国重整制度中的强制批准是从美国破产法引进的，查看《美国破产法》第1129条关于重整计划的批准，美国法院批准重整计划有两种情况：

一是正常批准，即第1129条A款，该款是重整计划已由全部表决组通过，法院为批准重整提出了13条要求，其中第7条是"每一个受到损害但按计划的每个组的每一个人获得的清偿比例不低于清算条件下的清偿条件"，这个条件是法院在正常条件下批准重整计划的底线。

二是强制批准，即第1129条B款，是重整计划没有得到所有的表决组通过，即遭到某些组的反对,法院要批准重整计划,称为强制批准,是非正常批准。对于强制批准,美国破产法要求遵守绝对优先原则,绝对优先原则是指顺位在先的组别未获全额清偿之前,顺位在后的组别不能获得任何清偿,如对表决未通过重整计划的普通债权组进行强裁,依据绝对优先原则:"该组应得到全额清偿,或者清偿顺序在其后的出资人将不能得到任何财产。"

但是,我国《企业破产法》第 87 条对法院裁定批准重整计划的草案的法律规定的第 2 款第 3 项,即对普通债权的强裁条件是,普通债权所获得的清偿比例不低于其在重整计划案被提请批准时依照清算程序所能获得的清偿比例,即可强裁。

可见我国《企业破产法》第 87 条第 2 款第 3 项对普通债权的强裁条件引用的不是《美国破产法》第 1129 条 B 款,即强裁普通债权的条件,应遵守绝对优先原则。而是以《美国破产法》第 1129 条 A 款,即正常条件下批准重整计划的第 7 条,即"清算程序所能获得的'清偿'比例作为强裁普通债权的条件"。也就是说,我国的强裁制度对普通债权的强裁不遵守绝对优先原则,法院强裁不同意重整计划的普通债权,不需要普通债权组获得全额清偿、或顺位在其后的出资人得不到任何财产才可以强裁;而是按照我国《企业破产法》第 87 条第 2 款第 3 项,强裁普通债权只需该组获得清算条件的清偿条件即可。

破产法起草小组在引进《美国破产法》第 1129 条 B 款,即强制批准计划的条件时,为何以第 1129 条 A 款正常条件下批准计划的第 7 条作为 B 款强制批准普通债权的条件,作如此重大的改动,是因为没有分清美国正常条件下批准重整计划的第 1129 条 A 款,与强制条件批准重整第 1129 条 B 款,而将两者混同了,还是有意作这样的更改?

我国《企业破产法》第 87 条第 2 款第 3 项作这样的更改,是违背强裁原则的,强裁制度的原则是:既要争取重整计划获得批准以利于社会利益,又要最大限度地保护债权人利益,使两者得到统一,为此,强裁制度的设计,一方面通过强裁使重整计划获得批准,同时法律又对强制批准设置了严格的限制制度,即强制批准应遵守绝对优先原则,使债权人的利益得到最大限度的保护,将重整以利于保护社会利益和最大限度保护债权人之间达到平衡和统一。

绝对优先原则的积极意义在于督促债务人积极与债权人进行协商谈判争取其支持,避免债权人反对重整计划,使重整方案不获批准而遭清算对债务人带来不利。

我国《企业破产法》第 87 条第 2 款第 3 项,废弃了对普通债权强裁应遵守绝对优先原则,而改为普通债权清偿率不低于清算条件的清偿率即可强裁。这种更改不利于督促债务人积极与债权人协商谈判,并聘请具有并购重组投行专业知识/经验的人士帮助设计和协调,既能够最大限度地保护债权人的利益,又能使重整计划获得各利益方的认同,避免重整计划未获通过和批准而导致清算。

我国《企业破产法》第 87 条第 2 款第 3 项对普通债权的强裁由遵守绝对优先原则改为清算条件下的清偿率,这意味着普通债权得不到保护,因而扭曲了强裁的原则:把批准重整计划以利于社会利益,和最大限度保护债权人的利益二者之间的统一和平衡割裂了,为重整计划获得批准而牺牲债权人的利益为代价。实践中确有不少这样的案例,如 ST 帝贤重整案,债权人削减 98%,出资人的权益毫无损失;锦化股份重整案,债权被削减 95%,出资人的权益只损失了 1.1%,等等。当这类债权被大幅度削减、出资人权益却不损失,或很少损失的重整计划,遭到债权人的强烈反对时,法院都强裁批准了重整计划。强裁不遵守绝对优先原则,把保护社会利益和最大限度地保护债权人的利益的统一割裂了,代之以损害债权人利益来保护企业,保护社会,甚至是有些强裁案,既损害了债权人的利益而且也损害社会利益,如那些通过强裁普通债权保护僵尸企业的案例,这种情况是应该制止的,因此,强裁制度是亟待解决的问题。

改革与完善强裁制度,涉及修改法律,如《企业破产法》第 87 条第 2 款第 3 项对普通债权强裁的条件,为此,建议人大常委会组织有关人士和专家,一方面调查十年来重整案例的情况,同时考察美国的强裁制度,美国破产法有强制批准制度,即《美国破产法》第 1129 条 B 款,但实践中强裁的案例并不多,其强裁的立法与实践的经验哪些值得借鉴。据说英国几次准备引入美国的强裁制度,但国会几次讨论都未获得通过,据说是担心强裁被滥用会损害信用制度,而信用制度是市场经济的重要基石,英国对强裁的严肃态度也值得我们借鉴。

在我国对强裁制度尚未改革完善之前,为避免强裁滥用,应该加强监督,如破产法实施初期,各地法院批准强裁案例需报最高人民法院或其巡回法庭批准,并建立听证会制度和严格审核程序以加强监管,避免强裁滥用。

### (三)预重整制度的建构

重整制度是破产法的一个正式的程序,一旦进入重整程序,困境企业各方利益的调整就进入到司法框架内进行,由于在司法强制力保障下所进行的各种协议、交易和谈判都有各种条件限制与程序时间要求,实践中重整各方认为这种司法程序成本较高,尤其是时间要求非常严格,能节约成本与提高效率的预重整制度便应运而生。预重整制度是指当事人在向法院提出破产重整申请之前就重整事项进行谈判并达成重整计划草案的一种困境企业拯救机制。

预重整实际上是一个不进入破产程序的预先重整,但它带有一种准法律性。

这种预重整,在进入法院之前是一个当事人之间的意思自治,在进入法院之后即形成法律效力。在国际上,预重整主要有两种模式:一种是美国模式;另一种是英国(伦敦)模式。

1. 美国模式

自 1986 年美国出现第一例大公司采用预重整模式解决债务重组问题以来,预重整制度在美国发展很快。美国的预重整制度的特点在于强调信息披露与征集投票制度。预重整有很高的信息披露要求,双边和多变的谈判如果利害关系人没有参与其中,其相关利益在未来的重整计划中就会被忽视。因此美国破产法特别强调预重整的信息披露。另外,美国预重整较为特色的制度是征集投票制度,体现在投票方式和分组上。例如,有按照债权的性质分为优先债权人组、职工债权人类别的等,也有按照行业类别进行分组,如供销商、经销商等,因此不同投票方式对应不同的投票规则,这对于重整规则的迅速通过具有重要意义。尽管预重整中难免有反对债权人,但法院一旦批准重整计划,对于所有的债权人都有法律约束力,所以美国模式比较注重信息披露和投票征集和投票规则。

2. 英国模式

英国的重整实际上是四项制度安排(程序)。第一项制度安排是合同法项下的安排,债权人法庭外按照合同法的原则进行自愿重组。第二项制度安排是 CVA(Company Voluntary Arrangement),即公司自愿安排,这在英国是一个非常普遍的程序:债权人和债务人进行协商谈判,但这一谈判必须要求全体债权人一致通过,因为合同法项下的安排对于债权人的延期偿付是没有法律效力的。但是进入破产法项下,CVA 中只要债权人认可,偿付是可以延期的。但这一制度用的很少,因为债权人全体一致通过的可能性很小。第三项制度安排即整顿计划。整顿计划和公司自愿安排的差别在于,它只要求 75% 的债权人通过即可,即多数决通过即可,也可以延期偿付。但是这个多数决和 CVA 都是由债务人自行管理(同《美国破产法》第 11 章相同)。第四项制度安排是在前述基础上又添加了管理程序,即法院可以任命管理人来重组企业。英国破产法的重整是三个程序:自愿安排、整顿计划和管理程序。自愿安排和整顿计划都是由债务人自行管理,只是差别在于债权人通过重整计划的比例不同;管理程序是任命非债务人进行管理。而英国的管理人是经过严格专业培训和资格考试的专业队伍,前些年全国具有管理人资格只有 2000 人。

2017 年深圳市中级人民法院受理的福昌电子重整案是预重整制度在国内进行的一次颇具中国特色探索的样本。它为如何在中国本土实践预重整这个外来制度、充分调动各方重整积极性、提高重整的成功概率、节约司法资源,提供了非常好的借鉴。预重整最初是作为一种公司债务重组的工具被采用,而后则成为一种法院认可其重组协议效力的简易重整程序。预重整解决了庭外重组难以达成完全一致的掣肘问题,并使重整计划获得了约束所有债权人的效力,从而增加了重整成功的可能性。该案的中国特色在于,预重整是由法院预先指定管理人,提前进入债务企业摸查沟通,而后通过"府院联动"机制进行。由预重整而进入重整,都具有鲜明的解决"中国问题"的特色。该案还提出两个问题值得关注:

法院在预重整中的角色问题。对重整程序我国破产法做了清晰规定,而预重整程序则完全没有法律依据,因此,受理法院在救治困境企业中究竟是发挥积极作用,还是守成作用?是能动司法,还是中立角色?

管理人的地位问题。在预重整阶段提前指定的管理人,该管理人是临时的,还是正式的?其权责利关系如何界定?这些问题尚需明确。该案是在大力推动供给侧改革背景下出现的一个成功案例,如何借助其经验,建构中国式预重整制度,发挥破产法的救治功能,是值得我们思考的。

建议在《企业破产法》"重整"一章中增加重整前程序即庭外重组和预重整的相关规则:

1. 允许债务人以自愿重组为目的进行庭外谈判。若成功达成重组协议,将不提起破产申请,该协议对债务人和债权人各方均有约束力;如果庭外债务重组失败,则可实施预重整,即债务人可以提起以进入重整程序为目的的谈判、提出重组方案并请求债权人接受该方案,各债权人分组对重组方案的同意被作为认可重整计划的投票。

2. 关于预重整制度的具体适用,应当明确如下几点:其一,关于预重整程序所适用的条件。《企业破产法》规定的重整程序的原因已经较为宽泛,因此,启动预重整程序应当已经符合启动重整程序的条件。其二,关于预重整程序所适用的债务类型。只要能够获得债权人多数同意,无须特别限制何种债务类型。其三,经批准后的计划执行失败问题。如果规定启动预重整程序,则须已满足正式重整程序的条件。所以一旦计划执行失败,法院就应当终结重整程序,转为清算程序。

综上所述,我国有关破产重整几个关键制度的改革应在修订《企业破产法》时予以考虑。第十三届全国人大常委会于 2018 年 9 月 10 日公布了未来五年的"立法规划",《企业破产法》被列入"第二类项目",即"需要抓紧工作、条件成熟时提请审议的法律草案",《企业破产法》的修订已提上议程。考虑到《企业破产法》修改的时间成本及程序的复杂性,也可以由最高人民法院先行通过司法解释、专题会议纪要及判例的方式来推动破产重整关键制度的改革。

# 法国破产法中的困境企业重组*

**弗朗索瓦·泽维尔·卢卡斯**

巴黎第一大学索邦法学院教授、司法研究所主任、债务法研究中心主任。

**整理：张金一**

中国政法大学法与经济学专业硕士研究生。

关注日本、韩国、美国、欧洲各国的法律实践以及法理学研究成果，有助于对比中国和不同国家的法律。破产是全球性的现象，世界各国面对的破产问题基本相同，所以这种对比十分有意义。

破产法的初心是拯救困境中的企业，有些企业注定要破产清算，其他企业可以通过重整拯救。我们的法律、法官以及法律从业者通过重整对困境企业伸出援手，使企业在困境之中重新站起来。整个过程较为困难，但值得追求并能够实现。

在拯救困境企业的过程中会面临一些风险，可能会损害债权人的利益。由于对破产企业中的债权人构成风险，破产法可能会成为颠覆性的法律或者具有一定危险性的法律。要找到一个平衡点，既能够拯救困境企业，又可以保护债权人利益。不仅在中国，在法国、日本、韩国、美国等世界各国，这一平衡点的找寻都是一致的。进行比较法研究特别重要，基于此可以了解其他国家如何克服困难进行制度设计。不仅如此，研究法国破产法中的困境企业重组技术十分具有现实意义。现在欧洲破产法领域在集中精力研究如何拯救困境企业并不断改革，中国也正在改革自己的破产法。目前拥有 28 个成员国的欧盟基本可以代表所有欧洲国家。2019 年 6 月 20 日，欧盟议会通过指令，要在欧盟层面，即在所有欧盟成员国家中，实现破产法

* 该文是蓟门破产重组对话第十三期专题内容。蓟门破产重组对话由中国政法大学破产法与企业重组研究中心主办，中国注册会计师协会破产管理人课题组、北京中恕重整顾问有限公司协办。当期评议人包括中国政法大学研究生院院长、破产法与企业重组研究中心主任李曙光教授；中国人民大学法学院教授、法语国家法制研究中心主任石佳友；天同律师事务所高级合伙人、破产重组业务负责人池伟宏；中国注册会计师协会破产管理人课题组组长、北京中恕重整顾问公司执行董事左北平等。

的统一化,制定欧盟历史上第一部破产法。欧盟破产法会是法国破产法和德国破产法的混合体,与法国破产法相似。

新欧盟破产法的重点是预防破产。现在世界各国都较为关注破产法的改革。为什么大家都在关注破产法?在各国,企业的困境或者破产都是严重的问题。我们看到大企业垮台的案例较多,但破产问题不仅涉及大企业,也涉及很多小企业,也就是说,人人都面临风险。各国政府不能对大企业、小企业的困境熟视无睹。根据市场规则有的企业会消失,有的企业会出现,但是政府作为公权力机构要尽可能地帮助困境企业。世界银行《营商环境报告》(Doing Business)报告每年都会对各国的法律体系评分,该评分涉及该国法律是否提供了有利的商业环境,考量标准中包含破产法的评分。国家能否在企业出现困难的时候为企业提供相应的帮助措施,是《营商环境报告》评分指标的一部分。如果各国想得到好分数,就要对破产法及其中的具体制度程序不断完善。

下面将介绍法国困境企业重组的两大类解决方案:一是友好协商程序;二是传统的集体清偿程序。

## 一、友好协商程序

友好协商程序,类似于美国的庭外和解机制,是来自实务界的发明。如果通过友好协商无法实现目的,后续将进入集体清偿程序。在集体清偿程序中,法院的作用得到加强。集体清偿程序对应英文语境中的破产程序,但事实上集体清偿程序不能说是破产程序,也并非司法程序,而是以契约为基础、建立在债务谈判上的程序。

友好协商程序最大的特点是契约性。法官基本不介入友好协商程序,在友好协商程序中法官仅可能参与两次。一是在专门委托程序中帮助债务人任命专门委托人或特别管理人,由其帮助债务人、债权人就合同债务等进行友好协商。专门委托人作为专业人士必须由法官任命。二是参与和解程序。在友好协商程序的最后,如果债权人、债务人达成和解协议,法官会再次出现、确认双方达成的和解协议。在友好协商程序中,法官只在开始和最后出现,中间程序中并不参与,因此该程序不是司法程序,而是庭外和解性质的程序。

### (一)友好协商程序分为两类

一类友好协商程序称为专门委托程序(《法国商法典》第 L. 611 - 3 条)。专门即为专门的目的委托。专门委托程序由巴黎的一个法官创设,也是法国实务界的发明。20 世纪 90 年代,巴黎出现过一次不动产危机。许多不动产方面的专业人士债台高筑，他们拥有上百万平方米的商业建筑或住宅，价格降低时无人买房，房子因而无法出手。这些不动产界专业人士计划启动传统破产程序。一旦启动传统破产程序，整个经济体系就会受到灾难性的影响。十几万企图申请破产的专业人士已经购买上百万平方米的房子，如果他们都进入司法清算，房价会进一步大跌，将成为法国经济的噩梦。当时巴黎的一个法官认为在这些案件中不能启动破产程序，否则会引发经济海啸，将经济夷为平地。之后该法官想出解决方案，他选择一位专业人士，任命其代表自己与所有的银行家谈判。专业人士声称，如果银行家们不和债务人谈判，将来就会面临清算，一旦进入司法清算，银行可能收不回贷款、收入为零。他提出，现在这些楼房一文不值，银行资金无法回收，我和银行家们一起同债务人谈判，希望大家共同努力，赋予债务人更长的偿债期限。专门委托人制度帮助法国经济避免了一个会引起连锁反应的危机。

另一类友好协商程序称为和解程序（《法国商法典》第 L. 611 – 4 条）。当时法国的立法者认为专门委托程序的思路非常好，就在法律层面设立了和解程序，在法律上给愿意参与和解程序的债权人一些优惠措施。法院对和解协议的认可使其丧失了非公开性的特点。法院认可和解协议的做法消除了协议中已商定行为被撤销的风险，强化了协议的法律效力。根据《法国商法典》第 L. 632 – 1 条和第 L. 632 – 2 条的规定，在从停止支付到启动重整和司法清算程序之间的临界期中进行的，诸如债权人受偿、获得担保款物、签署协议等行为应视为无效。除非出现舞弊造假行为，禁止将停止支付日期推迟到法院最终裁定认可友好协商程序所达成协议的日期之后的日期。所有在法院认可之前的行为都无须根据临界期无效行为的规定而取消。

**（二）友好协商程序的特点**

友好协商程序一个特点是协商性、契约性。法国破产法最主要的考量就是避免启动集体清偿的破产清算程序。启动集体清偿程序带来益处的同时，困境企业的处境会更艰难，企业声誉、品牌形象也会受损。集体清偿程序被称为虎狼之药。一旦启动集体清偿程序、相关信息在公告中发布，企业所处困境将公之于众。当所有债权人都知道债务人处在即将破产的状态时，会导致在集体清偿程序的债务人将不会再有任何新的贷款。困境企业的处境更加艰难。

法国立法者通过多种法律措施支持债权人参与友好协商程序，包括停止支付的时间不超过 45 天时，可以启动友好协商程序。在法国，停止支付是启动司法破产程序的重要前置要件。一旦企业停止支付就表明企业的流动资金不能支付自己的费用，企业自身经营出现困难。友好协商程序实际上是企业在面对灾难性后果时最后的生存机会。这些程序对欧盟层面的立法者有很大启发。2019 年 6 月 20 日欧盟会议的一个指令就是希望成员国建立一种防范支付不能程序，通过该程序来帮助企业摆脱困境，特别是在企业还没有停止支付或者停止支付的时间不长的时候。

友好协商程序的另一个特点是不具有公开性，这是该程序最突出的特点和最大的优势。程序是秘密的，那么企业的客户、供货商和金融市场都不会恐慌。企业与银行家或银行债权人秘密谈判时，企业所处的困境只是参与谈判的当事人知晓。友好协商程序的秘密性使其比传统的破产程序更加高效。

友好协商程序中，法官会指定司法委托人组织债权人和债务人通过谈判达成协议，帮助困境企业摆脱困境。友好协商程序中的协议需要在几个月的时间内达成，其中的和解程序更是明确规定达成协议的时间不能超过 5 个月。这样的制度设计非常高效。

### （三）友好协商程序的局限性

友好协商程序的局限性在于非强制性。专门委托程序的专门委托人、和解程序中法官任命的和解调解人都没有任何强制力强迫债权人做出让步，友好协商程序的局限性在于其能否顺利完成取决于债权人的善意。如果债权人下定决心不给予债务人任何优惠和宽限期，那么友好协商程序注定失败。宽限期普遍规定在法国法律中，法官可以判定债务人获得上限为两年的宽限期。但通常而言，两年对破产程序中的债务人是不够的。同时，在一些程序中，如果所有的债权人都反对宽限期，法官一般也不会作出此决定。

对于专门委托人与和解调解人来说，在自己没有强制权力的情况下该如何说服债权人？让债权人接受的第一种方式是说明如果不同意或不让步的后果。专门委托人可以组织主要债权人开会，解释说明如果债权人不同意，公司将会破产清算。如果企业进行破产清算，企业所剩的资产优先支付员工工资，其在法国破产清算中具有超级优先权。企业进行清算的最后结果会非常惨淡，很有可能颗粒无收。第二种方式是采取立法者为了鼓励债权人选择友好协商引进的其他政策。在和解程序期间，债权人如果持续宽限债务人债务，会在之后可能的清算程序享有优先权。对债务人提供新支持措施的债权人也将享有对其非常有利的“和解程序优先待遇”或者叫“新钱”(ou encore de la)(《法国商法典》第 L. 611 - 11 条)，不对其强制设定支付期限，且在确定保护方案或重整方案时，这些债权将会优先于其他债权(不包括享有优先权的司法费用和享有最高优先级的职工工资)完全受偿。

### (四)预重整程序

友好协商程序可以成为后续集体清偿程序中预重整方案的基础,比如企业转让预重整和继续经营预重整。在法国,预重整程序具有较大价值。预重整程序是从美国类似做法中得到的灵感,通过主要债权人共同协商的方式使困境企业能在比较友好的环境中处理问题,获得友好的重整协议。

由于不能强制债权人达成协议,如果一个银行家或投资者表示反对,重整协议就不能完成。预重整程序要求大部分债权人就重整协议达成一致,其中少数债权人可能不同意宽限期等条款,但少数债权人的不同意见只能被搁置,尽量达成一个初步协议,达成的初步协议可以在后续的保护程序中适用。

预重整程序的优势在于可以将方案强加给债权人使其同意。在保护程序中,债权人委员会以投票的程序通过方案,投票通过的原则是须经过代表债权 2/3 以上的债权人同意通过。集体清偿程序可以把已经通过的方案强制施加给所有的债权人。虽然任何一个债权人不同意,预重整方案就无法通过,但一旦启动集体清偿程序,债权人委员会投票通过后,在预重整程序中不同意的债权人还是被迫要同意预重整方案,即债权人委员会能强制少数不同意的债权人接受方案。

所以预重整程序会向少数不同意的债权人表明:如果不同意,之后该案件就必须启动集体清偿程序。集体清偿程序的决策都需要通过债权人委员会,如果投票通过的话不同意的债权人还是要接受。这种方式可以强制一些不同意多数债权人意见的少数人接受预重整方案,导致预重整方案成为非正式的强制性方案。

预重整程序的另一个优势是使程序更快速、高效。制定集体清偿程序的方案,需要两三个月与债权人讨论协商,司法程序由法官做出判决而不必与债权人直接协商。法国的托马斯(Thomson)公司只用五周的时间就通过了预重整方案,但实际上他们从专门委托程序到预重整程序用了一年时间,待所有人达成一致后,最后才用五周时间启动预重整程序通过了这个方案。一般来说企业在出现困境之后,流动资金无法维持几个月的经营,这就要求程序必须高效。一旦启动集体清偿程序,企业在困境公之于众后就无法继续获得营运资金,所以重整或预重整方案一定要在集体清偿程序启动之前协商完成、启动以后快速通过。

## 二、传统的集体清偿程序

法国立法机关看到了以友好协商为基础、在司法框架下实施的预重整方案的优点,所以在法国法中引入两个集体清偿程序:快速保护程序(SA)和快速金融保护程序(SFA)。快速金融保护程序的独特之处就是其效果只作用于债务人的金融债权人和债券持有人。

友好协商程序的成功既取决于债权人良好的意愿,又取决于债务人情况不是特别严重,处在没有停止支付或停止支付不到 45 天的状态。如果企业的情况比较严重或债权人不让步的话,就要启动更传统的集体程序,即困境企业会受到法院的保护。法院可能会启动下面两个程序之一:破产企业保护程序(《法国商法典》第 L. 620 – 1 条),即美国保障程序(safeguard proceeding)的姊妹程序,和司法重整程序(《法国商法典》第 L. 631 – 1 条)。这两个程序明确规定在《法国破产法》和《法国商法典》中。

### (一)破产保护程序与司法重整程序的异同

首先,破产保护程序适用于没有停止支付的企业,即企业虽处在困境但还能继续清偿负债。司法重整程序适用于已经停止支付即资不抵债的企业,其情况较前者更加严重。

其次,司法重整程序涉及从事专业职业的自然人。法国困境企业重组司法程序适用于商法人、手工业者、农业经营者、其他所有从事独立职业活动的自然人,包括法律法规明确规定其身份、其称号受到法律保护的自由职业者。他们可以在破产法的框架内申请破产,受到破产法保护。破产保护程序与司法重整程序只涉及私法人,不涉及公法人。若负债非常严重的是一个大区的议会、一个市政府或一个省政府,这些公法人就不能适用破产法。

非专业人士的自然人,即消费者的破产在其他程序和法律体系有所涉及。法国每年有 6 万件关于企业与专业人士的破产程序启动,这 6 万件仅指已经启动的传统司法程序,不包括友好协商程序。此外,消费者破产程序的数量是 20 万件。

### (二)破产保护程序与司法重整程序的特点和缺点

第一个特点是司法代表人制度。破产保护程序与司法重整程序都是由法庭或法庭任命的一名或多名司法代表人主导,法庭的作用首先是启动破产保护程序与司法重整程序。困境企业保护程序一般由《法国商法典》规范,根据企业的规模如企业员工的数量有所不同。法国设立 18 个负责处理规模较大破产案件的商事法院。

在传统程序里,司法代表人是商业方面的专业人士,在整个程序中担任法官的代表人,相当于设立了一个专门的职业。我知晓的国家中都没有这个职业,中国也没有。在国家层面,法国有一个司法代表人清单,想被列入名单的人必须经过非常严格的考试,接受非常严格的监督。同时司法代表人内部也有很严格的章程规定:司法代表人不能兼职,不能兼任律师、会计师等任何工作,只能做司法代表人。这样的规定实际上是为了避免利益输送、利益冲突。

当然也有许多人批评这种做法，认为有许多不便之处，直接导致许多人不愿意从事司法代表人。全法国的司法代表人只有450人，人数不足导致彼此间没有竞争。但这些司法代表人都是很专业的人士，能力非常强，对专业知识掌握非常透彻。

第二个特点是保证先前合同继续履行。保证困境企业已经签订的合同继续履行是法国在破产法中追求的一个重要目标。债务人处于困境之时，签订合同的对方当事人往往倾向于要求解除合同。一旦宣布程序启动，如果所有人都不履行与债务人的合同，比如供货商不再给债务人供货，困境企业就很难继续生存。为此，《法国商法典》第L.622－13条和第L.641－11－1条禁止任何合同约定在集体清偿程序的情况下可解除合同或取消合同。

这可能触及合同法最基本的原则“如果一方不能执行合同的话，合同另一方就可以要求解除或停止合同”。法官知道这是对合同法原则的突破，但是在破产法情境下，突破该原则要求合同继续履行，对债务人当然有利，所以法官会充耳不闻、视而不见，保证有选择地继续执行债务人合同、裁定某些合同不再执行。司法管理人依法支持正在履行的合同得以继续履行，合同继续履行时应按照最初达成的合同条件执行。同时，债务人也应当严格执行合同。

第三个特点是倾斜保护新债权人。法国重整法对新债权人给予很多优惠、优先措施。债权人在启动程序时其权利已经受到了影响，一旦他们知道这个破产企业作为债务人，很多债权人不会再继续给予贷款。处在破产保护程序或者重整程序的债务人如何获得新资金的注入、如何鼓励银行继续借钱给债务人，是法国法的重要考量。第一项优惠优先措施是规定在《法国商法典》第L.622－17条和第L.641－13条第1款的到期清偿原则。第二项优惠优先措施规定在《法国商法典》第L.622－17条和第L.641－13条第2款，即债权如果到期未得到清偿，新的债权人在企业最终清算时享有优先受偿权，在整个债权人中处在最优先位置，甚至优先于房屋抵押的债权人、商誉质押人，即新的债权人能确保自己的债权在最后清算时比其他之前所有的债权得到优先偿付。

破产企业保护程序与司法重整程序的缺点在于它们对旧债权人的权利产生严重影响，尤其是启动集体清偿程序之前的债权人的权利会受到严重限制，其在最后清算时可能得不到任何清偿。这样的程序是严重影响债权人权利的程序，因此法国破产法是一个倾向于保护债务人的法律。设置所有措施的终极目标是帮助困境企业能够继续留存。

### (三)实施破产企业保护程序与司法重整程序的路径

在破产企业保护程序与司法重整程序中,债权人必须遵守三点规定。

第一,必须接受债务核实。所有产生于启动司法程序的判决之前的债权和在产生于启动司法程序的判决之后但不属于本程序优先债权的债权均应申报,工资债权和抚养债权除外(《法国商法典》第 L. 622 – 24 条)。申报期限从启动司法程序的判决在民商事公告公报(BODACC)上公布之日起算,期限为两个月。不在法国本土的债权人,申报期限延长至 4 个月。未在规定期限内申报债权的债权人,不准许参加分配和参与股息分配,其债权在保护方案执行期间和方案执行之后对债务人不具对抗效力(《法国商法典》第 L. 622 – 26 条)。已申报债权的核查由司法委托人或清算人进行,他们会确定债权清单,提交给委任法官。

第二,对于债权人债权的压制。启动保护程序和司法重整程序意味着中止或禁止非优先权债权人提起的请求债务人偿付的诉讼,和因债务人未偿付而要求解除合同的诉讼(《法国商法典》第 L. 622 – 21, Ⅰ 条)。启动司法程序的判决同样意味着停止或禁止债权人对债务人的任何强制执行程序,和在启动司法程序的判决做出之前尚未产生扣押效力的分配程序(《法国商法典》第 L. 622 – 21 条)。

第三,对人的担保和物的担保的压制。启动保护程序和司法重整程序的判决做出后,中止债务人对任何共同债务人、同意为债务人提供信用担保的担保者或同意用某项财产作为担保者的诉讼(《法国商法典》第 L. 622 – 28, al. 2 条和第 L. 631 – 14, al. 1 条)。保护方案的判决一经做出,共同债务人和做出担保的自然人可以受到方案的保护,主张该方案的各项规定,包括关于偿债期限和减让的规定(《法国商法典》第 L. 626 – 11 条)。如果最终确定的是重整方案,共同债务人和做出担保的自然人不能主张重整方案的条款(《法国商法典》第 L. 631 – 20 条)。只有在清算程序中,担保人的担保才会恢复其全部有效性,债权人才能自由地追诉担保人。

破产企业保护程序与司法重整程序中有利于债务人、不利于债权人的地方在于债权的利息被中止计算。启动司法程序的判决一经做出,即停止计算法定、约定的利息以及一切滞纳金利息,债权人也不再享受复利(未支付的利息不再能计入本金中滋生利息)。只有那些借出款项的期限是 1 年或 1 年以上的债权人才能免受上述对其权利的双重打击(《法国商法典》第 L. 622 – 28, al. 1 条和第 L. 641 – 3 条)。

破产企业保护程序与司法重整程序最后带来的结果可能是破产保护与重整失败,即启动程序后最终没有形成一个帮助企业存活下去的方案,企业只能进入破产清算程序。这是出现最多的情况。

想要最终形成一个破产保护方案,使困境企业最终得到拯救,重点在于和债权人的各种谈判。司法代表人出面与债权人谈判，如是否同意给予一些宽限期、是否同意债务人五年或十年以后再归还贷款、能否给一些债务的减免，比如说本次付50%，下次付20%。此时债权人一般有三种选择：债务减免、赋予宽限期和“债转股”。通过谈判，最后由法院通过方案，但是法院做出的强制性裁定只能让债权人给宽限期，不能强制债权人给予债务减免。

保护方案或重整方案的通过分为是否设立债权人委员会的两种情况。设立债权人委员会的做法是2005年法国企业保护法里设立的新程序，借鉴于美国的相关做法。债权人委员会主要涉及比较大的企业，凡是账目已经审计师审计或经会计师审核且其雇用员工超过150人或营业额超过2000万欧元的债务人，必须组建债权人委员会。不到上述最低要求时，通过快速保护程序或者债务人或代表人向法官提出申请并得到后者批准后可以组建债权人委员会。

通过保护方案或重整方案的第一种情况是在未设立债权人委员会的情况下。在大部分保护程序和司法重整程序中，债权人未组成委员会，但是每位债权人都会就债务人提出的各项建议被单独征求意见。因此，债权人可以同意债务人延期清偿、给予债务减免或者采取“债转股”操作。债权人接受债务人的建议时，法庭先是对债权人做出的延期清偿和债务减免予以确认。如果债权人过于慷慨，理论上法庭甚至会缩短延期支付的期限、降低减免数额。对于接受“债转股”操作的债权人，确立债转股方案的判决仅限于对“债转股”协议进行认可，认可其未损害其他债权人的利益而且该“债转股”操作得到了相关权利人大会的批准。

如果债权人拒绝债务人的建议，法庭不会强制他们接受债务减免和“债转股”操作，法庭只是会规定清偿某些债务的期限，而且该期限不得超过方案的期限，即不超过10年。如果债务人是农业经营者，该期限可延长至15年。法庭对已经拒绝债务人建议的债权人没有任何加以区别对待的自由量裁权，在支付期限方面一视同仁。《法国商法典》还规定了清偿债务的渐进性，要求除农业经营者外，第一笔清偿要在1年之内完成，方案中确定的每年清偿金额从第3年开始至少要占到相应债权的5%。这一规定禁止了债务人集中在方案最后几年间突击还款。

通过保护方案或重整方案的第二种情况是在设立了债权人委员会的情况下。设立债权人委员会和未设立债权人委员产生的后果大不相同，相关规定在《法国商法典》第L.626－29条及后续条款。司法管理人可以组建两个不同的委员会：信贷机构委员会与债务人主要供货商委员会（《法国商法典》第L.626－30条）。如果存在债券持有人，债券持有人应组成第三个“委员会”，但《法国商法典》中并未称其为“委员会”，而是称其为“债券持有人大会”（《法国商法典》第L.626－32条），债券持有人大会由所有债券持有人组成。司法代表人代表债务人企业提出方案,同时债权人委员会里的任意成员可以提出其他方案,此时困境企业面临的风险是债权人委员会的成员可能会提出收购控制企业的方案。

**(四)转让方案**

最后一个困境企业破产重整工具是转让。债权人可以放弃经营管理企业、寻找受让方进行转让,即困境企业进入清算程序。进入重整程序或司法清算程序的企业都是“待售”的企业。从启动集体清偿程序之时起,第三方就可以向法庭提交接手企业的出价。企业转让方案旨在将企业以一个总价出售,收入由债权人分享。转让方案是对债权人最不利的方案,因为受让方需要将企业、员工的情况妥善处理,还要接受企业的商业合同,这种情况下企业转让价格很低,债权人对企业转让价格完全失去控制。

**李曙光教授对卢卡斯分享法国破产法的经验评议如下:**

法国破产法的经验对中国非常重要,体现在以下三个方面。

其一,2003 年我国破产法在起草之时,以法国法和德国法为代表的大陆法系是非常重要的参考法系。当时了解法国破产法的人不多,但法国的一些法律概念如管理人等对中国破产法的立法影响很大。管理人的概念不是来源于英美,英国叫接管人,美国叫受托人(trustee),只有法国破产法将其翻译为管理人。当时我国对法国破产法的了解不清晰,翻译得不准确,比如把法国管理人分为重整管理人和债权人代表两种,将重整管理人翻译为司法管理人,债权人代表翻译为司法代理人。实际上,法国破产法管理人有五种不同叫法,第一种叫特别管理人或临时管理人,第二种叫和解人,第三种叫重整管理人,第四种叫清算人,第五种叫债权人代表。

今天又听到卢卡斯教授介绍和解人和专门委托人。这可能反映出一个现象,中国懂法语的人不少,但是懂法国破产法的人少或者说中法在破产法的交流上比较少。无论如何,我国破产法受到法国破产法的影响采用管理人这一概念,说明大陆法系对中国相关领域的立法都影响深远。

其二,我们对于法国破产法的理解不清晰,很多理解实际上是表象的、概念化的,甚至错误的。我们对法国破产法了解较少且不够深入,却又想学习和运用法国破产法作为重要参照系,导致产生法律的鸿沟。

其三,法国破产文化与中国破产文化高度契合。在破产文化方面,法国与中国有非常相似的地方,破产的耻感文化非常相近。在我国破产法立法之时我们对法国破产法的了解还比较肤浅,如今我们应对法国破产法进行更加深入的研究。

卢卡斯教授的演讲充分展现了法国破产法的魅力。

法国破产法有庭外和庭内两个程序。庭内程序有三个:一是破产保护程序,又称观察程序;二是重整程序;三是清算程序。在这三大程序之外的庭外程序,我们之前对其缺少细节理解,许多人认为只有和解程序,但这一程序只是友好协商程序的一部分。友好协商程序分为专门委托程序与和解程序,卢卡斯教授今天对此进行了详细介绍。法国破产法庭内程序和庭外程序的衔接结构使法国破产法成为完美的制度设计,法国立法者对庭内庭外程序进行综合考量,在庭内程序中,观察期是连续庭内和庭外的纽带,在该时期企业还在继续营业,重整程序中企业已停止支付,让观察期作为庭内庭外程序的桥梁,这是一个整体性的制度设计。

法国的友好协商程序与司法程序各有特点。比较友好协商程序与美国预重整程序,两者都具有一定的契约性和预防性。预防性有助于节约后续破产重整程序的成本。但是友好协商程序与预重整程序有不同点。美国破产法基本主张债权人平等,而且强调信息披露,法官不参与其中;而友好协商程序具有非公开性,期限必须在停止支付的45天之内并且法官要指定专门委托人。中国现在也正在考虑这个问题,即在预重整阶段法官任命管理人是否合适。法国的友好协商程序跟美国的预重整程序有差异也有共同点。卢卡斯教授说要把美国预重整程序研究透。法国在考虑美国的预重整程序与法国的友好协商程序如何嫁接,如何沟通,如何更好地改革制度设计造成的差异。当然我觉得两种程序完全不一样,一个要求高度信息披露,一个是非公开的。另外,法国有高度优先债权人,而美国主张债权人平等,除非本来就是优先权人,超级优先权在美国难以实现。

法国破产法实际上是很完美的设计。司法程序同样涉及友好协商程序中超级优先权人和原优先权人之间的关系。庭内庭外都有考虑,与其文化和最早的制度设计相关。除此之外,法国破产法的价值观倾向于保护债务人,尽量避免清算情形的发生,不轻易让困境企业走向死亡,把拯救企业作为重要价值。这种价值观与其制度架构相关,很值得讨论,构成法国破产法完美设计的一部分。

最后,中国正在推进破产法改革,在这一过程中对法国破产法的研究借鉴十分重要。我国十三部委市场退出改革方案与最高人民法院破产会议纪要中提到要实现庭外重组,预重整制度与破产程序相衔接。最高人民法院的纪要和司法解释提到要建立预重整制度,也反映了我国制度与法国制度的相似性,未来中国的制度设计可能是庭外重组、预重整和重整制度三大制度。

预重整制度将来要纳入我们的制度中。法国的预重整程序与破产重整程序衔接得天衣无缝,而我国破产法改革尚有许多不确定的问题,如预重整实践中存在的法官指定管理人问题,这与法国破产实践相似。另外,和解程序在中国是庭内程序,三大程序之一,这与在法国是庭外程序截然不同,中国破产法中的和解程序下一步如何改革尚需思考,中国未来和解将要改造成强制清算还是友好协商程序,又或是庭内与重整相配的程序?国家发改委公开的十三部门联合发文《加快完善市场主体退出制度改革方案》中提到要把拯救企业的程序挪到一起改革,共同作为拯救企业的程序。中国在学习美国破产法时,特别强调要发挥金融债权人委员会的作用,以及将庭外程序中协议的效力转换到庭内程序。卢卡斯教授演讲中对法国经验的介绍对于我国未来的破产法改革有非常重要的借鉴意义和参考价值。

# 数字时代的破产法回应

BANKRUPTCY
LAW REVIEW

# 技术型企业破产的特殊问题与制度回应

**訾英韬**

方象知产研究院理事长。

**蒋德予**

方象知产研究院主任研究员。

当前，以技术作为企业核心竞争力的技术型企业逐渐成为企业中的主流形态，并呈现与传统企业不同的经济特征。这些企业往往拥有以知识产权为外在表现形式的核心技术，从事技术和产品开发设计的科技人员、专业人员占总员工人数的比例较高，科研经费投入占总投入比例也较高。目前的破产法理论与实务研究已经开始关注特定行业企业破产的特殊法律问题，如房地产企业破产①、航运企业破产②等，但理论与实务对于技术型企业破产却未给予充分的关注。在经济的转型升级与创新发展过程中，技术型企业同样易于陷入经营困境。那么，当技术型企业需要通过破产法实现资源重新配置或者拯救再生之时，现有的破产法律规则以及破产从业实务经验是否提供了足够的法律与实务环境支撑，这是本文要探讨的核心内容。

---

① 如王刚：《房地产企业破产中待履行商品房买卖合同的解除权研究》，载《河北法学》2019 年第 2 期；刘加桓、王平：《被拆迁人及买房人在房地产企业破产程序中的法律地位解析》，载《福建法学》2019 年第 1 期；金春：《论房地产企业破产中购房消费者的权利保护——消费者保护和债权人可预测性的平衡》，载《法律适用》2016 年第 4 期；浙江省杭州市余杭区人民法院课题组：《房地产企业预重整的实务探索及建议》，载《人民司法（应用）》2016 年第 7 期。

② 如王欣新：《谈航运企业破产时的法律适用》，载《法律适用》2018 年第 21 期；武诗敏：《船舶企业破产法律问题综述》，载《法律适用》2018 年第 21 期；刘乔发、杨钉：《海事赔偿责任限制基金程序与破产程序冲突及解决路径》，载《法律适用》2018 年第 21 期；梁炳扬、姚中伟：《破产程序中涉及船舶执行问题的困境与出路》，载《法律适用》2018 年第 21 期；夏正芳、李荐、张俊勇：《船舶制造企业破产相关问题研究》，载《法律适用》2018 年第 21 期；章恒筑：《“一带一路”倡议推进背景下国际海事司法中心建设与海事破产法制的完善》，载《法律适用》2018 年第 23 期。

## 一、技术型企业破产的特殊性

技术型企业具有一定的脆弱性，两个因素使技术型企业易于陷入破产境地。其一，技术的转型升级，持有传统技术的企业在新旧技术更迭时期易于陷入经营困境。如伊士曼柯达公司在影像行业从胶卷技术向数码技术迭代的过程中，因未能及时完成技术和经营方式的更新而陷入困境，最终只能申请破产保护。[①] 其二，在创新发展的过程中，技术型企业有可能因其发展模式、资金问题而陷入破产境地。比如环球电讯公司是美国知名的电信企业，但由于光纤铺设扩张过快，同时遭遇宽带通信市场低谷期，财务负担过重致使最终不得不申请破产保护。[②] 在我国当前的供给侧结构性改革经济转型升级的关键时期，技术型企业破产也开始出现。2018年8月23日，广东省深圳市中级人民法院裁定受理深圳金亚太科技有限公司对深圳市快播科技有限公司的破产清算申请。[③] 快播公司拥有QVOD（Quasi Video On Demand，准视频点播）播放器、QVOD流媒体服务器及QVOD视频云计算平台以及Gaya跨平台游戏开发引擎等技术，是一家以网络流媒体技术开发与应用为核心的互联网技术型企业。2018年12月10日，广东省深圳市中级人民法院裁定受理广东华兴银行股份有限公司深圳分行对深圳市金立通信设备有限公司的破产清算申请。[④] 金立公司拥有智能终端主板生产、测试及成品组装等技术，是国内通信领域知名的技术型企业。

在技术型企业陷入破产困境之时，破产法功能的发挥有两个向度：其一，综合运用重整、清算、和解、法庭外重组等诸多方式，最大限度保留企业以技术要素为核心的营运价值。其二，通过技术资产的拍卖转让，实现资源的重新配置。这两个方面功能的实现都是对技术资产价值的保护，从而从整体上有利于经济发展。但是，由于技术型企业存在与一般企业的诸多特殊之处，如果适用现行的破产法中对于一般企业的规则，极易导致技术因素的流失，难以达到对技术要素进行有效保护的目的。技术型企业主要具有以下特殊性：

其一，技术型企业所蕴含的科研人才资源培养成本高，对企业和社会极具价值，但在破产进程中处理不当易于散失。一方面，基于科研人才的特性，对其进行鉴

---

① 陈志成：《柯达破产——失败的转型》，载《中国商贸》2012年第21期。

② 苗杰：《是牺牲者，还是失败者？——从环球电讯破产看电信业经营管理变革方向》，载《中国电信业》2002年第3期。

③ 广东省深圳市中级人民法院（2017）粤03破申256号民事裁定书。

④ 广东省深圳市中级人民法院（2018）粤03破申224号民事裁定书。

别、培养、管理和激励等的成本都高于一般员工。同时,现代科技发展已经到了专精化的阶段,任何单一科研人才都难以精深掌握某一科研方向的全部知识,因此技术型企业的科研人才资源往往以科研团队的形式存在,而一支专业过硬配合得当的科研团队的培养和维持成本也很高。对企业而言,科研人才资源既是走出破产困境迎来复兴重生的重要资本,又是实现长远发展、保持基业长青的重要保障。对社会而言,科研人才资源既是技术要素的重要载体,也是永葆活力、持续创新的不竭源泉。科研人才资源具有高度稀缺性,可以发挥出巨大的价值。无论是技术型企业重整过程中吸引出资人,还是资产处置过程中寻觅收购方,科研人才资源都是相对方考量的重要因素。另一方面,科研人才资源在技术型企业罹于破产时极易散失,这对企业和社会都是重大的损失。企业进入破产程序后,破产财产管理方出于削减开支的考量,通常会缩小科研团队规模,甚至遣散科研团队。而科研人才也会因现实收入缺乏保障,科研工作难以为继,对企业预期悲观等因素主动离职。科研人才或被迫或主动离职,最终造成技术型企业在破产程序中科研人才资源的流失。科研人才的散失,不仅是对技术型企业过往投入的沉没成本和社会资源的巨大浪费,同时也丧失了在现有成果上进一步改进的可能性,这对企业和社会都是不可估量的损失。因此,当技术型企业陷入破产境地后,如何妥善处理科研人才问题,成为破局的关键。

其二,技术型企业需要对技术进行不断研发,但是进入破产程序后研发进程中止与否需要专业判断。技术成果的取得不是即时的,在研发工作尚在推进之中时遭遇企业破产危局应该如何处理,是技术型企业必须要面对的问题。若在继续研发中实现了对现有技术的成功改进或是开发出直击市场痛点的新技术,可以帮助企业在短时间内重获市场认可,并凭借高附加值产品和服务帮助企业回笼足额资金,在纾解当下困境的同时,恢复企业的造血能力,从而实现彻底脱困重生。但是,继续研发也伴随着巨大风险。快速迭代的科学技术、日益激烈的市场竞争、与时俱进的消费者需求以及难以预知的侵权行为等因素,都可能导致具有良好预期经济效益的某项技术价值在一夜之间暴跌,甚至变得一文不值。技术型企业破产后,自有的资金相对于债务而言,是相当有限的,是否继续研发,分配多少资金给研发,研发期间的风险如何防控都是只有技术型企业才会面临的特殊问题。

其三,技术型企业中最重要的资产——技术资产在破产中的评估和变价与一般企业有所不同。不同于房屋、土地等资产,技术资产是非物质性的,表现形式如专利、技术秘密、实验数据、技术诀窍等,无形且难以感知,对其价值进行有效认知需要精深的专业知识,且购买后,其适用面狭窄,对于使用的各项条件要求还极为苛刻。

这就决定了技术资产的潜在购买方数量稀少,难以形成一个有效的市场,进而通过市场竞争形成一个公允价格。因此,如何发现技术型企业破产后技术资产的价值,这也是一个重要的问题。

## 二、技术型企业破产财产管理模式

### (一)技术型企业破产时更适合采用重整程序

相较于清算程序,技术型企业陷入破产困境后,更加适合通过重整程序加以拯救。因为技术型企业与普通企业不同,其主要资产表现形式——技术资产的价值是动态的,而科研团队和持续研发是技术资产保值增值的两大基础。清算程序面向的是过去,关注的只是当下时点债务的公平受偿,其程序导向的终点是企业组织体的消灭。因此,企业进入清算程序后,科研人员将或基于降低企业成本的考量而被迫解聘,或出于对企业悲观前景的预期而主动离职,科研团队将难以存续,而研发进程也将被终止。科研团队本身就是技术资产的重要载体,其离散将造成企业既有技术资产的流失。此外,科研团队的完整性和稳定性将受到极大的破坏,加上科研进程的停摆,既有技术资产的增值与新技术资产的创造将难以实现。而重整程序面向的是未来,目标是通过协调平衡各相关方利益实现企业的存续。技术型企业进入重整程序后可以最大保持其科研团队稳定和研发进程的持续,并以此为根基实现再生,而各方利益也在长远上基于技术型企业的复兴而实现共赢。

### (二)重整中关于企业破产财产管理模式的争议

目前,实践中企业进入重整程序后破产财产管理模式通常采用管理人管理,采用该种管理模式的主要依据是最高人民法院于 2007 年 4 月颁布的《关于审理企业破产案件指定管理人的规定》,依据该规定,进入破产程序的债务人都由法院指定的管理人主导破产程序。但是,对该种管理模式,理论界一直存在质疑。有学者指出,重整应主要实行债务人自行管理制度。因为重整的目的是由企业的利益相关者,即债务人、债权人及重组方等市场主体通过协商、博弈,依据损失共担、收益共享的原则拯救企业。重整应由市场主体主导,而不是由外部人主导。① 同时,这也是国外破产法领域的通行做法。1975 年美国参议院举行的破产重整制度改革听证会,焦点集中在对重整是否要强制任命重整管理人,一系列听证会最终促成了以 DIP(Debtor in Possession,债务人自行管理)模式为原则的 1978 年《美国破产法》第 11 章,重整按第 11 章的规定,对进入重整的债务人原则上不指定管理人,

---

① 李曙光、许美征:《中国破产重整制度的改革和完善》,载《比较》2019 年第 3 期。

而实行债务人自行管理的制度,即 DIP 制度。① 此后,该模式被法国、德国等均加以借鉴。②

### (三)技术型企业破产时更适合采用债务人管理模式

如果说对于普通企业的破产财产采用债务人管理模式尚存争议的话,技术型企业破产重整采用债务人管理模式则拥有更为强有力的理由。目前,企业破产财产管理方的主要职能,从单纯的破产事务处理,转换为对企业的价值重组与发现,日渐成为当今的发展趋势,而具体到技术企业破产领域,这一趋势对于企业破产财产管理方提出了以下三方面的需求:其一,在重整价值的判断上,技术企业通常以技术资产为主要资产,因此对技术企业重整价值的判断主要就是对其技术价值的判断。这需要企业破产财产管理方在罹于破产境地的技术企业进行重整可行性评估时,进行企业技术价值预判——准确地识别企业所持有的技术在行业中的领先程度、所拥有技术的技术特色、与竞争对手之间的技术差距等。其二,在债务人财产管理上,企业破产财产管理方要决定是否继续履行或者解除双方均未履行完毕的合同,当合同涉及技术内容时,做出此种判断的前提不是技术的法律状态,而是技术的价值状态。其三,在战略投资人的发现上,需要企业破产财产管理方基于对技术的良好理解,发现潜在的投资人。对具有变现需求的高价值技术资产筛选出目标客户企业或投资方,对具有利用价值的技术推荐技术重整方向与合作企业。满足以上三大需求需要企业破产财产管理方对企业所持技术和企业本身有深入的了解,这是债务人管理的天然优势,而管理人通常既不具备相关的知识,也无法实现对企业的全方位把握,因此,技术型企业破产时,其破产财产更适合采用债务人管理模式。

## 三、技术资产的价值评估问题

在技术型企业中,技术资产成为债务人财产的重要组成部分,技术型企业的资产处置与成功重整,均需要对技术资产价值的准确评估,技术资产的价值发现是技术型企业破产中的重中之重。而现有的分析方法拥有诸多不足,准确深入认识技术资产的价值,需要从技术的先进性、稳定性、市场化可能性、商业化路径等维度综合展开分析。

---

① 李曙光、许美征:《中国破产重整制度的改革和完善》,载《比较》2019 年第 3 期。

② 参见何旺翔:《〈德国破产法〉中的债务人自行管理——兼评我国〈破产法〉第 73 条》,载《江苏社会科学》2008 年第 1 期;王欣新、李江鸿:《论破产重整中的债务人自行管理制度》,载《政治与法律》2009 年第 11 期;李曙光、贺丹:《破产法立法若干重大问题的国际比较》,载《政法论坛》2004 年第 5 期。

### (一)对于技术资产进行价值分析是处理好技术型企业破产问题的关键

当今时代,无形资产日益成为企业最重要的资产组成部分。在2015年标准普尔500成分股公司总市值中,无形资产占比87%,而有形资产仅占比13%。① 在企业正常经营时,无形资产给企业带来的增加值也愈加超过有形资产。2017年,全球销售的所有产品中,无形资产带来的附加值是有形资产的2倍。② 而当企业进入破产程序后,无形资产的价值亦是不可忽视的,而对于技术型企业,无形资产的主要表现形式即是技术资产。从现实的案例也可以发现,技术资产已经成为处理好技术企业破产问题的关键。柯达破产重整中以5.25亿美元的价格出售约1100项专利后,成功脱离破产保护重获新生。③ 诺基亚72亿美元出售手机业务给微软,凭借在通信领域的技术积累,转型通信设备厂商,目前与华为、爱立信三足鼎立。④

但是,目前我国技术型企业破产中,技术资产存在被债权人、企业出资人或重整投资人等忽视或得不到足够重视的问题。在现实操作中,对技术资产的处置方法通常是以下三种:其一,不作评估,将技术资产作零资产处理。其二,严重低估,作价低于客观价值。其三,有价无市,被打包进有形资产免费赠送。以上的处置方法造成技术资产隐形流失,损害债权人和出资人的利益,同时也不利于技术资产延续。而在实践中处置失当的主要原因是目前尚缺乏对技术资产价值进行有效认识的方法。

技术资产在重整融资与资产处置时面临与传统资产不同的问题。技术资产比较特殊,潜在购买方数量少,因此无法通过充分竞争形成价格的方式发现其价值,而其中的关键点在于,普通投资者无法认知技术资产的真实价值。解决该问题有两种路径:一是通过对于技术资产价值的深入分析填平投资者的认知鸿沟。对于技术型企业而言,技术资产的价值由此得以发现,并借此通过引入战略投资方或是实现合理价格出售的方式脱离现有困境。对于投资者或收购方而言,其可以准确认知技术上的优势和风险,快速甄别发现优质技术资产。二是采取资产证券化的方式。但采用该种方式,亦需要对技术资产进行深入的价值分析。技术资产证券

---

① 参见亚太经合组织知识产权专家组《知识产权价值评估基本手册》第二部分“知识产权的重要性与评估”中的第5段。

② Chen, W., R. Gouma, B. Los and M. Timmer(2017). Measuring the Income to Intangibles in Goods Production: A Global Value Chain Approach. WIPO Economic Research Working Paper No. 36. Geneva: WIPO. 转引自世界知识产权组织《2017年世界知识产权报告——全球价值链中的无形资本》第一章“全球价值链——21世纪国家商业面貌”的1–3部分“无形资产有何收益”。

③ 刘晓春:《柯达涅槃 出售专利的起死回生术》,载《电子知识产权》2013年第Z1期。

④ 周胜生:《诺基亚的舍与得》,载《中国知识产权报》2014年2月19日,第5版。

化，指发起机构（一般为技术型企业）将其拥有的技术资产转移给一个SPV（Special Purpose Vehicle，特殊目的载体），再由此特设载体以该资产作担保，经资产重组、信用评级及增级等过程后，在市场上发行可流通的证券，进而为发起机构谋求资金的一种融资行为。技术资产证券化是一种全新的融资方式，可以借鉴以往对知识产权证券化的长期探索与实践，这些经验都为我国顺利开展技术资产证券化提供了可借鉴和参考的有效经验和良好思路。目前，美国形成了以信托SPV为主、市场主导型的知识产权证券化融资模式，而日本则是政府主导。美国主要集中在生物制药、航天技术等高新技术行业，日本则集中在动漫影视等创新型行业。① 若通过技术资产证券化等方式，亦需要技术价值分析来作为其在产品设计中定价的基础。

### （二）对技术价值进行深入分析的方法

对技术资产进行有效、深入的价值分析，需要从四大维度入手，即先进性、稳定性、市场化可能性与商业化可能性。②

其一，需要分析技术的先进性。技术的先进性包含实用性和竞争性两个方面。实用性分析旨在评估技术的成熟度、相关配套工艺设备、技术体系的完善程度等。竞争性主要是判断国内外类似及替代技术的比较优势差异，且主要从技术路线的寿命、发展潜力和瓶颈等角度进行对比分析。

其二，需要分析技术的稳定性。技术的稳定性主要包含法律稳定性和研发稳定性两个方面。法律稳定性主要指从法律角度解析技术价值。技术本身具有非独占性特点，为了保护创新和实现技术效益最大化，技术须由法律保护，其保护方式有专利、技术秘密或两者的协同保护。所以技术的来源、权属、保护现状、保护范围与保护强度等均对技术价值产生关键性影响。研发稳定性主要指技术的后续研发态势和潜力。技术具有路径依赖性、累积性和不可逆性，这意味着一旦选择一条技术路径，更改技术路线的成本也会很高，更遑论推倒重来的代价。所以，研发稳定性对于技术价值的实现来说也是至关重要的。

其三，需要分析技术的市场化可能性。技术的市场化主要包含技术产品的市场规模与竞争态势。首先，需要明确技术所能应用的产品或者服务，以及在整个技术链中所处的技术节点位置。其次，还要按照原创技术、改良技术以及追赶技术三个层面对技术进行划类定位，这是因为技术类别不同，其所对应的“市场”也完全不

---

① 翟晓英、何金阳：《科技型中小企业知识产权证券化研究》，载《中国市场》2019年第21期。

② 訾英韬：《技术价值分析：科技创新与资本对接的必由之路》，载《上海证券报》2019年1月29日，第7版。

同。基于上述初步分析，一方面进一步衡量技术产品的市场规模、市场的发展速度、整个市场行业细分及其对应的利润水平等；另一方面评估其竞争态势，即技术驱动下企业竞争优劣势的变化。这主要涉及判断技术是否为核心驱动要素、技术方案是否占位关键技术节点、形成技术壁垒的难易程度、技术产权的惩罚力度等方面。

其四，需要分析技术的商业化路径。技术的商业化是指通过确定具体技术变现路径，实现技术的商业化价值。技术是非物质性的，所以技术价值变现需依附于技术载体进行落地实施，并产出经济效益而实现。技术商业化路径有多种，如可通过专利授权许可收取许可费、技术转让收取转让费、技术孵化成立企业获取经营收益、依托技术进行产品开发和应用研发获得销售额等方式实现技术变现。技术商业化的思路为：首先分析确定技术商业化路径，其次主要从收益和风险两个方面分析其可行性。分析过程中主要涉及初始投入成本、商业化时机、回报周期、政策风险、社会文化风险和意识形态风险等方面内容。

### (三)技术价值分析在技术企业破产中的优势

对于技术资产进行价值分析，相较于传统无形资产评估，在技术价值的发现上，具有巨大的优势，主要体现为以下三方面：其一，两者关注重点不同。在传统无形资产评估中，从资产的角度出发，在财务会计视角下，评估专利价值和非专利技术价值，关注技术载体的有形价格；而技术价值分析主要解决技术先进性、技术稳定性、技术市场化与技术商业化问题，以及技术价值实现动态过程中的风险分析与机遇判断，关注重点是技术价值的定性分析。其二，两者分析角度不同。无形资产评估侧重于从财务角度分析技术的研发成本、企业的财务报表和应用市场规模等；而技术价值分析则是基于技术的全面剖析，并结合行业领域的专家访谈、技术情报分析、专利分析和行业研究等多种分析手段和工具，主要从技术、法律、市场和商业化实施等多角度分析技术的价值，因此技术价值分析是多维且立体的分析评价系统。其三，两者分析方法不同。无形资产评估方法主要依靠目前较成熟的量化方法和量化模型，重点在于对技术资产的量化。但是，抛开技术实质、技术内涵、技术路线、技术发展沿革、技术的保护强度与范围和技术应用等核心问题，分析得到的数值化“价格”难以支撑技术的真实价值；而技术价值分析是通过定性和定量相结合方法分析技术价值，并且重点是以定性分析为主，以定性分析的结果为前提，之后再采用更加客观和具象的定量分析方法，得到更加深入而准确的结论。显然，定性分析和定量分析是相辅相成的，只有在定性分析的基础上得到的量化数字才有可能是准确的。[①] 除此之外，根据技术的应用场景目标、技术所属产业、行业领域环境不同，对于技术资产进行价值分析的方法也会有所差别。

## 四、技术型企业破产程序中的其他问题

技术型企业破产中，除了破产财产管理方式和技术资产的评估比较特殊外，以下几个问题也同样重要且与一般企业破产中的处理有所差异，值得我们加以注意。其一，技术型企业破产中的技术资产转让中的竞标问题；其二，技术型企业破产中的撤销权问题；其三，技术型企业破产中专利许可合同的处理问题。

### （一）技术型企业破产中技术资产转让中的竞标问题

技术型企业在进入破产程序后，为获得足够的资金以供企业渡过难关，通常会将部分资产对外出售，传统的资产变价过程中，因为竞买方数量充足，市场竞争相对充分，通常采取简单地公开竞标，价高者得即可。但是，而作为技术型企业重要资产的技术资产，其转让过程中具有特殊性，潜在竞买方不足，市场竞争不充分，导致技术资产极易出现最终出售价格大大低于价值，或者是流拍的情况。基于这样一种情形，在技术型企业技术资产转让过程中，通常会采用假马竞标的方式。假马竞标要求先确定一个购买方作为假马，假马购买方会提出自己的报价，当在之后的竞标过程中出现出价更多的购买方时，成交的是出价更高的购买方，此时债务人会根据此前的协议给假马购买方补偿。在没有出现出价更高的购买方时，则假马就要按照此前和出售方签订的协议购买资产。采用假马竞标时，要求债务人披露假马购买方的协议，经过法院的审查，确定此协议是公平合理的，且未对将来可能出现的竞买方产生实质的阻碍。假马竞标的方式可以有效保证技术资产最终出售，同时，该出售价格也是基于缜密调查和分析而得，不至于过低。此外，假马竞买方给出的底价将对之后各竞买方的竞价具有一定的鼓励性，有利于最终技术资产成交价的提升，使技术型企业可获得更为充足的资金以供破产程序的顺利推进。但是，假马竞标也在实践中凸显出它对假马竞买方的风险。譬如，此前知名信息技术公司北电网络公司的专利资产出售过程中，谷歌公司于 2011 年 4 月作为假马对拟售专利资产报价 9 亿美元，谷歌担任假马的原因是希望通过购买这些专利资产阻止其竞争对手提出的专利诉讼。然而，在之后的竞买过程中，其他竞买方最终以 45 亿美元购买了这些专利资产。作为假马的谷歌在投入大量时间尽调和披露大量信息后并

① 訾英韬：《完善评价体系　看清科创板企业硬科技实力》，载《中国证券报》2019 年 3 月 11 日，第 A09 版。

没有成功购得专利技术。[①] 因此，很多购买方不愿意充任假马。

目前，基于技术资产变价的现实需求，这种竞买方式已经被国内实务界借鉴引入破产实践中。但是，我国法律和司法解释中尚未明确假马竞标协议的效力，如若不加以确定，在技术资产转让中采取这种竞标方式将面临被认定为串通投标的风险。假马竞标协议的效力是否需要法院认可，还是只需管理人认可即可，亟须加以明确。此外，在技术资产的转让竞标中，还有一种方式亦值得关注，即有担保债权人对技术资产的债权竞购(credit bid)，这种方式指的是在有担保债权人范围内，对技术资产进行竞价，价高者得，最后得标的债权人可在其担保额范围内抵销相应的价款。这种竞标方式来源于美国破产法实践，可以充分调动有担保债权人的积极性，应如何引入我国尚是一个值得研究的问题。

**(二)技术型企业破产中的撤销权问题**

在企业进入破产程序后，一般资产往往会成为撤销权关注的重点，但是技术资产往往容易被忽略。而技术资产出于其特殊性，对其进行恰当规制是否需要传统破产撤销权制度加以一定程度的改良，这是一个值得讨论的问题。深圳市快播科技有限公司在进入破产前的技术转让过程为这一问题的讨论提供了一个背景。2014 年 7 月，深圳市快播科技有限公司被开出天价罚单，经营陷入低谷。之后在半年内，快播公司相继与其三家关联公司进行多次密集技术交易转出所持有的专利，其中涉及 61 件专利申请(其中已授权且目前有效的专利 33 件)。之后，有消息称湘鄂情正积极进行收购快播的谈判，而相对应的时间段内，之前转出的专利大部分又通过一次或多次的技术回流回到快播公司。之后，快播公司又对专利进行了密集转出。经过三轮权属变更，快播公司共计向关联公司净转出有效专利 20 件。[②] 虽然这些转出的专利是否是其重要的技术资产尚需专业判断，但是这一案件引发的思考——技术型企业在破产前将技术资产对外进行转让的法律评价与债权人权利保障问题。这种技术资产转让行为实质上削弱了债权人的分配基础，属于无偿转让财产或是以明显不合理的价格进行交易的情形，但是现行的破产撤销权制度对于该种情形加以了“人民法院受理破产申请前一年内”的时间限制，超出这个时间范围的技术转让行为，现行的破产撤销权制度无法规制，而需要证明为逃避债务而隐匿、转移财产而通过破产无效制度对该种行为加以规制也很困难。对于技术

---

① 卢宝锋:《谷歌大举收购专利》，载《电子知识产权》2012 年第 1 期。

② 贺丹:《快播核心技术资产大复盘》，载 https://www.ipresearch.cn/newsinfo/1270182.html，最后访问日期:2019 年 8 月 2 日。

资产的恶意转移的规制问题,也是目前一个十分值得研究的问题。

### (三)技术型企业破产中专利许可合同处理制度

技术型企业进入破产程序后,还会遇到的特殊问题是对于专利许可合同的处理问题。专利许可合同在美国破产法上属于待履行合同,适用待履行合同的相关规定。[①] 遗憾的是,待履行合同制度自 1938 年《钱德勒法案》诞生至今,一直未有法典明确加以定义。而实践中界定待履行合同的主要标准是"康特里曼测试"。它是由康特里曼教授于 1973 年提出,主要内容是当合同双方尚未履行或尚未完全履行合同义务且一方尚未履行或尚未完全履行的义务会对他方造成重大实质性损害(实质性违约)时,该合同为待履行合同。[②] 若依据该标准加以判断,则不可避免地陷入了如何判断何为实质性义务的泥潭。是否为实质性义务更多基于一种经验的判断,并无统一的客观标准。同时,若严格遵守该标准,则裁判结果容易为人操纵,并导致适用上的不确定性。在 2012 年美国第三巡回法院审理的 In re Exide Technologies 和 In re Interstate Bakeries 两案中,虽然基本案情相同,但是因为后案许可协议中将质量控制约定为重要事项,法院认为被许可人至少仍负有一项可能造成实质违约的未履行义务,故判定许可协议仍处于待履行状态。[③] 因此,直接借鉴美国对于专利许可合同性质的认定思路似为不妥。

与美国不同,我国在法条中对待履行合同有明文规定。《企业破产法》第 18 条规定,法院受理破产申请后,企业破产财产管理方对破产申请受理前成立而债务人和对方当事人均未履行完毕的合同有权决定解除或者继续履行。企业破产财产管理方决定继续履行合同的,对方当事人应当履行。但是,对方当事人有权要求企业破产财产管理方提供担保。企业破产财产管理方不提供担保的,视为解除合同。该法条一般被认为是我国关于破产程序中待履行合同的规定。根据该条规定,我国的"待履行合同"指"破产申请受理前成立而债务人和对方当事人均未履行完毕的合同"。"未履行完毕的合同"指的是合同制规定的主要义务均尚未履行的合同。[④] 对于合同而言,"主要义务"即给付义务。[⑤] 具体而言,包含主给付义务与从给付义

---

① 徐家力:《企业破产中的知识产权许可合同处理方法研究》,载《中州学刊》2017 年第 5 期。

② See Vern Countryman, Executory Contracts in Bankruptcy: Part I, 57, *Minn. Law Rev*. 439, 460 (1973).

③ [美]查尔斯 · J. 泰步:《美国破产法新论》(第 3 版),韩长印、何欢、王之洲译,中国政法大学出版社 2018 年版,第 872 页。

④ 参见王欣新:《破产法学》,中国人民法学出版社 2004 年版,第 171 页;齐树洁主编:《破产法研究》,厦门大学出版社 2004 年版,第 270 页。

⑤ 韩世远:《合同法总论》,法律出版社 2004 年版,第 606 页。

务,但不含附随义务。[①] 此外,根据专利许可合同的特性,只要进入破产程序后合同仍有效,许可人的义务是不可能履行完毕的。因此,除了被许可方已经在合同签订后进入破产程序前足额支付了许可费用,且已经履行完毕双方约定其他义务这种极端情况时,专利许可合同才有可能不属于待履行合同,绝大部分情况下,进入破产程序后,专利许可合同应适用待履行规则进行调整。

为了限制知识产权许可人的权利,达到鼓励知识产权投资,保护投入研发资本、贡献市场营销技能的被许可人的目的,美国在调整破产程序中专利许可合同时采取的是,纳入待履行合同制度调整,但制定例外规则加以对待的模式。[②] 当企业破产财产管理方选择拒绝履行合同时,被许可人可以选择或接受破产企业破产财产管理方拒绝履行合同的决定,或选择在授权期内继续使用破产案件开始前就已存在的知识产权,并负担相应的义务。为了不加重许可人的负担,《美国破产法》还对专利许可合同中被许可人的权利边界加以时间、对价、权利等方面的多重限制。[③] 此外,为保证知识产权许可人在提供相似智力成果竞争中的优势,《美国破产法》第365条排除了在知识产权许可人进入破产程序的情形下,"未来改进"条款的效力。出于对专利权严格保护的立场,为防止许可人的竞争者乘被许可人破产之机购买许可人知识产权项下的权利,从而使用其平时无法接触的专利及其他知识产权,并最终造成许可将因被许可人破产而丧失对专利权许可的控制,《美国破产法》既不允许在破产程序中由第三人承担专利许可合同项下被许可人的权利义务,也不允许被许可人自行移转专利许可合同项下自身的权利义务。[④]

我国《专利法》《合同法》《企业破产法》及其相关法律法规司法解释等均未规定破产程序中对专利许可合同的处理程序与方法。因此,该问题在我国目前仍处于空白状态。出于专利许可合同的特殊性,现有待履行合同制度不足以处理该问题,因此,有必要建立我国的破产程序中专利许可合同处理制度。对于许可人破产的情形,当待履行合同为专利权许可合同时,被许可人有权选择是否继续履行许可合同。另外,应约束被许可人继续持有知识产权的权利。具体而言,被许可人只能在许可合同约定的剩余时间内,继续保有原许可合同中约定的权利,并持续给付许

---

① 韩世远:《履行迟延的理论问题》,载《清华大学学报》(哲学社会科学版)2002年第4期。

② See Intellectual Property Licenses and Bankruptcy—Has the IPLBA Thawed the "Chilling Effect" of Librizol v. Richmond Metal Finishers Patrick Law, 99 *COM. L. J* 261 (1994).

③ 徐家力:《企业破产中的知识产权许可合同处理方法研究》,载《中州学刊》2017年第5期。

④ See e. g., Breeden v. Catron, 158 B, R. 624, 627 (Bank. E. D. Va. 1992); In re Taylor, 103 B. R. 511, 516 (D. N. J. 1989).

可合同约定的费用。当然,破产企业破产财产管理方除了要求被许可人继续给付,不能要求其他损害赔偿。至于"未来改进"条款,美国一边倒向许可人的模式不可取,应适度平衡许可人与被许可人双方的利益。许可人应当在一定条件下提供对被许可人至关重要的技术改进。法院应综合考察债务人提供技术改进的成本以及技术改进之重要性等因素后做出判断。对于被许可人破产的情形,应规定破产企业破产财产管理方可以选择继续承担合同,但应加以限制,即规定承担专利权许可合同后不得再行移转。这种限制应适用于一切实质意义上将移转专利权许可合同的行为,如通过股权转让等方法将专利权许可合同间接移转至第三人。

## 五、结论

技术型企业基于其科研人才资源丰富、技术需要持续研发、技术资产难以评估变价等特性,在进入破产程序后应该加以特殊对待。为保证科研团队不流失、技术研发不间断,技术型企业破产后应优先适用重整程序加以拯救。同时,在破产财产管理模式上,债务人自行管理模式更能有助于技术型企业重整的成功。从技术的先进性、稳定性、市场化可能性、商业化路径等维度综合展开分析,全面认识技术资产的价值,可以为技术资产的评估变价提供充分的理论基础。此外,在技术资产转让过程中竞标方式的设计、破产撤销权制度的完善以及技术型企业进入破产程序后专利许可合同的处理等技术型企业破产中面临的特殊问题仍值得关注与进一步研究。

# 人工智能对破产重组的影响*

**克里斯蒂安·汤姆斯**
英国 Brown Rudnick 律师事务所合伙人。
**简·科尔斯顿**
英国 Brown Rudnick 律师事务所合伙人。
**翻译:张拓方**
中国政法大学中欧法学院经济法专业硕士研究生。

## 一、引言

多年来,科技、人工智能及其潜在用途这一话题一直活跃在人们的讨论中,在相关性或重要性方面没有丝毫减弱的迹象。

计算和技术辅助处理的发展势必将继续呈指数增长。因此,法律和商业生活方方面面的重组和破产实践也会受到影响。随着所谓的“第四次工业革命”的发展,已经出现了令人兴奋的事物,还有更多的新事物即将出现。问题是,破产界在何种程度接受了这些新情况,当前真的为新浪潮的推进做好充分准备吗?

根据国际破产协会的调查,人工智能排在热门话题第一位,这表明破产从业者已经敏锐地意识到了其对自己职业的潜在重要性和相关性。因此,国际破产协会进行了一项后续研究,以探讨会员对人工智能在全球破产和重组实践中的作用的认识程度。此项研究是通过向国际破产协会全体会员分发在线调查完成的,内容涵盖技术对企业发展的影响、破产实践的技术应用、争议事项、司法程序和立法规制。

本文综合评估了本次的调查结果,为人工智能的发展使用及其对全球破产与重组的潜在影响提供更广阔的背景。

## 二、人工智能是什么?

人工智能不是一个新概念,甚至不是 21 世纪的产物。该术语和相关的基础科学

---

* 本文是国际破产协会 2019 年 7 月发布的特别报告,已经著作权人许可翻译。

学科现已有60多年的历史了。实际上,“人工智能”一词经常被误用,在讨论先进的计算机智能以及将继续开发以利用这种进步的系统时,将其作为笼统术语使用。

从本质上讲,人工智能使计算机和其他高级系统能够利用经验来学习并将其应用于熟悉的以及新出现的场景中,从长远来看,最终使计算机能够经常执行人类的工作任务并且达到比人类更高的准确性标准。如果没有人工智能,那么审查分析1000万、2000万和5000万以上的数据集以找到与手头事情相关的文件将不切实际。据报道,英格兰和威尔士的严重欺诈办公室(the Serious Fraud Office)表示,他们已经可以成功管理较大的数据集,开放使用人工智能工具,特别是智能引擎(RAVN)创建的文档审阅系统。人工智能工具在对劳斯莱斯的彻底调查中发挥了很大作用。

人工智能可以运用部分或全部的机器学习(machine learning)、深度学习(deep learning)和自然语言处理(natural language processing)。机器学习注重提高计算机访问数据并从中学习的能力,使人工智能系统能够超越对特定的预编程指令或参数的依赖。深度学习是机器学习更复杂的形式,旨在模仿我们的大脑查看、处理、整理和链接数据,供以后使用。自然语言处理开发能够理解人类语言的系统,包括处理推论、理解句子传达的真实含义以及所用单词的字面意思。综上所述,人工智能系统的真正卖点在于它们不断地边做边学。(见图1、图2)

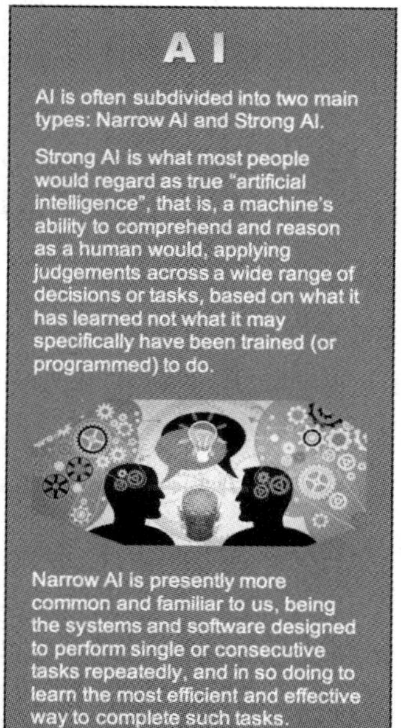


**人工智能**

人工智能通常被分成两种主要类型:弱人工智能和强人工智能。

强人工智能被大多数人认为是真正的“人工智能”,也就是说,机器具有像人一样理解和推理的能力。它根据所学到的知识对各种决策或任务进行判断,不经过特殊训练或者编程。

目前,弱人工智能对我们来说更为熟悉,它们是重复执行单个或连续任务的系统和软件,通过完成任务来学习最有效的任务完成方式。

**图1　人工智能的分类**

**自然语言处理在办公场所或家中的应用**

当前最具辨识度的仍是对自然语言处理的初级使用,可以在谷歌(Google)的 Home Assistant,苹果(Apple)的 Siri 和亚马逊(Amazon)的 Alexa 中发现。这些应用都将口头命令转换为特定的操作,利用信息或音乐数据库,触发基本的在线搜索,用响应方式传递结果。

**图 2　自然语言处理的应用**

## 三、技术对商业发展的影响

1874 年,第一台商业打字机彻底改变了专业通信。大约一个世纪后,第一台商用个人计算机引发了类似的革命。仅过了几十年,我们见证了因特网,网页和我们的老朋友电子邮件的诞生。出现新技术、淘汰旧技术的时间越来越短,技术变革的步伐不断加快。

互联网已经成为改变游戏规则的关键因素,它使人们能够即时交流,分享思想和工作成果。云计算的出现反过来使企业能够快速、轻松地访问其发展所需的基础设施,更快地实现发展潜力。电子商务已经成就了易贝(eBay)和亚马逊(Amazon)这样的商业巨头。新型去中心化融资(decentralised finance)以比特币(Bitcoin),莱特币(Litecoin)及其他类型加密货币的形式出现,这些新货币的出现有可能改变支付方式并创造新的网络经济。

技术发展似乎已经成为当今商业的主要特征,它很可能会在随后的破产和重组中发挥作用。下面我们讨论目前破产从业者必须解决的一些问题。

### (一)云计算

云存储服务的使用比较广泛并且正在保持增长,根据国际破产协会的调查,一半以上破产从业者表示"经常"或"几乎总是"使用到云存储,另有 30% 的人表示他们至少"有时"会使用到云存储。另外,只有约 1/4 的受访者表示,他们经常基于云计算进行数据处理,无论是通过面向客户的产品还是内部后台功能。大约 2/5

的人表示,他们“几乎不”或“从未”遇到过使用云计算的情况。

在破产从业者使用云计算的情况下,约 43% 的受访者表示,云计算给他们带来了更多问题。受访者的主要担忧包括以下五点,数据完整性和安全性;文件删除和损坏的风险,尤其是在没有合适的软件读取文件的情况下;确保数据安全和访问虚拟服务器所固有的困难,包括为持续获得服务的所需成本;资不抵债的实体或者另一方可能拥有云服务访问渠道和密码;可能会出现棘手的管辖权问题,具体取决于网络连接服务器的物理位置。

超过 80% 的被调查破产从业者认为,云计算和相关问题越来越大程度上成为破产的特征。这似乎是因为企业对存储空间和处理能力的需求不断增加。企业认识到旧的商业模式需要昂贵的服务器、定期维护的软件以及庞大的硬件。降低前期成本反过来为企业提供了更大的灵活性,将释放的资源用于改善客户体验。

尽管云服务可能会给某些破产从业者带来麻烦,但其依然被认为具有潜在的优势,尤其是从实践的角度来看。破产案件需要收集大量的信息,借助云服务可以更容易地访问、分析复杂的数据集。关键是要充分了解和熟悉各种数据的存储位置并快速收集该数据。例如,云中的 Alexa 记录和区块链(Blockchain)上的信息记录。一旦获取信息资料,便可以使用人工智能工具进行聚类和审查,以便更快地获取关键信息,从而做出决定,如决定信息传播的方向或者向谁提起诉讼。

当被问及是否需要进一步改变来帮助破产从业者和其他行业解决云事务时,约 77% 的受访者认为:“有些”或“很多”方面需要改变。关键的方面有,开展更广泛的技术培训,包括保护数字资产的优秀经验;加大专业部门之间的合作,以便更好地理解数字技术导致的专业服务、金融服务和业务方面的变化;禁止信息勒索的立法和加强外部合作恢复数据的特别立法;允许破产从业者对客户在线账户进行更即时的访问,以减少访问关键记录的烦琐程序;在数据位于不同司法管辖区的情况下修改指令和进行跨境识别;更多精通技术的法官协助破产从业者紧急公开资料或者访问存储在特殊地点的资料。(见图 3)

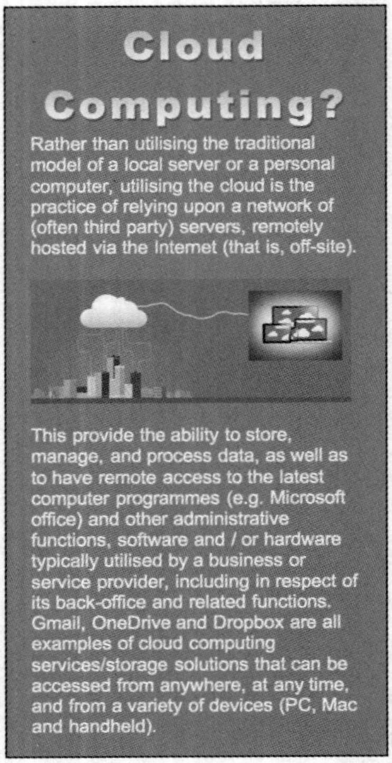


**云计算?**

云计算通常依靠的是异地远程托管的第三方服务器,而不是本地服务器或个人计算机。

云计算提供了存储、管理和处理数据的服务,能够访问最新的计算机程序,如 Microsoft Office,以及其他通常由服务提供商使用的管理功能、软件、硬件和它们的后台相关功能。Gmail、Onedrive 和 Dropbox 都是云计算服务方案的示例,人们可以在任何地方、任何时间从 PC、Mac 和手持设备进行访问。

**图 3　云计算**

## (二)区块链和智能合约

区块链本质上是一个分布式数据库或分类账,用于维护特定交易,记录不断增长的交易记录。它起源于比特币之类的加密货币,鉴于其多功能性和加密性,它难以被黑客入侵。区块链技术被认为具有广泛的应用潜力。(见图 4)

**什么是区块链?**

·实时记录更新的公共在线分类账。包括艺术品、钻石、土地、比特币之类的无形资产和其他金融工具。

·没有中央管理。

·分类账或它的副本存储在记录保存者的计算机上。

·它是区块链上所有交易的安全、永久的记录。

**图 4　什么是区块链**

直观理解该概念的一种方法是，首先想象一个交易列表，该交易列表被复制，然后存储在连接到互联网的多个不相关的计算机或节点上，这可以确保存在正确版本记录的许多副本，然后使用此计算机网络来检查验证列表中的先前条目，使用新条目更新记录。本质上，这就是区块链的工作方式。创建的每个新交易条目均包含时间戳，并链接到上一个块。这可以防止篡改，因为要欺骗区块链，就需要每个块和网络参与者都参与。（见图5）

**为什么你不能轻易地欺骗区块链？**

如果每个人都在验证或挖掘新块，为了使某人能够更改一个先前的区块，他们必须更改该区块以及所有随后的所有区块直到新区块，并在新区块被开采或完成之前进行更改。这将花费大量的计算时间和成本。

**图5　为什么你不能轻易地欺骗区块链**

区块链可以充当一个开放的、分布式的分类账，可以以有效的、可验证的和永久的方式记录双方之间的交易。账本本身也可以编程来自动触发交易，因此，自我执行的智能合约可以在满足某些条件时自动执行，买卖双方之间的协议条款直接写入计算机行码。目前，金融和财产转让交易似乎代表了区块链技术实际应用中最频繁的领域，区块链的一个主要吸引力是有可能在某些类型的交易中减少中间人的费用。2016年，高盛（Goldman Sachs）表示，区块链技术可能是简化现金证券清算和结算的关键，每年可以为美国的资本市场节省20亿美元，为全球节省60亿美元。

实际上，这些工具在企业广泛采用中，似乎仍处于起步阶段。破产从业者面临此类问题的频率仍然较低。在接受调查的破产从业者中,只有10%承认他们在上一年“有时”遇到过智能合约或区块链。相反,大约64%的人表示他们“从未”遇到过,大约四分之一的人表示他们“几乎没有”遇到过。有经验的人发现,区块链和智能合约主要与零售和汽车行业有关。

破产从业者对区块链或智能合约的认识和理解与对该领域的实践经验的回答有相似的权重。只有6%的受访者回应他们对此类问题具有“全面的”或者是“实践中”的理解。另外,有34%的人回答说他们“根本没有了解”,而大约27%的人只有“基本的了解”。从好的方面来看,约33%的受访者表示有“正在发展”的理解。毫无疑问,这是破产从业者实际应用该复杂技术的产物。

当被问及这种技术是否在破产问题上引发了特殊问题时,表达意见的受访者中约有60%认为确实带来了问题,将来可能会出现更多问题。当被问及是否预计这种技术将成为破产的一种日益显著的特征时,只有约2%的人表示“不会”,而48%的人表示“会”。剩余的意见平衡分配给了26%的“不确定”和24%的“认为尚有差距”。

尽管有相当一部分破产从业者意识到了这一领域的发展,许多人正在积极地寻求自我教育,但十分清楚的是,目前围绕区块链和相关概念存在的信息和理解差距确实存在。当然,企业对区块链的采用仍在增长,但这不太可能给破产从业者带来任何实际问题。当企业决定更充分地接受这种技术时,破产从业者如果不能领先企业的话,至少需要确保跟上企业的进度。

**(三)加密货币**

加密货币是一种替代的数字货币。它们利用的是分散控制和区块链技术分布和保护的分类账,这与集中式数字货币对传统中央银行系统的依赖相反。比特币于2009年推出,被广泛认为是第一种去中心化的加密货币。自那时以来,已有4000多种加密货币的替代变体被创建,其中包括莱特币,瑞波币(Ripple)和以太坊(Ethereum)。这种变化是因为从事首次代币发行(ICO)的加密领域企业提供了资金。在加密货币领域,加密货币风险投资通过以“代币”的形式向项目的早期支持者出售一定比例的新加密货币筹集资金。

与区块链技术一样,加密货币距离在企业运营中发挥关键作用、成为破产和重组的重要资产还有较大差距。实际上,在接受调查的这些破产从业者中,只有大约7%在上一年左右的时间里需要处理加密货币相关问题,他们对加密货币使用的认识和理解水平仍然相对较低,只有约5%的受访者表示他们对此类问题有“全面”或“实际有效”的理解。大约32%的人回答说他们“根本没有理解”,而大

约 35% 的人只有“基本的理解”,28% 的受访者表示有“正在发展的理解”。(见图 6)

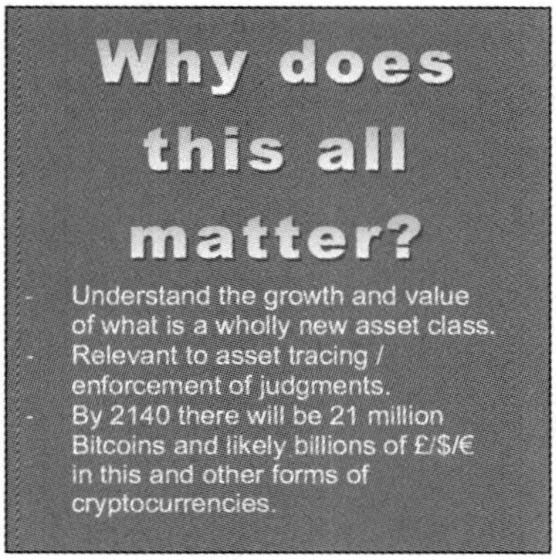


**区块链技术为什么重要?**

——了解全新资产类别的增长和价值。

——与资产追踪和执行判决有关。

——到 2140 年,将会有 2100 万比特币和数十亿英镑、美元和欧元形式的加密货币。

**图 6　区块链技术为什么重要**

当被问及加密技术是否引发了破产方面的特定问题时,受访者中约有 75% 的人认同带来了特定问题的观点。主要关注点包括:司法部门需要对技术有更多的了解;企业账面余额和加密资产价值的会计缺乏透明度;有关实际扣押和控制加密资产的问题;加密资产的波动性以及出售或持有决定的影响;适用的法律和资产管辖权问题;加密货币发行人和相关交易所的破产所产生的问题。

当被问及是否预计此类问题将成为破产的一个日益明显的特征时,约 72% 的人对此表示肯定,另有 12.5% 的人表示目前的情况还有一定的差距。超过 80% 的受访者认为至少需要做一些小的改变来帮助破产从业者更熟练地解决与加密货币和其他数字资产有关的问题。

加密货币离成为破产从业者熟悉的商业环境的一部分还有差距,但这些回答也明确需要围绕这些问题组织进一步的教育和培训,真正致力于解构复杂的技术语言,解决围绕管辖权可能出现的问题,具体取决于资产被视为位于何处。(见图 7)

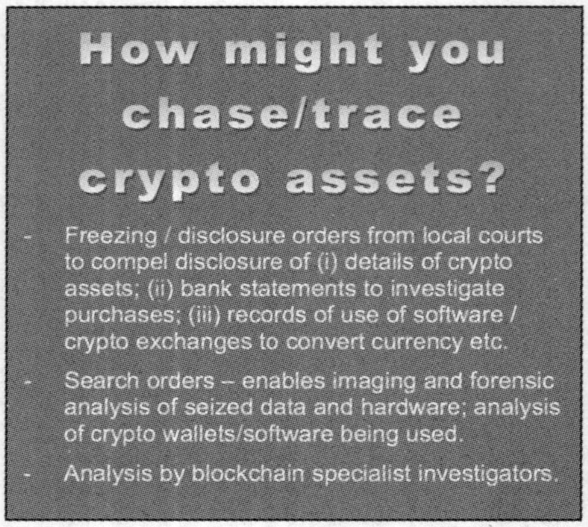


**如何追踪加密资产**

——地方法院通过冻结或披露指示来强制披露加密资产的详细信息、调查交易的银行对账单和使用软件或加密货币交易所兑换货币的记录等。

——搜查令可以对捕获的数据和硬件进行成像和取证，分析所使用的加密钱包或软件。

——区块链专家调查分析。

**图7　如何追踪加密资产**

## （四）网络犯罪

网络犯罪、黑客和勒索软件是媒体报道中有关企业遭受在线灾难的三个常见词语。举例来说，2017 年，Petya，一种变体勒索软件，对欧华律师事务所（DLA Piper）的攻击备受瞩目；WannaCry 勒索软件攻击感染了 150 个国家和地区的 30 多万台计算机，使英国国家卫生局（British National Health Service）陷入停顿，并严重影响了联邦快递（FedEx）。

不仅仅是大型和全球性企业成为目标，国际犯罪团伙对利用机会瞄准中小型企业也同样感兴趣。不幸的是，网络犯罪收益很高。根据战略与国际研究中心（Centre for Strategic and International Studies）和防病毒软件公司 McAfee 2018 年的报告，“网络犯罪现在可能使全世界损失近 6000 亿美元，占全球 GDP 的 0.8%。”

在对过去一年左右的时间是否遇到过网络犯罪进行调查时，只有大约 1/3 的调查受访者表示他们从未有过此类经历。

不幸的是，将近 40% 的受访者说他们或他们的客户是网络攻击或黑客行为的特定目标，攻击方式包括特洛伊木马软件或间谍软件；日常的网络钓鱼，如电子邮件和电话；潜在的外国黑客入侵和每日可疑垃圾邮件。

在回答了他们个人是否制定了网络犯罪或风险政策的人中，让人担心的是，超过三分之一的人表示没有制定。即使在有准备的人中，也只有一部分有针对客户或特定问题的策略，而不是通用策略。就提高准备水平的努力而言，大约 46% 的受访者依赖强大的互联网科技服务，13% 的人认为培训是主要重点，通常会结合强大的互联网科技，还有一小部分回答者认为要更新电子邮件，没有人专门确定新闻通

讯或“秘密购物者”类型测试，约34%的受访者表示他们使用了上述大多数或全部策略。（见图8）

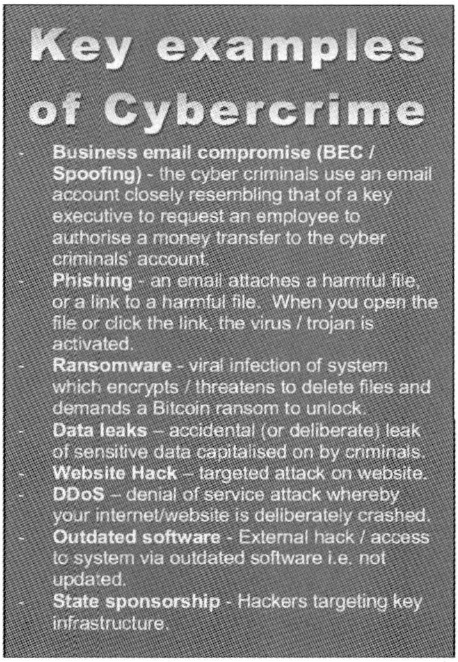


**网络犯罪的主要例子**

——商业电子邮件泄露（BEC / Spoofing）：网络罪犯使用与主要执行人员相似的电子邮件账户来请求员工授权将钱转入网络罪犯的账户。

——网络钓鱼：电子邮件中附有有害文件或指向有害文件的链接。当打开文件或单击链接时，病毒或木马被激活。

——勒索软件：病毒感染的系统会加密或威胁删除文件，支付比特币赎金才能解锁。

——数据泄露：罪犯对敏感数据进行偶然或故意的泄漏。

——网络黑客：针对网站的攻击。

——分布式拒绝服务攻击（DDoS）：拒绝服务攻击，故意使网络或网站崩溃。

——过时的软件：外部黑客通过过时的软件访问系统，即未更新的软件。

——国家赞助：针对主要基础设施的黑客行为。

**图8　网络犯罪的主要例子**

对网络风险影响破产从业者及其员工的注意力的频率的回答显示，只有大约4%的人表示从未受影响，另有7%的人表示很少受影响。大约70%的受访者表示，此类问题每天、定期或经常引起他们的注意。

不幸的是，无论安全防范措施有多么复杂，人们都无法保证系统完全不受外部攻击或干扰，因为总是存在管理的人为因素。重要的是始终确保系统和软件尽可能保持最新状态，互联网科技（IT）团队始终密切关注并确保所有员工接受有关风险的培训，意识到他们使用电子邮件和互联网的脆弱性。

## 四、技术与破产重组实践

在国际破产协会的调查中，只有约14%的受访者不认为技术的使用已经或者将来很可能成为其提供服务的组成部分。破产从业者没有在某种程度上缺乏对业务导向技术的使用。破产从业者已经认识到这种技术在实践中的作用和所带来的问题。那么,技术实际上应用到哪里呢?

随着企业在信息技术方面取得了巨大进步,破产从业者现在处于所谓的大数据时代,这意味着每天都会产生和存储越来越多的电子数据。当前的统计数据显示,按照目前的速度,每天大约有2.5兆字节的数据产生,以后还会继续增加。该数据包括:结构化数据,如会计、工资单和其他有组织的交易数据;非结构化数据,如电子邮件、语音邮件和电子文档;非传统数据,涵盖社交媒体和新闻服务,如彭博社的在线提要。越来越多的人认为,在了解大量信息的过程中,人工智能和大数据分析工具必不可少。例如,下列情况:在调查复杂和大型破产时;在企业运作时间和资源有限的情况下确定最合适的后续步骤时;在周转方案中,可以将数据分析应用于系统生成的原始信息,以加快问题的识别速度,帮助确定关键的绩效驱动因素,为影响业务绩效的战略提供信息;追踪资产时;在考虑潜在的诉讼时,对关键数据集进行扫描,来识别异常情况和涉及特定利益的时间段。(见图9)

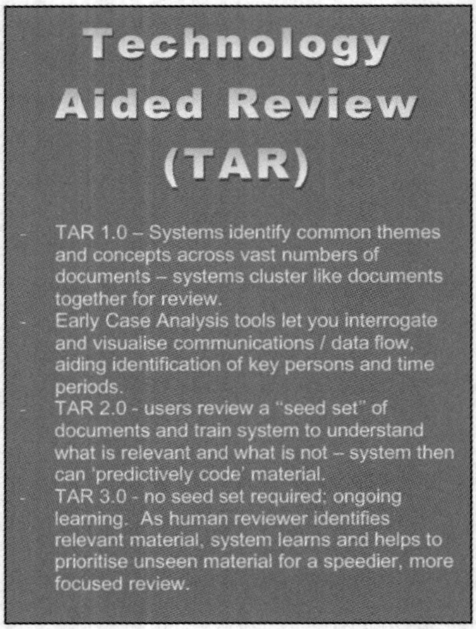


**技术辅助审查(TAR)**

——TAR 1.0:系统在大量文档中标识出共同的主题和概念—系统像文档一样聚集在一起以供查看。

——早期的案例分析工具可提供审讯、可视化通信和数据流,以帮助识别关键人物和时间段。

——TAR 2.0:用户使用文档的"种子集"训练系统区分相关的内容和不相关的内容,然后系统可以对材料进行"预测性编码"。

——TAR 3.0:它不需要种子集便可持续学习。当人工审阅者确定相关材料时,系统会帮助对尚未查看的材料进行优先级排序,以便更快、更集中地审阅。

**图9　技术辅助审查**

采用某种形式的技术辅助审查可以增强对公司账簿和记录的审核。该技术从第一阶段就可以按概念对文档进行聚类,人们可以更快、更轻松地开始审查关键主题和概念,更有希望在时间和经费用完之前找到所需的内容。

第二阶段,可以通过人工审阅以帮助技术辅助审查系统区分相关的和不相关的材料。然后,通过“预测编码”过程,系统可以将这种学习间歇性地应用到仍有待考虑的数据剩余部分,从而比更线性的人工检查过程更早地提供相关的材料。

这种技术的使用远未在破产从业者中普及。在国际破产协会的调查中,只有大约35%的受访者表示他们在过去一年左右的时间内使用过此类工具,而在这个问题的子分组中,只有大约28%的受访者利用了他们技术辅助审查系统更复杂的预测编码功能。

根据目前破产从业者对技术辅助审查的实用性和必要性的评估,技术辅助审查和相关工具的使用情况可能不太乐观。目前只有大约15%的受访者认为这种技术是必不可少的,这和认为它有用的观点比例相似。有趣的是,成本可能是影响破产从业者作出决定的一个因素,因为只有4%的受访者认为这些工具物有所值。在发现的负面因素中,以下是被引用最多的:不熟悉技术辅助审查的功能;个案不足以保证技术辅助审查的使用和费用;技术辅助审查在破产从业者所在的司法管辖区中不常用。(见图10)

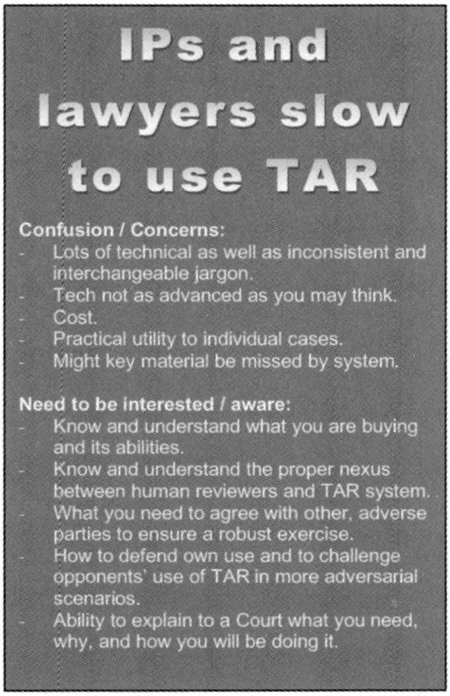


**破产从业者和律师使用技术辅助审查的缓慢进展**

疑惑和担忧:
——许多技术性、不一致和可互换的术语。
——技术没有想象中成熟。
——费用。
——在个案情况下的实际用途。
——系统可能会遗漏关键材料。
需要引起兴趣和注意的是:
——知道并了解您所购买的商品和它的功能。
——知道并理解审查者与技术辅助审查系统之间的适当联系。
——需要与其他不利方面达成一致,以确保有力的实践。
——如何在对抗冲突的情况下捍卫自己的使用并挑战对手对技术辅助审查系统的使用。
——能够向法院解释需要什么,为什么以及如何做。

**图10　破产从业者与律师使用技术辅助审查的缓慢进展**

尽管持有这种观点的破产从业者不在少数，但实际上技术辅助审查已经在各个领域使用和普及，可以以具有成本效益的方式来处理不同大小的数据集。迄今为止，已经被许多法院接受的观点是，与传统的人为审查模式相比，技术辅助审查可以节省大量时间和成本。（见图 11）

**Example of parameters for effective TAR use**

| Suggested Minimum Dataset | Nature of documents | Minimum sample for initial seed set review (TAR 2.0) | Set-up time | Cost (est.) | Documents reviewed (per day) |
|---|---|---|---|---|---|
| 50,000 documents | Language based data including foreign languages | 1600 - 2000 | 1-2 weeks | 3.1m docs GBP182k - GBP469k<br>500k docs GBP132k – GBP250k | (1) Keyword, human manual review = c. 500 docs<br>(2) TAR = 600k docs |

**有效使用技术辅助审查的参数示例**

表格第一行从左至右：
建议最小数据集、文件的性质、初始种子集审核的最小样本（技术辅助审查 2.0）、设置时间、估算费用、每日审查文件

表格第二行从左至右：
50,000 个文件、
基于语言的数据，包括外语、
1600～2000、
1～2 周、
310 万个文件，费用约 18.2 万英镑到 46.9 万英镑；50 万个文件，费用约 13.2 万英镑到 25 万英镑、
（1）关键词、人工审查 ＝ 500 个文件；（2）技术辅助审查＝60 万个文件

**图 11　有效使用技术辅助审查的参数示例**

在当事人逐渐开始使用技术辅助审查系统，并且这种情况变得越来越普遍的同时，某些司法管辖区的法院也明确批准使用这种技术。考虑到可用数据的爆炸性增长可能有多种用途，如监管调查、搜索命令、诉讼等，法官们似乎也认识到了其潜在的好处，特别是在时间和金钱方面。（见图 12）

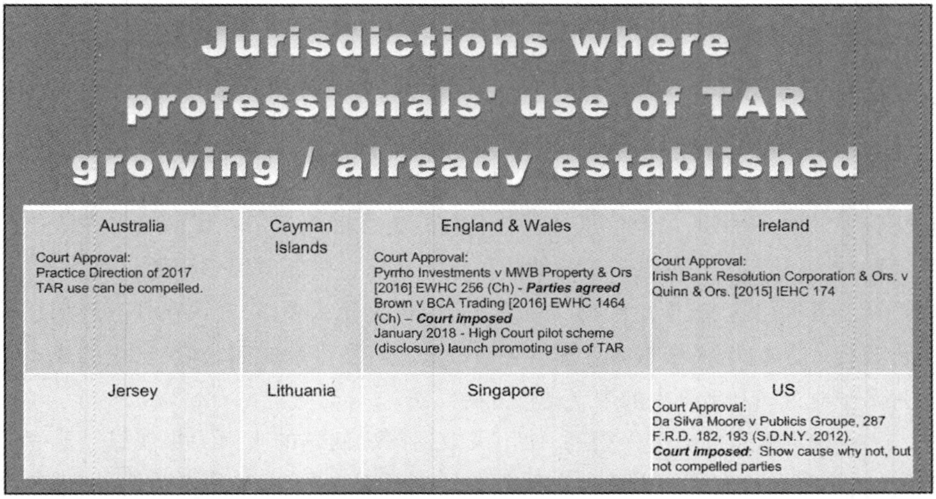


**快速发展和已经建立的专业人士使用技术辅助审查的司法管辖区**

第一行从左至右分别为:
澳大利亚 法院批准:2017 年诉讼程序指南可以强制使用技术辅助审查;
开曼群岛;
英格兰和威尔士 法院许可:
Pyrrho Investments v. MWB Property & Ors [2016] EWHC 256 (Ch) – 双方同意 Brown v. BCA Trading [2016] EWHC 1464 (Ch) – 法院判决 2018 年 1 月 – 启动高等法院计划(公开),促进使用技术辅助审查;
爱尔兰法院许可:
Irish Bank Resolution Corporation & Ors. v. Quinn & Ors. [2015] IEHC 174
第二行从左至右分别为:
泽西岛;
立陶宛;
新加坡;
美国 法院许可: Da Silva Moore v. Publicis Groupe, 287 F. R. D. 182, 193 (S. D. N. Y. 2012).
法院判决:说出为什么不行的理由,但不能强迫当事人。

图 12 快速发展和已经建立的专业人士使用技术辅助审查的司法管辖区

## 五、未来展望和结论

从近期来看,只有大约 32% 的调查受访者认为他们仍然没有理由使用审查技术，他们预计这种技术的使用在未来几年会下降。受访者的压倒性意见是技术的使用只会增长。的确，最近在对伦敦的各个律师事务所中进行的一项调查表明，近70%的律师事务所已经使用人工智能系统完成客户工作或正在尝试使用人工智能系统，这种趋势很可能会在其他专业领域得到体现。

人工智能和技术辅助审查系统的爆炸式增长和广泛应用主要有以下原因：辅助更快速、轻松地识别关键信息、证据和主题；更准确地记录和评估董事在破产前阶段的行为；建立基于证据的关键绩效指标为外部主管部门提供预警信号；可以向破产从业者提出建议，告知从业者在提交时应提交什么表格，确认在外部管理过程中已履行了合规义务；根据所处理事项的数量、性质、平均时间长度、产生的成本和回报水平对公司和清算人的表现进行分析。

人类预测未来的能力很糟糕，使用大数据解决问题的吸引力很明显。这意味着，技术将越来越多地应用于破产从业者的广泛调查中，尤其是对数据、文件的收集和关键信息的审查。随着技术进入新的领域，欺诈者和其他不法行为者总是试图利用这些新技术，因此技术必须能够移除线程。

尽管进步很迅速，但不一定就要马上广泛采用自动化技术。换句话说，该技术距离能够替代人类还有相当长的距离，例如技术还不能制定司法判决和算法先例或者对文档进行更细致的审查，技术目前仅仅只能查看哪些文档看起来相似，在其他文档和数据集中寻找与自身完全不同的自适应构造。

技术的普遍使用和壮大不可避免地影响着我们的实践，这对于那些仍然不愿意学习新技术的专业人士来说，将是一个巨大的问题，这可能让他们在潜在客户、对手和法院方面处于不利地位。对于那些想要保持领先地位、与其他精通技术的专业人士建立紧密合作关系的人，他们将确保整个团队紧跟行业最新动态，并了解如何有效部署技术，包括人工智能，以便继续为客户提供最前沿的、物有所值的服务。幸运的是，似乎许多破产从业者已经意识到每个阵营之间的区别，并正在积极地进行自我教育，以便在实践中解决这些问题。

附

## 人工智能调查结果

1. 在过去 12 ~ 24 个月中，您是否使用过技术辅助的审查产品或服务，例如与文件分析和法庭信息审查有关的？

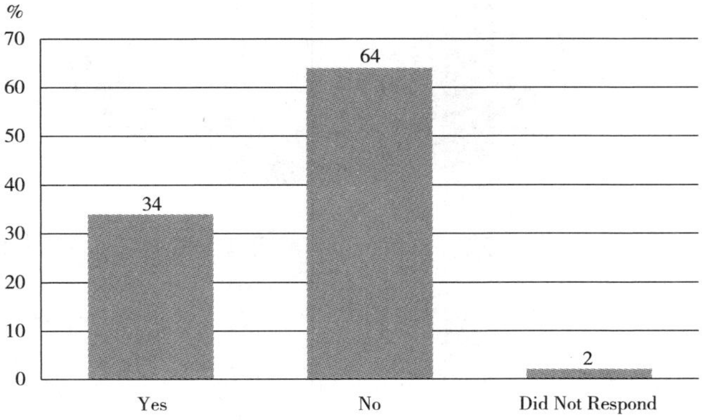


**附件图 1　使用技术辅助审查产品或服务的调查情况**

| |
|---|
| 从左至右分别为：是 34%、否 64%、未回答 2%。 |

2. 如果是，您使用了哪些服务供应商？

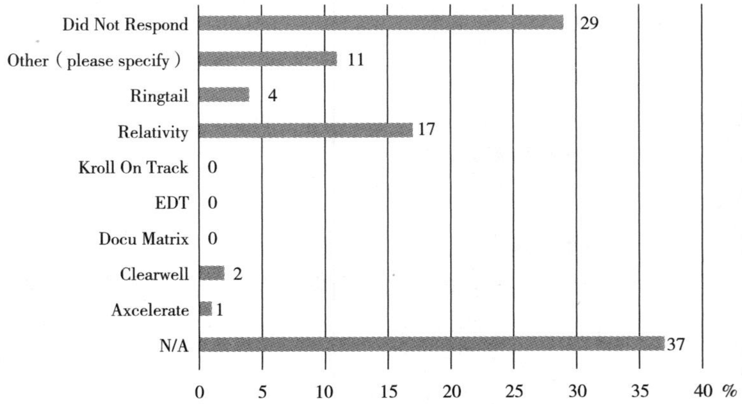


**附件图 2　使用技术的服务商**

| |
|---|
| 从上到下分别为：未回答 29%、其他（请指明）11%、Ringtail 4%、Relativity 17%、Kroll OnTrack 0%、EDT 0%、DocuMatrix 0%、Clearwell 2%、Axcelerate 1%、不适用 37%。 |

3. 如果是，您的审查或调查是否还使用了人工智能的元素，即训练一种算法来审查其余文档种群的初始种子集编码？

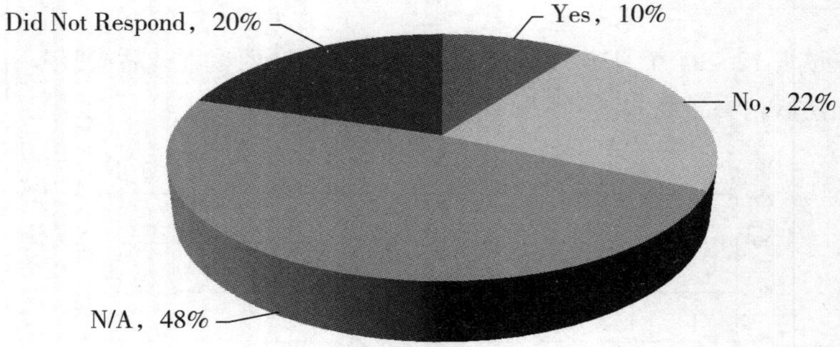


**附件图 3　使用人工智能元素的情况**

| |
|---|
| 按顺时针方向：未回答 20%、是 10%、否 22%、不适用 48%。 |

4. 如果您确实有种子集和用于文档审阅的训练算法的经验，请提供一个或两个代表性示例的大致信息：包括文件总数、IT 解决方案的大概设置时间和用于培训 IT 系统的种子集的数量。

由于该问题的开放性，因此无法使用图表。

5. 您如何评估人工智能产品和服务？

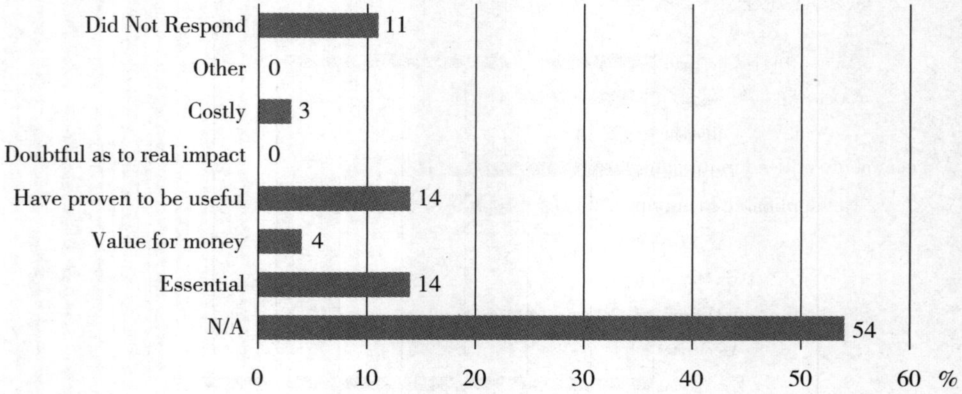


**附件图 4　对人工智能产品或服务的评价**

| |
|---|
| 从上到下为：未回答 11%、其他 0%、花费高 3%、令人怀疑是否有效 0%、已被证实有用 14%、物有所值 4%、必要的 14%、不适用 54%。 |

6. 如果使用过人工智能，客户对此有何反应？

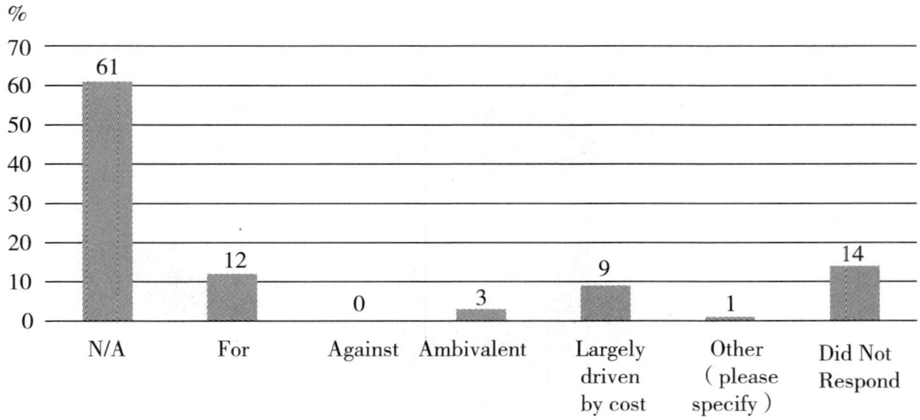


**附件图 5 客户对人工智能服务的反应**

从左至右：不适用 61%、赞成 12%、反对 0%、矛盾的 3%、很大程度上考虑成本 9%、其他(请指明) 1%、未回答 14%。

7. 关于技术辅助审查和人工智能驱动的技术辅助审查的使用，您的前三点担忧是什么？

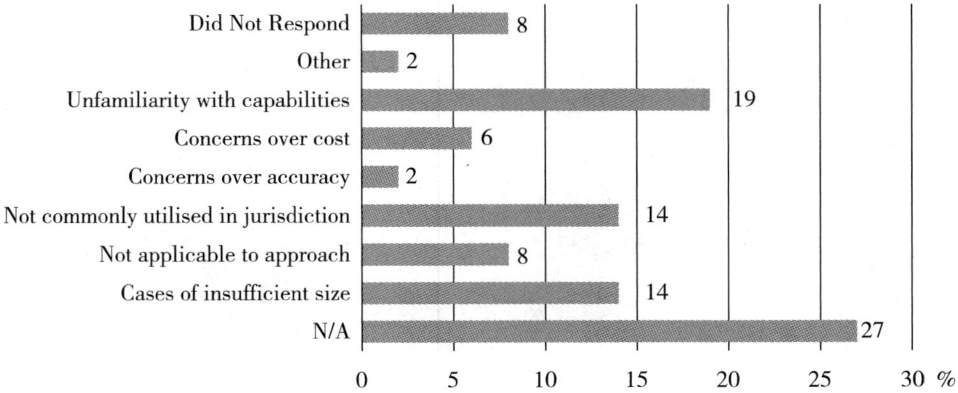


**附件图 6 对技术辅助审查使用的担忧**

从上至下：未回答 8%、其他 2%、对功能不熟悉 19%、担心费用 6%、担心准确性 2%、在司法管辖区不常用 14%、方法不适用 8%、大小不足的案子 14%、不适用 27%。

8. 如果您尚未使用此类产品或服务，主要的原因是什么？

由于该问题的开放性，因此无法使用图表。

9. 您是否希望在未来 12 ~ 24 个月内或多或少地使用人工智能产品或服务？

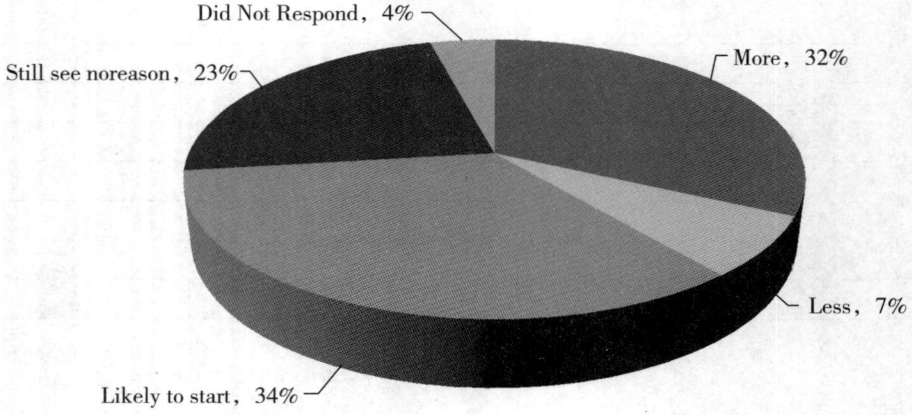


附件图 7　未来使用人工智能服务的期望

顺时针方向：仍然没有意向 23%、未回答 4%、更多 32%、更少 7%、可能开始使用 34%。

10. 您是否认为技术的使用将成为将来服务中不可或缺的一部分？

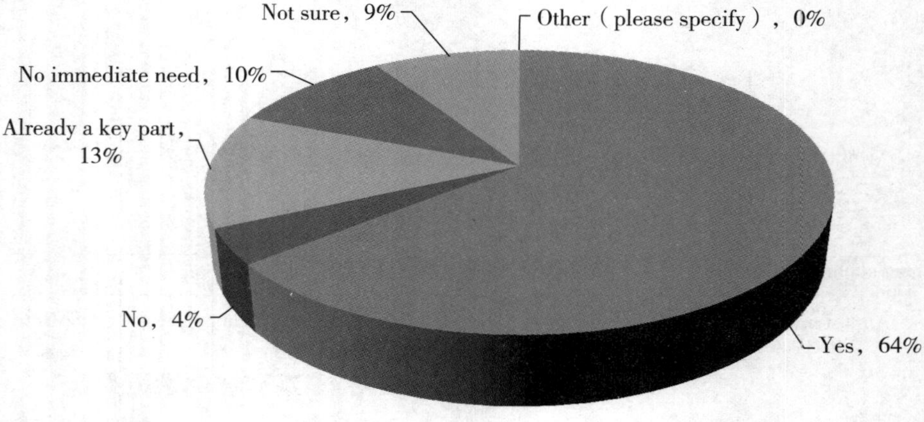


附件图 8　技术的使用是否会成为未来服务中不可或缺的部分

顺时针方向：没有直接需要 10%、不确定 9%、其他（请指明）0%、是 64%、否 4%、已经是重要部分了 13%。

11. 您多久进行一次数据和通信的云存储,无论是面向客户还是其他主体?

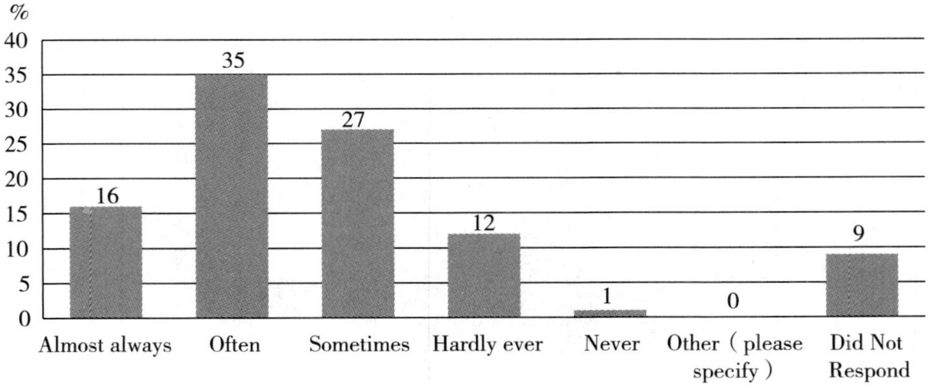


**附件图 9　进行数据和通信云存储的频率**

| |
|---|
| 从左至右:几乎总是 16%、经常 35%、有时 27%、几乎不 12%、从不 1%、其他(请指明)0%、未回答 9%。 |

12. 您多久进行一次云处理,无论是作为客户业务的一部分还是内部管理?

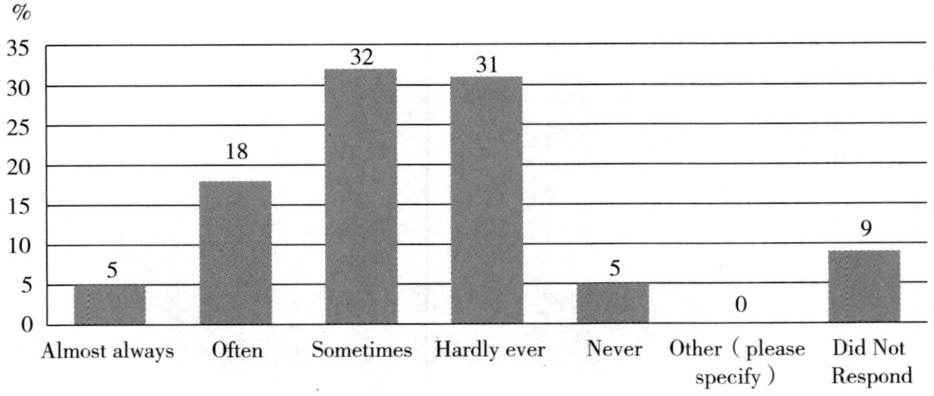


**附件图 10　使用云处理的频率**

| |
|---|
| 从左至右:几乎总是 5%、经常 18%、有时 32%、几乎不 31%、从不 5%、其他(请指明)0%、未回答 9%。 |

13. 在使用云的地方,是否为您带来了其他问题?

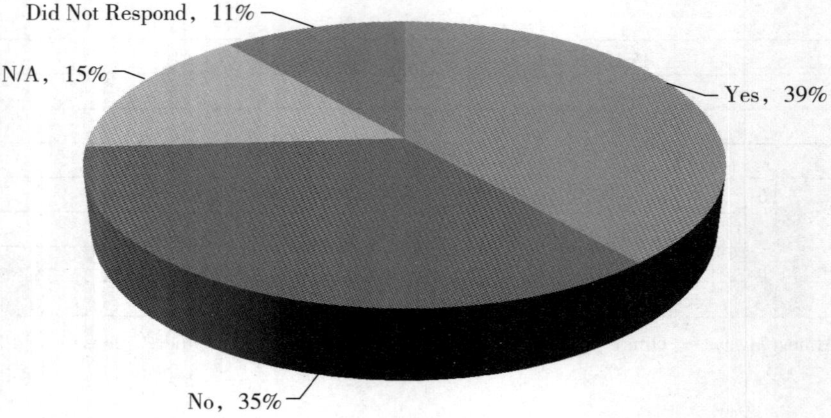


**附件图 11 使用云是否带来了其他问题**

| |
|---|
| 顺时针方向:不适用 15% 、未回答 11% 、是 39% 、否 35% 。 |

14. 您是否期望云和相关问题越来越成为破产的特征?

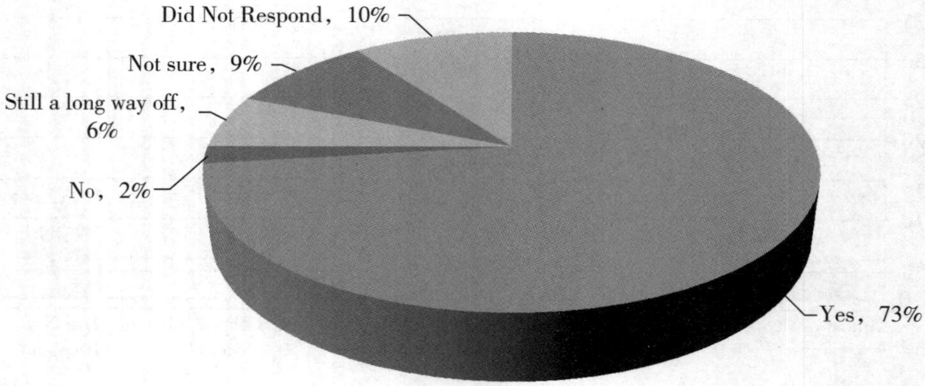


**附件图 12 是否希望云和相关问题成为破产的特征**

| |
|---|
| 顺时针方向:否 2% 、有一定的差距 6% 、不确定 9% 、未回答 10% 、是 73% 。 |

15. 您认为需要哪种程度的改变才能帮助破产从业者和其他行业解决基于云的事务？

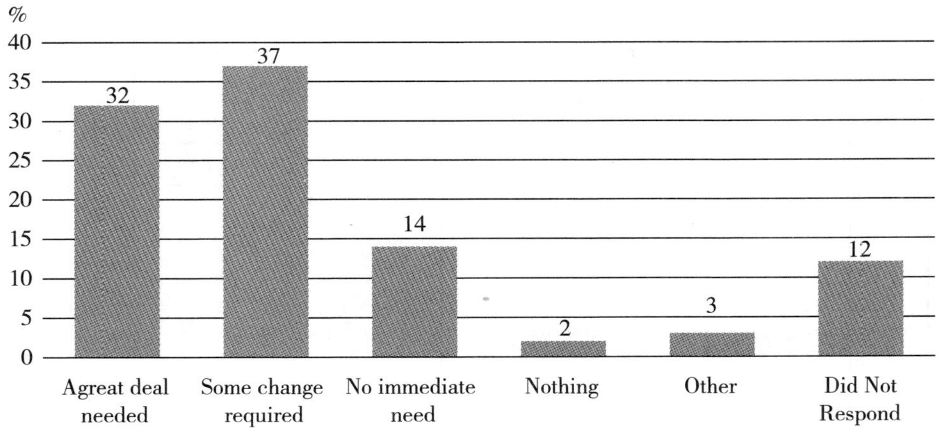


**附件图 13　需要做哪种程度的改变来处理基于云的事务**

从左至右：需要大量的努力 32%、需要一些改变 37%、没有直接需要 14%、没有 2%、其他 3%、未回答 12%。

16. 在过去的 12～24 个月中，您是否处理过任何有关机器人或人工智能的企业核心事务？

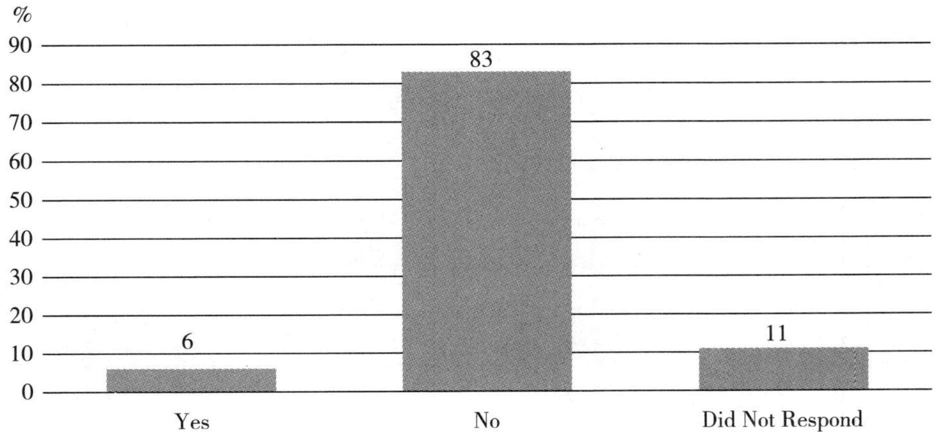


**附件图 14　是否处理过有关机器人或人工智能的核心事务**

从左至右：是 6%、否 83%、未回答 11%。

17. 如果是，使用机器人或人工智能是否意味着您处理雇用人员相关问题的方法有所不同？

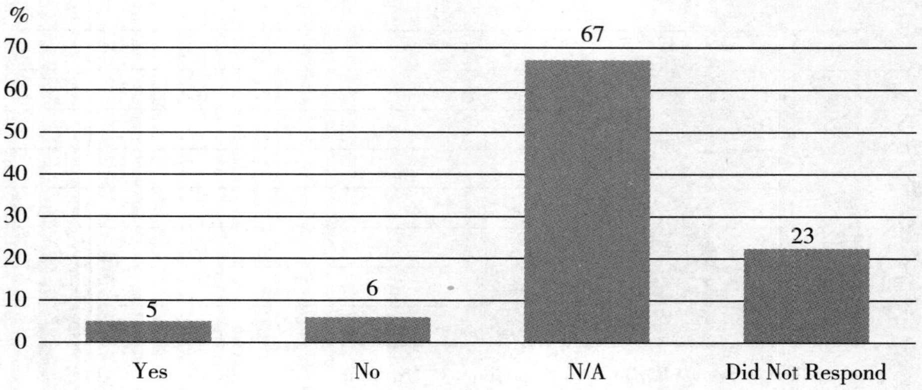


**附件图 15　机器人或人工智能是否意味处理雇用人员相关问题方法不同**

从左至右：是 5%、否 6%、不适用 67%、未回答 23%。

18. 在企业中使用机器人技术或人工智能是否引发了新问题或其他方面的特定问题？

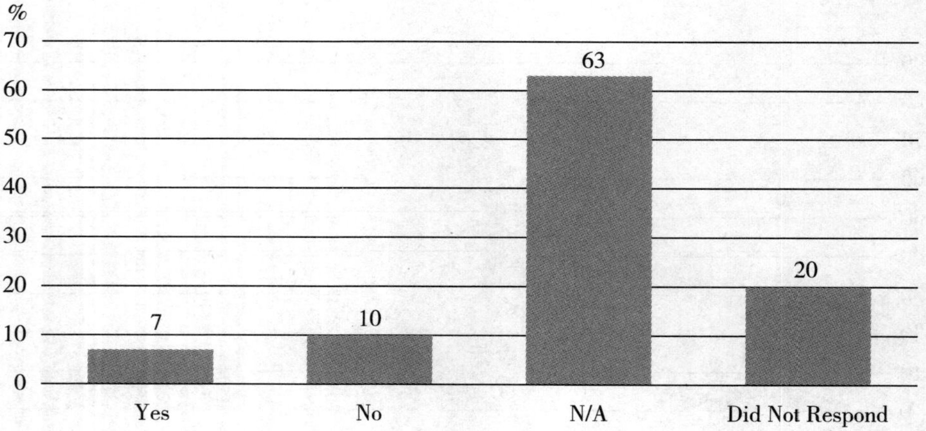


**附件图 16　使用人工智能是否引发了新问题**

从左至右：是 7%、否 10%、不适用 63%、未回答 20%。

19. 您预计与机器人或人工智能相关的问题将越来越成为破产的特征吗

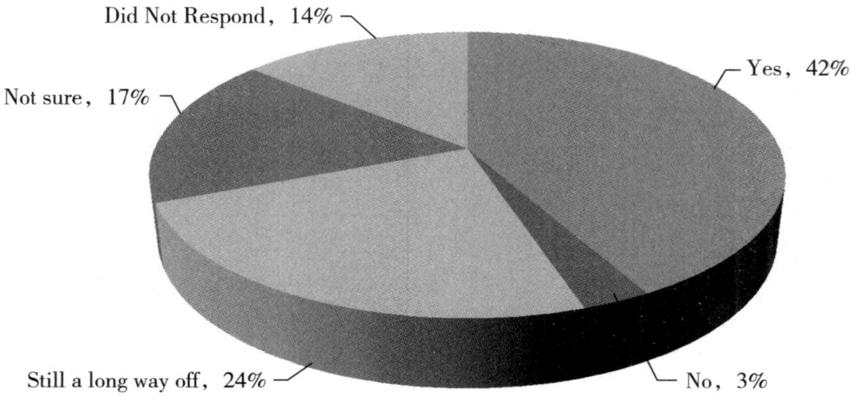


**附件图 17　机器人或人工智能相关的问题会越来越成为破产的特征吗**

| |
|---|
| 顺时针方向：不确定 17%、未回答 14%、是 42%、否 3%、还有很长的距离 24%。 |

20. 您认为为了帮助破产从业者和其他行业解决机器人技术或人工智能相关问题，需要改变什么？

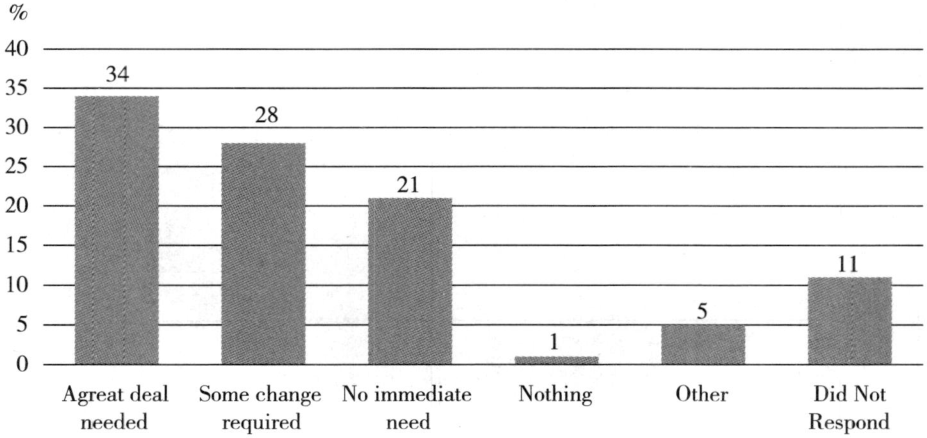


**附件图 18　需要怎样改变来帮助破产从业者解决人工智能相关问题**

| |
|---|
| 从左至右：大量的努力 34%、一些改变 28%、没有直接需要 21%、无 1%、其他 5%、未回答 11%。 |

21. 在过去的 12 ~ 24 个月中,您遇到全部或大部分资产都是数字化资产的频率如何?

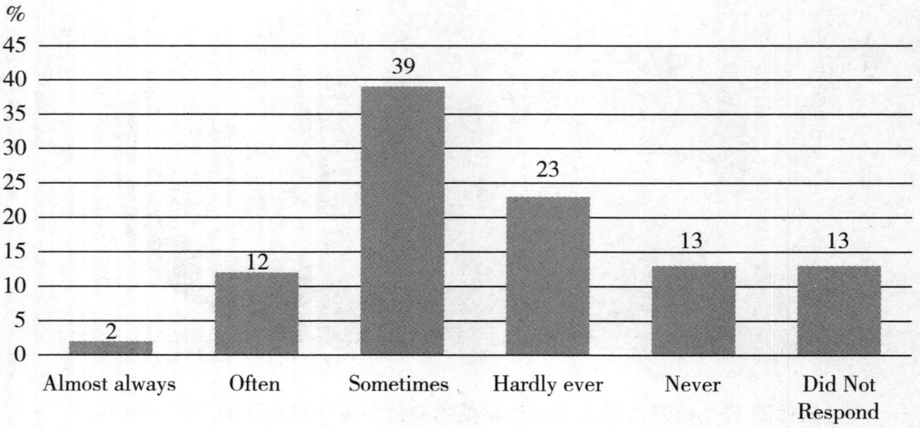


**附件图 19　遇到处理数字资产情况的频率**

从左至右:几乎总是 2%、经常 12%、有时 39%、几乎不 23%、从不 13%、未回答 13%。

22. 在过去的 12 ~ 24 个月中,您是否必须处理以加密货币为特征的问题?

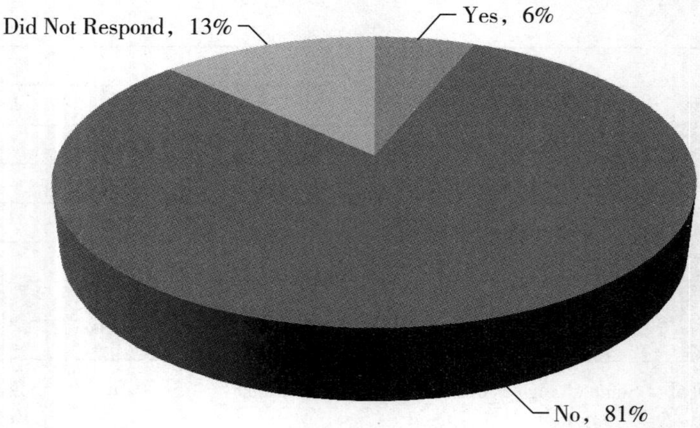


**附件图 20　是否必须处理加密货币有关的问题**

顺时针方向:未回答 13%、是 6%、否 81%。

23. 在数字货币的实践中,您的认识和理解水平如何？例如,比特币、以太坊、瑞波币等？

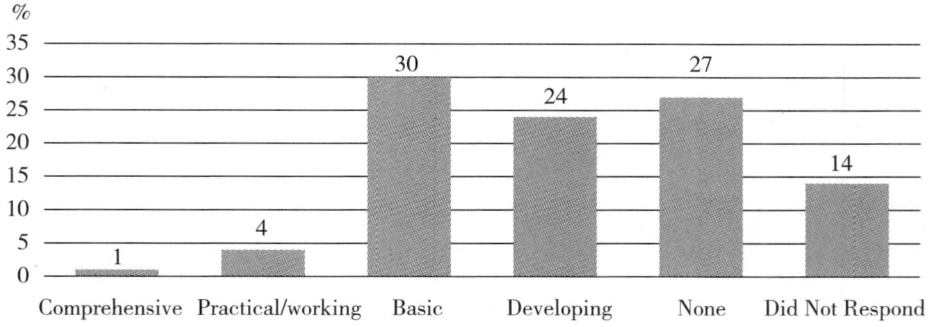


**附件图 21　对数字货币的认识和理解程度**

| |
|---|
| 从左至右:全面的 1%、实践的/工作的 4%、基础的 30%、发展中的 24%、无 27%、未回答 14%。 |

24. 在遇到数字资产问题的情况,与以有形资产为基础的更明确的问题相比,有什么不同？

由于该问题的开放性,无法使用图表。

25. 人工智能是否引发了破产新的或其他方面的特殊问题？

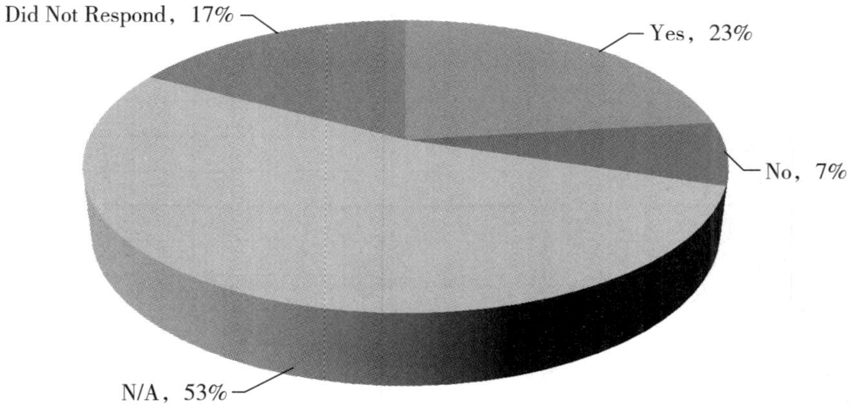


**附件图 22　人工智能是否引发了破产新的特殊问题**

| |
|---|
| 顺时针方向:未回答 17%、是 23%、否 7%、不适用 53%。 |

26. 您预计数字资产和相关问题将成为破产的一个日益明显的特征吗？

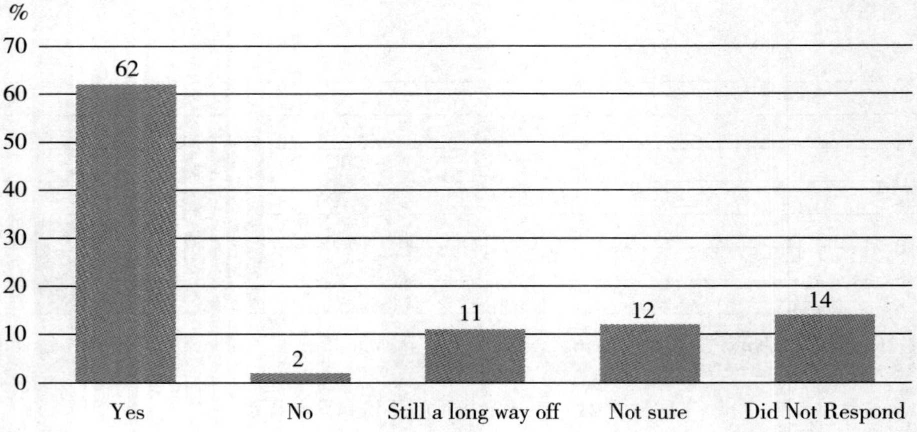


**附件图 23　数字资产和相关问题会成为破产日益明显的特征吗**

从左至右：是 62%、否 2%、依然有差距 11%、不确定 12%、未回答 14%。

27. 您认为，有什么需要改变来帮助破产从业者和其他行业解决数字资产方面出现的问题？

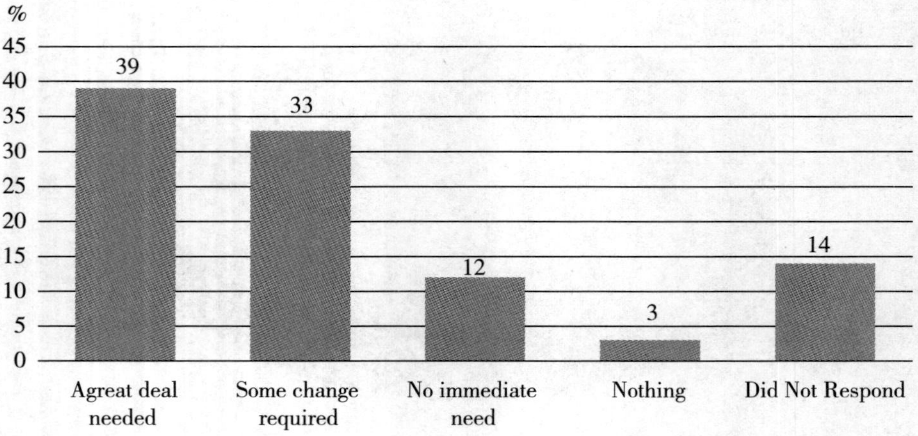


**附件图 24　有什么需要改变来帮助破产从业者和其他行业解决数字资产问题**

从左至右：大量的努力 39%、一些改变 33%、没有直接需要 12%、无 3%、未答复 14%。

28. 在过去的 12～24 个月中，您在多大程度上遇到了使用智能合约、区块链或类似技术的情况？

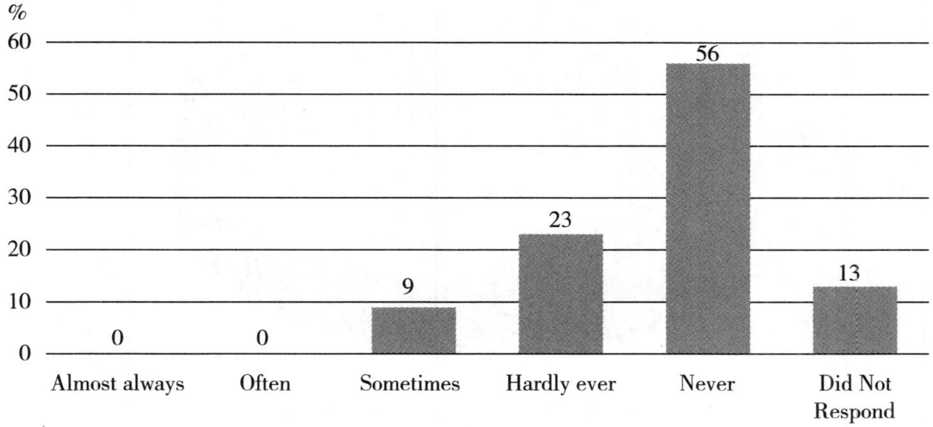


**附件图 25　使用智能合约、区块链或类似技术的情况**

从左至右：几乎总是 0%、经常 0%、有时 9%、几乎不 23%、从未 56%、未回答 13%。

29. 在区块链或智能合约的实践中，您的认识和理解水平是？

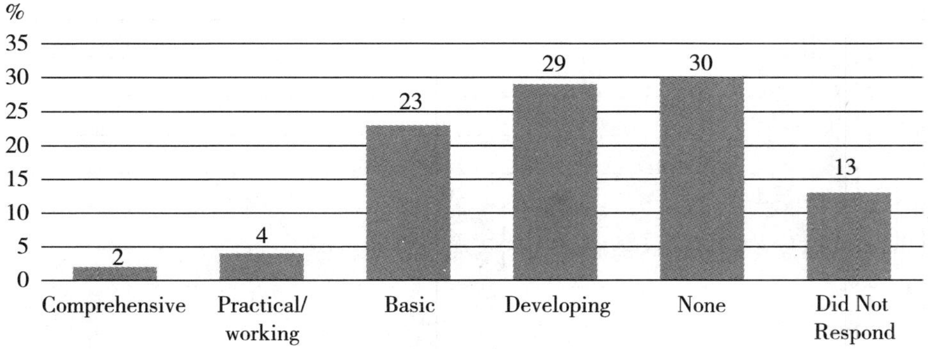


**附件图 26　对区块链或智能合约的理解水平**

从左至右：全面的 2%、实践的/工作的 4%、基本的 23%、发展中的 29%、无 30%、未回答 13%。

30. 区块链或智能合约是否引发了新的或其他特定的破产问题?

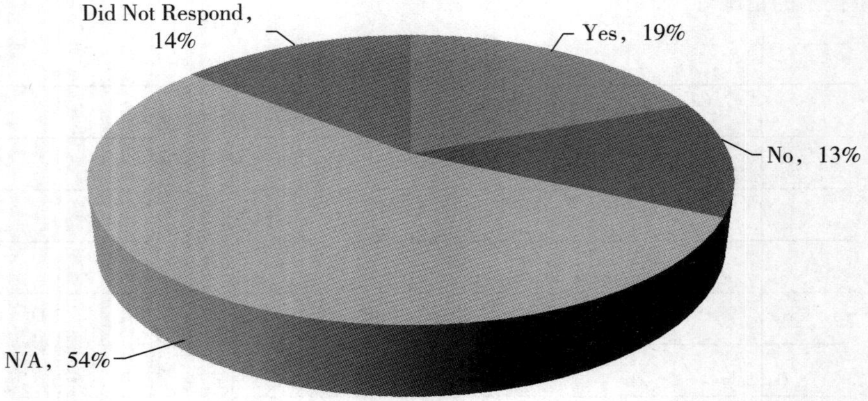


**附件图 27　是否引发了新的或其他特定破产问题**

顺时针方向:未回答 14%、是 19%、否 13%、不适用 54%。

31. 您预计区块链或智能合约将成为破产的一个日益明显的特征吗?请提供详细信息。

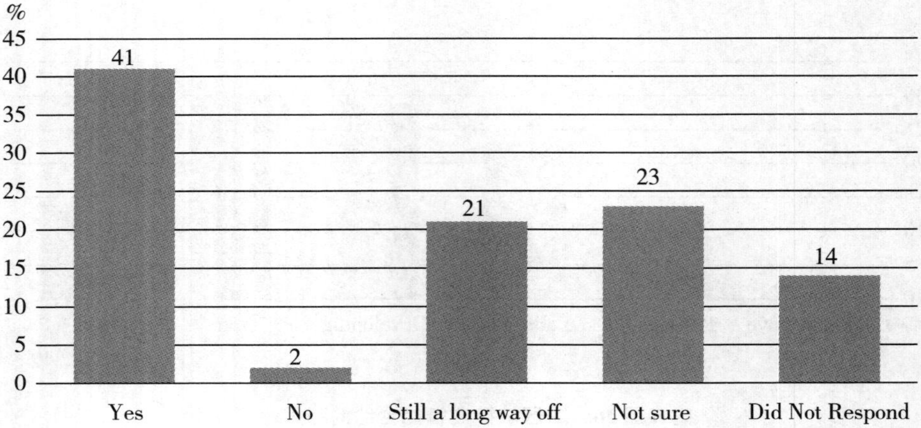


**附件图 28　区块链或智能合约是否会成为破产日益明显的特征**

从左至右:是 41%、否 2%、仍然有差距 21%、不确定 23%、未回答 14%。

32. 您认为需要哪种程度的改变来帮助破产从业者和其他行业处理智能合约？

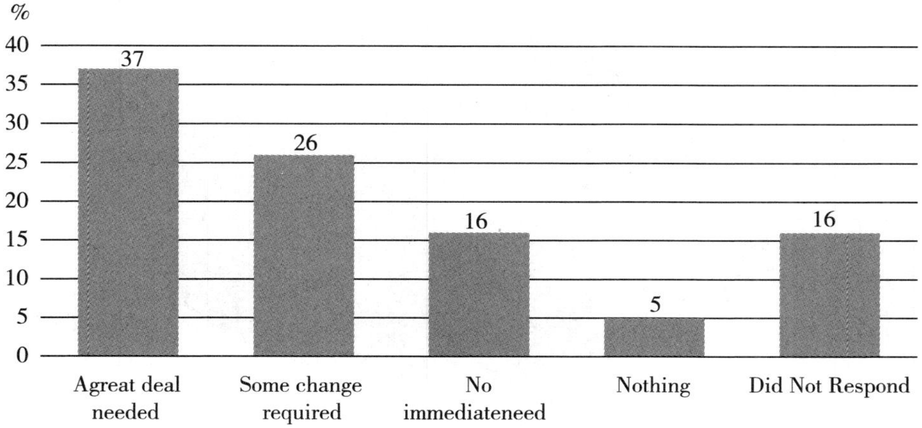


**附件图 29　需要哪种程度的改变来帮助破产从业者和其他行业处理智能合约**

从左至右：大量的努力 37%、一些改变 26%、没有直接需要 16%、无 5%、未回答 16%。

33. 在过去的 12～24 个月中，您遇到遭遇网络犯罪影响的企业的频率如何？

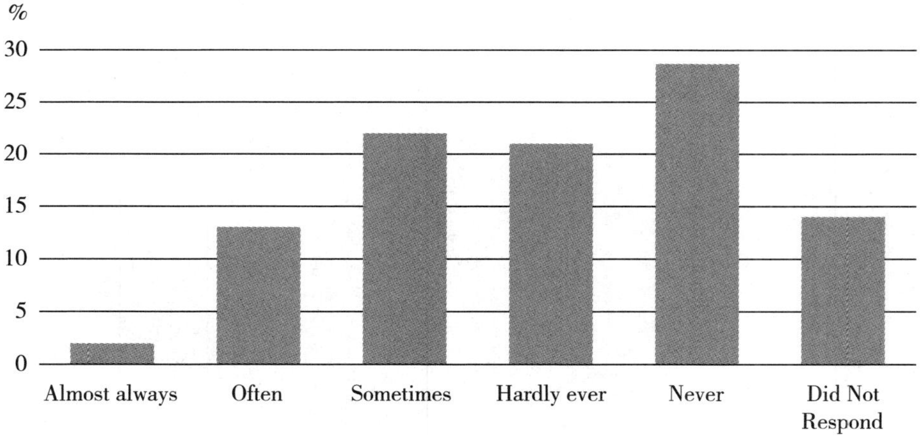


**附件图 30　遇到遭遇网络犯罪的企业的频率**

从左至右：几乎总是、经常、有时、几乎不、从未、未答复。

34. 网络犯罪是否引发了破产新的或其他方面的任何特殊问题?

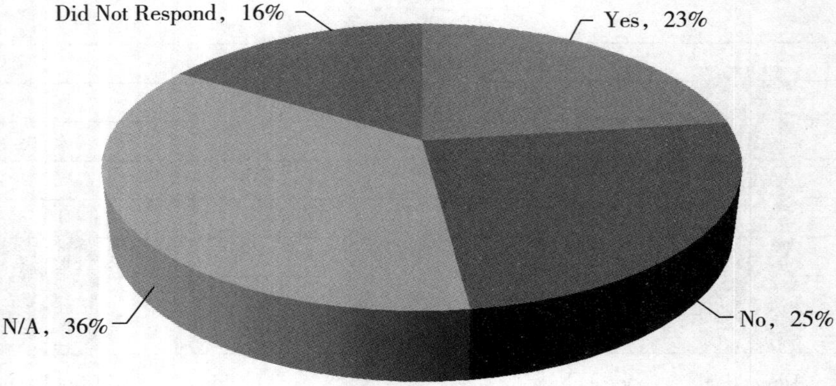


**附件图31　网络犯罪是否引发了破产新问题**

| |
|---|
| 从左至右:未回答16%、是23%、否25%、不适用36%。 |

35. 您是否有特定的网络犯罪或风险政策?是书面的吗?请提供详细信息。

由于该问题的开放性,无法使用图表。

36. 您在避免网络犯罪、勒索软件和黑客攻击风险的重点是什么?

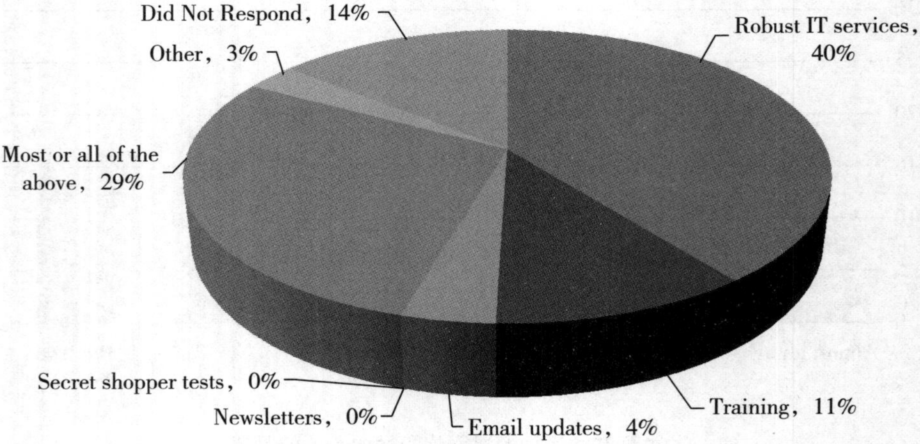


**附件图32　在避免网络犯罪、勒索软件和黑客攻击风险的重点**

| |
|---|
| 从左至右:其他3%、未回答14%、强大的IT服务40%、培训11%、邮件更新4%、新闻通讯0%、"秘密购物者"测试0%、大部分或以上全部29%。 |

37. 您和员工想到网络风险和内部政策的执行情况的频率如何？

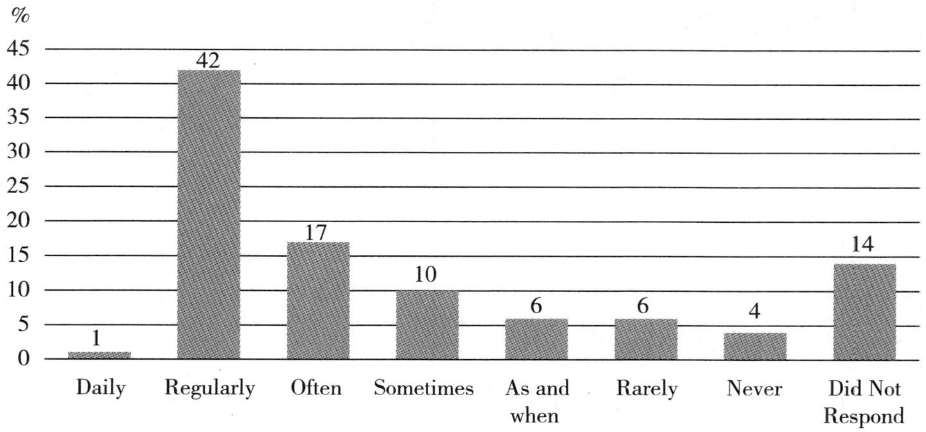


**附件图 33　想到网络风险和内部政策执行情况的频率**

| |
|---|
| 从左至右：日常 1%、定期地 42%、经常 17%、有时 10%、在事情发生时 6%、很少 6%、从不 4%、未回答 14%。 |

38. 网络：在过去的 12 ~ 24 个月中，您或客户有遭受过网络攻击吗？请提供详细信息，包括所采取的应对措施。

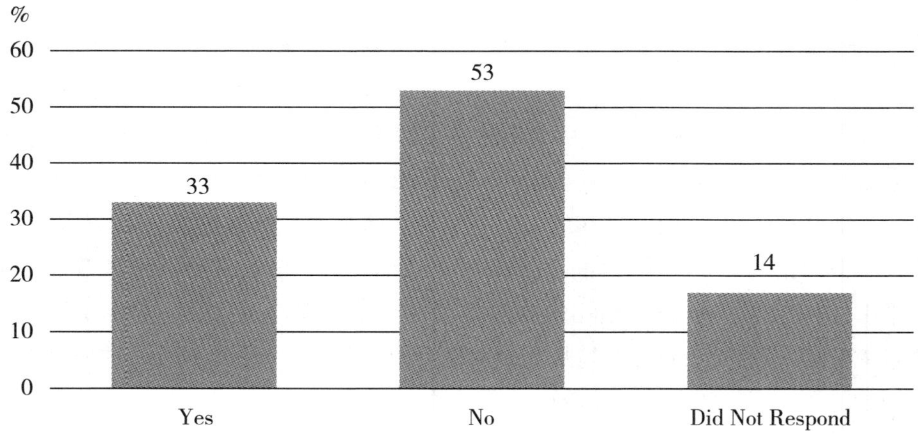


**附件图 34　遭受网络攻击的情况**

| |
|---|
| 从左至右：是 33%、否 53%、未回答 14%。 |

# 区块链时代与破产法变革

**张钦昱**

中国政法大学副教授,破产法与企业重组研究中心研究员,博士生导师。

人类社会进入区块链时代,法律制度概莫能外。科技的进步与社会的发展相向而生,区块链技术的发展不仅是人们的日常生活智能化,也使得法律的运行机制获得了新的机遇和挑战。对适用于企业步入生老病死最后一个阶段的破产法,区块链技术对数据资源的创新运用促进了破产法的革故鼎新,但也一改传统观念中破产法在解决集体债务清偿中的独占地位,破产法或被区块链引发的技术革命所颠覆。

## 一、天使还是魔鬼:破产法与区块链的交错

### (一)破产法与区块链功能的契合:信用机制的视角

在市场经济中,信任是所有交易的前提。① 作为与市场准入法、市场运行法共同形成市场经济法治体系的市场退出法——破产法,为信用经济良性循环的维护筑起最后一道屏障,在净化市场信用环境、补全市场信用纰漏方面起到至关重要的作用。随着社会分工的普及,在经历所有权与经营权两权分离的公司革命后,原始小作坊似的企业不断发展壮大。在信用经济的推动下,企业对外负债经营变得稀疏平常,由此出现企业恪守信用与难以偿债的分野。倘若一些企业竭尽所能仍无法避免业绩每况愈下,仍然秉持最大善意愿意承担不良后果,是否有一种机制保障它们获得东山再起的机会?破产法正是这样一种保障诚实而善良债务人的法律框架。当企业出现偿债危机后,破产法确保债务人在按照既定步骤偿付债权后,稳步

① 张维迎:《信息、信任与法律》,生活·读书·新知三联书店2003年版,第2页。

退出市场,完成一次信用危机与处置的闭环。信用机制是"社会资本"的一种形式。[①] 如果没有破产法的保驾护航,投资者、债权人等便因缺乏风险预期、损失分配与争端解决机制,缺乏合作共赢创设企业契约束的动力,最终受害的恰是整个社会的稳定秩序、经济的欣欣向荣、人类福祉的持续提升。

破产法的信用属性在适用中面临些许挑战。首当其冲的是部分债务人利用破产程序逃废债务。有学者就指出,"有破产就有破产欺诈"的规律性现象在我国破产实践中反映得尤为强烈,一些企业打着"企业优化资本组合"的大旗,大搞"破产甩包袱"、"资产剥离"、"大船搁浅,舢板逃窜"、"空壳破产"等破产欺诈行为。[②] 破产欺诈行为损害了破产法的声誉,破产法终将"破产"。此外,破产法恪守程序正义,但这是以牺牲债权人的受偿率为代价的。为确保公平清理债权债务的立法宗旨得以实现,破产程序冗余漫长。比如,《企业破产法》规定了最长 25 日的裁定破产申请公告期、30 日至 3 个月的债权申报程序、最长 9 个月的重整计划草案制定与提交期间。在破产程序持续推进过程中,破产财产折旧不可避免,存在损毁风险,还要因企业为继续营业而支付给雇员劳动报酬、社会保险费用而流失。上述共益债务与破产案件的诉讼费用,管理、变价和分配债务人财产等破产费用,在所有普通债权前由债务人财产随时清偿,使得企业本就所剩无几的资产在偿付债权人时难免捉襟见肘。破产费用是破产企业的沉重负担,比如从 1998 年至 2007 年,美国破产企业支付给管理人的费用年均增长 10% ,数倍于利率增长幅度。[③] 中小企业由于高昂的破产花费而落入"无产可破"境地,真实受损的是选择相信破产程序的债权人。

"信息是个人行为受到监督的基础。"[④]企业要取得他人的信任,离不开信息的传播与积累。区块链带来的信息革命,使得其在增加破产程序的信任方面颇有建树。乡土社会中,熟人网络能够使得小社区生活的人获得足够真实的信息。在现代社会,交易多发生于陌生人之间,交易方获取准确的信息难度陡增,亟需一种安全、稳定的信息供给框架。债务人隐匿、转移财产、虚构财产等行为增加债权人与债务人的信任成本,破产程序面临体系性危机。区块链统筹债务人跨领域、跨行业、跨机

---

① See John C. Coffee, *The Rise of Dispersed Ownership*: *The Roles of Law and the State in the Separation of Ownership and Control*, *Yale Law Journal*, 2011, pp. 78 – 79.

② 参见张艳丽:《破产欺诈法律规制研究》,北京大学出版社 2008 年版,第 2 页。

③ Lynn M. LoPucki & Joseph W. Doherty, Routine Illegality in Bankruptcy Court, Big – Case Fee Practices, Am. Bankr. L. J. , 423 ,425(2009).

④ 张维迎:《产权、政府与信誉》,生活 · 读书 · 新知三联书店 2001 年版,第 6 页。

构的各项数据,确保海量数据实时共享、有效追溯。记载于区块链的事项一般不会被篡改,除非全局中至少一半的参与方改变意志。这意味着理论上该记录可被修改,但在现实中实现的概率几乎为零。因此,债务人在破产申请前6个月内每一笔开销、财产变卖情况、债务承担状况均被如实记录,债务人破产欺诈行为无所遁形。区块链记录与公示的绝佳功效也对债务人的讨债决策起到警示作用。由于害怕道德风险所致的名誉受损,债务人趋向诚实守信地履行偿债承诺。有学者指出,任何两个主体之间的债权行为有可能在"区块链+物联网+智能合约"的系统下,可以通过共同维护的账本以查阅系统内链接与联动的信息,使得所有债权债务"可视化"。[①] 信息有规模效应与非竞争性两个特点:规模效应是指一个信息被收集使用后,额外增加一个人使用,收集者的成本不会增加;非竞争性是指信息不会因一人使用而减损其价值。信息的特点决定了信息在由专业化机构生产时,能够最大程度节约社会成本,提升权威性。破产程序中,解决债权人与债务人信息不对称,为破产财团各方当事人提供专业信息的是破产管理人及履行监督职能的法院。管理债务人的财产、印章和账簿、文书等资料以及核实财产状况等工作琐碎,占用管理人、法院大量精力,容易遗漏或被债务人规避。区块链账本全局可见的特点,使得债务人信息来源更加准确性、信息共享更加便捷性,信息传播更具时效,破产程序中信息混沌无序的局面得以打破。

**(二)破产法与区块链理念的背离:集体清偿与去中心化**

破产法以虚拟协商(hypothetical bargain)假设为理论前提。公司遇到经营困难的信号一旦扩散,债权人便会遵循"早起的鸟儿有虫吃"[②]的行为准则,展开收割公司资产的速度竞赛,以免其他受偿在先的债权人将公司财产瓜分干净。若理性的债权人之间能够在公司遇到经营困境前就能展开协商,同意限缩单个债权人的求偿权利,确保所有债权人都能如一人般地与债务人统一解决债权债务关系,便能有效解决囚徒困境和公地悲剧。[③] 破产法正是这种并未实际发生的事前处置机制的体现,它以集体清偿框架取代了混沌的单个债权人权利的行使。作为集体清偿机制的破产法有以下三个优点。首先,破产法实现债务人资产价值的最大化。在一些情况下,债务人公司的资产整合在一起方能体现其价值,若债权人饥不择食地选择其中一部分,将显著减损债务人的整体价值。破产法使得支离破碎的债务人资产

---

① 史明洲:《区块链时代的民事司法》,载《东方法学》2019年第3期。

② See Irit Haviv - Segal, Bankruptcy Law and Inefficient Entitlements, 2 *Berkeley Bus. L. J.* 355, 360 (2005).

③ See Thomas H. Jackson, *The Logic and Limits of Bankruptcy Law* 1 - 19 (Bear Books, 1986).

整合成为可能,增加全体债权人获得的份额。当由于信息不准确或难于披露等原因,致使债务人出售资产的价格显著低于其市值或无法出售资产时,破产重整制度的适用能够缓解债权人急于获偿的盲目。这是因为与向第三方出售资产的清算程序不同,破产重整程序中的资产是以继续运营公司的样态出售给既存债权人,这确保了债务人资产能够得到充分兑现。① 其次,破产法实现了债务催收成本的最小化。债权人拥有了债务人资不抵债时的处置预期,不再紧盯目标公司的风吹草动,破产法降低了债权人对债务人的监督成本。最后,破产法降低了协商机制的适用成本。债务人财产的准确价值、债权的范围和属性等问题在几乎每一个受困企业的债务清收中都会出现,破产法所提供的单一强制性框架有力地避免了不同债权人之间可能达成的迥异纠纷处置规则,提高了债权债务关系的解决效率。②

区块链在组织结构上是去中心化的,即多个实体均保有该分类账的副本。③ 去中心化是区块链的最核心特质,该特质直接导致了以中心化为立法根基的破产法遭到空前危机。破产法是处置债权债务关系的法律,债权债务一般记录在企业的会计账簿上。传统账簿较为复杂,使用经典的复式记账法,需要专业人士处理。当企业破产时,需要设立由律师、会计师、破产清算师等组成的管理人,调查企业具体的财产状况,制作财产状况报告。企业拖欠债务的状况亦不甚明朗,或有虚假、争议、未决等情况,需要在债权人申报债权后,由债权人会议核查。管理人、债权人会议等正是破产法独有的争端解决机构,债权人申报程序、债务人财产范畴的确定也是破产法特有的争端解决机制。区块链采取数字化的方式记账,账簿被划分为一个又一个单元,每一个单元即称为一个"区块",每个"区块"都记载着全部账目交易的详情。区块链本质上是一个去中心化的分布式账本数据库,它按时间顺序将数据连接起来,每个数据块包含了多次交易有效确认的信息,密码学的设计又确保了账本不可篡改和不可伪造。④ 区块链就是用一套技术系统取代信任中心,用数学算法实现陌生人之间在不借助第三方的基础上完成交易。在广义层面上,区块链不

---

① See Robert Clark, The Interdisciplinary Study of Legal Evolution, 90 *Yale L. J.* 1238, 1250 – 54 (1981).

② See Thomas H. Jackson, Bankruptcy, Non – Bankruptcy Entitlement, and the Creditors' Bargain, 91 *Yale L. J.* 857, 866 (1982).

③ See Albert Wenger, Bitcoin: *Clarifying the Foundational Innovation of the Blockchain*, Continuations, Dec. 15,2014. http://continuations. com/post/105272022635/bitcoin – clarifying – the foundatinal – innocation – of, last visited on Dec. 20, 2019.

④ 参见余丰慧:《金融科技:大数据、区块链和人工智能的应用与未来》,浙江大学出版社 2018 年版,第 86 页。

受任何一个单一个体控制,不由任何中心化机构维护或运作。[①] 交易参与者可以自证并非直接交易,不需要依赖第三方机构的信任背书。[②] 由此,企业的每一笔交易被区块链的众多节点储存登记,无须再由专业人士记录。记载于区块链账簿的内容,不再仅包括该企业的进货、销货、负债等情形,而是包括了参与区块链社群的所有经营者的全部账目。当全部经营者未来均利用区块链作为账簿,破产企业的债权债务关系便一目了然。区块链系统的各个节点为保持同步,彼此相互联系。[③] 区块链上破产企业的账目恰似共享账簿,对参与这个联盟的所有债权人公开透明,且账簿数据真实、可信,破产财产无法篡改转移,债务人不可耍赖扯皮。债权人的债权亦无须急于申报、等候债权人会议的层层核查。2017 年 7 月,第一个区块链信用证信息传输系统在中国民生银行发布,信用证的开立、通知、交单、承兑报文、付款报文等直接通过系统完成,无须形式上的中介机构。未来债权申报后,其审查、分配或也可通过区块链系统完成,甚至可以省去管理人、债权人会议等机构,破产成本将迅速降低,效率进一步提升。

债权债务关系的相对性是传统法律固守的基本原则。无须公示的协议不具有公信力,每一个债权人与债务人签订的契约难以为其他债权人知晓,单一债权人也难以清楚地查明债务人经营的健康程度以及其他债权人追索债权的情况,造成债权人对债务人、其他债权人负担较大的注意义务与监督成本。在所有债权人都被接入区块链的情况下,即在区块链的联盟链形式下,每一个债权人对债务人的追债行为均能及时被其他债权人知晓,以债务人为中心的各个债权债务法律关系将向联盟所有成员公开,供债权人准确评估债务人境况及自身处境,并对其他债权人的行为迅速应对。更为重要的是,当全部债权人的一举一动变得可视化后,债权人竞速收割破产企业财产的做法便失去效用。全部债权人将在企业破产前就对企业资不抵债时的资产处置做出预案,或者在发现企业资不抵债后,凭借区块链上"公示"的债务人财产状况及各个债权人的债权种类与数额展开博弈,进而达成符合自身利益的清偿协议。由此,区块链聚合了目标一致的社区成员,规范成员的追偿行为。无论债权人在上述哪个阶段达成一致意见,都意味着破产法的存在不再是必要选

---

① 参见[法]普里马韦拉·德·菲利皮、[美]亚伦·赖特:《监管区块链·代码之治》,卫东亮译,中信出版集团 2019 年版,第 30 页。

② 参见杨东:《链金有法——区块链商业实践与法律指南》,北京航空航天大学出版社 2017 年版,第 13 页。

③ 参见[美]凯文·沃巴赫:《链之以法——区块链值得信任吗?》,林少伟译,上海人民出版社 2019 年版,第 22 页。

项。债权人之间的协议亦会在达成后上传至区块链系统,区块链系统的安全属性确保该协议可被集体遵守,破产财产的变价和分配程序亦将得以省略。

## 二、区块链对破产法的促进:信息技术与破产法的融合

区块链通过加密技术形成了去中心化、可靠、透明、安全、可追溯的分布式数据库,为破产程序的高效稳定运行提供了技术支撑。[①] 区块链技术是对数据的高效率运用与高强度结合,进一步提高了信息资源获取和利用的容易程度:信息来源不再需要依赖特定的服务中介,信息共享程度显著增强;信息内容不再依赖特定主体的信用背书,信息可信度和透明度与日俱增;信息使用不再过分关注程序参与的成本,信息决策更加理性。这些进步有利于债权人在破产案件伊始及时参与破产程序,充分行使破产法规定的各项权利。依托区块链搭建的信息共享网络加大破产程序中信息披露的公正透明,债权人权益得到及时、充分、有效的保护。

### (一)信息共享推动破产程序效率

破产法的发展历程表明,破产法律是一个逐步扩展其关注的利益相关者范围,从单一的债务集中清偿程序发展为基于公共政策考量,进行企业拯救、风险分担与疗治经济创痛的市场经济基本法的过程,因此破产程序更加强调群体的集中参与。[②] 区块链技术是互联网发展进阶的产物,伴随着万物互联的新趋势,各类信息公示系统建设成为了一项系统性工程。区块链技术的发展,打破了传统信息中介组织沟通交易双方的结构设置,不同主体间的信息共享使得信息互联成为了可能,这增进了破产程序中利害关系人的参与程度。

区块链技术降低了债权人参与破产程序的识别成本。传统模式下,债权人申报债权应当出具相关证明文件,[③]实践中往往存在因债权人保管不当等原因导致的原始债权凭证遗失、证据毁损灭失等情况,债权人需要为此承担的证明成本显著提高。针对有争议的债权债务关系,法院作为居中裁判者,需要对债权人的举证和债务人的抗辩居中裁判,核验债权债务关系的真实性和准确性,大量的时间和物力成本消耗在破产初始程序中,不利于破产程序经济价值的实现。对参与破产清算程序的各方当事人而言,其意旨在于使得债务人企业加速企业剩余资产的变现,迅速清偿债权人,防止资产因程序拖延而导致的价值贬损,实现企业在市场的及时出

---

① 参见邓建鹏、孙朋磊:《区块链国际监管与合规应对》,机械工业出版社2019年版,第3页。

② 参见贺丹:《互联网经济发展与破产法变革趋势》,载《法学杂志》2016年第2期。

③ 《企业破产法》第49条规定,债权人申报债权时,应当书面说明债权的数额和有无财产担保,并提交有关证据。申报的债权是连带债权的,应当说明。

清,保障市场活力;对参与破产重整程序的各方当事人而言,其意旨在于通过保护企业的持续经营价值(going concern value),实现破产企业的转型升级,帮助债务人及时运用企业资产,走出财务困境和债务泥沼。

区块链技术使债权债务关系的建立不再仅仅留痕于债权人和债务人双方,而是通过区块链技术中的实人认证等技术存储于共享的数据网络中,所有的数据变更和交易信息都被记录在云系统上。① 信息一旦录入就很难再进行添加、删减或修改。② 债权人在得知相关破产程序开启后,仅需调取存在于数据网络中的合同等存信凭证,即可实现完成债权的申报程序。债权异议的处置机制也因区块链技术的发展而大大简化。区块链中存储的数据由于其难以篡改,因此具有较强的公信力,债权人伪造债权和债务人隐匿债务的情形因行为成本巨大而几乎无法实现。③ 基于数学的密码学贯穿从区块链形成到交易记账的关键环节,使得区块链被誉为"信任的机器"④。

区块链技术降低了债权人参与破产程序的技术成本。大型破产企业的债权人遍布全国,他们参与破产程序往往需要承担较高的成本;债权人由于参与破产程序中的非自愿性,也会因参与破产程序的时间和金钱因素不愿申报其债权。区块链技术提供了破产程序债权人参与组织管理的新模式,其可以通过线上投票、直播互动等方式实现债权人的有效参与,最大限度地提升债权人参与破产程序的积极性。⑤

## (二)数据开放实现信息披露透明

### 1. 数据监控网与债务人交易信息的追溯

区块链技术的核心在于数据的开放性,除了交易各方的私有信息被加密以外,市场主体之间的交易行为不再是"仅对某人可见",而是通过终端互联实现数据共

---

① 参见徐明星、刘勇、段新星、郭大治:《区块链重塑经济与世界》,中信出版集团 2019 年版,第 36 页。

② 参见浙江金道律师事务所:《法律链金术—区块链法律实践剖析》,浙江大学出版社 2019 年版,第 4 页。

③ See Joanne Molinaro, *Blockchain - Not Bitcoin - in Bankruptcy* (Jan. 24, 2019), https://www.foley.com/en/insights/publications/2019/01/blockchain--not-bitcoin--in-bankruptcy (last visited Dec. 19, 2019).

④ 参见李中、周思宇、李杨:《审慎变革——区块链与证券市场的未来之路》,清华大学出版社 2018 年版,第 96 页。

⑤ 参见《杭州余杭区法院首用"区块链 + 钉钉"赋能破产审判高效、可信》,载中文科技资讯网: http://www.citnews.com.cn/commerce/brand/weixun/201910/103696.html,最后访问日期:2019 年 12 月 19 日。

联。公平且有效率的实现债权偿付是破产法内在运行机制的一大特色,为了避免债务人逃避债务,法律对破产程序前的财产转让和破产程序后的财产处置做出明确限制。[①] 但是,如何鉴别特定交易行为是否符合法律的规制情形需要较强的商业判断。鉴于交易的复杂性和瞬时性,债权人无法实现对债务人财产转让行为的实时追踪。即使债权人发现有关线索,为达到相应的证明标准,仍要在证据证明力上花费功夫。即使债权人大费周章后致使债务人特定交易被撤销或被宣告无效,该债权人也并非直接获益,其潜在收益仍然要遵循财产分配方案或者重整计划的调整,发现成本和行为成本有时往往会导致债权人安于现实不愿追踪。这不仅滋生了债务人破产欺诈行为的蔓延,也不利于市场经济条件下破产法对社会信用体系的构建。

伴随着区块链技术的发展,任何数字资产的认证、记录、交易和登记都将留下可追溯的交易痕迹。[②] 当债务人申请破产时,在区块链技术的"数据监控"下,通过数据追溯,可以筛查出可能存在的欺诈性财产转让行为,债权人无需耗费大量精力寻找相关证据,仅需向法院提交争议交易的信息记录。在破产申请受理后,债务人也难以通过偏颇清偿减损债务人财产,因为对于偏颇清偿行为,区块链技术都会将交易数据及时呈现给管理人和利害关系人,管理人、利害关系人可将此作为向法院申请撤销交易的核心依据。区块链下的算法机制也有助于构建实施监测系统。通过预设交易参数,一旦某一交易行为符合破产法的偏颇清偿行为要件或有损于债权人公平受偿的行为方式,便会触发相应的预警机制,管理人和债权人无需再对债务人的各类交易保持敏锐的嗅觉,也无需花费大量精力寻找充分的证据向法院提出抗辩或听证申请。[③]

2. 实时数据链与债权人知情权的保障

债权人在破产程序中的知情权主要体现在对涉及其利益调整事项的及时知晓,而债权人利益调整事项集中于清算程序中的财产分配方案和重整程序中的重整计划。财产分配方案是企业破产清算的最后步骤,为保障分配的公正和交易安全,应当保障债权人在财产分配方案执行前有充分的知情权,对可能存在不公平分配行为向法院提出抗辩。破产清算程序信息披露的要义是在债权人之间公平地分

---

① 参见《企业破产法》第 31 ~ 34 条。

② 参见赵增奎:《以区块链技术推动互联网金融稳健发展研究》,载《经济纵横》2017 年第 11 期。

③ *See* Andrew Helman and Carl Wedoff, *When Blockchain Meets Article* 9 *And Bankruptcy* (Feb. 9, 2018), https://www.law360.com/articles/1011153/when-blockchain-meets-article-9-and-bankruptcy (last visited Dec. 19, 2019).

配财产，保障各项债权确认、财产变现与分配的合法性、合理性。[①] 破产清算程序中的债权人没有对分配方案的投票权，因此事前的信息披露对于债权人及时保护其权利尤为重要。破产重整程序中，重整计划是重整程序的最核心文件，系企业在持续经营过程中对各方权益调整和安排的集中体现。债权人在重整中对企业享有控制权，而债权人行使控制权的前提便是充分享有知情权。[②] 为保障债权人在重整计划表决前能够对重整计划的制定和权益调整的原因有充分的了解，重整前的信息披露是十分必要的。无论是财产分配方案还是重整计划，都具有较强的商业判断色彩。为保障商业判断的诚实信用原则，利害关系人的实时参与能够建立对管理人或自行管理债务人的外部约束机制，促进其依法履责。

区块链技术的发展促进了信息更新的实时性，信息的实时同步使得债权人知情权的保障成本大幅降低。区块链系统使用开源的程序、开放的规则和高参与度，区块链数据记录和运行规则可以被全网节点审查、追溯，具有很高的透明度。[③] 无论是财产分配方案还是重整计划，债权人通过各数据终端都能及时了解资产处置和权益调整的运作方式和操作细节，系统对各阶段程序的实时更新使破产程序中的利害关系人能够克服地理、时间等因素的障碍，保障其信息获取的实时性。在很多区块链节点中，会包含一千个甚至一万个节点，这些节点之间是一个相互备份的过程。[④] 可以通过点对点网络同步记录数据，实现数据的分布式共享。[⑤] 区块链技术使信息数据的记录不再存储于一台终端中，而是各个终端联网互通并同步，这样实现的是一个持续更新的、没有中心化权威版本的、共同认可的实时记录。[⑥] 破产法要求的信息披露在区块链的安排下做到真实、准确、完整，确保债权人权益调整程序的正当。

### （三）加密算法维护破产结果公平

贯彻传统商事法律制度中的“多数决”特色，破产法中的重大事项需要利害关系人的投票表决。表决结果对破产程序的推进与方向选择具有重要意义。表决结果的有效性要求意思表示和主体身份的真实，这在大型破产案件中尤为重要。特

---

① 参见栾甫贵：《破产企业治理结构与破产会计信息质量监控》，载《会计研究》2005 年第 2 期。

② 参见纪红勇：《浅谈破产重整程序中债权人的知情权》，载《法律适用》2012 年第 11 期。

③ 参见长铗、韩锋等：《区块链——从数字货币到信用社会》，中信出版集团 2016 年版，第 55 页。

④ 参见任仲文主编：《区块链——领导干部读本》，人民出版社 2018 年版，第 55 页。

⑤ 参见杨东：《链金有法——区块链商业实践与法律指南》，北京航空航天大学出版社 2017 年版，第 14 页。

⑥ 参见［美］保罗·维格纳、迈克尔·凯西：《区块链——赋能万物的事实机器》，凯尔译，中信出版集团 2018 年版。

别是跨国企业的破产案件中,囿于地理和时间条件的限制,境外债权人和其他利害关系人在破产程序中发表意见的前提是需要对主体身份加以验证,传统的逐个验证方式不利于破产程序的效率要求。区块链技术能够促进参与结果的公平性。为了保障意思表示的真实性,在重大事项的投票程序中,个体参与者的投票数据都通过高级算法的方式予以加密,个体投票者受影响投票的可能性大大降低。破产管理人也在系统中的每一步操作中都留下数据记录,加之数据的共联与同步,几乎不存在他人在多台存储着投票数据的平台上篡改全部投票数据的情况。此外,在利害关系人做出价值选择时,可以根据算法系统获取权益的调整安排对自己的潜在收益,以决定财产分配方案或者重整计划是否实现其在破产程序中的最佳利益,这将减少其因雇佣专业人士辅助决策判断而产生的中介成本。此外,对计算机系统能够根据预设参数计量得出的数据,利害关系人可直接就此做出决策。

表决结果是各方利益博弈的产物,破产程序结果的公平性更加强调过程。表决结果公示后,当个别利害关系人对投票结果提出异议时,法院或者管理人仅需从区块链项下的各数据终端调取投票信息,在验证投票主体身份并确定投票过程的真实性之后,即可判断其投票的有效性。在这一过程中,异议权益人与管理人无需就投票程序本身的公正性展开举证与抗辩,法院也无需花费大量的时间从表决程序开始的各个节点逐一判定投票结果是否真实。根据区块链系统内预设算法,司法裁决关注的焦点转向程序本身是否符合法律规定,进而对投票结果的有效性予以追溯地审验。

## 三、区块链对破产法的挑战:基于区块链资产的特性

科技的发展本身是一把“双刃剑”。区块链所承载的数据资产价值的易波动性与复合性,致使区块链语境下的破产法面临诸多挑战。破产法适用的门槛、破产财产的确定以及财产处置的传统规制路径在区块链时代都变得摇摇欲坠,亟需理论探讨与大胆实践。

### (一)破产界限的模糊与厘清:基于区块链资产价值的波动性

破产的实质是债务人丧失债权清偿能力。关于如何认定债务人丧失清偿能力,各国破产立法主要采取了列举主义与概括主义两种立法方式。[①] 我国《企业破产法》第2条采用了复合式的破产原因,属于概括主义立法模式,即法律仅抽象地

---

① 参见齐明:《我国破产原因制度的反思与完善》,载《当代法学》2015年第6期;王欣新:《破产法》(第三版),中国人民大学出版社2011年版,第34~35页。

规定，当债务人不能清偿到期债务与资产不足以清偿全部债务或者与明显缺乏偿债能力这两个选择项中的任何一个组合在一起，才构成一个完整的破产原因。[①] 复合标准的关键在于企业能否有持续稳定的现金流用于清偿债务。考虑到债权人证明债务人已经丧失清偿能力的难度，法律采用了推定的方式，债权人仅需证明债务人停止偿付或者已经明显缺乏偿债能力，接下来由法院对偿付能力作出司法裁量。[②]

区块链资产中的数据通常呈现出动态变化的特点，资产的价值往往与资产的使用效益呈正相关，加之对于特殊资产例如数字货币而言，在没有得到各国政府普遍承认时，其价值还会受到国家政策和市场参与者的剧烈影响。以作为数字货币的代表比特币为例，其内在价值完全取决于市场参与者的价格感知与预期，金融消费者购买并持有比特币将面临巨大的市场风险，此外还面临操作失误、黑客盗取等非系统性风险。[③] 如何判断企业不能清偿到期债务且资不抵债或者明显缺乏偿债能力，成为区块链企业面临债务危机而打算申请破产保护时需要面对的重要问题，也成为企业债权人申请该企业破产的重要考虑因素。

区块链资产价值的不确定性，致使法院在裁定破产申请时面临困惑：当企业被申请破产时，其往往会举证抗辩未来企业的资产价值的增值可以保障充分的现金流偿还债务，债务人并非终局地丧失清偿能力，当前财务困境可以理解为暂时的市场波动。依据企业当下会计报表等实时数据判断企业的偿债能力，债务人在当下处境符合破产条件；[④]若用动态的视角评估企业的价值，考虑到数据、数字货币等特殊资产的存在，既有破产界限的结论将存在较大不确定性。在司法裁量时，法院可以借助诉讼法中有关证明标准的理论，在企业的区块链资产存在未来显著增值的可能时，债务人认为其不符合破产条件的抗辩应当达到更高的证明标准，必要时或可采用刑事诉讼中排除合理怀疑标准。高门槛的证明标准，有利于使得确无清偿能力的企业及时进入破产程序，使得真正有潜在增长实力的债务人通过成功举证摆脱破产申请对企业正常运营带来的消极影响。

---

① 参见韩长印：《破产原因立法比较研究》，载《现代法学》1998 年第 3 期；李永军等：《破产法》（第二版），中国政法大学出版社 2017 年版，第 19 页。

② 《最高人民法院关于审理企业破产案件若干问题的规定》（法释〔2002〕23 号）第 31 条第 2 款明确指出，债务人停止清偿到期债务并呈连续状态，如无相反证据，可推定为“不能清偿到期债务”。

③ 参见杨东：《炼金有法》，北京航空航天大学出版社 2017 年版，第 261 页。

④ 《最高人民法院关于适用〈中华人民共和国企业破产法〉若干问题的规定（一）》第 3 条。

### (二)破产财产的排除与识别:基于区块链资产构成的复合性

1. 破产财产的确定与区块链资产保密性的矛盾

区块链的特色在于“链”,数据存储不再是“独树一帜”而是“融会贯通”,通过分布式共享机制将各方数据连接起来。区块链技术的发展得益于数据库技术的支撑,①数据在区块链的运行中发挥着重要作用,数据资产也成为区块链的重要资产表现形式。与一般的有体物不同,数据本身并非来源于单一个体自己的创造,而是通过记录、调取和加工形成的“行为分析产物”。以一站式区块链医疗服务为例,个体居民凭借其存储在区块链内的有关个人数据,无需再在不同科室重复检查,就医效率有效提高。这些就医数据往往也会同社会保障部门、保险类金融机构共享,以实现社保政策和保险条款的有效执行。这些基于个体行为产生的数据通常具有较强的私密性,承载着个人隐私数据或商业秘密。区块链的加密技术能够有效保护这些数据不外泄,其自身的算法机制能够从运行层面防止数据被不法侵入。通过数据加密的方式,区块链技术得以将特定的数据信息存储于众多网络计算机之上,实现数据信息的共享,消除了单一存储模式下的数据丢失难题。② 智能合约最突出的特点是可以自动实施预设的合约内容,当满足代码中的条件时,程序将触发预设的操作。③ 但是,当这些数据的持有者申请破产保护时,这些数据与智能合约也应当被看做债务人资产而受到自动中止原则的保护。进入破产程序后如何及时中止原有智能合约导致的财产转移,是解决智能合约的自动执行与自动中止原则保护债务人财产之间的冲突之关键。此外,数据资产的价值属性通常可作为债务人对外融资担保的担保物,但是由于数据资产强烈的时间价值属性,如果管理人没有及时更新或者处分持有的数据,其内在价值会显著减低,担保权益人也会就此要求债务人提供更加充分的财产担保。为了确保在保护个体信息数据的同时实现债务人财产价值的最大化利用,促进管理人优化债务人财产结构和财产运营方式,保障债务人企业持续经营获得持续充分的现金流支持,破产程序中数据财产的确定与数据信息的保护成为了一对潜在的矛盾。

2. 破产企业区块链资产双重属性的分离

数据资产以代码的形式存储在不同的节点上,数据持有者的范围不仅包含数

---

① 参见管同伟:《区块链在资产证券化风险控制中的应用研究》,载《新金融》2018 年第 1 期;徐闲:《区块链与保险创新:机制、前景与挑战》,载《保险研究》2017 年第 5 期;王晟:《区块链式法定货币体系研究》,载《经济学家》2016 年第 9 期。

② 参见张玉洁:《区块链技术的司法适用、体系难题与证据法革新》,载《东方法学》2019 年第 3 期。

③ 参见陈吉栋:《智能合约的法律构造》,载《东方法学》2019 年第 3 期。

据原始采集对象,还包括在此基础上加工、处理的信息使用者。由于区块链数据共同识别机制的存在,区块链上的任意智能合约代码和状态必然要求公开,①数据产生者的个人信息和企业基于此创造出的数据财产相互交织。在区块链企业进入破产程序后,其首先面临的问题是企业在区块链中所拥有的哪些数据属于破产财产。如果笼统地将债务人持有的全部数据资产纳入破产财产池中,将会显著影响未来财产分配时各类债权人的分配比例和债权人的受偿金额。以网络购物场景为例,消费者是消费记录的创造者,电商企业是消费数据的记录者和加工者,电商企业通过分析消费行为获得有关消费者的消费偏好和消费理念,进而改进和优化其营销模式。如果将消费者看做是数据的所有权人,则消费者对该数据资产具有完全的所有者权益,电商企业与消费者之间仅成立信息保管合同法律关系,故电商企业的债权人对该资产不会享有任何的破产利益。然而,如果将该数据定位债务人财产,消费者成为了债务人的潜在债权人之一,应当与其他同类债权人按照特定比例对债务人财产享有破产财产分配利益。②

在确定破产企业的区块链资产时,应当首先剥离出企业不享有所有者权益的数据信息,这些数据信息通常因具有强烈的个人私密性而受到了其他网络安全法律和个人信息法律的保护,其处分行为也受到严格限制。③ 破产管理人在区分数据资产和数据信息时,可以借鉴知识产权法领域有关作品“独创性”的定义,区分收集形成的数据样本与智能分析形成到数据加工成果,留下具有经济价值的数据加工“作品”。对于难以按照前述识别方法剥离的数据资产,破产管理人应当按照《民法总则》《网络安全法》等规定,告知相关权利人可能发生的包含个人信息的数据处分行为,再征得权利人同意后遵循债务人财产处置的一般规则;权利人不同意财产处置的,应当及时将该数据剔除出债务人财产,通过加密处理等方式予以妥善保存。在对企业的数据资产作价评估时,管理人应当结合数据资源合成的难易程度、数据自身的可获取性与稀缺性以及数据基础的可变动性等因素综合考虑。此外,区块

---

① 参见蔡一博:《智能合约与私法体系契合问题研究》,载《东方法学》2019 年第 2 期。

② See Koji Takahashi, Implications of the Blockchain Technology for the UNCITRAL Works, 4 Modernizing International Trade Law to Support Innovation and Sustainable Development 81, 88 (2019).

③ 个人信息的使用受到现行法的严格规制,《网络安全法》第 44 条规定:“任何个人和组织不得窃取或者以其他非法方式获取个人信息,不得非法出售或者非法向他人提供个人信息。”《民法总则》第 111 条规定:“自然人的个人信息受法律保护。任何组织和个人需要获取他人个人信息的,应当依法取得并确保信息安全,不得非法收集、使用、加工、传输他人个人信息,不得非法买卖、提供或者公开他人个人信息。”可见,个人信息可以视为一般的财产作为交易标的物,因此个人信息具备财产法上财产权保护基础。

链系统是开放的,除了交易各方的私有信息被加密外,区块链的数据对所有参与者公开,任何参与者都可以通过公开的接口查询区块链数据和开发相关应用。[①] 区块链的开放性使区块链上的信息共享者对于每个节点所拥有的数据资产一目了然,近乎透明的资产分布和数量拥有状况,减小了信息不对称导致的估值偏差,资产评估作价不再是债务人企业的"一言堂",价值的公允性不再具有强烈的争议。应当区分破产申请后数据资产的增值部分和破产申请前数据资产的累计价值。部分数据资产的长期收益远高于短期收益,有时需要更长的时间投入才能实现更大的收益。管理人在确定数据资产池的价值时,应当充分考量不同类型的数据资产价值的增值模型,对于远期收益显著的数据资产,应当从公平原则的角度出发,运用商业判断规则对评估作价后资产价值适当调整,将远期的资产增值反映在当前资产的现值中,必要时还可以求助司法裁量权对评估结果予以确认和复核,保障评估结果的公正性。

### (三)破产财产的定性与处置:基于区块链资产功能的双重性

拥有区块链资产的企业进入破产程序后,需要面对的另一个棘手问题是对数字货币属性的认定。数字货币目前还没有普遍的学术定义,一般认为,数字货币是电子货币形式的替代货币,依靠校验和密码技术来创建、发行和流通的电子货币。[②] 数据资产是基于日常经济行为产生的经济数据,可以作为商品交易的标的物实现其价值。与数据资产不同,数字货币不仅承载着虚拟数据,还可能承担着交易流通的角色,可以直接使用数字货币购买区块链资产。在处置数字货币资产时,面对价值资产和货币流通的双重角色,一个关键的前置问题在于应当将数字货币视为商品还是货币。两种不同的对待方式,将会影响破产财产的价值,导致债权人的预期清偿收益显著不同。若作为商品,按照《物权法》的规定,企业可以在日常经营中以该商品的价值为基础设立担保物权,企业在转让该资产时,该资产之上的担保物权将一并转让。在破产程序中,当债务人存在欺诈性财产转让或通过偏颇性清偿行为使个别债权人获得优位受偿或实质提高其获偿比例时,管理人可以撤销该交易行为,要求该行为的获利一方返还财产或赔偿因财产转让行为给破产财产造成的损失。按照破产法的基本原理,破产财产的价值应当包括截至债务人进入破产程序前的全部价值,因此法院在计算因欺诈行为或者个别清偿行为导致的破产财产的损失时,应当包括转让时的财产价值和转让后该资产的增值两部分。如果将数

---

① 参见杨东:《炼金有法》,北京航空航天大学出版社 2017 年版,第 14 页。

② 参见樊云慧、栗耀鑫:《以比特币为例探讨数字货币的法律监管》,载《法学论坛》2014 年第 7 期。

字货币视为货币，根据货币作为一般等价物的基本属性，货币在流通中的增值不能归属于前任货币持有者的持有收益，而应当视为货币流通的应然结果。因此，管理人此时仅能恢复转让该数字货币时的实时币值。受到数字货币价值波动的影响，财产转让行为无效或撤销给破产财产带来的影响也存在较大不确定性。

当前，各国对数字货币的认定态度不一。2013 年，中国人民银行联合证监会等部委联合发布的有关防范比特币风险的文件中明确指出，比特币"不是由货币当局发行，不具有法偿性与强制性等货币属性，并不是真正意义的货币……应当是一种特定的虚拟商品"。[①] 倘若依据前述定义，将数字货币作为虚拟商品，其性质应当属于《民法总则》第 127 条中的数据资产，在破产程序中可以通过拍卖的方式变价出售。[②] 考虑到一国货币金融体系的稳定和安全，市场经济体系的完善与区块链配套法律、财政制度尚未建立，将数字货币认定为流通中可交易的货币尚需时日。破产法有关财产转让的法律规则也应随着数字货币定位的发展而进一步细化，针对货币资产的处置予以针对性回应。

## 四、区块链对破产法的替代：法庭外协商机制的勃兴

破产事件的法律整理在维持破产处理的恰当性上不可缺少，但也不能因此而期待所有的破产都由法律整理来完成，也不能抱有这样的期待，正如并非所有的纠纷都能希望由诉讼程序来解决一样。[③] 替代机制的存在使得破产法在处置债权债务关系方面不再"独领风骚"，但传统替代机制也存在集体行动困境等烦恼。智能合约的出现有力地解决了传统替代机制的困惑，促使替代机制有机会在实践中为各方接受，成为与破产法分庭抗礼的债权债务高效处置机制。

### （一）破产法与其替代机制的争鸣

以集体清偿解决机制作为安身立命的破产法存在一些可商榷之处。破产法将企业视为简单财产集合的理解过于简单粗暴。破产法认为企业无非是一个资产池，[④]破产法的目的在于确保债权人之间对公司资产的争夺有序化。但不可否认，

---

① 详见中国人民银行等机构颁布的《关于防范比特币风险的通知》（银发〔2013〕289 号）。

② 《民法总则》第 127 条规定，"法律对数据、网络虚拟财产的保护有规定的，依照其规定"。《企业破产法》第 112 条规定，变价出售破产财产应当通过拍卖进行。但是，债权人会议另有决议的除外。破产企业可以全部或者部分变价出售。企业变价出售时，可以将其中的无形资产和其他财产单独变价出售。

③ 参见［日］伊藤真：《破产法》，刘荣军、鲍荣振译，中国社会科学出版社 1995 年版，第 22 页。

④ See Douglas G. Baird & Robert K. Rasmussen, The End of Bankruptcy, 55 *Stan. L. Rev.* 751, 772 (2002).

企业员工的人力资本、企业多年与供销商形成的关系网等同样是公司的一种价值，且这些价值甚至更为重要。科斯便认为，在那些劳动者间的协同效率优于市场机制作用的领域，公司始得诞生。[①] 债权人仅聚焦资产池的瓜分，漠视运营价值的维系，忽略企业破产清算后资产价值会因拆分变卖而显著降低，乃至不赞成重整程序的实施，这种不顾债务人的长远利益而选择直接套现了事的做法并不明智。破产法认为资不抵债的债务人在面对公司失败时始终无所作为，未能重视债务人对破产机制的积极影响。债务人始终笼罩于债权人权利行使的阴影下，不能发挥任何作用。但是，债务人能否在公司破产前就有所作为，达到劝阻债权人对于公司财产竞相追逐的效果？能否在事前便能规避其资产因债权人的侵夺而缩水的风险甚至其被拆分的厄运？债务人这种事前的解决方案是否能替代破产法仅能作为最后诉诸手段的无奈？[②] 对这些疑问，破产法难有令人满意的回答。

传统上的破产法替代机制指法庭外协商机制，又称为庭外重组、非正式庭外程序或非正式和解。法庭外协商机制是指陷入财务困境的企业与其债权人之间以协议的方式，对企业进行债务调整和资产重构。[③] 与依赖法院强制力处置债权债务的破产程序不同，法庭外协商机制的最大特点是所有争议均置于各当事人的完全意思自治之下解决，无须外力干涉。由此，各方当事人能够随时随地就其债权债务安排展开磋商，采取多种多样的债务清偿手段，实施弹性开放的重组计划，无须受到诸多约束。鉴于债务人的资产池所剩无几，从成本—收益的视角出发，债权人倾向于选择迅捷、轻便的解决途径——费用低廉的法庭外协商机制。更难能可贵的是，法庭外协商机制无须像破产程序一样接受公开调查与外部监督，各方最终达成的合意不会减损债权人与债务人的信用与声誉，也不会影响债务人企业的经营运转。

法庭外协商机制的致命缺陷在于“钳制”问题与“搭便车”问题。每个债权人的信用、分担风险能力、债权数额有所区分，他们对债务人的诉求或迥然不同，满足法庭外协商机制的债权人一致同意的要求较为困难。由于缺乏保障各方达成协议的外在强制措施，一个债权人的异议将使得其他债权人的艰辛努力化为泡影。于是，该债权人便会以此要挟其他债权人给予其优待，这即是所谓的“钳制”问题。债权

---

① See Ronald H. Coase, *The Nature of the Firm*, Economica, Volume 4, p. 386 (1937).

② 有数据表明，债务人并不都是消极被动的。特别是在资产几近亏空时，债务人表现得颇为积极主动。See James W. Bowers, Groping and Coping in the Shadow of Murphy's Law: Bankruptcy Theory and the Elementary Economics of Failure, 88 *Michigan Law Review* 2097, 2114 (1990).

③ 参见胡利玲：《困境企业拯救的法律机制研究——制度改进的视角》，中国政法大学出版社 2009 年版，第 143 页。

人越多,“钳制”问题自然越严重,直至法庭外协商机制最终“破产”。此外,债务人财产类似于一个为满足所有债权人获得清偿的公共物品。当一群理性人聚在一起想为获取某一公共物品而奋斗时,其中的每一个人都可能想让别人去为达到该目标而努力,而自己则坐享其成,这即是所谓的“搭便车”问题。[①] 当一些债权人通过让步和努力达成法庭外协议时,未参加协议的债权人或可能单独发起对债务人企业的追偿行动,这样捷足先登的协议“破坏”行动会导致已经达成的庭外协议前功尽弃。

### (二)智能合约驱使破产法沦为“备用规则”

破产法以虚拟协商论作为其理论前提,预设债权人之间的真实协商过程耗时费力,且由于其中夹杂着个人利益而难于达成,于是将破产机制作为各方一致同意的解决集体清偿困境的框架。[②] 法庭外协商机制成本更低、针对性更强、效用更高,但其在实际操作时容易因债权人之间利益的龃龉出现集体决策困境。倘若如果有一种方法确保大型公司的众多债权人之间、债权人与债务人之间能够达成和履行协议,并设定行之有效的监督措施,那么各方当事人便不用通过司法程序即可公平受偿,讲求程序正义的破产法便失去制度优势,让位给灵活、简单、便捷的新型争端解决框架。区块链中智能合约的出现,顺应了债权债务争端解决的理想设想。随着区块链这一崭新机制的普及,未来或出现破产法退出历史舞台的一幕。

作为去中心化应用的基础,区块链2.0阶段中出现了智能合约机制,该机制威胁破产法的地位,促使法庭外协商机制有机会重燃生机。智能合约的概念早于比特币产生,是专属于区块链的概念。[③] 区块链与比特币这两个概念本没有联系,直至比特币被发明,其利用智能合约交易,智能合约则利用比特币的分布式分类账运作自治权。[④] 智能合约像一个沙盒,将债务人与全部债权人全部框在其中。债务人状况对联盟内成员可视,各方的追讨及偿债信息透明。由于各个债权人的反制行动或擅自行动能够轻易被其他债权人察觉,信息不对称问题在各个债权人之间得以消除,他们无须陷入囚徒困境。此时,理性的债权人会在事前就债权债务处置事

---

① 参见[美]曼瑟尔·奥尔森:《集体行动的逻辑》,陈郁、郭宇峰、李崇新译,格致出版社、上海三联书店、上海人民出版社2014年版,第9页。

② See Thomas H. Jackson, *The Logic and Limits of Bankruptcy Law*, Bear Books, pp. 14 – 17 (1986).

③ See Nick Szabo, *The idea of Smart Contracts*, https://nakamotoinstitute.org/the – idea – of – smart – contracts/, last visited on Dec. 20, 2019.

④ See Vitalik Buterin, *A Next – Generation Smart Contract and Decentralized Application Platform*, http://lambda – the – ultimate.org/node/5003, last visited on Dec. 20, 2019.

项达成协议。在企业出现资不抵债情形时,完全由计算机代码控制的智能合约能够确保法庭外协议自动执行。智能合约机制与企业的契约属性不谋而合。契约“不过是有关规划将来交换的过程的当事人之间的各种关系”。[①] 随着契约的“期限和复杂性”逐步增强,传统的新古典契约调整过程被具有更彻底的交易专用性、持久管理特征的关系契约论所取代。[②] 关系契约论认为,赋予企业所谓“人格”只不过是为了方便起见,它本身并非现实的人。[③] 公司乃为契约各方预期的产物,其本质是一系列相互关联契约的固化。公司的功能在于节省市场中的交易费用,[④]是市场参与者在价格机制作用下,不必就公司内部同他合作的一些生产要素签订一系列的合约,而用一组契约束代替若干较短期合约而成立的指导资源配置的机构。[⑤] 劳动者、股东和债权人分别为公司提供劳动、股权和债权资本,均以从公司获得预期回报为目的。例如,当债权人与公司签订贷款协议时,协议条款中有关利率、偿还方式和违约责任的约定事实上或多或少地体现了债权人对公司的破产预期和风险考量。以贷款利率为例,债权人对贷款利率的谈判,必然会考虑其收回贷款的机率和大小:若公司稳健经营,债权人便趋之若鹜;若公司危如累卵,则贷款利率必然水涨船高。只要贷款协议对公司破产风险和破产处置的约定完全且明确,债权人便会理性判断,作出符合市场规律的最佳决策。[⑥] 当公司陷入破产境遇时,诸如债权收益、投资期限、违约责任等事项自然要受到既有契约的安排,贷款契约的条款当然继续有效,债权人与破产公司彼此应当信守契约或通过修正契约条款重新分配权利义务。“公司和利益相关人比破产法官更能洞悉何种行为能为他们带来最大效益。”[⑦]由于反复博弈后的契约最能彰显各方意旨,法庭外协议使得各方无须守约成

---

① [美]麦克尼尔:《新社会契约论》,雷喜宁、潘勤译,中国政法大学出版社 1994 年版,第 4 页。

② 参见[美]罗纳德·科斯:《企业的性质》,载[美]兰德尔·S. 克洛茨纳、路易斯·普特曼编:《企业的经济性质》,孙经纬译,格致出版社、上海三联书店、上海人民出版社 2015 年版,第 112 页。

③ 参见[美]弗兰克·伊斯特布鲁克、丹尼尔·费希尔:《公司法的经济结构》(中译本第二版),北京大学出版社 2014 年版,第 13 页。

④ 张维迎:《企业理论与中国企业改革》,世纪出版集团、上海人民出版社 2015 年版,第 56 页。

⑤ 参见[美]罗纳德·哈里·科斯:《企业、市场与法律》,盛洪、陈郁译,格致出版社、上海三联书店、上海人民出版社 2009 年版,第 7 页。

⑥ See William H. Meckling, Financial Markets, Default, and Bankruptcy: The Role of the State, *Law & Contemporary Problems*. Volume 41, pp. 13, 21 (Autumn 1977).

⑦ Marshall E. Tracht, Contractual Bankruptcy Waivers: Reconciling Theory, Practice, and Law, 82 *Cornell L. Rev.* 301, 329 (1997).

本,破产法存在的意义就大幅度下降了。[①]

法庭外协商机制勃兴后,破产法演变为一套在公司资不抵债时,为利益各方提供纷争处理的"备用规则"。"没有任何事情暗示,这种规范破产程序必须由政府规定,而不能由有关各方自己来制定。"[②]与赋权性规则、强制性规则并列,备用性规则是指当事人只要不排除适用就发挥效力的规范。[③] 比如,若债权人在与公司的合同中并未约定诉讼未决的债权可否作为破产债权进行申报,则可适用破产法准许未决债权进行申报的一般规则。[④] 经过补充协议,债权人与公司也可排除破产法的规定,不承认未决债权作为破产债权。破产法从未试图取代当事人之间的谈判,其作用仅相当于一个现成可用的标准契约,为债权人提供公司支付不能时的债权回收预期和受偿程序。破产法实行"选择退出原则"(opt out principle)[⑤],即公司契约的当事人可随意改变破产法条文,根据自身需要享有恣意跳出公司法束缚的选择权。在智能合约出现前,破产法是市场经济下理性人对成本收益的自然选择,是将被证明是最有效的契约安排以法律文本的形式为世人周知。伴随着区块链技术的成熟与智能合约的普及,破产法将沦为当事人因种种原因未予签订法庭外协议的候补争端解决机制。毕竟,破产法由具有丰富经验的立法者拟定,"将公司历史演进中沉淀下来的市场智慧,转化为公共产品,向公司参与方提供",[⑥]一定程度上节省了社会资源。

## 五、结语

人类迎来区块链时代。对于破产法而言,这是最好的时代,也是最坏的时代;破

---

① 其实,成熟市场国家大约只有一半受困企业会申请进入破产程序。See Stuart C. Gilson, Bankruptcy, Boards, Banks and Blockholders, 27 *Journal of Financial Economics* 353, 306 (1990).

② [美]奥利弗·哈特:《企业、合同与财务结构》,费方域译,格致出版社、上海三联书店、上海人民出版社2006年版,第198页。

③ 梅尔文·爱森伯格(Melvin Avon Eisenberg)将公司法规范分为赋权性、补充性或缺省性和强制性规范,参见[美]梅尔文·爱森伯格:《公司法的结构》,汪辉敏、历镛译,载吴敬琏主编:《比较》(第十四辑),中信出版社2004年版,第125页;布莱恩·R. 柴芬斯(Brian R. Cheffins)将公司法规范分为许可适用("可以")、推定适用("可以放弃")和强制适用("必须"和"必须不")规范,参见[加]布莱恩·R. 柴芬斯:《公司法:理论、结构与运作》,林华伟、魏旻译,法律出版社2001年版,第234页。两种分类基本相同,其中的补充性或缺省性以及推定适用("可以放弃")即为备用性规范。

④ 《企业破产法》第47条。

⑤ 参见[美]杰弗里·N. 戈登:《公司法的强制性结构》,载[美]弗兰克·H. 伊斯特布鲁克等:《公司法的逻辑》,黄辉编译,法律出版社2016年版,第54~55页。

⑥ 罗培新:《公司法强制性与任意性边界之厘定:一个法理分析框架》,载《中国法学》2007年第4期。

产法在其面前应有尽有,也在其面前一无所有。区块链时代的破产法,面临如此多地不确定。一方面,破产法能够和区块链共生共荣。作为一种更加优秀的记录系统,区块链的分布式记账特质有效扩充了破产法的信用疆域,强大算力提升了破产程序运转功率,降低债权人之间、债权人与债务人的交易成本。另一方面,套用密码朋克(cypherpunk)运动创始人之一蒂莫西・梅(Timothy May)于1988年对人类的警告:"幽灵正萦绕着现代世界"①,幽灵正萦绕着破产法世界。历经数千年发展宛若磐石的破产法大厦面临倾覆危机,盖因以去中心化为核心特质的区块链动摇了破产法的集体清偿根基,与破产法的"公共池塘"理念背道而驰。

面对区块链带来的重重挑战,坐以待毙不是破产法的风格。历史上,破产法曾面对数次危机,但其都转危为安,成功转型。破产法紧扣社会经济发展脉搏,历久弥新。适应奴隶社会与封建社会的义务本位理念,破产法自诞生起就采取破产惩戒主义,在要求债务人承担财产责任之外,还对其施以人身上的苛责。伴随启蒙运动与天赋人权思潮,破产免责主义大行其道,破产惩戒主义宣告终结。上世纪中叶,当代表雇员、消费者、社区环境等的社会政策论成为主流学说后,破产法遂萌发出促使企业重生的再建型债权债务解决制度——破产重整制度。破产法由单纯保障债权人利益的一元论立法宗旨及时调整为维护社会公共利益的多元论立法宗旨,破产法从企业肢解法一跃变为企业拯救法,纯粹的事后危机处置不再是破产法的唯一职能,破产预防理念深入人心。面对区块链带来的强力挑战,破产法唯有抱着壮士断腕的决心,精简僵化呆板的程序设计,优化繁琐冗杂的财产管理手段,融入崇尚自治的自由观念,拥抱互联网时代给破产法带来的制度红利,大刀阔斧的对破产法实施改革,以增强破产法的吸引力、影响力、竞争力。历经数千年洗礼的破产法在面对数次时代大潮中一直与时俱进,其在区块链时代仍能迎难而上,实现蜕变。

---

① Timothy May, *The Crypto Anar - chist Manifesto*, https://activism.net/cypherpunk/crypto - anarchy.html, last visited on Dec. 18, 2019.

# 加密货币对破产重组的影响*

**瑞克·切斯利**

欧华律师事务所(美国)合伙人兼重组部全球联席主席。

**马利蒂·费尔南多**

欧华律师事务所(英国)伦敦重组业务的合伙人。

**翻译:李新豪**

中国政法大学民商经济法学院经济法专业硕士研究生。

## 1 加密货币在世界的角色是什么?

数字货币是以电子方式存储和传输的货币。加密货币是数字货币的一种形式。2009 年 1 月 3 日,随着第一种加密货币以比特币网络的形式推出,加密货币的革命由此展开。然而,数字货币早已存在了一段时间。例如,E - gold 发行是金银储备公司(Gold & Silver Reserve Inc.)在 1996 年发行并运营的一种数字黄金货币,其允许用户在其网站上开设以黄金重量或其他贵金属计价的账户,并允许用户在 E - gold账户间即时转账。某些数字货币只能在虚拟世界中持有和使用,例如,魔兽世界这类电子游戏允许用户在游戏中购买某些虚拟产品时使用虚拟货币。但这些虚拟货币在设计时并不被允许在现实生活中使用或购买实物资产时使用。另外,加密货币具有精确性和加密性,其设计旨在替代传统支付平台。加密货币在金融危机的阴影下应运而生,直接与传统货币和央行体系竞争。新时代的消费者对传统金融体系、交易相关成本以及银行和金融机构在近期的金融危机中发挥的作用感到失望。因此,人们越来越关注去中心化的金融体系,此种金融体系容纳了信用历史各异的消费者,也赋予消费者更多的控制权。

近年来,数字货币逐渐受到消费者欢迎,迫使市场、立法者和监管机构予以关

---

* 本文是 2019 年 5 月国际破产协会(INSOL International)发布的特别报告,翻译已获授权。译文对原文的介绍性内容和部分国家实践有删节。

注。我们能够推测某些事物在诉讼中如何处理,但无人能真正预测该事物是否会继续增长还是失败。加密货币正是这种情形。所有新事物在发展中的某个阶段,将受益于破产和重组行业。随着加密货币相关的交易进入主流市场,并成为个人和公司破产财产的一部分,破产执业人士将被要求释明立法指导和监管中不明确的问题。仅有通过破产法的视角,才能检验加密货币中法律关系的真实性质。破产执业人士需要采取创新的方法来解决与加密资产问题中未知、复杂的法律问题,完善此处的法律空白。

本文旨在简要介绍加密货币,特别是比特币。本文首先分析什么是加密货币,以及它们在当前经济环境中如何运作。此后,本文讨论加密货币具有何种法律特性、加密货币为何缺乏某种法律特性以及这对加密货币市场参与者的影响。本文还将讨论加密资产中存在的担保利益。我们分析了破产执业人士在面对涉及各类加密资产的破产财产时所面临的挑战。本文最后概括总结加密货币在许多国家目前的监管地位,梳理破产执业人士面临的问题。不足为奇的是,各个国家尚没有统一的规定。显然,立法和监管已经跟不上与加密货币和区块链有关问题的发展。

## 2 加密货币和区块链

### 2.1 什么是加密货币?

2019 年是全球第一种加密货币——比特币诞生十周年。加密货币起初作为数字现金的副产品出现,几年内价值就超过 100 亿美元,最高时超过 3000 亿美元。尽管加密货币近年来取得了巨大成功,这项技术似乎仍徘徊在边缘地带。本部分将讨论加密货币和区块链的基本特征,特别是以比特币,即目前被认为是第一个也是最重要的在运作中的加密货币为案例,分析并讨论其发展历程。

想要全面地介绍加密货币,其发展历史的简要介绍必不可少,也必须要致敬比特币的神秘发明者、传奇人物中本聪(Satoshi Nakamoto)。我们对中本聪知之甚少,甚至不确定这是一个人的名字还是一个具有共同志趣的群体的化名。[①] 但我们了解在 2008 年时,中本聪向“密码朋克”(cypherpunks)[②]上的隐秘邮件列表中发布了一篇题为《比特币:一种点对点的电子现金系统》的文章,该文旨在通过密码学和计算机科学引发社会、经济和政治变革。这一想法在迄今世界范围内最严重的金融

---

① 本文即将印制之时,大量媒体正在关注揭示比特币的真实发明者。

② “密码朋克”是一个倡导广泛使用强大的加密技术和隐私增强技术的活动平台,以此作为社会和政治变革的途径。

危机的余波下酝酿而生。中本聪构建了一个独立的理想化社会，不需要银行家、会计师和政府即可履行基本的生活职能。该文展望了比特币的发展蓝图，认为比特币可以防止双重支出，并创建一个完全去中心化的数字现金系统。该系统构想在透明的环境下，允许在线社区中的个人之间转账而不受限制，且无须向第三方支付额外费用。这与传统的支付系统不同，不需要一个收取费用的中央服务器来保存余额记录。

比特币由对等式网络（P2P）组成，每个用户都有完整的交易（包括每个账户的余额）历史记录。交易一经请求，比特币便进入被称为节点的计算机组成的对等式网络。节点网络通过算法验证包括用户状态在内的交易事务。交易由网络验证后，将与其他交易结合，在总账中组成一个新的数据块。新的数据块加入到现有区块链后永久不变、不可更改。整个网络则可以立即知晓此项交易。仅比特币矿商（Miners）才能确认加密货币网络中的交易，并因从事该职务获得加密货币代币作为奖励。

比特币的基本特性有：

· 网络确认的交易具有不可逆性。

· 交易和账户不与用户真实身份关联。账户由30个字符的随机链组成。由于任何人都可以在去中心化的网络上查看交易账户的地址，分析交易具备可能性。如果不通过用户或交换平台合作，很难了解到真实身份。

· 利用对等式网络即时交易、短时间内确认。该系统由全球计算机网络组成，不受地理位置、工作时间或公共假日的影响。

· 通过公钥密码系统保存加密货币资金，该系统只能由私钥持有人访问。

· 基于对等式网络的去中心化性质，平台上的任何人只需要免费下载软件，即可无限制地查看加密货币交易。

比特币在“挖矿”过程中产生——通过在过去的交易中添加记录来处理交易。由于去中心化的系统没有相关部门委任该职务，加密货币社区中的任何人都可以成为矿工。为了防止欺诈，中本聪创建了一条规则，矿工需要解决密码难题，才能有资格履行矿工的角色。如果能够解决难题，矿工就可以继续构建区块并添加到区块链中。这个过程可以开采出数量有限的比特币；根据中本聪的设计，总共开采出2100万个比特币。这决定了比特币的市场价值。以太坊是比特币的第二大替代性加密货币。但与比特币不同,以太坊具有自动交易功能。

欧洲金融和行政管理局(European Financial and Administrative Authority)在2015年的研究中描述了现有的加密货币支付方式的类型,并考虑到了加密货币与传统货币之间的互动联系:

> ·封闭的交易方式下全球经济和加密货币之间没有关联。加密货币只与其他加密货币交换,例如,在电脑游戏中使用游戏内货币。此类加密货币尚未被认为需要监管或立法。
>
> ·单向流动方式中加密货币可以兑换为法定货币,即政府宣布为法定货币的货币,反之不可。① 只要用户没有超额认购,则不需要大量的监管。
>
> ·双向流动方式中加密货币可以自由兑换成现金,反之亦然。因此,加密货币可以用来买卖商品和服务。这类支付方式受到了立法者和监管机构的特别关注。

### 2.2 什么是区块链?

区块链提供了一种保存和验证数据的新方式。它是通过分布式账本技术(DLT)运行的数据库,采取对等机制,使用相关参与网络中预先商定的一致性算法,并将数据记录在计算机上。在区块链的数据库中,数据可以固定结构——称为"块"(Block),或算法函数——称为"哈希"(Hash)的形式存储在链中。

每个块都具有独一无二的特质,如特定的块参照号、独特的建块时间以及特别的返回前块的链接。每个块由多个节点审查,只有当节点一致认为该块只包含有效交易时,才会将该块添加到数据库中。交易内容包括反映交易和交易各方的数字资产和指令。通过追踪链中先前的区块,可以将交易识别至第一笔交易,从而使交易各方能够验证和确认最新区块中资产的真实性。这使得区块链格外准确和安全。

系统中的专家用户运用先进的计算软件来识别时间戳块,使用复杂的算法来验证块的准确性,并将经过验证的块添加到链中。随着参与者数量的增加,更大范围内的数据复制使得任何人都很难更改链中的数据。任何试图添加或修改块信息的行为都需要得到网络中所有用户的批准,并且对任何块的验证只能通过"工作证明"过程

① 与加密货币单向流动相反的是脸书(Facebook)在2009年出售的脸书信用额(Facebook Credit),可使用法定货币购买脸书信用额,但脸书信用额不能兑换回法定货币。

进行。这个过程要求大量的计算能力，几乎不可能在块中插入伪造的交易。

区块链中的数据几乎被实时识别和验证，从而提供永久性的、不可损坏的数据库，并能足够稳定地作为价值储备仓库①运行，或者提供准确的记录，如与证券转让有关的记录。

区块链可以是公开透明，即"无须许可的"或"未经许可的"，或在私人群体内构建，即"经许可的"。无须许可的区块链包括比特币和以太坊，此类区块链中任何人都可建立节点，经授权验证、审查和提交交易。除了特定、随机的地址外，参与者的身份不被人所知。经许可的账目对参与网络进行限制，只有特定的参与者才有权访问，并在网络中被人所知。该网络是私人的，只有获得授权的组织才能参与和查看交易。分布式账本技术可以用于记录财产所有权和其转让，有可能取代土地登记处等组织的角色。不过，将区块链技术应用于公共账目，如土地登记册的条件是个人的真实身份能轻易获取。

区块链的成本效益吸引诸多金融机构纷纷投资多种基于区块链的服务和智能结算系统。据埃森哲（Accenture）估计，大型投资银行可以通过使用区块链技术来提高清算和结算效率，从而每年节省 100 亿美元。② 摩根大通和花旗集团等大型金融机构一直在研究如何使用区块链技术来追踪衍生品交易。2015 年，纽约金融科技公司 R3 与包括巴克莱（Barclays）、西班牙毕尔巴鄂比斯开银行（BBVA）、澳大利亚联邦银行（Commonwealth Bank of Australia）、瑞士信贷（Credit Suisse）、摩根大通（JP Morgan）、州立大街（State Street）、苏格兰皇家银行（Royal Bank of Scotland）和瑞银（UBS）等在内的多家金融机构成立了财团。该财团旨在研究区块链在证券结算支付中的应用。

英国的金融监管机构即英国金融行为监管局（FCA），目前正在考虑批准区块链公司的一些应用，以引导英国消费者使用基于区块链技术的产品。

### 2.3 什么是首次代币发行？

首次代币发行（ICO）是一种使用区块链技术的数字货币或代币。新的区块链或加密货币企业通常通过首次代币发行来筹集资金，2018 年年初首次代币发行市场就非常活跃。首次代币发行的形式各异，用途丰富。某些首次代币发行面向客户或供应商提供忠诚计划，或提供一种获得或购买发行人业务资产的能力。而其他

---

① 例如区块链数据库可被视为比特币的价值储备仓库。

② https://www.accenture.com/t20170120T074124Z_w_/us-en/_acnmedia/Accenture/Conversion-Assets/DotCom/Documents/Global/PDF/Consulting/Accenture-Banking-on-Blockchain.pdf#zoom=50,atp 6，最后访问日期：2020 年 7 月 18 日。

首次代币发行形式更侧重于筹集初始资金。审查首次代币发行的法律和监管规定依据是有必要的。未经授权发行证券是违法的，在许多国家可能会受到刑事制裁。对代币的法律分析结果将决定其是否应被视为特定投资，还是受监管的证券，或被视为不受监管的资产更加恰当。

代币的典型特征包括：
· 能够访问特定项目的资产或性能；
· 能够以多种形式参与平台上获得奖励；
· 具有预期的投资回报。

需要考虑的关键内容包括：
· 代币的可用总数和数量限制；
· 有关规则的决策过程或更改代币计划规则的能力；
· 与代币相关的项目的性质；
· 该项目相关的技术重点；
· 基础技术的依据和安全；
· 发行人及其保荐人保留或可获取的货币或代币数量以及现有权利的依据；
· 管理的质量和经验；
· 是否遵守法律和所有法规要求。

代币发售业务的性质、目的和架构通常会在白皮书中列出，供潜在买家参考。以下是迄今为止一些最大规模的首次代币发行名单：

(1)开曼群岛区块(Cayman Islands - based Block)。其中一家通过首次代币发行出售专有代币柚子币(EOS)获得了40亿美元。一家公司在募集投资时没有任何现实产品作支撑，仅凭投资者的信心就筹集资金。这些投资用于资助除云托管服务之外的去中心化的替代服务。

(2)文件币(Filecoin)是一个去中心化的存储网络，被转换成在区块链上运行的云存储公司。通过矿工赚取的文件币为客户提供存储服务，与比特币矿工因验证区块链而获得奖励类似。文件币已筹集2.57亿美元，用于开发和解锁数据中心未使用的存储空间。

(3)电报币(Telegram)提供加密通讯和区块链生态系统，筹集了资金17亿美元。该公司利用首次代币发行的资金开发了电报币公开网络(Telegram

Open Network),该网络类似于以太坊生态系统(Ethereum ecosystem),①提供应用程序、服务和数码及实体商品商店。

(4)据报道,委内瑞拉的加密货币石油币(Petro)筹集了50亿美元,被认为是有史以来最成功的首次代币发行。

2017年9月,英国金融监管局发表声明警告公众,"首次代币发行是非常高风险的投机性投资",并概述了在金融部门不受监管的领域投资的潜在风险。英国金融监管局表示,它将在个案中考虑首次代币发行是否属于英国金融监管局的监管范围。这是因为一些首次代币发行可能涉及受监管的投资和受监管的公司。因此,首次代币发行可能属于受监管活动的范围。以下是英国金融监管局发出的警告:

> 参与首次代币发行的企业应当仔细考虑其活动是否可能意味着他们就受监管的金融投资正在安排、处理或提供意见。每个发起人都需要考虑其活动是否构成相关法律规定的受管制活动。如果电子货币交易平台意欲提供便利代币兑换的服务,则应当考虑是否需要获得英国金融监管局的授权。②

我们已经对加密货币的概念及其产生背景有了一定了解,为什么要关心加密货币?加密货币是否会是又一个短期内指数化增长,却又迅速恶化破裂的泡沫呢?代币投资者是盲目投资吗?代币投资是另一种形式的赌博吗?代币能持续发展和增长吗?目前很难对任何这些问题作出解答,但我们能够确认的是加密市场动荡不稳。然而,如果加密货币能够安全有效地按照其发明人理想的工作原理运作,它将会是目前金融市场的重要竞争者。显然,加密货币作为替代支付系统,已经以首次代币发行的形式缓慢渗透到金融市场,破产和重组行业应当对此引起注意。随着越来越多的消费者和公司从事涉及加密货币的交易,破产程序中更有可能涉及加密资产。该现象在俄罗斯和美国的破产案件中尤其明显,本文稍后将对此进行详细讨论。与加密货币相关的问题还有:加密货币可能从边缘化地位成为重要的替代货币或支付系统吗?这将取决于包括商业和法律在内的许多因素。下文将更详细地讨论其中一些法律因素。

---

① 以太坊系统类似于应用商店,任何开发者都可以在上面开发应用,并出售给用户。

② FCA – Consumer warning about the risks of Initial Coin Offerings (ICOs), published on 12 Sep. 2017.

## 3　加密货币的法律特征

法律如何处理加密货币和加密资产,加密货币的法律特征是什么?为什么有必要考虑这些问题?在本文即将定稿时,一个比特币相当于4114.75英镑。人们高价购买比特币,会想要了解他们对比特币的合法权利。从交易平台或个人手中购买比特币后,是否就“拥有”了比特币?如果是,如何证明这种所有权?比特币是无形的;从本质上讲,其只是匿名虚拟账户中在数字系统中保存的密码,与人们的真实身份没有关联。

加密货币的法律特征为什么对破产和重组行业至关重要呢?破产执业人士在处理涉及不同形式加密资产的破产财产时已经必须解决加密货币的法律特征问题。加密资产因法律特征不明产生了难题;加密资产是会因其依据货币被创造而成为货币,还是一种金融工具或商品?破产执业人士有必要了解如何处理破产财产内的加密资产,因其首要职责是确保该破产资产价值的最大化。为此,破产执业人士需要依据相关破产制度,确定加密货币的特征和此类资产附带的担保权益。迄今为止,关于比特币和其他加密货币应当如何估值,破产案例法中几乎没有任何先例可鉴。这反而会使债权人质疑破产执业人士对加密资产的处理手段。这一点在本文之后讨论的管理“门头沟”(MtGox)交易平台的案例中清楚地显现。

在讨论加密货币上持有的权利之前,我们需要了解加密货币的法律地位。本文在这部分考虑了加密货币可能从属的法律类别。

### 3.1　加密货币的货币属性

货币是一种交换媒介,法定货币是政府已宣布为法定标的物的货币。在加利福尼亚银行家协会诉舒尔茨(California Bankers Association v. Schultz)[①]一案中,美国最高法院确立了认定货币的标准:加州州务卿的条例将货币定义为“美国或任何其他国家的硬币和纸币,这些货币在美国流通并在发行国作为货币被惯常使用”。欧洲中央银行(ECB)将虚拟货币定义为“一种不受监管的数字货币,通常由其开发者发行并控制,并在特定虚拟群体中使用和接受”。[②] 尽管比特币不被政府发行或许可,不可被视为货币,但欧洲法院(ECJ)在税务局诉大卫·赫德奎斯特[③](Skatteverket v. David Hedqvist)案中的裁决支持将加密货币视为一种货币的观点。欧洲

---

① 416 US 21 (1974).

② “Virtual Currency Schemes” by the European Central Bank (October 2012), https://www.ecb.europa.eu/pub/pdf/other/virtualcurrencyschemes201210en.pdf,最后访问日期:2020年7月18日。

③ C-264/14.

法院裁决根据增值税指令(The VAT Directive)第135(1)(e)条中的“货币”免税条款,对比特币交易平台的服务免征增值税①。该裁决将比特币兑换为法定货币确认为一种服务,等同于涉及货币、钞票和硬币等法定标的物的交易。

法定标的物是法律制度认可为有效履行财务义务的一种付款方式。法定货币在许多国家都是法定标的物。为使加密货币真正被接受为一种货币,相关国家必须认可它们为法定标的物。

在俄罗斯,加密货币或者任何一种虚拟货币,都不构成法定标的物或货币。《俄罗斯中央银行法》(the Federal Law “On the Central Bank of Russia”)和《俄罗斯民法典》规定,作为俄罗斯联邦货币单位的卢布是俄罗斯唯一的法定标的物。这表明在俄罗斯没有义务接受通过加密货币支付。欧盟理事会关于引入欧元的第974/98号条例第10条和第11条也有类似规定,欧元是欧元区内唯一的法定货币。此条排除了加密货币在法律上成为货币的可能性。《荷兰民法典》规定,合同项下的支付义务可以通过支付“可接受”的货币来合法履行。此条似乎使得使用加密货币支付成为可能,但事实并非如此。此条中“被接受的”货币必须是被视为政府接受的货币,或者从社会角度被接受的货币。目前,加密货币在荷兰并不被普遍接受。

在美国,加密货币没有得到美国政府的授权或采用。表面上看,加密货币不符合《统一商法典》(Uniform Commercial Code)第1-201(b)(24)条对“货币”的定义。然而,在刑事和民事领域,法院将比特币的方式类比于货币看待。例如,在美国诉穆吉奥案 (United States v. Murgio)中,12名被告被控违反《美国刑法典》(Main Criminal Code)第1960条,构成无证经营比特币交易业务。法院在本案中推断,当术语在法律中没有定义时,法院应赋予其“通常含义”。根据这一推理,法院认为,“基金”的通常含义是“可用的金钱资源”或“金钱,通常是用于特定目的的金钱”,而且“金钱”被定义为“被普遍接受为交换媒介、价值衡量标准或支付手段的事物”。在适用这些定义时,法院认为,比特币符合“基金”或“货币”这一术语的通常含义,可被接受用于支付商品和服务,或直接通过银行账户从交易平台购买。根据这些术语的通常含义,比特币显然有资格成为“货币”或“基金”。法院认为,比特币是“基金”,因为它们“既可以直接用来支付物品,也可以作为交换媒介以及被兑换成可支付的货币”。

此外,在证券交易委员会诉沙弗斯(Securities Exchange Commission v. Shav-

① Directive 2006/112/EC.

ers)[①]一案中,法院认为“比特币是一种货币或一种货币形式……”而法院在美国诉乌布里希(United States v. Ulbricht)[②]案中进一步认为,“比特币具有价值——这是其用途和功能——并充当交换媒介”,并且比特币可以兑换法定标的物,无论是美元、欧元还是其他种类货币。

### 3.2 加密货币的电子货币属性(E – money)

加密货币是否属于电子货币? 在欧洲,电子货币被欧洲央行定义为“技术设备上以电子形式存储的货币价值,可广泛用于向电子货币发行人以外的实体支付款项”。[③] 该设备具有类似于预付无记名票据的功能,在交易过程中不一定涉及银行账户。[④] 不同国家对电子货币定义有所不同。在俄罗斯,《关于国家支付系统的联邦法》(The Federal Law “On the National Payment System”)承认电子货币的概念,其定义是“一方(资金提供者)向另一方预付的货币资金,由另一方记录预付资金数额的信息,无须为资金提供者向第三方履行付款义务而开立银行账户,而且资金提供者仅有权使用电子支付手段发出指示”。然而,在大多数其他情形中,加密货币则不属于电子货币的范围。这是因为,加密货币所基于的区块链技术是去中心化的,而且一般来讲,交易的支付方式是另一种加密货币。

同样在欧洲,根据《电子货币指令》(The Electronic Money Directive),加密货币也不能被认定为电子货币。[⑤]《电子货币指令》运用三种标准来界定电子货币:电子货币应以电子方式储存,仅在收到价值不低于所发行货币价值的资金时发行,并由发行人以外的承保人接受为支付方式。比特币这类加密货币可能符合第 1 条和第 3 条标准,但不符合第 2 条。由于加密货币不能被定义为电子货币,电子货币指令将不适用。有趣的是,2018 年 3 月 14 日,数字货币交易平台币基(Coinbase)得到英国金融行为监管局的电子货币授权。币基是一家总部位于旧金山的数字货币交易平台,用户可以在该平台上交易比特币、比特币现金、以太坊和莱特币。币基获得英国金融行为监管局的授权具有重大意义,此举使得币基成为第一个被授权成为电子货币机构的加密货币交易平台,标志着加密货币领域与传统金融监管间接轨的

---

① No. 15 – CR – 769 (AJN) (SDNY April 21,2016).

② 4:13 – CV – 416,United States District Court,Eastern District of Texas,Sherman Division (6 August 2013).

③ No. 15 – 1815,US Court of Appeals for the Second Circuit (31 May 2017).

④ https://www.ecb.europa.eu/stats/money_credit_banking/electronic_money/html/index.en.html,最后访问日期:2020 年 7 月 18 日。

⑤ 2009/110/EC.

重大发展。

### 3.3 加密货币的金融工具属性

某些国家认为,加密货币不是金融工具。以瑞典法律为例,金融工具必须是可转让的证券。根据瑞典法律,加密资产不能被视为可转让证券,不能成为金融工具。由此,比特币和其他加密货币不能被归类为证券,包括衍生品、股票或债券。但是,近期的案例中,维罗纳(Verona)法院认为,提供加密货币是一种金融服务交易。①

近期的欧盟立法考虑将加密货币纳入现行金融监管下的金融工具清单。欧洲议会审议了该问题,在修订《欧洲金融工具市场指令》②(MiFID II)的金融工具清单时也对此予以讨论。讨论的原因是,投资者将加密货币视为金融工具的替代品。反洗钱(AML)条例中对金融工具的定义范围广泛,包括所有种类的加密资产。将大量的加密资产归类为金融工具,意味着目前加密资产交易中的许多活动,包括挖掘、安排首次代币发行,以及为与加密货币交易相关的交易提供咨询等可能受到监管。

根据欧洲证券和市场管理局(ESMA),上述讨论的目的是将某些加密货币归类为金融工具,特别是那些在首次代币发行募资过程中创造的资产。欧洲银行管理局委员会在最近的报告中指出:

> 一般来说,加密资产不在欧盟金融服务监管的范围之内。此外,欧盟各国就监管这些活动正采用了不同的做法。这些因素可能产生潜在的问题,包括消费者保护、运营弹性和公平竞争环境。③

### 3.4 加密货币的金钱属性

对于加密货币法律特征的讨论方兴未艾,考虑加密货币是否具有金钱的经济功能是有必要的。亚当·斯密(Adam Smith)依据金钱在社会中发挥的功能来定义金钱,特别是以下三种功能:金钱作为价值储存手段,将购买力从现在延续到未来;支付货物和服务的交换媒介;以及衡量某种货物、服务或贷款价值的计算单位。④根据英国法律,货币作为一种价值和交换的替代被视为财产。⑤ 但关于比特币是否履行金钱的经济功能,没有明确的共识。

---

① Banca Dati S. r. l. – Univest, Judgment n 195/17, Court of Verona.

② 2004/39/EC.

③ Report with advice for the European Commission on crypto – assets, dated on 9 Jan. 2019.

④ Adam Smith, The Wealth of Nations (W. Strahan and T. Cadell, London, 1776).

⑤ David Fox, *Property Rights in Money*, Oxford University Press, 2008.

英国央行行长马克·卡尼(Mark Carney)认为,加密货币没有满足亚当·斯密定义金钱的三个标准。他认为加密货币不能很好地储存价值。即使是像比特币这样比较稳定的加密货币,也会经历非常高的价格波动,因此加密货币不能储存价值。此外,波动性表明加密货币缺乏内在价值和外部支持。

从支付手段角度来看,加密货币的运用尚不广泛。即使是比特币也只能用来支付一小部分业务。比特币交易的速度和成本与既定的支付方式相比处于竞争劣势。几乎没有证据表明加密货币被用作了计算单位。即使是接受加密货币作为支付手段的企业也频繁更新比特币的价格,来反映商品或服务的不变法定价值。英格兰银行也"不知道有任何接受比特币支付,并同时维持比特币账户的企业"。因此,马克·卡尼指出,"加密货币充其量只对某些群体在有限程度上发挥金钱的作用,而即便如此,加密货币也只能与其使用者的传统货币并行才能发挥作用"。[①] 即使符合这些经济定义也不一定意味着在法律或监管意义上某项资产能够被视为货币。[②]

英格兰银行审查了加密货币的欺诈风险和不可靠性。委员会注意到,在去中心化的体系中,用户无须共用个人信息,因此不存在信息泄露的风险。然而,委员会认为数字货币直接损失的风险高于电子账户存款。例如,遗忘网上银行账户的密码可以恢复或由银行重置。相反,如果遗忘了管理加密货币钱包访问权限的私钥,则无法恢复,因为没有中央服务器提供重置。显然在这些方面,"数字钱包更类似于包含实物货币的实物钱包"。[③] 因此,稳健的加密货币计划作为价值储存手段比具有实物形式的"真实世界"货币更加可靠。

瑞典国家银行表示,加密货币在任何情况下都不能被视为现金,但没有提供任何进一步的定义。不应将其视为现金的主要原因是,加密货币缺乏官方发行人,也不具备形成良好运作的支付手段的潜力。加密货币只是处理网络内部支付的一种方式,排除了它作为金融工具或常规现金/货币的可能性。加密货币也很难获得资产的稳定价值,没有作为内在价值的基础资产。

加密货币是否具有金钱功能引起热议。但正如英国央行所强调的那样,即使符合货币经济学理论也不一定能在法律或监管意义上认为加密货币是金钱。

---

① "The Future of Money"; speech given by Mark Carney, Governor of the Bank of England on 2 March 2018.

② Bank of England 2014 Quarterly Bulletin Q3. published on 16 Sep. 2014.

③ Bank of England 2014 Quarterly Bulletin Q3. published on 16 Sep. 2014.

### 3.5 加密货币的商品属性

有人认为加密货币是一种商品。商品是一种商业用品,可以与其他商品互换。2018 年 3 月 6 日,美国纽约东区地区法院韦恩斯坦(Weinstein)法官在美国商品期货交易委员会诉麦克唐纳(CFTC v. McDonnell)①案中认为虚拟货币是商品,应受美国商品期货交易委员会(CFTC)监管。这一裁决回应了否认虚拟货币商品地位的请求,也首次在司法上认可美国商品期货交易委员会长期坚持的立场,即《商品交易法》(The Commodities Exchange Act)授权了美国商品期货交易委员会监管虚拟货币的权力。美国商品期货交易委员会认为,《商品交易法》中的"商品定义范围广泛",扩展到了"无形商品",包括从"可再生能源信用额度和排放限额"到虚拟货币。正如美国商品期货交易委员会所述,"虚拟货币……与所有其他货物和物品一样,属于《商品交易法》中的类别",而且"每种虚拟货币所固有的权益构成了目前或未来交割的合同的权益。"在 2018 年 3 月 6 日的裁决中,韦恩斯坦法官解释说,"虚拟货币可作为一种商品由商品期货交易委员会加以监管",因为"它们是在市场上按照统一的质量和价值而交换的货物",并且"与所有目前或者未来交割的合同项下的其他货物和物品一样,属于《商品交易法》对商品的定义范围"。②

> 比特币与黄金具有一些相似之处:
>
> (1)比特币和黄金均不受政府监管。
>
> (2)比特币的供应是有限的。③ 据估计全世界只有 171,000 公吨黄金。
>
> (3)比特币理论上与黄金一样不受政治干预,但货币供应可通过政府货币政策增加。
>
> (4)黄金价值随需求波动,显然比特币的价格也与市场需求有关。

但显然这种比较的根本问题在于黄金具有内在价值,而比特币则不然。

在法律上来看,依据美国判例法,比特币可以符合"可用商品"项下对商品的定义,因为比特币可以在网上交易商品和服务,甚至可以兑换法定货币。比特币可以被占有,因为私钥持有者可以控制数字钱包中比特币的流转。此外,比特币持有者的这种控制可以被认为是推定占有,在这种情况下,比特币持有者有能力决定比特

---

① Commodity Futures Trading Comm'n v. McDonnell, No. 1:18 - cv - 00361 - JBW - RLM, slip op. (EDNY Mar6, 2018).

② https://www.dlapiper.com/en/us/insights/publications/2018/05/how - one - new - york - court - is - shaping thefuture - of - cryptocurrency - regulation/,最后访问日期:2020 年 7 月 18 日。

③ 可挖矿的比特币总数为 2100 万。

币的命运。[①] 如果加密货币被归类为一种商品,那么《美国破产法》就不会自动提供同样的保护。为使比特币作为一种商品得到保护,与比特币转让有关的任何协议都必须构成《美国破产法》所界定的"远期合约",规定在合同到期日之前交货。远期合约提供了许多保护,包括免于自动中止、禁止破产违约以及继续"照常营业"的能力。

## 3.6 加密货币的税收待遇

### 3.6.1 意大利

在意大利,根据第90 / 2017 号法令第 1 条,加密货币被定义为"代表价值的数字交换方法,这种方法不由任何中央银行或当局发布,也与任何货币无关"。根据第72 / 2016 号决议,意大利税务局将加密货币等同于外国货币。一些意大利学者认为,将加密货币纳入外国货币范围可能是错误的。例如,加密货币市场的波动性无法与实体货币的波动性相比。但意大利税务局的决议没有法律效力,只是为解释有关的具体案件和情况提供明确的准则。

### 3.6.2 丹麦

根据丹麦税务当局的规定,比特币系统"只是一个支付系统,用于支付数字货币,不受中央银行的监管,其汇率由比特币的供求情况确定。"[②]丹麦税务当局将数字货币书币(Bookcoin)归类为结构性债权,即关于未来某一时刻半通用地购买相关资产的债权。[③] 书币的拥有者可以将电子货币按照一个书币兑换一克银的固定汇率兑换成银。由于与实际商品价格具有联系,书币受到了不同于比特币的税收规则的监管。

根据丹麦法律,企业必须以丹麦克朗或其他外币提交年度报告。鉴于比特币不受外国央行监管,它不符合这一"外币"要求。同样,考虑到由于要求在每张发票上明确列出增值税数额,发票必须以丹麦克朗或其他外币开具,丹麦企业不得仅以数字货币开具发票。丹麦税务当局的立场是,任何购买或出售比特币的行为都是投机行为,因此无论是否是在公众数字货币进入公众视野前进行购买比特币,都应当纳税。

### 3.6.3 瑞典

根据瑞典税法,加密货币不被认为是货币。相反,涉及加密货币的交易被视为

---

① Tara Mandjee,"Bitcoin,Its Legal Classification and Its Regulatory Framework",15 *J Bus & Sec L* 157 (2016).

② Taxation and Duties Gazette,2014.466.

③ Taxation and Duties Gazette,2017.592.

涉及资产的单独交易。每次交易都应该计算特定资产或加密货币如比特币的收购价格。出售资产时,应按照资产收购价和出售所得差额计税。

(1)若购买加密货币,收购价格是购买加密货币的价格兑换成瑞典克朗的金额;

(2)若开采了自己的加密货币,收购价格是在挖矿过程中分配加密货币后兑换成瑞典克朗的市场价值;

(3)若在个人商业交易中收到作为支付手段的加密货币,收购价格是报告的收入额,包括增值税;以及

(4)若收到加密货币作为薪水,收购价格是报告的就业收入额。

开采加密货币不需缴纳增值税,从事涉及加密货币兑换法定货币的交易也不需缴纳增值税。瑞典税务局发布了具体的会计准则,规定公司若在业务中收到加密货币作为支付方式,加密货币随后的价值变动应作为资本收入纳税。比特币已经被用于网上购物,瑞典税务局已经将比特币定义为其他可以通过处置获得资本收益的资产。

3.6.4 荷兰

在个人从事商业活动时,若与加密货币有关的利润或损失可归因于该商业活动,则该利润或损失就属于商业活动应纳税利润的范围。就加密货币挖矿而言,视挖矿作业的规模而定,加密货币挖矿可被视为构成商业活动。[①] 在此种情况下,任何这些活动的相关利润,均属于来自业务活动的应课税利润。如果雇员以加密货币领取工资,则雇员领取工资时加密货币的价值构成雇员享有的就业收入总额。

如果个人从事的工作不符合商业活动或就业收入的条件,且所从事的工作被认为比主动式管理基金[②]更具有实质性,来自加密货币的收入可能构成其他活动的结果。加密货币的计税基数将是其在参考日期即每个日历年的1月1日加密货币交易平台反映的市场价值。

3.6.5 英格兰和威尔士

在英格兰和威尔士,所有形式的资产,包括一般的无形财产和除英镑以外的任何货币,都被视为税法规定的资产。[③] 因此,加密货币要作为税收意义上的资产,需要具备以下特征:

---

① 加密货币挖矿也因挖矿活动有资格构成实质的商业企业。

② 例如,个别投资组合投资者的行为。

③ Taxation of Chargeable Gains Act 1992, s 21(1).

· 必须是可以被拥有的；

· 其价值必须能够实现。[①]

英国税务部门认为加密货币是符合这一定义的资产。由于加密货币不是公认的主权货币，任何使用加密货币作为对价给付或接受的交易将被视为“易货交易”。英国税务手册将易货交易定义为“为了某种对价而处置资产的交易，这种对价不是英镑现金，而是某种其他资产”。[②] 这意味着在公平市场交易中，加密货币的对价以收购或处置收交物品之日的英镑价值计量，类似于其他资产是外币的交易情形。英国税务部门将根据预先商定的规则对待每一种加密货币，并根据特定事实处理个案。

2014年3月3日，英国税务部门审议了对比特币和其他类似加密货币活动所得收入和收费的税务处理情况。增值税情况摘要见表1：[③]

**表1　增值税情况摘要**

| 收入来源种类 | 是否需要缴纳增值税 |
|---|---|
| 比特币挖矿活动 | 不属于纳税范围，且不构成经济活动 |
| 矿工的其他活动[④] | 被豁免[⑤] |
| 比特币兑换英镑或外币 | 就比特币价值不计增值税 |
| 安排或进行比特币交易 | 被豁免[⑥] |
| 以加密货币支付货物和服务 | 需要，以交易时点的比特币兑英镑价值计算 |

此份税务和海关简报只概述了英国税务部门的临时立场，尚待进一步发展。但除英国税务部门宣布的任何变化外，纳税人均可适用上述税收待遇。未来的任何改变都不会追溯适用。

### 3.7　其他

本部分考虑的属性十分多元。鉴于加密货币具有多种特征，可以将其与下列一系列属性联系起来。

---

① “Chargeable assets：intangible assets：rights”，HMRC Internal Manual CG12010.

② “Foreign currency：assets acquired or sold for currency”，HMRC Internal Manual CG78310.

③ Revenue and Customs Brief 9 (2014)：Bitcoin and other cryptocurrencies on 3 March 2014 (Policy Paper).

④ 如验证服务交易记录。

⑤ EU VAT Directive，art 135(1)(d).

⑥ EU VAT Directive，art 135(1)(d).

3.7.1　货币替代品

俄罗斯联邦中央银行(CBR)将加密货币类比为货币替代品,这表明加密货币的发行者和所有者未来可能面临禁令和惩罚风险。但联邦税务局在2016年消除了这些隐忧,该局强调,现行立法没有对货币替代品、加密货币或代币进行定义或设定规则,因此不会限制有关工具的流通。俄罗斯联邦中央银行在2017年的最新通告中,仍然对加密货币和首次代币发行持怀疑态度,质疑它们进入公共交易架构的可行性,但不再提倡全面禁止加密货币和首次代币发行。在俄罗斯,任何关于代币的意见的明确答复都需要通过特别立法来确认,由于立法者打算在立法前进一步研究市场发展和其他国家的监管措施,目前特别立法的筹备工作暂被搁置。

3.7.2　债权

在瑞典加密货币被归类为债权。[①] 在债权关系中,必须有既定的债权人和债务人关系。显然,债权可被视为一种支付手段,债权的价值取决于债权的规模和债权受让人承担的风险,后者又取决于债务人。不为人所知的是,在相当长的一段时间里,金钱在法律上被定义为一种债权。从历史上看,基于黄金等自然资产的货币一直被视为对国家的债权。瑞典国家银行历来采取债权人立场,必须确保有黄金储备,以向货币即瑞典克朗持有人担保其债权相当于担保该货币价值的定量黄金。人们就加密资产是否可以同样的方式被视为一种债权进行了类似的讨论。然而,这种想法可能过于牵强,因为在加密货币中没有债务人的角色,也没有任何底层工具来确保债权的价值。

3.7.3　有形资产

加密货币不能算作有形资产,因为它们本质上是无形的,不过这恰恰是某种东西成为有形资产的先决条件之一。但在荷兰的刑法案例中,法院裁定信息可以被视为有形资产,可以被窃取。[②] 不过这种观点只适用于刑法而不适用于民法案例。在荷兰也有人认为加密货币不属于任何既定的类别,而应被视为商誉。尽管加密货币显然具有价值,但它们不属于荷兰民法调整的范围。因此,它们不能在法律意义上转让,也不可能通过所有权返还之诉等法律诉讼来保障取回。总之,在荷兰对于加密货币还没有明确的法律定性。

---

① Crypto currencies: a special legal effect on holdings of Bitcoins and other similar means of payments, Emil Elgebrant, 2016.

② The "Runescape - arrest", ECLI: NL: HR: 2012: BQ9251.

### 3.8 加密货币具有法律特征吗?

加密货币显然可因其独特的特征被归入一系列类别。若没有立法干预,则很难对加密货币明确归类。然而,立法者和监管者的指导意见表明,加密货币资产并非完全相同,即使是代币例如以太坊和比特币相比也具有许多不同特征。解决加密货币的法律特征问题需要一套成熟完备的立法机制。2013 年年底,澳大利亚企业家杰克逊·帕尔默(Jackson Palmer)推出了一款名为狗币(Dogecoin)的代币,效仿当时涌入市场的众多加密货币。结果狗币很快就因为廉价的特质成为新投资者的投资起点,并通过社交媒体在 2018 年增长到 20 亿美元的市值。狗币的例子充分地表明了在欠缺监管或立法指导的背景下,进入加密货币市场十分容易。在缺乏合适的法律定性时,我们倾向于主要依靠事物的名称来判断该事物是否属于加密货币或加密资产。被命名或称为加密货币或加密资产的资产本不应被默认为如此,然而在关于加密货币法律地位的立法空缺时,我们只能粗略地依赖于加密货币或代币等命名或称谓。在具有明确立法之前,破产执业人士需要随时获取可靠的信息,保证他们勤勉尽责,避免其行动受到质疑。

### 3.9 加密货币上存在何种财产权?

#### 3.9.1 概述

本部分讨论了一个关键问题:在尚未被法律归类的无形资产上存在什么样的所有权。加密货币的核心是加密代码。加密货币的基础资产是私人访问密钥的权限,使得持有者对钱包中的加密货币享有包括转账在内的控制权。加密货币不像法定货币那样有实体存在,那么如何对加密资产享有财产权?下文将对关于加密货币的财产权进行分析。

#### 3.9.2 俄罗斯

俄罗斯理论界就加密货币法律性质的意见各异。特别是一些学者认为与加密货币相关的行为整体上是非法的,应当对使用或发行加密货币施加行政或刑事处罚。然而大多数学者认为,较为合适的方式是在立法中引入一个特别的术语,以此作为日后相关法律制度发展的参考标准。在俄罗斯,理论界的争论重点是确定加密货币在民事权利客体体系中的地位,并试图对其进行界定。对于加密货币和其他加密技术,目前已经有不少系统化和一般化的理论成果。

目前,俄罗斯立法中没有确认代币或加密货币的概念;同样,加密货币的所有权问题也没有得到解决。但是《数字金融资产法草案》(the Draft Law On Digital Financial Assets)第2条指出,数字金融资产①是使用加密技术创建的电子财产。通过在数字交易登记册中输入数字条目,就能验证这类财产的所有权。该法律草案建议将财产权制度扩大到涵盖加密货币。

莫斯科商事法庭(Commercial Court of Moscow)②最近审理的一个案件表明,俄罗斯法律中对财产客体的列举并不是穷尽的,特别是《俄罗斯信用卡法》(the Russian Card Code)第128条提到的“其他资产”是兜底性条款。法院强调基于当前经济现实,“对‘其他资产’采取最广义的解释是合理的”。法院还指出,债务人的任何包括加密货币的具有经济价值的财产,不得被任意排除在破产财产之外。

3.9.3 英格兰和威尔士

英国普通法下的财产“必须是可定义的,可被第三方识别的,能够由第三方承担,并具有一定程度的永久性或稳定性。”③此外根据英国法律,财产被归类为不动产或个人财产。不动产是指任何对土地、不动产、种植的植物的权益或任何对不动产进行改良的权益。个人财产是所有权客体中不动产定义范围外的其他一切事物。个人财产可以分为有形的个人财产包括动物、商品等,以及无形的个人财产包括股票、债券、专利和版权。无形的个人财产可以是权利动产或其他无形的财产。主权货币可以被归类为有形财产,因为它具有硬币和纸币的实物形式,可被使用者持有,因此也属于占有动产。另外,存有法定货币的银行账户上可以存在权利动产,并不需要实际拥有货币,只要能够通过法律诉讼获取即可。

显然,英国法没有明确规定是否可能对加密资产享有财产权。且立法者不可能在做出立法决策时考虑到加密资产的概念。因此,在缺乏明确处理加密资产财产权问题的新立法时,需要考虑普通法判例来解答这些问题。

例如,加密货币可被认为归类为无形财产,并与权利动产归入同一类别。权利动产是“通过诉讼可以获得的财产,与占有动产形成对比,占有动产是可以实际占有的财产。权利动产的含义……随着时代发展一直在扩展,现在指所有仅能通过诉讼而不是实际占有来主张或强制执行的个人财产权”。④ 然而,加密货币的一些特征却符合占有动产类的财产权。某些加密货币可以在钱包间转移、存储,一旦钱包的私人访问密钥丢失,加密货币就会丢失。因此,可以认为某些形式的加密货币可以像钱包中的硬币和纸币一样被占有。

---

① 此处指加密货币和其他代币。

② Tsarkov (case number:A40 - 124668/2017 dated 5 March 2015).

③ National Provincial Bank v. Ainsworth [1965] 1 AC 1175 at 1247 - 8, by Lord Wilberforce.

④ Halsbury's Laws of England (5th ed) Vol. 13 para 1.

依据英国法,私人密钥的记录可以被认定为财产。而私人密钥本身被视为保密信息,可通过强制执行保密责任或就违反保密责任给予损害赔偿来保护。在立法没有扩张的情况下,信息本身不能被视为某种形式的财产,①除非涉及专利和商标。因此,审查知识产权和无记名股票等资产的财产权权益将对分析私人密钥的财产属性有所帮助,因为该等资产与加密货币的特征类似。

尽管知识产权基于商誉、品牌认可、专利和商标等无形之物,但普遍认为知识产权上存在财产权。知识产权分为工业产权包括发明和商标专利和版权包括文学作品、电影和艺术作品。知识产权允许创作者保护他们的作品,从创作中获益,免受盗窃和剽窃。在英国,版权和外观设计权利自动享有,而商标、专利和注册外观设计的保护则需要申请。由于知识产权具有地域性,只能在批准申请的地域内赋予所有权人专属权利。英国知识产权局(Intellectual Property Office)是英国负责知识产权的官方政府机构,保存知识产权记录。显然通过立法确认,知识产权这样的无形资产已经被纳入财产权的范围,并且在英国知识产权局的登记册上很容易辨别。知识产权和加密货币之间具有某些相似之处,两者都是对持有者有价值的无形资产。显然加密货币交易可以通过区块链公开审查,然而,鉴于钱包持有者的匿名性,无法像英国知识产权局的登记形式一般将加密货币进行登记。为了使该问题更加明确,有必要提供立法指导来明确加密货币上是否存在财产权。

无记名股票是由实物股票权证的持有人全资拥有的股权证券,发行公司不登记股票所有人或追踪所有权的转移。无记名股票与已登记、发行的股票有显著不同,后者需要认证并记录在内部股票登记簿上,而且在英格兰要求公开披露。与加密资产相同,无记名股票的明显优势在于所有权匿名。许多国家为了遏制公司的不法活动,颁布立法限制无记名股票的使用。加密货币与无记名票据具有类似的特点,即持有人对基础财产的所有权来自于对客体的控制。与无记名股票一样,加密资产也可能遗失或被盗。可能仅仅因为误放或忘记访问数字钱包的私钥就会遗失加密资产。例如,四轮车(Quadriga)加密货币交易平台因在其首席执行官突然去世后没有披露一些加密钱包的私钥,最终在一月被债权人提交保护申请,因此,钱包中价值约 1.35 亿美元的加密货币都无法提取。由此看来,加密资产可被归类为无记名资产并由私钥持有者享有财产权。

英格兰和威尔士法院在金斯敦(Kingston)刑事法院的一起刑事案件中已经处

---

① OBG v. Allan (2008) 1 AC 1.

理了加密货币的相关问题,[1]并涉及了 2002 年《犯罪所得法》(the Proceeds of Crime Act 2002)。在这起案件中,警方发现了该案被告持有一个数字钱包的私钥,该被告后来被判定犯有毒品和洗钱罪。这个数字钱包包含价值 975,000 英镑的 295 枚比特币。警方向法院申请对被告的资产实施限制令,包括限制将被告持有的加密货币兑换成英镑。法院同意了该申请作出相关命令,而作出相关命令的前提是法院必须认同加密货币可以像汽车或贵重物品一般扣押。[2]《犯罪所得法》中可变现财产的定义包括无形财产。《新牛津词典》中"扣押"的定义是"通过搜查令或合法权利占有违禁品、资产、文件等"。因此法院在本案中裁定,依据《犯罪所得法》,加密货币是可变现的财产并可被警方扣押。[3]

值得注意的是,英格兰最近的司法案例倾向于将已经具有经济价值并可以转让和交易的权利归类为财产权。可以假定,在普通法下具有经济价值、在市场参与者之间具有可转移性,而且经过完善设计足以自由交易的加密货币可能被归类为一种财产。[4] 但在英国这种财产权的性质仍待明确。

3.9.4 中国

深圳国际仲裁院最近发布了一份涉及加密资产的财产权问题的案例分析。[5]争议中的加密货币价值约为 493,158 美元。申请方与被申请方订立了一项合同,申请方允许被申请方代其交易和管理加密资产,并在指定日期返还资产。被申请方未能在约定的日期归还资产,申请方要求归还资产本息。中国法律对加密货币没有明确的规定,仲裁员对加密资产财产权的分析为中国法律在这种情况下的适用提供了视角。被申请方辩称,该合同因中国禁止加密货币和首次代币发行而无效。然而仲裁员认为,该案的诉求基于归还加密资产的合同义务,这不应受加密货币禁令调整。仲裁员还注意到中国法并不禁止个人间持有比特币和交易。仲裁员总结认为,不确定比特币是否能作为法定标的物,但此并不影响依据《合同法》对比特币的所有权保护。仲裁员进一步指出,"比特币具有财产属性,可由当事方拥有和控制,并能够提供经济价值和利益"。尽管仲裁员在本案中没有认定加密货币的法律

---

① R v. Teresko (Sergejs) – unreported, 11 October 2017.

② "扣押"一词并未在《犯罪所得法》中界定;现金适用特别的扣押制度,本案中警方没有申请适用这类扣押。

③ 有趣的是,警方查封和扣押这种加密货币的方式是通过转账将被告持有的数字钱包中的比特币转入警方持有的数字钱包。

④ Joanna Perkins and Jennifer Enwezor, "The Legal Aspects of Virtual Currencies", [2016] 10 JIBFL 569.

⑤ Shen Guozhong Case Selection https://mp.weixin.qq.com/s/U_qDgQN9hceLBbpQ13eEdQ,最后访问日期:2020 年 7 月 18 日。

地位,但从这一裁决中可以清楚地看出,加密货币的财产权在中国将受到保护。

3.9.5 美国

加密货币的发展将影响到认定债务人的加密货币是否构成其财产。以破产程序开始时产生的破产财产为例,[①]《美国破产法》第541(a)条规定,破产财产包括“自破产案件开始之日起债务人财产上的所有普通法或衡平法上的权益,不论财产位于何处或由何人持有”。《美国破产法》对财产权益作了广义的界定。因此除某些例外情况外,如果加密货币在破产案件呈请日或申请日时被拥有,则被视为债务人财产。

美国加利福尼亚州北部破产法院在哈什法斯特科技有限公司案(Re Hashfast Technologies LLC)中讨论了加密货币之上是否存在财产权。[②] 本案案情涉及一位破产管理人试图撤销3000比特币的转让,其价值在交易时相当于36万美元,而之后已升值至120万美元。管理人辩称,比特币这类财产能够按照当前价值[③]追回;而被告受让人辩称,比特币性质相当于美元,因此认为应当按转让日的价值计算。根据《美国破产法》,法官裁定“不支持被告的主张,因为法院有充分的理由认定比特币不是美元”。蒙塔利(Montali)法官进一步裁定,比特币应被归类为“无形的个人财产”,在《美国破产法》中被定义为不能触碰或持有的有价值的客体即商标或版权。然而法官强调,这种分类仅限于根据《美国破产法》第550条提起的欺诈性转让诉讼。本案是针对驳回诉讼请求的处理,因此没有对管理人提出的撤销比特币的请求作出裁决。

3.9.6 结论

加密货币过于复杂而不能简单地对其进行分类,而且对于加密资产上可能存在的财产权类型存在多种争议。就不同国家而言,似乎并没有一种明确立场。为将加密货币纳入现有法律框架的范围,有必要进行一定程度的立法干预。

### 3.10 加密货币相关的担保特性

担保债权在理论上应具备以下特征:

(1)担保债权人能通过有限的法院救济途径强制执行;

(2)该债权相对于其他无担保债权而言,对被担保资产具有可强制执行性;

(3)若被担保资产的交易可能有损担保价值或强制执行,应当有一定的机制防

---

① US Bankruptcy Code, s 541(a).

② Bankruptcy case No. 14 - 30725DM, 19 Feb 2016.

③ 当前价值是交易时和当前市场价值间的较高者。

止或控制此类交易。

在研究加密资产的法律特征后，可以得出如果不将加密资产实际转移给债权人，或者不披露私钥，上述担保的特征就不可能实现。密码资产是无形的，不合作的债务人可能只有经法院的裁决后，才会提供访问密码钱包的私钥。加密资产与其他具有所有权的无形资产如知识产权不同，加密资产体系中没有中央登记系统，无法通知就同一加密资产寻求担保的第三方提供通知。如果没有登记制度等加密资产的担保权益并供公众查阅，债务人则有责任通知相关各方加密资产已经存在担保权益。如果债权人想要取得对加密资产的“占有”，从而确保其债权相对于任何其他债权在执行上具有优先权，则债务人可以免除通知义务。此举也可防止债务人以可能损害担保权益的方式处理该加密资产。其中，“占有”的含义是指，将加密资产转移到仅由债权人控制的钱包中，以防止债务人以不利于强制执行担保的方式处理有担保资产。

将加密资产直接转让给债权人可能会引发人们对债权人偿付能力的担忧，特别是债务人如何从债权人的破产财产中收回加密资产。有人建议，[①]如果直接转让是首选方法，则各方可以根据担保协议，通过第三方托管人持有加密资产。托管人将根据担保协议下义务的履行情况将加密资产转移给适当的一方。各方必须都认同托管人的可靠性，并且还必须意识到尽管有数个托管人就加密资产提供相关托管服务，但此服务尚未受监管。

在加密资产上设置担保权益显然涉及几个法律问题，也有商业困难可能阻止债权人接受加密资产作为债务担保。最典型的障碍源于加密货币并不受中央政府的支持或监管。尽管加密货币在当前市场上较为流行，并在过去几年中呈指数级发展，但它们仍不能轻易兑换为具有实际价值的资产。债权人在接受大量加密货币作为债务担保时应特别谨慎。同样，加密货币的价值是不稳定的，对加密资产估值可能是非常投机的行为。如果加密货币的价值很高，担保债权人在贷款协议有效期开始时可能处于有利地位，甚至可能导致债权人的债权过度担保。然而随着加密资产的价值急剧下降，这种情况很容易扭转进而可能导致债权人担保不足。因此，有担保债权人就无法确定作为担保的加密资产是否具有足够的价值来偿还债务。谨慎的做法是避免将这种不稳定的资产用作担保。然而，如果有必要或希望将加密资产用作担保，比较明智的做法是不单独依赖此类资产作为担保，而是通过混合加密资产和其他传统资产的担保组合作为担保。

---

① David Quest, “Taking security over bitcoins and other virtual currency”, (2015) 7 JIBFL 401.

## 3.11　加密货币之上存在哪些担保权益?

### 3.11.1　介绍

简要回顾各国的情况可以发现,加密货币没有明确的法律特征。因此目前缺乏立法明确加密资产之上可能存在的财产权。从本文分析来看,法院似乎认可加密资产之上存在某种形式的财产权。本文在此部分将通过研究不同国家的情况,讨论加密货币上是否存在担保权益。这些讨论与破产执业人士息息相关,因为破产执业者的主要职责是使破产财产的价值最大化,以确保债权人能够实现回报最大化。为此,破产执业人士必须要有能力确定哪些资产是破产财产的一部分,以及这些资产中哪些包含第三方债权人持有的担保权益。成功完成这项工作对于破产执业人士来说十分关键,能够便于他们采取合理步骤确保担保债权人能够变现其担保权益,并确保出售破产财产中的任何其他资产不附带权利负担。正如我们先前的讨论,认定加密资产构成破产财产存在各种困难,此项任务并不容易完成。

向第三方借贷总是伴随着某种形式的风险,债务人不能清偿时,债权人对有价值资产的追索权是一种慰藉。事实上这也是提供担保的全部目的。凭借有效的担保权益,债权人将能够变现有担保资产的价值,并将其用于支付未偿债务。当债务人不再能支付债权人的应收款项并进入破产程序时,担保也具有重要作用。因此,直至未偿债务得到清偿,担保都为债权人提供了对有价值资产的所有权益。

这里产生的问题是:

- 传统的设立担保的方式适用于加密资产吗?
- 加密资产可适用商业中常用的担保形式吗?

### 3.11.2　英格兰和威尔士

从先前关于加密货币法律特性的讨论中可以看出,加密资产在法律上被如何分类尚不明晰。如果被认为是货币,就有可能利用传统的货币担保方法,即以货币存入银行账户的形式,或者作为提供担保的一方所欠债务的形式提供担保。根据英国法,存款账户和债务将被归类为无形财产,因此创造了一种权利动产,即账户持有人在所欠债务未得到清偿的情况下获得余额的权利。债务人可以通过普通法或衡平法的转让方式设立抵押。原则上,银行可以对加密资产进行类似操作,在某些情形下将加密货币转让给银行。相应地,如果银行提供以加密货币计价的存款账户,而债务人的加密货币存入该银行账户,债务人便可以通过该银行账户向债权人抵押或转让。债权人将有权依据担保文件条款,对存在于加密货币银行账户上的权利动产享有权利。事实上,英国银行并不提供以加密货币计价的银行账户。因此加密资产将由担保设保人直接持有,不涉及任何第三方。

讨论加密资产中是否可以存在担保权益的难处在于,任何对加密资产享有控制的人即是加密资产的“所有者”,也是私钥的持有者。目前尚不明确加密资产是否赋予任何对第三方的法律权利,并且加密货币似乎只有在有需求的情况下才有价值。

根据英国法律,债权人不太可能对加密资产拥有留置权。这是因为根据判例法,“在英国法律中被合理归类为一般留置权的权利,除了有形证券和老式的认证证券外,不能适用于其他任何客体”。① 在裁定电子数据库上不能设立留置权的案件中,英国上诉法院又进一步重申了这一点。② 基于这一判决,英国法院不太可能支持在加密编码的资产上存在留置权。在本文的第3.9.3段中,我们讨论过无记名股票上存在的财产权,并将加密资产与无记名股票比较。无记名股票能够设立质押,因为无记名票据的所有权可以通过交付占有而转移。类似地,对加密资产也可同样运作,债务人将加密货币从其数字钱包转移到债权人的数字钱包,或者将私钥转移给债权人。此类转让应在备忘录中记录,表明其意图创造一种质押,将加密货币存放在债权人处保管,直至偿还债务,从而设立一种担保。如果设立了有效的担保,且债务人不遵守基础交易的条款,根据英国法律,债权人将具有出售该质押资产的默示普通法权利。因此,有必要在备忘录中列明销售合同权利的条款。根据上述分析,英国法律似乎允许对加密资产设立抵押。然而此类转让可能会引起一些实际问题。共享私钥并不妨碍债务人自己使用私钥并将加密资产转移到债权人持有的单独钱包中。此外,转让还会导致债务人丧失与加密资产相关的经济利益、规避相关风险。

3.11.3 结论

关于是否能在加密资产上创建担保权益似乎没有明确的答案。如果所谓的担保是通过将加密货币从债务人的钱包转移到债权人的钱包设立,破产执业人士面临的困难是如何确定加密资产的受让者。加密货币的价值随着时间波动,被转移的加密货币的价值可能会大于应偿债权人的债务的价值。在这种情况下,破产执业人士必须要有能力为其他债权人收回加密资产的剩余价值。

---

① Re Lehman Brothers international (Europe) (in administration) 2012 EWHC 2997 (Ch).

② Your Response Ltd. v. Datateam Business Media Ltd. (2014) EWCA Civ. 281.

## 4 加密货币和破产

### 4.1 破产执业人士面临的挑战

如果加密资产被认为是一种财产，破产执业人士需要考虑适用法律、跨境承认、调整法律识别①和变现方法。鉴于加密货币是用作支付和储存资产的一种新兴形式，破产法院必须认定加密货币是否属于债务人财产的资产，是否能够由破产执业人士或债权人收回。加密货币运用的增多已经并将继续给破产案件的管理带来困难。加密货币的独特性质要求破产法院对现行破产制度作出创造性的解释，以便在破产的情况下保护债务人及其债权人的利益。本文接下来将进一步详细讨论某些关键问题。

若加密资产属于破产财产，第一个问题是对加密资产的控制权。私钥持有者可以看作是数字钱包中加密货币的控制者。为了变现数字钱包中的任何加密资产，破产执业人士需要债务人在获得私钥方面进行合作，否则破产执业人士将无法充分控制或获得加密资产以变现其价值。如果数字钱包的持有者不披露这一信息，破产执业人员则难以确定破产个人或实体是否持有加密资产。

在日新月异的加密货币市场中，美国的破产管理人面临的难题包括如何确认债务人加密货币所有者和/或所在地。如果债务人在破产程序中试图隐藏这些资产，将会使得破产管理人的工作更加困难。幸运的是，《美国破产法》的制度激励债务人披露其加密资产。在美国，破产法院可以通过减免裁定解除债务人在《美国破产法》第 7 章中规定的大多数个人债务责任。发布减免裁定后，破产债权人不能对债务人提起诉讼。除非债权人提出反对意见或诉求延长反对时间。而《美国破产法》第 727 条规定了排除第 7 章债务免除的情形，可以适用于债务人转移、移除、销毁、毁损或隐藏比特币或任何相关记录的行为。经受托人、债权人或管理人的请求，如果债务人故意未报告或将资产交给管理人，破产法院可撤销第 7 章项下的债务免除。因此，债务人可能会不得不披露加密资产，以避免被拒绝债务免除或被撤销债务免除。② 需要注意的是，以上的规定仅适用于个人债务人而不是公司债务人。破产管理人还面临着其他重大难题，包括如何确定债务人可能未知的其他账户持有人或转账接收人以及如何强制移交在海外持有的比特币。尽管如此，随着金融技

---

① 由于加密货币持有者具有匿名性，需要调整法律识别的方法。

② https://www.uscourts.gov/services-forms/bankruptcy/bankruptcy-basics/chapter-7-bankruptcy-basics，最后访问日期：2020 年 7 月 18 日。

术部门不断发展新技术和方法,追踪和识别加密货币交易变得更为可能。

如果破产执业人士能够充分控制加密货币,接下来的问题是:使用加密货币还是兑换成法定货币来进行支付分配。如果与债权人的担保协议规定了属于债务减免的加密货币的具体数额,分配不会产生问题。但如果没有事前安排,分配过程会变得困难。由于加密货币价值具有不稳定性,在加密货币的价值可急剧上升或下降时进行准确地估值十分重要。债权人可能希望将其有权获得的加密资产部分兑换为法定货币,因此出现了兑换中的问题。加密货币与其他客体一样,其价值在于其他参与者愿意接受或购买它们作为支付手段。因此破产执业人士需要认识到大量处置加密货币将对资产价值产生影响。如果不能使用可靠的策略处理加密货币,破产执业人士的行动可能使加密资产贬值,导致其违反其职责,毕竟他们的义务是保障债权人的整体利益。为了避免债权人对破产执业人士的行为提出质疑,最好由具有管辖权的法院发布命令,确认对加密资产的任何处置或持有决定是有效的。

加密货币交换平台——门头沟(MtGox)的破产是此方面的典型案例。[①] 2018年9月25日,管理人在与法院和审查人员磋商后,对比特币进行了处理。但实施出售的决定被严厉批判,因为它出售了大约35,841枚比特币,价值约为3.6亿美元。该抛售决定被认为压低了比特币的价格,违背了管理人为债权人最大化和保护资产价值的职责。如果管理人在作出该决定前没有征求法院的意见,各界批判可能会演变成对管理人的诉讼。

破产执业人士在对包含大量加密资产的财产作出清算方案时,必须考虑加密货币市场的波动性。在门头沟交易平台案中,管理人遵循了日本的破产规则,规定债权将按照2014年4月的比特币市场价格进行估值,因此受托人按照2014年的价格将比特币定价为483美元。债权人对此不满,请求法院恢复民事再生程序,支持他们按照2016年的价格[②]取回加密货币。法院最终因比特币的升值恢复了民事再生程序。

在最近英格兰的一起未报告的刑事案件中,出现了将加密货币兑换成法定货币的问题。在该案中,从一名被判犯有毒品和洗钱罪的个人身上缴获了比特币。[③]警方申请法院做出命令,允许他们将这种加密货币兑换成英镑,原因是比特币价值

---

① 下文第4.6.1段将对此进行更详细的分析。

② 2016加密货币的总价值已经上涨至13亿美元。

③ 本文在第3.9.3段描述了本案的详细情形;R. v. Teresko (Sergejs) – unreported, 11 October 2017.

波动大且容易被盗。警方提交证据展示两种加密货币的兑换方法:公开拍卖和比特币交易。[①] 法院认为,恰当的兑换手段是通过经批准的比特币交易平台兑换,因为这种兑换方法的费用较低而且被确定有效。上述情况发生在刑事案件中,但破产执业人士可以向法院展示各种兑换方法使法院作出指示,认定最佳的兑换方法。

### 4.2 既存交易

大多数国家,都向破产执业人士提供了一套追回财产机制,以便在规定时间内对已经发送的交易提出质疑。如果质疑得到支持,法院将作出裁定扭转交易结果,如撤销转让并下令返还资产。此类交易返还的资产或收益将构成破产资产的一部分,可以分配给债权人。在大多数国家,尚待验证破产执业人士的追回权是否也适用于加密资产。除非立法中有明确的排除规定,大多数国家的收回权可能均适用于加密交易。

美国曾发生过一个特殊的案例,此案中破产管理人试图利用追回权,为破产财产追回加密资产。在哈什法斯特科技有限公司案(In re Hashfast Techs LLC)中,管理人的动议是请求认定另一方主张的部分事实不存在,并要求法院作出两项裁决。[②] 第一,管理人主张根据《美国破产法》第550(a)条确认比特币构成商品而不是货币,以便收回。[③]《美国破产法》第550(a)条规定,一旦管理人撤销了转让,管理人可为破产财产的利益,追回被转让的财产,或者根据法院裁定收回财产的相应价值。[④] 第二,管理人主张确认破产财产能够恢复"在转让时或追回时[⑤]的比特币或比特币的价值"。[⑥] 管理人就第二点主张,《美国破产法》第550(a)条的目的是使破产财产恢复到如果没有发生转让时的财务状况。[⑦] 被告辩称,破产财产只能恢复转

---

① 公开拍卖在美国已经被采用;荷兰警方已超过五年使用比特币交易法。

② See Pl's Mot for Partial Summ J. at 2, Kasolas v. Lowe (In re Hashfast Techs. LLC), No. 15 – 03011 (Bankr ND Cal. Jan. 22, 2016), ECF No. 42; see also Pl's Mem of Points and Authorities in Supp of Mot for Partial Summ J, supra note 53, at 3. 该动议并不针对撤销比特币的转让,而是针对一个单独的法律问题,即一旦撤销,比特币是否构成仅仅是货币——美元的等值——或者是一种根据市场条件变化可以升值或贬值的商品。

③ See Pl's Mot for Partial Summ J, at 2.

④ See 11 USC, § 550(a).

⑤ 以两者价值间较大者为准。

⑥ See Pl's Mot for Partial Summ J, supra note 56, at 2.

⑦ See Pl's Mem of Points and Authorities in Supp of Mot for Partial Summ J, at 2, 3, 6, 8, Kasolas v. Lowe (In re Hashfast Techs. LLC), No. 15 – 03011 (Bankr ND Cal, Jan. 22, 2016), ECF No. 42 – 1.

让时比特币的价值。[①] 被告进一步指出，将破产财产恢复到没有发生转让时的财务状况“是对提供的服务支付美元价值，而不是寻求意外之财”。[②] 此外，被告辩称，其受让的比特币不构成欺诈性转让，因为转让偿付了既存债务使得债务人获得了向被告转让的比特币价值。[③]

2016年2月，法院作出裁决部分支持了管理人的诉求。[④] 如上所述，法院裁决以“比特币不是美元”为由驳回被告的诉求。[⑤] 最高法院表示，无须“就破产法中的欺诈性转移条款而言，确定比特币是货币还是商品”。[⑥] 法院还指出，如果管理人最终在诉讼中获胜，那么法院将确定“管理人是否可以追回已转让的比特币或其价值，以及如果可以，价值应按何日计价”。[⑦]然而法院最终没有机会作出这一裁决，因为当事各方约定以损害赔偿为由驳回诉讼。[⑧]

若将虚拟货币归类为金钱或货币，比特币交易将得到《美国破产法》下的更大保护。具体而言，加密货币转移、加密货币与美元或其他货币的兑换合同可归类为“互换”协议，并根据《美国破产法》第362条、第546条、第560条获得有益的保护。《美国破产法》第362条和第546条规定互换协议在欺诈性转让时不被撤销。而根据《美国破产法》第548条，债务人在申请破产后2年内所作的转让，如果被视为具有欺诈性，则可以撤销。具体来说，根据《美国破产法》第548条，如果债务人：转让其财产的权益；在转让时已破产或因此而破产；以不合理低价进行转让，则可在破产案申请后2年内撤销转让。《美国破产法》第546(g)条可通过禁止破产管理人在破产申请前撤销优先性转让，对互换协议提供保护，除转让人意在阻碍、拖延或欺

---

① See Pl's Mem of Points and Authorities in Supp of Mot for Partial Summ J, at 3, 14, Kasolas v. Lowe (In re Hashfast Techs. LLC), No. 15 – 03011 (Bankr ND Cal, Jan. 22, 2016), ECF No. 42 – 1.

② See Pl's Mem of Points and Authorities in Supp of Mot for Partial Summ J, at 12, Kasolas v. Lowe (In re Hashfast Techs. LLC), No. 15 – 03011 (Bankr ND Cal, Jan. 22, 2016), ECF No. 42 – 1.

③ See Pl's Mem of Points and Authorities in Supp of Mot for Partial Summ J, at 13, Kasolas v. Lowe (In re Hashfast Techs. LLC), No. 15 – 03011 (Bankr ND Cal, Jan. 22, 2016), ECF No. 42 – 1.

④ See Order on Motion For Partial Summary Judgment, Kasolas v. Lowe (In re Hashfast Techs LLC), No. 15 – 03011 (Bankr ND Cal, Feb. 22, 2016), ECF No. 49.

⑤ See Order on Motion For Partial Summary Judgment, at 1, Kasolas v. Lowe (In re Hashfast Techs LLC), No. 15 – 03011 (Bankr ND Cal, Feb. 22, 2016), ECF No. 49.

⑥ See Order on Motion For Partial Summary Judgment, at 1, Kasolas v. Lowe (In re Hashfast Techs LLC), No. 15 – 03011 (Bankr ND Cal, Feb. 22, 2016), ECF No. 49.

⑦ See Order on Motion For Partial Summary Judgment, at 1, 2, Kasolas v. Lowe (In re Hashfast Techs LLC), No. 15 – 03011 (Bankr ND Cal, Feb. 22, 2016), ECF No. 49.

⑧ See Order Approving Stipulation to Dismiss Adversary Proceeding with Prejudice, Kasolas v. Lowe (Inre Hashfast Techs LLC) (2016) (No. 15 – 03011).

诈债权人外。最后,《美国破产法》第 560 条在自动中止情形下保护互换协议,互换协议不会因自动中止而被禁止清算、终止或加速到期。因此,比特币持有者将有能力出售比特币兑换美元,而不必担心这种转让会被视为欺诈性转让,并能够根据《美国破产法》获得与兑换美元交易相同的保护。

### 4.3 追踪交易

破产执业人士在追踪加密资产时,可能会遇到其他的困难。加密货币的重要基础之一是允许匿名,从而使得交易无法被追踪。许多类型的加密货币,如莫雷诺(Moreno)和大零币(Zcash)旨在避免追踪,但也能通过研究相关的分布式账本技术来追踪交易。例如,比特币的匿名性在于用户通过公共密钥使用假名身份来确保交易的安全,而公钥不会包含关于用户的任何可识别信息。所有使用这个公钥进行的交易都可以通过区块链向整个比特币网络公开。区块链中包含了每个交易的性质和背景的详细信息,包括时间、价值、受让者和公钥。这使得数据科学家和统计学家能够识别交易平台和某些交易之间的链接,并且追溯到带有唯一标识的电子钱包。除非比特币地址可以链接到用户的真实身份,用户将仍然保持匿名。

图 1[①] 展出了传统隐私保护模式与比特币隐私保护模式的区别。传统的银行模式通过限制参与方和受托第三方对信息进行访问来保证一定程度的隐私。此类交易一般不公开透明。然而比特币交易可供审查,但不会将交易与特定的个人/实体联系起来。

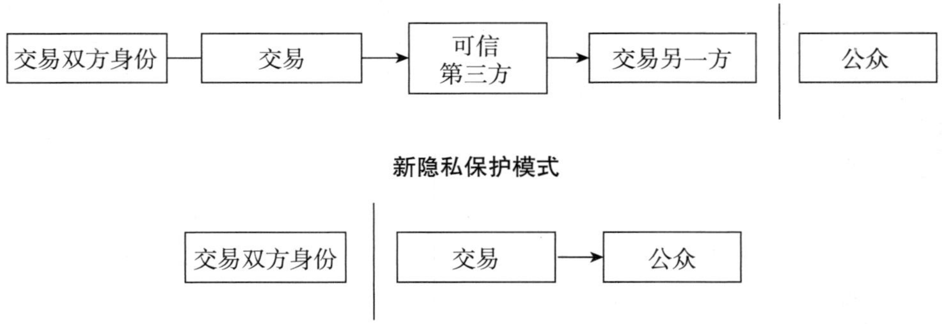


**图 1　传统隐私保护模式**

加密货币交易平台是用户可以买卖或交换其他数字货币或法定货币的网站。某些交易平台维护着用户身份数据库,因此需要通过交易平台间合作才能认定控

① Bitcoin:A Peer - to - Peer Electronic Cash System (https://bitcoin.org/bitcoin.pdf).

制数字钱包的个人，也只有在交易平台从数字钱包持有者获得必要信息后才能够实现。复杂的交易平台通常需要用户验证自己的身份，美国和英国的大多数比特币交易平台都需要某种形式的身份验证。然而，一些其他的平台不要求用户创建账户，因此交易平台中不会存储与用户有关的个人信息。目前没有任何法律法规要求交易平台必须保存其用户的身份信息。追踪过程的另一个缺点是，提供这些服务的公司必须为每种类型的加密货币建立复杂的追踪系统。目前世界上有2143[①]种不同类型的加密货币，总市值为177，151，636，370美元。从实际角度来看，这些追踪公司可能仅仅能追踪高知名度的加密货币。

鉴于加密货币的独特性质，破产执业人士可能需要追踪公司的专业知识来追踪任何可审查的交易。在专家的帮助下，创建交易路线图成为可能。对于破产执业人士来说，需要考虑的一个重要因素是与加密货币持有物变现价值的能力相比，追踪的相关费用是否合理。如果追踪加密货币交易的成本高于资产可能变现的金额，那么追踪不值得进行。但不能轻易作出该决定，因为破产执业人士需要进一步调查才能清楚了解所持有的加密货币的价值。而如果没有破产实体或破产个人的合作，调查本身就成本高昂。同样值得注意的是，协助追踪加密货币交易的追踪公司在侦查欺诈行为的情形时就已经进行了追踪。因此此类公司并不专门对破产情形下的交易进行认定。追踪公司可以采用类似的侦查技术来追踪破产情形下的交易。

### 4.4 选择法律和管辖法院

跨境问题在企业重组和破产中很常见，因为许多大型企业都在多个地点都开展业务或拥有资产。因此有必要了解不同国家间破产制度的差异。加密货币和区块链技术的分布式特性引发了许多值得考虑的重要司法问题。加密货币的国家及法律选择问题十分复杂，足以用一整篇文章单独探讨。正因如此，本文仅在宏观层面上讨论这个问题。

在众多涉及国家选择的问题中，两个关键的问题是：应在何处启动主要程序，以及由哪部法律管辖这一程序。回答第一个问题有助于回答第二个问题。

在欧盟内，《欧洲破产条例》[②]试图通过主要利益中心（COMI）的概念来协调破产程序，以确定欧盟哪个成员国对启动破产程序拥有管辖权，[③]以及如果不同成员国破产程序竞合，应当优先适用哪个国家的法律。虽然“主要利益中心”一词没有

① https://coinmarketcap.com/all/views/all/，最后访问日期：2020年7月18日。

② Regulation (EU) 2015/848 of the European Parliament and of the Council of 20 May 2015 on insolvency proceedings.

③ 丹麦并不适用此程序。

定义,但可以推定债务人的注册办事处或与个人有关的居住地是债务人主要利益的中心。此外,可以在债务人没有主要利益中心但有"营业所"的国家提起诉讼,"营业所"被界定为债务人以人工和实物或服务进行某种非临时性经济活动的任何地点。此外,《联合国国际贸易法委员会跨国界破产示范法》(以下简称《示范法》)提供了法律框架,规定了法院何时以及如何承认在另一国进行的破产程序。尽管《示范法》没有法律或约束力地位,但可作为法律框架在各国采用。《示范法》中的一些概念类似于《外国破产程序法》,其中将外国破产程序分为主要程序和外国非主要程序。在某个国家启动程序可能只是解决债务人财务困难所必需的许多国家的程序之一。因此必须使其他国家的法院能够对第一个国家启动的程序承认并给予效力,并协调有效变现资产。

许多国家依赖物之所在地法来确立对资产的管辖权,换言之,资产的实际所在地决定了谁对该资产拥有管辖权。这就引发了加密资产位于何处的问题:

(1)加密资产所在地是数字钱包所在地吗,数字钱包可能是在线形式、储存于本地机器或备份存储系统中?

(2)加密资产所在地是区块链本身所在地吗?

(3)加密资产所在地是有关人员进行交易的地点吗?

如果破产程序涉及已在某一特定地点注册的交易平台,则管辖法律和管辖权很可能由该交易平台的注册国决定。因为区块链技术具有分散性,其位置需要类似于司法管辖区的循环确定,因此区块链没有单一的固定位置。但是我们必须注意到加密资产的价值取决于区块链中反映有关资产存在/所有权的分类账目。加密资产在此方面与非上市公司的股票有一些相似之处,而对于这些股票,所在地法将指向公司注册办事处所在地的法律。

钱包的实体位置是我们考虑的起点,也就是包含钱包的本地机器或在线钱包所在地。但是,钱包的任何备份都可能存在于其他地方,而任何备份中都可以确立司法管辖权。然而钱包本身,只是部分区块链所有权的数字证明。可以认为钱包只是访问实际资产的关键,区块链并不是资产本身。房子的钥匙不构成资产,其本身也不能确立对房子的管辖权。

此外,提供数字钱包的交换平台和公司可在全球通过软件进行运作。这些公司可能不具有传统的公司结构,持有实物资产或占用办公空间,但将与世界各地的客户建立联系。门头沟交易平台破产案中的复杂程序证明,破产执业人士面临的最大问题是,他们的任职不一定会得到世界各地其他司法管辖区的承认。即使破产执业人士能够克服管辖权相关问题,应由何种法律管辖破产程序的问题仍将存在。任何国家似乎都没有明确的法律指导来规定加密货币的特性。

在管辖法律方面,现代各国都对纠纷解决提供了立法指导。如果在一个国家适用法律的结果与在另一个国家不同,则管辖法律问题就至关重要。尤其是在一个国家对处理加密货币有系统性立法指南而另一国家没有时。世界上大多数国家关于加密货币的立法指导很少。这就引出了第二个问题:如果已经确定了管辖法律,那么哪类法律将适用于加密货币?当加密货币不能在法律上归类时,哪些法律概念可以适用于加密货币?目前人们仅能提出这些问题、无法作出解答。

### 4.5 加密货币交易平台

加密货币社区的用户通过参与加密货币交易来投资加密资产。根据参与协议条款,交换平台通常会将加密货币存款存入一个账户。与之相比,根据英国法,就从事现金存款的传统银行系统而言,如果客户向银行存入现金,客户在银行进入破产程序时对该银行的现金存款金额享有债权。此外,为了减轻客户面临的风险,银行业条例要求持有现金存款账户的金融机构保持一定水平的资本准备金用以支付存款。除此之外,政府还通过政府银行存款保护计划,如英国的《金融服务补偿计划》(the Financial Services Compensation Scheme),对存款客户进一步保护。但通过加密货币交换平台投资的客户似乎得不到什么保护。欧盟第五反洗钱指令(the EU's Fifth Anti – Money Laundering Directive)[①]试图将交易平台和管理人纳入其监管职权范围。不过该法案没有规定相应的资本准备金要求,也没有任何形式的补偿机制。由此看来加密货币投资者对进入破产程序的交易平台只有无担保债权。

加密货币投资者与交易平台之间的关系与传统证券的托管人/经纪人之间的关系类似。在传统证券投资中,投资者通过托管人或经纪人对证券进行相关投资,然后由托管人或经纪人代表投资者持有证券。这种关系通常受托管协议调整,要求托管人将证券及其累积利息返还给投资者。为了使投资者保留代其持有的证券的专有权益,常见的做法是托管人为投资者托管资产。因而投资者的资产应该明确且可辨认。例如,根据英国法,与另一投资者资产组合的资产仍然可由相关投资者以信托形式持有。然而当投资者的资产与交易平台的资产混合时,建立信托关系将具有困难。一般来说,监管要求客户的资产不能与托管人的资产混合。但这种监管要求并不适用于加密货币交易平台,因此不会成为交易平台的普遍做法。尽管

① Directive (EU) 2018/843 of the European Parliament and of the Council of 30 May 2018 amending-Directive (EU) 2015/849 on the prevention of the use of the financial system for the purposes of moneylaundering or terrorist financing, and amending Directives 2009/138/EC and 2013/36/EU.

如此，这些讨论的前提是所有权能够存在于加密货币之上，但这一点还悬而未决。

## 4.6 案例研究

### 4.6.1 门头沟交易平台

门头沟交易平台由杰德·麦克克莱伯（Jed McCaleb）于2010年创立，当时买卖比特币的交易平台很少。门头沟交易平台迅速增长，并被卖给了居住在日本的马克·卡佩莱斯（Mark Karpelès）。据报道，门头沟交易平台在最高峰时涉及了全球70%的比特币交易。在该交易平台的存续期间内，它遭受了网络黑客攻击，技术难题以及美国政府的干预。2013年，在法官裁定合理怀疑门头沟交易平台从事未经许可的汇款活动后，联邦特工扣押汇款总额超过500万美元。此次扣押也是在美国运营的比特币交易平台首次被扣押。2014年门头沟发现网络黑客正在将比特币从该交易平台中抽出，因此限制了所有提款。

据报道，门头沟曾是世界上最大的加密货币交易平台，直到网络黑客攻击导致几乎所有其自有和75万名客户所有的比特币被盗，并使其进入破产程序。此次损失的金额大约相当于所有可用比特币的7%，当时的价值约为4.73亿美元。在缺乏监管的情况下，比特币交易平台显然没有资金保障其比特币存款。

2014年2月28日，门头沟交易平台向东京地区法院申请民事再生程序，希望弥补其造成的损失。日本的民事再生程序旨在使债务人能够按照多数债权人批准的恢复计划重组企业。根据这些程序债权人的分配数额不应少于破产程序中的数额。但不久法院就以没有再生前景为由驳回了该申请，并下达临时管理令。在法院作出裁决8天内，该公司就进入了破产程序。在日本启动破产程序不久，该公司也向美国得克萨斯州北部地区破产法院申请，要求根据《美国破产法》第15章承认民事再生程序。美国破产法院承认了日本破产程序为外国主要程序。与此同时，门头沟交易平台管理人的请求也得到了加拿大安大略省高等法院的支持，该法院作出裁定承认了日本的破产程序。但这与加拿大投资者提出的集体诉讼请求相悖，投资者们指控门头沟交易平台具有重大过失、欺诈和合同违约。法院对日本破产程序的承认导致所有在加拿大对该交易平台提起的诉讼都已中止，因为管理人能够证明日本的破产程序是“外国主要程序”。

2016年5月25日，管理人对该公司资产和客户、债权人的债权完成了审查，确认了24,750项债权，总额为4.32亿美元。依据日本的破产法规定，这些债权必须按照2014年4月的比特币市场价格进行估值。管理人按照2014年①的市价进行了

① 2014年为破产程序开始时。

估值,当时的价格是每比特币 483 美元。按照启动破产程序时的价格对比特币进行估值的做法产生了争议,因为比特币的价格自 2014 年以来大幅增加。进入破产程序的公司因其资产价值增值而变得具有偿付能力是非常罕见的情况,但这却恰恰是门头沟交易平台案的情形。

2018 年 9 月 25 日,在征询法庭和审查人的意见后,管理人宣布根据 2018 年 2 月 28 日的审查报告,管理人已通过出售资产为破产财产取得了一定数额的资金。出售的数量和为破产财产取得的资金数额列于表 2:①

**表 2　资金数额**

| 加密货币种类 | 出售的数量 | 受托人破产账户收取金额 |
|---|---|---|
| 比特币 | 24,658.00762 个比特币 | 22,561,004,011 日元 |
| 比特币现金 | 25,331.00761 个比特币现金 | 3,414,698,341 日元 |
| 总　计 | | 25,975,702,352 日元 |

出售后,破产受托人账户的余额约为 700.59 亿日元。②

出售的决定受到了严厉批判,因为销售了约 35,841 枚比特币总价值约3.6亿美元。该抛售行为被认为压低了比特币的价格,这违背了管理人为债权人资产价值最大化和保护其资产价值的责任。管理人对批评的回应是,这一决定是为了在比特币价格相对较高的情况下确保比特币的法定价值,而且出售是通过私募的方式进行的,以尽可能减少对市场价格的影响。法院对出售加密资产的计划的批准,为管理人的行动提供了一定的合法性。

比特币的价格在 2017 年持续上涨,管理人宣布超过对门头沟交易平台债权的资产都将返还给股东,包括卡佩莱斯在内。因此,2017 年 11 月 24 日,债权人请求法院将诉讼程序转为民事再生程序。2018 年 6 月 22 日,东京地区法院支持了该请求,裁决启动门头沟交易平台的民事再生程序。此后,正在进行中的破产程序中止,法院委任了一名民事再生程序管理人。破产程序的中止代表着曾引发争议的大规模比特币抛售也已结束。小林信明(Nobuaki Kobayashi)被任命为民事再生程序管理人(CRT),享有职权和权力管理、处置门头沟交易平台的资产、实施民事再生程

① https://www.mtgox.com/img/pdf/20180925_announcement_en.pdf,最后访问日期:2020 年 7 月 18 日。

② https://www.mtgox.com/img/pdf/20180925_announcement_en.pdf,最后访问日期:2020 年 7 月 18 日。

序,包括在东京地方法院的监督下管理资产和调查债权。日本的民事再生程序不要求将非货币债权如比特币相关的债权,兑换为法定货币价值,并允许根据再生计划向债权人灵活地分配债权。

根据这项命令,管理人启动了在线债权申报程序,要求债权人在2018年10月22日之前申报。据管理人所述,"如果没有在截止日期前提交债权相关证据,那么可能会丧失债权"。这一程序允许了未在破产程序前申报债权的债权人在再生程序中申报。

管理人公布了他持有的门头沟交易平台资金,余额为69,553,086,521日元现金,约为629,594,540美元,以及包括141,686.35个比特币和142,846.35比特币现金的加密货币,价值超过5.93亿美元。[①] 管理人将继续调查和寻找其他被黑客侵入和/或在交易平台丢失的资金。其中包括收回前首席执行官马克·卡佩莱斯和大股东提班(Tibanne)公司等其他各方对门头沟交易平台的债务。

2019年3月19日,管理人宣布已经完成了债权人在再生程序中的债权申报,并向东京地区法院提交了一份批准或不批准的声明。这些债权通过两种形式申报:

- 线上申报系统;
- 线上或线下补充方法。

2019年4月3日,管理人宣布所有在再生程序中申报债权的债权人已经收到了有关其债权的决定。债权人可以向法院申请对债权进行评估,对任何决定提出上诉。在本文撰写时,付款的时间和方法尚未确定,但详细内容将会在日后的再生计划中阐明。

4.6.2　个人破产

加密货币在俄罗斯法律地位尚不明朗,加密货币是否可以包括在破产财产中尚具有争议。莫斯科仲裁法院近期的一例个人破产案中,[②]一位财务管理人建议将债务人的加密钱包纳入破产财产。根据提交的文件,财务管理人认为密码货币具有很高的金钱价值,排除债务人的加密钱包将缩减破产财产的规模,从而侵犯债权人的权利。初审法院驳回了财务管理人的要求。

初审法院认为很难确定加密货币是一种资产,还是去中心化服务器上的信息。因此法院认为涉及加密货币的交易无法强制执行。法院做出此决定的理由是,加

① https://www.coindesk.com/mt - gox - creditors - warn - mass - sale - could - put - bitcoin - fork - prices - at - risk,最后访问日期:2020年7月18日。

② Tsarkov case (Case number:A40 - 124668/17 - 71 - 160).

密货币持有者的匿名性使得加密货币的所有者难以确定。但这显然与本案无关，因为本案中债务人已经确认他是加密资产的持有人并提供了相关信息。此外，法院认为加密货币的去中心化特征意味着没有实体来保证加密货币的价值。但初审法院提及的特征都不会对确认加密货币为资产造成实质影响。相反，上述理由表明，在《俄罗斯民法典》修正案和《数字金融资产法草案》出台前夕，法院似乎不愿就加密货币的法律地位做出裁决。

2018 年 5 月 15 日，上诉法院撤销了初审法院的裁决，将加密钱包纳入破产财产。[①] 上诉法院责令债权人向财务管理人提供相关的访问密钥。根据上诉法院的决议，根据对《俄罗斯民法典》的广义解释，应将加密货币作为民事权利客体加以规制，从而视其为金钱资产。上诉法院指出，能够自由使用、拥有和处置加密钱包的债务人，其地位应当类似于所有人。值得注意的是上诉法院强调，除破产法另有直接规定外，任何具有经济价值的资产都应被纳入破产财产。由此，上诉法院认为初审法院的做法剥夺了破产债权人的债权得到全部清偿权利。

## 5 对加密货币的监管

近年来，对加密货币的法律分类及其监管的讨论逐渐升温。本部分讨论在不同的国家如何对加密货币和其他加密资产进行监管及其影响。

是否以及在何种程度上应对加密资产进行监管仍在讨论之中。加密货币与传统资产一样容易被用于洗钱、资助恐怖分子和其他犯罪活动。在某些情形，购买加密货币与投资传统金融资产类似，也容易受到市场操纵、欺诈和庞氏骗局等同类滥用行为的影响。加密货币的匿名性使其很难或不能被追踪，也使得其极易受到某些非法活动的影响。

在考虑适当的监管水平时会涉及下列问题。加密货币爱好者和密码朋克认为监管与加密货币作为去中心化的数字现金系统的这一基本前提直接冲突。对加密货币进行普遍监管可能会导致贬损其固有的利益和价值。但确立监管框架对授权、个人责任、强制披露和其他类似规则进行规制，一般能够保证一定程度的适当性，并大幅降低尽职调查和交易成本。主流金融机构正在越来越多地运用并向客户提供加密资产。尽管目前加密货币的累计市值相对较小，但加密货币若与金融体系的关键部分相联，将对全球金融的稳定带来重大风险。世界各地的监管机构

---

① Tsarkov (Case number：A40 - 124668/2017).

对资产代币(asset tokens)①表示了特别的关注,这种代币可能与目前受到监管的金融工具非常相似,并可能被现有的立法框架规制。

对于此类较新的行业/资产,可以采用不同类型和程度的监管方式。并且适用某种监管并不一定排除适用其他类型的监管。相反,不同类型的监管可以协同使用。例如,行业良好行为守则可与法律许可框架同时适用。广义上来说,监管可以采取自上而下的立法规制或自下而上的举措。政府通过制定明确的指挥和控制制度来实施自上而下的立法规制,包括明确职权等级等。自下而上的举措立足于目标群体和服务提供者共同制定实施战略,因为目标群体是政策的实际执行者。而此种举措的基本前提是地方实施者具有自由裁量权。一些国家未对加密货币进行规制,而是完全禁止它。显然,彻底的禁令并未认可加密货币的优势,但就处理这种新资产类型提供了简单清晰的手段。而加密货币如果不经审慎管理,可能产生严重后果。

分析不同国家应对加密货币的途径可知,目前监管途径并不明确、统一。加密货币具有多种法律特征,不同国家的监管手段也各不相同。图2描述了各国监管加密货币的大致情况。②

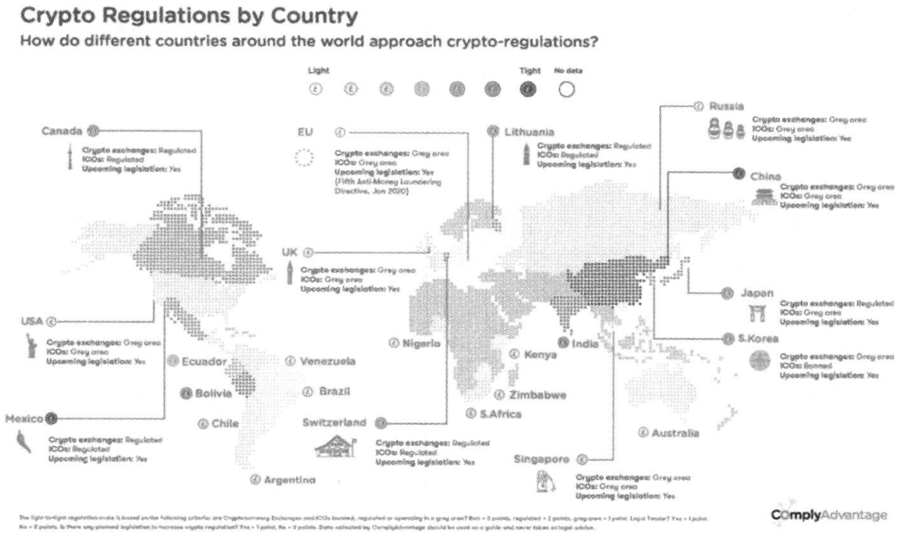


**图2　各国监管加密货币的大致情况**

---

① 资产支持代币与加密货币不同,资产代币由实体资产支撑,并将资产权利转换为区块链上的数字标记。

② 数据由合规咨询公司 Comply Advantage 收集整理,仅供参考。https://complyadvantage.com/blog/cryptocurrency – regulations – around – world/,最后访问日期:2020 年 7 月 18 日。

表 3　各国监管加密货币的大致情况

| 国家/地区 | 加密货币交易平台 | 首次代币发行 | 未来立法 |
| --- | --- | --- | --- |
| 加拿大 | 监管 | 监管 | 有 |
| 美国 | 灰色地带 | 灰色地带 | 有 |
| 墨西哥 | 监管 | 监管 | 有 |
| 欧盟 | 灰色地带 | 灰色地带 | 有① |
| 英国 | 灰色地带 | 灰色地带 | 有 |
| 瑞士 | 监管 | 监管 | 有 |
| 立陶宛 | 监管 | 监管 | 有 |
| 新加坡 | 灰色地带 | 灰色地带 | 有 |
| 俄罗斯 | 灰色地带 | 灰色地带 | 有 |
| 中国 | 灰色地带 | 灰色地带 | 有 |
| 日本 | 监管 | 灰色地带 | 有 |
| 韩国 | 灰色地带 | 禁止 | 有 |

表 3 中由浅至深的监管程度值根据以下标准计算：

表 4　计算标准

| 加密货币交易平台和首次代币发行是否被监管、禁止还是处于灰色地带？ | 加密货币是否具有法定标的物地位？ | 政府是否计划对加密货币加大监管？ |
| --- | --- | --- |
| 灰色地带 =1 分 | 是 =1 分 | 是 =1 分 |
| 监管 =2 分 | 否 =0 分 | 否 =0 分 |
| 禁止 =3 分 | | |

## 5.1　欧盟

欧盟是一个由 28 个主权成员国组成的超国家实体，成员国将一部分权力和主权让与欧盟以实现共同目标。欧盟对加密货币已经采取了监管措施，包括成立金融技术特别工作组（FinTech Task Force）以协调现有的规制虚拟货币的国内立法。另外，成员国也根据各自实践制定了不同的策略。本部分将首先回顾欧盟的指导

① 第五反洗钱指令（the EU's Fifth Anti – Money Laundering Directive）在 2020 年 1 月出台。

思想和下列欧盟成员国的实践：英国①、荷兰、瑞典和丹麦。

欧洲议会政策 A 部近期发表的一篇文章②强调了对犯罪分子利用加密货币市场不受监管而进行犯罪活动的担忧，如洗钱、资助恐怖主义和逃税。文章指出，滥用的规模虽尚不清楚，但预计在全世界范围内超过 70 亿欧元。该文件重申现有的欧洲法律框架不能解决加密货币的内在问题，特别是匿名问题。例如，匿名性制约了税法的适用，因为如果交易难以与用户的现实身份联系，就不能对个人征收加密货币交易税。而是由加密货币的持有者决定是否就其交易报税。

欧洲议会认为在加密市场引入追责机制可防止滥用加密资产。欧洲议会认为"立法应与所解决的非法行为相称，同时不能扼制技术创新"。

欧盟委员会就反洗钱和打击资助恐怖主义的法律，采取了直接自上而下的管制措施。欧盟第五反洗钱指令（Fifth Anti - Money Directive）③对加密货币采取了新的法律定义，将其定义为"可以数字传输、储存或交易的价值数字表示，并被接受为交易媒介。"该指令规定，加密货币公司和交易平台必须与金融机构相同，遵守反洗钱/反对资助恐怖主义条例。实际上这要求对客户进行尽职调查，提交可疑活动报告。该指令要求加密货币交易平台和钱包的供应商——作为行业的看门人——在当地监管机构获得注册。成员国必须在 2020 年 1 月 10 日之前根据国内立法实施这些新规则。欧盟委员会认为限制加密货币的匿名性将赢得诚信用户的信任。某些加密货币的拥护者可能不会认同，尤其是那些认为政府应该减少而不是增加监管的人。

### 5.2　英格兰和威尔士

英格兰银行行长马克・卡尼在一次重要讲话中承认，政策制定者对加密货币的关注日益增长。④ 在他看来，加密货币还没有满足各项标准，无法成为替代英镑的可行的交换手段。马克・卡尼还指出，目前由于加密货币相对于金融体系规模较小，还不会对英国的金融稳定构成实质性风险。具有系统重要性的英国金融机构对加密货币的敞口很小。

---

① 本文撰写时，英国正处于脱欧过程中，但为了本文件的目的，英国被称为欧盟成员国。

② http://www.europarl.europa.eu/cmsdata/150761/TAX3%20Study%20on%20cryptocurrencies%20-and%20blockchain.pdf，最后访问日期：2020 年 7 月 18 日。

③ Directive (EU) 2018/843 of the European Parliament and of the Council of 30 May 2018 amending Directive (EU) 2015/849 on the prevention of the use of the financial system for the purposes of money laundering or terrorist financing, and amending Directives 2009/138/EC and 2013/36/EU.

④ https://www.bankofengland.co.uk/speech/2018/mark-carney-speech-to-the-inaugural-scottisheconomics-conference，最后访问日期：2020 年 7 月 18 日。

英国金融行为管理局并不对加密货币直接监管。相反,它将使用加密货币的衍生品归类为基础金融工具,并对其进行监管。仅就加密货币交易而言,没有任何针对消费者的正式救济机制,也没有任何机制就滥用市场造成的交易损失便利投资者受偿。另外,英国金融行为管理局会在个案中审查首次代币发行,以确定它们是否涉及发行受规管的金融工具。

2018 年 2 月 22 日,英国议会财政委员会启动了一项针对加密货币的调查。这项调查旨在调查加密货币的使用及其对具有系统重要性的机构和英国监管环境的潜在影响。

英国金融行为管理局在其向财政部委员会提交的关于数字货币的书面材料中重申:

> 主要用作付款/兑换方式的加密资产一般不在监管范围内。转移、买卖加密资产,包括加密资产交易平台的商业运营等行为,通常也不在英国金融行为管理局的监管范围之内。①

2018 年 9 月 19 日,财政委员会发布了最终报告。该报告呼吁对加密货币市场进行监管,并指出英国政府和监管机构在加密货币问题上的立场不能一直模糊不清。财政部委员会指出,监管将改善客户所得、实现可持续增长并降低风险。

此外,作为英国加密资产特别工作组工作的一部分,英国金融行为管理局目前正与英国财政部和英格兰银行合作。2018 年 10 月,特别工作组发布了其最终报告,包括英国金融行为管理局、英格兰银行和其他市场专家提交的报告。② 特别工作组总结认为由于分布式账本技术具有潜在的重大利益,英国金融行为管理局、英国央行和英国财政部将继续支持加密货币和分布式账本技术的发展。上述三个部门承诺就降低对消费者和市场诚信的风险、防止非法活动、防范对金融稳定的威胁采取措施。相关部门同意就以下问题进行磋商:

(1)如何对利用加密资产进行的非法活动在全球范围内采取最全面的应对措施;

(2)如何禁止向零售客户销售基础资产为加密货币的衍生工具;

(3)如何在现有的监管框架内对处理加密资产进行指导;

---

① http://data. parliament. uk/writtenevidence/committeeevidence. svc/evidencedocument/treasury-committee/digital - currencies/written/81677. html,最后访问日期:2020 年 7 月 18 日。

② https://assets. publishing. service. gov. uk/government/uploads/system/uploads/attachment _ data/file/ - 752070/cryptoassets_taskforce_final_report_final_web. pdf,最后访问日期:2020 年 7 月 18 日。

(4)是否需要新的监管或扩大监管的范围。

2019 年 1 月,英国金融行为管理局发布了一份关于加密货币的咨询文件。英国金融行为管理局正在就其对加密货币和监管范围的指导意见征求行业和公众的反馈。

英国金融行为管理局向财政部委员会提供了表 5,列出不同形式的加密资产和与基础加密资产有关的产品,以及它们是否属于监管范围。①

**表 5　不同的产品领域及其是否在监管范围内**

| 产品领域 | 是否在监管范围内 | 典型的运用案例 |
| --- | --- | --- |
| 加密货币作为交换媒介 | 否 | 点对点支付,以及投资资产,如比特币和以太币。 |
| 使用加密资产、受到监管的支付服务 | 是 | 跨境交易中的媒介,如英镑 – 比特币 – 美元的交易。 |
| 参照加密资产的衍生工具 | 是 | 押注价格走势的金融工具如差价合约或期货中对冲头寸,如差价合约提供商 IG、加密设施(Crypto Facilities)和嘉 500(Plus500)。 |
| 投资加密资产的资产 | 是 | 对加密资产的直接投资,如瑞典注册交易所的交易票据。 |
| 代表可转让担保的代币 | 是② | 此类代币可为股票和债券等受监管产品提供分销基础设施。<br>例如,在公共区块链上发行传统股票。而在首次代币发行的背景下,当代币等同于可转让证券时,则更类似于受监管的股权众筹机制。 |
| 代表关于预期服务或产品的债权的代币 | 否③ | 此类代币不能等同于可转让证券或其他受监管产品,仅在网络或产品交易中使用。此类代币也可用作集资机制,类似于不受监管的捐赠和奖励众筹机制,也能在首次代币发行中使用。 |

作为英国金融行为管理局创新计划的一部分,监管机构已经授权各类试用加

① http://data. parliament. uk/writtenevidence/committeeevidence. svc/evidencedocument/ – treasury – committee/digital – currencies/written/81677. html,最后访问日期:2020 年 7 月 18 日。

② 证券型代币属于此类。

③ 实用型代币属于此类。

密资产的金融技术公司进入其监管沙箱。监管沙箱为公司在真实客户市场中测试新产品提供了一种方式,并以英国金融行为管理局暂时豁免授权为前提进行受监管业务。监管沙箱已经存在了几年,在2018年29家获权进入的公司中有40%使用分布式账本技术。[①]

英国金融行为管理局不认为加密货币是欧洲金融工具市场指令(MiFID II)[②]规定的货币、商品或其他金融工具,这对在英国从事首次代币发行的发行人和顾问来说是利好消息。然而,对于那些考虑通过加密货币提供期货或期权的公司来说,这却及时提醒此类公司,英国金融行为管理局的授权和监督将是一项强制性要求。首次代币发行市场在2018年年底急剧下滑,因为发行者顾虑监管环境的变化,投资者纷纷撤销首次代币发行。

英国金融行为管理局正在调查24家在英国从事加密货币业务的企业,并在2018年公布了7份举报报告,报告质疑这些企业是否正在进行需要英国金融行为管理局授权的受监管活动。英国金融行为管理局确认,目前正致力于"查明和确定对消费者构成最大风险的最严重事项",一旦发现监管违约就将采取执法行动。英国金融行为管理局指出:"就涉及通过首次代币发行的加密货币或代币的衍生工具进行交易、安排交易、提供意见或提供相当于受监管活动的其他服务,都需要获得英国金融行为管理局的授权。"违反该项规定的惩罚包括罚款,并可能涉及监禁。

英格兰银行已经确认其不会发行任何数字货币。中央银行数字货币是法定货币的数字化形式,由政府规章和法律确立。中央银行的数字货币因其由国家发行和支持而不同于其他数字货币。

欧洲议会经济和货币事务委员会的一份报告指出,鉴于现有银行系统的部分准备金是造成不稳定的一个主要因素,提供中央银行支持的数字货币可以避免银行系统频发不稳定性。但这与国际清算银行货币基金组织发布的指导意见相悖,该指导意见认为中央银行不应该发行自己的数字货币,因为这可能会对货币政策和金融稳定产生潜在的严重影响。英格兰银行已经注意到了这些报告,但得出结论称中期内该行不会发行中央银行数字货币。

---

① https://www.paymentscardsandmobile.com/fca-approval-are-cryptocurrencies-going-mainstream/,最后访问日期:2020年7月18日。

② Markets in Financial Instruments Directive 2014/65/EU of the European Parliament and of the Councilof 15 May 2014 on markets in financial instruments and amending Directive 2002/92/EC and Directive2011/61/EU Text with EEA relevance.

### 5.3 瑞典

瑞典法律对使用加密货币交易没有严格监管。根据瑞典法律，交易加密货币是一种受监管的活动，需要得到瑞典金融监管局(Swedish Financial Supervisory Authority)的许可。瑞典金融服务监管局和瑞典国家银行已认为加密货币不是货币或现金。然而瑞典金融服务监管局指出，允许个人购买加密货币的公司必须依据《瑞典货币交换和其他金融活动法》(the Swedish Currency Exchange and Other Financial Activities Act)注册。[①]

在瑞典的监管体系中，加密货币并未被定义为金融工具。不过，购买加密货币和就投资加密货币提供咨询服务，很可能会受瑞典金融服务监管局监管。根据所涉及的加密资产的类型，加密货币也可能受到其他瑞典当局的监管。例如，区块链技术可能属于瑞典数据保护管理局(Swedish Data Protection Authority)的职权范围。如果该加密资产与医疗记录或其他类似资产有关，则可能被瑞典卫生保健管理局(Swedish Health Care Authority)监管。然而这仅仅是预测，目前唯一的监管规定是《瑞典货币交易和其他金融活动法》和瑞典税务局(Swedish Tax Agency)就出售和购买加密货币的规定。

对于如何监管利用加密货币的交易以及如何确保对消费者保护仍然存在争议。第一个问题与投资加密资产所带来的财务风险相关。瑞典金融服务监管局指出，在市场上提供加密货币投资服务的公司必须确保消费者了解加密资产的独特性质和交易平台涉及的风险。鉴于目前监管远远落后于市场发展，而且消费者在从事本应受监管而未受监管的活动，公司的前述义务尤其重要。另一个令人担忧的问题是加密货币市场可能受到洗钱组织和资助恐怖主义的影响。[②]

### 5.4 荷兰

荷兰中央银行(DNB)和荷兰金融市场管理局(AFM)未将比特币和其他加密货币归类为货币。根据欧盟《电子货币指令》(Electronic Money Directive)，加密货币也不被视为电子货币。[③] 由此看来，中心化的系统不能被认定为发行人。而且任

---

① 1996:1006. https://www.fi.se/sv/bank/sok - tillstand/valutavaxlare - och - annan - finansiell - verksamhet/，最后访问日期：2020 年 7 月 18 日。

② https://www.fi.se/sv/publicerat/nyheter/2013/eba - varnar - for - virtuella - valutor/，最后访问日期：2020 年 7 月 18 日。

③ Directive 2009/110/EC of the European Parliament and of the Council of 16 September 2009 on thetaking up, pursuit and prudential supervision of the business of electronic money institutions amendingDirectives 2005/60/EC and 2006/48/EC and repealing Directive 2000/46/EC.

何被持有的比特币金额并不代表对发行人的债权。因此,加密货币在荷兰不受严格的监管。

加密货币不属于电子货币,因此涉及加密货币的服务不属于《欧盟支付指令》(the EU Payments Directive)[①]的范围。尽管使用了"货币"(currency)和"钱币"(coin)这两个词,但加密货币持有者一般不使用加密货币购买商品和/或服务,加密货币也不是被广泛接受的支付手段。鉴于加密货币具有高度波动性,这种情况不太可能改变。大多数加密货币购买者的目的是高风险投资。持有加密货币是为了以更高的价格出售。对此,荷兰监管当局不认为加密货币是"金融工具"、有形"投资对象"或《荷兰金融监督法》(DFSA)所界定的其他"金融产品"。因此加密货币中间商不需要中间许可证。然而,若投资基金管理人就持有加密货币的基金提供参与权,则会受到金融监管局的监管。此外,与加密货币价值相关的衍生品交易也会受到监管。荷兰国家银行(DNB)和荷兰金融市场管理局(AFM)就加密货币问题向公众发出警告,并对金融犯罪表示关切,但目前还未讨论禁止加密货币。

### 5.5 丹麦

在丹麦对加密货币的监管需求不大。然而丹麦国家银行就加密货币发出了强烈的警告,基本上将它们称为高度不稳定的投资项目。丹麦国家银行董事会储备委员会主席警告:"这是一种致命性的、有效的赌博形式。"他将 2017 年、2018 年的数字淘金热比作 17 世纪的郁金香狂热。当年郁金香球茎从收藏家的收藏品变成了投机商品,在市场泡沫期间郁金香球茎的市场价格飞涨,之后价格暴跌。

### 5.6 俄罗斯

近年来,俄罗斯官员关于加密货币和区块链资产的措辞转变巨大。在不到一年的时间里,官员们从提议禁止加密货币和监禁用户,转变为支持合法化作为潜在的解决方案。2014 年 1 月,俄罗斯中央银行发布了第一份关于加密货币的声明。他们称加密货币具有投机性、高风险性,且没有国家实体的支持。2016 年 9 月,俄罗斯中央银行发表声明,警告公众不要投资加密货币。其中提到,该行将监控加密货币,并与政府共同制定规制加密货币的法律框架。2017 年 10 月,俄罗斯总统普京要求政府就加密货币制定立法,包括确定其地位并为加密挖矿和首次代币发行制定法律框架。

---

① Directive (EU) 2015/2366 of the European Parliament and of the Council of 25 November 2015 on-payment services in the internal market, amending Directives 2002/65/EC, 2009/110/EC and2013/36/EU and Regulation (EU) No. 1093/2010, and repealing Directive 2007/64/EC.

2018 年 3 月底,俄罗斯财政部(MinFin)和俄罗斯联邦政府提交了《数字金融资产法草案》、《利用投资平台吸引投资草案》和《关于修订俄罗斯联邦民法典第一、第二和第四部分》的第一版草案。这些法案的初步目标是尽量减少使用数字客体将资产转移到不受监管的数字环境,以使犯罪收入、破产欺诈或资助恐怖主义团体合法化的现有风险。自 2018 年 1 月初以来,俄罗斯一直试图通过加密货币立法,但迄今未获成功。

### 5.7 美国

美国证券交易委员会(SEC)从事的执法活动主要针对作为证券的加密货币。值得注意的是,美国证券交易委员会在 2017 年 6 月发布了其去中心化自治组织(DAO)报告,[①]其中总结认为,根据最高法院的豪威测试(the Howey Test),虚拟货币从证券交易委员会的监管角度可视为证券合同。自该报告发布以来,美国证券交易委员会根据《美国证券法》对加密货币公司严格监管。2018 年 11 月 16 日,美国证券交易委员会的三个部门发布了一份关于数字资产证券发行和交易的联合声明。此外,美国证券交易委员会已承诺在 2019 年年初就加密货币制定新的指导方针。[②]

类似地,美国商品期货交易委员会(CFTC)将虚拟货币作为商品进行监管。美国商品期货交易委员会认为,加密货币(如比特币)都是商品,并已经向美国法院表达了此类观点。2018 年 5 月 21 日,美国商品期货交易委员会就虚拟货币衍生产品上市发布了一份咨询意见,[③]讨论“加强市场监督”和“风险管理”。

美国司法部(Department of Justice)也采取了同样的做法,支持美国证券交易委员会和美国商品期货交易委员会将加密货币解读为投资合同和商品。司法部对加密货币的监管范围很广,包括从积极与证交会同时提起刑事指控,到与商品期货交

---

① Release No. 81207, Report of Investigation Pursuant to Section 21(a) of the Securities Exchange Act of1934: The DAO, July 25, 2017; https://www.sec.gov/litigation/investreport/34 - 81207.pdf,最后访问日期:2020 年 7 月 18 日。

② https://news.bloomberglaw.com/securities - law/sec - plans - plain - english - crypto - securities - guide,最后访问日期:2020 年 7 月 18 日。

③ https://www.cftc.gov/sites/default/files/idc/groups/public/% 40lrlettergeneral/documents/letter/ - 2018 - 05/18 - 14_0.pdf,最后访问日期:2020 年 7 月 18 日。

易委员会就商品市场操纵行为展开联合调查。①

美国国家税务局(IRS)希望个人就涉及加密货币活动支付税款,无论是采矿,交易,或其他形式的积累。根据美国国家税务局2014年3月25日的指导意见,“纳税者可能因未能履行税法而受到处罚,包括就虚拟货币的交易少付款项……(或)未能按要求及时或正确地申报虚拟货币交易。”

金融犯罪执法网络(the Financial Crime Enforcement Network)还寻求根据《银行保密法》(the Bank Secrecy Act)监管加密货币交易,包括适用《反洗钱和打击资助恐怖主义行为规则》(Anti – Money Laundering and Combatting Financing of Terrorism rules)。②

### 5.8 其他国家

孟加拉国、玻利维亚、中国、厄瓜多尔和摩洛哥等国已全面禁止加密货币。特别是在中国,在禁止交易交易平台、金融机构和支付处理商从事交易的决定生效前,中国一直具有活跃的加密货币市场。个人在中国似乎仍在从事加密货币交易。

决定禁止而不是进行监管似乎没有考虑到从技术发展中可以获得的利益和机会。因为监管可以遏制非法活动,保护金融系统,但同时可以利用该项技术。

## 6 总结

2017年,加密货币经历了一段时期的增长和投资增加,在顶峰时期,比特币的价值达到了20,000美元。自2018年以来,加密货币的价值急剧下降:在2018年12月,比特币的价值暴跌至3000美元。然而加密货币泡沫不太可能破灭,自此之后,加密货币的价值一直在稳步上升,加密货币的寒冬似乎已经结束。

过去几年中,我们看到涉及加密资产的破产程序数量有所增加。值得注意的是,门头沟交易平台的正式诉讼程序表明了破产执业人士在处理涉及加密资产的破产财产时必须应对何种问题。门头沟交易平台的诉讼程序对所有相关利益相关方而言都是一段漫长而艰辛的经历,需要日本法院提供指导,对管理人所作决定赋

---

① See eg https://www.dlapiper.com/en/us/insights/publications/2018/09/edny – us – securities – laws – can – be – used – to – prosecute – ico – fraud/;https://www.sec.gov/news/press – release/2018 – 218;https://www.coindesk.com/us – department – of – justice – cftc – probe – crypto – market – manipulation – report;https://www.bloomberg.com/news/articles/2018 – 05 – 24/Bitcoin – manipulation – is – said – to – be – focus – of – u – s – cri minal – probe,最后访问日期:2020年7月18日。

② FinCEN Letter to Senator Ron Wyden (February 13,2018);https://coincenter.org/files/2018 – 03/fincen – ico – letter – march – 2018 – coin – center.pdf,最后访问日期:2020年7月18日。

予效力。其他重要的事实包括程序中的两次变化,从民事再生程序到破产清算程序,最后随着比特币价值升值而回到民事再生程序。

世界各地目前的监管和立法框架尚不完善,不能够解决加密资产的相关问题。本文试图讨论构建新的资产类别时会出现的基本问题。我们的分析清楚地表明,世界各地的立法框架尚未认识到加密货币的复杂性,以及建立完善的立法框架的必要性。一般而言,非结构化的监管体制具有不确定性,可能会对加密货币市场的发展造成巨大阻碍。监管者和立法者将继续发挥关键作用,决定加密货币的未来。

# 大数据与破产重组

BANKRUPTCY
LAW REVIEW

# 中国破产数据研究报告（2018～2019年）

**樊笑辰**

中国政法大学民商经济法学院经济法专业硕士研究生。

自1986年《企业破产法（试行）》诞生以来，我国破产制度已在市场经济中运作实施三十余载。2006年《企业破产法》的施行为市场经济运行增添活力、提供保障。近年来，中央高度重视优化营商环境工作。从党的十九大到2017年年底中央经济工作会议，再到十三届全国人大一次会议，坚持"以供给侧结构性改革为主线"、推进"三去一降一补"一直为2018年度经济工作中被强调的重点内容，经济的高质量发展、现代化经济体系的建设需要"深化供给侧结构性改革"。在上述政策背景下，2018年我国供给侧结构性改革取得新突破，"三去一降一补"成效显著。企业破产处理大步向前，较上年度有更多进展。最高人民法院2018年3月印发《全国法院破产审判工作会议纪要》，明确了破产审判工作总体要求，总结了破产审判实务经验，对破产相关司法实践具有重要的指导作用。2018年各地破产案件数量基本呈增长趋势，破产审判已全面提速，案件效率显著提升，各地已形成较为专业的破产审判团队，破产案件审判能力及理论水平有所提高。

2019年在此基础上开启供给侧结构性改革新征程。2018年年底召开的中央经济工作会议确定了2019年经济工作的指导思想与方针政策，明确提出："我国经济运行主要矛盾仍然是供给侧结构性的，必须坚持以供给侧结构性改革为主线不动摇，更多采取改革的办法，更多运用市场化、法治法手段，在'巩固、增强、提升、畅通'八个字上下功夫。"即2019年需要巩固"三去一降一补"成果，推动产能过剩行业加快出清，释放沉淀资源，从而畅通国民经济循环，推动经济高质量发展。在供给侧结构性改革的持续推进下，2019年"三去一降一补"扎实进行，国民经济继续保持稳中有进的发展态势。根据国家统计局2019年国民经济运行情况新闻发布会内容,2019 年全国工业产能利用率为 76.6%,比上年有所提高。世界银行《2020 年营商环境报告》中,我国的总体排名较上年提升 15 位至第 31 位,其中“办理破产”指标的排名提升 10 位至第 51 位。在破产审判制度与专业化队伍建设方面,2019 年最高人民法院先后批准在深圳、北京、上海、天津、广州、温州、杭州等地设立破产法庭。《最高人民法院关于适用〈中华人民共和国企业破产法〉若干问题的规定(三)》出台,进一步发挥破产审判在优化营商环境、深化供给侧结构性改革中的积极作用。《加快完善市场主体退出制度改革方案》明确我国市场主体退出制度改革的指导思想与总体目标,提出完善破产在内各类退出方式的制度建设任务,对推动建设现代化市场经济体系意义重大。《全国法院民商事审判工作会议纪要》厘清了破产审判中重要问题的裁判思路,着力破解了破产审判机制完善中的障碍,有利于充分发挥破产审判在维护市场经济秩序中的重要功能。

2018 年是贯彻党的十九大精神的开局之年,是改革开放 40 周年,是决胜全面建成小康社会、实施“十三五”规划承上启下的关键一年。2019 年更是中华人民共和国成立 70 周年,是决胜全面建成小康社会、实现第一个百年奋斗目标的关键之年。值此之际,对我国企业破产的基本情况进行统计、分析,可对中国破产实践有全方位的了解。

本次统计范围涵盖上市公司重整案件、非上市公司重整案件以及破产和解案件等在内的全国破产案件的整体统计。现将 2018 年及 2019 年全国破产案件基本情况的统计结果报告如下。

## 一、统计数据来源说明

数据统计能集中、系统、清晰地反映客观实际的基础在于全面、完整、真实、准确的数据来源。当今时代书籍文章与网络信息错综繁杂,需要从中选择权威、可靠、有效的数据来源,这将直接影响统计分析的正确性与参考价值。本次数据统计的来源可分为官方数据来源与非官方数据来源,总体为业界认可的信息获取方式。

### (一)官方数据来源

官方数据,即国家机关直接公布或提供的数据。目前,各级市场监管局在企业进入、退出市场方面主要负责企业的登记、注销与吊销,不涉及破产相关事项。各级人民法院审理破产案件,拥有直接的破产相关数据。部分地区人民法院网及官方报刊设有公告专栏,但往往与其他类别案件混杂公告,由此入手进行统计低效且不全面,仅可作为辅助数据来源。作为监督与指导我国司法审判工作的最高审判机关,最高人民法院掌握最权威的破产数据。但目前最高人民法院尚未设有对外公开的统一的数据窗口，全国性的破产相关数据仅能从最高人民法院工作报告、《人民法院报》公告、全国企业破产重整案件信息网中搜寻。根据《2019 年最高人民法院工作报告》可知 2018 年我国审结公司清算、企业破产等案件 1.6 万件；根据最高人民法院 2019 年 3 月 28 日新闻发布会披露，2018 年全国法院新收强制清算与破产类案件 18,823 件，同比增长 97.3%；审结 11,669 件，同比增长 86.5%。根据《2020 年最高人民法院工作报告》，2019 年全国法院审结强制清算与破产案件 1.7 万件，约占 2019 年法院审、执结案总数的 0.1%。这仅是总体数据，未能从工作报告及新闻发布会中获得清算、重整与和解的分类详细数据与具体案件信息。

《人民法院报》作为集中反映人民法院审判工作的大型报刊，是各级法院发布公告的主要平台，其公告栏中的送达破产文书分栏，包含破产清算、重整与和解相关公告，从中可查阅案件裁定受理时间、破产申请人、破产管理人、受理与审理法院等详细信息。此外，全国企业破产重整案件信息网①建立了破产重整债务人信息、公开案件、公开公告与裁判文书专栏，网站及时、准确地发布破产案件信息，实现对案件流程真实、规范的公开。从该网站可查询到部分案件的法院、管理人对外公开的详细公告信息与相关裁判文书。总之，以查询《人民法院报》公告中相关破产信息为主，辅之以全国破产重整案件信息网为信息填补渠道，是此次破产数据统计主要的官方数据来源统计路径，对整理破产清算案件与非上市公司重整案件数据发挥奠基作用。

**（二）非官方数据来源**

从理论上来说，源自官方数据的统计分析才权威可靠。但《人民法院报》公告与全国企业破产重整案件信息网中破产相关信息未对上市与非上市公司进行区分，无法从中系统地挑选出上市公司重整信息。部分非官方机构建立的报刊、网站等媒体，由于其对新闻资讯时效性的重视及潜在的市场竞争压力，从中往往可及时获取重要信息。另外，部分具备一定权威性的报刊、网站也可成为本次统计数据来源。

《中国证券报》《证券时报》《证券日报》《上海证券报》和巨潮资讯网是中国证券监督管理委员会指定的上市信息披露报纸和网站，其发布的信息应被重视。不过，企业破产信息在各报纸的信息披露板块埋没于诸多其他各类公告之中，单种媒体收录的信息不完整，从中整理上市公司破产信息效率低下。巨潮资讯网作为多层次的资本市场信息披露平台，具备沪深两市主板、中小企业板、创业板上市公司

---

① http://pccz.court.gov.cn/pcajxxw/index/xxwsy.

法定信息披露业务资质,网站内较为全面地发布了上市公司公告信息。查阅巨潮资讯网,可对清算、重整等关键词,以及股票代码、简称进行检索,收集整理数据较为便利。因此,此网站为上市公司重整信息的主要来源。

总之,本次2018年度及2019年度破产数据统计来源如下:破产清算、和解案件及非上市公司重整案件数据主要源自《人民法院报》公告与全国企业破产重整案件信息网,地方法院网站、官方报刊及其他财经类媒体为信息补充来源;上市公司重整案件数据以巨潮资讯网为主要来源,财经类媒体为辅助来源,同时将上述媒体中信息与《人民法院报》公告信息进行核对印证以增加权威性。

## 二、统计数据非完备性的说明

在本次数据统计过程中,上市公司重整案件较少,且上市公司信息披露严格、全面,因此对其相关数据的统计较完整。但非上市公司重整案件及破产和解案件的数据统计由于多种原因,无法避免信息疏漏现象。其一,数据来源有限,本次统计主要从公开渠道进行数据收集,许多权威数据由于暂未对外公布,难以获取相关信息。其二,此次统计的各数据来源本身存在不全面性。作为主要官方来源的《人民法院报》公告、国家企业破产重整案件信息网并未公告或收录所有破产案件信息,其他报刊对破产公告的刊登是散乱不系统的,新闻报道更是仅关注影响力强、覆盖面大的破产案件。即使不同来源的数据可进行相互补充,也无法穷尽所有破产案件的所有信息。其三,统计工作中产生的误差也是不可忽视的原因。本次统计过程中已尽可能仔细缜密,但也不排除因统计方式与统计口径原因而导致微小疏忽的可能。因此,如后述数据统计结果与其他全面、官方的数据存在差异,请以权威性较高的数据为准。数据研究人员也将继续探寻可靠的数据来源,不断改进数据统计工作、完善数据及分析结论。

## 三、统计数据分析

### (一)2018年度破产统计数据分析

2018年度全国破产案件数据统计包括四部分:全国强制清算与破产案件总体数据、上市公司重整案件数据、非上市公司重整案件数据、破产和解案件数据。

根据2016年《最高人民法院关于调整强制清算与破产案件类型划分的通知》,强制清算、破产申请审查与受理后的强制清算、破产程序分列案件类型,即强制清算或破产申请审查单独作为一类案件。另外,对不予受理、驳回强制清算申请或破产申请等裁定的上诉审理,作为强制清算与破产上诉案件。对强制清算或破产申请的不予受理、驳回申请裁定以及强制清算与破产上诉案件的监督，作为强制清算与破产监督案件。因此，在全国强制清算与破产案件总体数据部分，分别对破产申请审查案件、强制清算审查案件、破产案件、强制清算案件、强制清算与破产上诉案件、强制清算与破产监督案件的数据进行分析。

现对统计数据分析如下。

1. 全国强制清算与破产案件总体情况分析

（1）全国企业破产申请审查、破产案件数量总数显著上升

总体而言，全国企业破产申请审查、破产案件数量呈增长态势。2017 年，我国新收企业破产申请审查、破产案件 9542 件，审结企业破产案件 6257 件。2018 年，全国法院新收企业破产申请审查、破产案件 18，950 件，同比增长 98. 6%；审结 13，616 件，同比增长 117. 6%。2018 年度全国法院新收和审结破产申请审查、破产案件数量首次破万件，与 2017 年案件数量相比迅速增长，增速较 2017 年有显著提高（见图 1）。

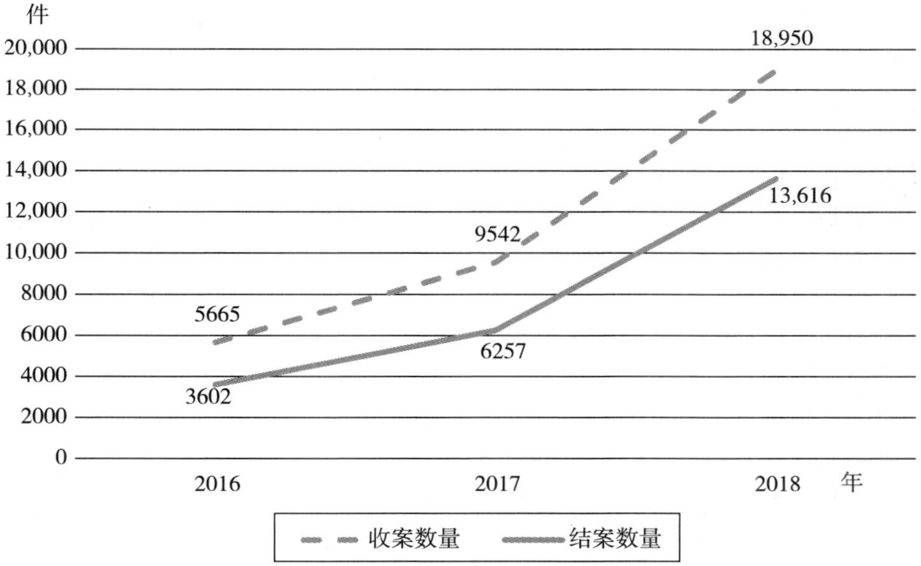


**图 1　全国企业破产申请审查、破产案件数量（2016～2018 年）**

（2）全国企业破产申请审查案件数量倍增

2017 年全国企业破产申请审查案件收案数量为 5464 件，结案数量为 4487 件；2018 年全国新收破产申请审查案件 11，545 件，同比增长 111. 3%；审结 10，208 件，同比增长 127. 5%。2018 年全国企业破产申请审查案件收案与结案数量均突破万件，较 2017 年增长超过一倍。（见图 2）

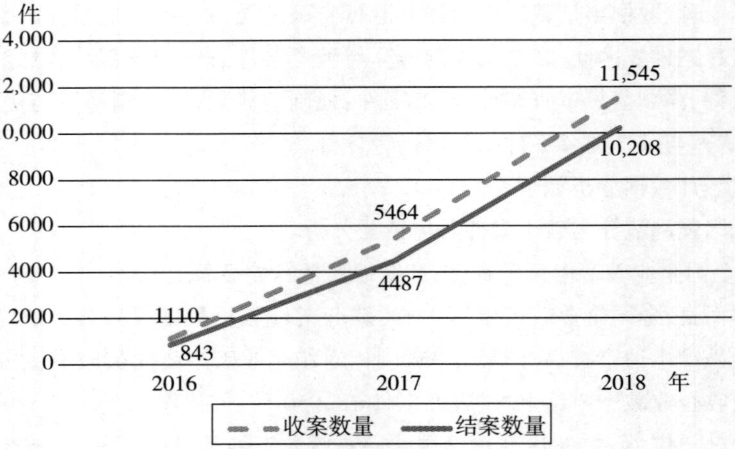


**图 2　全国企业破产申请审查案件数量(2016～2018 年)**

(3)全国企业破产案件数量增幅明显

自 2002 年起,全国企业破产案件(不含破产申请审查案件)的收案数量呈先下降后上升趋势,结案数量不断波动。破产案件收案数量从 2002 年到 2012 年逐年下降,2013 年起开始回升,2018 年增长幅度达到最高,较 2017 年增长 81.6%。破产案件结案数量从 2002 年到 2013 年整体为下降趋势,但 2006 年有大幅增加;2014 年起结案数增长,但 2017 年明显下降至 15 年来最低点,2018 年显著回升,较 2017 年增长 92.5%(见图 3)。

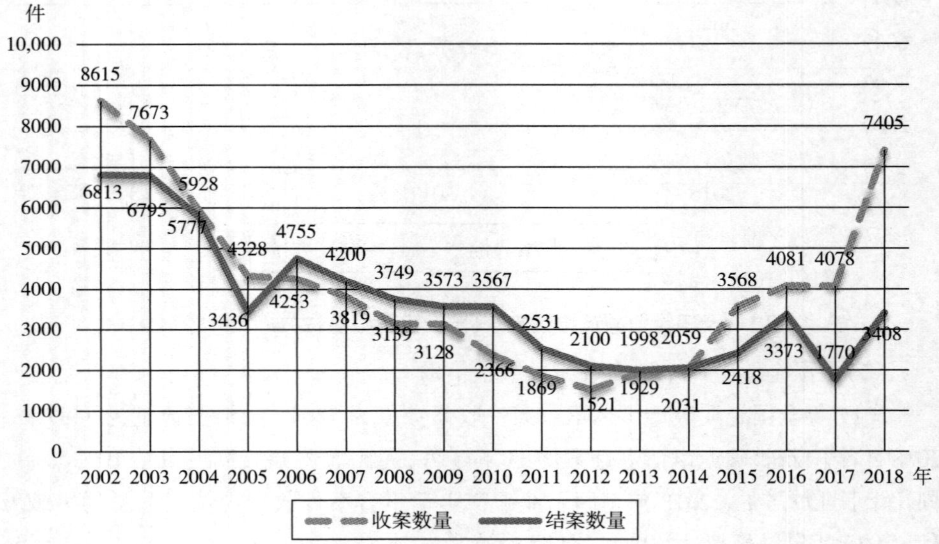


**图 3　全国企业破产案件数量(2002～2018 年)**

（4）破产清算申请审查、破产清算案件数量倍增

2017 年全国破产清算申请审查案件收案 4144 件，结案 3750 件。2018 年新收破产清算申请审查案件 10,224 件，同比增长 146.7%；审结 9016 件，同比增长 140.4%。2018 年全国破产清算申请审查案件数量较 2017 年迅速增加，同时收案与结案数均超过破产申请审查案件总数的 88%，企业申请破产清算仍占破产申请的绝大多数（见图 4）。

2017 年全国破产清算案件收案 3313 件，结案 1519 件。2018 年新收破产清算案件 6744 件，同比增长 103.6%；审结 3178 件，同比增长 109.2%。2018 年全国破产清算案件收案与结案数均超过破产案件总数的 90%，破产清算案件数量远远多于重整及和解案件（见图 5）。

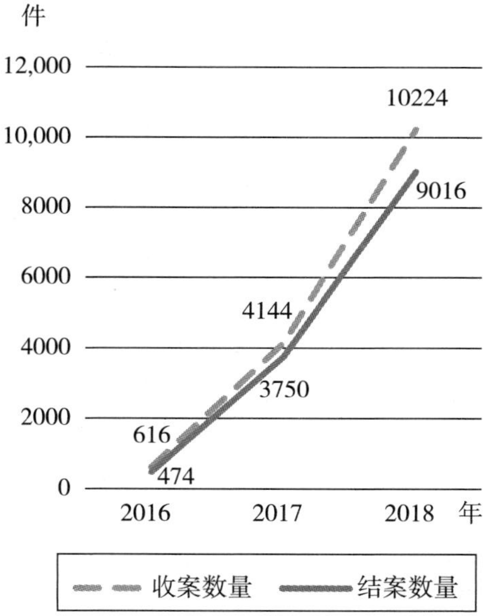


**图 4　全国破产清算申请审查案件数量（2016～2018 年）**

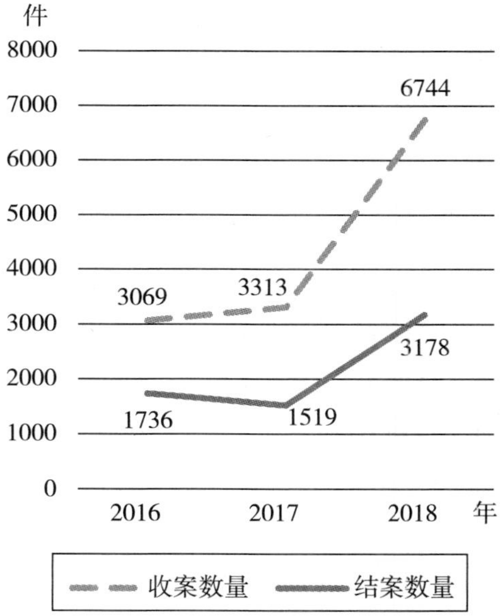


**图 5　全国破产清算案件数量（2016～2018 年）**

（5）破产重整申请审查案件数量稳步上升，破产重整案件数量有所下降

2017 年全国破产重整申请审查案件收案 368 件，结案 339 件。2018 年新收破产重整申请审查案件 697 件，增长 89.4%；审结 649 件，增长 91.4%。2018 年破产重整申请审查案件稳步上升，但仍远少于破产清算审查案件数量，收案与结案数分别占破产申请案件总数的 6.0% 与 6.4%（见图 6）。

2017 年全国破产重整案件收案 759 件，结案 242 件。2018 年新收破产重整案

件653件,较2017年减少14.0%;结案225件,减少7.0%。2016年至2018年,破产重整案件收案与结案数逐年下降,2018年降幅已明显减小(见图7)。

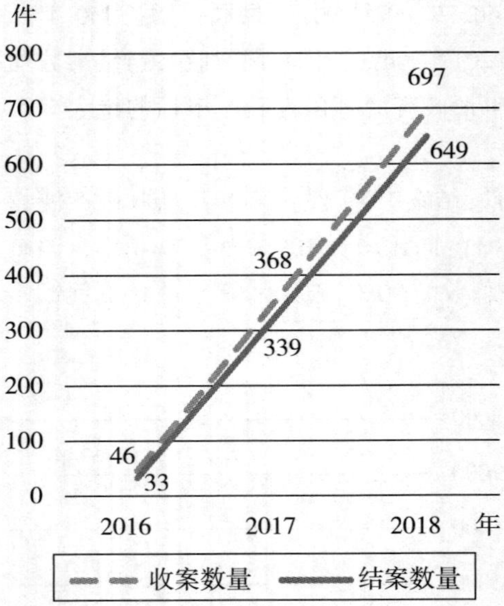


图6　全国破产重整申请审查案件数量
(2016～2018年)

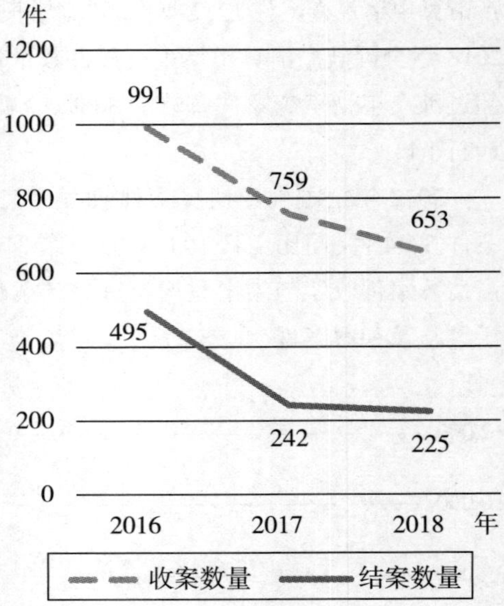


图7　全国破产重整案件数量
(2016～2018年)

(6)破产和解申请审查、破产和解案件数量多变,在破产申请审查、破产案件总数中占比低

2017年破产和解申请审查案件收案952件,结案398件。2018年新收破产和解申请审查案件624件,较2017年减少43.5%;审结543件,同比增加36.4%。收案数减少而结案数增加,但在破产申请案件总数中占比与破产清算相比均较低(见图8)。

2017年破产和解案件收案6件,结案9件。2018年破产和解案件新收8件,审结5件。2016年至2018年破产和解案件数量呈波动态势,2018年收案数量增加而结案数量减少,占破产案件总数的比例仍非常小,均不足0.15%(见图9)。

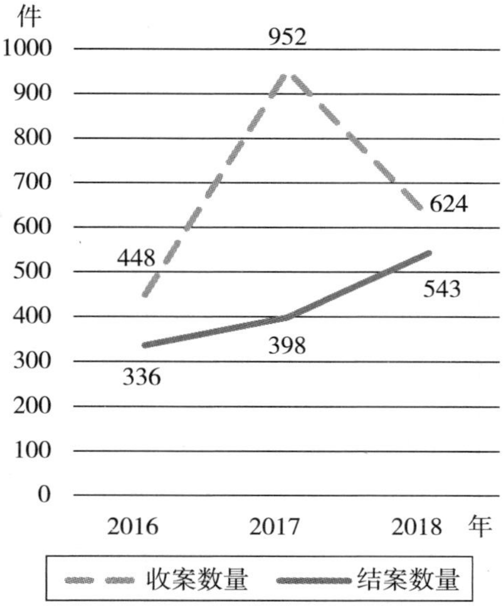


**图 8　全国破产和解申请审查案件数量（2016～2018 年）**

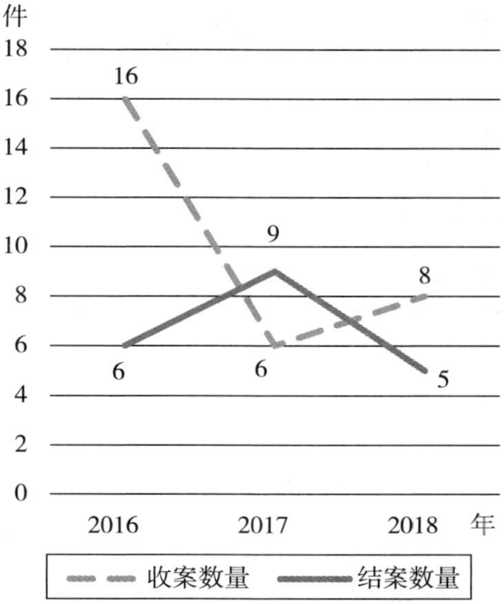


**图 9　全国破产和解案件数量（2016～2018 年）**

（7）强制清算申请审查、强制清算案件数量显著上升

2017 年全国强制清算申请审查案件收案 684 件，审结 536 件。2018 年新收强制清算申请审查案件 1840 件，同比增长 169.0%；审结 1472 件，同比增长 174.6%。强制清算申请审查案件数量自 2016 年起逐年提高，2018 年收案与结案数量均增长超过一倍，增速迅猛（见图 10）。

2017 年全国强制清算案件收案 535 件，审结 300 件。2018 年新收强制清算案件 945 件，同比增长 76.6%；审结 637 件，同比增长 112.3%。2017 年强制清算案件收案与结案数量较 2016 年均有所下降，2018 年数量开始回升，是一个新的增长节点（见图 11）。

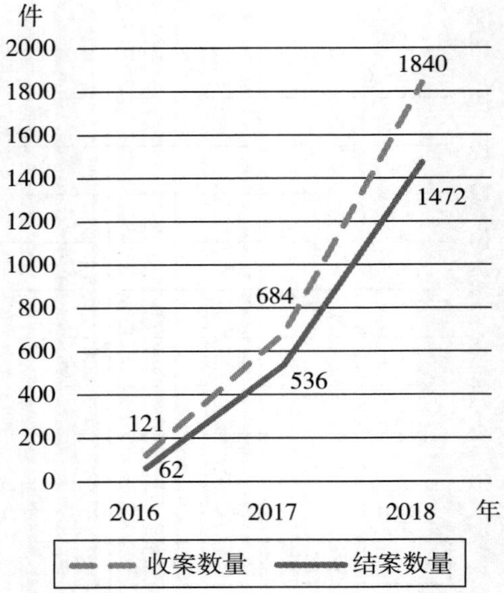


图 10　全国强制清算申请审查案件数量（2016~2018 年）

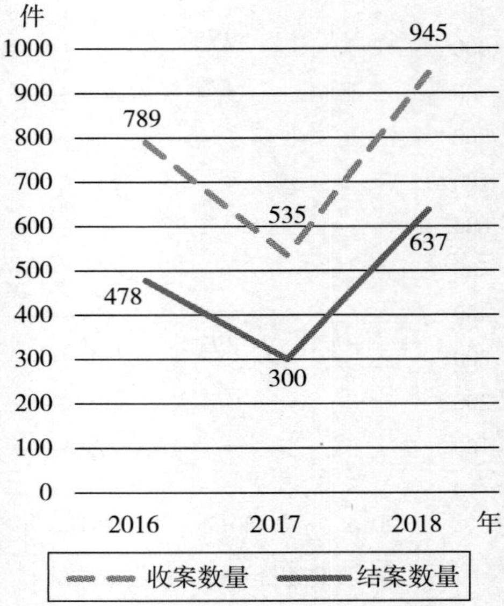


图 11　全国强制清算案件数量（2016~2018 年）

（8）强制清算与破产案件数量远少于企业注销、吊销数量

2018 年全国内资企业注销数量总计为 1,789,401 家，吊销数量为 572,576 家；外资企业注销数量为 24,150 家，吊销数量为 7888 家；企业注销数量共计 1,813,551 家，吊销数量共计 580,464 家。

而 2018 年全国新增破产案件 7405 件，强制清算案件 945 件。因此，强制清算与破产案件数量远少于企业注销、吊销数量。2018 年法院审结破产案件 3408 件，其中终结破产程序的破产清算案件 2925 件。另外，审结强制清算案件 637 件。由此可推知，在企业市场退出机制中，通过强制清算与破产退出市场的企业数量远远少于注销、吊销的企业数量。

（9）强制清算与破产上诉、监督案件数量持续增长

2016 年至 2018 年强制清算与破产上诉案件、监督案件数量均持续上升。

2018 年强制清算与破产上诉案件收案 461 件，增长 132.8%；审结 384 件，增长 109.8%。2018 年审结的 384 件上诉案件中，准予撤回上诉及按撤回上诉处理案件共 57 件，撤销原裁定案件共 129 件，维持原判案件占比最高，为 198 件。强制清算与破产监督案件收案与结案数量从 2016 年的 0 件不断增长，2018 年收案 15 件，审结 13 件，增长趋势明显（见图 12、图 13）。

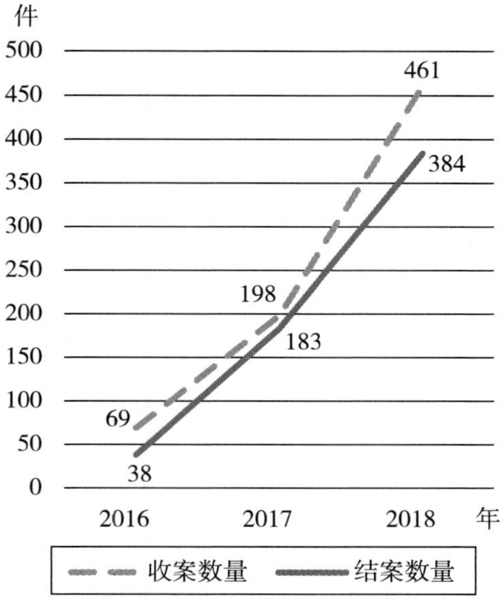


图 12　强制清算与破产上诉案件数量（2016～2018 年）

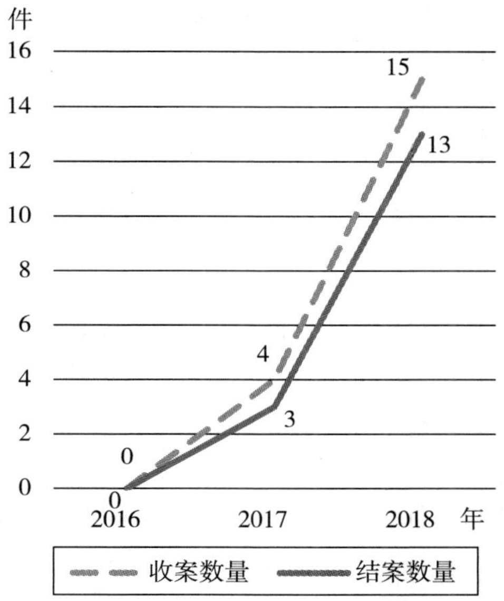


图 13　强制清算与破产监督案件数量（2016～2018 年）

2. 全国破产案件具体分析

（1）上市公司重整案件

2018 年新增上市公司破产重整 2 案，重整公司为柳州化工股份有限公司（以下简称“柳州化工”）、抚顺特殊钢股份有限公司（以下简称“抚顺特钢”），均在上海证券交易所上市。现从以下几方面对 2018 年上市公司重整案件进行分析：

其一，从地域分布情况来看，上市公司破产重整 2 案分别在广西壮族自治区与辽宁省受理，分别处于西部地区与东北地区。

其二，从行业分布情况来看，2 家上市公司重整前的主要业务领域均为制造业，分别为化学原料和化学制品制造业、黑色金属冶炼和压延加工业。[①] 抚顺特钢重整后主营业务未变化，柳州化工处于重整计划执行中，尚无法判断重整前后主营业务是否变化。2017 年新增的上市公司破产重整 2 案中 2 家上市公司主要业务同样为制造业，可见上市公司破产重整案在制造业领域高发。

其三，从申请人情况来看，2 家公司均为债权人申请重整。2016 年、2017 年新

① 行业分类方式参见中华人民共和国国家统计局《2017 年国民经济行业分类》（GB/T 4754—2017）。

增的上市公司重整案件也为债权人申请重整。上市公司重整案件多为债权人进行重整申请。

其四,从受理法院情况来看,2 件重整案件的受理法院均为中级人民法院,2016 年、2017 年新增的上市公司案件也为中级人民法院受理。上市公司破产重整案件涉及法律关系复杂、影响面广,一般由中级人民法院管辖。

其五,从管理人情况与管理模式来看,柳州化工采用管理人管理模式,管理人为清算组;抚顺特钢在管理人监督下债务人自行管理,管理人为律师事务所。债务人自行管理模式在历年来上市公司重整案件中极少见,破产重整期间经营事务的管理方面,我国目前仍以管理人管理为主,债务人管理为例外。

其六,从是否正常上市方面来看,2 家公司均未暂停上市。

其七,从重整进度及重整用时情况来看,柳州化工重整计划于 2018 年执行完毕,抚顺特钢重整计划在 2019 年 12 月执行完毕。柳州化工重整受理用时 4 个月 13 天,受理重整至批准重整计划用时 9 个月 26 天,重整计划执行用时 1 年 17 天;抚顺特钢重整受理用时 5 个月 12 天,受理重整至批准重整计划用时 2 个月 2 天,重整计划执行仅用时 1 个月 4 天。

(2)非上市公司重整案件

根据《人民法院报》公告、全国企业破产重整案件信息网的破产信息,2018 年非上市公司重整案件共有 722 件(不含破产清算转破产重整程序案件)。为更全面地分析重整案件申请人、受理法院及地区分布情况,本次统计未将初始分别受理、最终合并重整的案件合并一栏作为一案整理。此外,上级法院受理、指定下级法院审理的案件中,上级法院裁定受理与被指定的下级法院受理的时间可能跨越年度,本次统计将下级法院受理时间为 2018 年的案件全部整理入 2018 年度非上市公司重整案件。由于上述统计口径、时间跨度等原因,本次统计整理所得 2018 年非上市公司重整案件的总数可能多于其他来源中相关数据。若与其他数据存有误差,以更权威的数据为准。现对已有明确信息的 2018 年非上市公司重整案件分析如下。

① 地区分布

722 件非上市公司重整案件按省级行政区划的分布为:山东 170 件,河南 76 件,湖南 50 件,天津 49 件,辽宁 46 件,浙江 42 件,江苏 41 件,重庆 29 件,四川 26 件,河北 22 件,湖北 20 件,广西 19 件,广东、安徽各 16 件,宁夏 14 件,海南 13 件,陕西 12 件,吉林 10 件,江西 9 件,云南 8 件,贵州 6 件,黑龙江、内蒙古各 5 件,福建、青海、北京各 4 件,甘肃 3 件,新疆 2 件,山西 1 件,上海、西藏暂未整理到 2018 年非上市公司重整案件。与 2017 年相同,山东省为 2018 年非上市公司重整案件最多的省级行政区,占案件总数的23.5%,各省级行政区破产重整案件收案数量不均衡。

根据我国的经济区域划分,[①]2018年非上市公司重整东部地区案件数量为361件,中部地区案件数量为172件,西部地区案件数量为128件,东北地区案件数量为61件。各经济区域重整案件数量占总数的比例高低与2017年相同,均为东部地区占比最高,中部、西部次之,东北地区占比最低。东部地区的非上市公司重整案件数量占案件总数的50.0%,较2017年47.8%的比例增加,也是四大经济区域中非上市公司重整案件数增长最快的地区(见图14)。

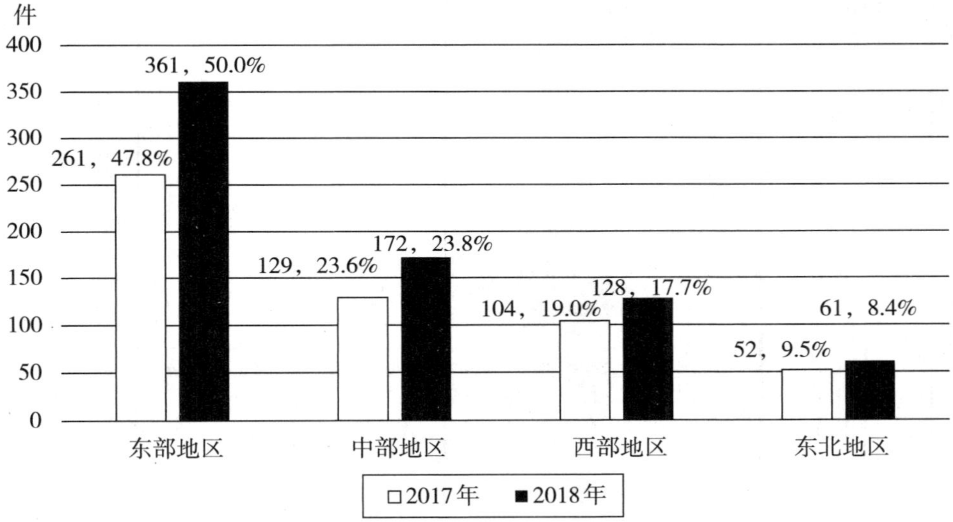


**图14　非上市公司重整案件经济区域分布及占当年案件总数比例(2017~2018年)**

② 重整申请人

重整申请人方面,722件非上市公司重整案件中,债务人提出重整申请的案件有406件,债权人为申请人的案件有276件,债权人与债务人共同提出重整申请的案件有2件。另有1件为较大实质合并重整案件,法院将其作为一新案件进行审理,申请人为已进入重整程序企业的管理人。其余37件无法得知申请人类型。由此可见,非上市公司破重整案件中,债务人申请重整的情形多于债权人申请重整,

① 根据国家统计局《东西中部和东北地区划分方法》,我国的经济区域划分为东部、中部、西部和东北四大地区。东部包括:北京、天津、河北、上海、江苏、浙江、福建、山东、广东和海南。中部包括:山西、安徽、江西、河南、湖北和湖南。西部包括:内蒙古、广西、重庆、四川、贵州、云南、西藏、陕西、甘肃、青海、宁夏和新疆。东北包括:辽宁、吉林和黑龙江。

债务人仍是非上市公司破产重整程序的主要启动者（见图15）。

债权人提出重整申请的案件中，有13件重整申请人为税务机关。自2016年温州市国税局以债权人名义申请欠税企业破产以来，各地已陆续出现税务机关作为申请主体申请企业破产的案件。① 另有2件为居民委员会、村民委员为作为债权人申请企业重整。债权人与债务人共同提出重整申请的案件中，有1件为人力资源和社会保障局与债务人鲁山县远宏炭素材料有限公司共同为重整申请人，该案情况为行政非诉执行纠纷中债务人无财产可供执行后，经债务人及人力资源和社会保障局同意，法院作出决定将债务人移送破产审查。

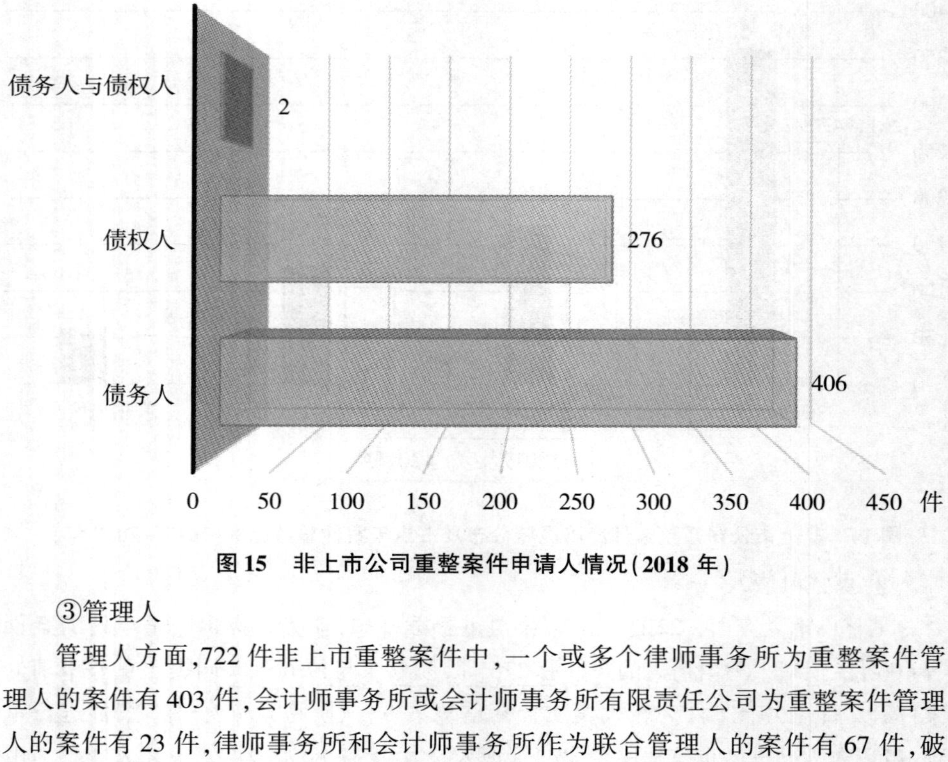


**图15　非上市公司重整案件申请人情况（2018年）**

③管理人

管理人方面，722件非上市重整案件中，一个或多个律师事务所为重整案件管理人的案件有403件，会计师事务所或会计师事务所有限责任公司为重整案件管理人的案件有23件，律师事务所和会计师事务所作为联合管理人的案件有67件，破产清算公司、清算服务公司或清算咨询公司为管理人的案件有55件，上述清算事务公司与律师事务所共同作为管理人的案件有4件，清算事务公司、律师事务所、会计师事务所联合共同作为管理人的案件有1件，资产管理公司、企业管理公司或经济咨询公司为管理人的案件有7件，清算组或资产清算工作组为重整案件管理人的案

① 参见徐阳光：《破产程序中的税法问题研究》，载《中国法学》2018年第2期。

件有 152 件，其余 10 件暂未查明管理人情况。管理人为一个或多个律师事务所的案件数量最多，在已知管理人类型的非上市公司重整案件中占比达 56.6%（见图16）。

在 152 件管理人为清算组的案件中，存在几案清算组较为特殊。丛林集团有限公司及其 23 家关联公司一案中法院指定 36 名人员组成清算组，36 名人员主要来自行政机关，此外还有律师事务所、会计师事务所及债务人企业人员。来凤安普罗（集团）运兴汽车服务有限公司、来凤凤鸣山大酒店有限公司两案中管理人为债权人来凤安普罗（集团）食品开发有限公司清算组。四川金峨发电有限公司、四川金峨供电有限公司、四川省宏阳水电有限公司、凉山州双河口电力开发有限责任公司四案中，因上述公司与控股股东四川峨眉山电力股份有限公司相互关联，而法院已为四川峨眉山电力股份有限公司指定了管理人，为有利于提高案件审理效率，该四案管理人为控股股东四川峨眉山电力股份有限公司清算组。

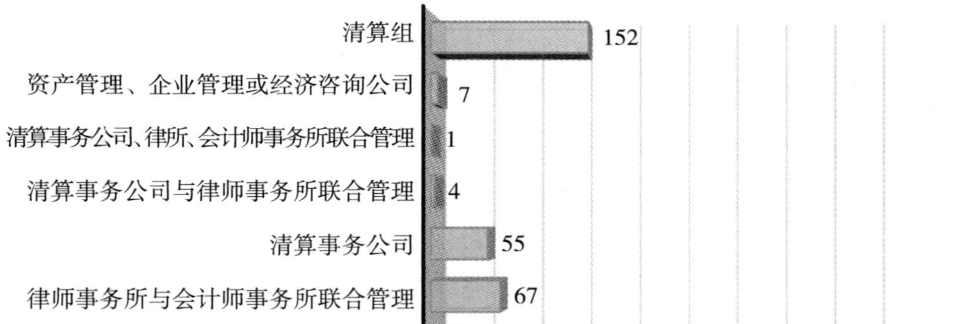


**图 16　非上市公司重整案件管理人情况（2018 年）**

④受理法院

受理法院方面，本次统计的 722 件非上市重整案件中，396 件由基层人民法院受理，占比约 54.8%；312 件由中级人民法院受理，占比约 43.2%；14 件由高级人民法院受理，占比约 1.9%，较 2017 年 0.18% 的占比有所提高。与上市公司重整案件多为中级人民法院受理不同，非上市公司重整案件基层人民法院受理最多。根据可查明的信息，中级人民法院受理的案件中，已知有 2 件为基层人民法院受理后中级人民法院提审。基层人民法院受理的案件中，已知有 15 件为中级人民法院裁定受理后移交基层人民法院受理，有 1 件为同市另一基层人民法院移送审理（见图 17）。

**图 17　非上市公司重整案件受理法院情况（2018 年）**

⑤重整进程

重整进程方面，722 件非上市重整案件中，有 17 件已于 2018 年由法院裁定批准重整计划并终止重整程序，其中 1 件已于 2018 年确认重整计划执行完毕、终结破产程序。此外，20 件由于未按期提交重整计划草案或已无重整希望，由法院裁定终止重整程序并宣告破产。

⑥非上市公司破产清算转破产重整程序案件

由于多数破产清算转破产重整程序案件的破产清算受理时间与破产重整裁定时间为不同年份，案件归属年度问题较混乱，本次统计将该类案件单独进行整理，详细案件信息可见报告后数据表。根据《人民法院报》公告、全国企业破产重整案件信息网的破产信息，已知 2018 年裁定进行破产重整的非上市公司破产清算转破产重整程序案件有 86 件。

上述案件在破产清算程序中申请破产重整的主体方面，债务人申请重整 42 件，债务人股东申请重整 21 件，债务人及股东共同申请 1 件，管理人申请重整 6 件，债权人申请 5 件，债权人与债务人股东共同申请 1 件，债权人与债务人共同申请 1 件，其余 7 件未查询到申请人信息（见图 18）。

上述案件在重整进程方面，21 件已于 2018 年由法院裁定批准重整计划并终止重整程序，其中 1 件于 2018 年在批准重整计划后裁定终止重整计划执行并宣告破产。

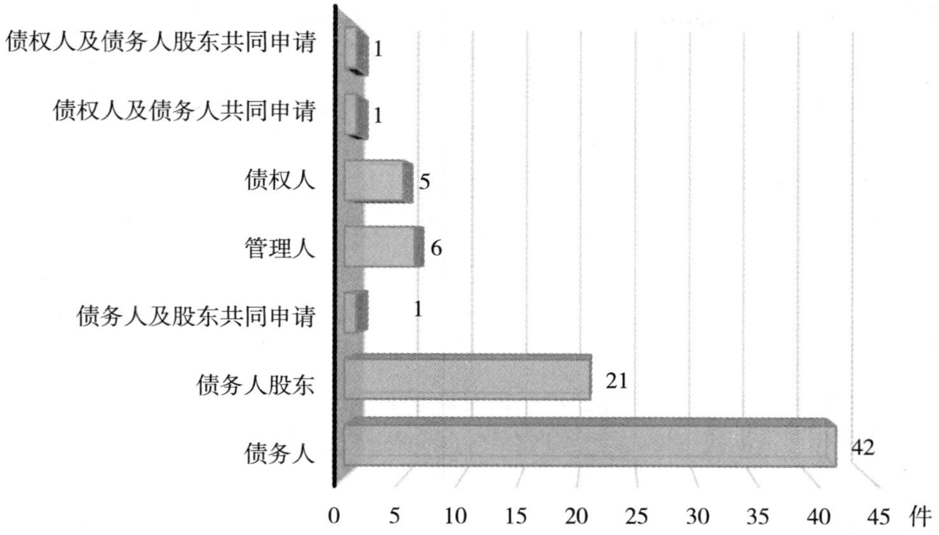


**图 18 非上市公司破产清算转破产重整程序案件重整申请人情况（2018 年）**

⑦非上市公司合并重整案件

根据《人民法院报》公告、全国企业破产重整案件信息网、裁判文书网的破产信息，已知 2018 年裁定合并重整的案件有 57 件，详细案件信息可见报告后数据表。各案中合并企业数量最高达 83 家企业，合并重整案件规模较大的、合并企业数超过 10 家的案件有 6 件。

上述合并重整案件在合并重整的申请主体方面，已进行重整的债务人管理人申请的案件有 26 件，已进行重整的债务人申请其他关联企业并入重整的案件有 2 件，请求自身并入重整案件的债务人申请案件 3 件，所有未进行重整的债务人共同申请合并重整案件 3 件，合并清算中股东申请合并重整的案件 1 件，其余 22 件未查询到合并重整申请人信息。

上述合并重整案件在重整进程方面，2018 年裁定批准重整计划草案并终止重整程序的合并重整案件仅有 2 件。另外，2018 年未按期提交重整计划草案或重整计划草案未通过，被宣告破产的重整案件有 2 件。

⑧非上市公司预重整案件

根据《人民法院报》公告，整理得 2018 年非上市公司预重整案件一件。2018 年 5 月 7 日，浙江省德清县人民法院对浙江力富特机械有限公司申请破产重整一案进行预立案。2019 年 1 月 16 日法院指定浙江苏杭律师事务所担任浙江力富特机械有限公司预重整期间临时破产管理人。预重整方式一方面可以通过庭外的沟通协调机制在司法程序之前判断债务人重整价值与成功可能性,并尽可能形成重整方案,提高重整案件的审理效率及企业重整成功率;另一方面通过法庭内重整程序确保重整方案的执行。我国《企业破产法》未对预重整制度进行规定,预重整方式也未有广泛适用,因此我国的预重整模式目前仍缺少制度基础与实践经验。

(3)企业破产和解案件

根据《人民法院报》公告、全国企业破产重整案件信息网的破产信息,2018年企业破产和解案件共有18件(含破产清算或重整中裁定破产和解案件)。该18件中已知有11件为破产清算程序中法院裁定进行破产和解,有1件为破产重整程序中法院裁定和解。

除此破产和解18件外,深圳市祝钛投资有限公司、郴州市中南油脂有限公司、海门市皮件工艺品厂、江南宇清环境科技江阴有限公司、南京凌谷欣金属材料有限公司5件破产案件中债权人与债务人于破产清算中自行达成和解协议,于2018年由法院裁定认可和解协议并终结破产程序。另有深圳市汇成精密电路有限公司一案为2018年裁定认可和解协议并终止和解程序,但裁定和解时间未知,因此未将该案信息置入2018年和解案件统计表。现对2018年企业破产和解18件分析如下。

其一,在地区分布方面。18件破产和解案件按省级行政区分布为:浙江、河北、广东各3件,安徽2件,四川、河南、山西、山东、贵州、甘肃、福建各1件。从总体来看,2018年企业破产和解案件涉及全国11个省级行政区,地区分布较2017年更广泛。根据我国经济区域划分,东部地区案件数量为11件,中部地区为4件,西部地区3件,东北地区暂未查找到2018年企业破产和解案件。由此可见,2018年企业破产和解案件数较2017年有所增加,案件经济区域分布与2017年较为一致。东部地区企业破产和解案件数量仍最多,2018年占全国企业破产和解案件总数的61.1%,东北地区仍未新增破产和解案件(见表1、图19)。

**表1　企业破产和解案件省级行政区分布(2018年)**

| 省级行政区 | 案件数量(件) |
|---|---|
| 浙江 | 3 |
| 河北 | 3 |
| 广东 | 3 |
| 安徽 | 2 |
| 四川 | 1 |

续表

| 省级行政区 | 案件数量(件) |
|---|---|
| 河南 | 1 |
| 山西 | 1 |
| 山东 | 1 |
| 贵州 | 1 |
| 甘肃 | 1 |
| 福建 | 1 |

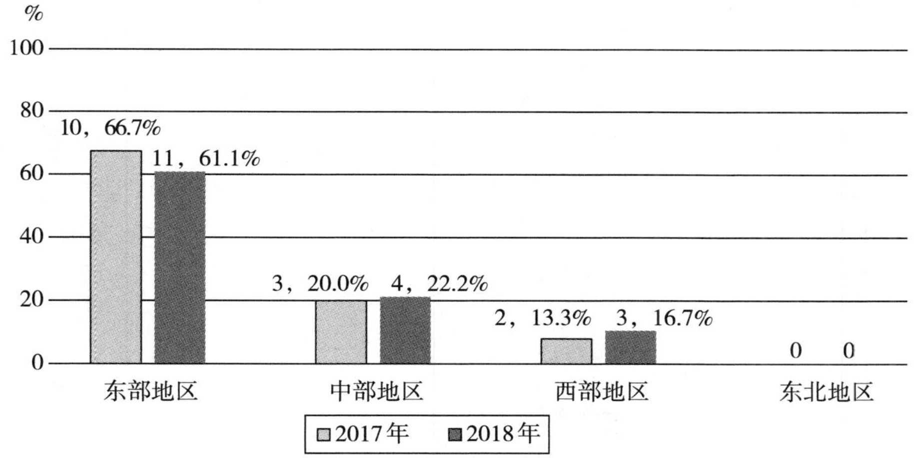


**图 19　企业破产和解案件经济区域分布及占当年案件总数比例(2017～2018 年)**

其二,在申请人方面,2018 年企业破产和解 18 件中,17 件为债务人申请破产和解,1 件未知和解申请人类型。

其三,在管理人方面,14 件管理人为一个或多个律师事务所,1 件管理人为会计师事务所,1 件管理人为律师事务所与会计师事务所联合担任,其余 2 件暂未查询到管理人的具体信息。2018 年企业破产和解案件中律师事务所为管理人的案件占绝大多数,比例为 87.5%。无清算组、清算事务公司或资产管理公司担任管理人的案件(见图 20)。

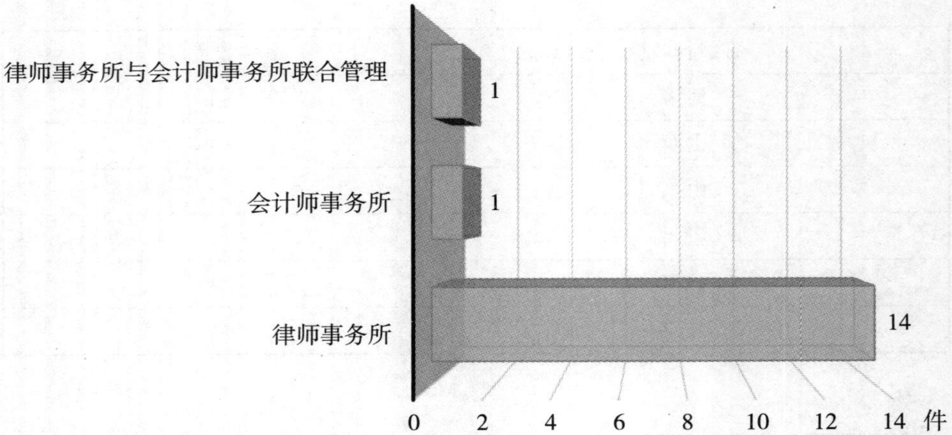


**图 20　企业破产和解案件管理人情况(2018 年)**

其四,在裁定和解的法院级别方面,13 件为基层人民法院裁定,5 件为中级人民法院裁定。2018 年企业破产和解案件基层人民法院裁定和解的案件较多,这与 2017 年中级人民法院进行裁定的案件多于基层人民法院的情形不一致(见图 21)。

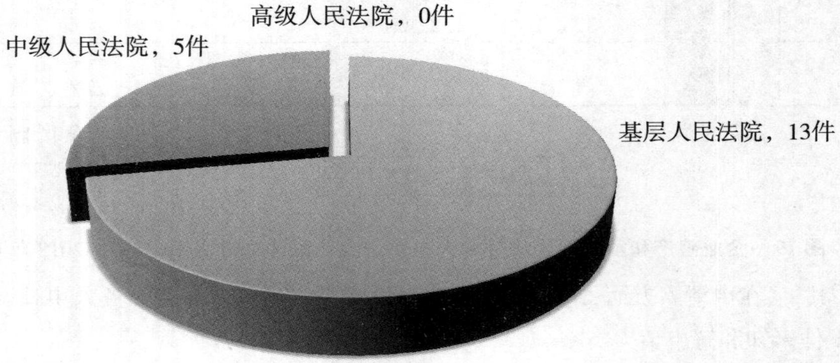


**图 21　企业破产和解案件受理法院情况(2018 年)**

其五,在和解进程方面,2018 年已有 5 件法院裁定认可和解协议并终止和解程序,另有 1 件由于和解协议草案未获通过,法院裁定终止和解程序并宣告破产清算。

## (二)2019 年度破产统计数据分析

2019 年度全国破产案件数据统计包括四部分:全国强制清算与破产案件总体数据、上市公司重整案件数据、非上市公司重整案件数据、破产和解案件数据。

截至本报告完成时,暂未收集到 2019 年度全国强制清算与破产案件总体的详细数据，仅得强制清算与破产类案件审结数、新收破产案件数。因此在全国强制清算与破产案件总体情况部分，仅针对这两项数据进行分析。

现对统计数据分析如下。

1. 全国强制清算与破产案件总体情况分析

（1）全国强制清算与破产案件审结数有所增加

根据《2019 年最高人民法院工作报告》，2018 年全国审结公司清算、企业破产等案件 1.6 万件。根据《2020 年最高人民法院工作报告》，2019 年全国审结强制清算与破产案件 1.7 万件。由此可见，2019 年全国强制清算与破产案件审结数较上一年有所增加。

（2）全国破产案件收案数持续增加

全国破产案件（不含破产申请审查案件）的收案数量从 2002 年至 2012 年逐年下降，2013 年起回升，2018 年收案数量迅速增加，达 2017 年收案数量的 181.6%。2019 年，全国新收破产案件 8436 件，较 2018 年增加 13.9%，全国破产案件收案数仍呈上升趋势（见图 22）。

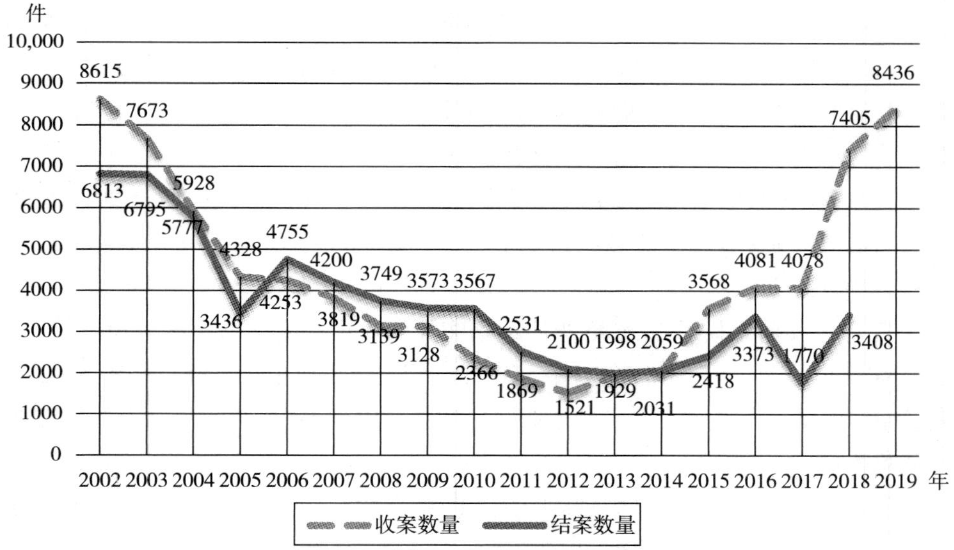


**图 22　全国企业破产案件数量（2002 ~ 2019 年）**

2. 全国破产案件具体分析

（1）上市公司重整案件

2019 年新增上市公司破产重整 7 案，重整公司为宁夏中银绒业股份有限公司（以下简称“中银绒业”）、厦门厦工机械股份有限公司（以下简称“厦工股份”）、沈阳机床股份有限公司（以下简称“沈阳机床”）、庞大汽贸集团股份有限公司（以下简称“庞大集团”）、青海盐湖工业股份有限公司（以下简称“盐湖股份”）、陕西坚瑞沃能股份有限公司（以下简称“坚瑞沃能”）、莲花健康产业集团股份有限公司（以下简称“莲花健康”），厦工股份、庞大集团、莲花健康在上海证券交易所上市，中银绒业、沈阳机床、盐湖股份、坚瑞沃能在深圳证券交易所上市。现从以下几方面对2019年上市公司重整案件进行分析：

其一，从上市公司破产重整案件数量来看，2019年新增7件与2017年与2018年各2件相比，案件数量有所增加。

其二，从地域分布情况来看，上市公司破产重整7件分别在宁夏、福建、辽宁、河北、青海、陕西、河南受理，其中西部地区3件、东部地区2件、中部地区与东北地区各1件。

其三，从行业分布情况来看，5家公司重整前的主要业务领域为制造业：厦工股份为专用设备制造业，沈阳机床为通用设备制造业，盐湖股份化学原料和化学制品制造业，坚瑞沃能为电器机械和器材制造业，莲花健康为食品制造业。1家公司即中银绒业主要业务领域为纺织业，1家公司即庞大集团为零售业。[①] 2017年、2018年上市公司破产重整案件中上市公司主要业务均为制造业，2019年7家公司中有5家主要业务为制造业，由此可看出制造业是上市公司破产重整的多发领域，2019年相较前两年破产重整的上市公司所涉行业更多样。

其四，从申请人情况来看，7家公司均为债权人申请重整。2016年至2018年新增的上市公司重整案件也为债权人申请重整，因此上市公司重整案件多为债权人进行重整申请。

其五，从受理法院情况来看，7件重整案件的受理法院均为中级人民法院，与2016年至2018年上市公司重整案件情况相同。上市公司破产重整案件涉及面广，利益主体众多，社会影响较大，对专业知识和综合能力要求较高，一般应由中级人民法院管辖。

其六，从管理人情况来看，坚瑞沃能、莲花健康两家公司的管理人为律师事务所，其他公司管理人为清算组。由于清算组中往往有政府工作人员，因此清算组为管理人有利于社会利益与职工利益的保护，公权力的存在使权威性与公信力更高。律师事务所作为管理人可更专业地处理法律事务，中立地保护各方主体利益，高效

① 行业分类方式参见《2017年国民经济行业分类（GB/T 4754—2017）》，中华人民共和国国家统计局。

推进重整进程。

其七，从管理模式来看，沈阳机床、盐湖股份两家公司的管理模式为管理人监督下债务人自行管理模式，其他公司采用管理人管理模式。债务人自行管理模式在上市公司重整案件中较少，我国上市公司破产重整案件的管理模式以管理人管理为主。

其八，从是否正常上市方面来看，7 家公司均未暂停上市。

其九，从重整进度及重整用时情况来看，除盐湖股份为 2020 年 1 月 20 日法院裁定批准重整计划外，其他 6 案均为 2019 年批准重整计划。中银绒业、厦工股份、沈阳机床、庞大集团 4 案重整计划已执行完毕，盐湖股份、坚瑞沃能、莲花健康 3 案处于重整计划执行中。

破产重整申请到法院受理的时长方面，中银绒业用时 236 天，厦工股份用时 115 天，沈阳机床用时 35 天，庞大集团用时 115 天，青海盐湖用时 46 天，坚瑞沃能用时 291 天，莲花健康用时 104 天。法院裁定受理重整到重整计划获批的时长方面，中银绒业用时 127 天，厦工股份用时 98 天，沈阳机床用时 92 天，庞大集团用时 96 天，青海盐湖用时 112 天，坚瑞沃能用时 88 天，莲花健康用时 62 天。在重整计划的执行时长方面，中银绒业用时 43 天，厦工股份用时 60 天，沈阳机床用时 45 天，庞大集团用时 20 天。上述重整用时情况见表 2。

**表 2　上市公司重整用时情况（2019 年）**

| | 中银绒业 | 厦工股份 | 沈阳机床 | 庞大集团 | 青海盐湖 | 坚瑞沃能 | 莲花健康 |
|---|---|---|---|---|---|---|---|
| 重整申请时间 | 2018.11.15 | 2019.4.2 | 2019.7.12 | 2019.5.13 | 2019.8.15 | 2018.12.13 | 2019.7.3 |
| 裁定重整时间 | 2019.7.9 | 2019.7.26 | 2019.8.16 | 2019.9.5 | 2019.9.30 | 2019.9.30 | 2019.10.15 |
| 重整申请到受理时长 | 236 天 | 115 天 | 35 天 | 115 天 | 46 天 | 291 天 | 104 天 |
| 重整计划批准时间 | 2019.11.13 | 2019.11.1 | 2019.11.16 | 2019.12.10 | 2020.1.20 | 2019.12.27 | 2019.12.16 |
| 受理重整到重整计划批准时长 | 127 天 | 98 天 | 92 天 | 96 天 | 112 天 | 88 天 | 62 天 |
| 重整计划执行完毕时间 | 2019.12.26 | 2019.12.31 | 2019.12.31 | 2019.12.30 | 执行中 | 执行中 | 执行中 |
| 重整计划执行时长 | 43 天 | 60 天 | 45 天 | 20 天 | | | |

(2)非上市公司重整案件

本次统计主要根据《人民法院报》公告、全国企业破产重整案件信息网的破产信息,已知2019年非上市公司重整案件有560件(不含破产清算转为破产重整程序案件)。为更全面地分析重整案件申请人、受理法院及地区分布情况,本次统计未将初始分别受理、最终合并重整的案件合并一栏作为一案整理。另外,上级法院受理、指定下级法院审理的案件中,上级法院裁定受理与被指定的下级法院受理的时间可能跨越年度,本次统计将下级法院受理时间为2019年的案件全部整理入2019年度非上市公司重整案件。此外,部分2019年已立案的案件,可能2020年才于《人民法院报》公告或全国企业破产重整案件信息网上公布,而统计之时新年伊始,2020年2月之后的公告尚未公布。由于上述统计口径、时间跨度等原因,本次统计整理所得2019年非上市公司重整案件的总数可能与其他来源中相关数据不同。若与其他数据存有误差,以更权威的数据为准。现对已有明确信息的2019年非上市公司重整案件分析如下。

①地区分布

560件非上市公司重整案件按省级行政区划的分布为:山东161件,辽宁54件,河南50件,湖南32件,浙江28件,湖北23件,安徽22件,江苏21件,河北18件,云南16件,四川、吉林、新疆各15件,广东11件,宁夏、贵州各10件,江西、重庆8件,内蒙古7件,广西、福建、北京各6件,黑龙江5件,陕西4件,青海、甘肃各3件,海南2件,上海1件,天津、山西、西藏暂未整理到2019年非上市公司重整案件。与2017年、2018年相同,山东省为2019年非上市公司重整案件最多的省级行政区,占案件总数的28.8%。2019年非上市公司重整案件数量较多的为辽宁省、河南省。各省级行政区破产重整案件收案数量不均衡。

根据我国的经济区域划分①,已知2019年非上市公司重整案件中,东部地区案件数量为254件,中部地区案件数量为135件,西部地区案件数量为97件,东北地区案件数量为74件。各经济区域重整案件数量占总数的比例高低与2017年、2018年相同,均为东部地区占比最高,中部、西部次之,东北地区占比最低。东部地区的非上市公司重整案件数量占案件总数的45.4%,较2018年50.0%的比例有所下降。西部地区案件数量占非上市公司重整案件总数的比例有轻微下降,中部及东

① 根据国家统计局《东西中部和东北地区划分方法》,我国的经济区域划分为东部、中部、西部和东北四大地区。东部包括:北京、天津、河北、上海、江苏、浙江、福建、山东、广东和海南。中部包括:山西、安徽、江西、河南、湖北和湖南。西部包括:内蒙古、广西、重庆、四川、贵州、云南、西藏、陕西、甘肃、青海、宁夏和新疆。东北包括:辽宁、吉林和黑龙江。

北地区比例略有上升(见图23)。

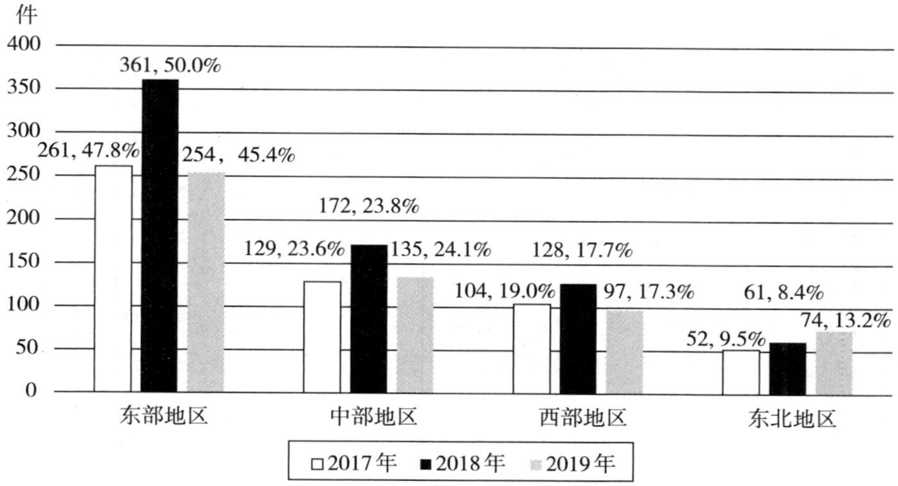


**图23　非上市公司重整案件经济区域分布及占当年案件总数比例(2017～2019年)**

②重整申请人

重整申请人方面,560件非上市公司重整案件中,债务人提出重整申请的案件有402件,债权人为申请人的案件有145件,另有1件申请人为已进入重整程序的关联企业管理人。其余12件无法得知申请人类型。2019年与2017年、2018年相同,非上市公司破重整案件中债务人申请重整的情形最多。因此,非上市公司破产重整程序的启动者主要为债务人(见图24)。

债权人提出重整申请的案件中,1件为居民委员会作为债权人申请企业重整,1件为地区管理委员会为申请人,1件为地区管理委员会与财政局共同作为申请人。

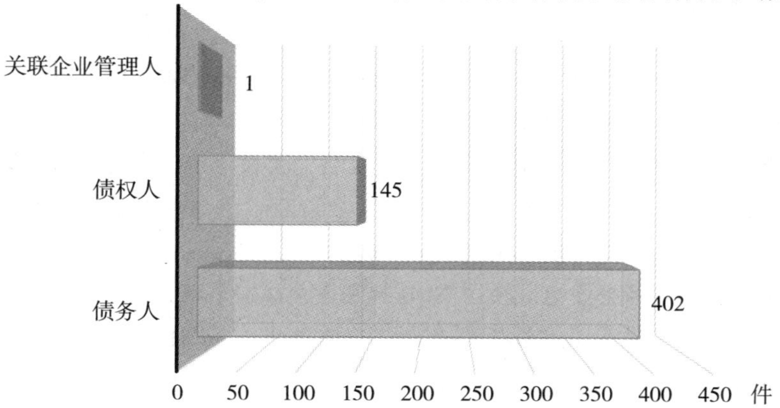


**图24　非上市公司重整案件申请人情况(2019年)**

③管理人

管理人方面,560 件非上市重整案件中,一或多个律师事务所为重整案件管理人的案件有 321 件,会计师事务所或会计师事务所有限责任公司为重整案件管理人的案件有 18 件,律师事务所和会计师事务所作为联合管理人的案件有 49 件。破产或清算事务所、破产或清算事务公司、清算服务或咨询公司为管理人的案件有 43 件,上述破产或清算事务所、公司与律师事务所共同作为管理人的案件有 6 件。资产管理公司或投资咨询公司为管理人的案件有 4 件,清算组、破产(重整)工作组、破产重整工作领导小组下设办公室或处置专案组为重整案件管理人的案件有 106 件,其余 13 件暂未查明管理人情况。管理人为一个或多个律师事务所的案件数量最多,在已知管理人类型的非上市公司重整案件中占比达 57.3%(见图 25)。

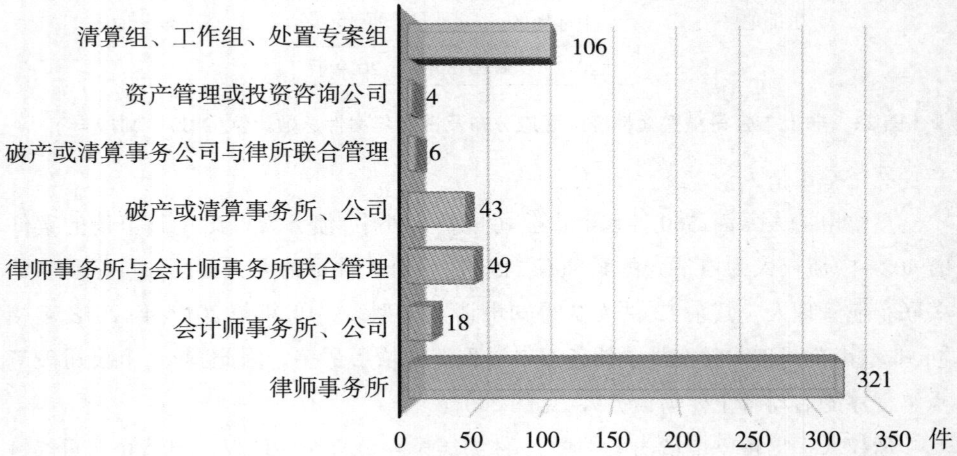


**图 25　非上市公司重整案件管理人情况(2019 年)**

在 106 件管理人为清算组、破产(重整)工作组、破产重整工作领导小组下设办公室或处置专案组为重整案件管理人的案件中,清算组为管理人的案件有 95 件,破产(重整)工作组为管理人的案件有 6 件,破产重整工作领导小组下设办公室为管理人的案件有 4 件,处置专案组为管理人的案件有 1 件。统计中可知以下案件清算组的具体组成。合肥政盛置业有限公司一案中清算组由律师组成。内蒙古蒙伊萨食品有限责任公司一案中清算组由律师事务所、资产清算公司、资产评估公司及个人组成。恩施州和润置业有限公司、恩施州和润建设投资集团有限公司两案中,相关政府职能部门工作人员和律师事务所组成清算组。丹东港集团有限公司、丹东老东北农牧有限公司、辽宁快急送物流有限公司三案中,丹东市人民政府推荐的有关部门人员组成清算组。

④受理法院

受理法院方面,本次统计的 560 件非上市重整案件中,325 件由基层人民法院受理,占比约 58.0% ,相比 2018 年 54.8% 的比例有所增加;235 件由中级人民法院受理,占比约 42.0% ;暂未查询到由高级人民法院受理的案件。上市公司重整案件基本由中级人民法院受理,而非上市公司重整案件基层人民法院受理较多。根据可查明的信息,基层人民法院受理的案件中,已知有 3 件由中级人民法院裁定受理后移交该法院受理,2 件为另一基层人民法院裁定受理后移送该法院受理(见图 26)。

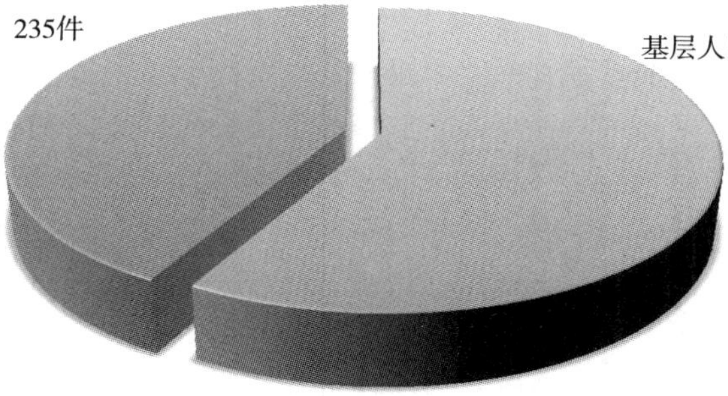


**图 26　非上市公司重整案件受理法院情况(2019 年)**

⑤重整进程

重整进程方面,560 件非上市重整案件中,有 25 件已于 2019 年由法院裁定批准重整计划并终止重整程序。其中,1 件已于 2019 年确认重整计划执行完毕、终结破产程序,1 件由法院裁定认可和解协议并终结破产程序。此外,10 件由于未按期提交重整计划草案或已无重整希望,2019 年由法院裁定终止重整程序并宣告破产。

⑥非上市公司破产清算转破产重整程序案件

由于多数破产清算转破产重整程序案件的破产清算受理时间与破产重整裁定时间为不同年份,案件归属年度问题较混乱,本次统计将该类案件单独进行整理,详细案件信息可见报告后数据表。根据《人民法院报》公告、全国企业破产重整案件信息网的破产信息,已知 2019 年裁定进行破产重整的非上市公司破产清算转破产重整程序案件有 91 件。

上述案件在破产清算程序中申请破产重整的主体方面,债务人申请重整 46 件,债务人股东申请重整 24 件,债权人申请 8 件,管理人申请重整 4 件,债务人与股东共同申请 1 件,债权人与债务人股东共同申请 1 件,管理人与股东共同申请 1 件,其余 6 件未查询到申请人信息。债权人申请的 8 件中,全体债权人为申请人 1 件,债权人委员会为申请人 2 件。债务人仍为数量最多的破产清算程序中破产重整申请人(见图 27)。

上述案件在重整进程方面,29 件已于 2019 年由法院裁定批准重整计划并终止重整程序。2 件于 2019 年重整计划执行完毕,重整程序终结。2 件于 2019 年被法院裁定终止重整程序并宣告破产。

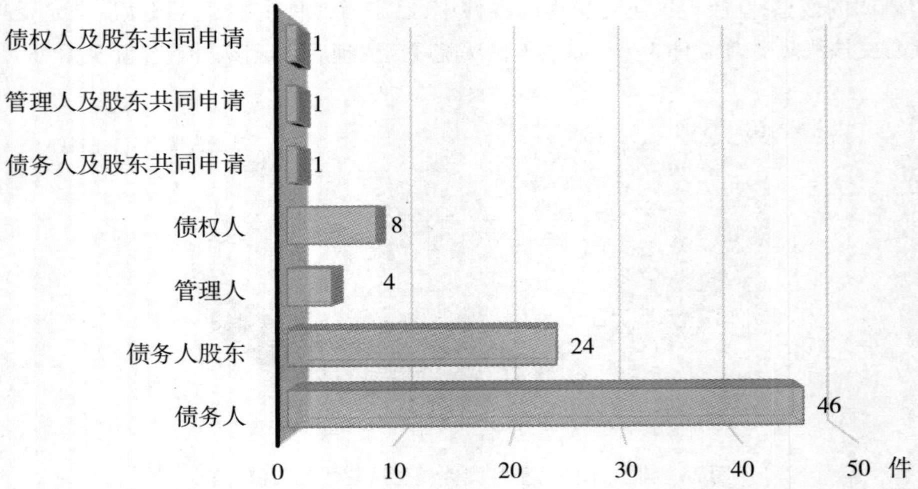


**图 27　非上市公司破产清算转破产重整程序案件重整申请人情况(2019 年)**

⑦非上市公司合并重整案件

根据《人民法院报》公告、全国企业破产重整案件信息网、裁判文书网的破产信息,已知 2019 年裁定合并重整的案件有 37 件,详细案件信息可见报告后数据表。各案中合并企业数量最高达 57 家企业,合并重整案件规模较大的、合并企业数超过 10 家的案件有 5 件。

上述合并重整案件在合并重整类型及申请主体方面:第一,未进入破产程序企业并入已清算或重整企业案件合并重整的有 20 件,其中管理人申请的案件 11 件,未进入破产程序的债务人申请的案件 4 件,已进行破产程序的债务人申请的案件 1 件,其余 4 件未查明申请人。第二,多个已清算或重整企业进行合并重整案件有 9 件,其中管理人申请的案件有 5 件,债务人共同申请的案件有 3 件,其余 1 件未查明申请人。第三,合并破产清算中裁定合并重整案件 6 件,其中管理人申请的案件 1 件,全部或部分债务人申请的案件 3 件,债务人股东申请的案件 1 件,其余 1 件未查明申请人。第四,多个未进入破产程序的企业合并重整案件 2 件,均为债务人共同申请(见图 28)。

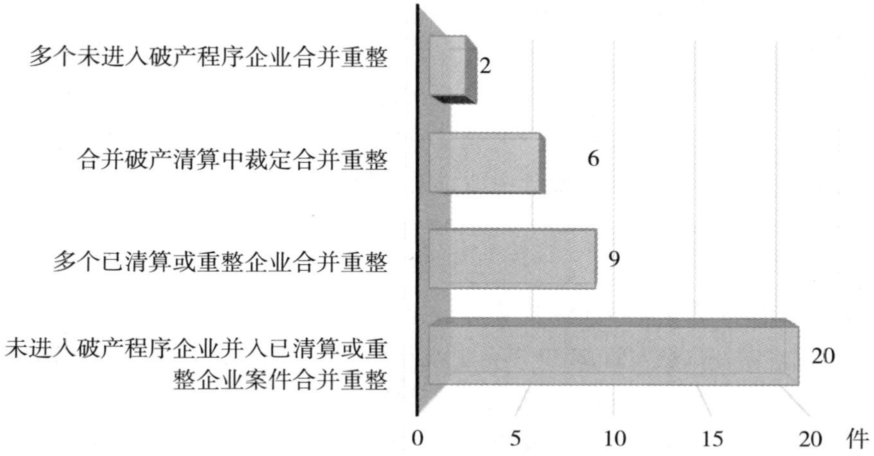


**图 28　非上市公司合并重整案件各类型案件数量(2019 年)**

上述合并重整案件在审理法院方面,29 件为基层人民法院,8 件为中级人民法院,无高级人民法院审理。

上述合并重整案件在重整进程方面,2019 年裁定批准重整计划草案并终止重整程序的合并重整案件有 5 件。另外,2019 年由于未按期提交重整计划草案,被宣告破产的重整案件有 1 件。

⑧非上市公司预重整案件

根据《人民法院报》公告,整理可得 2019 年非上市公司预重整案件 2 件。2019 年 11 月 21 日,上海市第三中级人民法院对中科建设开发总公司启动预重整。此后,确认上海市方达律师事务所担任对中科建设开发总公司预重整期间的管理人。另一件为破产清算程序中进行预重整。2019 年 5 月 30 日,天津玉石投资管理有限公司第二次债权人会议表决通过《天津玉石投资管理有限公司预重整工作方案》,规定预重整期限为 6 个月。但经管理人公开招募,在规定的期限内未能招募到有效的投资人,因此天津市蓟州区人民法院于 2019 年 12 月 30 日裁定宣告该公司破产。2019 年根据《人民法院报》公告查询到的预重整案件多于 2018 年,但我国预重整目前仍缺少制度规范与实践运用,尚未发挥其广阔的适用空间。

(3)企业破产和解案件

根据《人民法院报》公告、全国企业破产重整案件信息网的破产信息,2019 年企业破产和解案件共有 22 件(含破产清算或重整中裁定破产和解案件)。该 22 件中有 18 件为破产清算程序中法院裁定进行破产和解,有 2 件为破产重整程序中法院裁定和解,其余 2 件为直接进行破产和解。2 件直接破产和解的案件中,1 件涉及合并破产和解。

除此 22 件外,有 8 件未知法院裁定和解时间,于 2019 年由法院裁定认可和解协议并终止或终结破产程序。这 8 件可能未公布法院裁定和解时间,也可能法院未裁定和解,为破产清算或重整案件中债权人与债务人自行达成和解协议而终止或终结破产程序。另有 1 件已知法院于 2018 年或 2019 年裁定和解,但未查明具体时间。

现对 2019 年企业破产和解 22 案分析如下。

其一,在案件数量方面,2019 年企业破产和解案件数较 2018 年的 18 件有所增加。从 2017 年开始,企业破产和解案件数量处于不断上升状态。

其二,在地区分布方面。22 件破产和解案件按省级行政区分布为:山东、广东、江苏各 3 件,浙江、安徽各 2 件,吉林、河南、山西、上海、新疆、福建、北京、湖南、湖北各 1 件。从地区分布来看,2019 年企业破产和解案件涉及全国 14 个省级行政区,较 2018 年涉及 11 个省级行政区分布更广泛。

根据我国经济区域划分,东部地区案件数量为 14 件,中部地区为 6 件,西部地区 1 件,东部地区 1 件。东部地区企业破产和解案件数量最多,2019 年占全国企业破产和解案件总数的 63.6%,与 2018 年 61.1% 相比有所增加。整体地区分布情况与 2017 年、2018 年相似,但 2019 年东北地区新增 1 件破产和解案件,填补 2017 年至 2018 年该地区无破产和解案件公布的空白(见表 3、图 29)。

**表 3　企业破产和解案件省级行政区分布(2019 年)**

| 省级行政区 | 案件数量(件) |
|---|---|
| 山东 | 3 |
| 广东 | 3 |
| 江苏 | 3 |
| 浙江 | 2 |
| 安徽 | 2 |
| 吉林 | 1 |
| 河南 | 1 |
| 山西 | 1 |
| 上海 | 1 |

续表

| 省级行政区 | 案件数量(件) |
|---|---|
| 新疆 | 1 |
| 福建 | 1 |
| 北京 | 1 |
| 湖南 | 1 |
| 湖北 | 1 |

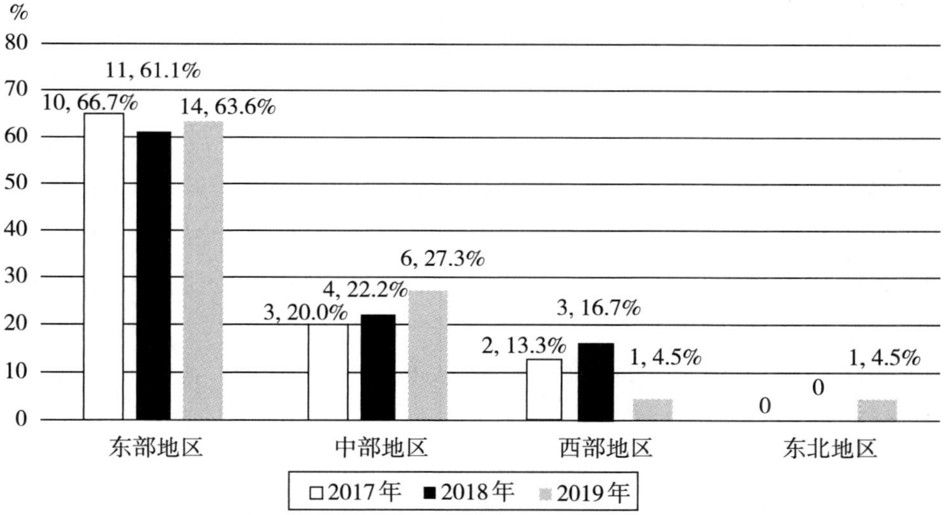


**图 29　企业破产和解案件经济区域分布及占当年案件总数比例(2017~2019 年)**

其三,在申请人方面,2019 年企业破产和解 22 件均为债务人申请破产和解。

其四,在管理人方面,15 件管理人为律师事务所,3 件管理人为会计师事务所或会计师事务所有限公司,2 件管理人为清算组,1 件为清算事务公司,1 件为投资顾问公司。2019 年企业破产和解案件中律师事务所为管理人的案件占绝大多数,与 2018 年相同(见图 30)。

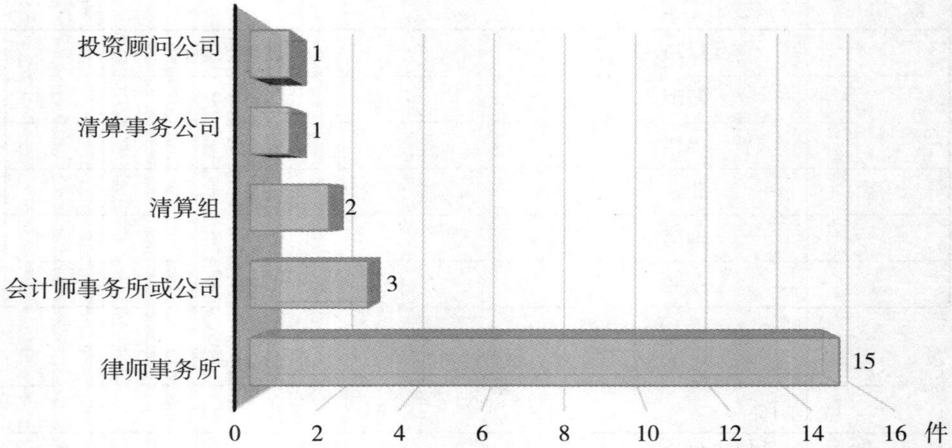


**图 30　企业破产和解案件管理人情况(2019 年)**

其五,在裁定和解的法院级别方面,18 件为基层人民法院裁定,4 件为中级人民法院裁定,无高级人民法院裁定和解的案件。2019 年企业破产和解案件基层人民法院裁定和解的案件较多,与 2018 年相同。而 2017 年中级人民法院裁定和解的案件多于基层人民法院(见图 31)。

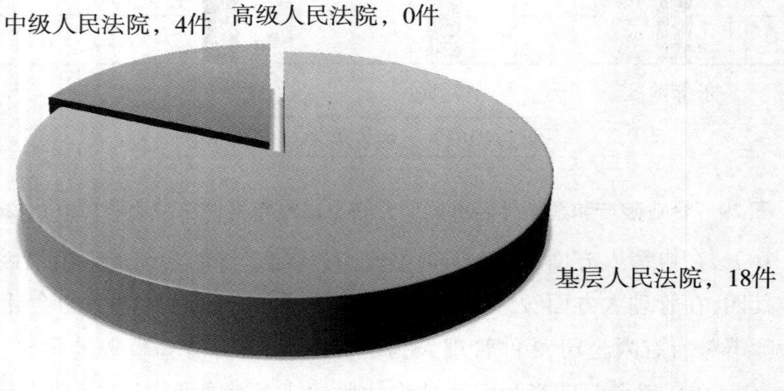


**图 31　企业破产和解案件受理法院情况(2019 年)**

其六,在和解进程方面,2019 年已有 15 件法院裁定认可和解协议并终止和解程序。另有 1 件于 2020 年 1 月法院裁定认可和解协议并终止和解程序。

## 四、结语

破产数据是当前破产制度实施与司法实务现状的真实反映,也是未来制度与实践发展趋势的探寻工具。通过对破产数据的整理分析可知,2018 年我国各类破产案件数量基本呈增长态势,我国供给侧结构性改革与市场主体退出制度改革正稳步推进,破产审判工作不断向市场化、常态化、高效化方向发展。2018 年 9 月十三届全国人大立法规划中提到,需抓紧进行《企业破产法》的修改工作。2019 年 7 月发布的《加快完善市场主体退出制度改革方案》指出要进一步完善我国破产制度的具体举措,明确建立全面覆盖各类市场主体的退出制度体系的目标。我国作为世界第二大经济体,营商环境仍有很大提升空间,优化资源配置、实现市场出清方面仍需破产制度建设与实务工作的不断完善。

本次数据统计历经确定统计内容、查找数据来源、确定统计方法、具体信息录入、数据分类整理、分析并完成数据报告六个阶段。本报告采用科学的统计方法系统地进行查询研究,严谨认真地对待每项统计信息与每个统计数字,确保统计数据质量,追求信息全面完整。统计与分析过程并非一路顺畅,但历经辛苦终得一些收获。在此感谢李曙光教授对数据统计工作的统筹安排与理论指导,感谢张钦昱副教授对数据收集与完善、报告撰写与改进方面的帮助及建议,感谢中国政法大学破产法与企业重组研究中心其他成员对数据统计工作的支持与协助。期冀此次数据统计与分析可为破产制度与实务研究贡献些许力量,期待我国破产法理论构建与制度实践的快速推进与蓬勃发展。

# 中国企业数据(2018 年)*

## (一)中国企业、公司数量(2017～2018 年)

单位:户

| 年份 | 企业总数 | 公司总数(非私营) | 国有企业 | 集体企业 | 有限责任公司 | 股份有限公司 | 私营企业 | 港 | 澳 | 台 | 外商投资企业 |
|---|---|---|---|---|---|---|---|---|---|---|---|
| 2017 | 30,337,265 | 1,779,219 | 275,698 | 357,720 | 私:23,978,380<br>非私:1,474,254 | 私:142,844<br>非私:304,965 | 27,262,813 | 146,242 | 6141 | 31,718 | 539,345 |
| 2018 | 34,742,024 | 2,017,325 | 251,126 | 334,813 | 私:27,982,596<br>非私:1,698,978 | 私:156,407<br>非私:318,350 | 31,432,625 | 167,018 | 7222 | 35,230 | 593,276 |

## (二)中国企业注销、吊销数量(2018 年)

单位:户

| | | 期末实有 | 注销数量 | 吊销数量 |
|---|---|---|---|---|
| 内资企业 | 非私营 | 2,716,123 | 169,983 | 23,664 |
| | 私营 | 31,432,625 | 1,619,418 | 548,912 |
| | 合计 | 34,148,748 | 1,789,401 | 572,576 |
| 外资企业 | | 593,276 | 24,150 | 7888 |
| 总计 | | 34,742,024 | 1,813,551 | 580,464 |

## (三)中国内资(非私营)企业登记、注销情况(2018 年)

单位:户

| | 期末登记数 | 本期注销数 |
|---|---|---|
| 国有企业 | 251,126 | 22,179 |
| 集体企业 | 334,813 | 29,515 |

* 数据由中国政法大学破产法与企业重组研究中心收集整理。若存在数据差异,以国家市场监管总局综合规划司公布的数据为准。

续表

| | 期末登记数 | 本期注销数 |
|---|---|---|
| 公司 | 2,017,325 | 110,481 |
| 其他企业 | 112,859 | 7808 |
| 总计 | 2,716,123 | 169,983 |

# 中国企业杠杆率数据统计*

**整理：樊笑辰**
中国政法大学民商经济法学院经济法专业硕士研究生。

### 一、社科院国家金融与发展实验室研究人员报告中非金融企业部门杠杆率数据

根据李扬等著的《中国国家资产负债表2013——理论、方法与风险评估》及李扬、张晓晶、常欣等著的《中国国家资产负债表2015——杠杆调整与风险管理》二书内容可知，国家金融与发展实验室研究人员计算杠杆率的方式为债务余额与GDP之比。

非金融企业部门的债务余额的计算，可以在社会融资总量的框架内，分三个层次估算非金融企业部门从金融体系获得的全部资金总额。其一，非金融企业部门通过传统贷款渠道获得的资金支持，即非金融企业及其他部门贷款；其二，非金融企业部门利用债务类金融工具直接从金融市场募集的资金，主要包括企业债、短期融资券、中期票据和公司债等；其三，非金融企业部门通过银行部门信贷以外的信用中介获得的融资，主要包括信托贷款、委托贷款、银行承兑汇票等形式。

用公式可表达为：非金融企业部门杠杆率 = [非金融企业部门通过传统贷款渠道获得的资金支持(非金融企业及其他部门贷款) + 非金融企业部门利用债务类金融工具直接从金融市场募集的资金(主要包括企业债、短期融资券、中期票据和公司债等) + 非金融企业部门通过银行部门信贷以外的信用中介获得的融资(主要包括信托贷款、委托贷款、银行承兑汇票等形式)]/GDP。

需要说明的是，此种方式估算的非金融企业部门债务在相当程度上包括地方

---

* 本文在索东汇整理：《中国企业杠杆率数据统计》(载李曙光、刘延岭主编：《破产法评论》(第1卷)，法律出版社2018年版)一文的基础上更新完善。

政府融资平台的实体债务，与政府部门债务存在交叉。①

由于各年杠杆率数据在不断更新，即不同报告中显示的同一年度杠杆率数据存在变化，以下图表中仅显示该年度或季度报告中的非金融企业部门杠杆率数据。不同报告的数据变化可见备注，社科院国家金融与发展实验室计算的非金融企业部门杠杆率最新数据可见后文国家金融与发展实验室国家资产负债表研究中心公布的非金融企业部门杠杆率数据。

## （一）非金融企业部门杠杆率数据（1996～2019年）②

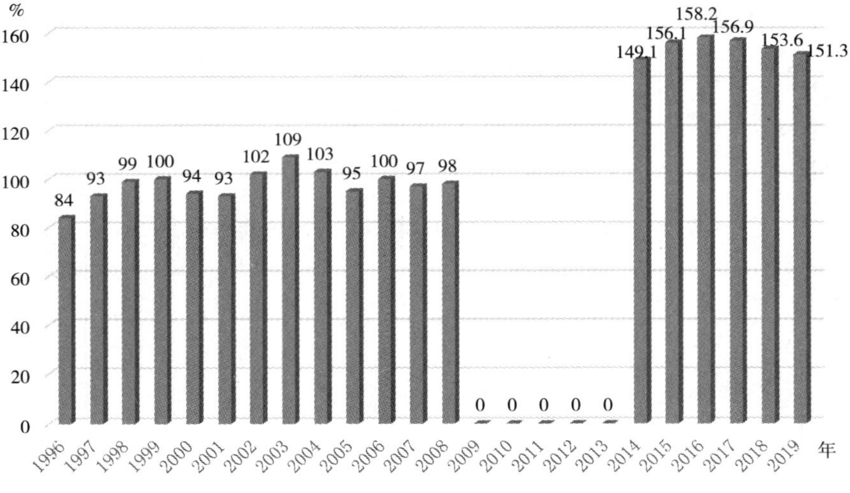


**图1　非金融企业部门杠杆率（1996～2019年）**

---

① 李扬、张晓晶、常欣等：《中国国家资产负债表2015——杠杆调整与风险管理》，中国社会科学出版社2015年版。

② 1996～2008年的数据源于董小君的《我国杠杆率水平、系统性风险与政策体系设计》（载《理论探索》2017年第2期）一文引用李扬等著的《中国国家资产负债表2013——理论、方法与风险评估》（中国社会科学出版社2013年版）中的数据，经比对与李扬、张晓晶、常欣等著的《中国国家资产负债表2015——杠杆调整与风险管理》（中国社会科学出版社2015年版）一书中的图表较为吻合。2009～2013年数据，暂未通过公开途径搜集到具有可信性的数据。2014年数据源于李扬、张晓晶、常欣等著《中国国家资产负债表2015——杠杆调整与风险管理》，中国社会科学出版社2015年版。2015年数据源于张晓晶、常欣《如何积极稳妥去杠杆》，载《社会科学报》2017年2月16日。2016～2017年数据在张晓晶、常欣、刘磊的《结构性去杠杆：进程、逻辑与前景——中国去杠杆2017年度报告》（载《经济学动态》2018年第5期）一文中分别为158.2%、156.9%，在张晓晶、刘磊《2020年杠杆率或将有限攀升——2019年度中国杠杆率报告》（载《经济参考报》2020年2月18日）中为157.6%、156.6%。2018年数据在张晓晶、常欣、刘磊的《2018年我国宏观杠杆率首次下降——中国杠杆率进程2018年度报告》（载《经济参考报》2019年3月20日）一文中为153.6%，在张晓晶、刘磊的《2020年杠杆率或将有限攀升——2019年度中国杠杆率报告》（载《经济参考报》2020年2月18日）一文中为151.0%。2019年数据源于张晓晶、刘磊《2020年杠杆率或将有限攀升——2019年度中国杠杆率报告》，载《经济参考报》2020年2月18日。

## (二)非金融企业部门杠杆率数据(2017~2019年各季度)①

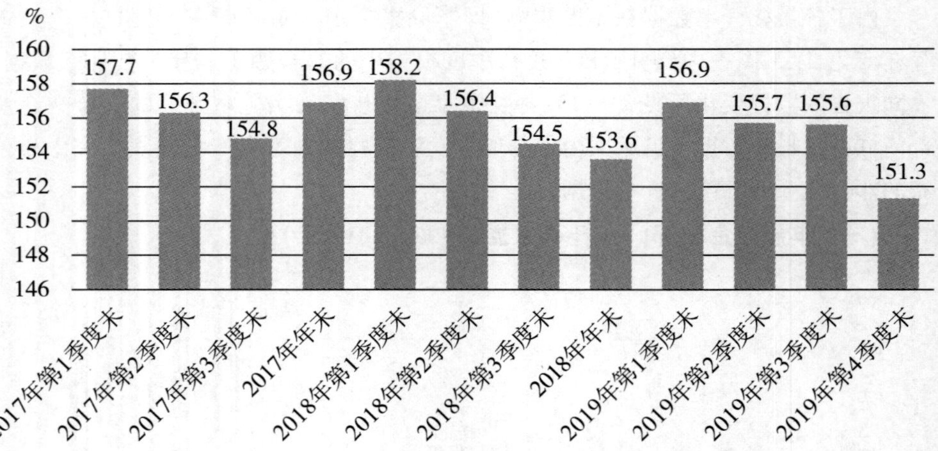


**图2　非金融企业部门杠杆率(2017~2019年各季度)**

① 2017年第1~2季度的数据源于张晓晶、常欣、刘磊:《二季度去杠杆分析》,载《中国经济报告》2017年第11期。2017年第1季度数据在张晓晶、常欣、刘磊的《2018年我国宏观杠杆率首次下降——中国杠杆率进程2018年度报告》(载《经济参考报》2019年3月20日)中为161.4%。2017年第3季度的数据源于张晓晶、常欣、刘磊:《淡化增长目标为去杠杆创造有利条件——2017年三季度中国去杠杆进程报告》,载《经济参考报》2017年11月27日。2018年第1季度的数据源于张晓晶、常欣、刘磊:《2018年1季度去杠杆报告——防范系统性金融风险首当其冲》,载《经济参考报》2018年5月30日。2018年第2季度的数据源于张晓晶、常欣、刘磊:《去杠杆政策转向了吗——中国去杠杆进程报告(2018年2季度)》,载《经济参考报》2018年9月19日。2018年第3季度的数据源于张晓晶、常欣、刘磊:《继续坚持结构性去杠杆——中国去杠杆进程报告(2018年三季度)》,载《经济参考报》2019年1月2日。2019年第1季度的数据在张晓晶、常欣、刘磊的《重心偏向稳增长 宏观杠杆率回升——2019年一季度中国杠杆率报告》(载《经济参考报》2019年5月29日)中为156.9%,在张晓晶、刘磊的《2020年杠杆率或将有限攀升——2019年度中国杠杆率报告》(载《经济参考报》2020年2月18日)中为154.4%。2019年第2季度的数据在张晓晶、常欣、刘磊的《助力稳增长 应容忍杠杆率适度抬升——2019年二季度中国杠杆率报告》(载《经济参考报》2019年8月28日)中为155.7%,在张晓晶、刘磊的《2020年杠杆率或将有限攀升——2019年度中国杠杆率报告》(载《经济参考报》2020年2月18日)中为153.2%。2019年第3季度的数据在张晓晶、常欣、刘磊的《2019年三季度中国杠杆率报告:杠杆率上升幅度回调 经济有望企稳》(载《经济参考报》2019年11月6日)中为155.6%,在张晓晶、刘磊的《2020年杠杆率或将有限攀升——2019年度中国杠杆率报告》(载《经济参考报》2020年2月18日)中为152.5%。

## (三)非金融企业部门杠杆率变化(1993～2017 年)①

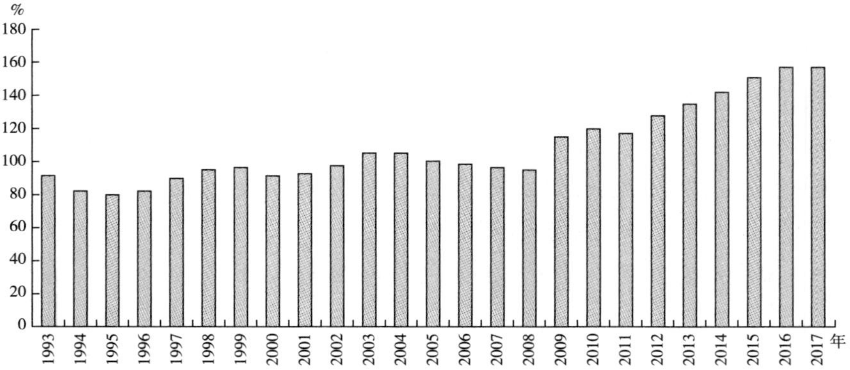


**图 3　非金融部门杠杆率(1993～2017 年)**

## (四)非金融企业部门杠杆率变化(1996～2014 年)②

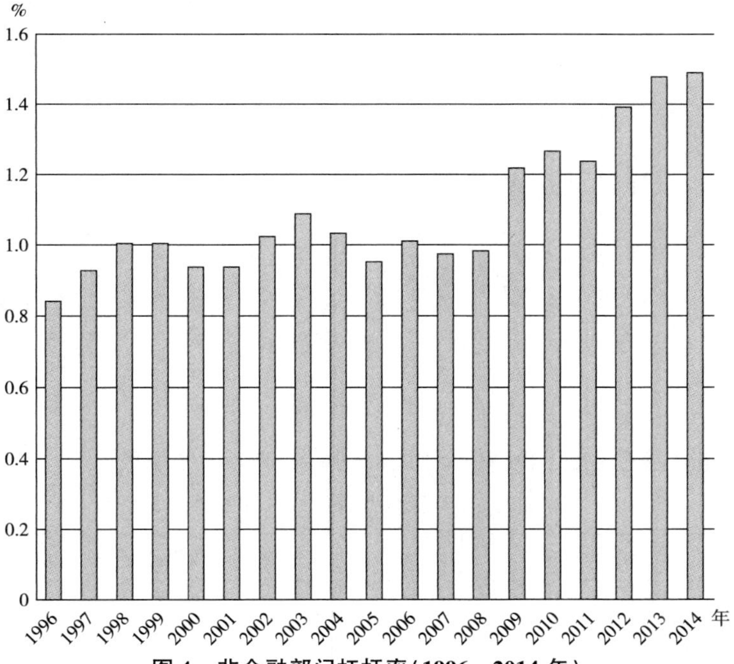


**图 4　非金融部门杠杆率(1996～2014 年)**

---

①　张晓晶、常欣、刘磊:《结构性去杠杆:进程、逻辑与前景——中国去杠杆 2017 年度报告》,载《经济学动态》2018 年第 5 期。

②　李扬、张晓晶、常欣等:《中国国家资产负债表 2015——杠杆调整与风险管理》,中国社会科学出版社 2015 年版。

## 二、社科院国家金融与发展实验室国家资产负债表研究中心(CNBS)公布的非金融企业部门杠杆率数据①

根据国家金融与发展实验室国家资产负债表研究中心(CNBS)网站数据栏目中的数据说明,其杠杆率计算方式为:各部门债务与名义GDP之比。其中,非金融企业债务包括企业贷款、企业债、信托贷款、委托贷款、未贴现银行承兑汇票和境外债务,其中包括部分地方政府融资平台的债务。

### (一)非金融企业部门杠杆率数据(1993~2019年)

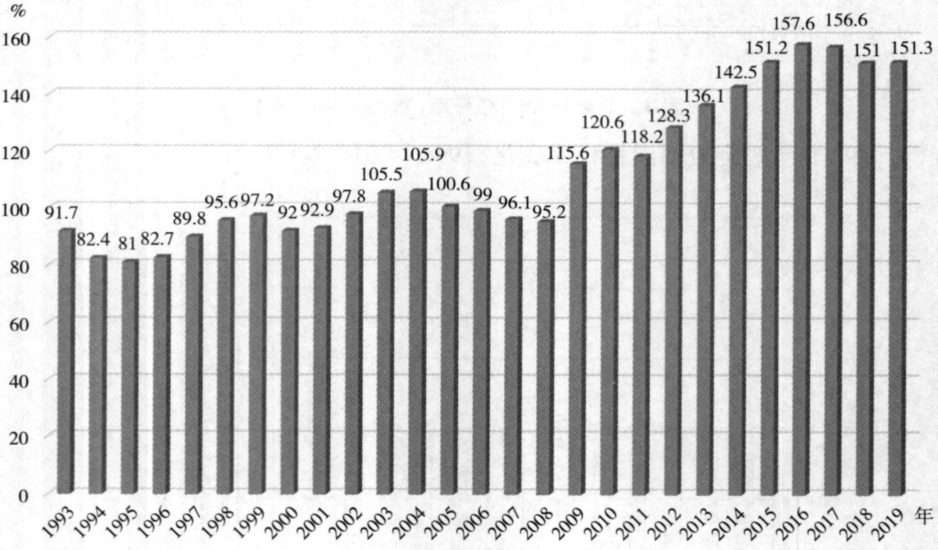


图5　非金融企业部门杠杆率(1993~2019年)

### (二)非金融企业部门杠杆率数据(2006~2019年各季度)

表1　非金融企业部门杠杆率数据

| 年　份 | 非金融企业部门杠杆率(%) |
|---|---|
| 1996年3月 | 81.7 |
| 1996年6月 | 82.1 |
| 1996年9月 | 82.5 |

① 资料来源:社科院国家金融与发展实验室国家资产负债表研究中心(CNBS),载http://114.115.232.154:8080,数据更新日期为2020年2月20日。

续表

| 年　份 | 非金融企业部门杠杆率(%) |
| --- | --- |
| 1996 年 12 月 | 82.7 |
| 1997 年 3 月 | 84.1 |
| 1997 年 6 月 | 86.0 |
| 1997 年 9 月 | 87.8 |
| 1997 年 12 月 | 89.8 |
| 1998 年 3 月 | 91.3 |
| 1998 年 6 月 | 92.9 |
| 1998 年 9 月 | 94.4 |
| 1998 年 12 月 | 95.6 |
| 1999 年 3 月 | 96.5 |
| 1999 年 6 月 | 96.7 |
| 1999 年 9 月 | 96.8 |
| 1999 年 12 月 | 97.2 |
| 2000 年 3 月 | 96.4 |
| 2000 年 6 月 | 94.9 |
| 2000 年 9 月 | 93.3 |
| 2000 年 12 月 | 92.0 |
| 2001 年 3 月 | 92.0 |
| 2001 年 6 月 | 92.7 |
| 2001 年 9 月 | 92.6 |
| 2001 年 12 月 | 92.9 |
| 2002 年 3 月 | 94.6 |
| 2002 年 6 月 | 96.7 |
| 2002 年 9 月 | 97.6 |
| 2002 年 12 月 | 97.8 |
| 2003 年 3 月 | 100.2 |
| 2003 年 6 月 | 102.3 |

续表

| 年　份 | 非金融企业部门杠杆率(%) |
|---|---|
| 2003 年 9 月 | 104 |
| 2003 年 12 月 | 105.5 |
| 2004 年 3 月 | 106.8 |
| 2004 年 6 月 | 106.2 |
| 2004 年 9 月 | 106.0 |
| 2004 年 12 月 | 105.9 |
| 2005 年 3 月 | 107.0 |
| 2005 年 6 月 | 103.4 |
| 2005 年 9 月 | 102.3 |
| 2005 年 12 月 | 100.6 |
| 2006 年 3 月 | 102.4 |
| 2006 年 6 月 | 102.5 |
| 2006 年 9 月 | 101.2 |
| 2006 年 12 月 | 99 |
| 2007 年 3 月 | 100.5 |
| 2007 年 6 月 | 100.8 |
| 2007 年 9 月 | 99.2 |
| 2007 年 12 月 | 96.1 |
| 2008 年 3 月 | 97.7 |
| 2008 年 6 月 | 97.3 |
| 2008 年 9 月 | 96.3 |
| 2008 年 12 月 | 95.2 |
| 2009 年 3 月 | 107.4 |
| 2009 年 6 月 | 115.0 |
| 2009 年 9 月 | 116.4 |
| 2009 年 12 月 | 115.6 |
| 2010 年 3 月 | 117.0 |

续表

| 年　份 | 非金融企业部门杠杆率(%) |
| --- | --- |
| 2010 年 6 月 | 118.1 |
| 2010 年 9 月 | 119.4 |
| 2010 年 12 月 | 120.6 |
| 2011 年 3 月 | 119.6 |
| 2011 年 6 月 | 119.4 |
| 2011 年 9 月 | 118.0 |
| 2011 年 12 月 | 118.2 |
| 2012 年 3 月 | 121.6 |
| 2012 年 6 月 | 124.7 |
| 2012 年 9 月 | 126.9 |
| 2012 年 12 月 | 128.3 |
| 2013 年 3 月 | 132.3 |
| 2013 年 6 月 | 134.1 |
| 2013 年 9 月 | 135.4 |
| 2013 年 12 月 | 136.1 |
| 2014 年 3 月 | 140.6 |
| 2014 年 6 月 | 143.8 |
| 2014 年 9 月 | 142.1 |
| 2014 年 12 月 | 142.5 |
| 2015 年 3 月 | 146.9 |
| 2015 年 6 月 | 149.3 |
| 2015 年 9 月 | 150.3 |
| 2015 年 12 月 | 151.2 |
| 2016 年 3 月 | 157.1 |
| 2016 年 6 月 | 157.0 |
| 2016 年 9 月 | 157.1 |
| 2016 年 12 月 | 157.6 |

续表

| 年　份 | 非金融企业部门杠杆率(%) |
|---|---|
| 2017 年 3 月 | 160.4 |
| 2017 年 6 月 | 159.4 |
| 2017 年 9 月 | 158.2 |
| 2017 年 12 月 | 156.6 |
| 2018 年 3 月 | 157.1 |
| 2018 年 6 月 | 155.2 |
| 2018 年 9 月 | 153.2 |
| 2018 年 12 月 | 151.0 |
| 2019 年 3 月 | 154.4 |
| 2019 年 6 月 | 153.2 |
| 2019 年 9 月 | 152.5 |
| 2019 年 12 月 | 151.3 |

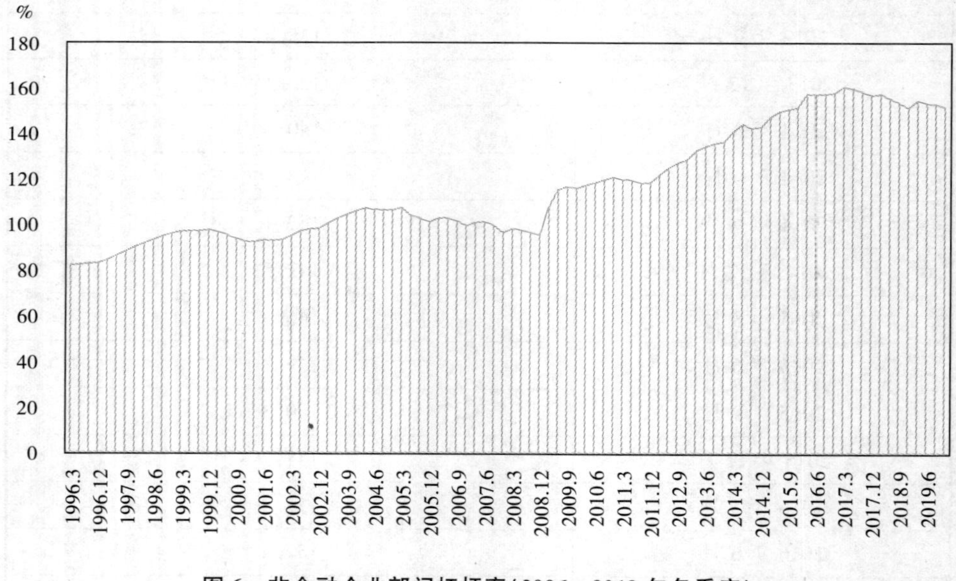


**图 6　非金融企业部门杠杆率(2006～2019 年各季度)**

## 三、国际清算银行（BIS）关于非金融企业部门杠杆率的数据①

根据国际清算银行（BIS）网站数据栏目的信息可知，以下数据为非金融企业信贷与 GDP 之比。

### （一）非金融企业部门杠杆率数据（2006～2019 年）②

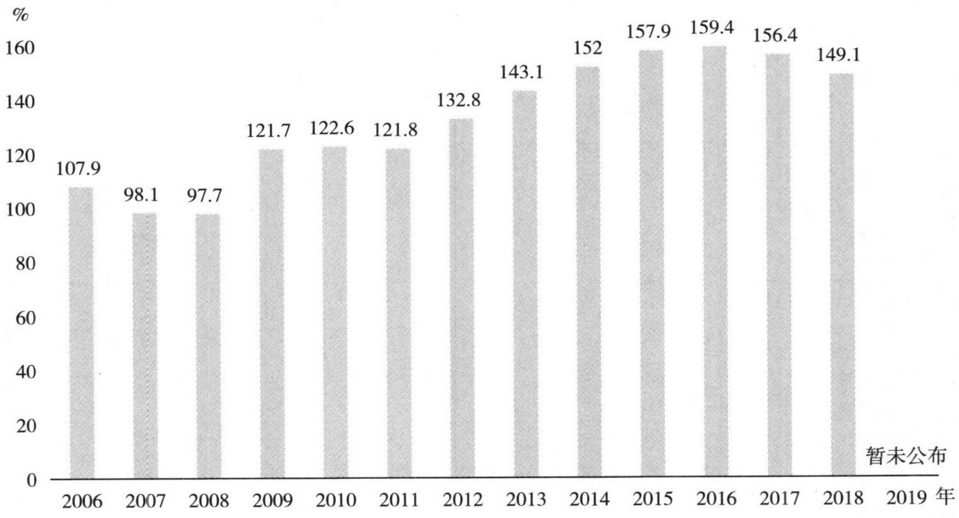


图 7　非金融企业部门杠杆率（2006～2019 年）

### （二）非金融企业部门杠杆率数据（2006～2019 年各季度）③

表 2　非金融企业部门杠杆率数据（2006～2019 年各季度）

| 年　份 | 非金融企业部门杠杆率（%） |
|---|---|
| 2006 年第 1 季度 | 109.7 |
| 2006 年第 2 季度 | 111.3 |
| 2006 年第 3 季度 | 110.0 |
| 2006 年第 4 季度 | 107.9 |
| 2007 年第 1 季度 | 102.0 |

① 资料来源：国际清算银行（BIS）Statistics Explorer—Credit to the non－financial sector，https://stats.bis.org/statx/srs/table/f4.1，数据更新日期为 2020 年 3 月 1 日。

② 2019 年末数据暂未公布。

③ 2019 年第 4 季度数据暂未公布。

续表

| 年　份 | 非金融企业部门杠杆率(%) |
|---|---|
| 2007 年第 2 季度 | 102.1 |
| 2007 年第 3 季度 | 100.7 |
| 2007 年第 4 季度 | 98.1 |
| 2008 年第 1 季度 | 98.7 |
| 2008 年第 2 季度 | 98.1 |
| 2008 年第 3 季度 | 97.7 |
| 2008 年第 4 季度 | 97.7 |
| 2009 年第 1 季度 | 110.0 |
| 2009 年第 2 季度 | 118.3 |
| 2009 年第 3 季度 | 121.0 |
| 2009 年第 4 季度 | 121.7 |
| 2010 年第 1 季度 | 122.7 |
| 2010 年第 2 季度 | 123.8 |
| 2010 年第 3 季度 | 123.2 |
| 2010 年第 4 季度 | 122.6 |
| 2011 年第 1 季度 | 122.5 |
| 2011 年第 2 季度 | 122.0 |
| 2011 年第 3 季度 | 120.5 |
| 2011 年第 4 季度 | 121.8 |
| 2012 年第 1 季度 | 125.1 |
| 2012 年第 2 季度 | 127.4 |
| 2012 年第 3 季度 | 130.1 |
| 2012 年第 4 季度 | 132.8 |
| 2013 年第 1 季度 | 138.1 |
| 2013 年第 2 季度 | 140.2 |
| 2013 年第 3 季度 | 142.5 |
| 2013 年第 4 季度 | 143.1 |

续表

| 年　份 | 非金融企业部门杠杆率(%) |
|---|---|
| 2014 年第 1 季度 | 147.0 |
| 2014 年第 2 季度 | 149.8 |
| 2014 年第 3 季度 | 150.1 |
| 2014 年第 4 季度 | 152.0 |
| 2015 年第 1 季度 | 155.6 |
| 2015 年第 2 季度 | 157.0 |
| 2015 年第 3 季度 | 157.1 |
| 2015 年第 4 季度 | 157.9 |
| 2016 年第 1 季度 | 162.0 |
| 2016 年第 2 季度 | 160.8 |
| 2016 年第 3 季度 | 159.5 |
| 2016 年第 4 季度 | 159.4 |
| 2017 年第 1 季度 | 161.1 |
| 2017 年第 2 季度 | 159.3 |
| 2017 年第 3 季度 | 158.1 |
| 2017 年第 4 季度 | 156.4 |
| 2018 年第 1 季度 | 156.4 |
| 2018 年第 2 季度 | 154.1 |
| 2018 年第 3 季度 | 151.5 |
| 2018 年第 4 季度 | 149.1 |
| 2019 年第 1 季度 | 152.3 |
| 2019 年第 2 季度 | 151.3 |
| 2019 年第 3 季度 | 150.4 |
| 2019 年第 4 季度 | 暂未公布 |

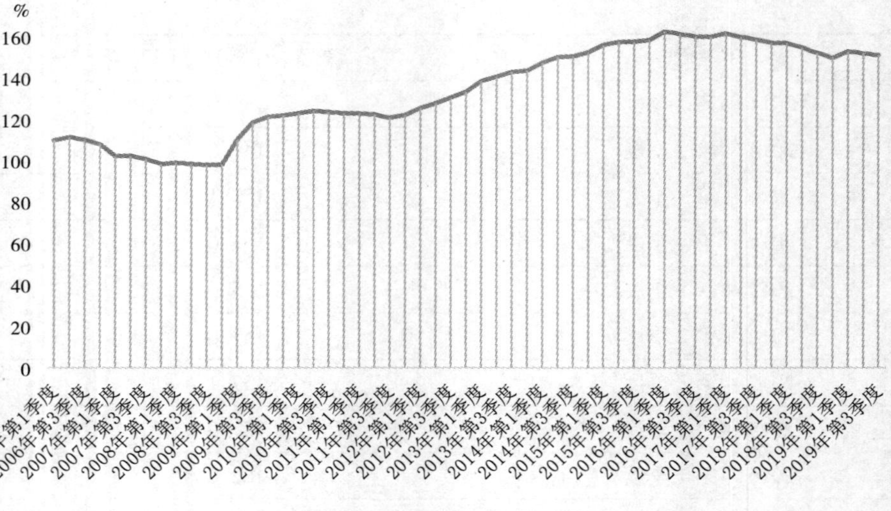


**图8　非金融企业部门杠杆率(2006～2019年各季度)**

## 四、麦肯锡全球研究院(MGI)关于非金融企业部门杠杆率的数据①

根据麦肯锡全球研究院(MGI)2018年6月发布的“Visualizing global debt”报告可知,以下数据为非金融企业债务与GDP之比。

**图9　非金融企业部门杠杆率(2000～2017年第2季度)**

① McKinsey Global Institute:“Visualizing global debt”,6.2018.

## 五、国务院发展研究中心金融研究所相关人员关于非金融企业部门杠杆率的数据①

根据朱鸿鸣、薄岩的《中国全社会及各部门杠杆率测算》一文，该文中杠杆率的计算方式为债务余额与GDP之比。非金融企业部门杠杆率的计算公式为：非金融企业部门杠杆率=[（金融机构境内贷款+除中央银行票据、国债、金融债、汇金债外的债券+信托贷款+约定购回式证券交易和股权质押式回购余额+保单贷款+委托贷款+融资租赁+小额贷款公司贷款+典当余额+企业部门外债）-（金融租赁+向非银行金融机构发放的贷款+铁道部金融债务+地方政府性债务）]/GDP。

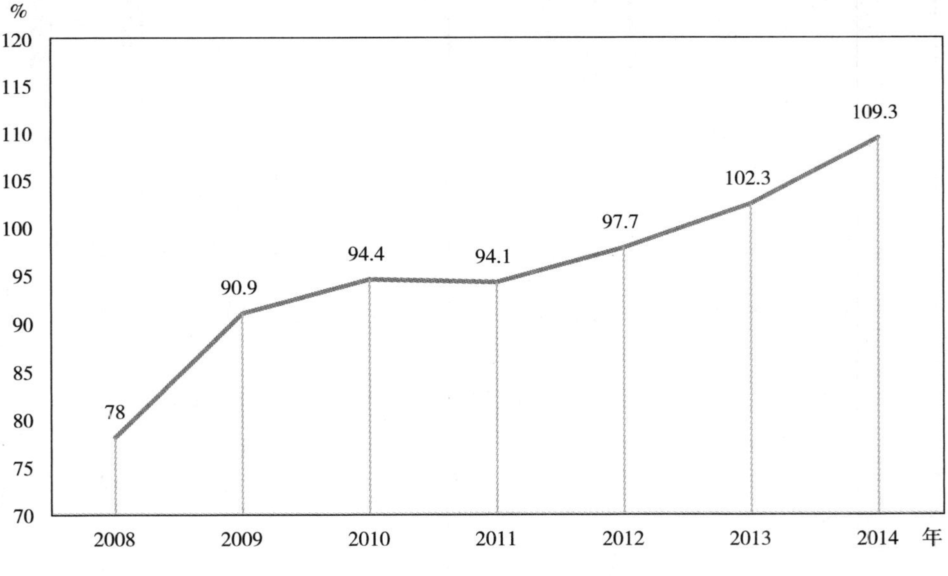


图10　非金融企业部门杠杆率(2008～2014年)

## 六、国家行政学院相关学者对于非金融企业部门杠杆率的数据②

从《中国的杠杆率与系统性金融风险防范》一文中可知，该文中杠杆率计算方式为债务与GDP之比。

① 朱鸿鸣、薄岩：《中国全社会及各部门杠杆率测算》，载《重庆理工大学学报》（社会科学版）2016年第2期。

② 马建堂、董小君、时红秀、徐杰、马小芳：《中国的杠杆率与系统性金融风险防范》，载《财贸经济》2016年第1期。

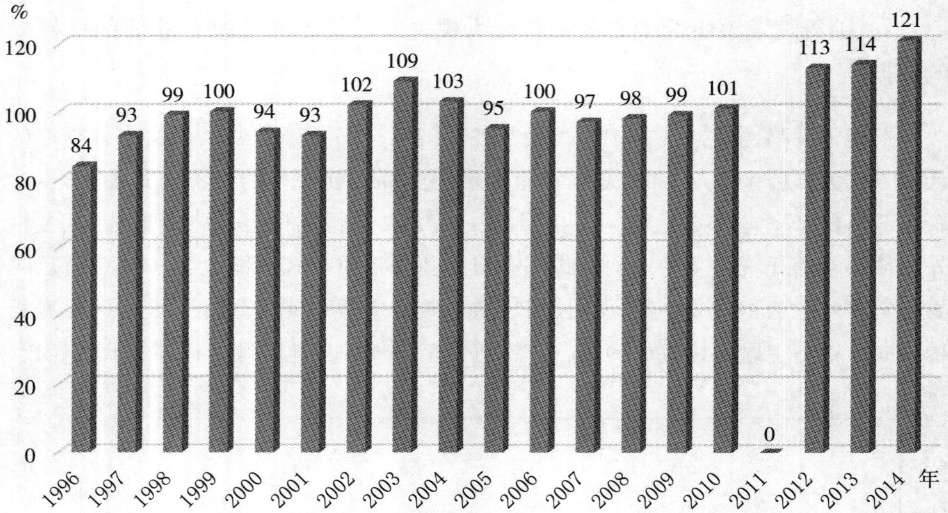


**图11　非金融企业部门杠杆率(1996～2014年)**

## 七、中国人民银行杠杆率研究课题组关于非金融企业部门杠杆率的数据①

从《中国经济杠杆率水平评估及潜在风险研究》一文中可知,该文中杠杆率计算方式为负债与GDP之比。

### (一)非金融企业部门杠杆率数据(2004年、2012年、2013年)

**表3　非金融企业部门杠杆率(2004年、2012年、2013年)**

| 年　份 | 非金融企业部门杠杆率(%) |
| --- | --- |
| 2004 | 97.5 |
| 2012 | 106 |
| 2013 | 109.6 |

① 中国人民银行杠杆率研究课题组、徐诺金、姜再勇:《中国经济杠杆率水平评估及潜在风险研究》,载《金融监管研究》2014年第5期。

（二）非金融企业部门杠杆率变化（2004～2012 年）

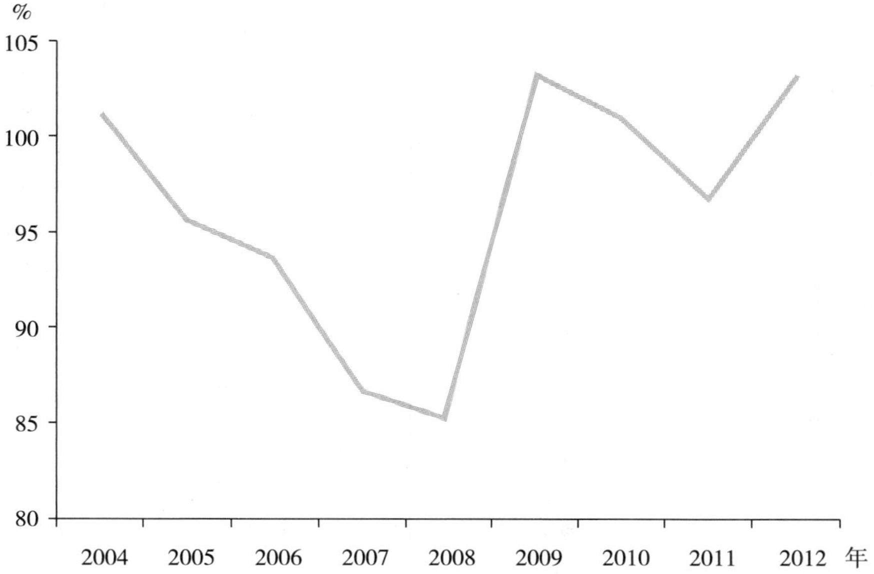


图 12　非金融企业部门杠杆率变化（2004～2012 年）

数据来源：wind 数据库。

## 八、中国人民银行武汉分行相关学者关于非金融企业部门杠杆率的数据①

该文未明确提供杠杆率计算方式。

### （一）非金融企业部门杠杆率数据（2004 年、2007 年、2008 年、2009 年、2015 年）

表 4　非金融企业部门杠杆率数据（2004 年、2007 年、2008 年、2009 年、2015 年）

| 年　份 | 非金融企业部门杠杆率（%） |
|---|---|
| 2004 | 108.5 |
| 2007 | 98.1 |
| 2008 | 98.8 |
| 2009 | 122 |
| 2015 | 154 |

① 潘晶：《我国非金融企业杠杆率高企原因及去杠杆路径》，载《武汉金融》2016 年第 12 期。

(二)非金融企业部门杠杆率变化(2004~2015年)

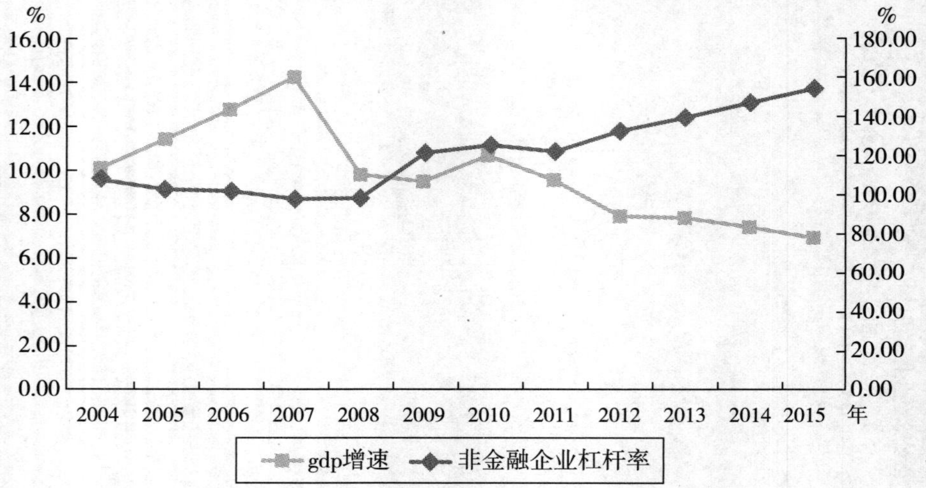


**图13　非金融企业部门杠杆率变化(2004~2015年)**

数据来源:WIND,中国人民银行网站。

## 九、中国银行国际金融研究所关于非金融企业部门杠杆率的数据[①]

从《杠杆率、债务风险与金融稳定——基于理论和中国经济杠杆率的实证分析》一文中可知,该文中非金融企业部门杠杆率相关数据的计算公式为:非金融企业部门杠杆率=(非金融性企业及其他部门贷款+企业债余额)/GDP。

① 李佩珈、梁婧:《杠杆率、债务风险与金融稳定——基于理论和中国经济杠杆率的实证分析》,载《新金融》2015年第4期,该文中引用中国银行国际金融研究所数据。

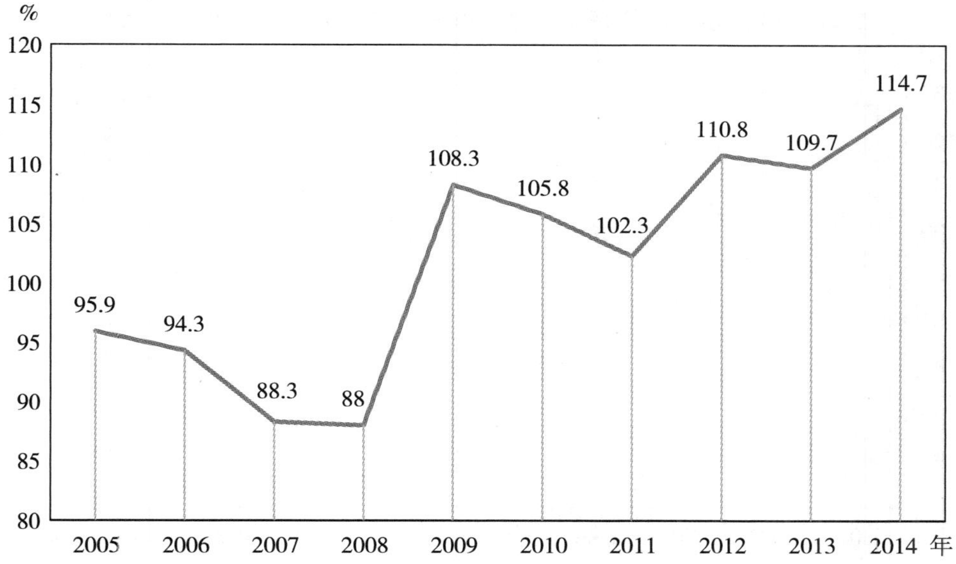


**图 14　非金融企业部门杠杆率(2005～2014 年)**

## 十、华泰证券研究所相关人员关于企业杠杆率的数据①

从《杠杆率、债务风险与金融稳定——基于理论和中国经济杠杆率的实证分析》一文中可知,该文中杠杆率计算方式为债务与 GDP 之比。

### (一)非金融企业部门杠杆率数据(2006 年、2011 年、2015 年第 3 季度)

**表 5　非金融企业部门杠杆率数据(2006 年、2011 年、2015 年第 3 季度)**

| 年　份 | 非金融企业部门杠杆率(%) |
|---|---|
| 2006 | 108.2 |
| 2011 | 124 |
| 2015 年第 3 季度 | 166.3 |

① 李超、王宇鹏、张晶:《中国在去杠杆? 加杠杆? 影响如何? ——对中国杠杆率的测算和比较研究》,载《金融发展评论》2016 年第 4 期。

## （二）非金融企业部门杠杆率变化（2006～2015年第3季度）

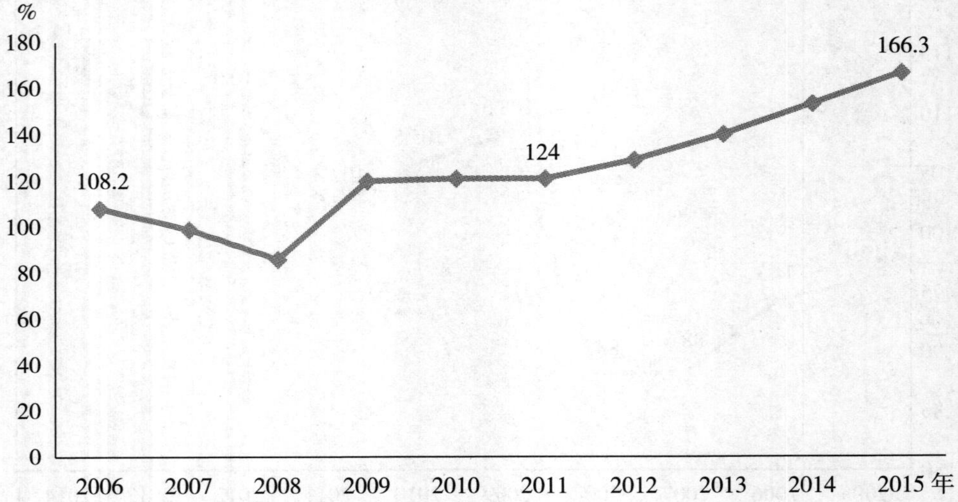


**图15　非金融企业部门杠杆率变化（2006～2015年第3季度）**

资料来源：Wind，华泰证券研究所。

# 中国破产案件总体数据
# （2002 ~ 2019 年）*

整理：中国政法大学破产法与企业重组研究中心

单位：件

| 年份 | 旧存 | 收案 | 结案 | 裁定 | | | | | |
|---|---|---|---|---|---|---|---|---|---|
| | | | | 破产 | 驳回申请 | 终结破产程序 | | | 其他 |
| | | | | | | 和解 | 不足支付破产费用 | 其他 | |
| 2002 | 7286 | 8615 | 6813 | 2429 | 256 | 73 | 949 | 1803 | 1303 |
| 2003 | 9197 | 7673 | 6795 | 2556 | 253 | 64 | 1022 | 1940 | 960 |
| 2004 | 10076 | 5928 | 5777 | 2217 | 201 | 79 | 996 | 1760 | 524 |
| 2005 | 10227 | 4328 | 3436 | 1198 | 220 | 62 | 581 | 897 | 478 |
| 2006 | 9822 | 4253 | 4755 | 1698 | 261 | 76 | 856 | 1250 | 614 |
| 2007 | 9329 | 3819 | 4200 | 1398 | 192 | 119 | 791 | 1223 | 477 |
| 2008 | 8947 | 3139 | 3749 | 1179 | 241 | 43 | 667 | 1025 | 594 |
| 2009 | 8336 | 3128 | 3573 | 1025 | 142 | 85 | 717 | 957 | 647 |
| 2010 | 7891 | 2366 | 3567 | 906 | 160 | 70 | 673 | 1049 | 709 |
| 2011 | 6690 | 1869 | 2531 | 571 | 117 | 55 | 539 | 694 | 555 |
| 2012 | 5975 | 1521 | 2100 | 431 | 98 | 63 | 330 | 652 | 526 |

* 呈现表格不全，扫码可查看全表。

续表

| 年份 | 旧存 | 收案 | 结案 | 裁定 | | | | | |
|---|---|---|---|---|---|---|---|---|---|
| | | | | 破产 | 驳回申请 | 终结破产程序 | | | 其他 |
| | | | | | | 和解 | 不足支付破产费用 | 其他 | |
| 2013 | 5396 | 1929 | 1998 | 323 | 99 | 35 | 421 | 518 | 602 |
| 2014 | 5322 | 2031 | 2059 | 183 | 105 | 44 | 374 | 598 | 755 |
| 2015 | 5269 | 3568 | 2418 | 175 | 194 | 28 | 419 | 488 | 1114 |
| 2016 | 6416 | 4081 | 3373 | 211 | 248 | 23 | 627 | 677 | 1587 |
| 2017 | 6901 | 4078 | 1770 | | | | | | |
| 2018 | 9953 | 7405 | 3408 | | | | | | |
| 2019.1~7 | 14833 | 3398 | 1815 | | | | | | |
| 2019 | | 8436 | | | | | | | |

# 中国破产申请审查案件、破产案件数据（2016～2019年7月）*

整理：中国政法大学破产法与企业重组研究中心

单位：件

| 年份 | 项目 | | 旧存 | 收案 | 结案 | 结案方式 | | | | | |
|---|---|---|---|---|---|---|---|---|---|---|---|
| | | | | | | 本院受理 | 准予撤回申请 | 不予受理 | 驳回申请 | 终结破产程序 | 裁定受理并指令下级法院审理 |
| 2016 | 合计 | | 6151 | 5593 | 3621 | 565 | 802 | 170 | 190 | 917 | 42 |
| | 破产申请审查案件小计 | | 138 | 1110 | 843 | 517 | 191 | 90 | – | – | 34 |
| | 其中 | 破产清算申请 | 11 | 616 | 474 | 343 | 79 | 38 | – | – | 12 |
| | | 破产重整申请 | | 46 | 33 | 20 | 9 | 4 | – | – | |
| | | 破产和解申请 | 127 | 448 | 336 | 154 | 103 | 48 | – | – | 22 |
| | 破产案件小计 | | 5227 | 4076 | 2237 | – | 494 | – | 187 | 874 | – |
| | 其中 | 破产清算案件 | 4640 | 3069 | 1736 | – | 336 | – | 149 | 794 | – |
| | | 破产重整案件 | 568 | 991 | 495 | – | 157 | – | 38 | 76 | – |
| | | 破产和解案件 | 19 | 16 | 6 | – | 1 | – | | 4 | – |
| | 无主词 | | 786 | 407 | 541 | 48 | 117 | 80 | 3 | 43 | 8 |

* 呈现表格不全，扫码可查看全表。

续表

| 年份 | 项目 | | 旧存 | 收案 | 结案 | 结案方式 | | | | | |
|---|---|---|---|---|---|---|---|---|---|---|---|
| | | | | | | 本院受理 | 准予撤回申请 | 不予受理 | 驳回申请 | 终结破产程序 | 裁定受理并指令下级法院审理 |
| 2017 | 合计 | | 7320 | 9542 | 6257 | 3037 | 745 | 761 | 168 | 1334 | 206 |
| | 破产申请审查案件小计 | | 419 | 5464 | 4487 | 3037 | 601 | 704 | – | – | 145 |
| | 其中 | 破产清算申请 | 233 | 4144 | 3750 | 2574 | 541 | 526 | – | – | 109 |
| | | 破产重整申请 | 20 | 368 | 339 | 169 | 28 | 133 | – | – | 9 |
| | | 破产和解申请 | 166 | 952 | 398 | 294 | 32 | 45 | – | – | 27 |
| | 破产案件小计 | | 6901 | 4078 | 1770 | – | 144 | 57 | 168 | 1334 | 61 |
| | 其中 | 破产清算案件 | 5869 | 3313 | 1519 | – | 108 | 50 | 138 | 1171 | 52 |
| | | 破产重整案件 | 1003 | 759 | 242 | – | 36 | 7 | 28 | 156 | 9 |
| | | 破产和解案件 | 29 | 6 | 9 | – | | | 2 | 7 | |
| 2018 | 合计 | | 11921 | 18950 | 13616 | 6894 | 1536 | 1087 | 158 | 3118 | 823 |
| | 破产申请审查案件小计 | | 1968 | 11545 | 10208 | 6894 | 1404 | 1087 | – | – | 823 |
| | 其中 | 破产清算申请 | 1804 | 10224 | 9016 | 6188 | 1230 | 897 | – | – | 701 |
| | | 破产重整申请 | 126 | 697 | 649 | 467 | 73 | 73 | – | – | 36 |
| | | 破产和解申请 | 38 | 624 | 543 | 239 | 101 | 117 | – | – | 86 |
| | 破产案件小计 | | 9953 | 7405 | 3408 | – | 132 | – | 158 | 3118 | – |
| | 其中 | 破产清算案件 | 8917 | 6744 | 3178 | – | 119 | – | 134 | 2925 | – |
| | | 破产重整案件 | 1002 | 653 | 225 | – | 12 | – | 24 | 189 | – |
| | | 破产和解案件 | 34 | 8 | 5 | – | 1 | – | | 4 | – |

续表

| 年份 | 项目 | | 旧存 | 收案 | 结案 | 结案方式 | | | | | |
|---|---|---|---|---|---|---|---|---|---|---|---|
| | | | | | | 本院受理 | 准予撤回申请 | 不予受理 | 驳回申请 | 终结破产程序 | 裁定受理并指令下级法院审理 |
| 2019.1~7 | 合计 | | 17595 | 8771 | 5999 | 2917 | 656 | 464 | 92 | 1653 | 217 |
| | 破产申请审查案件小计 | | 2762 | 5399 | 4190 | 2917 | 592 | 464 | – | – | 217 |
| | 其中 | 破产清算申请 | 2509 | 4736 | 3683 | 2614 | 509 | 388 | – | – | 172 |
| | | 破产重整申请 | 140 | 316 | 233 | 173 | 20 | 31 | – | – | 9 |
| | | 破产和解申请 | 113 | 347 | 274 | 130 | 63 | 45 | – | – | 36 |
| | 破产案件小计 | | 14833 | 3372 | 1809 | – | 64 | – | 92 | 1653 | – |
| | 其中 | 破产清算案件 | 13029 | 2987 | 1635 | – | 50 | – | 84 | 1501 | – |
| | | 破产重整案件 | 1765 | 379 | 173 | – | 14 | – | 8 | 151 | – |
| | | 破产和解案件 | 39 | 6 | 1 | – | | – | | 1 | – |

# 中国强制清算申请审查案件、强制清算案件数据（2016～2019年7月）*

整理：中国政法大学破产法与企业重组研究中心

单位：件

| 年份 | 项目 | 旧存 | 收案 | 结案 | 结案方式 | | | | | |
|---|---|---|---|---|---|---|---|---|---|---|
| | | | | | 本院受理 | 不予受理 | 驳回申请 | 准予撤回强制清算申请 | 终结强制清算程序 | 其他 |
| 2016 | 强制清算申请审查案件 | 0 | 121 | 62 | 35 | 6 | – | 14 | – | 2 |
| | 强制清算案件 | 324 | 789 | 478 | – | – | 20 | 82 | 123 | – |
| 2017 | 强制清算申请审查案件 | 73 | 684 | 536 | 249 | 88 | – | 121 | – | 78 |
| | 强制清算案件 | 692 | 535 | 300 | – | – | 79 | 102 | 119 | – |
| 2018 | 强制清算申请审查案件 | 378 | 1840 | 1472 | 1038 | 174 | – | 223 | – | 37 |
| | 强制清算案件 | 669 | 945 | 637 | – | – | 18 | 101 | 518 | – |
| 2019.1～7 | 强制清算申请审查案件 | 484 | 1001 | 642 | 430 | 69 | – | 130 | – | 13 |
| | 强制清算案件 | 941 | 452 | 158 | – | – | 7 | 44 | 107 | – |

* 呈现表格不全，扫码可查看全表。

# 中国强制清算与破产上诉案件、监督案件数据（2016~2019年7月）*

整理：中国政法大学破产法与企业重组研究中心

单位：件

| 年份 | 项目 | | 旧存 | 收案 | 结案 | 结案方式 | | | | | | | |
|---|---|---|---|---|---|---|---|---|---|---|---|---|---|
| | | | | | | 维持 | 准予撤回上诉 | 按撤回上诉处理 | 撤销原裁定并指令审理 | 撤销原裁定并指令受理 | 终结 | 撤销原裁定 | 其他 |
| 2016 | 合计 | | 0 | 69 | 38 | 22 | 5 | 0 | 3 | 6 | 0 | 0 | 0 |
| | 强制清算与破产上诉案件小计 | | 0 | 69 | 38 | 22 | 5 | 0 | 3 | 6 | 0 | – | – |
| | 其中 | 强制清算上诉案件 | | 10 | 4 | 3 | | | | | | – | – |
| | | 破产上诉案件 | | 59 | 34 | 19 | 5 | | 3 | 6 | | – | – |
| | 强制清算与破产监督案件小计 | | 0 | 0 | 0 | – | – | – | 0 | 0 | 0 | 0 | 0 |
| | 其中 | 强制清算监督案件 | | | | – | – | – | | | | | |
| | | 破产监督案件 | | | | – | – | – | | | | | |

* 呈现表格不全，扫码可查看全表。

续表

| 年份 | 项目 | | 旧存 | 收案 | 结案 | 结案方式 | | | | | | | |
|---|---|---|---|---|---|---|---|---|---|---|---|---|---|
| | | | | | | 维持 | 准予撤回上诉 | 按撤回上诉处理 | 撤销原裁定并指令审理 | 撤销原裁定并指令受理 | 终结 | 撤销原裁定 | 其他 |
| 2017 | 合计 | | 9 | 202 | 186 | 91 | 20 | 2 | 16 | 49 | 6 | 1 | 1 |
| | 强制清算与破产上诉案件小计 | | 9 | 198 | 183 | 91 | 20 | 2 | 16 | 48 | 6 | – | – |
| | 其中 | 强制清算上诉案件 | 1 | 33 | 30 | 16 | 3 | | 6 | 5 | | – | – |
| | | 破产上诉案件 | 8 | 165 | 153 | 75 | 17 | 2 | 10 | 43 | 6 | – | – |
| | 强制清算与破产监督案件小计 | | 0 | 4 | 3 | – | – | – | 0 | 1 | 0 | 1 | 1 |
| | 其中 | 强制清算监督案件 | | 2 | 1 | – | – | – | | | | 1 | |
| | | 破产监督案件 | | 2 | 2 | – | – | – | | 1 | | | 1 |
| 2018 | 合计 | | 43 | 476 | 397 | 198 | 56 | 1 | 38 | 91 | 0 | 0 | 13 |
| | 强制清算与破产上诉案件小计 | | 42 | 461 | 384 | 198 | 56 | 1 | 38 | 91 | 0 | – | – |
| | 其中 | 强制清算上诉案件 | 10 | 95 | 80 | 40 | 7 | 1 | 8 | 24 | | – | – |
| | | 破产上诉案件 | 32 | 366 | 304 | 158 | 49 | | 30 | 67 | | – | – |
| | 强制清算与破产监督案件小计 | | 1 | 15 | 13 | – | – | – | 0 | 0 | 0 | 0 | 13 |
| | 其中 | 强制清算监督案件 | 1 | 5 | 6 | – | – | – | | | | | 6 |
| | | 破产监督案件 | | 10 | 7 | – | – | – | | | | | 7 |

续表

| 年份 | 项目 | | 旧存 | 收案 | 结案 | 结案方式 | | | | | | | |
|---|---|---|---|---|---|---|---|---|---|---|---|---|---|
| | | | | | | 维持 | 准予撤回上诉 | 按撤回上诉处理 | 撤销原裁定并指令审理 | 撤销原裁定并指令受理 | 终结 | 撤销原裁定 | 其他 |
| 2019.1～7 | 合计 | | 109 | 306 | 199 | 108 | 29 | 2 | 21 | 30 | 3 | 0 | 6 |
| | 强制清算与破产上诉案件小计 | | 105 | 294 | 192 | 108 | 29 | 2 | 21 | 29 | 3 | – | – |
| | 其中 | 强制清算上诉案件 | 23 | 49 | 34 | 15 | 5 | | 6 | 6 | 2 | – | – |
| | | 破产上诉案件 | 82 | 245 | 158 | 93 | 24 | 2 | 15 | 23 | 1 | – | – |
| | 强制清算与破产监督案件小计 | | 4 | 12 | 7 | – | – | – | 0 | 1 | 0 | 0 | 6 |
| | 其中 | 强制清算监督案件 | | 1 | 1 | – | – | – | | 1 | | | |
| | | 破产监督案件 | 4 | 11 | 6 | – | – | – | | | | | 6 |

# 中国上市公司重整统计（2007～2019年）*

整理：金杜律师事务所破产重组部（2007年～2017年）、樊笑辰（2018年～2019年）

| 序号 | 公司名称 | 重整申请时间 | 裁定重整时间 | 重整计划提交时间 | 重整计划批准时间 | 重整计划执行完毕时间 |
|---|---|---|---|---|---|---|
| 1 | 天颐科技股份有限公司 | 2007.8.17 | 2007.8.23 | 2007.9.18 | 2007.10.11 | 2007.11.20 |
| 2 | 天发石油股份有限公司 | | 2007.8.13 | 2007.9.18 | 2007.10.11 | 2007.12.17 |
| 3 | 浙江海纳科技股份有限公司 | 2007.9.13 | 2007.9.14 | | 2007.10.24 | 2007.12.29 |
| 4 | 沧州化学工业股份有限公司 | | 2007.11.16 | | 2007.12.24 | 2010.11.30 |
| 5 | 兰宝科技信息股份有限公司 | | 2007.11.16 | 2007.11.19 | 2007.12.21 | 2009.2.27 |
| 6 | 朝华科技（集团）股份有限公司 | 2007.11.16 | 2007.11.16 | 2007.12.21 | 2007.12.24 | 2008.3.24 |
| 7 | 河北宝硕股份有限公司 | | 2008.1.3 | 2008.1.28 | 2008.2.5 | 2011.6.27 |
| 8 | 北亚实业（集团）股份有限公司 | | 2008.1.28 | | 2008.4.24 | 2010.12.28 |
| 9 | 广东华龙集团股份有限公司 | | 2008.3.10 | | 2008.4.23 | 2008.12.30 |

* 数据来源：巨潮资讯网、《中国证券报》。呈现表格不全，扫码可查看全表。

续表

| 序号 | 公司名称 | 重整申请时间 | 裁定重整时间 | 重整计划提交时间 | 重整计划批准时间 | 重整计划执行完毕时间 |
|---|---|---|---|---|---|---|
| 10 | 星美联合股份有限公司 | | 2007.3.11 | 2008.4.21 | 2008.4.22 | 2008.12.31 |
| 11 | 长岭(集团)股份有限公司 | 2007.11.21 | 2008.5.14 | 2008.9.26 | 2008.10.25 | 2009.10.25 |
| 12 | 上海华源股份有限公司 | | 2008.9.27 | | 2008.12.13 | 2009.4.24 |
| 13 | 山东九发食用菌股份有限公司 | 2008.9.16 | 2008.9.28 | | 2008.12.9 | 2009.5.31 |
| 14 | 焦作鑫安科技股份有限公司 | | 2008.11.7 | 2008.12.18 | 2008.12.22 | 2009.12.16 |
| 15 | 承德帝贸针纺股份有限公司 | 2008.11.5 | 2008.11.10 | 2008.12.29 | 2008.12.30 | 2009.4.27 |
| 16 | 广西北生药业股份有限公司 | | 2008.11.27 | 2008.12.29 | 2008.12.30 | 2009.10.29 |
| 17 | 新泰科技股份有限公司 | 2009.3.11 | 2009.3.17 | | 2009.11.3 | 2010.9.6 |
| 18 | 丹东化学纤维股份有限公司 | 2009.5.12 | 2009.5.13 | | 2009.11.27 | 2010.4.20 |
| 19 | 夏新电子股份有限公司 | | 2009.9.15 | | 2009.11.23 | 2010.4.7 |
| 20 | 陕西秦岭水泥(集团)股份有限公司 | | 2009.8.23 | | 2009.12.14 | 2010.10.19 |
| 21 | 深信泰丰(集团)股份有限公司 | | 2009.11.20 | 2010.4.22 | 2010.4.30 | 2010.8.30 |
| 22 | 咸阳偏转股份有限公司 | | 2009.12.3 | 2010.2.26 | | 2012.5.17 |
| 23 | 光明集团家具股份有限公司 | | 2009.11.9 | 2010.8.4 | 2010.8.5 | 2011.1.28 |
| 24 | 锦化化工集团氯碱股份有限公司 | | 2010.3.19 | 2010.7.9 | 2010.7.30 | 2011.6.20 |
| 25 | 辽源得亨股份有限公司 | 2010.1.20 | 2010.4.13 | | 2010.8.11 | 2010.10.27 |
| 26 | 广东盛润集团股份有限公司 | | 2010.5.6 | 2010.10.13 | 2010.10.22 | 2011.4.25 |
| 27 | 上海华源企业发行有限公司 | | 2010.8.30 | 2010.11.12 | 2010.11.29 | 2010.12.31 |

续表

| 序号 | 公司名称 | 重整申请时间 | 裁定重整时间 | 重整计划提交时间 | 重整计划批准时间 | 重整计划执行完毕时间 |
| --- | --- | --- | --- | --- | --- | --- |
| 28 | 四川方向光电股份有限公司 | | 2010.12.7 | 2011.6.3 | 2011.6.16 | 2012.1.5 |
| 29 | 延边石岘白麓职业股份有限公司 | 2011.5.9 | 2011.12.30 | 2012.8.1 | 2012.8.3 | 2012.12.13 |
| 30 | 中核华原钛白股份有限公司 | 2011.4.22 | 2011.11.30 | 2012.7.27 | 2012.7.31 | 2012.12.18 |
| 31 | 金城造纸股份有限公司 | 2011.6.22 | 2012.5.22 | 2012.10.15 | 2012.10.16 | 2012.11.18 |
| 32 | 创智信息科技股份有限公司 | | 2010.8.12 | 2011.5.25 | 2011.5.27 | 2012.5.25 |
| 33 | 深圳中华自行车(集团)股份有限公司 | 2012.5.11 | 2012.10.12 | | 2013.11.5 | 2013.12.27 |
| 34 | 山东海龙股份有限公司 | 2012.3.1 | 2012.5.18 | 2012.10.30 | 2012.11.2 | 2013.3.27 |
| 35 | 四川金顶(集团)股份有限公司 | 2010.2.11 | 2011.9.23 | 2012.9.14 | 2012.9.17 | 2012.12.31 |
| 36 | 中国科健股份有限公司 | 2010.12.31 | 2011.10.8 | 2012.5.16 | 2012.5.18 | 2013.7.18 |
| 37 | 青海贤成矿业股份有限公司 | | 2013.6.18 | 2013.12.18 | 2013.12.23 | 2014.7.21 |
| 38 | 江苏中达新材料集团股份有限公司 | | 2013.4.26 | | 2013.11.19 | 2014.2.21 |
| 39 | 葫芦岛锌业股份有限公司 | | 2013.1.31 | | 2013.12.5 | 2013.12.31 |
| 40 | 长航凤凰股份有限公司 | | 2013.11.26 | 2014.2.21 | 2014.3.21 | 2014.9.15 |
| 41 | 新疆中基实业股份有限公司 | 2012.9.10 | 2012.10.19 | 2012.12.24 | 2012.12.25 | 2013.4.3 |
| 42 | 广夏(银川)实业股份有限公司 | 2010.1.18 | 2010.9.16 | 2011.8.1 | 2011.12.8 | 2012.9.30 |
| 43 | 上海超日太阳能科技股份有限公司 | 2014.4.3 | 2014.6.26 | 2014.10.24 | 2014.10.29 | 2014.12.26 |
| 44 | 江苏霞客环保色纺股份有限公司 | 2014.9.24 | 2014.11.19 | 2015.4.16 | 2015.4.16 | 2015.11.2 |

续表

| 序号 | 公司名称 | 重整申请时间 | 裁定重整时间 | 重整计划提交时间 | 重整计划批准时间 | 重整计划执行完毕时间 |
|---|---|---|---|---|---|---|
| 45 | 西安宏盛科技发展股份有限公司 | | 2011.10.27 | | 2012.4.23 | 2016.7.8 |
| 46 | 深圳新都酒店股份有限公司 | 2015.7.24 | 2015.9.15 | 2015.12.4 | 2015.12.15 | 2015.12.29 |
| 47 | 新疆亿路万源实业投资控股股份有限公司 | 2015.8.28 | 2015.11.7 | 2015.12.11 | 2015.12.31 | 2015.12.31 |
| 48 | 江苏舜天船舶股份有限公司 | 2015.12.22 | 2016.2.5 | | 2016.10.24 | 2016.12.31 |
| 49 | 川化股份有限公司 | 2016.2.15 | 2016.3.24 | | 2016.9.29 | 2016.12.28 |
| 50 | 云南云维股份有限公司 | 2016.6.20 | 2016.8.23 | | 2016.11.21 | 2016.12.29 |
| 51 | 重庆钢铁股份有限公司 | 2017.4.24 | 2017.7.3 | | 2017.11.20 | 2017.12.29 |
| 52 | 四川泸天化股份有限公司 | 2017.6.5 | 2017.12.13 | 2018.6.12 | 2018.6.29 | 2018.12.28 |
| 53 | 柳州化工股份有限公司 | 2017.9.18 | 2018.1.31 | | 2018.11.26 | 2019.12.13 |
| 54 | 抚顺特殊钢股份有限公司 | 2018.4.8 | 2018.9.20 | | 2018.11.22 | 2018.12.26 |
| 55 | 宁夏中银绒业股份有限公司 | 2018.11.15 | 2019.7.9 | 2019.11.13 | 2019.11.13 | 2019.12.26 |
| 56 | 厦门厦工机械股份有限公司 | 2019.4.2 | 2019.7.26 | 2019.11.1 | 2019.11.1 | 2019.12.31 |
| 57 | 沈阳机床股份有限公司 | 2019.7.12 | 2019.8.16 | 2019.11.15 | 2019.11.16 | 2019.12.31 |
| 58 | 庞大汽贸集团股份有限公司 | 2019.5.13 | 2019.9.5 | 2019.12.9 | 2019.12.10 | 2019.12.30 |
| 59 | 青海盐湖工业股份有限公司 | 2019.8.15 | 2019.9.30 | | | 执行中 |
| 60 | 陕西坚瑞沃能股份有限公司 | 2018.12.13 | 2019.9.30 | 2019.12.27 | 2019.12.27 | 执行中 |
| 61 | 莲花健康产业集团股份有限公司 | 2019.7.3 | 2019.10.15 | 2019.12.16 | 2019.12.16 | 执行中 |

# 中国非上市公司重整统计（2018 年）*

整理：樊笑辰

中国政法大学民商经济法学院经济法专业硕士研究生。

| 公司名称 | 裁定重整时间 | 裁定批准重整计划时间 | 重整涉及的重大事项 |
| --- | --- | --- | --- |
| 河南省志元食品有限公司 | 2018 年 1 月 2 日 | | 2018 年 10 月 8 日裁定与河南志元食业有限公司合并重整 |
| 广安市华富荣新置业有限公司 | 2018 年 1 月 2 日 | | |
| 湖南老爹实业科技开发股份有限公司 | 2018 年 1 月 5 日 | | |
| 河南华邦陶瓷有限公司 | 2018 年 1 月 5 日 | 2019 年 3 月 1 日 | |
| 沈阳绿美绿化工程有限公司 | 2018 年 1 月 8 日 | | |
| 潍坊昱合畜禽有限公司 | 2018 年 1 月 9 日 | 2018 年 11 月 6 日 | |
| 渭南怡城置业有限公司、陕西九龙贸易有限责任公司 | 2018 年 1 月 9 日 | | 二公司合并破产重整 |
| 蒙恩木业（咸丰）发展有限公司 | 2018 年 1 月 10 日 | | |

* 数据来源：《人民法院报》、全国企业破产重整案件信息网。相关案件信息截至 2019 年 12 月 31 日，信息收集截至 2020 年 2 月 29 日。呈现表格不全，扫码可查看全表。

续表

| 公司名称 | 裁定重整时间 | 裁定批准重整计划时间 | 重整涉及的重大事项 |
| --- | --- | --- | --- |
| 许昌市瑞新电气有限公司、许昌瑞新艾尔依迪照明有限公司、许昌稳润光电科技有限公司、许昌瑞华光电科技有限公司 | 2018年1月15日 | | 裁定合并重整；未按期提交重整计划草案，经管理人申请，2018年12月18日该四公司被宣告破产 |
| 宁夏天人和清真豆制品股份有限公司 | 2018年1月15日 | | 重整计划草案未通过，2019年7月24日裁定终止重整程序并宣告破产 |
| 宁夏天人和生物技术有限公司 | 2018年1月15日 | | 重整计划草案未通过，2019年7月24日裁定终止重整程序并宣告破产 |
| 焦作市宝丰电缆有限公司 | 2018年1月16日 | | 未按期提出重整计划草案，2018年7月30日裁定终止重整程序并宣告破产 |
| 重庆福欧机械有限公司 | 2018年1月16日 | | 未按期提出重整计划草案，2018年7月18日裁定终止重整程序并宣告破产 |
| 山东奥宝化工集团有限公司 | 2018年1月16日 | | |
| 攀枝花市白云铸造有限责任公司 | 2018年1月17日 | | |
| 衡阳湘变电工制造有限公司 | 2018年1月17日 | | 因衡阳湘变电工制造有限公司涉嫌集资诈骗被公安机关立案侦查，2018年3月1日法院裁定中止诉讼；现已恢复诉讼 |
| 青海三工镁业有限公司 | 2018年1月18日 | | |
| 青海丰瑞镁业有限公司 | 2018年1月18日 | | |
| 青海三工金属贸易有限公司 | 2018年1月18日 | | |

续表

| 公司名称 | 裁定重整时间 | 裁定批准重整计划时间 | 重整涉及的重大事项 |
|---|---|---|---|
| 江苏苏醇酒业有限公司 | 2018 年 1 月 18 日 | | 2018 年 6 月 25 日裁定三公司实质合并破产重整，并指定江苏苏醇酒业有限公司管理人担任合并重整管理人 |
| 徐州得隆生物科技有限公司 | 2018 年 1 月 18 日 | | |
| 徐州瑞康食品科技有限公司 | 2018 年 1 月 18 日 | | |
| 重庆程凯工贸（集团）有限公司 | 2018 年 1 月 18 日 | | |
| 四川益德金属资源有限责任公司 | 2018 年 1 月 18 日 | | |
| 辽宁辉山乳业集团汪盛牧业有限公司 | 2018 年 1 月 19 日 | | 2018 年 5 月 8 日裁定 78 家企业实质合并重整；2018 年 5 月 10 日裁定 83 家企业实质合并重整；2018 年 7 月 3 日决定辉山乳业集团系列企业在管理人的监督下自行管理财产和营业事务 |
| 辽宁辉山乳业集团（康平）有限公司 | 2018 年 1 月 19 日 | | |
| 辽宁辉山乳业集团大三牧业有限公司 | 2018 年 1 月 19 日 | | |
| 辽宁世领自营牧场有限公司 | 2018 年 1 月 19 日 | | |
| 辽宁辉山乳业集团沙金牧业有限公司 | 2018 年 1 月 19 日 | | |
| 无锡申菱电梯配套有限公司 | 2018 年 1 月 19 日 | | 未按期提出重整计划草案，经管理人申请，2018 年 7 月 30 日裁定终止重整程序并宣告破产 |
| 无锡市申菱压铸有限公司 | 2018 年 1 月 19 日 | | 未按期提出重整计划草案，经管理人申请，2018 年 7 月 30 日裁定终止重整程序并宣告破产 |
| 无锡市通达滚子有限公司 | 2018 年 1 月 19 日 | | 未按期提出重整计划草案，经管理人申请，2018 年 7 月 30 日裁定终止重整程序并宣告破产 |
| 东莞市电力燃料有限公司 | 2018 年 1 月 19 日 | | |
| 高邮市诚信物流有限公司 | 2018 年 1 月 20 日 | | |

续表

| 公司名称 | 裁定重整时间 | 裁定批准重整计划时间 | 重整涉及的重大事项 |
|---|---|---|---|
| 河南省新瑞实业有限公司 | 2018 年 1 月 22 日 | | |
| 重庆国通新型建材有限公司 | 2018 年 1 月 23 日 | | |
| 广东启光钢结构有限公司 | 2018 年 1 月 23 日 | | 无重整希望,经管理人申请,2018 年 11 月 8 日裁定终止重整程序并宣告破产 |
| 广东启光集团有限公司 | 2018 年 1 月 23 日 | | 无重整希望,经管理人申请,2018 年 11 月 8 日裁定终止重整程序并宣告破产 |
| 中国电子租赁有限公司 | 2018 年 1 月 24 日 | | |
| 湖北襄阳巨力工程机械设备有限公司 | 2018 年 1 月 24 日 | | |
| 陕西中泰集团有限公司 | 2018 年 1 月 25 日 | | |
| 海南龙诚达投资有限公司 | 2018 年 1 月 26 日 | | |
| 湖北荣生房地产开发有限公司 | 2018 年 1 月 29 日 | | |
| 辽宁辉山乳业集团孙家牧业有限公司 | 2018 年 2 月 2 日 | | 2018 年 5 月 8 日裁定 78 家公司实质合并重整;2018 年 5 月 10 日裁定 83 家公司实质合并重整;2018 年 7 月 3 日决定辉山乳业集团系列企业在管理人的监督下自行管理财产和营业事务 |
| 辽宁辉山乳业集团双台子牧业有限公司 | 2018 年 2 月 2 日 | | |
| 辽宁辉山乳业集团王树牧业有限公司 | 2018 年 2 月 2 日 | | |
| 辽宁辉山乳业集团叶茂台牧业有限公司 | 2018 年 2 月 2 日 | | |
| 辽宁辉山乳业集团栖霞牧业有限公司 | 2018 年 2 月 2 日 | | |
| 辽宁辉记良品商贸有限公司 | 2018 年 2 月 2 日 | | |
| 湖南金沙新能源有限公司 | 2018 年 2 月 2 日 | 2019 年 2 月 1 日 | |
| 四川正坤房地产开发有限公司 | 2018 年 2 月 2 日 | | |

续表

| 公司名称 | 裁定重整时间 | 裁定批准重整计划时间 | 重整涉及的重大事项 |
| --- | --- | --- | --- |
| 威海金岸房地产开发有限公司 | 2018年2月5日 | | 2017年12月18日威海市中级人民法院裁定受理破产重整,山东省高级人民法院2018年1月22日批复同意将该案指定威海市文登区人民法院审理 |
| 新乡克瑞重型机械科技股份有限公司 | 2018年2月6日 | | |
| 舟山永翔海运有限公司 | 2018年2月6日 | | |
| 河南省特种热工炉材有限公司 | 2018年2月6日 | | |
| 浙江齐家水泥有限公司 | 2018年2月6日 | 2018年9月12日 | 不能执行重整计划,2019年7月5日公告裁定终止重整计划执行并宣告破产 |
| 海盐齐家混凝土有限公司 | 2018年2月6日 | 2018年9月12日 | |
| 海盐县齐家红砖有限公司 | 2018年2月6日 | 2018年9月12日 | |
| 浙江齐家科贸有限公司 | 2018年2月6日 | 2018年9月12日 | |
| 海盐靖铖运输有限公司 | 2018年2月6日 | 2018年9月12日 | |
| 沈阳隆迪种业有限公司 | 2018年2月7日 | | 2018年5月8日裁定78家公司实质合并重整;2018年5月10日裁定83家公司实质合并重整;2018年7月3日决定辉山乳业集团系列企业在管理人的监督下自行管理财产和营业事务 |
| 沈阳广吉饲料有限公司 | 2018年2月7日 | | |
| 内蒙古中西矿业有限公司 | 2018年2月7日 | 2019年5月8日 | |
| 高邮市诚信物流发展有限公司 | 2018年2月8日 | | |

续表

| 公司名称 | 裁定重整时间 | 裁定批准重整计划时间 | 重整涉及的重大事项 |
|---|---|---|---|
| 四平市晨兴涤纶有限公司 | 2018 年 2 月 8 日 | | 厂区土地已经被政府收储，不具备重整条件，2019 年 9 月 24 日裁定终止重整程序并宣告破产 |
| 陕西华纳汽车有限公司 | 2018 年 2 月 9 日 | | 2018 年 4 月 19 日裁定西安市华威汽车贸易有限公司、陕西华纳汽车有限公司、陕西华夏汽车有限公司、陕西华夏奔腾汽车贸易有限公司、陕西华夏美通汽车贸易有限公司、西安市福威汽车贸易有限公司六公司合并重整 |
| 安徽省万泰汽车机械有限公司 | 2018 年 2 月 11 日 | | |
| 衡阳怡嘉置业有限公司 | 2018 年 2 月 11 日 | | |
| 衡阳市嘉程建材有限公司 | 2018 年 2 月 11 日 | | |
| 商丘市三和化工有限公司 | 2018 年 2 月 11 日 | | 未按期提出重整计划草案，2018 年 11 月 15 日裁定终止重整程序并宣告破产 |
| 水富金江房地产开发经营有限责任公司 | 2018 年 2 月 11 日 | | |
| 金华市日普电动车有限公司 | 2018 年 2 月 12 日 | | |
| 武汉盛华微系统技术股份有限公司 | 2018 年 2 月 12 日 | | |
| 广东恩瑞医疗科技有限公司 | 2018 年 2 月 12 日 | | 未按期提交重整计划草案，2019 年 3 月 25 日经管理人申请，裁定终止重整程序并宣告破产 |
| 扬州领鲜农产品冷链物流有限公司 | 2018 年 2 月 14 日 | | |
| 商丘龙宇化工有限公司 | 2018 年 2 月 23 日 | 2019 年 1 月 30 日 | |

续表

<table>
<tr><th>公司名称</th><th>裁定重整时间</th><th>裁定批准重整计划时间</th><th>重整涉及的重大事项</th></tr>
<tr><td>三亚龙泉谷高尔夫文化公园有限公司</td><td>2018 年 2 月 23 日</td><td></td><td>2018 年 11 月 27 日，裁定终止重整程序并宣告破产清算</td></tr>
<tr><td>南京王者之风建筑装饰股份有限公司</td><td>2018 年 2 月 24 日</td><td></td><td></td></tr>
<tr><td>河南省意利发食品有限公司</td><td>2018 年 2 月 26 日</td><td></td><td></td></tr>
<tr><td>芜湖市弘瑞包装制品有限公司</td><td>2018 年 2 月 26 日</td><td></td><td></td></tr>
<tr><td>福建亚通新材料科技股份有限公司</td><td>2018 年 2 月 27 日</td><td></td><td></td></tr>
<tr><td>福鼎建兴房地产开发有限公司</td><td>2018 年 2 月 28 日</td><td></td><td></td></tr>
<tr><td>重庆百吉四兴压铸有限公司</td><td>2018 年 3 月 1 日</td><td></td><td></td></tr>
<tr><td>满洲里三发木业有限公司</td><td>2018 年 3 月 1 日</td><td></td><td></td></tr>
<tr><td>河北康捷食品有限公司</td><td>2018 年 3 月 6 日</td><td></td><td>未按期提出重整计划草案，2018 年 9 月 6 日裁定终止重整程序并宣告破产</td></tr>
<tr><td>萍乡市金兴农林开发有限公司</td><td>2018 年 3 月 9 日</td><td></td><td></td></tr>
<tr><td>长三角物流园集团有限公司</td><td>2018 年 3 月 9 日</td><td></td><td rowspan="3">未按期提交重整草案，2018 年 3 月 9 日裁定终止重整程序并宣告破产</td></tr>
<tr><td>江苏广厦房地产开发有限公司</td><td>2018 年 3 月 9 日</td><td></td></tr>
<tr><td>江苏广厦旧机动车交易市场有限公司</td><td>2018 年 3 月 9 日</td><td></td></tr>
<tr><td>漯河市豫中宏源包装股份有限公司</td><td>2018 年 3 月 9 日</td><td></td><td></td></tr>
<tr><td>台州邦丰塑料有限公司</td><td>2018 年 3 月 10 日</td><td></td><td></td></tr>
<tr><td>重庆市丹翼工贸有限公司</td><td>2018 年 3 月 13 日</td><td></td><td></td></tr>
<tr><td>四川洪雅福兴置业有限公司</td><td>2018 年 3 月 16 日</td><td>2018 年 12 月 11 日</td><td></td></tr>
</table>

续表

| 公司名称 | 裁定重整时间 | 裁定批准重整计划时间 | 重整涉及的重大事项 |
|---|---|---|---|
| 广德兴华校业服务有限公司 | 2018 年 3 月 19 日 | | 与广德县兴华私立小学合并重整 |
| 澧县太青山有机食品有限公司 | 2018 年 3 月 19 日 | | 2018 年 7 月 30 日裁定澧县太青山有机食品有限公司、澧县云秀太青有机茶专业合作社、湖南双上绿芽茶业有限公司实质合并重整 |
| 平顶山市鲁山亚星炭素材料有限公司 | 2018 年 3 月 19 日 | | |
| 沈阳凯利混凝土有限公司 | 2018 年 3 月 21 日 | | 2018 年 5 月 8 日裁定 78 家公司实质合并重整;2018 年 5 月 10 日裁定 83 家公司实质合并重整;2018 年 7 月 3 日决定辉山乳业集团系列企业在管理人的监督下自行管理财产和营业事务 |
| 辽宁辉山乳业集团秀水牧业有限公司 | 2018 年 3 月 21 日 | | |
| 河南旭达置业有限公司 | 2018 年 3 月 21 日 | | |
| 黑龙江省坤龙房地产开发有限公司 | 2018 年 3 月 21 日 | | |
| 河南峰泰铝业有限公司 | 2018 年 3 月 21 日 | 2019 年 2 月 19 日 | |
| 浙江华夏置业有限公司 | 2018 年 3 月 21 日 | 2019 年 3 月 15 日 | |
| 湖南九龙经贸集团有限公司 | 2018 年 3 月 22 日 | | |
| 湖南娄底市海汇房地产开发有限公司 | 2018 年 3 月 22 日 | | |
| 湖南九龙商贸股份有限公司 | 2018 年 3 月 22 日 | | |
| 娄底市永达贸易有限公司 | 2018 年 3 月 22 日 | | |
| 湖南九龙科技农业股份有限公司 | 2018 年 3 月 22 日 | | |
| 湖南九龙农资贸易有限公司 | 2018 年 3 月 22 日 | | |

续表

| 公司名称 | 裁定重整时间 | 裁定批准重整计划时间 | 重整涉及的重大事项 |
| --- | --- | --- | --- |
| 湖南省娄底市九龙房地产开发有限公司 | 2018年3月22日 | | |
| 湖南九龙物资贸易有限公司 | 2018年3月22日 | | |
| 湖南娄底九龙商厦有限公司 | 2018年3月22日 | | |
| 湖南特邦商业股份有限公司 | 2018年3月22日 | | |
| 湖南九龙仙女寨旅游开发股份有限公司 | 2018年3月22日 | | |
| 南九龙长沙贸易有限公司 | 2018年3月22日 | | |
| 湖南长丰环球经贸有限公司 | 2018年3月22日 | | |
| 江阴市第一化纤有限公司 | 2018年3月26日 | 2018年11月27日 | |
| 圣光医用制品股份有限公司 | 2018年3月27日 | | |
| 无锡宏得利合成革有限公司 | 2018年3月28日 | | |
| 黄山华凯房地产开发有限公司 | 2018年3月30日 | 2019年6月29日 | |
| 沈阳北方重矿机械有限公司 | 2018年3月30日 | | 2018年4月20日裁定沈阳北方重矿机械有限公司、沈阳北方交通重工有限公司、沈阳北方交通重工集团有限公司三公司合并重整 |
| 吉林麦达斯铝业有限公司 | 2018年4月2日 | 2019年3月22日 | |
| 陕西华夏奔腾汽车贸易有限公司 | 2018年4月2日 | | 2018年4月19日裁定西安市华威汽车贸易有限公司、陕西华纳汽车有限公司、陕西华夏汽车有限公司、陕西华夏奔腾汽车贸易有限公司、陕西华夏美通汽车贸易有限公司、西安市福威汽车贸易有限公司六公司合并重整 |
| 陕西华夏美通汽车贸易有限公司 | 2018年4月2日 | | |
| 西安市福威汽车贸易有限公司 | 2018年4月2日 | | |

续表

| 公司名称 | 裁定重整时间 | 裁定批准重整计划时间 | 重整涉及的重大事项 |
|---|---|---|---|
| 哈尔滨汇雄时代房地产开发有限公司 | 2018 年 4 月 2 日 | 2019 年 8 月 15 日 | |
| 北川羌族自治县天健建材有限公司 | 2018 年 4 月 2 日 | | |
| 许昌县正和纺织有限公司（许昌县正和纺织有限公司、许昌永辉纺织商贸有限公司、许昌嘉达纺织有限公司、许昌和悦实业有限公司合并重整） | 2018 年 4 月 3 日 | | 2018 年 4 月 23 日裁定许昌县正和纺织有限公司、许昌永辉纺织商贸有限公司、许昌嘉达纺织有限公司三公司合并重整；2018 年 12 月 28 日裁定该三公司、许昌和悦实业有限公司合并重整 |
| 辽宁远中商业投资有限公司 | 2018 年 4 月 5 日 | | 未按期提交重整计划草案，2019 年 8 月 1 日管理人申请破产，后法院裁定终止重整程序并宣告破产 |
| 河南泰邦厨具有限公司 | 2018 年 4 月 8 日 | | |
| 山东长虹橡胶科技有限公司 | 2018 年 4 月 8 日 | | |
| 湖北荆牛房地产开发有限公司 | 2018 年 4 月 8 日 | | |
| 四川泓义置业有限责任公司 | 2018 年 4 月 9 日 | | |
| 浙江金盾控股集团有限公司 | 2018 年 4 月 10 日 | 2019 年 6 月 28 日 | |
| 浙江蓝能燃气设备有限公司 | 2018 年 4 月 10 日 | 2019 年 6 月 28 日 | |
| 浙江海豹机械设备有限公司 | 2018 年 4 月 10 日 | 2019 年 6 月 28 日 | |
| 浙江金盾消防器材有限公司 | 2018 年 4 月 10 日 | 2019 年 6 月 28 日 | |
| 浙江格洛斯无缝钢管有限公司 | 2018 年 4 月 10 日 | 2019 年 6 月 28 日 | |
| 广东佳彩数码科技有限公司 | 2018 年 4 月 10 日 | | 已无重整希望，2019 年 1 月 2 日经管理人申请，裁定终止重整程序并宣告破产 |

续表

| 公司名称 | 裁定重整时间 | 裁定批准重整计划时间 | 重整涉及的重大事项 |
|---|---|---|---|
| 湖南东方房地产开发有限公司 | 2018年4月10日 | | |
| 河南优标置业有限公司 | 2018年4月11日 | | |
| 三门峡瑞通汽车销售服务有限公司 | 2018年4月11日 | | |
| 锦州融信通物流有限公司 | 2018年4月12日 | | |
| 锦州市辉鑫泉商贸有限公司 | 2018年4月12日 | | |
| 河南沃正实业有限公司 | 2018年4月12日 | | |
| 许昌华丰实业有限公司 | 2018年4月12日 | | |
| 许昌华亿工程装备有限公司 | 2018年4月12日 | | |
| 浙江金盾压力容器有限公司 | 2018年4月12日 | 2019年6月28日 | |
| 威海候鸟度假村酒店有限公司 | 2018年4月17日 | | |
| 富阳市金昌纸业有限公司 | 2018年4月17日 | 2018年6月4日 | 2018年4月18日裁定三公司合并破产重整 |
| 杭州富阳昌阳废旧物资有限公司 | 2018年4月17日 | 2018年6月4日 | |
| 杭州富阳金昌纸业有限公司 | 2018年4月17日 | 2018年6月4日 | |
| 东营市佳昊化工有限责任公司(东营市博源石油液化气有限责任公司、东营市原野商贸有限责任公司合并重整) | 2018年4月17日 | | 2018年8月27日裁定东营市博源石油液化气有限责任公司、东营市原野商贸有限责任公司纳入东营市佳昊化工有限责任公司合并重整 |
| 河南亚华安全玻璃有限公司 | 2018年4月18日 | | |

续表

| 公司名称 | 裁定重整时间 | 裁定批准重整计划时间 | 重整涉及的重大事项 |
|---|---|---|---|
| 现代(邯郸)置业有限公司 | 2018 年 4 月 18 日 | | 2018 年 8 月 8 日裁定三公司合并重整,并指定现代(邯郸)房地产开发有限公司管理人担任合并重整管理人 |
| 现代(邯郸)房地产开发有限公司 | 2018 年 4 月 18 日 | | |
| 现代(邯郸)物流港开发有限公司 | 2018 年 4 月 18 日 | | |
| 辽宁牧合家牛业科技有限公司 | 2018 年 4 月 20 日 | | 2018 年 6 月 8 日对辽宁牧合家牛业科技有限公司、昌图嘉满粮食购销储备有限公司、沈阳天邦英锐商贸有限公司等二十五家企业与辉山乳业(中国)有限公司等八十三家企业,共计一百零八家企业协调审理 |
| 昌图嘉满粮食购销储备有限公司 | 2018 年 4 月 20 日 | | |
| 沈阳天邦英锐商贸有限公司 | 2018 年 4 月 20 日 | | |
| 湖南森艺家具有限公司 | 2018 年 4 月 20 日 | | 2018 年 5 月 18 日裁定与益阳森艺家具有限公司合并重整;重整计划草案未通过,2018 年 10 月 12 日裁定终止重整程序并宣告破产 |
| 沈阳天邦英锐商贸有限公司 | 2018 年 4 月 20 日 | | 2018 年 6 月 8 日对沈阳天邦英锐商贸有限公司、铁岭市鑫鼎盛粮食收储有限公司等二十五家企业与辉山乳业(中国)有限公司等八十三家企业,共计一百零八家企业协调审理 |
| 铁岭市鑫鼎盛粮食收储有限公司 | 2018 年 4 月 23 日 | | |
| 唐山科力恒久电力技术有限责任公司 | 2018 年 4 月 23 日 | | |
| 河北环湖商贸有限公司 | 2018 年 4 月 23 日 | | |
| 吉林麦达斯轻合金有限公司 | 2018 年 4 月 24 日 | | |
| 河北景鹏预应力钢绞线有限公司 | 2018 年 4 月 24 日 | | |
| 衢州市又来临食品有限公司 | 2018 年 4 月 25 日 | | |

续表

| 公司名称 | 裁定重整时间 | 裁定批准重整计划时间 | 重整涉及的重大事项 |
|---|---|---|---|
| 吉林昊融集团股份有限公司 | 2018年4月25日 | | |
| 河南克瑞集团起重机有限公司 | 2018年4月25日 | | |
| 浙江省医药保健品进出口有限责任公司 | 2018年4月25日 | 2019年3月26日 | |
| 新乡克瑞有限公司 | 2018年4月26日 | | 缺乏挽救的可能性,2018年12月12日经管理人申请,裁定终止重整程序并宣告破产 |
| 三门峡瑞诚汽车销售服务有限公司 | 2018年4月26日 | | |
| 吉林大黑山钼业股份有限公司 | 2018年4月27日 | | |
| 沈阳华宝投资有限公司 | 2018年4月27日 | | 2018年6月8日对沈阳华宝投资有限公司等二十五家企业与辉山乳业(中国)有限公司等八十三家企业,共计一百零八家企业协调审理 |
| 常州亚盟房地产开发有限公司 | 2018年4月27日 | | 重整计划草案未通过,2019年7月30日经管理人申请,裁定终止重整程序并宣告破产 |
| 中航黎明锦西化工机械(集团)有限责任公司 | 2018年4月28日 | | |
| 广西凯宇房地产开发有限责任公司 | 2018年5月2日 | | |
| 山东九瑞医药有限公司 | 2018年5月3日 | | |
| 建平深井矿业有限责任公司 | 2018年5月3日 | | |

续表

| 公司名称 | 裁定重整时间 | 裁定批准重整计划时间 | 重整涉及的重大事项 |
| --- | --- | --- | --- |
| 锦州佳百瑞树莓生态农业有限公司 | 2018 年 5 月 4 日 | | 2018 年 6 月 8 日对锦州佳百瑞树莓生态农业有限公司、锦州兴源牧业有限责任公司、沈阳市伟岩商贸有限责任公司、沈阳隆迪高科技粮食制品股份有限公司等二十五家企业与辉山乳业（中国）有限公司等八十三家企业，共计一百零八家企业协调审理 |
| 锦州兴源牧业有限责任公司 | 2018 年 5 月 4 日 | | |
| 沈阳市伟岩商贸有限责任公司 | 2018 年 5 月 4 日 | | |
| 沈阳隆迪高科技粮食制品股份有限公司 | 2018 年 5 月 4 日 | | |
| 承德格威机械制造有限公司 | 2018 年 5 月 6 日 | | 未按期提出重整计划，2019 年 5 月 13 日裁定终止重整程序并宣告破产 |
| 陕西明瑞农业发展有限公司 | 2018 年 5 月 7 日 | | |
| 重庆加来金置业有限公司 | 2018 年 5 月 7 日 | | |
| 辉山实业发展（辽宁）有限公司、辉山新能源科技（辽宁）有限公司、义县澳华牧业有限公司、义县中澳牧业有限公司、义县龙邦牧业有限公司、义县胜道牧业有限公司、义县荷光牧业有限公司、义县光华牧业有限公司、辽宁辉山乳业集团救兵牧业有限公司、辽宁辉山乳业集团峡河牧业有限公司、辽宁辉山乳业集团百花牧业有限公司、辽宁辉山乳业集团四合城牧业有限公司、辽宁辉山乳业集团新秋牧业有限公司、辽宁辉山乳业集团福兴牧业有限公司、辽宁辉山乳业集团金星牧业有 | 2018 年 5 月 8 日、2018 年 5 月 10 日 | | 2018 年 5 月 8 日裁定辉山实业发展（辽宁）有限公司、辉山新能源科技（辽宁）有限公司、义县澳华牧业有限公司、义县中澳牧业有限公司、义县龙邦牧业有限公司、义县胜道牧业有限公司、义县荷光牧业有限公司、义县光华牧业有限公司、辽宁辉山乳业集团救兵牧业有限公司、辽宁辉山乳业集团峡河牧业有限公司、辽宁辉山乳业集团百花牧业有限公司、辽宁辉山乳业集团四合城牧业有限公司、辽宁辉山乳业集团新秋牧业有限公司、辽宁辉山乳业集团福兴牧业有限公司、辽宁辉山乳业集团金星牧业有限公司、辽宁辉山乳业集团丰源牧业有限公司、辽宁辉山乳业集团新庄牧业有限公司、辽宁辉山乳业集 |

续表

| 公司名称 | 裁定重整时间 | 裁定批准重整计划时间 | 重整涉及的重大事项 |
| --- | --- | --- | --- |
| 限公司、辽宁辉山乳业集团丰源牧业有限公司、辽宁辉山乳业集团新庄牧业有限公司、辽宁辉山乳业集团凤皇牧业有限公司、辽宁辉山乳业集团腾达牧业有限公司、辉山万福牧业(阜新)有限公司、辉山五峰牧业(阜新)有限公司、锦州谷海生态农业科技有限公司、铁岭盛汇生态农业科技有限公司、辽宁优品企业管理有限公司、沈阳盛亿嵘农牧科技有限公司、辉山乳业(阜新)有限公司、辽宁辉山乳业集团(锦州)有限公司、辽宁辉山乳业集团(抚顺)有限公司、辉山乳业(锦州)销售有限公司、辽宁辉山生物科技研究有限公司、辉山乳业(西丰)有限公司、辽宁辉山凌空新能源集团有限公司、沈阳兆基投资管理有限公司、辽宁昊晟沼气发电有限公司、法库优品畜牧饲料有限公司、彰武优品农牧饲料有限公司、康平优品农牧饲料有限公司、辽宁辉山凌空新能源集团(法库)有限公司、辽宁辉山凌空新能源集团(康平)有限公司、辽宁辉山凌空新能源集团(沈阳)有限公 | | | 团凤皇牧业有限公司、辽宁辉山乳业集团腾达牧业有限公司、辉山万福牧业(阜新)有限公司、辉山五峰牧业(阜新)有限公司、锦州谷海生态农业科技有限公司、铁岭盛汇生态农业科技有限公司、辽宁优品企业管理有限公司、沈阳盛亿嵘农牧科技有限公司、辉山乳业(阜新)有限公司、辽宁辉山乳业集团(锦州)有限公司、辽宁辉山乳业集团(抚顺)有限公司、辉山乳业(锦州)销售有限公司、辽宁辉山生物科技研究有限公司、辉山乳业(西丰)有限公司、辽宁辉山凌空新能源集团有限公司、沈阳兆基投资管理有限公司、辽宁昊晟沼气发电有限公司、法库优品畜牧饲料有限公司、彰武优品农牧饲料有限公司、康平优品农牧饲料有限公司、辽宁辉山凌空新能源集团(法库)有限公司、辽宁辉山凌空新能源集团(康平)有限公司、辽宁辉山凌空新能源集团(沈阳)有限公司、辽宁辉山凌空新能源集团(锦州)有限公司、辽宁辉山凌空新能源集团(抚顺)有限公司、辽宁辉山凌空新能源集团(阜新)有限公司、辽宁辉山凌空新能源集团(铁岭)有限公司、辽宁益丰新能源科技有限公司、抚顺天时生物质能源有限公司、阜新天时生物质能源有限公司、锦州天时生物质能源有限公司、沈阳天时生物质能源有 |

续表

| 公司名称 | 裁定重整时间 | 裁定批准重整计划时间 | 重整涉及的重大事项 |
| --- | --- | --- | --- |
| 司、辽宁辉山凌空新能源集团(锦州)有限公司、辽宁辉山凌空新能源集团(抚顺)有限公司、辽宁辉山凌空新能源集团(阜新)有限公司、辽宁辉山凌空新能源集团(铁岭)有限公司、辽宁益丰新能源科技有限公司、抚顺天时生物质能源有限公司、阜新天时生物质能源有限公司、锦州天时生物质能源有限公司、沈阳天时生物质能源有限公司、辽宁黑土环保有限公司、辽宁辉山乳业集团安达牧业有限公司、盐城天时生物质能源有限公司、辽宁辉山凌空新能源集团(内蒙古)有限公司、辉山(上海)融资租赁有限公司、辉山(上海)国际贸易有限公司 | | | 限公司、辽宁黑土环保有限公司共50家公司与已受理重整的辉山乳业(中国)有限公司、辽宁辉山乳业集团(沈阳)有限公司、辽宁辉山乳业集团有限公司、辉山乳业(沈阳)销售有限公司、辽宁辉山乳业集团卧牛石牧业有限公司、辽宁辉山乳业集团彭家牧业有限公司、辽宁辉山乳业集团太平牧业有限公司、辽宁辉山乳业集团榆树牧业有限公司、沈阳丰乐生态农业科技有限公司、沈阳大仓生态农业科技有限公司、沈阳冠林生态农业科技有限公司、沈阳金穗生态农业科技有限公司、沈阳宏大生态农业科技有限公司、沈阳茂源草业有限公司、辽宁辉山乳业集团恒丰牧业有限公司、辽宁辉山乳业集团王树牧业有限公司、辽宁辉山乳业集团孙家牧业有限公司、辽宁辉山乳业集团双台子牧业有限公司、辽宁辉山乳业集团秀水牧业有限公司、辽宁辉山乳业集团叶茂台牧业有限公司、辽宁辉山乳业集团大三牧业有限公司、辽宁辉山乳业集团汪盛牧业有限公司、辽宁辉山乳业集团周家牧业有限公司、辽宁辉山乳业集团栖霞牧业有限公司、辽宁世领自营牧场有限公司、辽宁辉山乳业集团沙金牧业有限公司、辽宁辉记良品商贸有限公司、辽宁辉山乳业集团(康平)有限公司28家公司共计78家公司实质 |

续表

| 公司名称 | 裁定重整时间 | 裁定批准重整计划时间 | 重整涉及的重大事项 |
| --- | --- | --- | --- |
| | | | 合并重整;2018 年 5 月 10 日裁定 78 家公司与辽宁辉山乳业集团安达牧业有限公司、盐城天时生物质能源有限公司、辽宁辉山凌空新能源集团(内蒙古)有限公司、辉山(上海)融资租赁有限公司、辉山(上海)国际贸易有限公司共计 83 家公司实质合并重整;2018 年 7 月 3 日院决定辉山乳业集团系列企业在管理人的监督下自行管理财产和营业事务 |
| 河南志元牧业有限公司 | 2018 年 5 月 9 日 | 2019 年 10 月 24 日 | |
| 河南志元食业有限公司 | 2018 年 5 月 9 日 | | 2018 年 10 月 8 日裁定与河南省志元食品有限公司合并重整 |
| 丛林集团有限公司、龙口市丛林管件制造有限责任公司、龙口市丛林塑胶带有限公司、龙口市丛林机械制造有限公司、龙口市丛林铝材有限公司、龙口市丛林铝合金船舶有限公司、龙口市丛林热电有限公司、龙口市丛林水泥有限公司、龙口市泛林球墨铸铁管有限公司、龙口市泛林水泥有限公司、山东丛林国际贸易有限公司、龙口丛林哈莱克斯铝挤压模具有限公司、龙口市丛林建筑安装工程有限公司、龙口市丛林铝合金汽车零部件有限公司、山东迈拓林铝模板 | 2018 年 5 月 10 日 | | |

续表

| 公司名称 | 裁定重整时间 | 裁定批准重整计划时间 | 重整涉及的重大事项 |
| --- | --- | --- | --- |
| 工程技术有限公司、山东诺维科轻量化装备有限公司、烟台三功水泥有限公司、龙口市世嘉经贸有限公司、龙口市正德经贸有限公司、山东丛林迈尔铝合金结构工程有限公司、烟台丛林投资有限公司、龙口市丛林园林绿化工程有限公司、龙口市金鸡岭果业开发有限公司、龙口市盛林生态农牧业发展有限公司(丛林集团有限公司及其23家关联公司) | | | |
| 文山州老山水电有限公司 | 2018年5月10日 | | |
| 黑龙江汇雄房地产开发有限公司 | 2018年5月14日 | 2019年8月15日 | |
| 昌图生化科技有限公司 | 2018年5月14日 | | |
| 湖南双上绿芽茶业有限公司 | 2018年5月14日 | | 2018年7月30日裁定澧县太青山有机食品有限公司、澧县云秀太青有机茶专业合作社、湖南双上绿芽茶业有限公司三公司实质合并重整 |
| 澧县云秀太青有机茶专业合作社 | 2018年5月14日 | | |
| 湖南娄底市剑成置业有限公司 | 2018年5月15日 | | |
| 无锡市通惠置业有限公司 | 2018年5月15日 | | 未恢复生产经营或引入战略投资人,2019年1月10日经管理人申请,裁定终止重整程序并宣告破产 |

续表

| 公司名称 | 裁定重整时间 | 裁定批准重整计划时间 | 重整涉及的重大事项 |
| --- | --- | --- | --- |
| 益阳森艺家具有限公司 | 2018年5月18日 | | 2018年5月18日裁定与湖南森艺家具有限公司合并重整；重整计划草案未通过，2018年10月12日裁定终止重整程序并宣告破产 |
| 重庆市涪陵宝巍食品有限公司 | 2018年5月18日 | | |
| 河南冷王物流有限公司、河南农合物流有限公司、河南中欧现代农业产业园有限公司、河南中欧农业开发有限公司、河南国安实业发展有限公司、河南澳标有机农场发展有限公司、河南安畅交通工程有限公司 | 2018年5月18日 | | 七公司合并破产重整 |
| 忻城县隆达投资有限公司 | 2018年5月18日 | | |
| 苏州康盛风电有限公司 | 2018年5月19日 | | 未按期提出重整计划草案，2019年8月5日裁定终止重整计划执行并宣告破产 |
| 陕西联拓电机有限公司 | 2018年5月21日 | | |
| 宁夏三木装饰材料制造有限公司 | 2018年5月21日 | | |
| 四川省广安市王中王瓷业有限公司 | 2018年5月23日 | | |
| 四川同心门业有限公司 | 2018年5月23日 | | |
| 成都市蓝西投资管理有限公司 | 2018年5月23日 | | |
| 武汉万马房地产开发有限公司 | 2018年5月24日 | | 未按期提交重整计划草案，2019年3月5日公告裁定终止重整程序并宣告破产 |

续表

| 公司名称 | 裁定重整时间 | 裁定批准重整计划时间 | 重整涉及的重大事项 |
|---|---|---|---|
| 河南金卡特农业开发有限公司、河南魏丰农牧开发有限公司、许昌尚福源餐饮文化有限公司、许昌优铸建材有限公司 | 2018年5月25日 | | 四公司合并破产重整 |
| 山东奥奇重工机械有限公司 | 2018年5月25日 | | |
| 杭州中旺实业有限公司 | 2018年5月28日 | 2018年8月4日公告 | |
| 开封市鸿赟置业有限公司 | 2018年5月28日 | | |
| 南华鸿森房地产开发有限公司 | 2018年5月29日 | | 2019年9月9日指定云南卓成律师事务所为管理人 |
| 四川盛马化工股份有限公司 | 2018年5月29日 | | |
| 湖南盈成油脂工业有限公司 | 2018年5月29日 | | 2019年5月10日根据管理人申请,裁定将长沙中富粮油贸易有限公司纳入湖南盈成油脂工业有限公司破产重整案实质合并破产重整 |
| 山东恒达精密薄板科技有限公司(山东恒发钢板有限公司、山东省博兴县恒发钢铁(集团)有限公司、青岛盛业恒达国际贸易有限公司合并重整) | 2018年5月31日 | | 2018年7月19日裁定与山东恒发钢板有限公司、山东省博兴县恒发钢铁(集团)有限公司、青岛盛业恒达国际贸易有限公司实质合并重整 |
| 安庆天瑞实业有限公司 | 2018年5月31日 | 2019年5月6日 | |
| 宜昌律信投资有限公司 | 2018年6月1日 | | |
| 河南名宇食品有限公司(商丘市鑫隆食品有限公司合并重整) | 2018年6月1日 | | 2018年10月30日裁定与商丘市鑫隆食品有限公司合并重整 |

续表

| 公司名称 | 裁定重整时间 | 裁定批准重整计划时间 | 重整涉及的重大事项 |
| --- | --- | --- | --- |
| 绵阳鸿永房地产开发有限责任公司 | 2018年6月1日 | | |
| 衡阳市凯信化工试剂股份有限公司 | 2018年6月4日 | | |
| 南京万家置业发展有限公司 | 2018年6月5日 | | |
| 江西丰电燃料有限责任公司 | 2018年6月5日 | | 已无重整价值,2019年12月11日根据管理人申请,裁定终止重整程序并宣告破产 |
| 怀化英泰建设投资有限公司 | 2018年6月5日 | | 2018年12月10日裁定与东星建设工程集团有限公司、湖南辰溪华中水泥有限公司、湖南东星建设材料有限公司合并重整 |
| 常熟市骏湖实业发展有限公司 | 2018年6月6日 | | |
| 海城广济医院有限公司 | 2018年6月6日 | | |
| 江西福泽房地产开发有限公司 | 2018年6月6日 | 2019年12月19日 | |
| 江西福泽教育投资管理有限公司 | 2018年6月6日 | | 已无重整价值,2019年12月26日根据管理人申请,裁定终止重整程序并宣告破产 |
| 江西沁泽房地产开发有限公司 | 2018年6月6日 | 2019年12月19日 | |
| 山东海纳房地产股份有限公司 | 2018年6月7日 | | |
| 日照岚山海纳建设发展有限公司 | 2018年6月7日 | | |
| 商丘市煤炭物资运销有限公司 | 2018年6月7日 | | 未按期提出重整计划草案,2019年2月27日裁定终止重整程序并宣告破产 |
| 河南方圆炭素集团有限公司 | 2018年6月7日 | | |
| 泸州正力房地产开发有限公司 | 2018年6月8日 | | |

续表

| 公司名称 | 裁定重整时间 | 裁定批准重整计划时间 | 重整涉及的重大事项 |
|---|---|---|---|
| 西林钢铁集团有限公司(西林钢铁集团阿城钢铁有限公司等39家企业合并重整) | 2018年6月11日 | | 2018年7月11日根据管理人申请,裁定与西林钢铁集团阿城钢铁有限公司、西钢集团哈尔滨兴安金属制品有限公司、西林钢铁集团伊春五星矿业有限公司、伊春市天源炉料有限公司、黑龙江恒鑫通商贸有限公司、伊春润禾贸易有限公司、伊春市九源节能服务有限公司、伊春市佳信贸易有限公司、黑龙江西钢国际贸易有限公司、哈尔滨西钢物流配送有限公司、哈尔滨盛兴安贸易有限公司、哈尔滨佳运贸易有限公司、哈尔滨巨龙铁路器材有限公司、哈尔滨阿钢经贸有限公司、哈尔滨金竹经贸有限公司、哈尔滨市佳兴回收利用有限公司、哈尔滨市宝隆物资贸易有限公司、哈尔滨市德广经贸有限公司、哈尔滨市西钢建设有限责任公司、鹤岗市鹤亿达商贸有限公司、鹤岗市展宇商贸有限公司、孙吴县林河贸易有限公司、逊克北方贸易有限公司、黑河市佳诚贸易有限公司、佳木斯西林钢材经销有限公司、齐齐哈尔市西钢钢 材销售有限公司、吉林省西钢钢材经销有限公司、大连伊联贸易有限公司、大连佳实贸易有限公司、沈阳融康物资贸易有限公司、沈阳瑞金源物资贸易有限公司、满洲里恒信通贸易有限公司、成都银汇贸易有限公司、成都市阿钢物资贸易有限公司、四川城嘉物资贸易 |

续表

| 公司名称 | 裁定重整时间 | 裁定批准重整计划时间 | 重整涉及的重大事项 |
| --- | --- | --- | --- |
| | | | 有限公司、成都市世中天贸易有限公司、成都市通远物资贸易有限公司、四川龙雨南域贸易有限公司、西林钢铁公司五星石灰石矿共计40家企业实质合并重整 |
| 深圳中南海滨大酒店有限公司 | 2018年6月12日 | 2019年12月9日 | |
| 洛阳麦达斯铝业有限公司 | 2018年6月12日 | | |
| 东营广兴石油装备有限公司 | 2018年6月12日或6月20日 | | |
| 山东金工自动泊车设备有限公司 | 2018年6月12日或6月20日 | | |
| 东营丰庆森源生物科技有限公司 | 2018年6月12日或6月20日 | | |
| 山东帝诺新材料有限公司 | 2018年6月12日或6月20日 | | |
| 山东广兴集团有限公司 | 2018年6月12日或6月20日 | | |
| 东营恒诚机械有限公司 | 2018年6月12日或6月20日 | | |
| 东营浩博管业有限公司 | 2018年6月12日或6月20日 | | |
| 东营市恒志诚工贸有限责任公司 | 2018年6月12日或6月20日 | | |
| 山西和田物资集团有限公司 | 2018年6月14日 | | 2019年4月22日根据管理人申请，裁定对山西和田物资集团有限公司与山西和田集团投资股份有限公司、山西和田万晨房地产开发有限公司、山西和田物资集团红凤凰文化传播有限公司、山西和田集团建材有限公司、晋中开发区宝华运输有限公司、晋中金茂投资有限公司、山西和田醇醚燃料有限公 |

续表

| 公司名称 | 裁定重整时间 | 裁定批准重整计划时间 | 重整涉及的重大事项 |
|---|---|---|---|
| | | | 司、大连东北亚联合石油化工有限公司、山西沙力士食品有限责任公司、晋中开发区丽景物业服务有限公司共11家公司合并重整 |
| 咸阳鼎晟房地产开发有限公司 | 2018年6月14日 | | |
| 重庆锦隆汽车销售有限公司 | 2018年6月14日 | | |
| 重庆市宏兴科旺置业有限公司 | 2018年6月14日 | | |
| 烟台华锦房地产开发有限公司 | 2018年6月15日 | | 未按期提交重整计划草案，2019年7月2日裁定终止重整程序并宣告破产 |
| 江苏神龙海洋工程集团有限公司 | 2018年6月15日 | | |
| 江阴市宇洁环保科技有限公司 | 2018年6月15日 | | |
| 江阴市中能轨道器材科技有限公司 | 2018年6月15日 | | 无重整投资人，2018年11月30日经管理人申请，裁定终止重整程序并宣告破产 |
| 江苏华机环保设备有限责任公司 | 2018年6月15日 | 2019年3月26日 | |
| 北京兴大医药研究有限责任公司 | 2018年6月15日 | | |
| 娄底市湘华工贸有限公司 | 2018年6月20日 | | |
| 娄底市湘联工贸有限公司 | 2018年6月20日 | | |
| 娄底市湘中农业科技有限公司 | 2018年6月20日 | | |
| 娄底市剑成物业管理有限公司 | 2018年6月20日 | | |
| 湖南利源物资贸易有限公司 | 2018年6月20日 | | |

续表

| 公司名称 | 裁定重整时间 | 裁定批准重整计划时间 | 重整涉及的重大事项 |
|---|---|---|---|
| 湖南湘茂贸易有限公司 | 2018年6月20日 | | |
| 常德市湘恒工贸有限公司 | 2018年6月20日 | | |
| 衡阳市剑成金属材料有限公司 | 2018年6月20日 | | |
| 邹平县长山型材有限公司 | 2018年6月20日 | | 2018年7月27日根据管理人申请裁定二公司合并重整,并指邹平县长山型材有限公司管理人担任合并重整管理人 |
| 山东齐瑞铝锻件有限公司 | 2018年6月20日 | | |
| 重庆市锦天地产(集团)有限公司 | 2018年6月20日 | | |
| 西安四德置业有限公司 | 2018年6月21日 | | |
| 北方重工集团有限公司 | 2018年6月22日 | 2019年4月30日 | |
| 河南平开电力设备集团有限公司 | 2018年6月22日 | | |
| 临沂伦达置业有限公司、临沂伦达国贸城开发有限公司 | 2018年6月25日 | 2019年1月18日 | 合并重整 |
| 江苏海隆重机有限公司 | 2018年6月25日 | | 缺乏挽救可能性,2018年11月21日经管理人申请,裁定终止海隆公司重整程序并宣告破产 |
| 鲁山县远宏炭素材料有限公司 | 2018年6月26日 | | |
| 广西瑄富软床有限公司 | 2018年6月27日 | 2019年6月3日 | |
| 柳州市雄邦家具销售有限公司 | 2018年6月27日 | 2019年6月3日 | |
| 柳州市苡纯工艺品有限公司 | 2018年6月27日 | 2019年6月3日 | |

续表

| 公司名称 | 裁定重整时间 | 裁定批准重整计划时间 | 重整涉及的重大事项 |
|---|---|---|---|
| 柳州市睡宝小额贷款有限公司 | 2018年6月27日 | 2019年6月3日 | |
| 广西卓冠沙发有限公司 | 2018年6月27日 | 2019年6月3日 | |
| 柳州市瑄顺贸易有限公司 | 2018年6月27日 | 2019年6月3日 | |
| 柳州市泊胤贸易有限公司 | 2018年6月27日 | 2019年6月3日 | |
| 柳州市瑄胜汽车运输有限公司 | 2018年6月27日 | 2019年6月3日 | |
| 沈阳北恒铜业有限公司 | 2018年6月28日 | | |
| 重庆国维定益投资(集团)有限公司 | 2018年6月28日 | | |
| 重庆市东科实业有限公司 | 2018年6月28日 | | |
| 沈阳铸锻工业有限公司 | 2018年6月29日 | | 2019年3月26日裁定受理沈阳北方重工重型矿山机械有限公司与沈阳铸锻工业有限公司合并重整 |
| 山东盛达涂层材料有限公司 | 2018年6月29日 | 2019年6月5日 | 2018年8月1日裁定五公司合并重整，指定山东盛达涂层材料有限公司管理人为五公司合并重整管理人 |
| 山东广源节能材料有限公司 | 2018年6月29日 | | |
| 邹平宏齐商贸有限公司 | 2018年6月29日 | | |
| 邹平信宇工贸有限公司 | 2018年6月29日 | | |
| 山东隆达钢材有限公司 | 2018年6月29日 | | |
| 嘉兴市美克斯机械制造有限公司 | 2018年6月29日 | | |
| 嘉兴市美克斯投资有限公司 | 2018年6月29日 | | |
| 美克斯海洋工程设备股份有限公司 | 2018年6月29日 | | |

续表

| 公司名称 | 裁定重整时间 | 裁定批准重整计划时间 | 重整涉及的重大事项 |
|---|---|---|---|
| 嘉兴市美克斯商贸有限公司 | 2018年6月29日 | | |
| 中新房国石发展武汉有限公司 | 2018年6月29日 | 2019年5月24日 | |
| 来凤民生天然气有限责任公司 | 2018年6月30日 | | 2019年1月10日裁定受理来凤民生天然气有限责任公司管理人对恩施天赐房地产有限公司的实质合并重整申请 |
| 河南恒丰钢缆有限公司 | 2018年6月30日 | 2019年6月25日 | |
| 贵州裕高电子有限责任公司 | 2018年7月2日 | | |
| 湘潭华茂园林绿化工程有限公司 | 2018年7月2日 | | |
| 湖南华茂现代农业科技综合开发有限公司 | | | |
| 洞口雪峰贡米有限公司 | 2018年7月2日 | | 未按期提交重整计划草案，2019年4月11日裁定终止重整程序并宣告破产 |
| 洞口亿新置业发展有限公司 | 2018年7月2日 | | |
| 湖南迪科置业有限公司 | 2018年7月2日 | | 缺乏重整的可行性,2019年3月6日裁定终止重整程序并宣告破产 |
| 山东恒宇橡胶有限公司 | 2018年7月2日 | | 2019年公告已裁定该五公司与山东海德威车轮有限公司、海德威控股有限公司、东营恒隆投资中心（有限合伙）、东营恒泰投资管理中心（有限合伙）共九公司合并重整 |
| 山东恒宇科技有限公司 | 2018年7月2日 | | |
| 东营市辰晖橡塑有限公司 | 2018年7月2日 | | |
| 嘉德物流有限公司 | 2018年7月2日 | | |
| 山东金颂橡胶科技有限公司 | 2018年7月2日 | | |

续表

| 公司名称 | 裁定重整时间 | 裁定批准重整计划时间 | 重整涉及的重大事项 |
|---|---|---|---|
| 山东大王金泰集团有限公司 | 2018 年 7 月 2 日 | | 2018 年 9 月 29 日公告已裁定合并重整 |
| 东营金泰有限公司 | 2018 年 7 月 2 日 | | |
| 山东大王金泰集团国际贸易有限公司 | 2018 年 7 月 2 日 | | |
| 东营里阳自动化科技有限公司 | 2018 年 7 月 2 日 | | |
| 山东天阳新能源有限公司 | 2018 年 7 月 2 日 | | |
| 山东里阳环保能源科技有限公司 | 2018 年 7 月 2 日 | | |
| 东营金泰轮胎胶囊有限公司 | 2018 年 7 月 2 日 | | |
| 山东大王金泰石油装备有限公司 | 2018 年 7 月 2 日 | | |
| 广饶县兴业民间资本管理股份有限公司 | 2018 年 7 月 2 日 | | |
| 山东里阳机电科技有限公司 | 2018 年 7 月 2 日 | | |
| 青岛乐安国际贸易有限公司 | 2018 年 7 月 2 日 | | |
| 东营大王有色金属有限公司 | 2018 年 7 月 2 日 | | |
| 山东省东营市第二阀门厂 | 2018 年 7 月 2 日 | | |
| 山东金利轮胎装备有限公司 | 2018 年 7 月 2 日 | | |
| 东营万迪诺制动系统有限公司 | 2018 年 7 月 2 日 | | 2018 年 10 月 9 日,山东省东营市中级人民法院提审;2018 年 12 月 16 日裁定与山东万迪诺国际贸易有限公司、东营市万兴恒业工贸有限公司合并重整;未按期提交重整计划草案,2019 年 10 月 25 日根据管理人申请,裁定终止三公司重整程序并宣告破产 |

续表

| 公司名称 | 裁定重整时间 | 裁定批准重整计划时间 | 重整涉及的重大事项 |
|---|---|---|---|
| 广西佳利通房地产开发有限公司 | 2018 年 7 月 3 日 | | |
| 山东万迪诺国际贸易有限公司 | 2018 年 7 月 5 日 | | 2018 年 10 月 9 日,山东省东营市中级人民法院提审,2018 年 12 月 16 日裁定与东营万迪诺制动系统有限公司、东营市万兴恒业工贸有限公司合并重整;未按期提交重整计划草案,2019 年 10 月 25 日根据管理人申请,裁定终止三公司重整程序并宣告破产 |
| 柳州正菱集团有限公司(柳州市柳南区汽车配件有限公司等 53 家关联公司合并重整) | 2018 年 7 月 6 日 | 2019 年 1 月 28 日 | 2018 年 7 月 13 日裁定受理 53 家关联公司与柳州正菱集团有限公司的合并重整申请,7 月 27 日依管理人申请裁定准许 2 家关联公司撤回重整申请;2018 年 9 月 27 日裁定受理柳州市昌盛混凝土有限责任公司及柳州市鹿寨顺通混凝土有限公司并入重整申请。即柳州正菱集团有限公司与柳州市柳南区汽车配件有限公司、柳州市仁隆物资贸易有限公司、柳州桂泰车辆有限责任公司、柳州市汽车齿轮总厂、柳州市八菱柴油机配件厂、柳州正菱重型数控机床有限公司、广西柳州市冠鑫进出口贸易有限公司、广西正菱融资性担保有限公司、柳州市荣昌房地产开发有限责任公司、柳州市荣盛房地产开发有限责任公司、柳州市德华房地产开发有限公司、柳州市昌盛建筑工程有限责任公司、柳州市九菱贸易有限责任公司、柳州正菱传动机械有限 |

续表

| 公司名称 | 裁定重整时间 | 裁定批准重整计划时间 | 重整涉及的重大事项 |
| --- | --- | --- | --- |
| | | | 公司、柳州正菱机器有限公司、柳州正菱桂林机床有限公司、柳州市东风汽车配件总厂、柳州市汽车钢圈厂、柳州市汽车传动轴厂、桂林正菱英山柴油机有限公司、桂林正菱第二机床有限责任公司、广西大象投资有限公司、柳州正菱汽车有限公司、广西卓华投资有限公司、广西柳州万象投资有限公司、桂林正菱机床制造有限责任公司、贺州市正菱大酒店有限公司、广西华泰机器有限公司、北海天歌工贸有限公司、柳州子江科技有限公司、柳州市涵蕴贸易有限公司、柳州市舒曼贸易有限公司、柳州市菱淳贸易有限公司、柳州市豪海贸易有限公司、柳州市陶硕贸易有限公司、柳州市墨帆贸易有限公司、柳州市书骏贸易有限公司、柳州市涵桂贸易有限公司、柳州市宛然贸易有限公司、柳州市清迈贸易有限公司、柳州市财团贸易有限公司、柳州市钢鸿贸易有限公司、柳州市宝都贸易有限公司、柳州市冠文贸易有限公司、柳州市得远物资贸易有限责任公司、柳州市炜力科贸有限公司、柳州晶泰玻璃有限公司、柳州市俊重汽车板簧厂、柳州纳捷机械制造有限公司、柳州正菱鹿寨水泥有限公司、福建凯鲍汽车制造有限公司、柳州市昌盛混凝土有限责任公司及柳州市鹿寨顺通混凝土有限公司共计54家公司合并重整 |

续表

| 公司名称 | 裁定重整时间 | 裁定批准重整计划时间 | 重整涉及的重大事项 |
| --- | --- | --- | --- |
| 奥戈瑞车轮集团有限公司 | 2018 年 7 月 10 日 | | 2019 年 9 月 24 日驳回管理人批准重整计划申请，裁定终止重整程序并宣告破产 |
| 山东奥戈瑞轮胎有限公司 | 2018 年 7 月 10 日 | | |
| 山东奥戈瑞国际贸易有限公司 | 2018 年 7 月 10 日 | | |
| 山东纳英橡胶有限公司 | 2018 年 7 月 10 日 | | |
| 山东奥赛轮胎有限公司 | 2018 年 7 月 10 日 | | |
| 山东德通车轮股份有限公司 | 2018 年 7 月 10 日 | | |
| 东营市卡奇盾贸易有限公司 | 2018 年 7 月 10 日 | | |
| 东营华腾汽配有限公司 | 2018 年 7 月 10 日 | | |
| 东营博盛仓储服务有限公司 | 2018 年 7 月 10 日 | | |
| 东营泰旺建筑工程有限公司 | 2018 年 7 月 10 日 | | |
| 东营长青园林工程有限公司 | 2018 年 7 月 10 日 | | |
| 东营富润德机械科技有限公司 | 2018 年 7 月 10 日 | | |
| 海城市海洲印染有限公司 | 2018 年 7 月 10 日 | | |
| 威海博大房地产开发有限公司 | 2018 年 7 月 10 日 | | |
| 怀化金顺房地产开发有限公司 | 2018 年 7 月 11 日 | | |

续表

| 公司名称 | 裁定重整时间 | 裁定批准重整计划时间 | 重整涉及的重大事项 |
| --- | --- | --- | --- |
| 山东玉玺集团有限公司 | 2018年7月11日 | 2019年7月12日 | 2018年8月29日根据玉玺集团等六公司管理人申请，裁定该六公司合并重整，指定山东玉玺炉料有限公司管理人担任合并重整管理人 |
| 山东玉玺炉料有限公司 | 2018年7月11日 | | |
| 邹平县昶鑫再生资源有限公司 | 2018年7月11日 | | |
| 山东一六精密制造科技有限公司 | 2018年7月11日 | | |
| 滨州市玉玺报废汽车拆解有限公司 | 2018年7月11日 | | |
| 山东凯信农业科技有限公司 | 2018年7月11日 | | |
| 新疆天鹅浆粕有限责任公司 | 2018年7月12日 | | |
| 新疆金晖兆丰能源股份有限公司（新疆金晖兆丰焦化有限公司、新疆金晖兆丰煤业有限公司、新疆拜城润华煤业有限公司合并重整） | 2018年7月13日 | | 2018年8月21日裁定新疆金晖兆丰能源股份有限公司与新疆金晖兆丰焦化有限公司、新疆金晖兆丰煤业有限公司、新疆拜城润华煤业有限公司实质合并破产重整 |
| 靖江众达炭材有限公司 | 2018年7月13日 | | 未按期提交重整计划草案，2019年1月17日经管理人申请，裁定终止重整程序并宣告破产 |
| 湖南正大轻科机械有限公司 | 2018年7月13日 | | |
| 山东聚德药业有限公司 | 2018年7月13日 | 2019年7月10日 | |
| 唐山红石房地产开发有限公司 | 2018年7月13日 | | |
| 河北世德房地产开发有限公司 | 2018年7月13日 | | |
| 河北宏扬房地产开发集团有限公司 | 2018年7月13日 | | |

续表

| 公司名称 | 裁定重整时间 | 裁定批准重整计划时间 | 重整涉及的重大事项 |
| --- | --- | --- | --- |
| 长沙赛尔透平机械有限公司 | 2018年7月16日 | | |
| 唐山柒麟正东房地产开发有限公司 | 2018年7月16日 | | |
| 济宁市泓源化工经贸有限公司 | 2018年7月17日 | | |
| 河南大用实业有限公司(鹤壁大用牧业有限公司等九公司合并重整) | 2018年7月18日 | | 2018年8月16日裁定鹤壁大用牧业有限公司、淇县兴业工贸有限公司、河南大用赛福食品有限公司、河南大用邦杰食品有限公司、周口大用农牧有限公司、开封大用实业有限责任公司、焦作大用牧业有限公司、焦作大用实业有限公司、鹤壁神康生物制品有限公司九公司与母公司河南大用实业有限公司合并重整 |
| 许昌华日轮胎有限公司 | 2018年7月19日 | | |
| 河南丽氏置业有限公司 | 2018年7月19日 | 2019年5月25日 | |
| 广西富满地农资集团股份有限公司 | 2018年7月19日 | | |
| 广东羽威羽绒实业有限公司 | 2018年7月20日 | | 2018年7月31日裁定二案合并重整；2018年12月6日裁定与阳江市羽威食品有限公司、阳江市羽威羽绒制品有限公司、阳江市羽威服装有限公司、阳江市富农黄鬃鹅原种繁育有限公司、阳江市羽威惠农养殖有限公司共七公司进行合并重整 |
| 广东羽威农业集团有限公司 | 2018年7月20日 | | |
| 阳江市汉能工业有限公司、阳江市新力工业有限公司、阳江汉能科技有限公司 | 2018年7月20日 | | 合并重整 |

续表

| 公司名称 | 裁定重整时间 | 裁定批准重整计划时间 | 重整涉及的重大事项 |
|---|---|---|---|
| 池州市华府房地产有限公司 | 2018 年 7 月 20 日 | | |
| 邢台依林山庄食品有限公司 | 2018 年 7 月 20 日 | | |
| 山东东宝钢管有限公司 | 2018 年 7 月 20 日 | | |
| 山东东宝特管有限公司 | 2018 年 7 月 20 日 | | |
| 威海正土房地产开发有限公司 | 2018 年 7 月 24 日 | 2019 年 4 月 29 日 | |
| 沈阳菲菲澳家现代农业股份有限公司 | 2018 年 7 月 24 日 | 2018 年 9 月 7 日 | 2018 年 12 月 29 日,裁定确认重整计划执行完毕,终结破产程序 |
| 山东方明药业集团股份有限公司(山东洪达化工有限公司等 27 家关联公司实质合并重整) | 2018 年 7 月 25 日 | | 2018 年 9 月 28 日裁定与 27 家关联企业(山东洪达化工有限公司、山东洪鼎化工有限公司、山东勇智化工有限公司、菏泽市洪源供水有限公司、菏泽洪方商贸有限公司、山东天秀化工贸易有限公司、山东吉安化工有限公司、菏泽开发区洪源小额贷款有限公司、山东洪业如松化工设备安装有限公司、山东吉昌化工有限公司、上海洪鲁国际贸易有限公司、上海多凯国际贸易有限公司、上海洪鲁化工技术有限公司、山东方明化工股份有限公司、山东东巨化工股份有限公司、山东恒顺供热有限公司、开封天池化工有限公司、菏泽市方明制药有限公司、上海众诺国际贸易有限公司、山东方明邦嘉制药有限公司、东明县洪方化工科技服务有限公司、菏泽尧舜牡丹生物科技有限公司、菏 |
| 洪业化工集团股份有限公司(同上) | 2018 年 7 月 25 日 | | |

续表

<table>
<tr><th>公司名称</th><th>裁定重整时间</th><th>裁定批准重整计划时间</th><th>重整涉及的重大事项</th></tr>
<tr><td></td><td></td><td></td><td>泽尧舜酒店管理有限公司、菏泽市中小企业融资担保有限公司、山东洪方精细化工有限公司、山东东药药业股份有限公司、山东洪丰面粉有限公司）共计 29 家公司进行实质合并重整</td></tr>
<tr><td>东阳市东艺工艺品有限公司</td><td>2018 年 7 月 25 日</td><td></td><td></td></tr>
<tr><td>湖南省冷水滩先达建设开发有限公司</td><td>2018 年 7 月 25 日</td><td></td><td></td></tr>
<tr><td>湖北省荣新仁邦置业有限公司</td><td>2018 年 7 月 26 日</td><td>2019 年 9 月 29 日</td><td></td></tr>
<tr><td>四川涌岷置业有限公司</td><td>2018 年 7 月 26 日</td><td></td><td></td></tr>
<tr><td>青岛奥拓普经贸有限公司</td><td>2018 年 7 月 30 日</td><td></td><td rowspan="4">2019 年 9 月 24 日驳回管理人批准重整计划申请，裁定终止重整程序并宣告破产</td></tr>
<tr><td>青岛贯凯贸易有限公司</td><td>2018 年 7 月 30 日</td><td></td></tr>
<tr><td>青岛海兰达贸易有限公司</td><td>2018 年 7 月 30 日</td><td></td></tr>
<tr><td>山东富尔德化工有限公司</td><td>2018 年 7 月 30 日</td><td></td></tr>
<tr><td>港海（天津）建设股份有限公司</td><td>2018 年 7 月 31 日</td><td></td><td></td></tr>
<tr><td>河南浩达塑业股份有限公司</td><td>2018 年 7 月 31 日</td><td></td><td></td></tr>
<tr><td>娄底市凯越房地产开发有限公司</td><td>2018 年 7 月或 8 月</td><td>2019 年 12 月 26 日</td><td>2018 年 9 月 7 日裁定与湖南娄底市凯泉房地产开发有限公司、娄底市金沅贸易有限公司、湖南泉源贸易有限公司、娄底市长清贸易有限公司、娄底市和平贸易有限公司、湖南凯泉贸易有限公司合并重整</td></tr>
</table>

续表

| 公司名称 | 裁定重整时间 | 裁定批准重整计划时间 | 重整涉及的重大事项 |
|---|---|---|---|
| 张家港时代港口医院有限公司 | 2018年8月1日 | | |
| 沈阳北恒新材料有限公司 | 2018年8月2日 | | |
| 东营市万兴恒业工贸有限公司 | 2018年8月2日 | | 山东省东营市中级人民法院提审,2018年12月16日裁定与东营万迪诺制动系统有限公司、山东万迪诺国际贸易有限公司合并重整;未按期提交重整计划草案,2019年10月25日根据管理人申请,裁定终止三公司重整程序并宣告破产 |
| 重庆大唐科技股份有限公司 | 2018年8月2日 | | |
| 陕西昊维工贸有限公司 | 2018年8月2日 | | |
| 商都县民宇水泥有限责任公司 | 2018年8月2日 | | |
| 安徽瑞智房地产开发有限公司 | 2018年8月3日 | | |
| 铜陵市恒基投资开发有限公司 | 2018年8月3日 | 2019年7月13日 | |
| 广西荣标商贸集团有限公司 | 2018年8月3日 | | |
| 宜兴市金源置业有限公司 | 2018年8月6日 | | |
| 湖北泰丰投资发展有限公司 | 2018年8月9日 | | |
| 重庆大唐测控技术有限公司 | 2018年8月9日 | | 未按期提交重整计划草案,2019年7月15日经管理人申请,裁定终止重整程序并宣告破产 |
| 蒙城美格塑业科技有限公司 | 2018年8月10日 | | |

续表

| 公司名称 | 裁定重整时间 | 裁定批准重整计划时间 | 重整涉及的重大事项 |
| --- | --- | --- | --- |
| 重庆超群商贸有限公司 | 2018年8月13日 | | 未按期提交重整计划草案,2019年7月15日经管理人申请,裁定终止重整程序并宣告破产 |
| 重庆路赛科技有限公司 | 2018年8月13日 | | 未按期提交重整计划草案,2019年7月15日经管理人申请,裁定终止重整程序并宣告破产 |
| 重庆盛唐投资有限公司 | 2018年8月13日 | | 未按期提交重整计划草案,2019年7月15日经管理人申请,裁定终止重整程序并宣告破产 |
| 重庆凯烨信息技术有限公司 | 2018年8月13日 | | 未按期提交重整计划草案,2019年7月15日经管理人申请,裁定终止重整程序并宣告破产 |
| 重庆卓唐科技有限公司 | 2018年8月13日 | | 未按期提交重整计划草案,2019年7月15日经管理人申请,裁定终止重整程序并宣告破产 |
| 开封市科瑞置业有限公司 | 2018年8月13日 | | |
| 万瑞飞鸿(北京)医疗器材有限公司 | 2018年8月13日 | | |
| 亿丰洁净科技江苏股份有限公司 | 2018年8月13日 | | 未按期提交重整计划草案,2019年5月13日裁定终止重整程序并宣告破产 |
| 广西武宣金泰丰农业科技发展有限公司 | 2018年8月13日 | | |
| 苏州达亿装饰工程有限公司 | 2018年8月14日 | | 未按期提交重整计划草案,2019年5月14日裁定终止重整程序并宣告破产 |

续表

| 公司名称 | 裁定重整时间 | 裁定批准重整计划时间 | 重整涉及的重大事项 |
|---|---|---|---|
| 湖南娄底市凯泉房地产开发有限公司 | 2018 年 8 月 14 日 | 2019 年 12 月 26 日 | 2018 年 9 月 7 日裁定该六公司与娄底市凯越房地产开发有限公司合并重整 |
| 娄底市金沅贸易有限公司 | 2018 年 8 月 14 日 | | |
| 湖南泉源贸易有限公司 | 2018 年 8 月 14 日 | | |
| 娄底市长清贸易有限公司 | 2018 年 8 月 14 日 | | |
| 娄底市和平贸易有限公司 | 2018 年 8 月 14 日 | | |
| 湖南凯泉贸易有限公司 | 2018 年 8 月 14 日 | | |
| 茂名市大宏房地产开发有限公司 | 2018 年 8 月 14 日 | | |
| 江苏省西电电气有限公司 | 2018 年 8 月 15 日 | | |
| 黄山市新徽投资有限公司 | 2018 年 8 月 15 日 | 2018 年 12 月 24 日 | 2019 年 3 月 19 日裁定受理黄山市新徽投资有限公司、黄山市新徽天地温泉酒店管理有限公司)、黄山市悦泉酒店管理有限公司合并重整 |
| 张家界联拓置业有限公司 | 2018 年 8 月 15 日 | 2019 年 7 月 9 日 | |
| 辽源市宝华编织有限责任公司 | 2018 年 8 月 15 日 | | |
| 四川国荣房地产开发有限公司 | 2018 年 8 月 17 日 | | |
| 河南质源豆制品有限公司 | 2018 年 8 月 17 日 | | 2018 年 8 月 17 日许昌市中级人民法院裁定受理河南质源豆制品有限公司提出的破产重整;2018 年 11 月 8 日许昌市中级人民法院裁定该案由许昌市建安区人民法院审理 |
| 河南新开电气集团股份有限公司 | 2018 年 8 月 20 日 | | |

续表

| 公司名称 | 裁定重整时间 | 裁定批准重整计划时间 | 重整涉及的重大事项 |
|---|---|---|---|
| 临沂亿晨镍铬合金有限公司 | 2018年8月21日 | 2019年6月10日 | |
| 临沧腾达房地产开发有限公司、临沧腾达建筑有限责任公司、临沧市临翔区腾达小额贷款有限责任公司、临沧市印刷有限责任公司、临沧锦绣商贸有限责任公司、临沧新盛经贸有限责任公司 | 2018年8月22日 | | |
| 湖南广德集团有限公司 | 2018年8月22日 | | |
| 湖南华源广德医药有限公司 | 2018年8月22日 | | |
| 湖南佳能医疗器械有限公司 | 2018年8月22日 | | |
| 江阴威威塑胶有限公司 | 2018年8月23日 | | 无投资人参与，2019年1月18日经管理人申请，裁定终止重整程序并宣告破产 |
| 奥龙汽车有限公司 | 2018年8月23日 | 2019年6月5日 | |
| 江阴东恒新材料科技有限公司 | 2018年8月23日 | 2019年5月20日 | 2019年11月20日重整计划执行完毕 |
| 怀化北辰房地产开发有限公司 | 2018年8月24日 | | |
| 天津天铁冶金集团有限公司 | 2018年8月24日 | 2019年1月31日 | |
| 天津铁厂 | 2018年8月24日 | 2019年1月31日 | |
| 天铁热轧板有限公司 | 2018年8月24日 | 2019年1月31日 | |
| 天津鞍钢天铁冷轧薄板有限公司 | 2018年8月24日 | 2019年1月31日 | |
| 崇利制钢有限公司 | 2018年8月24日 | 2019年1月31日 | |

续表

| 公司名称 | 裁定重整时间 | 裁定批准重整计划时间 | 重整涉及的重大事项 |
|---|---|---|---|
| 天津崇利商贸有限公司 | 2018 年 8 月 24 日 | 2019 年 1 月 31 日 | |
| 天铁劳服实业有限责任公司 | 2018 年 8 月 24 日 | 2019 年 1 月 31 日 | |
| 天铁物流有限责任公司 | 2018 年 8 月 24 日 | 2019 年 1 月 31 日 | |
| 天津市天铁轧二商贸有限责任公司 | 2018 年 8 月 24 日 | 2019 年 1 月 31 日 | |
| 天津天铁冶金集团商贸有限公司 | 2018 年 8 月 24 日 | 2019 年 1 月 31 日 | |
| 天津天焦供应链有限公司 | 2018 年 8 月 24 日 | 2019 年 1 月 31 日 | |
| 天津海天新铁国际贸易有限公司 | 2018 年 8 月 24 日 | 2019 年 1 月 31 日 | |
| 天铁资源有限责任公司 | 2018 年 8 月 24 日 | 2019 年 1 月 31 日 | |
| 天津市天铁轧二制钢有限公司 | 2018 年 8 月 24 日 | 2019 年 1 月 31 日 | |
| 天铁第一轧钢有限责任公司 | 2018 年 8 月 24 日 | 2019 年 1 月 31 日 | |
| 天津天铁炼焦化工有限公司 | 2018 年 8 月 24 日 | 2019 年 1 月 31 日 | |
| 渤海钢铁集团有限公司 | 2018 年 8 月 24 日 | 2019 年 1 月 31 日 | |
| 天津市渤钢商贸有限公司 | 2018 年 8 月 24 日 | 2019 年 1 月 31 日 | |
| 渤海钢铁集团(天津)融资租赁有限公司 | 2018 年 8 月 24 日 | 2019 年 1 月 31 日 | |
| 天津市渤钢物产有限公司 | 2018 年 8 月 24 日 | 2019 年 1 月 31 日 | |
| 天津渤海物贸电子商务有限公司 | 2018 年 8 月 24 日 | 2019 年 1 月 31 日 | |
| 渤海钢铁集团国际贸易有限公司 | 2018 年 8 月 24 日 | 2019 年 1 月 31 日 | |
| 天津钢铁集团有限公司 | 2018 年 8 月 24 日 | 2019 年 1 月 31 日 | |

续表

| 公司名称 | 裁定重整时间 | 裁定批准重整计划时间 | 重整涉及的重大事项 |
|---|---|---|---|
| 天津兴天地实业发展有限公司 | 2018 年 8 月 24 日 | 2019 年 1 月 31 日 | |
| 天津天钢集团有限公司 | 2018 年 8 月 24 日 | 2019 年 1 月 31 日 | |
| 天津正弘顺工贸科技有限公司 | 2018 年 8 月 24 日 | 2019 年 1 月 31 日 | |
| 天津天钢联钢铁有限公司 | 2018 年 8 月 24 日 | 2019 年 1 月 31 日 | |
| 天津市天钢国际贸易有限公司 | 2018 年 8 月 24 日 | 2019 年 1 月 31 日 | |
| 天津天钢联合特钢有限公司 | 2018 年 8 月 24 日 | 2019 年 1 月 31 日 | |
| 天津冶金集团进出口有限公司 | 2018 年 8 月 24 日 | 2019 年 1 月 31 日 | |
| 天津冶金集团商贸有限公司 | 2018 年 8 月 24 日 | 2019 年 1 月 31 日 | |
| 天津冶金集团轧一制钢有限公司 | 2018 年 8 月 24 日 | 2019 年 1 月 31 日 | |
| 天津冶金集团天材科技发展有限公司 | 2018 年 8 月 24 日 | 2019 年 1 月 31 日 | |
| 天津轧一冷轧薄板有限公司 | 2018 年 8 月 24 日 | 2019 年 1 月 31 日 | |
| 迁安轧一钢铁集团有限公司 | 2018 年 8 月 24 日 | 2019 年 1 月 31 日 | |
| 天津冶金集团贸易有限公司 | 2018 年 8 月 24 日 | 2019 年 1 月 31 日 | |
| 天津冶金轧一钢铁贸易有限公司 | 2018 年 8 月 24 日 | 2019 年 1 月 31 日 | |
| 天津冶金集团隆盛达钢业有限公司 | 2018 年 8 月 24 日 | 2019 年 1 月 31 日 | |
| 天津冶金集团轧三钢铁物流有限公司 | 2018 年 8 月 24 日 | 2019 年 1 月 31 日 | |
| 天津冶金集团轧三钢铁有限公司 | 2018 年 8 月 24 日 | 2019 年 1 月 31 日 | |
| 天津冶金集团中兴盛达钢业有限公司 | 2018 年 8 月 24 日 | 2019 年 1 月 31 日 | |

续表

| 公司名称 | 裁定重整时间 | 裁定批准重整计划时间 | 重整涉及的重大事项 |
|---|---|---|---|
| 天津冶金钢线钢缆集团有限公司 | 2018 年 8 月 24 日 | 2019 年 1 月 31 日 | |
| 天津冶金集团物流有限公司 | 2018 年 8 月 24 日 | 2019 年 1 月 31 日 | |
| 天津冶金轧一国际贸易有限公司 | 2018 年 8 月 24 日 | 2019 年 1 月 31 日 | |
| 天津冶金集团第二预应力钢丝有限公司 | 2018 年 8 月 24 日 | 2019 年 1 月 31 日 | |
| 天津市中兴盛达钢铁销售有限公司 | 2018 年 8 月 24 日 | 2019 年 1 月 31 日 | |
| 天津冶金轧一钢铁集团有限公司 | 2018 年 8 月 24 日 | 2019 年 1 月 31 日 | |
| 天津冶金集团有限公司 | 2018 年 8 月 24 日 | 2019 年 1 月 31 日 | |
| 四川金广实业（集团）股份有限公司 | 2018 年 8 月 24 日 | | |
| 广汉市天成不锈钢制品有限公司 | 2018 年 8 月 24 日 | | |
| 山东新安凯动力科技有限公司 | 2018 年 8 月 27 日 | | |
| 邹平宏皓工业型材科技有限公司 | 2018 年 8 月 27 日 | | |
| 邹平新安凯实业有限公司 | 2018 年 8 月 27 日 | | |
| 山东凯铭管业有限公司 | 2018 年 8 月 27 日 | | |
| 山东凯铭动力科技有限公司 | 2018 年 8 月 27 日 | | |
| 邹平瑞驰进出口有限公司 | 2018 年 8 月 27 日 | | |
| 邹平兆启贸易有限公司 | 2018 年 8 月 27 日 | | |
| 邹平县惠泽小额贷款有限公司 | 2018 年 8 月 27 日 | | |
| 邹平安泰非融资性担保有限公司 | 2018 年 8 月 27 日 | | |

续表

| 公司名称 | 裁定重整时间 | 裁定批准重整计划时间 | 重整涉及的重大事项 |
|---|---|---|---|
| 邹平天晟金属科技有限公司 | 2018年8月27日 | | |
| 邹平宏浩实业有限公司 | 2018年8月27日 | | |
| 山东新安凯数控机床有限公司 | 2018年8月27日 | | |
| 邹平县凯越贸易有限公司 | 2018年8月27日 | | |
| 青岛凯铭国际贸易有限公司 | 2018年8月27日 | | |
| 青岛德信环宇国际贸易有限公司 | 2018年8月27日 | | |
| 绍兴上虞金盾压力容器配件有限公司 | 2018年8月27日 | 2019年6月28日 | |
| 浙江格洛斯钢管销售有限公司 | 2018年8月27日 | 2019年6月28日 | |
| 三亚鹿回头旅游区开发有限公司 | 2018年8月27日 | | 2018年8月31日根据国家税务总局三亚市吉阳区税务局申请，裁定受理海南新佳旅业开发有限公司、三亚鹿影实业有限公司、三亚鹿辰实业有限公司、三亚东海旭日酒店有限公司、三亚鹿洲实业有限公司5家公司的破产重整；2019年12月1日裁定左侧与上述12家企业与未进入破产重整程序的企业三亚中弘弘熹房地产开发有限公司、三亚源浦实业有限公司、三亚源融实业有限公司、三亚半山半岛投资有限公司、三亚鹿昌实业有限公司4家关联企业实质合并重整 |
| 三亚鹿璟实业有限公司 | 2018年8月27日 | | |
| 三亚鹿南实业有限公司 | 2018年8月27日 | | |
| 三亚鹿湾实业有限公司 | 2018年8月27日 | | |
| 三亚鹿海实业有限公司 | 2018年8月27日 | | |
| 三亚万通房地产开发有限公司 | 2018年8月27日 | | |
| 三亚润丰建设投资有限公司 | 2018年8月27日 | | |
| 烟台宏兴机械股份有限公司 | 2018年8月27日 | | |
| 重庆夏宫实业有限公司 | 2018年8月27日 | | |

续表

| 公司名称 | 裁定重整时间 | 裁定批准重整计划时间 | 重整涉及的重大事项 |
|---|---|---|---|
| 重庆中泽会展中心有限公司 | 2018 年 8 月 27 日 | | |
| 重庆中富夏宫实业有限公司 | 2018 年 8 月 27 日 | | |
| 山东华鲁伟业新板材有限公司(山东省博兴县华鲁钢铁有限公司、山东华伟新材料有限公司合并重整) | 2018 年 8 月 28 日 | | 2018 年 9 月 26 日根据山东华鲁伟业新板材有限公司管理人申请,裁定受理山东华鲁伟业新板材有限公司、山东省博兴县华鲁钢铁有限公司、山东华伟新材料有限公司合并破产重整 |
| 河南宇风汽车有限公司 | 2018 年 8 月 28 日 | | 未按期提交重整计划草案,2019 年 10 月 14 日公告已裁定终止重整程序并宣告破产 |
| 杭州广富实业有限公司 | 2018 年 8 月 30 日 | 2018 年 11 月 2 日 | 2018 年 9 月 10 日裁定与杭州富阳盛昌锌业有限公司、杭州富阳新荣发锌业有限公司、杭州富阳吾顺废旧物资有限公司、杭州富阳广富塑胶有限公司、杭州富阳航宇电子技术有限公司共六公司合并重整 |
| 山东企鹅塑胶集团有限公司(山东企鹅新材料科技有限公司、济宁世纪塑胶有限责任公司、济宁市兖州区宏益塑胶厂、济宁企鹅商贸有限公司合并重整) | 2018 年 8 月 30 日 | | 2018 年 12 月 6 日裁定与山东企鹅新材料科技有限公司、济宁世纪塑胶有限责任公司、济宁市兖州区宏益塑胶厂、济宁企鹅商贸有限公司共五公司实质合并重整 |
| 重庆市渝万建设集团有限公司 | 2018 年 8 月 30 日 | | |

续表

| 公司名称 | 裁定重整时间 | 裁定批准重整计划时间 | 重整涉及的重大事项 |
|---|---|---|---|
| 海南新佳旅业开发有限公司 | 2018年8月31日 | | 2018年8月27日根据国家税务总局三亚市吉阳区税务局申请,裁定受理三亚鹿回头旅游区开发有限公司、三亚鹿璟实业有限公司、三亚鹿南实业有限公司、三亚鹿湾实业有限公司、三亚鹿海实业有限公司、三亚万通房地产开发有限公司、三亚润丰建设投资有限公司7家公司破产重整;2019年12月1日裁定左侧与上述12家企业与未进入破产重整程序的企业三亚中弘弘熹房地产开发有限公司、三亚源浦实业有限公司、三亚源融实业有限公司、三亚半山半岛投资有限公司、三亚鹿昌实业有限公司4家关联企业实质合并重整 |
| 三亚鹿洲实业有限公司 | 2018年8月31日 | | |
| 三亚鹿辰实业有限公司 | 2018年8月31日 | | |
| 三亚鹿影实业有限公司 | 2018年8月31日 | | |
| 三亚东海旭日酒店有限公司 | 2018年8月31日 | | |
| 厦门盛洲植物油有限公司 | 2018年8月31日 | | |
| 厦门中盛粮油集团有限公司 | 2018年8月31日 | | |
| 杭州富阳盛昌锌业有限公司 | 2018年9月4日 | 2018年11月2日 | 2018年9月10日裁定该五公司与杭州广富实业有限公司共六公司合并重整 |
| 杭州富阳新荣发锌业有限公司 | 2018年9月4日 | | |
| 杭州富阳吾顺废旧物资有限公司 | 2018年9月4日 | | |
| 杭州富阳广富塑胶有限公司 | 2018年9月4日 | | |
| 杭州富阳航宇电子技术有限公司 | 2018年9月4日 | | |

续表

| 公司名称 | 裁定重整时间 | 裁定批准重整计划时间 | 重整涉及的重大事项 |
|---|---|---|---|
| 山东淄博山川药业有限公司 | 2018年9月4日 | | 2018年9月4日根据淄博淄川农村商业银行股份有限公司的申请,裁定山东淄博山川药业有限公司重整;2018年9月11日根据淄博淄川农村商业银行股份有限公司的申请,裁定山东淄博山川医用器材有限公司重整;2019年1月30日根据淄博山川置业有限公司、山东山川化工科技有限公司、淄博山川进出口贸易有限公司、淄博山川实业有限公司、淄博山川包装制品有限公司的申请,裁定该五公司重整;2019年3月26日根据山东奥博医用器械股份有限公司申请,裁定该公司重整;2019年6月3日裁定八公司合并重整 |
| 北京博达房地产开发有限公司 | 2018年9月4日 | | |
| 青海盐湖海虹化工股份有限公司 | 2018年9月5日 | | |
| 山东曹县江南置业有限公司 | 2018年9月5日 | | |
| 宁夏为民实业股份有限公司 | 2018年9月5日 | 2019年6月10日 | |
| 恩施市霖峰种植专业合作社、恩施州天艺装饰工程有限责任公司、恩施市浤星腾龙农业综合开发有限公司 | 2018年9月5日 | | 合并重整 |
| 常州中盛房地产开发有限公司 | 2018年9月7日 | | |
| 开封市百顺房地产开发有限公司 | 2018年9月9日 | | |

续表

| 公司名称 | 裁定重整时间 | 裁定批准重整计划时间 | 重整涉及的重大事项 |
|---|---|---|---|
| 河南御盛陶瓷有限公司 | 2018年9月10日 | | |
| 南宁绿洲化工有限责任公司 | 2018年9月10日 | 2019年2月2日 | |
| 丹东欣泰电气股份有限公司 | 2018年9月10日 | | |
| 河北江浔房地产开发有限公司 | 2018年9月10日 | | |
| 湖北怡莲丝绸产业发展有限公司 | 2018年9月10日 | | |
| 河南中部药业股份有限公司 | 2018年9月10日 | | |
| 重庆龙江置地有限公司 | 2018年9月10日 | | |
| 来凤安普罗(集团)运兴汽车服务有限公司 | 2018年9月11日 | | 无挽救可能,2019年6月4日经管理人申请,裁定终止重整程序并宣告破产 |
| 来凤凤鸣山大酒店有限公司 | 2018年9月11日 | | 无挽救可能,2019年6月15日经管理人申请,裁定终止重整程序并宣告破产 |
| 山东淄博山川医用器材有限公司 | 2018年9月11日 | | 2018年9月4日根据淄博淄川农村商业银行股份有限公司的申请,裁定山东淄博山川药业有限公司重整;2018年9月11日根据淄博淄川农村商业银行股份有限公司的申请,裁定山东淄博山川医用器材有限公司重整;2019年1月30日根据淄博山川置业有限公司、山东山川化工科技有限公司、淄博山川进出口贸易有限公司、淄博山川实业有限公司、淄博山川包装制品有限公司的申请,裁定该五公司重整;2019年3月26日根据山东奥博医用器械股份有限公司申请,裁定该公司重整;2019年6月3日裁定八公司合并重整 |

续表

| 公司名称 | 裁定重整时间 | 裁定批准重整计划时间 | 重整涉及的重大事项 |
| --- | --- | --- | --- |
| 山东外海置业投资有限公司 | 2018 年 9 月 11 日 | | |
| 山东百瑞制药有限公司 | 2018 年 9 月 11 日 | | |
| 沁阳联盛电力有限公司 | 2018 年 9 月 11 日 | 2019 年 6 月 18 日 | |
| 广西联壮科技股份有限公司 | 2018 年 9 月 12 日 | | |
| 平顶山市晶鑫耐火材料有限公司 | 2018 年 9 月 13 日 | | |
| 平顶山市航星耐火材料有限公司 | 2018 年 9 月 13 日 | | |
| 平顶山市金泽电器有限公司 | 2018 年 9 月 13 日 | | |
| 常州世鑫化工有限公司 | 2018 年 9 月 13 日 | | |
| 山东惠泽农牧科技有限公司 | 2018 年 9 月 14 日 | | 2018 年 12 月 6 日裁定与中融双创(北京)科技集团有限公司、山东码头煤炭物流服务有限公司、邹平县三利运输有限公司、邹平黄河农业生态科技有限公司、山东梁州能源科技有限公司、邹平县三利石油有限公司、山东国科新能源科技有限公司、邹平鸿翔农业科技有限公司、邹平县三利集团有限公司、邹平县三利纺织有限公司、邹平新里程新材料科技有限公司、邹平广田实业有限公司、山东双创环保集团有限公司、邹平朝旭金属材料有限公司、邹平望京能源科技有限公司共 18 家公司合并重整,邹平县三利集团有限公司管理人担任合并重整管理人 |
| 山东码头公共集中供热有限公司 | 2018 年 9 月 14 日 | | |
| 山东邹平长城能源科技有限公司 | 2018 年 9 月 14 日 | | |

续表

| 公司名称 | 裁定重整时间 | 裁定批准重整计划时间 | 重整涉及的重大事项 |
| --- | --- | --- | --- |
| 恩施州新佰佳民族工艺开发有限公司(来凤新佰佳民族工艺开发有限公司合并重整) | 2018年9月14日 | | 2018年11月13日裁定与来凤新佰佳民族工艺开发有限公司合并重整 |
| 昆明恒圳房地产开发有限公司 | 2018年9月17日 | 2019年10月25日 | |
| 四川明坤建材有限公司 | 2018年9月17日 | | |
| 山东鼎和置业有限公司 | 2018年9月18日 | | |
| 河南豪江置业有限公司 | 2018年9月19日 | 2019年4月30日 | |
| 黑龙江省万源粮油食品有限公司 | 2018年9月19日 | | |
| 常州博裕市场置业有限公司 | 2018年9月20日 | | |
| 浙江钱江明士达光电科技有限公司 | 2018年9月21日 | 2018年12月21日 | |
| 云南天高镍业有限公司 | 2018年9月21日 | | |
| 贵州鉴诚房地产开发有限公司 | 2018年9月21日 | | |
| 江西中森礼花股份有限公司 | 2018年9月21日 | | |
| 河南亚鹰钢结构幕墙工程有限公司 | 2018年9月25日 | | |
| 山东义信重机制造有限公司 | 2018年9月25日 | 2019年9月24日 | 2018年11月6日裁定该公司与莒南县信义机械制造有限公司实质合并重整 |
| 临沧腾达新型建筑材料有限公司 | 2018年9月26日 | | |

续表

| 公司名称 | 裁定重整时间 | 裁定批准重整计划时间 | 重整涉及的重大事项 |
| --- | --- | --- | --- |
| 河南九发高导铜材股份有限公司、河南鑫兴冶金技术有限公司、河南九汇实业发展有限公司、鄢陵金汇铜材加工有限公司、鄢陵鑫达再生物资有限公司、鄢陵金鑫再生物资有限公司 | 2018 年 9 月 27 日 | | |
| 浙江九隆机械有限公司 | 2018 年 9 月 27 日 | | |
| 重庆市涪陵巍海建筑有限责任公司(重庆市涪陵区文祥农工商有限责任公司等七公司合并重整) | 2018 年 9 月 27 日 | | 2018 年 11 月 29 日裁定与重庆市涪陵区文祥农工商有限责任公司、重庆市恒地园农业开发有限公司、重庆祥和兴餐饮管理集团有限公司、重庆永遇乐农业开发有限公司、重庆同君福商贸有限公司、重庆市世纪祥和兴餐饮管理有限公司、重庆芸果生态农业发展有限公司共八公司实质合并重整 |
| 湖北好智多生物科技开发有限公司 | 2018 年 9 月 27 日 | | |
| 衡阳市坤旭房地产开发有限公司 | 2018 年 9 月 28 日 | | |
| 开封市广豫纺织原料有限公司 | 2018 年 9 月 28 日 | | 未通过重整计划草案,2019 年 3 月 28 日裁定终止重整程序,宣告破产 |
| 山东长江汇泉集团有限公司 | 2018 年 9 月 28 日 | | |
| 陕西双翼石油化工有限责任公司 | 2018 年 9 月 29 日 | | |
| 安徽省旭日晟光伏科技有限公司 | 2018 年 10 月 8 日 | | 公司已不具备重整价值,2018 年 12 月 24 日宣告破产 |
| 咸阳润佳房地产开发有限公司 | 2018 年 10 月 8 日 | | |

续表

| 公司名称 | 裁定重整时间 | 裁定批准重整计划时间 | 重整涉及的重大事项 |
|---|---|---|---|
| 开平富琳裕邦房地产开发有限公司 | 2018年10月8日 | | |
| 重庆国华模具制造有限公司 | 2018年10月9日 | | |
| 山东华康食品有限公司 | 2018年10月9日 | 2019年12月20日 | 2019年5月6日根据山东华康食品有限公司管理人申请,裁定山东省博兴县华康冷链物流有限公司、博兴县兴农樱桃谷鸭养殖专业合作社、博兴县宝丰养殖专业合作社实质合并山东华康食品有限公司破产审理 |
| 百花医药集团股份有限公司 | 2018年10月10日 | | |
| 重庆华龙盈科实业有限公司 | 2018年10月10日 | | |
| 北票市盛鑫金矿有限公司 | 2018年10月10日 | | |
| 云南通海林海标件有限公司 | 2018年10月10日 | | |
| 河南华豫虎王车业有限公司 | 2018年10月11日 | | |
| 许昌世纪豪嘉食品有限公司 | 2018年10月12日 | | |
| 暴雪啤酒有限责任公司 | 2018年10月15日 | | |
| 内蒙古成吉思汗陵旅游开发有限责任公司 | 2018年10月15日 | | |
| 浙江大东南集团有限公司 | 2018年10月16日 | 2019年6月26日 | |
| 湖口盛鑫置业有限公司 | 2018年10月18日 | | |
| 苏州市吴中区木渎农村小额贷款有限公司 | 2018年10月23日 | 2019年6月26日 | |

续表

| 公司名称 | 裁定重整时间 | 裁定批准重整计划时间 | 重整涉及的重大事项 |
| --- | --- | --- | --- |
| 山东海德威车轮有限公司 | 2018 年 10 月 24 日 | | 2019 年公告已裁定该四公司与山东恒宇橡胶有限公司、山东恒宇科技有限公司、东营市辰晖橡塑有限公司、嘉德物流有限公司、山东金颂橡胶科技有限公司共九公司合并重整 |
| 东营恒泰投资管理中心(有限合伙) | 2018 年 10 月 24 日 | | |
| 东营恒隆投资中心(有限合伙) | 2018 年 10 月 24 日 | | |
| 海德威控股有限公司 | 2018 年 10 月 24 日 | | |
| 临沂圣福源木业有限公司 | 2018 年 10 月 24 日 | | |
| 山东圣福源家居有限公司 | 2018 年 10 月 24 日 | | |
| 池州银茂置业有限公司 | 2018 年 10 月 24 日 | 2019 年 11 月 19 日 | |
| 自贡市创兴投资有限公司 | 2018 年 10 月 25 日 | | |
| 沈阳佳建置业开发有限公司 | 2018 年 10 月 26 日 | | |
| 遵义江一房地产开发有限公司 | 2018 年 10 月 26 日 | | |
| 湖北屹豪汽车零配件制造股份有限公司 | 2018 年 10 月 26 日 | 2019 年 12 月 11 日 | |
| 石家庄市原火陶瓷有限责任公司 | 2018 年 10 月 30 日 | | |
| 郓城圣达如意印染有限公司 | 2018 年 10 月 30 日 | | |
| 乌拉特前旗龙鹏矿业有限责任公司 | 2018 年 10 月 30 日 | | |
| 四川金峨发电有限公司 | 2018 年 10 月 31 日 | | |
| 四川金峨供电有限公司 | 2018 年 10 月 31 日 | | |
| 四川省宏阳水电有限公司 | 2018 年 10 月 31 日 | | |
| 凉山州双河口电力开发有限责任公司 | 2018 年 10 月 31 日 | | |

续表

| 公司名称 | 裁定重整时间 | 裁定批准重整计划时间 | 重整涉及的重大事项 |
| --- | --- | --- | --- |
| 智慧超洋建设工程股份有限公司 | 2018 年 10 月 31 日 | 2019 年 11 月 20 日 | |
| 贵州国源矿业开发有限公司 | 2018 年 10 月 31 日 | | 2019 年 4 月 4 日,更换管理人为北京市中伦(深圳)律师事务所与贵州富迪律师事务所 |
| 湖南省万事达工贸集团有限公司 | 2018 年 11 月 1 日 | | |
| 湖南全洲现代医药物流有限公司 | 2018 年 11 月 2 日 | | 2019 年 1 月 4 日裁定全洲药业集团有限公司、湖南全洲医疗快消品供应链有限公司、湖南商康医药电子商务有限公司、湖南全洲现代医药物流有限公司合并重整 |
| 夏邑华邑置业有限公司 | 2018 年 11 月 5 日 | | |
| 莒南县信义机械制造有限公司 | 2018 年 11 月 6 日 | 2019 年 9 月 24 日 | 2018 年 11 月 6 日裁定该公司与山东义信重机制造有限公司实质合并重整 |
| 润地利科技实业投资集团有限公司 | 2018 年 11 月 6 日 | | 未按期提交重整计划草案,2019 年 8 月 15 日经管理人申请,裁定终止重整程序并宣告破产 |
| 浙江华越置业有限公司(金华华越世贸中心经营管理有限公司、金华国志商业管理有限公司、浙江万润投资有限公司、金华森易贸易有限公司合并重整) | 2018 年 11 月 8 日 | | 2018 年 11 月 30 日裁定与金华华越世贸中心经营管理有限公司、金华国志商业管理有限公司、浙江万润投资有限公司、金华森易贸易有限公司合并重整 |

续表

| 公司名称 | 裁定重整时间 | 裁定批准重整计划时间 | 重整涉及的重大事项 |
|---|---|---|---|
| 中融双创(北京)科技集团有限公司 | 2018年11月9日 | | 2018年12月6日裁定与山东惠泽农牧科技有限公司、山东码头公共集中供热有限公司、山东邹平长城能源科技有限公司共18家公司合并重整 |
| 山东码头煤炭物流服务有限公司 | 2018年11月9日 | | |
| 邹平县三利运输有限公司 | 2018年11月9日 | | |
| 邹平黄河农业生态科技有限公司 | 2018年11月9日 | | |
| 山东梁州能源科技有限公司 | 2018年11月9日 | | |
| 邹平县三利石油有限公司 | 2018年11月9日 | | |
| 山东国科新能源科技有限公司 | 2018年11月9日 | | |
| 邹平鸿翔农业科技有限公司 | 2018年11月9日 | | |
| 邹平县三利集团有限公司 | 2018年11月9日 | | |
| 邹平县三利纺织有限公司 | 2018年11月9日 | | |
| 邹平新里程新材料科技有限公司 | 2018年11月9日 | | |
| 邹平广田实业有限公司 | 2018年11月9日 | | |
| 山东双创环保集团有限公司 | 2018年11月9日 | | |
| 邹平朝旭金属材料有限公司 | 2018年11月9日 | | |
| 邹平望京能源科技有限公司 | 2018年11月9日 | | |

续表

| 公司名称 | 裁定重整时间 | 裁定批准重整计划时间 | 重整涉及的重大事项 |
| --- | --- | --- | --- |
| 宁夏金海永和泰煤化有限责任公司、宁夏金海永和泰尾气资源综合利用发电有限责任公司、宁夏金海永和泰冶化有限公司、宁夏永发煤业有限公司、宁夏中煤华泰化工有限公司 | 2018年11月9日 | | |
| 唐山城建路桥投资有限公司 | 2018年11月13日 | | |
| 曹县盛泰置业有限公司 | 2018年11月14日 | | 2019年3月14日裁定曹县盛泰置业有限公司、曹县德泰置业有限公司、曹县义乌小商品批发市场有限公司合并重整 |
| 株洲长江硬质合金工具有限公司 | 2018年11月14日 | 2019年12月13日 | |
| 中科建工集团有限公司 | 2018年11月15日 | | |
| 河南中森虎皇科技有限公司 | 2018年11月16日 | | |
| 承德露兴杏仁加工有限责任公司 | 2018年11月18日 | | |
| 焦作市宇星锅炉有限责任公司 | 2018年11月19日 | | 未按期提交重整计划草案，2019年8月21日经管理人申请，裁定终止重整程序并宣告破产 |
| 天威（大安）新能源有限公司 | 2018年11月20日 | 2019年9月26日 | |
| 山东阳春羊奶乳业有限公司 | 2018年11月21日 | | |
| 沈阳金冠热带雨林健身休闲酒店有限公司 | 2018年11月21日 | | |
| 重庆市霞艺汽车配件制造有限公司 | 2018年11月22日 | | |

续表

| 公司名称 | 裁定重整时间 | 裁定批准重整计划时间 | 重整涉及的重大事项 |
|---|---|---|---|
| 潍坊昌鼎置业有限公司 | 2018 年 11 月 23 日 | 2019 年 9 月 29 日 | |
| 东营金华精细化工有限公司 | 2018 年 11 月 26 日 | | 2018 年 11 月 26 日裁定该八公司重整；2018 年 11 月 30 日裁定东营市广饶县丰泰小额贷款股份有限公司、山东蓝色电子科技有限公司、东营金茂进出口有限公司、东营君科进出口有限公司、东营市河口区联丰小额贷款股份有限公司、东营博奥奇新材料有限公司、山东维奥轻车车轮有限公司、东营双福织造有限公司、山东大海集团进出口有限公司、山东大海新材料股份有限公司、东营天森林业发展有限公司、山东欧纱纤维有限公司、山东大海纤维股份有限公司、东营天虹合成纤维有限公司、东营市翰腾钢丝帘线有限公司、东营鑫海新材料有限公司、东营金旭新材料有限公司、东营市瑞腾钢丝帘线有限公司、东营市丰泰物流有限公司十九家公司重整；2018 年 12 月 12 日裁定青岛市祥荣铝制品有限公司一公司重整；2019 年 2 月 2 日裁定山东恒远融资租赁有限公司、东营卓远铜业有限公司、东营银通金融服务有限公司、东营市欧赛纺织有限公司、东营市创源节能技术有限公司、东营朗能光电有限公司、东营君晟达贸易有限公司、东营惠博纺织有限公司、东营富亨化工有限公司、东营大海国际经济咨询服务有限公司、山东休斯 |
| 山东金信新材料有限公司 | 2018 年 11 月 26 日 | | |
| 东营鹏杰色织有限公司 | 2018 年 11 月 26 日 | | |
| 山东金茂纺织化工集团有限公司 | 2018 年 11 月 26 日 | | |
| 山东大海集团有限公司 | 2018 年 11 月 26 日 | | |
| 东营金玺铜业有限公司 | 2018 年 11 月 26 日 | | |
| 东营金茂铝业高科技有限公司 | 2018 年 11 月 26 日 | | |
| 山东大海新能源发展有限公司 | 2018 年 11 月 26 日 | | |

续表

| 公司名称 | 裁定重整时间 | 裁定批准重整计划时间 | 重整涉及的重大事项 |
|---|---|---|---|
| | | | 顿石油装备交易中心有限公司、山东普斐科特新材料有限公司、山东科源售电有限公司、山东大海分之合企业管理咨询有限公司、利津奥太新能源发电有限公司、东营鑫耀光伏有限公司、东营市鑫圆铜业有限公司、东营市科源节能技术有限公司、东营科阳光伏有限公司、东营创源光伏技术有限公司、东营昶岳电子商务有限公司、烟台万隆再生资源有限公司、烟台柏斯经贸有限公司、济南格盾贸易有限公司、山东东莱高科石油装备有限公司、上海鲁睿光电科技有限公司、珠海大海大宗商品金融服务有限公司、上海垣兴国际贸易有限公司、上海铜赢电子商务有限公司二十九家公司重整；2019 年 7 月 24 日裁定上述五十七家公司实质合并重整 |
| 吉林吉恩镍业股份有限公司 | 2018 年 11 月 26 日 | | |
| 池州市中商酒店管理有限公司 | 2018 年 11 月 26 日 | | |
| 黄山市新徽天地温泉酒店管理有限公司 | 2018 年 11 月 26 日 | | 2019 年 3 月 19 日黄山市中级人民法院裁定黄山市新徽投资有限公司、黄山市悦泉酒店管理有限公司、黄山市新徽天地温泉酒店管理有限公司合并破产重整，并指定北京德恒（合肥）律师事务所为管理人 |
| 黄山市悦泉酒店管理有限公司 | 2018 年 11 月 26 日 | | |
| 浙江水至清炭科技有限公司 | 2018 年 11 月 29 日 | | |

续表

| 公司名称 | 裁定重整时间 | 裁定批准重整计划时间 | 重整涉及的重大事项 |
|---|---|---|---|
| 浙江碧岩环保材料股份有限公司 | 2018 年 11 月 29 日 | | |
| 东营市广饶县丰泰小额贷款股份有限公司 | 2018 年 11 月 30 日 | | 2018 年 11 月 26 日裁定山东大海集团有限公司、山东金茂纺织化工集团有限公司、东营金茂铝业高科技有限公司、山东大海新能源发展有限公司、东营鹏杰色织有限公司、东营金华精细化工有限公司、东营金玺铜业有限公司、山东金信新材料有限公司八公司重整;2018 年 11 月 30 日裁定该十九家公司重整;2018 年 12 月 12 日裁定青岛市祥荣铝制品有限公司一公司重整;2019 年 2 月 2 日裁定山东恒远融资租赁有限公司、东营卓远铜业有限公司、东营银通金融服务有限公司、东营市欧赛纺织有限公司、东营市创源节能技术有限公司、东营朗能光电有限公司、东营君晟达贸易有限公司、东营惠博纺织有限公司、东营富亨化工有限公司、东营大海国际经济咨询服务有限公司、山东休斯顿石油装备交易中心有限公司、山东普斐科特新材料有限公司、山东科源售电有限公司、山东大海分之合企业管理咨询有限公司、利津奥太新能源发电有限公司、东营鑫耀光伏有限公司、东营市鑫圆铜业有限公司、东营市科源节能技术有限公司、东营科阳光伏有限公司、东营创源光伏技术有限公司、东营昶岳电子商务有限公司、烟台万隆再生资源有限 |
| 山东蓝色电子科技有限公司 | 2018 年 11 月 30 日 | | |
| 东营金茂进出口有限公司 | 2018 年 11 月 30 日 | | |
| 东营君科进出口有限公司 | 2018 年 11 月 30 日 | | |
| 东营市河口区联丰小额贷款股份有限公司 | 2018 年 11 月 30 日 | | |
| 东营博奥奇新材料有限公司 | 2018 年 11 月 30 日 | | |
| 山东维奥轻车车轮有限公司 | 2018 年 11 月 30 日 | | |
| 东营双福织造有限公司 | 2018 年 11 月 30 日 | | |
| 山东大海集团进出口有限公司 | 2018 年 11 月 30 日 | | |
| 山东大海新材料股份有限公司 | 2018 年 11 月 30 日 | | |
| 东营天森林业发展有限公司 | 2018 年 11 月 30 日 | | |
| 山东欧纱纤维有限公司 | 2018 年 11 月 30 日 | | |
| 山东大海纤维股份有限公司 | 2018 年 11 月 30 日 | | |
| 东营天虹合成纤维有限公司 | 2018 年 11 月 30 日 | | |
| 东营市翰腾钢丝帘线有限公司 | 2018 年 11 月 30 日 | | |
| 东营鑫海新材料有限公司 | 2018 年 11 月 30 日 | | |
| 东营金旭新材料有限公司 | 2018 年 11 月 30 日 | | |

续表

| 公司名称 | 裁定重整时间 | 裁定批准重整计划时间 | 重整涉及的重大事项 |
|---|---|---|---|
| 东营市瑞腾钢丝帘线有限公司 | 2018 年 11 月 30 日 | | 公司、烟台柏斯经贸有限公司、济南格盾贸易有限公司、山东东莱高科石油装备有限公司、上海鲁睿光电科技有限公司、珠海大海大宗商品金融服务有限公司、上海垣兴国际贸易有限公司、上海铜赢电子商务有限公司二十九家公司重整;2019 年 7 月 24 日裁定上述五十七家公司实质合并重整 |
| 东营市丰泰物流有限公司 | 2018 年 11 月 30 日 | | |
| 重庆市剑盛食品有限公司 | 2018 年 12 月 3 日 | | |
| 五洋建设集团股份有限公司 | 2018 年 12 月 3 日 | | |
| 苏州翠湖置业有限公司 | 2018 年 12 月 4 日 | | |
| 河北昌泰纸业有限公司 | 2018 年 12 月 4 日 | | |
| 阳江市羽威羽绒制品有限公司 | 2018 年 12 月 5 日 | | 2018 年 12 月 6 日裁定与广东羽威农业集团有限公司、广东羽威羽绒实业有限公司共七公司合并重整 |
| 阳江市羽威食品有限公司 | 2018 年 12 月 5 日 | | |
| 阳江市羽威服装有限公司 | 2018 年 12 月 5 日 | | |
| 阳江市羽威惠农养殖有限公司 | 2018 年 12 月 5 日 | | |
| 阳江市富农黄鬃鹅原种繁育有限公司 | 2018 年 12 月 5 日 | | |
| 山东长江汇泉集团购物中心有限公司、山东长江汇泉集团糖酒食品有限公司、山东长江汇泉集团超市有限公司、山东长江汇泉集团置业有限公司、山东长江汇泉集团农副产品批发市场有限公司 | 2018 年 12 月 6 日 | | |

续表

| 公司名称 | 裁定重整时间 | 裁定批准重整计划时间 | 重整涉及的重大事项 |
|---|---|---|---|
| 唐山市大陆实业有限公司 | 2018 年 12 月 6 日 | | 2019 年裁定与唐山大陆房地产开发有限公司合并重整 |
| 玉林东港汽车市场投资管理有限公司 | 2018 年 12 月 6 日 | | |
| 重庆原秋农业发展有限公司 | 2018 年 12 月 8 日 | | |
| 东星建设工程集团有限公司 | 2018 年 12 月 10 日 | | 2018 年 12 月 10 日裁定与怀化英泰建设投资有限公司共四公司合并重整 |
| 湖南辰溪华中水泥有限公司 | 2018 年 12 月 10 日 | | |
| 湖南东星建设材料有限公司 | 2018 年 12 月 10 日 | | |
| 青岛市祥荣铝制品有限公司 | 2018 年 12 月 12 日 | | 2018 年 11 月 26 日裁定八公司重整;2018 年 11 月 30 日裁定十九家公司重整;2018 年 12 月 12 日裁定青岛市祥荣铝制品有限公司一公司重整;2019 年 2 月 2 日裁定二十九家公司重整;2019 年 7 月 24 日裁定五十七家公司实质合并重整 |
| 四川丰泰改性道路沥青有限公司 | 2018 年 12 月 12 日 | | 2019 年 10 月 30 日,裁定终止重整程序并宣告破产 |
| 衡水众志橡胶科技开发有限公司 | 2018 年 12 月 12 日 | | |
| 淮安市民生实业有限公司 | 2018 年 12 月 12 日 | | |
| 云南第一公路桥梁工程有限公司 | 2018 年 12 月 13 日 | | 2019 年 3 月 1 日裁定大理路霖房地产开发有限责任公司、剑川天盟开发投资有限公司、云南大理大保物资仓储中转有限公司、云南华林绿化工程有限公司与云南第一公路桥梁工程有限公司合并破产重整 |
| 江西五叶东方旅游度假开发有限公司 | 2018 年 12 月 13 日 | | |

续表

| 公司名称 | 裁定重整时间 | 裁定批准重整计划时间 | 重整涉及的重大事项 |
|---|---|---|---|
| 贵州金晨置业投资开发有限公司 | 2018年12月13日 | | |
| 唐山大陆房地产开发有限公司 | 2018年12月13日 | | 2019年与唐山市大陆实业有限公司合并重整 |
| 宁夏上陵房地产开发有限公司 | 2018年12月19日 | | |
| 宁夏上陵卓恒宇汽车销售服务有限公司 | 2018年12月19日 | | |
| 宁夏银川上陵雷克萨斯汽车销售服务有限公司 | 2018年12月19日 | | |
| 宁夏上陵卓恒安汽车销售服务有限公司 | 2018年12月19日 | | |
| 宁夏上陵国际贸易有限公司 | 2018年12月19日 | | |
| 宁夏上陵实业(集团)有限公司 | 2018年12月19日 | | |
| 宁夏赐鑫建筑工程有限公司 | 2018年12月19日 | | |
| 北京中科联众科技股份有限公司 | 2018年12月19日 | | |
| 山东华金集团有限公司 | 2018年12月20日 | | 2019年3月20日根据管理人申请,裁定山东华金集团有限公司与泗水金益纸业有限公司、山东华金板纸有限公司、山东凯特纸业有限公司、山东华金建材有限公司、山东华金物流有限公司、山东冠杰商贸有限公司、山东力发贸易有限公司合并破产重整 |
| 浙江世嘉控股有限公司 | 2018年12月21日 | | |
| 广西沙龙投资有限公司 | 2018年12月22日 | | |

续表

| 公司名称 | 裁定重整时间 | 裁定批准重整计划时间 | 重整涉及的重大事项 |
| --- | --- | --- | --- |
| 山东桦超化工有限公司 | 2018 年 12 月 24 日 | 2019 年 10 月 31 日 | |
| 四川荃森实业有限公司 | 2018 年 12 月 28 日 | | |
| 恩施州新旺牧业有限责任公司 | 2018 年 12 月 29 日 | | |
| 恩施州龙城实业有限责任公司 | 2018 年 12 月 31 日 | | |
| 四平市天威电化有限公司 | 2018 年 | | |
| 四平市建新漆业有限公司 | 2018 年 | | |
| 宁夏协力厚医药有限公司 | 2018 年 | | |
| 宁夏协力厚房地产开发有限公司 | 2018 年 | | |
| 东营市泰恩斯动力传动设备有限公司 | 2018 年 | | |

# 中国非上市公司重整统计（2019年）*

**整理：樊笑辰**

中国政法大学民商经济法学院经济法专业硕士研究生。

| 公司名称 | 裁定重整时间 | 裁定批准重整计划时间 | 重整涉及的重大事项 |
| --- | --- | --- | --- |
| 许昌德瑞电梯有限公司 | 2019年1月2日 | | |
| 许昌昌隆造纸设备有限公司 | 2019年1月2日 | | |
| 许昌同创有色金属有限公司 | 2019年1月2日 | | |
| 许昌钰琨电梯工程有限公司 | 2019年1月2日 | | |
| 许昌昌隆环保科技有限公司 | 2019年1月2日 | | |
| 河南布道达银商贸有限公司 | 2019年1月2日 | | |
| 许昌鹏洋发饰品有限公司 | 2019年1月2日 | | |
| 许昌昊远机械制造有限公司 | 2019年1月2日 | | |
| 许昌维佳特商贸有限公司 | 2019年1月2日 | | |

* 数据来源：《人民法院报》，全国企业破产重整案件信息网。相关案件信息截至2019年12月31日，信息收集截至2020年2月29日。呈现表格不全，扫码可查看全表。

续表

| 公司名称 | 裁定重整时间 | 裁定批准重整计划时间 | 重整涉及的重大事项 |
| --- | --- | --- | --- |
| 许昌华昱商贸有限公司 | 2019 年 1 月 2 日 | | |
| 许昌博远运输有限公司 | 2019 年 1 月 2 日 | | |
| 许昌富士通机电有限公司 | 2019 年 1 月 2 日 | | |
| 无锡市政建设集团有限公司 | 2019 年 1 月 3 日 | | |
| 河北融通房地产开发有限公司 | 2019 年 1 月 3 日 | | |
| 乌拉特后旗瑞峰铅冶炼有限公司 | 2019 年 1 月 3 日 | | |
| 亚通塑胶(湖北)有限公司 | 2019 年 1 月 3 日 | | |
| 唐山市路桥建设有限公司 | 2019 年 1 月 3 日 | | 2018 年 11 月 15 日,河北省唐山高新技术产业开发区人民法院裁定受理唐山市路桥建设有限公司、唐山方正房地产经纪有限公司重整申请,后经唐山市中级人民法院批复,案件移送唐山市路北区人民法院处理,该法院 2019 年 1 月 3 日裁定受理 |
| 唐山方正房地产经纪有限公司 | 2019 年 1 月 3 日 | | |
| 平邑县鑫岭塑业有限公司 | 2019 年 1 月 4 日 | 2019 年 6 月 28 日 | |
| 安徽华岳矿物材料有限公司 | 2019 年 1 月 4 日 | | |
| 中建材宁国新马铸造科技有限公司 | 2019 年 1 月 7 日 | | |
| 苏州市仁泰商品房开发有限责任公司 | 2019 年 1 月 7 日 | | |
| 肥城佰亿房地产开发有限公司 | 2019 年 1 月 8 日 | | |
| 山东新宇包装股份有限公司 | 2019 年 1 月 8 日 | | |

续表

| 公司名称 | 裁定重整时间 | 裁定批准重整计划时间 | 重整涉及的重大事项 |
| --- | --- | --- | --- |
| 湖南图兰朵花园酒店有限公司 | 2019 年 1 月 11 日 | | |
| 湖南天友酒店管理有限公司 | 2019 年 1 月 11 日 | | |
| 四川省江油市新华泰实业有限责任公司 | 2019 年 1 月 16 日 | | |
| 内蒙古君达风电有限责任公司 | 2019 年 1 月 16 日 | | |
| 浙江久源林业科技股份有限公司 | 2019 年 1 月 17 日 | 2019 年 12 月 6 日 | |
| 唐山大陆房地产开发有限公司 | 2019 年 1 月 17 日 | | 2018 年 12 月 13 日唐山高新技术产业开发区人民法院根据唐山大陆房地产开发有限公司的申请裁定受理唐山大陆房地产开发有限公司破产重整,并将该案移送唐山市丰润区人民法院审理,2019 年 1 月 17 日唐山市丰润区人民法院受理;2019 年与唐山市大陆实业有限公司合并重整 |
| 纪元电气集团有限公司 | 2019 年 1 月 18 日 | | 2019 年 1 月 18 日裁定受理该八公司重整申请;2019 年 1 月 25 日裁定受理浙江元宏光电科技有限公司重整申请;2019 年 4 月 11 日裁定受理九公司实质合并重整申请;未按期提出重整计划草案,2019 年 10 月 18 日裁定终止九公司重整程序并宣告破产 |
| 江山市开关厂有限公司 | 2019 年 1 月 18 日 | | |
| 浙江纪元高压电器开关有限公司 | 2019 年 1 月 18 日 | | |
| 浙江南极互感器有限公司 | 2019 年 1 月 18 日 | | |
| 江山市纪元电镀五金有限公司 | 2019 年 1 月 18 日 | | |
| 浙江纪元电气科技股份有限公司 | 2019 年 1 月 18 日 | | |
| 浙江纪元电力自动化科技有限公司 | 2019 年 1 月 18 日 | | |
| 江山市江开电器有限公司 | 2019 年 1 月 18 日 | | |

续表

| 公司名称 | 裁定重整时间 | 裁定批准重整计划时间 | 重整涉及的重大事项 |
|---|---|---|---|
| 山东创佳新材料有限公司 | 2019 年 1 月 18 日 | | |
| 山东天源食品有限公司 | 2019 年 1 月 18 日 | | |
| 河北百盛橡胶有限公司 | 2019 年 1 月 18 日 | | |
| 临沂百信源食品有限公司 | 2019 年 1 月 18 日 | | |
| 沈阳国际汽车城开发有限公司 | 2019 年 1 月 18 日 | | |
| 安徽金源环保科技有限公司 | 2019 年 1 月 21 日 | | |
| 河南兴和置业有限公司 | 2019 年 1 月 21 日 | | |
| 江西樟丰化工有限公司 | 2019 年 1 月 22 日 | | 2019 年 8 月 30 日裁定终止重整程序并宣告破产 |
| 协力和兴房地产开发(平潭)有限公司 | 2019 年 1 月 22 日 | 2019 年 10 月 22 日 | |
| 黄河方舟国际贸易有限公司 | 2019 年 1 月 23 日 | | |
| 东营河口区津合畜禽养殖有限公司 | 2019 年 1 月 23 日 | | |
| 东营河口方舟生物饲料有限公司 | 2019 年 1 月 23 日 | | |
| 无锡银乾生物科技有限公司 | 2019 年 1 月 24 日 | | |
| 新余市昌坊农业开发有限公司 | 2019 年 1 月 24 日 | | |
| 木里县三山圣水饮品有限责任公司 | 2019 年 1 月 24 日 | | |
| 新余市昌坊祥瑞投资有限公司 | 2019 年 1 月 24 日 | | |

续表

| 公司名称 | 裁定重整时间 | 裁定批准重整计划时间 | 重整涉及的重大事项 |
|---|---|---|---|
| 浙江元宏光电科技有限公司 | 2019年1月25日 | | 2019年1月18日裁定受理纪元电气集团有限公司、江山市开关厂有限公司、浙江纪元高压电器开关有限公司、浙江南极互感器有限公司、江山市纪元电镀五金有限公司、浙江纪元电气科技股份有限公司、浙江纪元电力自动化科技有限公司、江山市江开电器有限公司重整申请;2019年1月25日裁定受理浙江元宏光电科技有限公司重整申请;2019年4月11日,裁定受理九公司实质合并重整申请;未按期提出重整计划草案,2019年10月18日裁定终止九公司重整程序并宣告破产 |
| 无锡爱依特纺织有限公司 | 2019年1月28日 | | |
| 无锡雅斯特纺织有限公司 | 2019年1月28日 | | |
| 武汉双龙堂房地产发展有限公司 | 2019年1月28日 | | |
| 临沂昌泰印务包装有限公司 | 2019年1月29日 | | |
| 莒南县厚源印务有限公司 | 2019年1月29日 | | |
| 山东蓝澳印务包装有限公司 | 2019年1月29日 | | |
| 永城兆隆房地产开发有限公司 | 2019年1月29日 | | |

续表

| 公司名称 | 裁定重整时间 | 裁定批准重整计划时间 | 重整涉及的重大事项 |
| --- | --- | --- | --- |
| 淄博山川置业有限公司 | 2019 年 1 月 30 日 |  | 2018 年 9 月 4 日根据淄博淄川农村商业银行股份有限公司的申请，裁定山东淄博山川药业有限公司重整；2018 年 9 月 11 日根据淄博淄川农村商业银行股份有限公司的申请，裁定山东淄博山川医用器材有限公司重整；2019 年 1 月 30 日根据淄博山川置业有限公司、山东山川化工科技有限公司、淄博山川进出口贸易有限公司、淄博山川实业有限公司、淄博山川包装制品有限公司的申请，裁定该五公司重整；2019 年 3 月 26 日根据山东奥博医用器械股份有限公司申请，裁定该公司重整；2019 年 6 月 3 日裁定八公司合并重整 |
| 淄博山川实业有限公司 | 2019 年 1 月 30 日 |  |  |
| 淄博山川进出口贸易有限公司 | 2019 年 1 月 30 日 |  |  |
| 淄博山川包装制品有限公司 | 2019 年 1 月 30 日 |  |  |
| 山东山川化工科技有限公司 | 2019 年 1 月 30 日 |  |  |
| 威海老船长航运有限公司 | 2019 年 1 月 30 日 |  |  |
| 茂名市世和城建房地产开发有限公司 | 2019 年 1 月 31 日 |  |  |
| 茂名市世和实业发展有限公司 | 2019 年 1 月 31 日 |  |  |
| 湖南德林房地产开发有限公司 | 2019 年 1 月 31 日 |  |  |
| 怀化市大成置业有限责任公司 | 2019 年 2 月 1 日 |  |  |
| 山东福牌生物科技有限公司 | 2019 年 2 月 1 日 |  |  |
| 山东华丞装饰工程有限公司 | 2019 年 2 月 2 日 |  |  |
| 大庆庆然天然气有限公司 | 2019 年 2 月 2 日 |  |  |
| 修武县度假大酒店有限公司 | 2019 年 2 月 2 日 |  |  |

续表

| 公司名称 | 裁定重整时间 | 裁定批准重整计划时间 | 重整涉及的重大事项 |
|---|---|---|---|
| 山东恒远融资租赁有限公司 | 2019年2月2日 | | 2018年11月26日裁定山东大海集团有限公司、山东金茂纺织化工集团有限公司、东营金茂铝业高科技有限公司、山东大海新能源发展有限公司、东营鹏杰色织有限公司、东营金华精细化工有限公司、东营金玺铜业有限公司、山东金信新材料有限公司八公司重整;2018年11月30日裁定东营市广饶县丰泰小额贷款股份有限公司、山东蓝色电子科技有限公司、东营金茂进出口有限公司、东营君科进出口有限公司、东营市河口区联丰小额贷款股份有限公司、东营博奥奇新材料有限公司、山东维奥轻车车轮有限公司、东营双福织造有限公司、山东大海集团进出口有限公司、山东大海新材料股份有限公司、东营天森林业发展有限公司、山东欧纱纤维有限公司、山东大海纤维股份有限公司、东营天虹合成纤维有限公司、东营市翰腾钢丝帘线有限公司、东营鑫海新材料有限公司、东营金旭新材料有限公司、东营市瑞腾钢丝帘线有限公司、东营市丰泰物流有限公司十九家公司重整;2018年12月12日裁定青岛市祥荣铝制品有限公司一公司重整;2019年2月2日裁定山东恒远融资租赁有限公司、东营卓远铜业有限公司、东营银通金融服务有限公司、东营市欧赛纺织有限公司、东营市创源节 |
| 东营卓远铜业有限公司 | 2019年2月2日 | | |
| 东营银通金融服务有限公司 | 2019年2月2日 | | |
| 东营市欧赛纺织有限公司 | 2019年2月2日 | | |
| 东营市创源节能技术有限公司 | 2019年2月2日 | | |
| 东营朗能光电有限公司 | 2019年2月2日 | | |
| 东营君晟达贸易有限公司 | 2019年2月2日 | | |
| 东营惠博纺织有限公司 | 2019年2月2日 | | |
| 东营富亨化工有限公司 | 2019年2月2日 | | |
| 东营大海国际经济咨询服务有限公司 | 2019年2月2日 | | |
| 山东休斯顿石油装备交易中心有限公司 | 2019年2月2日 | | |
| 山东普斐科特新材料有限公司 | 2019年2月2日 | | |
| 山东科源售电有限公司 | 2019年2月2日 | | |
| 山东大海分之合企业管理咨询有限公司 | 2019年2月2日 | | |
| 利津奥太新能源发电有限公司 | 2019年2月2日 | | |
| 东营鑫耀光伏有限公司 | 2019年2月2日 | | |
| 东营市鑫圆铜业有限公司 | 2019年2月2日 | | |
| 东营市科源节能技术有限公司 | 2019年2月2日 | | |

续表

| 公司名称 | 裁定重整时间 | 裁定批准重整计划时间 | 重整涉及的重大事项 |
| --- | --- | --- | --- |
| 东营科阳光伏有限公司 | 2019年2月2日 | | 能技术有限公司、东营朗能光电有限公司、东营君晟达贸易有限公司、东营惠博纺织有限公司、东营富亨化工有限公司、东营大海国际经济咨询服务有限公司、山东休斯顿石油装备交易中心有限公司、山东普斐科特新材料有限公司、山东科源售电有限公司、山东大海分之合企业管理咨询有限公司、利津奥太新能源发电有限公司、东营鑫耀光伏有限公司、东营市鑫圆铜业有限公司、东营市科源节能技术有限公司、东营科阳光伏有限公司、东营创源光伏技术有限公司、东营昶岳电子商务有限公司、烟台万隆再生资源有限公司、烟台柏斯经贸有限公司、济南格盾贸易有限公司、山东东莱高科石油装备有限公司、上海鲁睿光电科技有限公司、珠海大海大宗商品金融服务有限公司、上海垣兴国际贸易有限公司、上海铜赢电子商务有限公司二十九家公司重整;2019年7月24日裁定上述五十七家公司实质合并重整 |
| 东营创源光伏技术有限公司 | 2019年2月2日 | | |
| 东营昶岳电子商务有限公司 | 2019年2月2日 | | |
| 烟台万隆再生资源有限公司 | 2019年2月2日 | | |
| 烟台柏斯经贸有限公司 | 2019年2月2日 | | |
| 济南格盾贸易有限公司 | 2019年2月2日 | | |
| 山东东莱高科石油装备有限公司 | 2019年2月2日 | | |
| 上海鲁睿光电科技有限公司 | 2019年2月2日 | | |
| 珠海大海大宗商品金融服务有限公司 | 2019年2月2日 | | |
| 上海垣兴国际贸易有限公司 | 2019年2月2日 | | |
| 上海铜赢电子商务有限公司 | 2019年2月2日 | | |
| 江苏龙腾鹏达机电有限公司 | 2019年2月11日 | | 2019年5月27日根据四公司申请裁定四公司实质合并重整 |
| 南通富士德机电有限公司 | 2019年2月11日 | | |
| 南通鹏达工具有限公司 | 2019年2月11日 | | |
| 江苏万鹏机电有限公司 | 2019年2月11日 | | |

续表

| 公司名称 | 裁定重整时间 | 裁定批准重整计划时间 | 重整涉及的重大事项 |
|---|---|---|---|
| 上海明虹投资有限公司 | 2019年2月11日 | | |
| 安徽祥龙建设集团有限公司、安徽祥龙钢结构有限公司 | 2019年2月15日 | | 合并重整 |
| 商丘富力置业有限公司 | 2019年2月15日 | | |
| 云南解化清洁能源开发有限公司 | 2019年2月19日 | | |
| 云南东源煤业集团有限公司 | 2019年2月19日 | | |
| 云南东源煤电股份有限公司 | 2019年2月19日 | | |
| 许昌市亨通房地产开发有限公司 | 2019年2月19日 | | |
| 湖南华艳药业有限公司 | 2019年2月20日 | | |
| 湖南华艳生物科技开发股份有限公司 | 2019年2月20日 | | |
| 南丰县兰鑫肥业有限公司 | 2019年2月20日 | 2019年6月17日 | |
| 湖南吉首精诚房地产开发有限责任公司 | 2019年2月21日 | | |
| 湖北好智多神农植物酒业有限公司 | 2019年2月21日 | | |
| 四川康嘉生物科技有限公司 | 2019年2月26日 | | |
| 四川道泉茶业科技有限公司 | 2019年2月26日 | | |
| 元谋金汇房地产开发有限公司 | 2019年2月26日 | | |
| 诚航新能源车辆有限公司 | 2019年2月26日 | | |
| 东营富蓝机械加工有限公司 | 2019年2月26日 | | |

续表

| 公司名称 | 裁定重整时间 | 裁定批准重整计划时间 | 重整涉及的重大事项 |
| --- | --- | --- | --- |
| 东营市天康商贸有限公司 | 2019 年 2 月 26 日 | | |
| 东营市润物物流有限责任公司 | 2019 年 2 月 26 日 | | |
| 塔城鸿天盛房地产开发有限公司 | 2019 年 2 月 26 日 | | |
| 比特科技控股股份有限公司 | 2019 年 3 月 1 日 | 2019 年 5 月 6 日 | 2019 年 7 月 23 日裁定重整计划执行完毕,终结破产程序 |
| 昆明千益丰房地产开发经营有限公司 | 2019 年 3 月 8 日 | | |
| 湖北竹溪亚之洲开发有限公司 | 2019 年 3 月 11 日 | | |
| 河南省神艺服饰有限公司 | 2019 年 3 月 12 日 | | |
| 竹溪盛源水电开发有限公司 | 2019 年 3 月 12 日 | | |
| 辽宁欣泰股份有限公司 | 2019 年 3 月 13 日 | | |
| 河南开元金属制品有限公司 | 2019 年 3 月 14 日 | | |
| 山东胜通集团股份有限公司 | 2019 年 3 月 15 日 | | |
| 山东胜通钢帘线有限公司 | 2019 年 3 月 15 日 | | |
| 山东胜通化工有限公司 | 2019 年 3 月 15 日 | | |
| 山东胜通光学材料科技有限公司 | 2019 年 3 月 15 日 | | |
| 山东胜通非晶材料科技有限公司 | 2019 年 3 月 15 日 | | |
| 东营市胜通电力设备器材有限责任公司 | 2019 年 3 月 15 日 | | |
| 山东胜通建安工程有限责任公司 | 2019 年 3 月 15 日 | | |

续表

| 公司名称 | 裁定重整时间 | 裁定批准重整计划时间 | 重整涉及的重大事项 |
|---|---|---|---|
| 东营市垦利区黄河汇缘文化发展有限公司 | 2019年3月15日 | | |
| 山东胜通进出口有限公司 | 2019年3月15日 | | |
| 东营市汇通国际贸易有限公司 | 2019年3月15日 | | |
| 山东胜通机械制造有限公司 | 2019年3月15日 | | |
| 东辰控股集团有限公司 | 2019年3月15日 | | |
| 山东东辰生物工程股份有限公司 | 2019年3月15日 | | |
| 山东东辰进出口有限公司 | 2019年3月15日 | | |
| 山东东辰节能电力设备有限公司 | 2019年3月15日 | | |
| 山东统洲化工有限公司 | 2019年3月15日 | | |
| 东营佛思特生物工程有限公司 | 2019年3月15日 | | |
| 沙洋华堂家俱装饰工程有限公司 | 2019年3月15日 | | |
| 广州耀轮车业有限公司 | 2019年3月18日 | | |
| 广州凯路仕自行车运动时尚产业股份有限公司 | 2019年3月18日 | | |
| 临沂卓易房地产开发有限公司 | 2019年3月19日 | | |
| 沙洋华堂家俱装饰工程有限公司 | 2019年3月19日 | | |
| 眉山市拓跋商贸有限公司 | 2019年3月19日 | | |
| 湖南省鑫鑫置业有限公司 | 2019年3月19日 | | |

续表

| 公司名称 | 裁定重整时间 | 裁定批准重整计划时间 | 重整涉及的重大事项 |
| --- | --- | --- | --- |
| 亿阳集团股份有限公司 | 2019 年 3 月 21 日 | | |
| 山东三维油脂集团股份有限公司 | 2019 年 3 月 21 日 | 2019 年 10 月 30 日 | |
| 山东长润生物有限公司 | 2019 年 3 月 21 日 | 2019 年 10 月 30 日 | |
| 山东三维大豆蛋白有限公司 | 2019 年 3 月 21 日 | 2019 年 10 月 30 日 | |
| 山东中酿食品有限公司 | 2019 年 3 月 21 日 | 2019 年 10 月 30 日 | |
| 山东中阳生物科技有限公司 | 2019 年 3 月 21 日 | 2019 年 10 月 30 日 | |
| 临沂三维财富广场商业运营管理有限公司 | 2019 年 3 月 21 日 | 2019 年 10 月 30 日 | |
| 绵阳宏建房地产开发有限公司 | 2019 年 3 月 22 日 | | |
| 唐山城建路桥投资有限公司 | 2019 年 3 月 22 日 | | 2018 年 11 月 13 日河北省唐山市中级人民法院裁定受理重整；后经河北省高级人民法院复函同意，2019 年 3 月 6 日，河北省唐山市中级人民法院裁定本案由唐山市路北区人民法院审理 |
| 山东奥博医用器械股份有限公司 | 2019 年 3 月 26 日 | | 2018 年 9 月 4 日根据淄博淄川农村商业银行股份有限公司的申请，裁定山东淄博山川药业有限公司重整；2018 年 9 月 11 日根据淄博淄川农村商业银行股份有限公司的申请，裁定山东淄博山川医用器材有限公司重整；2019 年 1 月 30 日根据淄博山川置业有限公司、山东山川化工科技有限公司、淄博山川进出口贸易有限公司、淄博山川实业有限公司、淄博山川包装制品有限公司的申请， |

续表

| 公司名称 | 裁定重整时间 | 裁定批准重整计划时间 | 重整涉及的重大事项 |
| --- | --- | --- | --- |
| | | | 裁定该五公司重整;2019年3月26日根据山东奥博医用器械股份有限公司申请,裁定该公司重整;2019年6月3日裁定八公司合并重整 |
| 甘肃海天鼎盛汽车贸易集团有限公司 | 2019年3月26日 | | |
| 重庆远大置业有限公司 | 2019年3月28日 | | |
| 湖南省鑫鑫置业有限公司 | 2019年3月28日 | | |
| 四川奥深达通用电缆有限责任公司 | 2019年3月29日 | | |
| 四川鑫星铝业有限责任公司 | 2019年3月29日 | | |
| 四川普瑞达铝业有限责任公司 | 2019年3月29日 | | |
| 浙江港奥机械有限公司 | 2019年4月1日 | | |
| 银川市天长地久床垫有限公司 | 2019年4月2日 | | |
| 河南清川棉业股份有限公司 | 2019年4月2日 | | |
| 江油市凯逸商品混凝土有限公司 | 2019年4月2日 | | |
| 河南众邦农业科技有限公司 | 2019年4月3日 | | |
| 众邦肥业(河南)有限公司 | 2019年4月3日 | | |
| 常德市湘拓实业有限公司 | 2019年4月3日 | | |

续表

| 公司名称 | 裁定重整时间 | 裁定批准重整计划时间 | 重整涉及的重大事项 |
| --- | --- | --- | --- |
| 河南省融城房地产有限公司 | 2019 年 4 月 4 日 | | 2017 年 12 月 16 日开封市中级人民法院裁定受理破产重整;2019 年 1 月 1 日,开封市中级人民法院移交开封市禹王台区人民法院审理,该院2019 年 4 月 4 日立案 |
| 丹东港集团有限公司 | 2019 年 4 月 4 日 | | |
| 丹东老东北农牧有限公司 | 2019 年 4 月 4 日 | | |
| 辽宁快急送物流有限公司 | 2019 年 4 月 4 日 | | |
| 永州和泰房地产开发有限责任公司 | 2019 年 4 月 4 日 | | |
| 山东玉林油脂有限公司 | 2019 年 4 月 9 日 | 2019 年 10 月 30 日 | |
| 博湖县红多多蕃茄制品有限公司 | 2019 年 4 月 9 日 | | 2019 年 7 月 11 日裁定受理新疆锦山红番茄制品有限公司重整;2019 年 7 月 22 日根据二公司管理人申请,裁定二公司破产重整合并审理 |
| 新疆金特钢铁股份有限公司 | 2019 年 4 月 9 日 | | |
| 重庆品硕房地产开发有限公司 | 2019 年 4 月 9 日 | | |
| 浙江爱迪亚营养科技开发有限公司 | 2019 年 4 月 10 日 | | |
| 汕头市金平区吉祥粮油贸易有限公司 | 2019 年 4 月 10 日 | | |
| 江西盐城水泥有限公司 | 2019 年 4 月 11 日 | | |
| 周口泰昊置业有限公司 | 2019 年 4 月 12 日 | | |
| 银川晶峰玻璃有限公司 | 2019 年 4 月 15 日 | | |

续表

| 公司名称 | 裁定重整时间 | 裁定批准重整计划时间 | 重整涉及的重大事项 |
| --- | --- | --- | --- |
| 广东富利实业有限公司 | 2019年4月17日 | | |
| 银川金幕建筑材料有限公司 | 2019年4月18日 | | |
| 克州亚星矿产资源集团有限公司 | 2019年4月19日 | 2019年12月20日 | 2019年8月24日裁定三公司实质合并重整，2019年8月24日准许三公司在管理人监督下自行管理财产和营业事务 |
| 阿克陶乾盛矿业有限公司 | 2019年4月19日 | | |
| 阿图什建宝选矿有限公司 | 2019年4月19日 | | |
| 无锡外事旅游汽车有限公司 | 2019年4月22日 | | |
| 郓城宏远肠衣有限公司 | 2019年4月22日 | | |
| 广东全兴实业集团有限公司 | 2019年4月23日 | | |
| 郓城县亿万汽车配件制造有限公司 | 2019年4月24日 | | |
| 安徽省亿德太阳能新能源科技有限公司 | 2019年4月24日 | | |
| 东营市东辰（集团）化工有限公司 | 2019年4月25日 | | |
| 山东东辰佳日置业有限公司 | 2019年4月25日 | | |
| 东营佳日物业管理有限公司 | 2019年4月25日 | | |
| 东营诺德葡萄酒业有限公司 | 2019年4月25日 | | |
| 青岛斯威特进出口有限公司 | 2019年4月25日 | | |
| 新光控股集团有限公司 | 2019年4月25日 | | |
| 义乌市新光贸易有限公司 | 2019年4月25日 | | |
| 上海富越铭城控股集团有限公司 | 2019年4月25日 | | |

续表

| 公司名称 | 裁定重整时间 | 裁定批准重整计划时间 | 重整涉及的重大事项 |
|---|---|---|---|
| 上海希宝实业有限公司 | 2019 年 4 月 25 日 | | |
| 江苏常科新材料有限公司 | 2019 年 4 月 25 日 | | |
| 眉山华星房地产开发有限公司 | 2019 年 4 月 25 日 | | |
| 日照华远海洋装备制造有限公司 | 2019 年 4 月 28 日 | | |
| 云南奥宸房地产开发有限公司 | 2019 年 4 月 28 日 | | |
| 昆明香缇玫瑰房地产开发有限公司 | 2019 年 4 月 29 日 | | |
| 甘肃华明电力股份有限公司 | 2019 年 4 月 29 日 | | 2019 年 10 月 15 日根据甘肃华明建设工程有限责任公司申请,裁定该公司纳入重整,与甘肃华明电力股份有限公司合并重整 |
| 哈尔滨市超然物业有限公司 | 2019 年 4 月 29 日 | | |
| 河南宇华电气有限公司 | 2019 年 4 月 29 日 | | |
| 南涧县能迅天然气有限公司 | 2019 年 5 月 5 日 | | |
| 湖北宇风房地产开发有限公司 | 2019 年 5 月 5 日 | | |
| 河北宏扬置地房地产有限公司 | 2019 年 5 月 6 日 | | 2019 年 1 月 17 日石家庄市鹿泉区人民法院裁定受理二公司重整申请,后经河北省高级人民法院复函同意,鹿泉区人民法院于 2019 年 4 月 9 日裁定二公司重整案移送唐山市路北区法院处理,路北区法院于 2019 年 5 月 6 日裁定受理 |
| 石家庄方正房地产开发有限公司 | 2019 年 5 月 6 日 | | |
| 湖南金泰建设有限公司 | 2019 年 5 月 8 日 | | |

续表

| 公司名称 | 裁定重整时间 | 裁定批准重整计划时间 | 重整涉及的重大事项 |
|---|---|---|---|
| 文山州老山水电有限公司 | 2019年5月10日 | | 2019年12月23日裁定砚山县人合小额信贷有限公司、麻栗坡天保边境贸易加工园区德霖开发有限公司、麻栗坡县德霖房地产开发有限公司纳入文山州老山水电有限公司破产重整 |
| 陕西金丝路置业有限公司 | 2019年5月13日 | | |
| 广东龙华经贸开发有限公司 | 2019年5月13日 | | |
| 济源市煤炭高压开关有限公司 | 2019年5月13日 | | |
| 湖北风情赤壁度假区投资管理有限公司 | 2019年5月13日 | | |
| 贵州赫之林食品饮料有限公司 | 2019年5月13日 | | |
| 洛娃科技实业集团有限公司 | 2019年5月13日 | | |
| 北京洛娃日化有限公司 | 2019年5月13日 | | |
| 北京双娃乳业有限公司 | 2019年5月13日 | | |
| 新疆红金顶食业有限公司 | 2019年5月14日 | | |
| 山东瑞丰搪瓷制品有限公司 | 2019年5月16日 | | |
| 郓城县瑞诚瓷釉有限公司 | 2019年5月16日 | | |
| 山东菏泽利洋化工有限公司 | 2019年5月16日 | | |
| 郓城县宏发工程机械有限公司 | 2019年5月22日 | | |
| 郓城县恒源工程机械配件有限公司 | 2019年5月22日 | | |

续表

| 公司名称 | 裁定重整时间 | 裁定批准重整计划时间 | 重整涉及的重大事项 |
| --- | --- | --- | --- |
| 江苏泓海能源有限公司 | 2019 年 5 月 23 日 | | 2019 年 9 月 27 日裁定认可和解协议并终结破产程序 |
| 荆门天合源电子有限公司 | 2019 年 5 月 23 日 | | |
| 山东金冠化工有限公司 | 2019 年 5 月 27 日 | | |
| 山东华宜泰达建设工程有限公司 | 2019 年 5 月 27 日 | | |
| 东营华益盛达贸易有限公司 | 2019 年 5 月 27 日 | | |
| 山东兴泽化工有限公司 | 2019 年 5 月 27 日 | | |
| 荣成泰和房地产开发有限公司 | 2019 年 5 月 27 日 | | 2019 年 9 月 3 日根据荣成泰和房地产开发有限公司管理人申请,裁定受理荣成上城物业管理有限公司破产重整;2019 年 10 月 15 日根据荣成泰和房地产开发有限公司管理人申请,裁定荣成泰和房产开发有限公司、荣成上城物业管理有限公司合并重整 |
| 宁夏聚佰家商贸有限公司 | 2019 年 5 月 27 日 | | |
| 银川市双宝副食品有限公司 | 2019 年 5 月 27 日 | | |
| 商丘市德居房地产开发有限公司 | 2019 年 5 月 29 日 | | |
| 安徽威铭耐磨材料有限公司 | 2019 年 5 月 29 日 | | |
| 河南利兆置业有限公司 | 2019 年 5 月 29 日 | | |
| 无锡市政仁昌砼业有限公司 | 2019 年 5 月 31 日 | | |
| 无锡市政建设集团建达隧道构件有限公司 | 2019 年 5 月 31 日 | | |

续表

| 公司名称 | 裁定重整时间 | 裁定批准重整计划时间 | 重整涉及的重大事项 |
| --- | --- | --- | --- |
| 浙江新华基置业有限公司 | 2019年5月31日 | | |
| 重庆渝典新能源科技有限公司 | 2019年5月31日 | | |
| 山东央津农业股份有限公司 | 2019年6月3日 | | |
| 湖北沙洋金艺立水晶科技有限公司 | 2019年6月3日 | | |
| 潍坊朗润置业有限公司 | 2019年6月4日 | | |
| 山东润中药业有限公司 | 2019年6月4日 | | |
| 贵州富强圣能源投资有限公司 | 2019年6月6日 | | |
| 青龙满族自治县拓邦门窗幕墙工程有限公司 | 2019年6月6日 | | |
| 商丘市家福木业有限公司 | 2019年6月6日 | | |
| 河南圣力路桥有限公司 | 2019年6月10日 | | |
| 宁夏北方精工钢结构实业有限公司 | 2019年6月10日 | | |
| 湖南省福鑫不锈钢制品有限公司 | 2019年6月11日 | | |
| 祁东明鑫实业有限公司 | 2019年6月11日 | | |
| 乌海黑猫三兴精细化工有限公司 | 2019年6月12日 | | |
| 贵州长顺巨能矿业有限公司 | 2019年6月12日 | | |
| 贵州万海隆矿业集团股份有限公司 | 2019年6月12日 | | |
| 朝阳嘉义房地产开发有限公司 | 2019年6月13日 | | |

续表

| 公司名称 | 裁定重整时间 | 裁定批准重整计划时间 | 重整涉及的重大事项 |
| --- | --- | --- | --- |
| 大理集腾房地产开发有限公司 | 2019 年 6 月 14 日 | | |
| 巍山县能迅天然气有限公司 | 2019 年 6 月 17 日 | | |
| 建德市月芽湾农业开发有限公司 | 2019 年 6 月 17 日 | | |
| 山东力丰重型机床有限公司 | 2019 年 6 月 18 日 | | |
| 山东奥宇精密机械有限公司 | 2019 年 6 月 18 日 | | |
| 山东富力世新型材料有限公司 | 2019 年 6 月 18 日 | | |
| 山东希斯新能源发展有限公司 | 2019 年 6 月 18 日 | | |
| 湖北长阳清江古城文化旅游有限公司 | 2019 年 6 月 18 日 | | |
| 洛阳永杰车辆装备制造有限公司 | 2019 年 6 月 19 日 | | |
| 衡水泛亚橡塑有限责任公司 | 2019 年 6 月 19 日 | | |
| 邯郸市亚太房地产开发有限公司 | 2019 年 6 月 19 日 | | |
| 江西红歌食品有限公司 | 2019 年 6 月 20 日 | | |
| 榆林市众大新能源开发有限责任公司 | 2019 年 6 月 21 日 | | |
| 沈阳兴隆大家庭购物中心有限公司 | 2019 年 6 月 22 日 | | 2019 年 10 月 5 日根据管理人申请决定沈阳兴隆大家庭购物中心有限公司、沈阳大东兴隆百货有限公司和沈阳大东兴隆食品有限公司三重整案件协调审理 |
| 沈阳大东兴隆百货有限公司 | 2019 年 6 月 22 日 | | |
| 桂林市安模房地产开发有限责任公司 | 2019 年 6 月 25 日 | | |
| 新疆双赢房地产开发有限公司 | 2019 年 6 月 25 日 | | |

续表

| 公司名称 | 裁定重整时间 | 裁定批准重整计划时间 | 重整涉及的重大事项 |
| --- | --- | --- | --- |
| 泰州艾格服饰有限公司 | 2019 年 6 月 26 日 | | |
| 平顶山天源盐化有限责任公司 | 2019 年 6 月 28 日 | | |
| 中盐皓龙盐化有限责任公司 | 2019 年 6 月 28 日 | | |
| 无锡泰宝不锈钢有限公司 | 2019 年 6 月 28 日 | | |
| 阳朔丽水旅游开发有限公司 | 2019 年 6 月 28 日 | | |
| 临邑顺超物流运输有限公司 | 2019 年 6 月 29 日 | | |
| 丹东港务经营有限公司 | 2019 年 7 月 1 日 | | |
| 山东冠军纸业有限公司 | 2019 年 7 月 1 日 | | |
| 常德恒盛置业有限公司 | 2019 年 7 月 2 日 | | |
| 新疆青钢钢铁股份有限公司 | 2019 年 7 月 3 日 | | |
| 汉川市佳旺达食品有限公司 | 2019 年 7 月 3 日 | | |
| 湖北华都生物科技有限公司 | 2019 年 7 月 3 日 | | |
| 山东惠民长青木业有限责任公司 | 2019 年 7 月 4 日 | | 2019 年 11 月 21 日裁定受理山东惠民长青木业有限责任公司、山东立方木业科技有限公司、山东历方家居有限公司、山东省惠民县同喜木业有限责任公司、山东惠青木业有限公司、山东惠民明洋工贸有限公司、山东鲁惠门业有限公司、山东惠民宏洲进出口工贸有限公司八公司实质合并重整 |
| 山东裴堂瓶业有限公司 | 2019 年 7 月 4 日 | | |

续表

| 公司名称 | 裁定重整时间 | 裁定批准重整计划时间 | 重整涉及的重大事项 |
|---|---|---|---|
| 邯郸市金梧桐房地产开发有限公司 | 2019年7月4日 | | |
| 江西怡和源房地产开发有限公司 | 2019年7月4日 | | |
| 广西壮族自治区振合供销投资有限公司 | 2019年7月5日 | | |
| 益阳双羊科技饲料有限公司 | 2019年7月8日 | | |
| 河南省桑宇置业有限公司 | 2019年7月8日 | | |
| 河南鹏飞包装制品有限公司 | 2019年7月9日 | | |
| 衡水康氏金属表面处理有限公司 | 2019年7月9日 | | |
| 湖南宏基投资集团股份有限公司 | 2019年7月10日 | | |
| 新疆锦山红番茄制品有限公司 | 2019年7月11日 | | 2019年4月9日裁定受理博湖县红多多蕃茄制品有限公司重整;2019年7月22日根据二公司管理人申请,裁定二公司破产重整合并审理 |
| 河南欧利优乳业生物科技有限公司 | 2019年7月12日 | | |
| 赤峰春雷膨润土有限公司 | 2019年7月12日 | | |
| 盛泰集团有限公司 | 2019年7月15日 | | |
| 山东铸盛华橡胶有限公司 | 2019年7月15日 | | |
| 信义集团公司 | 2019年7月15日 | | |
| 东营信拓汽车消声器有限公司 | 2019年7月15日 | | |
| 东营信义汽车配件有限公司 | 2019年7月15日 | | |
| 东营信义制动系统有限公司 | 2019年7月15日 | | |

续表

| 公司名称 | 裁定重整时间 | 裁定批准重整计划时间 | 重整涉及的重大事项 |
|---|---|---|---|
| 广西奥奇丽股份有限公司 | 2019 年 7 月 15 日 | | |
| 山东龙霖经贸有限公司 | 2019 年 7 月 16 日 | | |
| 临沂市森雅林木业有限公司 | 2019 年 7 月 16 日 | | |
| 山东龙霖经贸有限公司 | 2019 年 7 月 16 日 | | |
| 沈阳机床(集团)有限责任公司 | 2019 年 7 月 17 日 | 2019 年 11 月 16 日 | |
| 北京市神州百戏文化产业有限公司 | 2019 年 7 月 18 日 | | |
| 湖南吉首精诚房地产开发有限责任公司 | 2019 年 7 月 19 日 | | |
| 新疆腾润房地产开发有限公司 | 2019 年 7 月 19 日 | | |
| 河南省傅潭酒业有限公司 | 2019 年 7 月 20 日 | | |
| 沈阳机床华屹工业控股集团有限公司 | 2019 年 7 月 22 日 | 2019 年 11 月 16 日 | |
| 沈阳沈一重装精工有限公司 | 2019 年 7 月 22 日 | 2019 年 11 月 16 日 | |
| 沈阳第一机床厂有限公司 | 2019 年 7 月 22 日 | 2019 年 11 月 16 日 | |
| 沈阳机床金鼎资产管理有限公司 | 2019 年 7 月 22 日 | 2019 年 11 月 16 日 | |
| 中捷机床有限公司 | 2019 年 7 月 22 日 | 2019 年 11 月 16 日 | |
| 沈阳中捷镗铣床有限公司 | 2019 年 7 月 22 日 | 2019 年 11 月 16 日 | |
| 沈阳机床进出口有限责任公司 | 2019 年 7 月 22 日 | 2019 年 11 月 16 日 | |
| 沈阳沈机通用机械制造有限公司 | 2019 年 7 月 22 日 | 2019 年 11 月 16 日 | |

续表

| 公司名称 | 裁定重整时间 | 裁定批准重整计划时间 | 重整涉及的重大事项 |
| --- | --- | --- | --- |
| 山东永乐食品有限公司 | 2019 年 7 月 23 日 | | 2019 年 12 月 4 日根据山东永乐食品有限公司管理人申请,裁定该公司与夏津县金亿来粮食收储有限公司、夏津瑞雪面业有限公司实质合并重整 |
| 巴彦淖尔华峰氧化锌有限公司 | 2019 年 7 月 25 日 | | |
| 咸宁市温泉东兴置业有限公司 | 2019 年 7 月 26 日 | | |
| 平顶山市立威房地产开发有限公司 | 2019 年 7 月 26 日 | | |
| 河南省朝歌房地产开发有限公司 | 2019 年 7 月 26 日 | | |
| 安能(宜昌)生物质热电有限公司 | 2019 年 7 月 26 日 | | |
| 好友轮胎有限公司 | 2019 年 7 月 26 日 | | |
| 湖北德诚番实业有限公司 | 2019 年 7 月 27 日 | | |
| 衡水正宇科工贸有限公司 | 2019 年 7 月 29 日 | | |
| 苏州香格里拉食品有限公司 | 2019 年 7 月 30 日 | | |
| 陕西煤航数码测绘(集团)股份有限公司 | 2019 年 8 月 1 日 | | |
| 泗水佳园房地产开发有限公司 | 2019 年 8 月 2 日 | | 2019 年 10 月 21 日根据泗水佳园房地产开发有限公司管理人的申请,裁定泗水佳园房地产开发有限公司、山东佳园财富购物广场有限公司合并重整 |
| 郯城美时莲食品有限公司 | 2019 年 8 月 2 日 | | |
| 郯城昌裕食品有限公司 | 2019 年 8 月 2 日 | | |

续表

| 公司名称 | 裁定重整时间 | 裁定批准重整计划时间 | 重整涉及的重大事项 |
| --- | --- | --- | --- |
| 湖北东皇置业有限公司 | 2019年8月5日 | | |
| 沈阳蒲兴养殖有限公司 | 2019年8月6日 | | |
| 沈阳蒲益牧业股份有限公司 | 2019年8月6日 | | |
| 辽宁孚兴食品有限公司 | 2019年8月6日 | | |
| 沈阳蒲兴禽业集团有限公司 | 2019年8月6日 | | |
| 浙江遂昌广元橡胶有限公司 | 2019年8月7日 | | |
| 南宁荣宝昌房地产有限公司 | 2019年8月7日 | | |
| 河北瑞生药业有限公司 | 2019年8月12日 | | |
| 攀枝花市德铭有色冶金有限公司 | 2019年8月13日 | | |
| 浙江东兴商厦股份有限公司 | 2019年8月16日 | | |
| 湖北光达石材有限公司 | 2019年8月19日 | | |
| 贵州华油天然气有限公司 | 2019年8月20日 | | |
| 山东华龙纺织股份有限公司 | 2019年8月20日 | | 2019年12月30日根据山东龙林过滤器材科技有限公司、山东罗莲工贸科技有限公司、五莲兴隆置业有限公司申请，裁定该三公司与山东华龙纺织股份有限公司合并破产重整 |
| 陆川中设国联新能源投资有限公司 | 2019年8月21日 | 2019年12月26日 | |
| 福建省石狮新联邦房地产开发有限公司 | 2019年8月21日 | | |

续表

| 公司名称 | 裁定重整时间 | 裁定批准重整计划时间 | 重整涉及的重大事项 |
| --- | --- | --- | --- |
| 新乡市起重机厂有限公司 | 2019 年 8 月 22 日 | | |
| 浙江省绿通物流有限公司 | 2019 年 8 月 23 日 | | |
| 蚌埠国购商业投资发展有限公司 | 2019 年 8 月 26 日 | | |
| 沈阳机床银丰铸造有限公司 | 2019 年 8 月 27 日 | 2019 年 11 月 16 日 | |
| 沈阳优尼斯智能装备有限公司 | 2019 年 8 月 27 日 | 2019 年 11 月 16 日 | |
| 黔西南州博宇(集团)兴义市平州铁合金有限公司 | 2019 年 8 月 27 日 | | |
| 黔西南泰龙(集团)焱鑫冶炼有限公司 | 2019 年 8 月 28 日 | | |
| 唐山集川药业利康制药有限公司 | 2019 年 8 月 28 日 | | 河北省唐山市中级人民法院 2019 年 8 月 28 日裁定受理破产重整,2019 年 10 月 14 日裁定由唐山市古冶区人民法院审理;2019 年 10 月 31 日唐山市古冶区人民法院受理此案 |
| 临沂瑞普利生物工程有限公司 | 2019 年 8 月 30 日 | | |
| 福建中豪房地产开发有限公司 | 2019 年 8 月 30 日 | | |
| 黑龙江亚欧牧业有限公司 | 2019 年 9 月 3 日 | | |
| 荣成上城物业管理有限公司 | 2019 年 9 月 3 日 | | 2019 年 10 月 15 日根据荣成泰和房地产开发有限公司管理人申请,裁定荣成泰和房产开发有限公司、荣成上城物业管理有限公司合并重整 |
| 临沂芙蓉家纺有限公司 | 2019 年 9 月 4 日 | | |

续表

| 公司名称 | 裁定重整时间 | 裁定批准重整计划时间 | 重整涉及的重大事项 |
|---|---|---|---|
| 松原市程亿房地产开发有限公司 | 2019 年 9 月 5 日 | | |
| 小黄狗环保科技有限公司 | 2019 年 9 月 5 日 | | |
| 江阴市荣达经贸有限公司 | 2019 年 9 月 6 日 | | |
| 江阴锦澄钢铁有限公司 | 2019 年 9 月 6 日 | | |
| 耿马凯雄房地产有限公司 | 2019 年 9 月 8 日 | | |
| 许昌市海港置业有限公司 | 2019 年 9 月 10 日 | | |
| 河南铂思特金属制品有限公司 | 2019 年 9 月 10 日 | | |
| 枣庄祥泰置业有限公司 | 2019 年 9 月 10 日 | | |
| 濮阳贝英数控机械设备有限公司 | 2019 年 9 月 12 日 | | |
| 信义实业集团有限公司 | 2019 年 9 月 18 日 | | |
| 山东信义汽车零部件制造有限公司 | 2019 年 9 月 18 日 | | |
| 东营优泰克制动系统有限公司 | 2019 年 9 月 18 日 | | |
| 东营市赛弗制动系统有限公司 | 2019 年 9 月 18 日 | | |
| 东营信盛机械有限公司 | 2019 年 9 月 18 日 | | |
| 东营市众辉新型材料科技有限公司 | 2019 年 9 月 18 日 | | |
| 山东信义粉末冶金有限公司 | 2019 年 9 月 18 日 | | |
| 山东同力液压装备有限公司 | 2019 年 9 月 18 日 | | |
| 山东济信汽车配件有限公司 | 2019 年 9 月 18 日 | | |

续表

| 公司名称 | 裁定重整时间 | 裁定批准重整计划时间 | 重整涉及的重大事项 |
| --- | --- | --- | --- |
| 青岛聚贝源国际贸易有限公司 | 2019 年 9 月 18 日 | | |
| 青岛耐士威国际贸易有限公司 | 2019 年 9 月 18 日 | | |
| 青岛信义元塑料板无纺布有限公司 | 2019 年 9 月 18 日 | | |
| 安徽国购投资管理有限公司 | 2019 年 9 月 19 日 | | |
| 合肥华源物业发展有限责任公司 | 2019 年 9 月 19 日 | | |
| 安徽蓝鼎置地集团有限公司 | 2019 年 9 月 19 日 | | |
| 安徽蓝盛置地发展有限公司 | 2019 年 9 月 19 日 | | |
| 国购产业控股有限公司 | 2019 年 9 月 19 日 | | |
| 合肥京商融合置地有限公司 | 2019 年 9 月 19 日 | | |
| 国购投资有限公司 | 2019 年 9 月 19 日 | | |
| 安徽国金商业运营发展有限公司 | 2019 年 9 月 19 日 | | |
| 合肥国购商业发展有限公司 | 2019 年 9 月 19 日 | | |
| 合肥中筑置业发展有限公司 | 2019 年 9 月 19 日 | | |
| 重庆卓明照明设备有限公司 | 2019 年 9 月 19 日 | | |
| 江阴中南重工集团有限公司 | 2019 年 9 月 20 日 | | |
| 博乐市天祥房地产开发有限公司 | 2019 年 9 月 21 日 | | |
| 阿拉山口地平线石油天然气股份有限公司 | 2019 年 9 月 24 日 | | |
| 济南宝世达实业发展有限公司 | 2019 年 9 月 24 日 | | |

续表

| 公司名称 | 裁定重整时间 | 裁定批准重整计划时间 | 重整涉及的重大事项 |
|---|---|---|---|
| 陕西秦宝牧业股份有限公司 | 2019年9月24日 | | 2019年9月29日根据陕西秦宝牧业股份有限公司申请,裁定陕西秦宝牧业股份有限公司、杨凌秦宝牛业有限公司、杨凌秦宝食品有限公司、延安·黄龙优质肉牛产业园有限责任公司、灵台县现代肉牛产业(园)有限公司、宝鸡秦良种牛繁育有限责任公司、长武现代肉牛产业园有限公司合并破产重整 |
| 重庆涪陵北山体育运动产业有限公司 | 2019年9月25日 | | |
| 重庆市涪陵北山新城综合开发有限责任公司 | 2019年9月25日 | | |
| 重庆涪陵华地王朝大酒店有限公司 | 2019年9月25日 | | |
| 安徽三联实业发展有限公司 | 2019年9月26日 | | |
| 山东中州电缆有限公司 | 2019年9月26日 | | |
| 江华坤昊实业有限公司 | 2019年9月26日 | | 2019年11月25日裁定江华坤昊实业有限公司、江华瑞锦亿矿业有限公司二案实质合并审理 |
| 湖南湘联科技有限公司 | 2019年9月26日 | | |
| 湖南湘联节能科技股份有限公司 | 2019年9月26日 | | |
| 江苏苏恒海洋工程装备有限公司 | 2019年9月29日 | | |
| 克拉玛依市正明工贸有限责任公司 | 2019年9月29日 | | |
| 山东坨安实业有限公司 | 2019年9月29日 | | |

续表

| 公司名称 | 裁定重整时间 | 裁定批准重整计划时间 | 重整涉及的重大事项 |
|---|---|---|---|
| 青海蜀信房地产开发有限公司 | 2019 年 9 月 30 日 | | |
| 宝世达国际控股集团有限公司 | 2019 年 9 月至 10 月 | | |
| 山东宝世达电缆科技有限公司 | 2019 年 9 月至 10 月 | | |
| 宝世达电子科技有限公司 | 2019 年 9 月至 10 月 | | |
| 山东宝世达电缆有限公司 | 2019 年 9 月至 10 月 | | |
| 沈阳大东兴隆食品有限公司 | 2019 年 10 月 5 日 | | 2019 年 10 月 5 日根据管理人申请决定沈阳兴隆大家庭购物中心有限公司、沈阳大东兴隆百货有限公司和沈阳大东兴隆食品有限公司三重整案件协调审理 |
| 宝丰县煌巢房地产开发有限责任公司 | 2019 年 10 月 8 日 | | |
| 重庆桂楼实业(集团)股份有限公司 | 2019 年 10 月 8 日 | | |
| 内蒙古蒙伊萨食品有限责任公司 | 2019 年 10 月 8 日 | | |
| 新疆青钢钢铁股份有限公司 | 2019 年 10 月 8 日 | | |
| 浙江宝石机电股份有限公司 | 2019 年 10 月 8 日 | | |
| 湖南湘益竹木新材科技有限公司 | 2019 年 10 月 9 日 | | |

续表

| 公司名称 | 裁定重整时间 | 裁定批准重整计划时间 | 重整涉及的重大事项 |
| --- | --- | --- | --- |
| 山东立方木业科技有限公司 | 2019年10月10日 | | 2019年11月21日裁定受理山东惠民长青木业有限责任公司、山东立方木业科技有限公司、山东历方家居有限公司、山东省惠民县同喜木业有限责任公司、山东惠青木业有限公司、山东惠民明洋工贸有限公司、山东鲁惠门业有限公司、山东惠民宏洲进出口工贸有限公司八家公司实质合并重整 |
| 山东历方家居有限公司 | 2019年10月10日 | | |
| 四川晟邦房地产开发有限公司 | 2019年10月14日 | | |
| 青海盐湖海纳化工有限公司 | 2019年10月16日 | | |
| 青海盐湖镁业有限公司 | 2019年10月16日 | | |
| 洛娃日化(江苏)股份有限公司 | 2019年10月16日 | | |
| 合肥政盛置业有限公司 | 2019年10月17日 | | |
| 福建海峡国际商贸城实业有限公司 | 2019年10月17日 | | |
| 沈阳兴隆大天地购物中心有限公司 | 2019年10月21日 | | |
| 新民兴隆百货有限公司 | 2019年10月21日 | | |
| 新天国际经济技术合作(集团)有限公司 | 2019年10月21日 | | |
| 广东华峰能源集团有限公司 | 2019年10月22日 | | |
| 御盛隆堂药业有限责任公司 | 2019年10月22日 | | |
| 阳原县达鑫陶瓷有限责任公司 | 2019年10月23日 | | |
| 沈阳新光华翔汽车发动机制造有限公司 | 2019年10月24日 | | |

续表

| 公司名称 | 裁定重整时间 | 裁定批准重整计划时间 | 重整涉及的重大事项 |
| --- | --- | --- | --- |
| 江西省金科酒业有限责任公司 | 2019 年 10 月 28 日 | | |
| 宁夏金山云鹤服务有限公司 | 2019 年 10 月 30 日 | | |
| 山东泉林集团有限公司 | 2019 年 10 月 30 日 | | |
| 广饶永泰利苑房地产开发有限公司 | 2019 年 11 月 1 日 | | |
| 湖南希尔天然药业有限公司 | 2019 年 11 月 1 日 | | |
| 山东琴通路桥集团有限公司 | 2019 年 11 月 1 日 | | |
| 通化钢铁集团磐石无缝钢管有限责任公司 | 2019 年 11 月 4 日 | | |
| 吉林通钢自动化信息技术有限责任公司 | 2019 年 11 月 4 日 | | |
| 通化钢铁集团大栗子矿业有限责任公司 | 2019 年 11 月 4 日 | | |
| 通化钢铁集团桦甸矿业有限责任公司 | 2019 年 11 月 4 日 | | |
| 通化钢铁集团股份有限公司 | 2019 年 11 月 4 日 | | |
| 吉林通钢金属资源有限责任公司 | 2019 年 11 月 4 日 | | |
| 吉林通钢矿业有限责任公司 | 2019 年 11 月 4 日 | | |
| 通化钢铁集团进出口有限公司 | 2019 年 11 月 4 日 | | |
| 通钢集团吉林市焊管有限责任公司 | 2019 年 11 月 4 日 | | |
| 通化钢铁集团板石矿业有限责任公司 | 2019 年 11 月 4 日 | | |
| 辉南轧钢有限责任公司 | 2019 年 11 月 4 日 | | |
| 通化钢铁集团股份有限公司 | 2019 年 11 月 4 日 | | |

续表

| 公司名称 | 裁定重整时间 | 裁定批准重整计划时间 | 重整涉及的重大事项 |
| --- | --- | --- | --- |
| 吉林通钢国际贸易有限公司 | 2019年11月4日 | | |
| 吉林通钢物流有限公司 | 2019年11月4日 | | |
| 池州现代都市商务发展有限公司 | 2019年11月5日 | | |
| 开化县医药有限责任公司 | 2019年11月5日 | | |
| 海南金凤凰温泉度假酒店有限公司 | 2019年11月5日 | | 2019年9月26日海南省第一中级人民法院裁定撤销(2019)琼9029破1号民事裁定书,继续进行破产重整程序 |
| 安徽朝龙粮油有限责任公司 | 2019年11月5日 | | |
| 北京紫铜鸿发矿业投资有限公司 | 2019年11月6日 | | |
| 深圳市保千里电子有限公司 | 2019年11月6日 | | |
| 大庆市让胡路区钻井公司 | 2019年11月6日 | | |
| 湖南省中龙建材城开发有限公司 | 2019年11月7日 | | |
| 湖北创锐彩印包装有限公司 | 2019年11月8日 | | |
| 云南弥渡庞威有限公司 | 2019年11月8日 | | |
| 东营市荣鑫化工有限公司 | 2019年11月11日 | | |
| 洛阳凤翔农业科技有限公司 | 2019年11月12日 | | |
| 日照市润泰房地产开发有限公司 | 2019年11月12日 | | |
| 巨野县金旭房地产开发有限公司 | 2019年11月13日 | | |

续表

| 公司名称 | 裁定重整时间 | 裁定批准重整计划时间 | 重整涉及的重大事项 |
| --- | --- | --- | --- |
| 杭州经纬汽车客运有限公司 | 2019年11月13日 | | |
| 太康县万利源棉业有限公司 | 2019年11月13日 | | |
| 云南仁泽房地产开发有限公司 | 2019年11月14日 | | |
| 凤凰县凤天旅游投资有限公司 | 2019年11月14日 | | |
| 临沂红棕榈置业有限公司 | 2019年11月14日 | | |
| 山东永衔置业有限公司 | 2019年11月14日 | | |
| 沈阳利源轨道交通装备有限公司 | 2019年11月14日 | | |
| 浙江源生医药连锁有限公司 | 2019年11月15日 | | |
| 曹县新干线置业有限公司 | 2019年11月16日 | | |
| 商丘市鸿赢煤炭有限公司 | 2019年11月18日 | | |
| 湖南康都制药有限公司 | 2019年11月18日 | | |
| 海南海粤旅业有限公司 | 2019年11月19日 | | |
| 韶山市华龙山庄酒店有限公司 | 2019年11月20日 | | |
| 兴隆大家庭商业集团有限公司 | 2019年11月21日 | | |
| 沈阳丰和企业管理有限公司 | 2019年11月21日 | | |
| 沈阳龙文企业管理有限公司 | 2019年11月21日 | | |
| 辽宁兴隆超市连锁有限公司 | 2019年11月21日 | | |
| 沈阳兴隆一百商业有限公司 | 2019年11月21日 | | |

续表

| 公司名称 | 裁定重整时间 | 裁定批准重整计划时间 | 重整涉及的重大事项 |
|---|---|---|---|
| 辽中县兴隆宝通置业有限公司 | 2019 年 11 月 21 日 | | |
| 辽宁紫澜门投资管理有限公司 | 2019 年 11 月 21 日 | | |
| 辽宁兴隆电器连锁有限公司 | 2019 年 11 月 21 日 | | |
| 沈阳博雅管理咨询有限公司 | 2019 年 11 月 21 日 | | |
| 沈阳中城房地产开发经营有限公司 | 2019 年 11 月 21 日 | | |
| 辽宁创信企业管理有限公司 | 2019 年 11 月 21 日 | | |
| 辽宁万华企业集团有限公司 | 2019 年 11 月 21 日 | | |
| 湖南武陵城(集团)房地产开发有限公司 | 2019 年 11 月 22 日 | | |
| 江华瑞锦亿矿业有限公司 | 2019 年 11 月 25 日 | | 2019 年 11 月 25 日裁定江华坤昊实业有限公司、江华瑞锦亿矿业有限公司二案实质合并审理 |
| 郑州大港置业有限公司 | 2019 年 11 月 28 日 | | |
| 恩施州和润置业有限公司 | 2019 年 11 月 28 日 | | |
| 恩施州和润建设投资集团有限公司 | 2019 年 11 月 28 日 | | |
| 湖南鑫凯房地产开发有限公司 | 2019 年 11 月 29 日 | | |
| 山东百益德天然面业有限公司 | 2019 年 12 月 2 日 | | |
| 株洲吉泰房地产开发有限公司 | 2019 年 12 月 2 日 | | |
| 惠民县鲁韵生物科技有限公司 | 2019 年 12 月 4 日 | | |
| 山东玉生源油脂有限公司 | 2019 年 12 月 4 日 | | |

续表

| 公司名称 | 裁定重整时间 | 裁定批准重整计划时间 | 重整涉及的重大事项 |
| --- | --- | --- | --- |
| 河南信威磷化有限公司 | 2019 年 12 月 4 日 | | |
| 赤峰众益投资经营股份有限公司 | 2019 年 12 月 9 日 | | |
| 重庆市创普实业有限公司 | 2019 年 12 月 9 日 | | |
| 川南煤业泸州古叙煤电有限公司 | 2019 年 12 月 10 日 | | |
| 四川省古叙煤田观沙煤业有限责任公司 | 2019 年 12 月 10 日 | | |
| 永贵五凤煤业有限责任公司 | 2019 年 12 月 13 日 | | |
| 德州乐瀚焊材有限公司 | 2019 年 12 月 13 日 | | |
| 宾川兴翼机械化施工有限责任公司 | 2019 年 12 月 13 日 | | |
| 大理州鑫翼机械有限公司 | 2019 年 12 月 13 日 | | |
| 贵州长富食品股份有限公司 | 2019 年 12 月 17 日 | | |
| 山东达驰高压开关有限公司 | 2019 年 12 月 17 日 | | |
| 泉州安通物流有限公司 | 2019 年 12 月 18 日 | | |
| 泉州安盛船务有限公司 | 2019 年 12 月 18 日 | | |
| 宁波银亿控股有限公司 | 2019 年 12 月 19 日 | | |
| 银亿集团有限公司 | 2019 年 12 月 19 日 | | |
| 辽宁兴隆电子商务有限公司 | 2019 年 12 月 25 日 | | |
| 沈阳紫澜门龙庭酒店管理有限公司 | 2019 年 12 月 25 日 | | |
| 沈阳龙腾四海餐饮有限公司 | 2019 年 12 月 25 日 | | |

续表

| 公司名称 | 裁定重整时间 | 裁定批准重整计划时间 | 重整涉及的重大事项 |
|---|---|---|---|
| 沈阳龙胜天下餐饮有限公司 | 2019年12月25日 | | |
| 沈阳龙之味道餐饮有限公司 | 2019年12月25日 | | |
| 沈阳兴隆大都汇娱乐有限公司 | 2019年12月25日 | | |
| 辽宁九州同汇贸易有限公司 | 2019年12月25日 | | |
| 沈阳龙之味餐饮有限公司 | 2019年12月25日 | | |
| 沈阳龙益祥餐饮有限公司 | 2019年12月25日 | | |
| 辽宁易昌隆商贸有限公司 | 2019年12月25日 | | |
| 沈阳龙赞娱乐有限公司 | 2019年12月25日 | | |
| 沈阳大龙府餐饮有限公司 | 2019年12月25日 | | |
| 兰州西固热电有限责任公司 | 2019年12月27日 | | |
| 东至滨江投资管理有限公司 | 2019年12月31日 | | |
| 孝感市中宝百鑫旅游开发有限责任公司 | 2019年12月31日 | | |
| 郴州市裕农纸业有限公司 | 2019年 | | |
| 宁夏东港餐饮管理集团有限公司 | 2019年 | | |
| 银川东港海逸餐饮有限公司 | 2019年 | | |
| 银川华隆祥科技开发有限公司 | 2019年 | | |
| 吉林省天园蜂产品研制有限责任公司 | 未知,2019年公告 | | |
| 邵阳市大地置业发展有限公司 | 未知,2019年公告 | | |

续表

| 公司名称 | 裁定重整时间 | 裁定批准重整计划时间 | 重整涉及的重大事项 |
| --- | --- | --- | --- |
| 靖江市丰禾油漆制造有限公司 | 未知,2019 年公告 | | |
| 江油市丰威新材料有限责任公司 | 未知,2019 年公告 | | |
| 江苏海狮泵业制造有限公司 | 未知,2019 年公告 | | |

# 中国非上市公司破产清算转重整统计(2018年)*

**整理:樊笑辰**

中国政法大学民商经济法学院经济法专业硕士研究生。

| 公司名称 | 裁定重整时间 | 裁定批准重整计划时间 | 涉及重大事项 |
|---|---|---|---|
| 深圳市大富豪实业发展有限公司 | 2018年1月18日 | 2019年1月2日 | 2016年4月20日根据大新银行(中国)有限公司申请,裁定受理破产清算;2019年12月12日裁定重整计划执行完毕,终结破产重整程序 |
| 北票市于家沟矿业有限公司 | 2018年1月19日 | | 2017年10月27日根据中钢集团辽宁有限公司申请,裁定受理破产清算 |
| 深圳市金凯进光电仪器有限公司 | 2018年1月30日 | 2019年3月21日 | 2017年2月24日根据陈能义申请,裁定受理破产清算 |
| 南京恒顺达船务有限公司 | 2018年2月6日 | | 2016年8月8日根据翟事业、刘晓玲申请,裁定受理破产清算 |
| 广东泛诚经贸合作服务有限公司 | 2018年2月7日 | 2018年4月23日 | 2017年5月23日根据袁璟申请,裁定受理破产清算 |

* 数据来源:《人民法院报》、全国企业破产重整案件信息网。相关案件信息截至2019年12月31日,信息收集截至2020年2月29日。呈现表格不全,扫码可查看全表。

续表

| 公司名称 | 裁定重整时间 | 裁定批准重整计划时间 | 涉及重大事项 |
| --- | --- | --- | --- |
| 武汉联发瑞成置业有限公司 | 2018 年 2 月 8 日 | | 2017 年 1 月 24 日根据武汉市洪山区九坤小额贷款有限责任公司申请,裁定受理破产清算 |
| 广州市天河伟天实业有限公司 | 2018 年 2 月 8 日 | | 2017 年 8 月 15 日根据广州市天河投资管理有限公司申请,裁定受理破产清算 |
| 上海锦都实业总公司 | 2018 年 2 月 12 日 | 2019 年 2 月 25 日 | 2014 年 6 月 10 日根据华夏银行股份有限公司上海分行申请,裁定受理破产清算 |
| 宿迁市天成纸业有限公司 | 2018 年 2 月 28 日 | 2018 年 9 月 10 日 | 2017 年 4 月 25 日根据马鞍山市华吉实业有限公司申请,裁定受理宿迁市天成纸业有限公司破产清算 |
| 宜兴申利化工有限公司 | 2018 年 3 月 1 日 | 2018 年 5 月 3 日 | 2016 年 1 月 26 日根据江苏宜兴农村商业银行股份有限公司申请,裁定受理破产清算 |
| 江西天人生态股份有限公司 | 2018 年 3 月 5 日 | | 2017 年 10 月 9 日根据济南天霖包装有限公司申请,裁定受理破产清算;2018 年 5 月 16 日裁定与江西天祥通用航空股份有限公司实质合并重整 |
| 上海誉丰实业(集团)有限公司 | 2018 年 3 月 6 日 | | 2018 年 1 月 29 日根据顾伟君的申请裁定受理破产清算;2018 年 6 月 8 日裁定上海誉丰实业(集团)有限公司与上海起美经贸有限公司、上海均安木业有限公司、上海誉丰实业集团家居用品有限公司、上海博世登投资有限公司、安徽誉丰装饰材料科技有限公司共六公司合并重整 |

续表

| 公司名称 | 裁定重整时间 | 裁定批准重整计划时间 | 涉及重大事项 |
|---|---|---|---|
| 湖州福晖置业有限公司 | 2018年3月7日 | 2018年3月29日 | 2015年9月6日根据湖州创业建筑安装工程有限公司、施奖平申请，裁定受理破产清算 |
| 三台县德成置业有限公司 | 2018年3月12日 | | 2017年12月15日根据德成置业公司申请，裁定受理破产清算 |
| 宁波市浙东表面处理有限公司 | 2018年3月26日 | 2018年6月22日 | 2017年9月12日根据宁波银行股份有限公司象山支行申请，裁定受理破产清算 |
| 山西沃土房地产开发有限公司 | 2018年3月29日 | | 2017年11月27日根据山西沃土房地产开发有限公司、连鹏飞、贾保顺、王军亮申请，裁定受理破产清算；2018年5月8日裁定与山西长平建材家居广场有限公司、山西联合兴业投资有限公司、山西盛世家和商贸有限公司共四公司合并重整 |
| 江西天祥通用航空股份有限公司 | 2018年3月29日 | | 2018年3月1日根据上海元天融资租赁股份有限公司申请裁定受理破产清算；2018年5月16日裁定与江西天人生态股份有限公司实质合并重整 |
| 深圳市金来顺集团有限公司 | 2018年3月29日 | | 2015年11月20日根据梁杰等人申请，裁定受理破产清算 |
| 国电晶德太阳能科技(宜兴)有限公司 | 2018年4月2日 | 2018年7月23日 | 2017年8月22日根据咸阳彩虹光伏科技有限公司申请，裁定受理破产清算；2018年8月27日经管理人申请裁定终止重整计划执行并宣告破产 |

续表

| 公司名称 | 裁定重整时间 | 裁定批准重整计划时间 | 涉及重大事项 |
|---|---|---|---|
| 枝江市步步升布艺有限公司 | 2018年4月12日 | 2018年12月28日 | 2018年1月12日根据枝江市步步升布艺有限公司申请,裁定受理破产清算 |
| 西安市华威汽车贸易有限公司 | 2018年4月19日 | | 2017年11月8日裁定受理西安市华威汽车贸易有限公司破产清算;2018年4月19日裁定西安市华威汽车贸易有限公司、陕西华纳汽车有限公司、陕西华夏汽车有限公司、陕西华夏奔腾汽车贸易有限公司、陕西华夏美通汽车贸易有限公司、西安市福威汽车贸易有限公司六公司合并重整 |
| 陕西华夏汽车有限公司 | 2018年4月19日 | | 2018年2月9日根据西安创业典当有限公司申请,裁定受理破产清算;2018年4月19日裁定西安市华威汽车贸易有限公司、陕西华纳汽车有限公司、陕西华夏汽车有限公司、陕西华夏奔腾汽车贸易有限公司、陕西华夏美通汽车贸易有限公司、西安市福威汽车贸易有限公司六公司合并重整 |
| 河北三翰化工有限公司 | 2018年4月26日 | | 2017年2月16日根据河北三翰化工有限公司申请,裁定受理破产清算 |
| 山东泽辉新材料股份有限公司 | 2018年5月4日 | | 2018年2月12日根据山东泽辉新材料股份有限公司申请,裁定受理破产清算 |
| 江苏安华汽车股份有限公司 | 2018年5月7日 | 2019年4月24日 | 2017年3月10日根据王光辉、李金忠申请,裁定受理破产清算 |
| 济南金鼎房地产开发有限公司 | 2018年5月11日 | 2018年9月25日 | 2016年10月28日根据债权人薛守生等39人申请,裁定受理破产清算 |

续表

| 公司名称 | 裁定重整时间 | 裁定批准重整计划时间 | 涉及重大事项 |
| --- | --- | --- | --- |
| 杭州华润实业有限公司 | 2018 年 5 月 18 日 | 2018 年 6 月 12 日 | 2017 年 3 月 13 日裁定受理破产清算;2019 年 1 月 16 日依裁定确认重整计划执行完毕,2019 年 7 月 6 日裁定终结破产程序 |
| 延边长白山仙峰滑雪场有限公司 | 2018 年 5 月 28 日 | 2018 年 11 月 13 日 | 2017 年 8 月 1 日根据延边长白山仙峰滑雪场有限公司申请,裁定受理破产清算 |
| 东莞市正腾实业投资有限公司 | 2018 年 5 月 29 日 | | 2017 年 12 月 12 日裁定受理破产清算 |
| 凌源九凤热电有限公司 | 2018 年 6 月 5 日 | | 2015 年 5 月 8 日根据凌源安泰供热有限责任公司的申请,裁定受理破产清算 |
| 沈阳石油化工设计院有限公司 | 2018 年 6 月 12 日 | | 2017 年 12 月 25 日根据沈阳石油化工设计院申请,裁定受理破产清算 |
| 苏州正信电子科技有限公司 | 2018 年 6 月 13 日 | | 2017 年 9 月 30 日根据无锡锦元电子科技有限公司申请,裁定受理破产清算 |
| 河北绿色大地食品有限公司 | 2018 年 6 月 13 日 | | 2018 年 1 月 19 日根据河北恒策投资有限公司、上海国昌投资(集团)有限公司的申请,裁定受理破产清算 |
| 华鑫化纤科技集团有限公司、余姚市新华鑫纤维销售有限公司 | 2018 年 6 月 14 日 | | 2017 年 6 月 12 日根据温州银行股份有限公司宁波余姚支行申请,裁定受理华鑫化纤科技集团有限公司破产清算;2018 年 5 月 21 日裁定受理余姚市新华鑫纤维销售有限公司破产清算;2018 年 6 月 14 日裁定二公司合并重整 |

续表

| 公司名称 | 裁定重整时间 | 裁定批准重整计划时间 | 涉及重大事项 |
| --- | --- | --- | --- |
| 山东飞乐焊业有限公司 | 2018 年 6 月 21 日 | | 2017 年 3 月 21 日根据山东飞乐焊业有限公司的申请，裁定受理破产清算；重整计划草案未通过，2019 年 5 月 14 日，裁定终止重整程序并宣告破产 |
| 山东豆禾食品有限公司 | 2018 年 6 月 21 日 | 2019 年 2 月 25 日 | 2017 年 3 月 22 日根据山东豆禾食品有限公司的申请，裁定受理破产清算 |
| 武汉碧海房地产开发有限公司 | 2018 年 6 月 25 日 | 2018 年 12 月 7 日 | 2017 年 7 月 20 日根据陈书平申请，裁定受理破产清算 |
| 杭州富阳江南国际商城有限公司 | 2018 年 7 月 5 日 | 2018 年 8 月 9 日公告 | 2017 年 8 月 14 日根据浙江正大控股集团有限公司管理人、浙江永泰纸业集团股份有限公司管理人申请，裁定杭州富阳江南国际商城有限公司等 34 家公司合并破产清算 |
| 常州市美林江南置业有限公司 | 2018 年 7 月 9 日 | | 2016 年 7 月 20 日根据常州金莎混凝土有限公司申请，裁定受理破产清算 |
| 来凤安普罗（集团）食品开发有限公司 | 2018 年 7 月 9 日 | | 2017 年 12 月 28 日根据秦树林、向勇的申请，裁定受理破产清算；未按期提交重整计划草案，2019 年 6 月 4 日经管理人申请，裁定终止重整程序并破产 |
| 杨凌锦绣城商业有限公司 | 2018 年 7 月 11 日 | 2018 年 9 月 14 日 | 2017 年 3 月 16 日根据杨凌锦绣城商业有限公司申请，裁定受理破产清算 |
| 陕西鑫隆石油设备有限公司 | 2018 年 7 月 11 日 | | 2018 年 5 月 30 日根据咸阳彩虹电子配件有限公司申请，裁定受理破产清算 |
| 江西碱业有限公司 | 2018 年 7 月 19 日 | | 2017 年 12 月 21 日根据浙江中控技术股份有限公司申请，裁定受理破产清算 |

续表

| 公司名称 | 裁定重整时间 | 裁定批准重整计划时间 | 涉及重大事项 |
| --- | --- | --- | --- |
| 阳江温泉度假村有限公司 | 2018年7月19日 | | 2018年5月22日根据阳江温泉度假村有限公司申请,裁定受理破产清算;2019年12月17日裁定终止重整程序并宣告破产 |
| 长兴雀立新型建材有限公司 | 2018年7月23日 | 2018年8月6日 | 2017年11月23日根据湖州雀联混凝土制品有限公司申请,裁定受理破产清算;重整计划执行完毕,2019年11月8日裁定终结重整程序 |
| 常州佳灵药业有限公司 | 2018年7月25日 | 2018年12月29日 | 2017年7月13日根据宋小平申请,裁定受理破产清算 |
| 江苏南通二建集团第三建筑安装工程有限公司 | 2018年8月4日 | 2018年11月22日公告 | 2018年3月29日根据夏忠飞申请,裁定受理破产清算 |
| 重庆漫田置业有限公司、重庆百事达商贸有限公司 | 2018年8月10日 | 2019年6月20日 | 2017年5月31日、11月20日重庆市第五中级人民法院分别裁定受理二公司破产清算,并指定重庆市荣昌区人民法院审理;2018年3月5日裁定对二公司合并破产清算;2018年8月10日裁定合并破产重整 |
| 大姚桂花铜选冶有限公司 | 2018年8月16日 | 2019年5月24日 | 2017年10月31日根据云南楚雄思远投资有限公司申请,裁定受理破产清算 |
| 大姚六苴电解铜有限责任公司 | 2018年8月16日 | 2019年2月22日 | 2017年10月32日根据云南楚雄思远投资有限公司申请,裁定受理破产清算 |
| 山东红帆能源科技有限公司 | 2018年8月22日 | | 根据济南高新技术产业开发区管理委员会的申请,2018年5月7日裁定受理破产清算;未按期提交重整计划草案,2019年5月30日裁定宣告山东红帆能源 科技有限公司破产 |

续表

| 公司名称 | 裁定重整时间 | 裁定批准重整计划时间 | 涉及重大事项 |
| --- | --- | --- | --- |
| 内蒙古华亿达机装备有限公司 | 2018年8月24日 | 2019年4月26日 | 2017年4月24日根据中煤第三建设(集团)有限责任公司、北京市尚朴基业投资发展有限公司、陕西嘉惠嘉顺风机机电成套制造有限公司、内蒙古自治区盐业公司包头市分公司、莱芜昊海机械科技有限公司、泊头市东鑫生铁经销处、内蒙古鑫龙煤炭有限责任公司、中诚景瑞投资管理有限公司、韩建民申请,裁定受理破产清算 |
| 武汉新圣龙商务酒店管理有限公司 | 2018年8月28日 | | 2017年10月19日根据袁幼贤、邓志刚、祁守艳申请,裁定受理破产清算 |
| 山东梅亿邦赛电动车制造有限公司 | 2018年8月28日 | | 2018年4月28日根据山东金乡经济开发区管理委员会申请,裁定受理破产清算 |
| 杭州盛乐油品有限公司 | 2018年8月31日 | 2018年10月8日 | 2018年6月11日根据项瑶英的申请,裁定受理破产清算 |
| 寿光市糖酒茶副食品有限公司、寿光市盛凯投资担保有限公司 | 2018年9月7日 | | 2014年10月30日根据寿光市糖酒茶副食品有限公司申请,裁定受理该公司破产清算;2018年9月7日,裁定寿光市糖酒茶副食品有限公司重整,同日裁定寿光市盛凯投资担保有限公司不具有法人资格,纳入寿光市糖酒茶副食品有限公司重整范围 |
| 佳木斯黑龙农药有限公司 | 2018年9月7日 | | 2017年6月21日根据佳木斯黑龙农药有限公司申请,裁定受理破产清算 |
| 四平现代钢铁有限公司 | 2018年9月10日 | 2018年12月30日 | 2016年6月30日根据四平红嘴重型装备有限公司申请,裁定受理破产清算 |

续表

| 公司名称 | 裁定重整时间 | 裁定批准重整计划时间 | 涉及重大事项 |
| --- | --- | --- | --- |
| 亳州市大唐置业有限公司 | 2018年9月11日 | 2018年10月17日 | 2017年7月26日根据贾怀林、亳州市大唐置业有限公司申请,裁定受理破产清算 |
| 中山市恒通投资发展有限公司 | 2018年9月12日 | 2019年7月3日 | 2018年6月5日根据欧伟强、蔡培兴申请,裁定受理破产清算 |
| 四川峨眉山电力股份有限公司 | 2018年9月20日 | | 2018年6月5日根据四川峨眉山电力股份有限公司申请,裁定受理破产清算 |
| 安徽亚坤建设集团有限公司 | 2018年7月或8月或9月 | | 2018年7月9日根据合肥市业诚建筑劳务有限公司申请,裁定受理破产清算 |
| 杭州宁远农业技术开发有限公司 | 2018年10月9日 | 2018年11月23日 | 2017年10月25日根据苏州新巢木结构系统工程有限公司申请,裁定受理破产清算 |
| 沭阳万豪国际大酒店有限公司 | 2018年10月10日 | 2019年11月18日 | 2017年3月8日根据江苏绿大地园林建设有限公司、苏州银行股份有限公司沭阳支行申请,裁定受理破产清算 |
| 柳城县东泉麻纺织厂 | 2018年10月10日 | 2018年12月28日 | 2018年9月3日根据柳城县民族资金管理所的申请,经柳州市中级人民法院指定柳州县人民法院审理,裁定受理破产清算 |
| 麻阳苗家王食品有限责任公司 | 2018年10月16日 | | 2018年1月18日根据怀化市善行天下投资有限公司申请,裁定受理破产清算 |
| 湖南胜景干黄酒业股份有限公司 | 2018年10月16日 | | 2018年10月16日根据湖南胜景干黄酒业股份有限公司申请,裁定受理破产清算 |
| 浙江大明玻璃有限公司 | 2018年10月22日 | 2019年6月10日 | 2017年3月15日根据浙江远辰建设股份有限公司申请,裁定受理破产清算;2019年12月30日根据管理人申请,裁定终结破产重整程序 |

续表

| 公司名称 | 裁定重整时间 | 裁定批准重整计划时间 | 涉及重大事项 |
|---|---|---|---|
| 江苏磐宇科技有限公司 | 2018年10月30日 | 2019年7月29日 | 2018年6月19日，南通市港闸区人民法院受理破产清算；2018年8月17日南通市中级人民法院裁定提审破产清算 |
| 湘西自治州金帆印务有限公司 | 2018年11月1日 | | 2018年9月11日根据执行移送破产审查，裁定受理破产清算；2019年6月5日裁定终止重整程序并宣告破产 |
| 广州市国龙房地产开发有限公司 | 2018年11月13日 | | 2015年12月30日根据肖燕萍申请，裁定受理破产清算；未通过重整计划草案，2019年3月20日裁定终止重整程序并宣告破产 |
| 四川科伦发豪包装有限公司 | 2018年11月14日 | | 2018年9月25日根据纪小春、陈国应申请，裁定受理破产清算 |
| 湖南金酱食品有限责任公司 | 2018年11月20日 | | 2018年4月12日根据湖南众祥建设工程有限公司、刘亚龙、澧县续发振宇机械有限公司、涂永福、舒志洪、曾德练、彭明志、罗辉、张棋申请，裁定受理破产清算；缺乏挽救可能，2019年4月18日根据管理人的申请，裁定终止重整程序并宣告破产 |
| 云南普洱矿冶有限公司 | 2018年11月21日 | 2019年5月20日 | 2017年10月17日根据云南楚雄思远投资有限公司申请，裁定受理破产清算 |
| 汇鑫生物浆纸股份有限公司、德州沪平永发造纸有限公司 | 2018年11月26日 | 2019年4月15日 | 2018年2月6日受理汇鑫生物浆纸股份有限公司破产清算；2018年7月2日受理德州沪平永发造纸有限公司破产清算；2018年7月2日裁定二公司实质合并破产清算；2018年11月26日裁定二公司实质合并重整 |

续表

| 公司名称 | 裁定重整时间 | 裁定批准重整计划时间 | 涉及重大事项 |
| --- | --- | --- | --- |
| 长沙汇丰置业有限公司 | 2018年11月26日 | 2019年9月25日 | 2018年4月18日根据湖南省三环消防安全工程有限公司申请,裁定受理破产清算 |
| 杭州汇同链传动有限公司 | 2018年11月30日 | 2019年2月26日 | 2018年7月9日根据何岳兵申请,裁定受理破产清算 |
| 安徽新都建设管理发展有限公司 | 2018年12月4日 | 2019年11月14日 | 2018年8月10日根据债权人的申请,裁定受理破产清算 |
| 江苏麦瑞克科技产业有限公司 | 2018年12月7日 | 2019年4月30日 | 根据南京友联工程设计安装有限公司申请,2017年10月31日裁定受理破产清算;未执行重整计划,2019年7月8日裁定终止重整程序并宣告破产 |
| 张家港宇宏重工有限公司 | 2018年12月14日 | 2019年4月15日 | 2018年10月31日根据苏州银行股份有限公司张家港支行申请,裁定受理破产清算 |
| 东莞市雄基物业发展有限公司 | 2018年12月18日 | 2019年4月22日 | 2017年10月17日根据东莞厚街华业村镇银行股份有限公司申请,裁定受理破产清算 |
| 安徽新中远化工科技有限公司 | 2018年12月18日 |  | 2017年5月31日根据瓮福(集团)有限责任公司申请,裁定受理破产清算 |
| 江苏洁净环境科技有限公司 | 2018年12月19日 |  | 2018年3月26日根据苏州市相城区永大农村小额贷款有限公司申请,裁定受理破产清算;2019年12月17日公告已裁定终止重整程序并宣告破产 |
| 广西柳州长安制药有限公司 | 2018年12月20日 | 2019年5月17日 | 2017年2月7日根据广西柳州长安制药有限公司申请,裁定受理破产清算 |
| 焦作闽汇实业有限公司 | 2018年12月25日 | 2019年1月10日 | 2017年5月15日根据焦作市开泰装饰工程有限公司申请,裁定受理破产清算 |

续表

| 公司名称 | 裁定重整时间 | 裁定批准重整计划时间 | 涉及重大事项 |
|---|---|---|---|
| 杭州富阳金灵斯特林化工有限公司 | 2018 年 12 月 27 日 | 2019 年 2 月 13 日公告 | 2018 年 7 月 3 日根据浙江民泰商业银行股份有限公司杭州分行申请,裁定受理破产清算 |

# 中国非上市公司破产清算转重整统计(2019年)*

**整理:樊笑辰**

中国政法大学民商经济法学院经济法专业硕士研究生。

| 公司名称 | 裁定重整时间 | 裁定批准重整计划时间 | 涉及重大事项 |
| --- | --- | --- | --- |
| 武汉市江夏区江南实业有限公司 | 2019年1月14日 | 2019年10月18日 | 2017年7月25日根据武汉市鑫天盛源化工有限公司申请,裁定受理破产清算 |
| 山东佳辰房地产开发有限公司 | 2019年1月14日 | 2019年4月19日 | 2015年12月29日根据王明海申请,裁定受理破产清算 |
| 杭州宏大建材有限公司 | 2019年1月15日 | | 2018年1月29日根据杭州宏大建材有限公司申请,裁定受理破产清算;2018年2月28日分别根据杭州中拓实业有限公司、浙江中拓绝缘材料有限公司申请,裁定受理二公司破产清算;2018年3月6日根据管理人申请,裁定三公司合并破产清算 |
| 柳州市亚泰房地产开发有限责任公司 | 2019年1月15日 | 2019年3月20日 | 2018年7月23日根据黎耀彩申请,裁定受理破产清算 |

* 数据来源:《人民法院报》、全国企业破产重整案件信息网。相关案件信息截至2019年12月31日,信息收集截至2020年2月29日。呈现表格不全,扫码可查看全表。

续表

| 公司名称 | 裁定重整时间 | 裁定批准重整计划时间 | 涉及重大事项 |
| --- | --- | --- | --- |
| 沭阳县第二人民医院有限公司 | 2019 年 1 月 18 日 | | 2018 年 7 月 26 日根据界首市医药有限责任公司申请,裁定受理破产清算 |
| 武汉汽车公园实业有限公司 | 2019 年 1 月 23 日 | | 2016 年 11 月 22 日根据柯仲平申请,裁定受理破产清算 |
| 武汉汽车公园投资管理有限责任公司 | 2019 年 1 月 23 日 | | 2016 年 10 月 8 日根据国通信托有限责任公司申请,裁定受理破产清算 |
| 山西晋煤铁路物流有限公司 | 2019 年 1 月 24 日 | 2019 年 3 月 7 日 | 2018 年 1 月 2 日根据刘星华、毕景琪、秦楠、黄米娜、牛敬、康瑞玲、张洁、张霞申请,裁定受理破产清算 |
| 北京浩搏基业房地产开发有限公司 | 2019 年 1 月 25 日 | | 2018 年 7 月 27 日根据华天实业控股集团有限公司申请,裁定受理破产清算 |
| 江苏立鼎新型建材科技有限公司 | 2019 年 1 月 28 日 | 2019 年 6 月 3 日 | 2018 年 10 月 26 日根据江苏巨能建设有限公司申请,裁定受理破产清算 |
| 北海冠奇混凝土有限公司 | 2019 年 1 月 29 日 | | 2018 年 8 月 16 日根据深圳市五山新材料股份有限公司申请,裁定受理破产清算 |
| 哈密市西成矿业有限责任公司 | 2019 年 1 月 29 日 | | 2018 年 4 月 22 日根据新疆大安特种钢有限责任公司申请,裁定受理破产清算 |
| 林口县盛翔农副产品有限责任公司 | 2019 年 2 月 19 日 | | 2018 年 7 月 23 日根据王金军等 43 人申请,裁定受理执行转破产清算 |
| 浙江杭宝集团有限公司、浙江宝亮特种薄膜有限公司、杭州杭宝胶带有限公司、杭州杭宝塑业有限公司、浙江宝亮包装科技有限公司 | 2019 年 2 月 21 日 | | 2017 年 11 月 23 日杭州市中级人民法院根据招商银行股份有限公司杭州凤起支行申请,分别裁定受理浙江杭宝集团有限公司、浙江宝亮特种薄膜有限公司破产清算,并于 2017 年 12 月 22 日指定杭州市余杭区人民法院审理;2018 年 3 月 21 日根据上海浦东发展银行股份有限公 |

续表

| 公司名称 | 裁定重整时间 | 裁定批准重整计划时间 | 涉及重大事项 |
| --- | --- | --- | --- |
| | | | 司杭州建国支行申请,分别裁定受理杭州杭宝胶带有限公司、杭州杭宝塑业有限公司破产清算;2018年4月27日杭州市中级人民法院根据浙江宝亮包装科技有限公司申请,裁定受理该公司破产清算,并于2018年6月14日指定杭州市余杭区人民法院审理;2018年9月26日根据管理人申请,裁定五公司合并破产清算;2019年2月21日,裁定五公司合并重整 |
| 重庆上渝建设工程有限公司 | 2019年3月4日 | | 2018年9月13日根据陈红秀申请,裁定受理破产清算 |
| 浙江金力钢管塔制造有限公司 | 2019年3月5日 | 2019年4月9日 | 2017年7月18日根据中银保险有限公司台州中心支公司申请,裁定受理破产清算 |
| 耒阳市鑫亚房地产开发有限公司 | 2019年3月5日 | | 2018年3月5日根据谢鑫成、杨祥玲申请,裁定受理破产清算,指定衡阳荣桥破产清算服务有限公司为管理人;2018年8月17日管理人变更为湖南君杰律师事务所 |
| 耒阳市华亚煤业有限公司 | 2019年3月5日 | | 2018年3月5日根据蒋平平、周青平申请,裁定受理破产清算 |
| 江苏成松防水材料有限公司 | 2019年3月12日 | 2019年7月29日 | 2018年10月29日根据江苏成松防水材料有限公司申请,裁定受理破产清算 |
| 广州市黄金广场房地产开发有限公司 | 2019年4月2日 | | 2018年12月10日根据李警师申请,裁定受理破产清算 |
| 四川祥尔电气有限责任公司 | 2019年4月6日 | | 2018年2月8日根据绵阳新兴融资担保有限责任公司申请,裁定受理破产清算 |
| 东莞市田禾房地产投资有限公司 | 2019年4月10日 | | 2018年8月1日根据于芳申请,裁定受理破产清算 |

续表

| 公司名称 | 裁定重整时间 | 裁定批准重整计划时间 | 涉及重大事项 |
|---|---|---|---|
| 洛阳市惠兴轴承有限公司 | 2019 年 4 月 24 日 | 2019 年 12 月 23 日 | 2017 年 9 月 1 日根据洛阳市惠兴轴承有限公司申请,裁定受理破产清算 |
| 湖南先淘不锈钢卫浴有限公司 | 2019 年 4 月 26 日 | | 2018 年 11 月 2 日根据何建华申请,裁定受理破产清算;2019 年 11 月 20 日裁定终止重整程序并宣告破产 |
| 浙江富德漆业有限公司 | 2019 年 4 月 29 日 | | 2018 年 11 月 5 日根据杭州杰阳化工有限公司申请,裁定受理破产清算 |
| 无锡市大通混凝土有限公司 | 2019 年 5 月 6 日 | 2019 年 9 月 30 日 | 2018 年 7 月 24 日根据赵志军申请,裁定受理破产清算 |
| 华瀚科技有限公司 | 2019 年 5 月 7 日 | 2019 年 12 月 27 日 | 2018 年 8 月 27 日根据深圳市硕茵贸易有限公司申请,裁定受理破产清算 |
| 河南省信阳建筑总公司 | 2019 年 5 月 10 日 | | 2018 年 9 月 6 日根据河南省信阳建筑总公司申请,裁定受理破产清算;2019 年 6 月 4 日根据管理人申请,裁定终止重整程序并宣告破产;2019 年 6 月 18 日根据管理人申请,裁定终结破产程序 |
| 广西有色金属集团冶金有限公司 | 2019 年 5 月 13 日 | | 2018 年 5 月 25 日根据广西有色金属集团冶金有限公司申请,裁定受理破产清算 |
| 沈阳东森房地产开发有限公司 | 2019 年 5 月 13 日 | | 2018 年 10 月 24 日根据朱大为申请,裁定受理破产清算 |
| 四川乾元山哪吒旅游有限公司 | 2019 年 5 月 17 日 | 2019 年 7 月 9 日 | 2017 年 4 月 10 日根据江油银通融资担保有限公司申请,裁定受理破产清算 |

续表

| 公司名称 | 裁定重整时间 | 裁定批准重整计划时间 | 涉及重大事项 |
| --- | --- | --- | --- |
| 宁夏荣昌绒业集团有限公司 | 2019 年 5 月 23 日 | | 2019 年 2 月 21 日根据四公司申请,裁定受理四公司破产清算 |
| 宁夏特米尔羊绒制品有限公司 | 2019 年 5 月 23 日 | | |
| 灵武市金沙绒业有限公司 | 2019 年 5 月 23 日 | | |
| 宁夏鄂尔多斯荣昌羊绒制品有限公司 | 2019 年 5 月 23 日 | | |
| 广州南沙振戎仓储有限公司 | 2019 年 5 月 23 日 | 2019 年 12 月 19 日 | 2019 年 3 月 6 日根据中国银行股份有限公司广州番禺支行申请,裁定受理破产清算 |
| 苏州鑫昊钢结构工程有限公司 | 2019 年 5 月 24 日 | 2019 年 6 月 26 日 | 2016 年 9 月 5 日根据中国光大银行股份有限公司吴江支行申请,裁定受理破产清算;2019 年 12 月 26 日根据管理人申请,裁定终结重整程序 |
| 韶关市璟晟置业有限公司 | 2019 年 5 月 28 日 | | 2017 年 12 月 25 日根据韶关市璟晟置业有限公司申请,裁定受理破产清算 |
| 河南中色东方韶星实业有限公司 | 2019 年 5 月 30 日 | | 2018 年 6 月 20 日根据中色(宁夏)东方集团有限公司申请,裁定受理破产清算 |
| 浙江汇丽印染整理有限公司 | 2019 年 6 月 3 日 | 2019 年 8 月 19 日 | 2017 年 10 月 23 日根据恒天资产管理有限公司申请,裁定受理破产清算 |
| 平凉市房丽美建材有限公司 | 2019 年 6 月 6 日 | | 2018 年 3 月 16 日根椐平凉市房丽美建材有限公司申请,裁定受理破产清算 |
| 陕西广太专用车有限公司 | 2019 年 6 月 6 日 | | 2018 年 11 月 26 日董伊凡申请,裁定受理破产清算 |
| 山东齐泰实业集团股份有限公司 | 2019 年 6 月 12 日 | | 2018 年 12 月 3 日根据山东齐泰实业集团股份有限公司申请,裁定受理破产清算 |
| 柳州市晟汇房地产开发有限责任公司 | 2019 年 6 月 12 日 | | 2017 年 2 月 10 日根据陈建红申请,裁定受理柳破产清算 |

续表

| 公司名称 | 裁定重整时间 | 裁定批准重整计划时间 | 涉及重大事项 |
| --- | --- | --- | --- |
| 鹤岗市鹤翔新能源有限公司、鹤岗天富能源有限公司 | 2019 年 6 月 13 日 | | 2017 年 8 月 10 日根据鹤岗市鸿检煤矿、鹤岗市鸿发洗煤有限公司、贺佩叶等人申请,裁定受理鹤岗市鹤翔新能源有限公司破产清算;2019 年 6 月 13 日裁定受理二公司实质合并重整;2019 年 11 月 18 日裁定终止合并重整程序并宣告合并破产 |
| 北京市东方叶杨纺织有限公司 | 2019 年 6 月 14 日 | 2019 年 12 月 25 日 | 2016 年 9 月 7 日根据刘菊、任芳、孙涛的申请,裁定受理破产清算 |
| 鼎泰建设有限公司 | 2019 年 6 月 24 日 | | 2018 年 4 月 27 日根据杭州海狮水泥有限公司申请,裁定受理破产清算 |
| 山东万宝集团有限公司、山东盘古能源有限公司、山东万宝贸易有限公司、山东博雅木业有限公司、山东雅禾农业有限公司、山东万宝汽车销售服务有限公司、山东万宝物流有限公司、山东万宝化工有限公司、日照德宝文化发展有限公司、日照华远水上运动发展有限责任公司、日照华安酒店有限公司、日照山河纺织有限公司、山东华海重工有限公司、山东万宝投资有限公司、瑞胶涂料(日照)有限公司、日照蓝宝湾旅游发展有限公司、日照银拓五金有限公司、日照新唐农业科技有限公司、青岛鲁尔实业有限公司、山东鲁尔船舶贸易有限公司、临沂羲之 | 2019 年 6 月 27 日 | | 根据日照市企业重组发展基金合伙企业(有限合伙)申请,2018 年 9 月 26 日分别裁定受理山东万宝汽车销售服务有限公司、山东雅禾农业有限公司破产清算,2018 年 9 月 28 日分别裁定受理日照华东酒业有限公司、日照中泰国际贸易有限公司,2018 年 12 月 17 日分别裁定受理山东万宝集团有限公司、山东博雅木业有限公司、山东盘古能源有限公司、山东万宝贸易有限公司、日照业都国际贸易有限公司破产清算;2019 年 4 月 9 日根据山东万宝集团有限公司申请,裁定该公司破产重整;2019 年 6 月 27 日裁定 28 家企业合并重整 |

续表

| 公司名称 | 裁定重整时间 | 裁定批准重整计划时间 | 涉及重大事项 |
| --- | --- | --- | --- |
| 企业有限公司、上海丰赢投资管理有限公司、天津世纪万宝国际贸易有限公司、北京万宝天成进出口有限公司、江苏泰州港宝丰钢铁有限公司、宁波加力供应链管理有限公司、日照联合电子商务有限公司、北京万宝资本管理有限公司 | | | |
| 深圳市福荫食品集团有限公司 | 2019年6月27日 | | 2018年12月11日根据黄远明申请,裁定受理破产清算 |
| 长兴县振宇房屋开发有限公司、长兴绿宇房地产开发有限公司、浙江长兴云宇实业投资有限公司、长兴县振宇物资贸易有限公司、浙江长兴绿宇经营管理有限公司、长兴景美房地产开发有限公司、长兴雄盛物资贸易有限公司、浙江长兴众旺物资贸易有限公司 | 2019年7月3日 | 2019年7月15日 | 2015年10月26日裁定受理长兴县振宇房屋开发有限公司、长兴绿宇房地产开发有限公司破产清算;2016年12月12日裁定受理浙江长兴云宇实业投资有限公司破产清算;2018年6月1日裁定受理长兴县振宇物资贸易有限公司、浙江长兴绿宇经营管理有限公司、长兴景美房地产开发有限公司、长兴雄盛物资贸易有限公司、浙江长兴众旺物资贸易有限公司破产清算;2018年12月3日裁定八公司实质合并破产清算;2019年7月3日裁定八公司合并重整 |
| 奎屯立达房地产开发有限公司 | 2019年7月4日 | | 2016年11月9日根据北京市亚太设备安装有限责任公司新疆分公司申请,裁定受理破产清算 |
| 杭州八鲜禽业有限公司 | 2019年7月9日 | 2019年10月28日 | 2018年4月26日根据杭州余杭宏达机械有限公司申请,裁定受理破产清算案 |

续表

| 公司名称 | 裁定重整时间 | 裁定批准重整计划时间 | 涉及重大事项 |
|---|---|---|---|
| 新疆生产建设兵团第十三师淖毛湖农场鹏远实业有限公司 | 2019 年 7 月 10 日 | | 2017 年 11 月 17 日根据雷光华、新疆润斌商贸有限公司申请,裁定受理破产清算 |
| 黑龙江省嘉宝生物技术开发有限公司 | 2019 年 7 月 25 日 | | 2018 年 3 月 9 日根据黄健伟申请,裁定受理破产清算 |
| 河南德海源诚矿业股份有限公司 | 2019 年 7 月 26 日 | | 2018 年 9 月 10 日根据河南省凯虹有色金属股份有限公司申请,裁定受理破产清算 |
| 桂林恭城龙星锌业有限责任公司 | 2019 年 8 月 5 日 | | 2018 年 8 月 6 日桂林市中级人民法院根据桂林天湖水利电业设备有限公司申请,裁定受理破产清算并指定恭城瑶族自治县人民法院审理 |
| 深圳南岭玩具制品有限公司 | 2019 年 8 月 21 日 | 2019 年 9 月 12 日 | 2018 年 11 月 15 日根据深圳市龙岗区正咏华塑胶电子经营部申请,裁定受理深圳南岭玩具制品有限公司破产清算一案;2019 年 12 月 31 日裁定确认重整计划执行完毕,终结破产程序 |
| 杭州国臻实业有限公司、杭州滋森无纺制品有限公司、杭州富阳国丰纸业有限公司 | 2019 年 8 月 22 日 | 2019 年 10 月 31 日公告 | 2018 年 12 月 29 日根据杭州国丰纸业有限公司申请,裁定受理杭州国丰纸业有限公司破产清算;2019 年 1 月 4 日根据杭州富阳神龙纸业有限公司、杭州富阳东南纸业有限公司、浙江顺舟控股有限公司、杭州国臻实业有限公司、杭州美可巾无纺制品有限公司、杭州金宝机床有限公司、杭州富阳宝臻物资有限公司、杭州富阳永伟废纸购销有限公司、杭州富阳东鸿物资有限公司、杭州富阳久运废旧物资回收有限公司、杭州富阳荣丰化工有限公司、杭州滋森无纺制品有限公司、杭州富阳国丰纸业 |

续表

| 公司名称 | 裁定重整时间 | 裁定批准重整计划时间 | 涉及重大事项 |
|---|---|---|---|
| | | | 有限公司申请,分别裁定受理上述公司破产清算;2019年1月4日根据管理人申请,裁定14家公司合并破产清算;2019年8月22日裁定合并重整 |
| 惠州市惠隆房地产开发总公司 | 2019年8月26日 | 2019年12月4日 | 2008年10月7日根据惠州市惠隆房地产开发总公司申请,裁定受理破产清算 |
| 苏州市长城房地产开发有限公司 | 2019年8月28日 | 2019年11月7日 | 2017年12月19日根据李芳申请,裁定受理破产清算 |
| 黑龙江龙贸房地产综合开发有限责任公司 | 2019年9月7日 | | 2018年8月31日根据黑龙江科信担保有限责任公司申请,裁定受理破产清算 |
| 朝阳北方兄弟资源有限公司 | 2019年9月16日 | | 2019年7月29日根据朝阳旭日东升商贸有限公司的申请,裁定受理破产清算 |
| 淮南市伟力混凝土有限公司 | 2019年9月20日 | | 2018年8月8日根据徽商银行股份有限公司淮南广场路支行申请,裁定受理破产清算 |
| 杭州爱佳玻璃制品有限公司 | 2019年9月20日 | 2019年10月11日 | 2018年7月19日根据杭州科龙电器工具股份有限公司申请,裁定受理破产清算 |
| 新源县吉邦矿业开发有限责任公司 | 2019年9月23日公告 | 2019年9月10日 | 2014年7月15日根据新疆鸿丰典当有限责任公司申请,裁定受理破产清算 |
| 新疆天成锦矿业开发有限公司 | 2019年9月23日公告 | 2019年9月10日 | 2014年7月15日根据新疆鸿丰典当有限责任公司申请,裁定受理破产清算 |
| 营口市鑫汇鑫房地产开发股份有限公司 | 2019年9月27日 | | 2018年4月24日根据李雪等15人申请,裁定受理破产清算 |
| 湖北万盟数控机床集团有限公司 | 2019年9月27日 | | 2018年10月31日根据湖北万盟数控机床集团有限公司申请,裁定受理破产清算 |

续表

| 公司名称 | 裁定重整时间 | 裁定批准重整计划时间 | 涉及重大事项 |
| --- | --- | --- | --- |
| 运城市万得福热力有限公司 | 2019 年 9 月 30 日 | | 2018 年 9 月 30 日根据运城市万得福热力有限公司的执行转破产申请,裁定受理破产清算 |
| 山东颐兴医疗器械有限公司、山东颐和医疗科技有限公司、山东颐诺生物科技有限公司、山东省博兴县金达来医用材料有限公司、山东永明装饰石材有限公司、山东省博兴县信通达贸易有限公司、山东康瑞福医疗科技有限公司、山东格瑞特医用材料有限公司 | 2019 年 9 月 30 日 | | 2019 年 1 月 7 日根据滨州市中级人民法院指定,裁定受理山东颐兴医疗器械有限公司破产清算;根据管理人申请,2019 年 6 月 28 日裁定山东颐和医疗科技有限公司、山东颐诺生物科技有限公司、山东省博兴县金达来医用材料有限公司、山东永明装饰石材有限公司、山东省博兴县信通达贸易有限公司、山东康瑞福医疗科技有限公司、山东格瑞特医用材料有限公司纳入山东颐兴医疗器械有限公司进行合并破产清算;2019 年 9 月 30 日根据山东颐兴医疗器械有限公司申请,裁定山东颐兴医疗器械有限公司及其关联企业合并重整 |
| 无锡晨宏气体科技有限公司 | 2019 年 10 月 8 日 | | 2018 年 8 月 8 日根据侍迈地贸易(上海)有限公司申请,裁定受理破产清算 |
| 常熟市忠凯包装材料有限公司 | 2019 年 10 月 11 日 | | 2019 年 1 月 8 日根据江阴市虹达化工涂料有限公司申请,裁定受理破产清算 |
| 苏州南门房地产发展有限公司 | 2019 年 10 月 12 日 | 2019 年 11 月 28 日 | 2016 年 12 月 2 日根据苏州南门房地产发展有限公司申请,裁定受理破产清算 |

续表

| 公司名称 | 裁定重整时间 | 裁定批准重整计划时间 | 涉及重大事项 |
|---|---|---|---|
| 山东龙熙置业有限公司 | 2019年10月18日公告 | 2019年9月14日 | 2017年9月29日根据海阳市盛华堂置业有限公司申请,裁定受理破产清算;不能清偿到期债务且明显缺乏清偿能力,2018年1月24日裁定宣告破产;2019年8月25日,债务人请求撤销破产宣告裁定书并裁定批准重整计划,裁定破产案件继续审理 |
| 云南良方制药有限公司 | 2019年10月28日 | | 2018年7月18日根据新疆汉森股权投资管理有限合伙企业申请,裁定受理破产清算 |
| 新疆元瑞能源有限公司 | 2019年11月5日 | | 2017年8月28日根据周永、武海良、胡立功申请,裁定受理破产清算 |
| 广西丰利达置业有限公司 | 2019年11月6日 | | 2018年7月26日根据李志良申请,裁定受理破产清算 |
| 重庆市黔江区六顺物业管理有限责任公司、重庆市黔江区耀鹏房产开发有限责任公司 | 2019年11月6日 | | 2015年12月4日根据重庆市五一实业(集团)有限公司的申请,裁定受理重庆市黔江区耀鹏房产开发有限责任公司破产清算;2019年11月6日裁定重庆市黔江区六顺物业管理有限责任公司与重庆市黔江区耀鹏房产开发有限责任公司实质合并重整 |
| 哈尔滨市凡特咖啡啤酒有限公司、哈尔滨朗力威啤酒有限公司 | 2019年11月8日 | | 2018年9月3日根据哈尔滨市凡特咖啡啤酒有限公司申请,裁定受理该公司破产清算;2019年11月8日裁定受理哈尔滨市凡特咖啡啤酒有限公司与哈尔滨朗力威啤酒有限公司实质合并重整 |
| 无锡东方万豪典当有限公司 | 2019年11月25日 | | 2019年8月16日根据无锡市越丰纸业有限公司申请,裁定受理破产清算 |

续表

| 公司名称 | 裁定重整时间 | 裁定批准重整计划时间 | 涉及重大事项 |
| --- | --- | --- | --- |
| 融水苗族自治县贝江水泥厂 | 2019年11月26日 | | 2018年7月30日根据河池市顺发贸易有限责任公司申请,裁定受理破产清算 |
| 中嘉华宸能源有限公司、温州华航能源有限公司、上海华晟能源化工有限公司、浙江中晟燃气经营有限公司 | 2019年11月26日 | | 2016年7月1日裁定受理中嘉华宸能源有限公司破产清算;2018年1月8日裁定将温州华航能源有限公司、上海华晟能源化工有限公司、浙江中晟燃气经营有限公司并入中嘉华宸能源有限公司破产清算;2019年11月26日裁定四公司合并重整 |
| 杭州兴隆五金机械有限公司 | 2019年12月5日 | 2019年12月24日 | 2018年1月3日根据平永泉、马兆麟、马忠年、仲瑞华、周少喜、姚国忠、沈有庆、曹瑞良申请,裁定受理破产清算 |
| 无锡市昌润冷轧有限公司 | 2019年12月15日 | | 2019年8月30日根据江苏省化肥配件有限公司申请,裁定受理破产清算 |
| 广州市华康地空开发有限公司 | 2019年12月16日 | | 2017年11月16日根据广州市志燊物业管理有限公司申请,广东省高级人民法院指令广州市中级人民法院立案受理广州市华康地空开发有限公司破产清算 |
| 无锡市昌润冷轧有限公司 | 2019年12月25日 | | 2019年8月30日根据江苏省化肥配件有限公司申请,裁定受理破产清算 |
| 山东鸿杰印务集团有限公司 | 2019年12月27日 | | 2019年4月3日裁定受理破产清算 |
| 西安鹏程金属容器制造有限公司 | 2019年12月30日 | | 2019年6月20日根据西安明协商贸有限责任公司的申请,裁定受理破产清算 |
| 岳阳威索石油化工有限公司 | 2019年 | 2019年12月18日 | 2019年3月7日根据岳阳威索石油化工有限公司申请,裁定受理破产清算 |

续表

| 公司名称 | 裁定重整时间 | 裁定批准重整计划时间 | 涉及重大事项 |
| --- | --- | --- | --- |
| 安徽省兴利物流发展有限责任公司 | 2019年 | 2019年12月25日 | 2018年12月21日根据韩冰申请,裁定受理破产清算 |
| 池州市百思特置业有限公司 | 2019年 | | 2019年9月20日安徽省池州市中级人民法院根据安徽梅龙建设集团有限公司申请,裁定受理破产清算并裁定池州市贵池区人民法院审理 |

# 中国非上市公司合并重整统计（2018 年）*

**整理：樊笑辰**

中国政法大学民商经济法学院经济法专业硕士研究生。

| 公司名称 | 裁定合并重整时间 | 裁定批准重整计划时间 | 案件历程及涉及重大事项 |
|---|---|---|---|
| 湖南全洲医疗快消品供应链有限公司、全洲药业集团有限公司、湖南商康医药电子商务有限公司 | 2018 年 1 月 4 日 | | 2017 年 3 月 23 日长沙市中级人民法院受理三公司提出的重整申请，后指定长沙市雨花区人民法院审理；2018 年 1 月 4 日裁定三案合并重整；2018 年 11 月 2 日长沙市中级人民法院根据远东国际租赁有限公司申请，裁定受理湖南全洲现代医药物流有限公司破产重整，并指定长沙市雨花区人民法院审理；2019 年 1 月 4 日裁定全洲药业集团有限公司、湖南全洲医疗快消品供应链有限公司、湖南商康医药电子商务有限公司、湖南全洲现代医药物流有限公司合并重整 |
| 渭南怡城置业有限公司、陕西九龙贸易有限责任公司 | 2018 年 1 月 9 日 | | |

* 数据来源：《人民法院报》、全国企业破产重整案件信息网。相关案件信息截至 2019 年 12 月 31 日，信息收集截至 2020 年 2 月 29 日。呈现表格不全，扫码可查看全表。

续表

| 公司名称 | 裁定合并重整时间 | 裁定批准重整计划时间 | 案件历程及涉及重大事项 |
| --- | --- | --- | --- |
| 许昌市瑞新电气有限公司、许昌瑞新艾尔依迪照明有限公司、许昌稳润光电科技有限公司、许昌瑞华光电科技有限公司 | 2018 年 1 月 15 日 | | 未按期提交重整计划草案，经管理人申请，2018 年 12 月 18 日该四公司被宣告破产 |
| 四川长征机床集团有限公司、自贡长征机床销售有限公司、自贡长征机床机械制造有限公司、自贡长征精密铸锻有限公司、自贡市卓捷物流有限公司、自贡长征机电设备有限公司、成都哈利森数码科技有限公司 | 2018 年 1 月 25 日 | | 2017 年 6 月 21 日自贡市中级人民法院裁定受理四川长征机床集团有限公司重整；2018 年 1 月 25 日裁定六家关联公司纳入四川长征机床集团公司合并重整 |
| 淄博市临淄育新实业有限公司、淄博市临淄育新预拌砂浆有限公司 | 2018 年 2 月 13 日 | | 2017 年 4 月 21 日根据淄博市临淄育新实业有限公司申请，裁定受理淄博市临淄育新实业有限公司破产重整；2018 年 2 月 13 日裁定二公司合并重整 |
| 广德兴华校业服务有限公司、广德县兴华私立小学 | 2018 年 3 月 19 日 | | |
| 双辽惠丰有限公司、双辽市惠丰油业有限公司、双辽市博来德粮食现代物流有限公司、广州博来德国际贸易有限公司、双辽市惠农粮食收储有限公司、吉林省博来德工贸集团有限公司 | 2018 年 4 月 16 日 | | 2016 年 6 月 29 日裁定吉林省博来德工贸集团有限公司破产重整，2018 年 4 月 16 日裁定该六公司合并重整 |

续表

| 公司名称 | 裁定合并重整时间 | 裁定批准重整计划时间 | 案件历程及涉及重大事项 |
|---|---|---|---|
| 富阳市金昌纸业有限公司、杭州富阳昌阳废旧物资有限公司、杭州富阳金昌纸业有限公司 | 2018 年 4 月 18 日 | 2018 年 6 月 4 日 | 2018 年 4 月 17 日分别裁定受理三公司破产重整申请；2018 年 4 月 18 日裁定三公司合并破产重整 |
| 西安市华威汽车贸易有限公司、陕西华纳汽车有限公司、陕西华夏汽车有限公司、陕西华夏奔腾汽车贸易有限公司、陕西华夏美通汽车贸易有限公司、西安市福威汽车贸易有限公司 | 2018 年 4 月 19 日 | | 2017 年 11 月 8 日裁定受理西安市华威汽车贸易有限公司破产清算；2018 年 2 月 9 日根据西安创业典当有限公司申请，裁定受理破产清算；2018 年 2 月 9 日根据黄晓莎申请裁定受理陕西华纳汽车有限公司破产重整；2018 年 4 月 2 日根据杨超申请分别裁定陕西华夏奔腾汽车贸易有限公司、陕西华夏美通汽车贸易有限公司、西安市福威汽车贸易有限公司破产重整；2018 年 4 月 19 日裁定六公司合并重整 |
| 沈阳北方重矿机械有限公司、沈阳北方交通重工有限公司、沈阳北方交通重工集团有限公司 | 2018 年 4 月 20 日 | | 2017 年 4 月 27 日根据泰安艺群机械制造有限公司申请，裁定沈阳北方交通重工有限公司破产重整；2017 年 9 月 12 日裁定沈阳北方交通重工集团有限公司破产重整；2017 年 9 月 30 日裁定沈阳北方交通重工有限公司、沈阳北方交通重工集团有限公司合并重整。2018 年 3 月 30 日裁定沈阳北方重矿机械有限公司破产重整；2018 年 4 月 20 日裁定沈阳北方重矿机械有限公司、沈阳北方交通重工有限公司、沈阳北方交通重工集团有限公司三公司合并重整 |

续表

| 公司名称 | 裁定合并重整时间 | 裁定批准重整计划时间 | 案件历程及涉及重大事项 |
|---|---|---|---|
| 山西沃土房地产开发有限公司、山西长平建材家居广场有限公司、山西联合兴业投资有限公司、山西盛世家和商贸有限公司 | 2018 年 5 月 8 日 | | 2017 年 11 月 27 日根据山西沃土房地产开发有限公司、连鹏飞、贾保顺、王军亮申请,裁定受理山西沃土房地产开发有限公司破产清算,2018 年 3 月 29 日根据公司申请裁定山西沃土房地产开发有限公司破产重整;2018 年 5 月 8 日裁定四公司合并重整 |
| 辉山乳业(中国)有限公司、辽宁辉山乳业集团(沈阳)有限公司、辽宁辉山乳业集团有限公司、辉山乳业(沈阳)销售有限公司、辽宁辉山乳业集团卧牛石牧业有限公司、辽宁辉山乳业集团彭家牧业有限公司、辽宁辉山乳业集团太平牧业有限公司、辽宁辉山乳业集团榆树牧业有限公司、沈阳丰乐生态农业科技有限公司、沈阳大仓生态农业科技有限公司、沈阳冠林生态农业科技有限公司、沈阳金穗生态农业科技有限公司、沈阳宏大生态农业科技有限公司、沈阳茂源草业有限公司、辽宁辉山乳业集团恒丰牧业有限公司、辽宁辉山乳业集团王树牧业有限公司、辽宁辉山乳业集团孙家牧业有限公司、辽宁辉山乳业集团双台子牧业有限公司、辽宁辉山乳业集 | 2018 年 5 月 10 日 | | 2018 年 5 月 8 日裁定辉山实业发展(辽宁)有限公司、辉山新能源科技(辽宁)有限公司、义县澳华牧业有限公司、义县中澳牧业有限公司、义县龙邦牧业有限公司、义县胜道牧业有限公司、义县荷光牧业有限公司、义县光华牧业有限公司、辽宁辉山乳业集团救兵牧业有限公司、辽宁辉山乳业集团峡河牧业有限公司、辽宁辉山乳业集团百花牧业有限公司、辽宁辉山乳业集团四合城牧业有限公司、辽宁辉山乳业集团新秋牧业有限公司、辽宁辉山乳业集团福兴牧业有限公司、辽宁辉山乳业集团金星牧业有限公司、辽宁辉山乳业集团丰源牧业有限公司、辽宁辉山乳业集团新庄牧业有限公司、辽宁辉山乳业集团凤皇牧业有限公司、辽宁辉山乳业集团腾达牧业有限公司、辉山万福牧业(阜新)有限公司、辉山五峰牧业(阜新)有限公司、锦州谷海生态农业科技有限公司、铁岭盛汇生态农业科技有限公司、辽宁优品企业管理有限公司、 |

续表

| 公司名称 | 裁定合并重整时间 | 裁定批准重整计划时间 | 案件历程及涉及重大事项 |
| --- | --- | --- | --- |
| 团秀水牧业有限公司、辽宁辉山乳业集团叶茂台牧业有限公司、辽宁辉山乳业集团大三牧业有限公司、辽宁辉山乳业集团汪盛牧业有限公司、辽宁辉山乳业集团周家牧业有限公司、辽宁辉山乳业集团栖霞牧业有限公司、辽宁世领自营牧场有限公司、辽宁辉山乳业集团沙金牧业有限公司、辽宁辉记良品商贸有限公司、辽宁辉山乳业集团（康平）有限公司、辉山实业发展（辽宁）有限公司、辉山新能源科技（辽宁）有限公司、义县澳华牧业有限公司、义县中澳牧业有限公司、义县龙邦牧业有限公司、义县胜道牧业有限公司、义县荷光牧业有限公司、义县光华牧业有限公司、辽宁辉山乳业集团救兵牧业有限公司、辽宁辉山乳业集团峡河牧业有限公司、辽宁辉山乳业集团百花牧业有限公司、辽宁辉山乳业集团四合城牧业有限公司、辽宁辉山乳业集团新秋牧业有限公司、辽宁辉山乳业集团福兴牧业有限公司、辽宁辉山乳业集团金星牧业有限公司、辽宁辉山乳业集团丰源牧业有限 | | | 沈阳盛亿嵘农牧科技有限公司、辉山乳业（阜新）有限公司、辽宁辉山乳业集团（锦州）有限公司、辽宁辉山乳业集团（抚顺）有限公司、辉山乳业（锦州）销售有限公司、辽宁辉山生物科技研究有限公司、辉山乳业（西丰）有限公司、辽宁辉山凌空新能源集团有限公司、沈阳兆基投资管理有限公司、辽宁昊晟沼气发电有限公司、法库优品畜牧饲料有限公司、彰武优品农牧饲料有限公司、康平优品农牧饲料有限公司、辽宁辉山凌空新能源集团（法库）有限公司、辽宁辉山凌空新能源集团（康平）有限公司、辽宁辉山凌空新能源集团（沈阳）有限公司、辽宁辉山凌空新能源集团（锦州）有限公司、辽宁辉山凌空新能源集团（抚顺）有限公司、辽宁辉山凌空新能源集团（阜新）有限公司、辽宁辉山凌空新能源集团（铁岭）有限公司、辽宁益丰新能源科技有限公司、抚顺天时生物质能源有限公司、阜新天时生物质能源有限公司、锦州天时生物质能源有限公司、沈阳天时生物质能源有限公司、辽宁黑土环保有限公司共50家公司与已受理重整的辉山乳业（中国）有限公司、辽宁辉山乳业集团（沈阳）有限公司、辽宁辉山乳业集团有限公司、辉山乳业（沈阳）销售有限公司、辽宁辉山乳业集团卧牛石牧业有限公 |

续表

| 公司名称 | 裁定合并重整时间 | 裁定批准重整计划时间 | 案件历程及涉及重大事项 |
| --- | --- | --- | --- |
| 公司、辽宁辉山乳业集团新庄牧业有限公司、辽宁辉山乳业集团凤皇牧业有限公司、辽宁辉山乳业集团腾达牧业有限公司、辉山万福牧业(阜新)有限公司、辉山五峰牧业(阜新)有限公司、锦州谷海生态农业科技有限公司、铁岭盛汇生态农业科技有限公司、辽宁优品企业管理有限公司、沈阳盛亿嵘农牧科技有限公司、辉山乳业(阜新)有限公司、辽宁辉山乳业集团(锦州)有限公司、辽宁辉山乳业集团(抚顺)有限公司、辉山乳业(锦州)销售有限公司、辽宁辉山生物科技研究有限公司、辉山乳业(西丰)有限公司、辽宁辉山凌空新能源集团有限公司、沈阳兆基投资管理有限公司、辽宁昊晟沼气发电有限公司、法库优品畜牧饲料有限公司、彰武优品农牧饲料有限公司、康平优品农牧饲料有限公司、辽宁辉山凌空新能源集团(法库)有限公司、辽宁辉山凌空新能源集团(康平)有限公司、辽宁辉山凌空新能源集团(沈阳)有限公司、辽宁辉山凌空新能源集团(锦州)有限 | | | 司、辽宁辉山乳业集团彭家牧业有限公司、辽宁辉山乳业集团太平牧业有限公司、辽宁辉山乳业集团榆树牧业有限公司、沈阳丰乐生态农业科技有限公司、沈阳大仓生态农业科技有限公司、沈阳冠林生态农业科技有限公司、沈阳金穗生态农业科技有限公司、沈阳宏大生态农业科技有限公司、沈阳茂源草业有限公司、辽宁辉山乳业集团恒丰牧业有限公司、辽宁辉山乳业集团王树牧业有限公司、辽宁辉山乳业集团孙家牧业有限公司、辽宁辉山乳业集团双台子牧业有限公司、辽宁辉山乳业集团秀水牧业有限公司、辽宁辉山乳业集团叶茂台牧业有限公司、辽宁辉山乳业集团大三牧业有限公司、辽宁辉山乳业集团汪盛牧业有限公司、辽宁辉山乳业集团周家牧业有限公司、辽宁辉山乳业集团栖霞牧业有限公司、辽宁世领自营牧场有限公司、辽宁辉山乳业集团沙金牧业有限公司、辽宁辉记良品商贸有限公司、辽宁辉山乳业集团(康平)有限公司28家公司共计78家公司实质合并重整;2018年5月10日裁定78家公司与辽宁辉山乳业集团安达牧业有限公司、盐城天时生物质能源有限公司、辽宁辉山凌空新能源集团(内蒙古)有限公司、辉山(上海)融资租赁有限公司、辉山(上海)国际贸易有 |

续表

| 公司名称 | 裁定合并重整时间 | 裁定批准重整计划时间 | 案件历程及涉及重大事项 |
|---|---|---|---|
| 公司、辽宁辉山凌空新能源集团(抚顺)有限公司、辽宁辉山凌空新能源集团(阜新)有限公司、辽宁辉山凌空新能源集团(铁岭)有限公司、辽宁益丰新能源科技有限公司、抚顺天时生物质能源有限公司、阜新天时生物质能源有限公司、锦州天时生物质能源有限公司、沈阳天时生物质能源有限公司、辽宁黑土环保有限公司、辽宁辉山乳业集团安达牧业有限公司、盐城天时生物质能源有限公司、辽宁辉山凌空新能源集团(内蒙古)有限公司、辉山(上海)融资租赁有限公司、辉山(上海)国际贸易有限公司 | | | 限公司共计 83 家公司实质合并重整;2018 年 7 月 3 日院决定辉山乳业集团系列企业在管理人的监督下自行管理财产和营业事务 |
| 重庆市涪陵区泰康医院有限责任公司、重庆瑞益建筑工程有限公司、重庆市吉星医疗设备有限责任公司 | 2018 年 5 月 17 日 | | 2017 年 8 月 17 日裁定受理重庆市涪陵区泰康医院有限责任公司破产重整;2018 年 5 月 17 日裁定重庆瑞益建筑工程有限公司、重庆市吉星医疗设备有限责任公司与重庆市涪陵区泰康医院有限责任公司合并重整 |

续表

| 公司名称 | 裁定合并重整时间 | 裁定批准重整计划时间 | 案件历程及涉及重大事项 |
| --- | --- | --- | --- |
| 湖南森艺家具有限公司、益阳森艺家具有限公司 | 2018 年 5 月 18 日 | | 2018 年 4 月 20 日根据债权人张建军、杨宏波、秦菊华申请,裁定受理湖南森艺家具有限公司破产重整;2018 年 5 月 18 日裁定益阳森艺家具有限公司与湖南森艺家具有限公司合并重整;重整计划草案未通过,2018 年 10 月 12 日裁定终止重整程序并宣告破产 |
| 江西天人生态股份有限公司、江西天祥通用航空股份有限公司 | 2018 年 5 月 16 日 | | 2017 年 10 月 9 日根据济南天霖包装有限公司申请,裁定受理江西天人生态股份有限公司破产清算;2018 年 3 月 1 日根据上海元天融资租赁股份有限公司申请,裁定受理江西天祥通用航空股份有限公司破产清算;2018 年 3 月 5 日根据债务人申请,裁定江西天人生态股份有限公司破产重整;2018 年 3 月 29 日,根据债务人申请,裁定人江西天祥通用航空股份有限公司破产重整;2018 年 5 月 16 日裁定二公司实质合并重整 |
| 河南冷王物流有限公司、河南农合物流有限公司、河南中欧现代农业产业园有限公司、河南中欧农业开发有限公司、河南国安实业发展有限公司、河南澳标有机农场发展有限公司、河南安畅交通工程有限公司 | 2018 年 5 月 18 日 | | |

续表

| 公司名称 | 裁定合并重整时间 | 裁定批准重整计划时间 | 案件历程及涉及重大事项 |
| --- | --- | --- | --- |
| 河南金卡特农业开发有限公司、河南魏丰农牧开发有限公司、许昌尚福源餐饮文化有限公司、许昌优铸建材有限公司 | 2018年5月25日 | | |
| 天合石油集团汇丰石油装备股份有限、公司上海天合石油工程股份有限公司 | 2018年6月1日 | | 2017年9月4日裁定天合石油集团汇丰石油装备股份有限公司重整;2018年6月1日裁定二公司合并重整 |
| 上海誉丰实业(集团)有限公司、上海起美经贸有限公司、上海均安木业有限公司、上海誉丰实业集团家居用品有限公司、上海博世登投资有限公司、安徽誉丰装饰材料科技有限公司 | 2018年6月8日 | | 2018年1月29日根据顾伟君的申请裁定受理上海誉丰实业(集团)有限公司破产清算,2018年3月6日根据公司申请裁定重整;2018年6月8日裁定六公司合并重整 |
| 华鑫化纤科技集团有限公司、余姚市新华鑫纤维销售有限公司 | 2018年6月14日 | | 2017年6月12日根据温州银行股份有限公司宁波余姚支行申请,裁定受理华鑫化纤科技集团有限公司破产清算;2018年5月21日裁定受理余姚市新华鑫纤维销售有限公司破产清算;2018年6月14日裁定二公司合并重整 |
| 临沂伦达置业有限公司、临沂伦达国贸城开发有限公司 | 2018年6月25日 | 2019年1月18日 | |

续表

| 公司名称 | 裁定合并重整时间 | 裁定批准重整计划时间 | 案件历程及涉及重大事项 |
|---|---|---|---|
| 江苏苏醇酒业有限公司、徐州得隆生物科技有限公司、徐州瑞康食品科技有限公司 | 2018 年 6 月 25 日 | | 2018 年 1 月 12 日裁定受理江苏苏醇酒业有限公司、徐州得隆生物科技有限公司、徐州瑞康食品科技有限公司的破产重整申请;2018 年 6 月 25 日裁定三公司实质合并破产重整,并指定江苏苏醇酒业有限公司管理人担任合并重整管理人 |
| 山东恒发钢板有限公司、山东省博兴县恒发钢铁(集团)有限公司、青岛盛业恒达国际贸易有限公司、山东恒达精密薄板科技有限公司 | 2018 年 7 月 10 日 | | 2018 年 5 月 31 日裁定受理山东恒达精密薄板科技有限公司重整申请;2018 年 7 月 10 日裁定四公司实质合并重整 |
| 西林钢铁集团有限公司、西林钢铁集团阿城钢铁有限公司、西钢集团哈尔滨兴安金属制品有限公司、西林钢铁集团伊春五星矿业有限公司、伊春市天源炉料有限公司、黑龙江恒鑫通商贸有限公司、伊春润禾贸易有限公司、伊春市九源节能服务有限公司、伊春市佳信贸易有限公司、黑龙江西钢国际贸易有限公司、哈尔滨西钢物流配送有限公司、哈尔滨盛兴安贸易有限公司、哈尔滨佳运贸易有限公司、哈尔滨巨龙铁路器材有限公司、哈尔滨阿钢经贸有限公司、哈尔滨金竹经贸有限公司、哈尔滨市佳兴回收利 | 2018 年 7 月 11 日 | | 2018 年 6 月 11 日根据广西物资经济开发有限公司申请,裁定受理西林钢铁集团有限公司破产重整;2018 年 7 月 11 日根据管理人申请,裁定与西林钢铁集团阿城钢铁有限公司、西钢集团哈尔滨兴安金属制品有限公司、西林钢铁集团伊春五星矿业有限公司、伊春市天源炉料有限公司、黑龙江恒鑫通商贸有限公司、伊春润禾贸易有限公司、伊春市九源节能服务有限公司、伊春市佳信贸易有限公司、黑龙江西钢国际贸易有限公司、哈尔滨西钢物流配送有限公司、哈尔滨盛兴安贸易有限公司、哈尔滨佳运贸易有限公司、哈尔滨巨龙铁路器材有限公司、哈尔滨阿钢经贸有限公司、哈尔滨金竹经贸有限公司、哈尔滨市佳兴回收利用 |

续表

| 公司名称 | 裁定合并重整时间 | 裁定批准重整计划时间 | 案件历程及涉及重大事项 |
|---|---|---|---|
| 用有限公司、哈尔滨市宝隆物资贸易有限公司、哈尔滨市德广经贸有限公司、哈尔滨市西钢建设有限责任公司、鹤岗市鹤亿达商贸有限公司、鹤岗市展宇商贸有限公司、孙吴县林河贸易有限公司、逊克北方贸易有限公司、黑河市佳诚贸易有限公司、佳木斯西林钢材经销有限公司、齐齐哈尔市西钢钢 材销售有限公司、吉林省西钢钢材经销有限公司、大连伊联贸易有限公司、大连佳实贸易有限公司、沈阳融康物资贸易有限公司、沈阳瑞金源物资贸易有限公司、满洲里恒信通贸易有限公司、成都银汇贸易有限公司、成都市阿钢物资贸易有限公司、四川城嘉物资贸易有限公司、成都市世中天贸易有限公司、成都市通远物资贸易有限公司、四川龙雨南域贸易有限公司、西林钢铁公司五星石灰石矿 | | | 有限公司、哈尔滨市宝隆物资贸易有限公司、哈尔滨市德广经贸有限公司、哈尔滨市西钢建设有限责任公司、鹤岗市鹤亿达商贸有限公司、鹤岗市展宇商贸有限公司、孙吴县林河贸易有限公司、逊克北方贸易有限公司、黑河市佳诚贸易有限公司、佳木斯西林钢材经销有限公司、齐齐哈尔市西钢钢 材销售有限公司、吉林省西钢钢材经销有限公司、大连伊联贸易有限公司、大连佳实贸易有限公司、沈阳融康物资贸易有限公司、沈阳瑞金源物资贸易有限公司、满洲里恒信通贸易有限公司、成都银汇贸易有限公司、成都市阿钢物资贸易有限公司、四川城嘉物资贸易有限公司、成都市世中天贸易有限公司、成都市通远物资贸易有限公司、四川龙雨南域贸易有限公司、西林钢铁公司五星石灰石矿共计 40 家企业实质合并重整 |

续表

| 公司名称 | 裁定合并重整时间 | 裁定批准重整计划时间 | 案件历程及涉及重大事项 |
| --- | --- | --- | --- |
| 湘潭公路机械制造有限公司、湘潭万马贸易有限公司、湘潭云帆劳务有限公司、湖南湘潭公路桥梁建设有限责任公司 | 2018年7月12日 | | 2017年1月16日根据周琼申请,裁定受理湖南湘潭公路桥梁建设有限责任公司破产清算;2017年4月18日根据周晋辉申请,裁定破产重整;2018年7月12日裁定湘潭公路机械制造有限公司、湘潭万马贸易有限公司、湘潭云帆劳务有限公司与湖南湘潭公路桥梁建设有限责任公司合并破产重整 |
| 阳江市汉能工业有限公司、阳江市新力工业有限公司、阳江汉能科技有限公司 | 2018年7月20日 | | |
| 邹平县长山型材有限公司、山东齐瑞铝锻件有限公司 | 2018年7月27日 | | 2018年6月20日分别裁定受理二公司重整申请;2018年7月27日裁定二公司合并重整 |
| 澧县太青山有机食品有限公司、澧县云秀太青有机茶专业合作社、湖南双上绿芽茶业有限公司 | 2018年7月30日 | | 2018年3月19日裁定受理澧县太青山有机食品有限公司破产重整申请;2018年5月14日分别裁定受理澧县云秀太青有机茶专业合作社、湖南双上绿芽茶业有限公司破产重整申请;2018年7月30日裁定三公司实质合并重整 |
| 山东盛达涂层材料有限公司、山东广源节能材料有限公司、山东隆达钢材有限公司、邹平信宇工贸有限公司、邹平宏齐商贸有限公司 | 2018年8月1日 | | 2018年6月29日分别裁定受理五公司重整申请;2018年8月1日裁定五公司合并重整,指定山东盛达涂层材料有限公司管理人为五公司合并重整管理人 |

续表

| 公司名称 | 裁定合并重整时间 | 裁定批准重整计划时间 | 案件历程及涉及重大事项 |
|---|---|---|---|
| 现代(邯郸)置业有限公司、现代(邯郸)房地产开发有限公司、现代(邯郸)物流港开发有限公司 | 2018 年 8 月 8 日 | | 2018 年 4 月 18 日根据朱永刚、中国工商银行股份有限公司邯郸中华支行申请分别裁定三公司破产重整;2018 年 8 月 8 日裁定三公司合并重整,并指定现代(邯郸)房地产开发有限公司管理人担任合并重整管理人 |
| 重庆漫田置业有限公司、重庆百事达商贸有限公司 | 2018 年 8 月 10 日 | 2019 年 6 月 20 日 | 2017 年 5 月 31 日、11 月 20 日重庆市第五中级人民法院分别裁定受理二公司破产清算,并指定重庆市荣昌区人民法院审理;2018 年 3 月 5 日裁定对二公司合并破产清算;2018 年 8 月 10 日裁定合并破产重整 |
| 河南大用实业有限公司、鹤壁大用牧业有限公司、淇县兴业工贸有限公司、河南大用赛福食品有限公司、河南大用邦杰食品有限公司、周口大用农牧有限公司、开封大用实业有限责任公司、焦作大用牧业有限公司、焦作大用实业有限公司、鹤壁神康生物制品有限公司 | 2018 年 8 月 16 日 | | 2018 年 7 月 19 日裁定受理河南大用实业有限公司的重整申请;2018 年 8 月 16 日裁定九公司与母公司河南大用实业有限公司共计十公司合并重整 |
| 新疆金晖兆丰能源股份有限公司、新疆金晖兆丰焦化有限公司、新疆金晖兆丰煤业有限公司、新疆拜城润华煤业有限公司 | 2018 年 8 月 21 日 | | 2018 年 7 月 13 日裁定受理新疆金晖兆丰能源股份有限公司重整申请;2018 年 8 月 21 日裁定新疆金晖兆丰能源股份有限公司与新疆金晖兆丰焦化有限公司、新疆金晖兆丰煤业有限公司、新疆拜城润华煤业有限公司共计四公司实质合并破产重整 |

续表

| 公司名称 | 裁定合并重整时间 | 裁定批准重整计划时间 | 案件历程及涉及重大事项 |
|---|---|---|---|
| 东营市佳昊化工有限责任公司、东营市博源石油液化气有限责任公司、东营市原野商贸有限责任公司 | 2018年8月27日 | | 2018年4月17日根据赵树强、崔晓红申请,裁定受理东营市佳昊化工有限责任公司破产重整;2018年8月27日裁定东营市博源石油液化气有限责任公司、东营市原野商贸有限责任公司纳入东营市佳昊化工有限责任公司合并重整 |
| 山东玉玺集团有限公司、山东玉玺炉料有限公司、邹平县昶鑫再生资源有限公司、山东一六精密制造科技有限公司、山东凯信农业科技有限公司、滨州市玉玺报废汽车拆解有限公司 | 2018年8月29日 | | 2018年7月11日分别裁定受理六公司重整申请,分别指定上述六家公司清算组为公司管理人;2018年8月29日裁定该六公司合并重整,指定山东玉玺炉料有限公司管理人担任合并重整管理人 |
| 娄底市凯越房地产开发有限公司、湖南娄底市凯泉房地产开发有限公司、娄底市金沅贸易有限公司、湖南泉源贸易有限公司、娄底市长清贸易有限公司、娄底市和平贸易有限公司、湖南凯泉贸易有限公司 | 2018年9月7日 | 2019年12月26日 | 2018年7月或8月根据湖南省娄底市第一工程有限公司申请,裁定受理娄底市凯越房地产开发有限公司破产重整;2018年8月14日分别受理关联企业湖南娄底市凯泉房地产开发有限公司、娄底市金沅贸易有限公司、湖南泉源贸易有限公司、娄底市长清贸易有限公司、娄底市和平贸易有限公司、湖南凯泉贸易有限公司重整申请;2018年9月7日裁定七公司合并重整 |

续表

| 公司名称 | 裁定合并重整时间 | 裁定批准重整计划时间 | 案件历程及涉及重大事项 |
| --- | --- | --- | --- |
| 寿光市糖酒茶副食品有限公司、寿光市盛凯投资担保有限公司 | 2018 年 9 月 7 日 | | 2014 年 10 月 30 日根据寿光市糖酒茶副食品有限公司申请,裁定受理该公司破产清算;2018 年 9 月 7 日,裁定寿光市糖酒茶副食品有限公司重整,同日裁定寿光市盛凯投资担保有限公司不具有法人资格,纳入寿光市糖酒茶副食品有限公司重整范围 |
| 恩施市霖峰种植专业合作社、恩施州天艺装饰工程有限责任公司、恩施市浤星腾龙农业综合开发有限公司 | 2018 年 9 月 5 日 | | |
| 杭州广富实业有限公司、杭州富阳盛昌锌业有限公司、杭州富阳新荣发锌业有限公司、杭州富阳吾顺废旧物资有限公司、杭州富阳广富塑胶有限公司、杭州富阳航宇电子技术有限公司 | 2018 年 9 月 10 日 | 2018 年 11 月 2 日 | 2018 年 8 月 30 日裁定受理杭州广富实业有限公司重整申请;2018 年 9 月 4 日分别裁定受理杭州富阳盛昌锌业有限公司、杭州富阳新荣发锌业有限公司、杭州富阳吾顺废旧物资有限公司、杭州富阳广富塑胶有限公司、杭州富阳航宇电子技术有限公司重整申请;2018 年 9 月 10 日裁定六公司合并重整 |
| 大乾房地产开发有限公司、庆云县当代商城有限公 | 2018 年 9 月 20 日 | 2019 年 9 月 9 日 | 2017 年 12 月 22 日根据庆云县鑫城建设投资发展有限公司申请,裁定受理德州大乾房地产开发有限公司破产重整;2018 年 9 月 20 日裁定二公司合并重整;2019 年 9 月 9 日,本院根据德州大乾房地产开发有限公司管理人的申请,裁定批准重整计划,并终止德州大乾房地产开发有限公司、庆云县当代商城有限公司重整程序 |

续表

| 公司名称 | 裁定合并重整时间 | 裁定批准重整计划时间 | 案件历程及涉及重大事项 |
|---|---|---|---|
| 山东华鲁伟业新板材有限公司、山东省博兴县华鲁钢铁有限公司、山东华伟新材料有限公司 | 2018 年 9 月 26 日 | 2019 年 10 月 21 日 | 2018 年 8 月 28 日裁定受理山东华鲁伟业新板材有限公司重整申请;2018 年 9 月 26 日裁定受理三公司合并重整 |
| 柳州正菱集团有限公司、柳州市柳南区汽车配件有限公司、柳州市仁隆物资贸易有限公司、柳州桂泰车辆有限责任公司、柳州市汽车齿轮总厂、柳州市八菱柴油机配件厂、柳州正菱重型数控机床有限公司、广西柳州市冠鑫进出口贸易有限公司、广西正菱融资性担保有限公司、柳州市荣昌房地产开发有限责任公司、柳州市荣盛房地产开发有限责任公司、柳州市德华房地产开发有限公司、柳州市昌盛建筑工程有限责任公司、柳州市九菱贸易有限责任公司、柳州正菱传动机械有限公司、柳州正菱机器有限公司、柳州正菱桂林机床有限公司、柳州市东风汽车配件总厂、柳州市汽车钢圈厂、柳州市汽车传动轴厂、桂林正菱英山柴油机有限公司、桂林正菱第二机床有限责任公司、广西大象投资有限公司、柳州正菱汽车有限公司、广西卓华投资有限公司、广 | 2018 年 9 月 27 日 | 2019 年 1 月 28 日 | 2018 年 7 月 6 日裁定受理柳州正菱集团的重整申请;2018 年 7 月 13 日裁定受理 53 家关联公司与柳州正菱集团的合并重整申请,7 月 27 日依管理人申请裁定准许 2 家关联公司撤回重整申请;2018 年 9 月 27 日裁定受理柳州市昌盛混凝土有限责任公司及柳州市鹿寨顺通混凝土有限公司并入重整申请 |

续表

| 公司名称 | 裁定合并重整时间 | 裁定批准重整计划时间 | 案件历程及涉及重大事项 |
|---|---|---|---|
| 西柳州万象投资有限公司、桂林正菱机床制造有限责任公司、贺州市正菱大酒店有限公司、广西华泰机器有限公司、北海天歌工贸有限公司、柳州子江科技有限公司、柳州市涵蕴贸易有限公司、柳州市舒曼贸易有限公司、柳州市菱淳贸易有限公司、柳州市豪海贸易有限公司、柳州市陶硕贸易有限公司、柳州市墨帆贸易有限公司、柳州市书骏贸易有限公司、柳州市涵桂贸易有限公司、柳州市宛然贸易有限公司、柳州市清迈贸易有限公司、柳州市财团贸易有限公司、柳州市钢鸿贸易有限公司、柳州市宝都贸易有限公司、柳州市冠文贸易有限公司、柳州市得远物资贸易有限责任公司、柳州市炜力科贸有限公司、柳州晶泰玻璃有限公司、柳州市俊重汽车板簧厂、柳州纳捷机械制造有限公司、柳州正菱鹿寨水泥有限公司、福建凯鲍汽车制造有限公司、柳州市昌盛混凝土有限责任公司、柳州市鹿寨顺通混凝土有限公司 | | | |

续表

| 公司名称 | 裁定合并重整时间 | 裁定批准重整计划时间 | 案件历程及涉及重大事项 |
| --- | --- | --- | --- |
| 山东方明药业集团股份有限公司、洪业化工集团股份有限公司、山东洪达化工有限公司、山东洪鼎化工有限公司、山东勇智化工有限公司、菏泽市洪源供水有限公司、菏泽洪方商贸有限公司、山东天秀化工贸易有限公司、山东吉安化工有限公司、菏泽开发区洪源小额贷款有限公司、山东洪业如松化工设备安装有限公司、山东吉昌化工有限公司、上海洪鲁国际贸易有限公司、上海多凯国际贸易有限公司、上海洪鲁化工技术有限公司、山东方明化工股份有限公司、山东东巨化工股份有限公司、山东恒顺供热有限公司、开封天池化工有限公司、菏泽市方明制药有限公司、上海众诺国际贸易有限公司、山东方明邦嘉制药有限公司、东明县洪方化工科技服务有限公司、菏泽尧舜牡丹生物科技有限公司、菏泽尧舜酒店管理有限公司、菏泽市中小企业融资担保有限公司、山东洪方精细化工有限公司、山东东药药业股份有限公司、山东洪丰面粉有限公司 | 2018 年 9 月 28 日 | | 2018 年 7 月 25 日分别根据山东东明农村商业银行股份有限公司、山东玉皇化工有限公司申请,裁定受理山东方明药业集团股份有限公司、洪业化工集团股份有限公司破产重整;2018 年 9 月 28 日裁定 29 家关联公司进行实质合并重整 |

续表

| 公司名称 | 裁定合并重整时间 | 裁定批准重整计划时间 | 案件历程及涉及重大事项 |
| --- | --- | --- | --- |
| 山东大王金泰集团有限公司、东营金泰有限公司、山东大王金泰集团国际贸易有限公司、东营里阳自动化科技有限公司、山东里阳环保能源科技有限公司、东营金泰轮胎胶囊有限公司、山东大王金泰石油装备有限公司、东营大王有色金属有限公司、山东省东营市第二阀门厂、山东金利轮胎装备有限公司、广饶县兴业民间资本管理股份有限公司、山东里阳机电科技有限公司、山东天阳新能源有限公司、青岛乐安国际贸易有限公司 | 2018年9月29日公告 | | 2018年7月2日根据债权人申请分别裁定受理14家公司破产重整;2018年9月29日公告已裁定14家公司合并重整 |
| 河南省志元食品有限公司、河南志元食业有限公司 | 2018年10月8日 | | 2018年1月2日裁定受理河南志元食品有限公司重整申请;2018年5月9日裁定受理河南志元食业有限公司重整申请;2018年10月8日裁定二公司合并重整 |
| 河南名宇食品有限公司、商丘市鑫隆食品有限公司 | 2018年10月30日 | 2019年7月19日 | 2018年6月1日裁定受理河南名宇食品有限公司重整申请;2018年10月30日裁定二公司合并重整 |
| 山东义信重机制造有限公司、莒南县信义机械制造有限公司 | 2018年11月6日 | 2019年9月24日 | 2018年9月25日根据山东天元安装工程有限公司申请,裁定受理山东义信重机制造有限公司破产重整;2018年11月6日根据莒南县信义机械制造有限公司申请,裁定受理该公司破产重整;2018年11月6日裁定二公司实质合并重整 |

续表

| 公司名称 | 裁定合并重整时间 | 裁定批准重整计划时间 | 案件历程及涉及重大事项 |
| --- | --- | --- | --- |
| 恩施州新佰佳民族工艺开发有限公司、来凤新佰佳民族工艺开发有限公司 | 2018 年 11 月 13 日 | | 2018 年 9 月 14 日裁定受理恩施州新佰佳民族工艺开发有限公司重整申请;2018 年 11 月 13 日裁定二公司合并重整 |
| 重庆市涪陵巍海建筑有限责任公司、重庆市涪陵区文祥农工商有限责任公司、重庆市恒地园农业开发有限公司、重庆祥和兴餐饮管理集团有限公司、重庆永遇乐农业开发有限公司、重庆同君福商贸有限公司、重庆市世纪祥和兴餐饮管理有限公司、重庆芸果生态农业发展有限公司 | 2018 年 11 月 29 日 | | 2018 年 9 月 27 日裁定受理重庆市涪陵巍海建筑有限责任公司重整申请;2018 年 11 月 29 日裁定八公司实质合并重整 |
| 汇鑫生物浆纸股份有限公司、德州沪平永发造纸有限公司 | 2018 年 11 月 26 日 | 2019 年 4 月 15 日 | 2018 年 2 月 6 日受理汇鑫生物浆纸股份有限公司破产清算;2018 年 7 月 2 日受理德州沪平永发造纸有限公司破产清算;2018 年 7 月 2 日裁定二公司实质合并破产清算;2018 年 11 月 26 日裁定二公司实质合并重整 |
| 浙江华越置业有限公司、金华华越世贸中心经营管理有限公司、金华国志商业管理有限公司、浙江万润投资有限公司、金华森易贸易有限公司 | 2018 年 11 月 30 日 | | 2018 年 11 月 8 日申请裁定受理浙江华越置业有限公司重整申请;2018 年 11 月 30 日裁定五公司合并重整 |

续表

| 公司名称 | 裁定合并重整时间 | 裁定批准重整计划时间 | 案件历程及涉及重大事项 |
| --- | --- | --- | --- |
| 广东羽威农业集团有限公司、广东羽威羽绒实业有限公司、阳江市羽威食品有限公司、阳江市羽威羽绒制品有限公司、阳江市羽威服装有限公司、阳江市富农黄鬃鹅原种繁育有限公司、阳江市羽威惠农养殖有限公司 | 2018 年 12 月 6 日 | | 2018 年 7 月 20 日裁定受理广东羽威羽绒实业有限公司、广东羽威农业集团有限公司重整申请;2018 年 7 月 31 日裁定二案合并重整;2018 年 12 月 5 日分别裁定受理阳江市羽威羽绒制品有限公司、阳江市羽威食品有限公司、阳江市羽威服装有限公司、阳江市羽威惠农养殖有限公司、阳江市富农黄鬃鹅原种繁育有限公司重整申请;2018 年 12 月 6 日裁定七公司合并重整 |
| 山东惠泽农牧科技有限公司、山东码头公共集中供热有限公司、山东邹平长城能源科技有限公司、中融双创(北京)科技集团有限公司、山东码头煤炭物流服务有限公司、邹平县三利运输有限公司、邹平黄河农业生态科技有限公司、山东梁州能源科技有限公司、邹平县三利石油有限公司、山东国科新能源科技有限公司、邹平鸿翔农业科技有限公司、邹平县三利集团有限公司、邹平县三利纺织有限公司、邹平新里程新材料科技有限公司、邹平广田实业有限公司、山东双创环保集团有限公司、邹平朝旭金属材料有限公司、邹平望京能源科技有限公司 | 2018 年 12 月 6 日 | | 2018 年 9 月 14 日分别裁定受理山东惠泽农牧科技有限公司、山东码头公共集中供热有限公司、山东邹平长城能源科技有限公司重整申请;2018 年 11 月 9 日裁定受理其余 15 家公司重整申请;2018 年 12 月 6 日裁定 18 家公司合并重整 |

续表

| 公司名称 | 裁定合并重整时间 | 裁定批准重整计划时间 | 案件历程及涉及重大事项 |
| --- | --- | --- | --- |
| 山东企鹅塑胶集团有限公司、山东企鹅新材料科技有限公司、济宁世纪塑胶有限责任公司、济宁市兖州区宏益塑胶厂、济宁企鹅商贸有限公司 | 2018年12月6日 | | 2018年8月30日裁定受理山东企鹅塑胶集团有限公司重整申请;2018年12月6日裁定五公司实质合并重整 |
| 怀化英泰建设投资有限公司、东星建设工程集团有限公司、湖南辰溪华中水泥有限公司、湖南东星建设材料有限公司 | 2018年12月10日 | | 2018年6月5日裁定受理怀化英泰建设投资有限公司的重整申请;2018年8月29日分别裁定受理东星建设工程集团有限公司、湖南辰溪华中水泥有限公司、湖南东星建设材料有限公司的重整申请;2018年12月10日裁定四公司合并重整 |
| 东营万迪诺制动系统有限公司、山东万迪诺国际贸易有限公司、东营市万兴恒业工贸有限公司 | 2018年12月16日 | | 2018年7月2日、5日,山东省广饶县人民法院分别裁定受理东营万迪诺制动系统有限公司、山东万迪诺国际贸易有限公司破产重整;2018年8月2日,东营市垦利区人民法院裁定受理东营市万兴恒业工贸有限公司破产重整;2018年10月9日,山东省东营市中级人民法院提审三案;2018年12月16日裁定三公司合并重整;未按期提交重整计划草案,2019年10月25日根据管理人申请,裁定终止三公司重整程序并宣告破产 |

续表

| 公司名称 | 裁定合并重整时间 | 裁定批准重整计划时间 | 案件历程及涉及重大事项 |
|---|---|---|---|
| 许昌县正和纺织有限公司、许昌永辉纺织商贸有限公司、许昌嘉达纺织有限公司、许昌和悦实业有限公司 | 2018 年 12 月 28 日 | | 2018 年 4 月 3 日裁定许昌县正和纺织有限公司破产重整;2018 年 4 月 23 日裁定许昌县正和纺织有限公司、许昌永辉纺织商贸有限公司、许昌嘉达纺织有限公司三公司合并重整;2018 年 12 月 28 日裁定该三公司与许昌和悦实业有限公司共四公司合并重整 |

# 中国非上市公司合并重整统计（2019 年）*

**整理：樊笑辰**

中国政法大学民商经济法学院经济法专业硕士研究生。

| 公司名称 | 裁定合并重整时间 | 裁定批准重整计划时间 | 案件历程及涉及重大事项 |
| --- | --- | --- | --- |
| 全洲药业集团有限公司、湖南全洲医疗快消品供应链有限公司、湖南商康医药电子商务有限公司、湖南全洲现代医药物流有限公司 | 2019 年 1 月 4 日 | | 2018 年 1 月 4 日根据湖南全洲医疗快消品供应链有限公司、全洲药业集团有限公司和湖南商康医药电子商务有限公司申请，裁定三案合并重整；2018 年 11 月 2 日长沙市中级人民法院根据远东国际租赁有限公司申请，裁定受理湖南全洲现代医药物流有限公司破产重整，并指定长沙市雨花区人民法院审理；2019 年 1 月 4 日裁定全洲药业集团有限公司、湖南全洲医疗快消品供应链有限公司、湖南商康医药电子商务有限公司、湖南全洲现代医药物流有限公司合并重整 |

* 数据来源：《人民法院报》、全国企业破产重整案件信息网。相关案件信息截至 2019 年 12 月 31 日，信息收集截至 2020 年 2 月 29 日。呈现表格不全，扫码可查看全表。

续表

| 公司名称 | 裁定合并重整时间 | 裁定批准重整计划时间 | 案件历程及涉及重大事项 |
|---|---|---|---|
| 来凤民生天然气有限责任公司、恩施天赐房地产有限公司 | 2019年1月10日 | | 2018年6月30日根据覃胜春、胡兴荣申请,裁定受理来凤民生天然气有限责任公司破产重整;2019年1月10日裁定受理来凤民生天然气有限责任公司管理人对恩施天赐房地产有限公司的实质合并重整申请 |
| 唐山大陆房地产开发有限公司、唐山市大陆实业有限公司 | 2019年2月19日公告 | | 2018年12月6日根据唐山市大陆实业有限公司申请,裁定受理唐山市大陆实业有限公司破产重整;2018年12月13日唐山高新技术产业开发区人民法院根据唐山大陆房地产开发有限公司的申请裁定受理唐山大陆房地产开发有限公司破产重整,并将该案移送唐山市丰润区人民法院审理,2019年1月17日唐山市丰润区人民法院受理;2019年裁定二公司合并重整 |
| 洛阳万山湖旅游有限公司、洛阳荆紫仙山旅游开发有限公司 | 2019年1月28日 | | 2017年7月25日根据新安县发达建设投资有限公司申请,裁定受理洛阳万山湖旅游有限公司破产清算;2017年11月30日根据洛阳荆紫仙山旅游开发有限公司申请,裁定洛阳荆紫仙山旅游开发有限公司同洛阳万山湖旅游有限公司合并破产清算;2019年1月28日裁定二公司合并重整 |
| 安徽祥龙建设集团有限公司、安徽祥龙钢结构有限公司 | 2019年2月15日 | | |

续表

| 公司名称 | 裁定合并重整时间 | 裁定批准重整计划时间 | 案件历程及涉及重大事项 |
|---|---|---|---|
| 浙江杭宝集团有限公司、浙江宝亮特种薄膜有限公司、杭州杭宝胶带有限公司、杭州杭宝塑业有限公司、浙江宝亮包装科技有限公司 | 2019 年 2 月 21 日 | | 2017 年 11 月 23 日杭州市中级人民法院根据招商银行股份有限公司杭州凤起支行申请,分别裁定受理浙江杭宝集团有限公司、浙江宝亮特种薄膜有限公司破产清算,并于 2017 年 12 月 22 日指定杭州市余杭区人民法院审理;2018 年 3 月 21 日根据上海浦东发展银行股份有限公司杭州建国支行申请,分别裁定受理杭州杭宝胶带有限公司、杭州杭宝塑业有限公司破产清算;2018 年 4 月 27 日杭州市中级人民法院根据浙江宝亮包装科技有限公司申请,裁定受理该公司破产清算,并于 2018 年 6 月 14 日指定杭州市余杭区人民法院审理;2018 年 9 月 26 日根据管理人申请,裁定五公司合并破产清算;2019 年 2 月 21 日,裁定五公司合并重整 |
| 云南第一公路桥梁工程有限公司、大理路霖房地产开发有限责任公司、剑川天盟开发投资有限公司、云南大理大保物资仓储中转有限公司、云南华林绿化工程有限公司 | 2019 年 3 月 1 日 | | 2018 年 12 月 13 日根据李元辉申请,裁定受理云南第一公路桥梁工程有限公司破产重整;2019 年 3 月 1 日裁定五公司合并重整 |
| 曹县盛泰置业有限公司、曹县德泰置业有限公司、曹县义乌小商品批发市场有限公司 | 2019 年 3 月 14 日 | | 2018 年 11 月 14 日根据曹县第三建筑安装工程公司申请,裁定受理曹县盛泰置业有限公司重整;2019 年 3 月 14 日裁定三公司合并重整 |

续表

| 公司名称 | 裁定合并重整时间 | 裁定批准重整计划时间 | 案件历程及涉及重大事项 |
|---|---|---|---|
| 黄山市新徽投资有限公司、黄山市新徽天地温泉酒店管理有限公司、黄山市悦泉酒店管理有限公司 | 2019 年 3 月 19 日 | | 2018 年 8 月 15 日根据黄金香申请,裁定受理黄山市新徽投资有限公司破产重整;2018 年 11 月 26 日安徽省黄山市屯溪区人民法院分别裁定黄山市新徽天地温泉酒店管理有限公司、黄山市悦泉酒店管理有限公司破产重整;2019 年 3 月 19 日裁定三公司合并重整 |
| 山东华金集团有限公司、泗水金益纸业有限公司、山东华金板纸有限公司、山东凯特纸业有限公司、山东华金建材有限公司、山东华金物流有限公司、山东冠杰商贸有限公司、山东力发贸易有限公司 | 2019 年 3 月 20 日 | | 2018 年 12 月 20 日根据泗水县泉盛资产管理公司申请,裁定受理山东华金集团有限公司破产重整;2019 年 3 月 20 日裁定八公司合并破产重整 |
| 沈阳北方重工重型矿山机械有限公司、沈阳铸锻工业有限公司 | 2019 年 3 月 26 日 | | 2018 年 6 月 29 日根据深圳华锐通隧道机械有限公司申请,裁定受理沈阳铸锻工业有限公司破产重整;2019 年 3 月 26 日裁定受理二公司合并重整 |

续表

| 公司名称 | 裁定合并重整时间 | 裁定批准重整计划时间 | 案件历程及涉及重大事项 |
| --- | --- | --- | --- |
| 纪元电气集团有限公司、江山市开关厂有限公司、浙江纪元高压电器开关有限公司、浙江南极互感器有限公司、江山市纪元电镀五金有限公司、浙江纪元电气科技股份有限公司、浙江纪元电力自动化科技有限公司、江山市江开电器有限公司、浙江元宏光电科技有限公司 | 2019 年 4 月 11 日 | | 2019 年 1 月 18 日裁定受理纪元电气集团有限公司、江山市开关厂有限公司、浙江纪元高压电器开关有限公司、浙江南极互感器有限公司、江山市纪元电镀五金有限公司、浙江纪元电气科技股份有限公司、浙江纪元电力自动化科技有限公司、江山市江开电器有限公司重整申请;2019 年 1 月 25 日裁定受理浙江元宏光电科技有限公司重整申请;2019 年 4 月 11 日裁定受理九公司实质合并重整申请;未按期提出重整计划草案,2019 年 10 月 18 日裁定终止九公司重整程序并宣告破产 |
| 山西和田物资集团有限公司、山西和田集团投资股份有限公司、山西和田万晨房地产开发有限公司、山西和田物资集团红凤凰文化传播有限公司、山西和田集团建材有限公司、晋中开发区宝华运输有限公司、晋中金茂投资有限公司、山西和田醇醚燃料有限公司、大连东北亚联合石油化工有限公司、山西沙力士食品有限责任公司、晋中开发区丽景物业服务有限公司 | 2019 年 4 月 22 日 | | 2018 年 6 月 14 日根据山西和田物资集团有限公司申请,裁定受理山西和田物资集团有限公司重整;2019 年 4 月 22 日裁定 11 家公司合并重整 |

续表

| 公司名称 | 裁定合并重整时间 | 裁定批准重整计划时间 | 案件历程及涉及重大事项 |
| --- | --- | --- | --- |
| 山东华康食品有限公司、山东省博兴县华康冷链物流有限公司、博兴县兴农樱桃谷鸭养殖专业合作社、博兴县宝丰养殖专业合作社 | 2019 年 5 月 6 日 | 2019 年 12 月 20 日 | 2018 年 10 月 9 日根据中国工商银行股份有限公司博兴支行申请,裁定受理山东华康食品有限公司重整;2019 年 5 月 6 日裁定山东省博兴县华康冷链物流有限公司、博兴县兴农樱桃谷鸭养殖专业合作社、博兴县宝丰养殖专业合作社实质合并山东华康食品有限公司破产重整 |
| 山东淄博山川医用器材有限公司、山东淄博山川药业有限公司、淄博山川置业有限公司、山东山川化工科技有限公司、淄博山川进出口贸易有限公司、淄博山川实业有限公司、淄博山川包装制品有限公司 、山东奥博医用器械股份有限公司 | 2019 年 6 月 3 日 | | 2018 年 9 月 4 日根据淄博淄川农村商业银行股份有限公司的申请,裁定山东淄博山川药业有限公司重整;2018 年 9 月 11 日根据淄博淄川农村商业银行股份有限公司的申请,裁定山东淄博山川医用器材有限公司重整;2019 年 1 月 30 日根据淄博山川置业有限公司、山东山川化工科技有限公司、淄博山川进出口贸易有限公司、淄博山川实业有限公司、淄博山川包装制品有限公司的申请,裁定该五公司重整;2019 年 3 月 26 日根据山东奥博医用器械股份有限公司申请,裁定该公司重整;2019 年 6 月 3 日裁定八公司合并重整 |
| 湖南盈成油脂工业有限公司、长沙中富粮油贸易有限公司 | 2019 年 5 月 10 日 | | 2018 年 5 月 29 日,裁定湖南盈成油脂工业有限公司破产重整;2019 年 5 月 10 日裁定将长沙中富粮油贸易有限公司纳入湖南盈成油脂工业有限公司破产重整案实质合并破产重整 |

续表

| 公司名称 | 裁定合并重整时间 | 裁定批准重整计划时间 | 案件历程及涉及重大事项 |
|---|---|---|---|
| 江苏龙腾鹏达机电有限公司、南通富士德机电有限公司、南通鹏达工具有限公司、江苏万鹏机电有限公司 | 2019年5月27日 | | 2019年2月11日分别裁定受理江苏龙腾鹏达机电有限公司、南通富士德机电有限公司、南通鹏达工具有限公司、江苏万鹏机电有限公司破产重整申请;2019年5月27日根据四公司申请裁定四公司实质合并重整 |
| 鹤岗市鹤翔新能源有限公司、鹤岗天富能源有限公司 | 2019年6月13日 | | 2017年8月10日根据鹤岗市鸿检煤矿、鹤岗市鸿发洗煤有限公司、贺佩叶等人申请,裁定受理鹤岗市鹤翔新能源有限公司破产清算;2019年6月13日裁定受理鹤岗市鹤翔新能源有限公司与其全资子公司鹤岗天富能源有限公司实质合并重整;2019年11月18日裁定终止合并重整程序并宣告合并破产 |
| 余江博沃眼镜工业园有限公司、江西博沃置业有限公司 | 2019年6月21日 | | 2017年5月19日根据江西博沃置业有限公司申请,裁定受理江西博沃置业有限公司破产重整;2019年6月21日裁定受理二公司合并破产重整 |

续表

| 公司名称 | 裁定合并重整时间 | 裁定批准重整计划时间 | 案件历程及涉及重大事项 |
| --- | --- | --- | --- |
| 山东万宝集团有限公司、山东盘古能源有限公司、山东万宝贸易有限公司、山东博雅木业有限公司、山东雅禾农业有限公司、山东万宝汽车销售服务有限公司、山东万宝物流有限公司、山东万宝化工有限公司、日照德宝文化发展有限公司、日照华远水上运动发展有限责任公司、日照华安酒店有限公司、日照山河纺织有限公司、山东华海重工有限公司、山东万宝投资有限公司、瑞胶涂料(日照)有限公司、日照蓝宝湾旅游发展有限公司、日照银拓五金有限公司、日照新唐农业科技有限公司、青岛鲁尔实业有限公司、山东鲁尔船舶贸易有限公司、临沂羲之企业有限公司、上海丰赢投资管理有限公司、天津世纪万宝国际贸易有限公司、北京万宝天成进出口有限公司、江苏泰州港宝丰钢铁有限公司、宁波加力供应链管理有限公司、日照联合电子商务有限公司、北京万宝资本管理有限公司 | 2019 年 6 月 27 日 | | 根据日照市企业重组发展基金合伙企业(有限合伙)申请,2018 年 9 月 26 日分别裁定受理山东万宝汽车销售服务有限公司、山东雅禾农业有限公司破产清算,2018 年 9 月 28 日分别裁定受理日照华东酒业有限公司、日照中泰国际贸易有限公司,2018 年 12 月 17 日分别裁定受理山东万宝集团有限公司、山东博雅木业有限公司、山东盘古能源有限公司、山东万宝贸易有限公司、日照业都国际贸易有限公司破产清算;2019 年 4 月 9 日根据山东万宝集团有限公司申请,裁定该公司破产重整;2019 年 6 月 27 日裁定 28 家企业合并重整 |

续表

| 公司名称 | 裁定合并重整时间 | 裁定批准重整计划时间 | 案件历程及涉及重大事项 |
|---|---|---|---|
| 长兴县振宇房屋开发有限公司、长兴绿宇房地产开发有限公司、浙江长兴云宇实业投资有限公司、长兴县振宇物资贸易有限公司、浙江长兴绿宇经营管理有限公司、长兴景美房地产开发有限公司、长兴雄盛物资贸易有限公司、浙江长兴众旺物资贸易有限公司 | 2019年7月3日 | 2019年7月15日 | 2015年10月26日裁定受理长兴县振宇房屋开发有限公司、长兴绿宇房地产开发有限公司破产清算;2016年12月12日裁定受理浙江长兴云宇实业投资有限公司破产清算;2018年6月1日裁定受理长兴县振宇物资贸易有限公司、浙江长兴绿宇经营管理有限公司、长兴景美房地产开发有限公司、长兴雄盛物资贸易有限公司、浙江长兴众旺物资贸易有限公司破产清算;2018年12月3日裁定八公司实质合并破产清算;2019年7月3日裁定八公司合并重整 |
| 山东大海集团有限公司、山东金茂纺织化工集团有限公司、东营金茂铝业高科技有限公司、山东大海新能源发展有限公司、东营鹏杰色织有限公司、东营金华精细化工有限公司、东营金玺铜业有限公司、山东金信新材料有限公司、东营市广饶县丰泰小额贷款股份有限公司、山东蓝色电子科技有限公司、东营金茂进出口有限公司、东营君科进出口有限公司、东营市河口区联丰小额贷款股份有限公司、东营博奥奇新材料有限公司、山东维奥轻车车轮有限公司、东营双福织造有限公司、山 | 2019年7月24日 | 2019年12月4日 | 2018年11月26日裁定山东大海集团有限公司、山东金茂纺织化工集团有限公司、东营金茂铝业高科技有限公司、山东大海新能源发展有限公司、东营鹏杰色织有限公司、东营金华精细化工有限公司、东营金玺铜业有限公司、山东金信新材料有限公司八公司重整;2018年11月30日裁定东营市广饶县丰泰小额贷款股份有限公司、山东蓝色电子科技有限公司、东营金茂进出口有限公司、东营君科进出口有限公司、东营市河口区联丰小额贷款股份有限公司、东营博奥奇新材料有限公司、山东维奥轻车车轮有限公司、东营双福织造有限公司、山东大海集团进出口有限公司、山东大海新材料股份有 |

续表

| 公司名称 | 裁定合并重整时间 | 裁定批准重整计划时间 | 案件历程及涉及重大事项 |
| --- | --- | --- | --- |
| 东大海集团进出口有限公司、山东大海新材料股份有限公司、东营天森林业发展有限公司、山东欧纱纤维有限公司、山东大海纤维股份有限公司、东营天虹合成纤维有限公司、东营市翰腾钢丝帘线有限公司、东营鑫海新材料有限公司、东营金旭新材料有限公司、东营市瑞腾钢丝帘线有限公司、东营市丰泰物流有限公司、青岛市祥荣铝制品有限公司、山东恒远融资租赁有限公司、东营卓远铜业有限公司、东营银通金融服务有限公司、东营市欧赛纺织有限公司、东营市创源节能技术有限公司、东营朗能光电有限公司、东营君晟达贸易有限公司、东营惠博纺织有限公司、东营富亨化工有限公司、东营大海国际经济咨询服务有限公司、山东休斯顿石油装备交易中心有限公司、山东普斐科特新材料有限公司、山东科源售电有限公司、山东大海分之合企业管理咨询有限公司、利津奥太新能源发电有限公司、东营鑫耀光伏有限公司、东营市鑫圆铜业有限公司、东营市科源节能技术有限公 | | | 限公司、东营天森林业发展有限公司、山东欧纱纤维有限公司、山东大海纤维股份有限公司、东营天虹合成纤维有限公司、东营市翰腾钢丝帘线有限公司、东营鑫海新材料有限公司、东营金旭新材料有限公司、东营市瑞腾钢丝帘线有限公司、东营市丰泰物流有限公司十九家公司重整；2018 年 12 月 12 日裁定青岛市祥荣铝制品有限公司一公司重整；2019 年 2 月 2 日裁定山东恒远融资租赁有限公司、东营卓远铜业有限公司、东营银通金融服务有限公司、东营市欧赛纺织有限公司、东营市创源节能技术有限公司、东营朗能光电有限公司、东营君晟达贸易有限公司、东营惠博纺织有限公司、东营富亨化工有限公司、东营大海国际经济咨询服务有限公司、山东休斯顿石油装备交易中心有限公司、山东普斐科特新材料有限公司、山东科源售电有限公司、山东大海分之合企业管理咨询有限公司、利津奥太新能源发电有限公司、东营鑫耀光伏有限公司、东营市鑫圆铜业有限公司、东营市科源节能技术有限公司、东营科阳光伏有限公司、东营创源光伏技术有限公司、东营昶岳电子商务有限公司、烟台万隆再生资源有限公司、烟台柏斯经贸有限公司、济南格盾贸易有限公司、山东东莱高科石油装备 |

续表

| 公司名称 | 裁定合并重整时间 | 裁定批准重整计划时间 | 案件历程及涉及重大事项 |
|---|---|---|---|
| 司、东营科阳光伏有限公司、东营创源光伏技术有限公司、东营昶岳电子商务有限公司、烟台万隆再生资源有限公司、烟台柏斯经贸有限公司、济南格盾贸易有限公司、山东东莱高科石油装备有限公司、上海鲁睿光电科技有限公司、珠海大海大宗商品金融服务有限公司、上海垣兴国际贸易有限公司、上海铜赢电子商务有限公司 | | | 有限公司、上海鲁睿光电科技有限公司、珠海大海大宗商品金融服务有限公司、上海垣兴国际贸易有限公司、上海铜赢电子商务有限公司二十九家公司重整;2019 年 7 月 24 日裁定上述五十七家公司实质合并重整 |
| 杭州国臻实业有限公司、杭州滋森无纺制品有限公司、杭州富阳国丰纸业有限公司 | 2019 年 8 月 22 日 | 2019 年 10 月 31 日公告 | 2018 年 12 月 29 日根据杭州国丰纸业有限公司申请,裁定受理杭州国丰纸业有限公司破产清算;2019 年 1 月 4 日根据杭州富阳神龙纸业有限公司、杭州富阳东南纸业有限公司、浙江顺舟控股有限公司、杭州国臻实业有限公司、杭州美可巾无纺制品有限公司、杭州金宝机床有限公司、杭州富阳宝臻物资有限公司、杭州富阳永伟废纸购销有限公司、杭州富阳东鸿物资有限公司、杭州富阳久运废旧物资回收有限公司、杭州富阳荣丰化工有限公司、杭州滋森无纺制品有限公司、杭州富阳国丰纸业有限公司申请,分别裁定受理上述公司破产清算;2019 年 1 月 4 日根据管理人申请,裁定 14 家公司合并破产清算 2018 年 12 月 29 日根据杭州国丰纸业有限公司申请, |

续表

| 公司名称 | 裁定合并重整时间 | 裁定批准重整计划时间 | 案件历程及涉及重大事项 |
|---|---|---|---|
| | | | 裁定受理杭州国丰纸业有限公司破产清算;2019年1月4日根据杭州富阳神龙纸业有限公司、杭州富阳东南纸业有限公司、浙江顺舟控股有限公司、杭州国臻实业有限公司、杭州美可巾无纺制品有限公司、杭州金宝机床有限公司、杭州富阳宝臻物资有限公司、杭州富阳永伟废纸购销有限公司、杭州富阳东鸿物资有限公司、杭州富阳久运废旧物资回收有限公司、杭州富阳荣丰化工有限公司、杭州滋森无纺制品有限公司、杭州富阳国丰纸业有限公司申请,分别裁定受理上述公司破产清算;2019年1月4日根据管理人申请,裁定14家公司合并破产清算;2019年8月22日裁定三公司合并重整 |
| 克州亚星矿产资源集团有限公司、阿克陶乾盛矿业有限公司、阿图什建宝选矿有限公司 | 2019年8月24日 | 2019年12月20日 | 2019年4月19日裁定受理三公司破产重整申请;2019年8月24日裁定三公司实质合并重整;2019年8月24日准许三公司在管理人监督下自行管理财产和营业事务 |

续表

| 公司名称 | 裁定合并重整时间 | 裁定批准重整计划时间 | 案件历程及涉及重大事项 |
|---|---|---|---|
| 山东颐兴医疗器械有限公司、山东颐和医疗科技有限公司、山东颐诺生物科技有限公司、山东省博兴县金达来医用材料有限公司、山东永明装饰石材有限公司、山东省博兴县信通达贸易有限公司、山东康瑞福医疗科技有限公司、山东格瑞特医用材料有限公司 | 2019年9月30日 | | 2019年1月7日裁定受理山东颐兴医疗器械有限公司破产清算；根据管理人申请，2019年6月28日裁定山东颐和医疗科技有限公司、山东颐诺生物科技有限公司、山东省博兴县金达来医用材料有限公司、山东永明装饰石材有限公司、山东省博兴县信通达贸易有限公司、山东康瑞福医疗科技有限公司、山东格瑞特医用材料有限公司纳入山东颐兴医疗器械有限公司进行合并破产清算；2019年9月30日根据山东颐兴医疗器械有限公司申请，裁定山东颐兴医疗器械有限公司及其关联企业合并重整 |
| 保定东部矿业有限公司、山东恒都国际贸易有限公司、日照雪禾国际贸易有限公司、日照雪禾粮油有限公司、日照恒隆仓储有限公司、日照康华食品有限公司、山东德萨航空工业制造有限公司、山东佰顺实业有限公司、日照汇诚企业管理咨询有限公司、江苏丰谷油脂有限公司、日照星展实业发展有限公司、青岛丰隆进出口有限公司、上海巨铭投资管理有限责任公司、西藏春泰投资管理有限公司、山东远东矿业有限公司、青岛爱德华进出口有限公司、日照岚山丰隆 | | | |

续表

| 公司名称 | 裁定合并重整时间 | 裁定批准重整计划时间 | 案件历程及涉及重大事项 |
| --- | --- | --- | --- |
| 小额贷有限公司、日照三华海产食品有限公司、山东昌华实业发展有限公司、日照利保植物蛋白有限公司、山东恒隆粮油有限公司、朝阳恒基生物科技有限公司、山东昌华食品集团有限公司、日照启顺贸易有限公司、浙江海宁巨铭投资合伙企业(有限合伙)、大丰正鑫金属再生有限公司、大丰聚鑫金属再生有限公司 | 2019 年 9 月 25 日 | | |
| 陕西秦宝牧业股份有限公司、杨凌秦宝牛业有限公司、杨凌秦宝食品有限公司、延安·黄龙优质肉牛产业园有限责任公司、灵台县现代肉牛产业(园)有限公司、宝鸡秦良种牛繁育有限责任公司、长武现代肉牛产业园有限公司 | 2019 年 9 月 29 日 | | 2019 年 9 月 24 日根据陕西秦宝牧业股份有限公司申请,裁定受理该公司破产重整;2019 年 9 月 29 日裁定七公司合并破产重整 |
| 荣成泰和房地产开发有限公司、荣成上城物业管理有限公司 | 2019 年 10 月 15 日 | | 2019 年 5 月 27 日根据山东中宏路桥建设有限公司申请,裁定受理荣成泰和房地产开发有限公司破产重整;2019 年 9 月 3 日根据荣成泰和房地产开发有限公司管理人申请,裁定受理荣成上城物业管理有限公司破产重整;2019 年 10 月 15 日根据荣成泰和房地产开发有限公司管理人申请,裁定荣成泰和房产开发有限公司、荣成上城物业管理有限公司合并重整 |

续表

| 公司名称 | 裁定合并重整时间 | 裁定批准重整计划时间 | 案件历程及涉及重大事项 |
| --- | --- | --- | --- |
| 甘肃华明电力股份有限公司、甘肃华明建设工程有限责任公司 | 2019年10月15日 | | 2019年4月29日根据甘肃华明电力股份有限公司申请,裁定受理该公司破产重整;2019年10月15日根据甘肃华明建设工程有限责任公司申请,裁定该公司纳入重整,与甘肃华明电力股份有限公司合并重整 |
| 泗水佳园房地产开发有限公司、山东佳园财富购物广场有限公司 | 2019年10月21日 | | 2019年8月2日根据泗水佳园房地产开发有限公司申请,裁定受理该公司破产重整;2019年10月21日裁定泗水佳园房地产开发有限公司、山东佳园财富购物广场有限公司合并重整 |
| 重庆市黔江区六顺物业管理有限责任公司、重庆市黔江区耀鹏房产开发有限责任公司 | 2019年11月6日 | | 2015年12月4日根据重庆市五一实业(集团)有限公司的申请,裁定受理重庆市黔江区耀鹏房产开发有限责任公司破产清算;2019年11月6日裁定二公司实质合并重整 |
| 哈尔滨市凡特咖啡啤酒有限公司、哈尔滨朗力威啤酒有限公司 | 2019年11月8日 | | 2018年9月3日根据哈尔滨市凡特咖啡啤酒有限公司申请,裁定受理该公司破产清算;2019年11月8日裁定受理二公司实质合并重整 |
| 山东惠民长青木业有限责任公司、山东立方木业科技有限公司、山东历方家居有限公司、山东省惠民县同喜木业有限责任公司、山东惠青木业有限公司、山东惠民明洋工贸有限公司、山东鲁惠门业有限公司、山东惠民宏洲进出口工贸有限公司 | 2019年11月21日 | | 2019年7月4日根据山东惠民长青木业有限责任公司申请,裁定受理该公司破产重整;2019年10月10日根据山东立方木业科技有限公司、山东历方家居有限公司申请,分别裁定受理二公司破产重整;2019年11月21日根据该三公司管理人申请,裁定受理八公司实质合并重整 |

续表

| 公司名称 | 裁定合并重整时间 | 裁定批准重整计划时间 | 案件历程及涉及重大事项 |
| --- | --- | --- | --- |
| 中嘉华宸能源有限公司、温州华航能源有限公司、上海华晟能源化工有限公司、浙江中晟燃气经营有限公司 | 2019年11月26日 | | 2016年7月1日裁定受理中嘉华宸能源有限公司破产清算;2018年1月8日裁定将温州华航能源有限公司、上海华晟能源化工有限公司、浙江中晟燃气经营有限公司并入中嘉华宸能源有限公司破产清算;2019年11月26日裁定四公司合并重整 |
| 三亚鹿回头旅游区开发有限公司、海南新佳旅业开发有限公司、三亚东海旭日酒店有限公司、三亚鹿辰实业有限公司、三亚鹿影实业有限公司、三亚鹿洲实业有限公司、三亚万通房地产开发有限公司、三亚鹿南实业有限公司、三亚鹿璟实业有限公司、三亚润丰建设投资有限公司、三亚鹿海实业有限公司、三亚鹿湾实业有限公司、三亚中弘弘熹房地产开发有限公司、三亚源浦实业有限公司、三亚源融实业有限公司、三亚半山半岛投资有限公司、三亚鹿昌实业有限公司 | 2019年12月1日 | | 2018年8月27日根据国家税务总局三亚市吉阳区税务局申请,裁定受理三亚鹿回头旅游区开发有限公司、三亚鹿璟实业有限公司、三亚鹿南实业有限公司、三亚鹿湾实业有限公司、三亚鹿海实业有限公司、三亚万通房地产开发有限公司、三亚润丰建设投资有限公司7家公司破产重整;2018年8月31日根据国家税务总局三亚市吉阳区税务局申请,裁定受理海南新佳旅业开发有限公司、三亚鹿影实业有限公司、三亚鹿辰实业有限公司、三亚东海旭日酒店有限公司、三亚鹿洲实业有限公司5家公司的破产重整;2019年12月1日裁定上述12家企业与未进入破产重整程序的企业三亚中弘弘熹房地产开发有限公司、三亚源浦实业有限公司、三亚源融实业有限公司、三亚半山半岛投资有限公司、三亚鹿昌实业有限公司4家关联企业实质合并重整 |

续表

| 公司名称 | 裁定合并重整时间 | 裁定批准重整计划时间 | 案件历程及涉及重大事项 |
|---|---|---|---|
| 山东永乐食品有限公司、夏津县金亿来粮食收储有限公司、夏津瑞雪面业有限公司 | 2019年12月4日 | | 2019年7月23日根据山东永乐食品有限公司的申请,裁定受理该公司破产重整;2019年12月4日裁定对山东永乐食品有限公司、夏津县金亿来粮食收储有限公司、夏津瑞雪面业有限公司进行实质合并重整 |
| 山东龙林过滤器材科技有限公司、山东罗莲工贸科技有限公司、五莲兴隆置业有限公司、山东华龙纺织股份有限公司 | 2019年12月30日 | | 2019年8月20日根据山东华龙纺织股份有限公司申请,裁定受理该公司破产重整;2019年12月30日裁定四公司合并破产重整 |
| 山东恒宇橡胶有限公司、山东恒宇科技有限公司、东营市辰晖橡塑有限公司、嘉德物流有限公司、山东金颂橡胶科技有限公司、山东海德威车轮有限公司、海德威控股有限公司、东营恒隆投资中心(有限合伙)、东营恒泰投资管理中心(有限合伙) | 未知,2019年公告 | | 2018年7月2日根据东营市辰晖橡塑有限公司、山东恒宇科技有限公司、山东金颂橡胶科技有限公司、嘉德物流有限公司、山东恒宇橡胶有限公司申请,分别裁定受理五公司破产重整;2018年10月24日根据山东海德威车轮有限公司、东营恒泰投资管理中心(有限合伙)、东营恒隆投资中心(有限合伙)、海德威控股有限公司申请,分别裁定四公司破产重整;2019年公告裁定九公司合并重整 |

# 中国破产和解统计(2018年)*

**整理:樊笑辰**

中国政法大学民商经济法学院经济法专业硕士研究生。

| 公司名称 | 裁定和解时间 | 裁定认可和解协议并终止和解程序时间 | 案件历程及涉及的重大事项 |
|---|---|---|---|
| 浙江新广发置业有限公司 | 2018年1月20日 | 2018年2月13日 | 2017年3月2日根据浙江万里建设工程有限公司的申请,裁定受理破产重整 |
| 淮北市诚信房地产开发有限责任公司 | 2018年1月24日 | | |
| 成都启源投资有限公司 | 2018年1月29日 | | 2016年9月2日根据四川兴安建设有限公司成都分公司的申请,成都市中级人民法院裁定受理破产清算,报经四川省高级人民法院同意,移交成华区人民法院 |
| 珠海市西部康乐实业有限公司 | 2018年2月7日 | | 2017年5月2日根据珠海市西部康乐实业有限公司的申请,裁定受理破产清算;和解协议草案未获通过,2018年7月23日裁定终止和解程序并宣告破产清算 |

* 数据来源:《人民法院报》、全国企业破产重整案件信息网。相关案件信息截至2019年12月31日,信息收集截至2020年2月29日。呈现表格不全,扫码可查看全表。

续表

| 公司名称 | 裁定和解时间 | 裁定认可和解协议并终止和解程序时间 | 案件历程及涉及的重大事项 |
|---|---|---|---|
| 河北丰泰管业有限公司 | 2018 年 4 月 17 日 | | |
| 枣强耀德化工经销有限公司 | 2018 年 4 月 18 日 | | |
| 商丘市运德隆置业有限公司 | 2018 年 4 月 26 日 | 2019 年 9 月 23 日 | |
| 深圳市迈瑞特电路科技有限公司 | 2018 年 5 月 24 日 | 2018 年 8 月 6 日 | 2016 年 7 月 4 日根据深圳市善宇通科技有限公司申请,裁定受理破产清算 |
| 广东中岱企业集团有限公司 | 2018 年 6 月 1 日 | 2018 年 9 月 3 日 | 2017 年 1 月 1 日根据王瑛申请,裁定受理破产清算 |
| 厦门嘉利得置业有限公司 | 2018 年 6 月 25 日 | 2018 年 6 月 29 日 | 2017 年 11 月 17 日根据叶金珠申请,裁定受理破产清算 |
| 晋城市东方实业发展有限公司 | 2018 年 7 月 6 日 | | 2018 年 2 月 12 日根据晋城农村商业银行股份有限公司申请,裁定受理晋城市东方实业发展有限公司破产清算 |
| 北市宏宇房地产开发有限公司 | 2018 年 8 月 2 日 | | |
| 山东宝恒房地产开发有限公司 | 2018 年 8 月 13 日 | | |
| 廊坊市银隆行文化商城有限公司 | 2018 年 8 月 16 日 | | 2017 年 1 月 17 日根据王曦申请,裁定受理破产清算 |
| 宁波市振佳生物科技有限公司 | 2018 年 11 月 22 日 | 2019 年 2 月 15 日 | 2016 年 10 月 28 日根据浙江兴合粮油工贸有限公司申请,裁定受理破产清算 |
| 杭州奥野科技实业有限公司 | 2018 年 11 月 19 日 | 2018 年 11 月 22 日 | 2018 年 6 月 6 日根据杭州奥野科技实业有限公司申请,裁定受理破产清算 |
| 贵州铜仁黔东房地产开发有限公司 | 2018 年 11 月 30 日 | 2019 年 1 月 11 日 | 2017 年 12 月 27 日根据贵州铜仁黔东房地产开发有限公司的申请,裁定受理破产清算 |

续表

| 公司名称 | 裁定和解时间 | 裁定认可和解协议并终止和解程序时间 | 案件历程及涉及的重大事项 |
|---|---|---|---|
| 平凉崆峒水泥有限责任公司 | 2018 年 12 月 25 日 | | 2017 年 4 月 20 日根据平凉市崆峒区宝秦小额贷款有限责任公司申请,裁定受理破产清算 |
| 深圳市祝钛投资有限公司 | 未知 | 2018 年 3 月 1 日（裁定认可和解协议并终结破产程序） | 2016 年 9 月 19 日根据康保环亚安全防范技术（北京）有限公司申请,裁定受理破产清算 |
| 郴州市中南油脂有限公司 | 未知 | 2018 年 5 月 14 日（裁定认可和解协议并终结破产程序） | 2015 年 10 月 23 日根据郴州市中南油脂有限公司申请,裁定受理破产清算 |
| 海门市皮件工艺品厂 | 未知 | 2018 年 6 月 4 日（裁定认可和解协议并终结破产程序） | 2010 年裁定受理破产清算 |
| 江南宇清环境科技江阴有限公司 | 未知 | 2018 年 11 月 15 日（裁定认可和解协议并终结破产程序） | 2018 年 8 月 23 日根据上海采禾船舶工程设备有限公司申请,裁定受理破产清算 |
| 南京凌谷欣金属材料有限公司 | 未知 | 2018 年 12 月 10 日（裁定认可和解协议并终结破产程序） | 2016 年 10 月 18 日根据廖骏申请,裁定受理破产清算 |

# 中国破产和解统计(2019 年)*

**整理:樊笑辰**

中国政法大学民商经济法学院经济法专业硕士研究生。

| 公司名称 | 裁定和解时间 | 裁定认可和解协议并终止和解程序时间 | 案件历程及涉及的重大事项 |
| --- | --- | --- | --- |
| 山东宜诚燃气有限公司 | 2019 年 1 月 23 日 | 2019 年 5 月 10 日 | 2018 年根据山东宜诚燃气有限公司申请,裁定受理破产清算 |
| 浙江天鸿竹木有限公司 | 2019 年 2 月 28 日 | 2019 年 3 月 7 日 | 2018 年 12 月 20 日根据浙江天鸿竹木有限公司申请,裁定受理破产清算 |
| 济南鑫百汇房地产开发有限公司 | 2019 年 4 月 17 日 | | 2016 年 6 月 14 日根据济南鑫百汇房地产开发有限公司申请,裁定受理破产清算 |
| 库尔勒胜利棉业(集团)有限责任公司 | 2019 年 4 月 22 日 | | 2019 年 4 月 22 日根据库尔勒胜利棉业(集团)有限责任公司申请,裁定受理该公司和解;2019 年 7 月 17 日根据管理人申请,裁定库尔勒胜利棉业(集团)有限责任公司与新疆胜利混凝土有限责任公司合并破产和解 |
| 上海金艮水可餐饮有限公司 | 2019 年 4 月 25 日 | | 2018 年 9 月 3 日根据杨勇申请,裁定受理破产清算 |

* 数据来源:《人民法院报》、全国企业破产重整案件信息网。相关案件信息截至 2019 年 12 月 31 日,信息收集截至 2020 年 2 月 29 日。呈现表格不全,扫码可查看全表。

续表

| 公司名称 | 裁定和解时间 | 裁定认可和解协议并终止和解程序时间 | 案件历程及涉及的重大事项 |
|---|---|---|---|
| 吉林省长白山绿色食品有限公司 | 2019年5月16日 | 2019年8月30日 | 2016年10月18日根据林涛申请,裁定受理破产清算 |
| 山东大航塑业有限公司 | 2019年5月21日 | | 2018年8月21日根据山东大航塑业有限公司申请,裁定受理破产清算 |
| 山西万方服饰有限公司 | 2019年5月30日 | 2019年7月5日 | 2015年4月23日根据卫忙科等33人申请,裁定受理破产清算 |
| 北京网尚文化传播有限公司 | 2019年6月10日 | 2019年7月31日 | 2017年1月18日根据马青松申请,裁定受理破产清算 |
| 苏州电气集团有限公司 | 2019年6月26日 | 2019年7月25日 | 2018年11月15日根据温州银行股份有限公司双龙支行申请,裁定受理破产清算 |
| 广州欣迪时尚科技股份有限公司 | 2019年6月27日 | 2019年9月29日 | 2018年10月9日根据温州市奥博鞋业有限公司申请,裁定受理破产清算 |
| 梅州市东方屹实业发展有限公司 | 2019年7月1日 | 2019年8月13日 | 2018年10月9日根据中建四局第五建筑工程有限公司申请,裁定受理梅州市东方屹实业发展有限公司破产清算 |
| 浙江凯德建设有限公司 | 2019年7月15日 | 2019年12月20日 | 2019年1月28日根据金志刚申请,裁定受理破产清算 |
| 芜湖能宝科技有限公司 | 2019年8月26日 | 2019年12月5日 | 2018年5月17日根据安徽富煌钢构股份有限公司申请,裁定受理破产清算 |
| 池州银华建筑工程有限公司 | 2019年9月20日 | 2019年12月4日 | 2018年6月8日池州市中级人民法院依据范首强申请,裁定受理池州银华建筑工程有限公司破产清算,并指定池州市贵池区人民法院审理 |
| 中山市天乙物流发展有限公司 | 2019年9月27日 | | 2019年6月25日裁定受理破产清算 |

续表

| 公司名称 | 裁定和解时间 | 裁定认可和解协议并终止和解程序时间 | 案件历程及涉及的重大事项 |
|---|---|---|---|
| 湖南中宽通信电子信息网络发展有限公司 | 2019年9月29日 | 2019年11月6日 | 2018年11月28日根据湖南中宽通信电子信息网络发展有限公司申请,裁定受理破产清算 |
| 苏州尔宝电子有限公司 | 2019年10月14日 | 2019年11月14日 | 2018年7月10日根据苏州尔宝电子有限公司申请,裁定受理破产清算 |
| 郑州市才华耐火材料有限公司 | 2019年11月29日 | 2019年12月10日 | 2019年5月23日根据刘松敏申请,裁定受理破产清算 |
| 湖北金帛房地产有限责任公司 | 2019年12月2日 | | 2016年6月14日根据湖北金帛房地产有限责任公司申请,裁定受理破产重整 |
| 三明市瑞城房地产开发有限公司 | 2019年12月3日 | 2019年12月31日 | 2016年8月12日裁定受理破产重整 |
| 无锡市东华汽车附件有限公司 | 2019年12月30日 | | |
| 台州市黄岩昕航贸易有限公司 | 未知 | 2019年1月22日 | 2018年7月17日根据卢彩玲申请,裁定受理破产清算 |
| 广西海盈房地产开发有限公司 | 未知 | 2019年2月18日(裁定认可和解协议并终结破产程序) | 2018年8月10日根据覃卫泽申请,裁定受理破产清算 |
| 广州对外经济发展总公司 | 未知 | 2019年5月20日(裁定认可和解协议并终结破产程序) | 2018年11月1日根据浙江时利资产管理有限公司申请,裁定受理破产清算 |
| 霍尔果斯洪鑫生物科技有限公司 | 未知 | 2019年8月22日 | 2019年2月28日根据郭海申请,裁定受理破产清算 |
| 江苏泓海能源有限公司 | 未知 | 2019年9月27日(裁定认可和解协议并终结破产程序) | 2019年5月23根据江阴建工集团有限公司申请,裁定受理破产重整 |

续表

| 公司名称 | 裁定和解时间 | 裁定认可和解协议并终止和解程序时间 | 案件历程及涉及的重大事项 |
|---|---|---|---|
| 张家港市宾港实业有限公司、张家港市香山加油站（有限公司）、张家港宾港集装箱修理服务有限公司 | 未知 | 2019年10月9日（裁定认可和解协议并终结破产程序） | 2018年7月19日根据债权人申请，裁定受理张家港市宾港实业有限公司（含关联公司）破产清算 |
| 巢湖中银典当有限责任公司 | 未知 | 2019年11月19日（和解协议履行完毕，裁定终结破产程序） | 2016年12月28日裁定受理破产清算 |
| 临海市绿叶金属制品有限公司 | 未知 | 2019年11月26日（裁定认可和解协议并终结破产程序） | 2017年3月7日根据临海市临亚小额贷款有限公司申请，裁定受理破产清算；2019年7月11日因和解协议草案经债权人会议表决未获得通过，裁定终止和解程序并宣告临海市绿叶金属制品有限公司破产清算；因该公司与全体债权人就债权债务的处理自行达成和解协议，2019年11月26日裁定终结临海市绿叶金属制品有限公司破产程序 |
| 淮北市北方房地产开发有限责任公司 | 2018年或2019年 | | 2018年9月25日根据梁晓萍的申请裁定受理淮北市北方房地产开发有限责任公司破产 |

# 中国香港地区破产数据（2018年）*

**整理：肖明倩**
中国政法大学民商经济法学院经济法专业硕士研究生。

**强制公司清盘案及破产案统计数字（2018年）**

| 年份 | 月份 | 破产 | | 强制清盘 | | 每周聆讯的数目（注2） |
|---|---|---|---|---|---|---|
| | | 提交呈请书的数目 | 发出接管/破产令的数目（注1） | 提交呈请书的数目 | 发出清盘令的数目 | |
| 2018 | 1 | 610 | 652 | 34 | 41 | 10 |
| | 2 | 515 | 511 | 15 | 20 | 8 |
| | 3 | 678 | 570 | 36 | 17 | 8 |
| | 4 | 603 | 578 | 28 | 18 | 7 |
| | 5 | 712 | 629 | 25 | 35 | 9 |
| | 6 | 623 | 598 | 40 | 18 | 8 |
| | 7 | 604 | 710 | 34 | 9 | 8 |
| | 8 | 663 | 582 | 35 | 21 | 8 |
| | 9 | 509 | 564 | 32 | 14 | 5 |
| | 10 | 685 | 632 | 29 | 22 | 9 |
| | 11 | 712 | 515 | 38 | 21 | 8 |
| | 12 | 566 | 605 | 21 | 19 | 7 |
| 周年总计 | | 7480 | 7146 | 367 | 255 | 95 |

* 资料来源：香港破产管理署网站：https://www.oro.gov.hk/cgi-bin/oro/stat_sc.cgi。

**破产呈请及破产令(2018 年)**

| 年份 | 月份 | 提交呈请书的数目 | | | 接管令/破产令数目 | | |
|---|---|---|---|---|---|---|---|
| | | 由债务人提出 | 由债权人提出 | 总数 | 应债务人的呈请而发出 | 应债权人的呈请而发出 | 总数 |
| 2018 | 1 | 555 | 55 | 610 | 581 | 71 | 652 |
| | 2 | 476 | 39 | 515 | 472 | 39 | 511 |
| | 3 | 634 | 44 | 678 | 528 | 42 | 570 |
| | 4 | 553 | 50 | 603 | 543 | 35 | 578 |
| | 5 | 640 | 72 | 712 | 597 | 32 | 629 |
| | 6 | 579 | 44 | 623 | 558 | 40 | 598 |
| | 7 | 552 | 52 | 604 | 677 | 33 | 710 |
| | 8 | 620 | 43 | 663 | 532 | 50 | 582 |
| | 9 | 465 | 44 | 509 | 523 | 41 | 564 |
| | 10 | 623 | 62 | 685 | 594 | 38 | 632 |
| | 11 | 668 | 44 | 712 | 489 | 26 | 515 |
| | 12 | 528 | 38 | 566 | 570 | 35 | 605 |
| 周年总计 | | 6893 | 587 | 7480 | 6664 | 482 | 7146 |

注 1:就 1998 年 4 月 1 日前提交的呈请书,法院发出的是接管令;而就该日或以后提交的呈请书,法院发出的是破产令。

注 2:法院在某月份发出命令的数目是受到在该月份审理案件的每周聆讯(通常在星期三进行,但由 1999 年 7 月份起,法院因应需要亦会安排在星期二聆讯)的数目所影响的。法院是不会在公众假期审理案件的。

注 3:新法例在 1998 年 4 月 1 日起生效。

注 4:呈请人似乎已熟习使用于 1998 年 4 月 1 日生效的呈请规定。

# 中国香港地区破产数据（2019 年）*

整理：肖明倩

中国政法大学民商经济法学院经济法专业硕士研究生。

强制公司清盘案及破产案统计数字（2019 年）

| 年份 | 月份 | 破产 | | 强制清盘 | | 每周聆讯的数目（注 2） |
|---|---|---|---|---|---|---|
| | | 提交呈请书的数目 | 发出接管/破产令的数目（注 1） | 提交呈请书的数目 | 发出清盘令的数目 | |
| 2019 | 1 | 665 | 754 | 39 | 23 | 10 |
| | 2 | 495 | 617 | 27 | 19 | 7 |
| | 3 | 723 | 490 | 26 | 30 | 8 |
| | 4 | 628 | 740 | 39 | 19 | 7 |
| | 5 | 696 | 514 | 42 | 17 | 7 |
| | 6 | 653 | 573 | 29 | 18 | 5 |
| | 7 | 728 | 752 | 33 | 27 | 7 |
| | 8 | 661 | 633 | 27 | 19 | 7 |
| | 9 | 691 | 589 | 40 | 15 | 5 |
| | 10 | 785 | 706 | 35 | 16 | 7 |
| | 11 | 713 | 644 | 43 | 23 | 8 |
| | 12 | 713 | 750 | 39 | 18 | 7 |
| 周年总计 | | 8151 | 7762 | 419 | 244 | 85 |

* 资料来源：香港破产管理署网站：https://www.oro.gov.hk/cgi-bin/oro/stat_sc.cgi。

注1：就1998年4月1日前提交的呈请书，法院发出的是接管令；而就该日或以后提交的呈请书，法院发出的是破产令。

注2：法院在某月份发出命令的数目是受到在该月份审理案件的每周聆讯（通常在星期三进行，但由1999年7月份起，法院因应需要亦会安排在星期二聆讯）的数目所影响的。法院是不会在公众假期审理案件的。

注3：新法例在1998年4月1日起生效。

注4：呈请人似乎已熟习使用于1998年4月1日生效的呈请规定。

注5：由于法院的特别上班安排，因而导致于2020年1月29日至2020年2月28日期间没有呈请书提交及没有破产令/清盘令颁布。

注6：司法机构在2020年3月及4月实施特别上班安排，除法院指定的紧急和必要的事务外，高等法院登记处一般保持关闭而所有在法院进行的聆讯亦一般被延期。有关安排导致该期间提交的呈请书数目以及颁布的破产令和清盘令数目有所波动。2020年3月及4月的相关数据亦因而受到影响。

**破产呈请及破产令（2019年）**

| 年份 | 月份 | 提交呈请书的数目 | | | 接管令/破产令数目 | | |
|---|---|---|---|---|---|---|---|
| | | 由债务人提出 | 由债权人提出 | 总数 | 应债务人的呈请而发出 | 应债权人的呈请而发出 | 总数 |
| 2019 | 1 | 608 | 57 | 665 | 703 | 51 | 754 |
| | 2 | 459 | 36 | 495 | 583 | 34 | 617 |
| | 3 | 667 | 56 | 723 | 455 | 35 | 490 |
| | 4 | 606 | 22 | 628 | 719 | 21 | 740 |
| | 5 | 644 | 52 | 696 | 481 | 33 | 514 |
| | 6 | 618 | 35 | 653 | 546 | 27 | 573 |
| | 7 | 690 | 38 | 728 | 717 | 35 | 752 |
| | 8 | 614 | 47 | 661 | 606 | 27 | 633 |
| | 9 | 641 | 50 | 691 | 561 | 28 | 589 |
| | 10 | 738 | 47 | 785 | 678 | 28 | 706 |
| | 11 | 667 | 46 | 713 | 592 | 52 | 644 |
| | 12 | 666 | 47 | 713 | 722 | 28 | 750 |
| 周年总计 | | 7618 | 533 | 8151 | 7363 | 399 | 7762 |

# 美国公司破产数据(2018年)*

**翻译:肖明倩**

中国政法大学民商经济法学院经济法专业硕士研究生。

申请破产的企业数量:

**按企业的类型和破产依据的章节划分(2018年)**

单位:个

| | 合计 | 金融性企业 | 非金融性企业 |
|---|---|---|---|
| 第7章 | 475,575 | 13,678 | 461,897 |
| 第11章 | 7095 | 6078 | 1017 |
| 第12章 | 498 | 498 | — |
| 第13章 | 290,146 | 1874 | 288,272 |
| 以上章节合计 | 773,418 | 22,232 | 751,186 |

2018年还有104个企业依据次要章节申请破产(包括100个依据第15章申请和4个依据第9章申请)。

**依据不同章节申请破产的数量(1990~2018年)**

单位:个

| 年份 | 合计 | 第7章 | 第11章 | 第12章 | 第13章 |
|---|---|---|---|---|---|
| 1990 | 782,960 | 543,334 | 20,783 | 1346 | 217,468 |
| 1991 | 943,987 | 656,460 | 23,989 | 1495 | 262,006 |

* 以下翻译源自新世代研究有限公司(New Generation Research, Inc.):《2019年美国破产年鉴指南(第29版)》(The 2019 Bankruptcy Yearbook & Almanac (the 29th Annual Edition)),经过作者和出版社授权。

续表

| 年份 | 合计 | 第 7 章 | 第 11 章 | 第 12 章 | 第 13 章 |
|---|---|---|---|---|---|
| 1992 | 971,517 | 681,663 | 22,634 | 1608 | 265,577 |
| 1993 | 875,202 | 602,980 | 19,174 | 1243 | 251,773 |
| 1994 | 832,829 | 567,240 | 14,773 | 900 | 249,877 |
| 1995 | 926,601 | 626,150 | 12,904 | 926 | 286,588 |
| 1996 | 1,178,555 | 810,400 | 11,911 | 1,083 | 355,123 |
| 1997 | 1,404,145 | 989,372 | 10,765 | 949 | 403,025 |
| 1998 | 1,442,549 | 1,035,696 | 8386 | 807 | 397,619 |
| 1999 | 1,319,465 | 927,074 | 9315 | 834 | 382,214 |
| 2000 | 1,253,444 | 859,220 | 9884 | 407 | 383,894 |
| 2001 | 1,492,129 | 1,054,927 | 11,424 | 383 | 425,292 |
| 2002 | 1,577,651 | 1,109,923 | 11,270 | 485 | 455,877 |
| 2003 | 1,660,245 | 1,176,905 | 9,404 | 712 | 473,137 |
| 2004 | 1,597,462 | 1,137,958 | 10,132 | 108 | 449,129 |
| 2005 | 2,078,415 | 1,659,017 | 6800 | 380 | 412,130 |
| 2006 | 617,660 | 360,890 | 5163 | 348 | 251,179 |
| 2007 | 850,912 | 519,364 | 6352 | 376 | 324,771 |
| 2008 | 1,117,771 | 744,424 | 10,160 | 345 | 362,762 |
| 2009 | 1,473,675 | 1,050,832 | 15,189 | 544 | 406,962 |
| 2010 | 1,593,081 | 1,139,601 | 13,713 | 723 | 438,913 |
| 2011 | 1,410,653 | 992,332 | 11,529 | 637 | 406,084 |
| 2012 | 1,221,091 | 843,545 | 10,361 | 512 | 366,532 |
| 2013 | 1,071,932 | 728,833 | 8980 | 395 | 333,326 |
| 2014 | 936,795 | 619,069 | 7234 | 361 | 310,061 |
| 2015 | 844,495 | 535,047 | 7241 | 407 | 301,705 |
| 2016 | 794,960 | 490,365 | 7292 | 461 | 296,655 |
| 2017 | 789,020 | 486,347 | 7442 | 501 | 294,637 |
| 2018 | 773,418 | 475,575 | 7095 | 498 | 290,146 |

注:“合计”包括少数依据其他章和分章节申请破产的企业。

申请破产的金融性企业和非金融性企业的数量(1985~2018年)

单位:个

| 年份 | 合计 | 金融性 | 非金融性 | 比率(非金融性/金融性)(%) |
|---|---|---|---|---|
| 1985 | 412,431 | 71,242 | 341,189 | 4.8 |
| 1986 | 530,008 | 80,879 | 449,129 | 5.6 |
| 1987 | 574,849 | 81,999 | 492,850 | 6.0 |
| 1988 | 613,606 | 63,775 | 549,831 | 8.6 |
| 1989 | 679,980 | 63,227 | 616,753 | 9.8 |
| 1990 | 782,960 | 64,853 | 718,107 | 11.1 |
| 1991 | 943,987 | 71,549 | 872,438 | 12.2 |
| 1992 | 971,517 | 70,643 | 900,874 | 12.8 |
| 1993 | 875,202 | 62,304 | 812,898 | 13.0 |
| 1994 | 832,829 | 52,374 | 780,455 | 14.9 |
| 1995 | 926,601 | 51,959 | 874,642 | 16.8 |
| 1996 | 1,178,555 | 53,549 | 1,125,006 | 21.0 |
| 1997 | 1,404,145 | 54,027 | 1,350,118 | 25.0 |
| 1998 | 1,442,549 | 44,367 | 1,398,182 | 31.5 |
| 1999 | 1,319,465 | 37,884 | 1,281,581 | 33.8 |
| 2000 | 1,253,444 | 35,472 | 1,217,972 | 34.3 |
| 2001 | 1,492,129 | 40,099 | 1,452,030 | 36.2 |
| 2002 | 1,577,651 | 38,540 | 1,539,111 | 39.9 |
| 2003 | 1,660,245 | 35,037 | 1,625,208 | 46.4 |
| 2004 | 1,597,462 | 34,317 | 1,563,145 | 45.6 |
| 2005 | 2,078,415 | 39,401 | 2,039,214 | 51.8 |
| 2006 | 617,660 | 19,695 | 597,965 | 30.4 |
| 2007 | 850,912 | 28,322 | 822,590 | 29.0 |
| 2008 | 1,117,771 | 43,546 | 1,074,225 | 24.7 |
| 2009 | 1,473,675 | 60,837 | 1,412,838 | 23.2 |
| 2010 | 1,593,081 | 56,282 | 1,536,799 | 27.3 |

续表

| 年份 | 合计 | 金融性 | 非金融性 | 比率(非金融性/金融性)(%) |
|---|---|---|---|---|
| 2011 | 1,410,653 | 47,806 | 1,362,847 | 28.5 |
| 2012 | 1,221,091 | 40,075 | 1,181,016 | 29.5 |
| 2013 | 1,071,932 | 33,212 | 1,038,720 | 31.3 |
| 2014 | 936,795 | 26,983 | 909,812 | 33.7 |
| 2015 | 844,495 | 24,735 | 819,760 | 33.1 |
| 2016 | 794,960 | 24,114 | 770,846 | 31.9 |
| 2017 | 789,020 | 23,157 | 765,863 | 33.1 |
| 2018 | 773,418 | 22,232 | 751,186 | 33.8 |

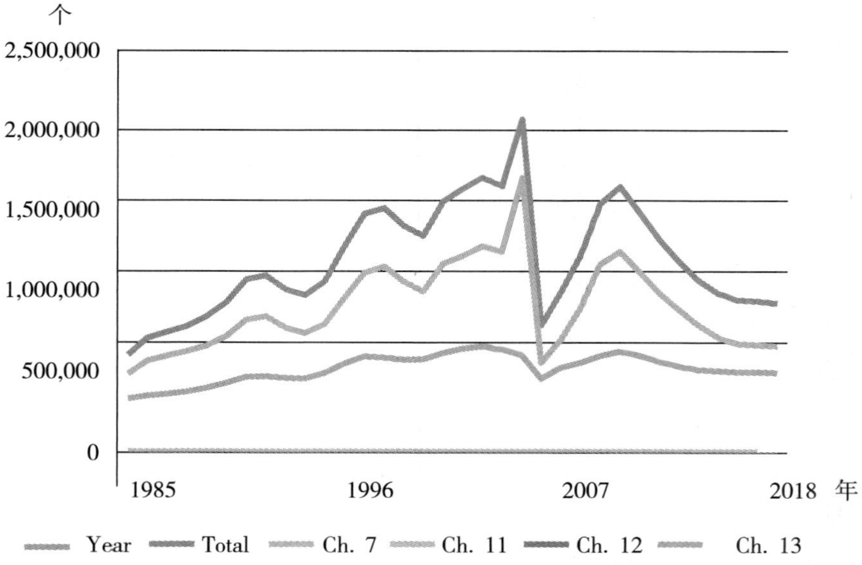


（依据第7、11、12和13章的申请及合计）

**破产申请的趋势(1985～2018年)**

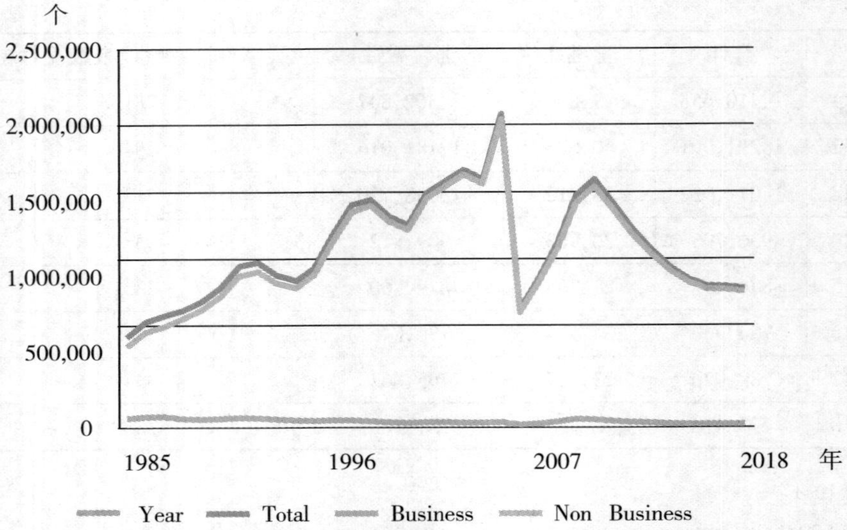


合计数量、金融性企业以及非金融性企业

申请破产的上市公司和资产(1985~2018年)

| 年份 | 申请数量 | 资产 | 平均资产 |
| --- | --- | --- | --- |
| 1985 | 149 | 5831 | 39 |
| 1986 | 149 | 13,033 | 87 |
| 1987 | 112 | 41,503 | 371 |
| 1988 | 122 | 43,488 | 356 |
| 1989 | 135 | 71,371 | 529 |
| 1990 | 115 | 82,781 | 720 |
| 1991 | 123 | 93,624 | 761 |
| 1992 | 91 | 64,226 | 706 |
| 1993 | 86 | 18,745 | 218 |
| 1994 | 70 | 8337 | 119 |
| 1995 | 85 | 23,107 | 272 |
| 1996 | 86 | 14,201 | 165 |
| 1997 | 83 | 17,247 | 208 |
| 1998 | 122 | 29,195 | 239 |

续表

| 年份 | 申请数量 | 资产 | 平均资产 |
|---|---|---|---|
| 1999 | 145 | 58,760 | 405 |
| 2000 | 179 | 98,763 | 552 |
| 2001 | 263 | 256,294 | 975 |
| 2002 | 220 | 394,300 | 1792 |
| 2003 | 172 | 98,262 | 571 |
| 2004 | 92 | 47,676 | 518 |
| 2005 | 86 | 133,843 | 1556 |
| 2006 | 66 | 22,104 | 335 |
| 2007 | 78 | 70,525 | 904 |
| 2008 | 138 | 1,159,351 | 8401 |
| 2009 | 211 | 593,733 | 2813 |
| 2010 | 106 | 89,109 | 840 |
| 2011 | 86 | 103,991 | 1209 |
| 2012 | 87 | 70,843 | 814 |
| 2013 | 71 | 42,641 | 600 |
| 2014 | 54 | 71,918 | 1332 |
| 2015 | 79 | 76,903 | 973 |
| 2016 | 99 | 104,665 | 1057 |
| 2017 | 71 | 106,931 | 1506 |
| 2018 | 58 | 52,056 | 897 |

* 资产单位为百万美元。

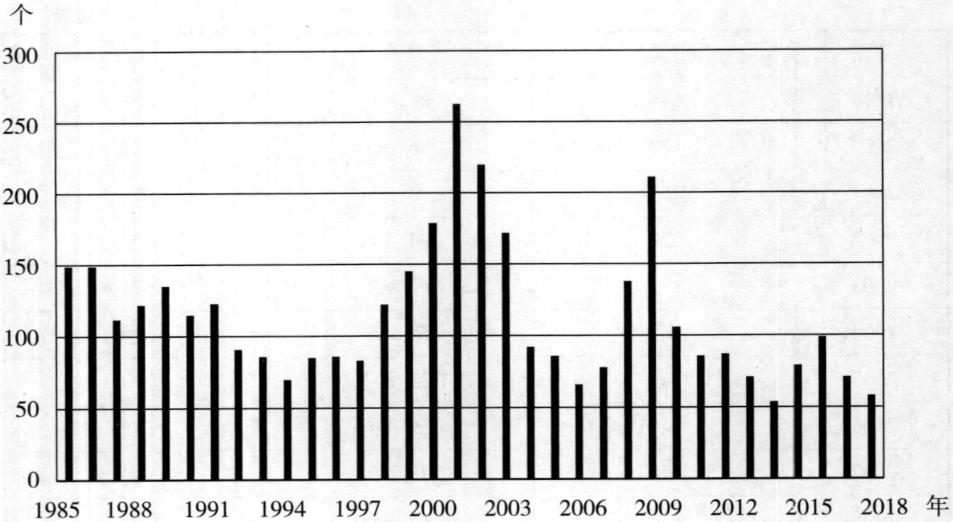


上市公司破产申请数量(1985～2018 年)

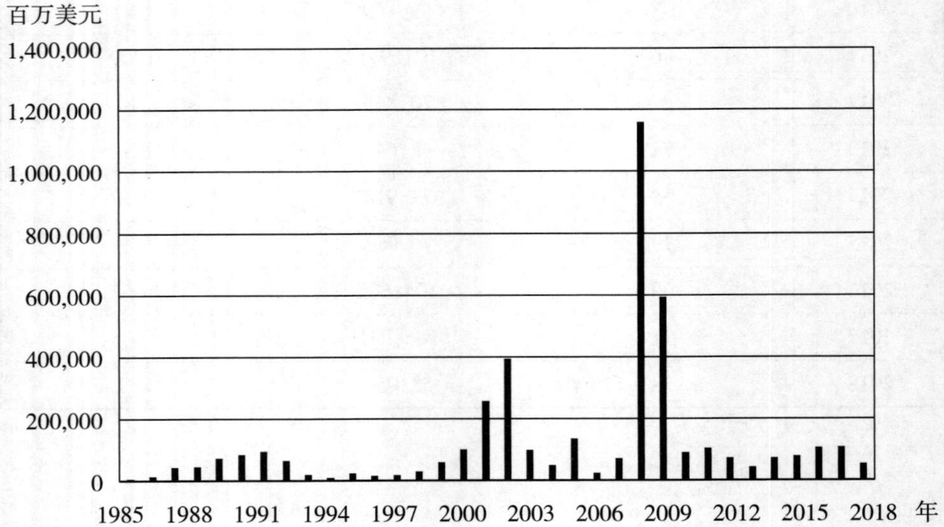


申请破产的上市公司资产(1985～2018 年)

申请破产的十亿美元级上市公司数量(1990～2018年)

| 年份 | 申请破产的上市公司数量 | | 资产 | | 十亿美元级公司占全部的百分比 | |
|---|---|---|---|---|---|---|
| | 十亿美元级 | 全部 | 十亿美元级 | 全部 | 数量 | 资产 |
| 1990 | 15 | 115 | $73,401 | $82,781 | 13.0% | 88.7% |
| 1991 | 18 | 123 | 64,310 | 93,624 | 14.6% | 68.7% |
| 1992 | 14 | 91 | 44,011 | 64,226 | 15.4% | 68.5% |
| 1993 | 3 | 86 | 5026 | 18,745 | 3.5% | 26.8% |
| 1994 | 1 | 70 | 1139 | 8337 | 1.4% | 13.7% |
| 1995 | 7 | 85 | 14,592 | 23,107 | 8.2% | 63.1% |
| 1996 | 3 | 86 | 4012 | 14,201 | 3.5% | 28.3% |
| 1997 | 4 | 83 | 9003 | 17,247 | 4.8% | 52.2% |
| 1998 | 4 | 122 | 12,532 | 29,195 | 3.3% | 42.9% |
| 1999 | 20 | 145 | 40,018 | 58,760 | 13.8% | 68.1% |
| 2000 | 23 | 179 | 66,824 | 98,763 | 12.8% | 67.7% |
| 2001 | 44 | 263 | 225,086 | 256,294 | 16.7% | 87.8% |
| 2002 | 34 | 220 | 348,679 | 394,300 | 15.5% | 88.4% |
| 2003 | 21 | 172 | 74,391 | 98,262 | 12.2% | 75.7% |
| 2004 | 8 | 92 | 32,334 | 47,664 | 8.7% | 67.8% |
| 2005 | 11 | 86 | 124,824 | 133,843 | 12.8% | 93.3% |
| 2006 | 3 | 66 | 13,858 | 22,104 | 4.5% | 62.7% |
| 2007 | 6 | 78 | 64,544 | 70,525 | 7.7% | 91.5% |
| 2008 | 25 | 138 | 1,143,929 | 1,159,351 | 18.1% | 98.6% |
| 2009 | 52 | 211 | 559,777 | 593,733 | 26.6% | 94.3% |
| 2010 | 19 | 106 | 73,029 | 89,109 | 17.9% | 81.9% |
| 2011 | 12 | 86 | 95,239 | 103,991 | 13.9% | 91.6% |
| 2012 | 14 | 87 | 59,990 | 70,843 | 16.0% | 84.7% |
| 2013 | 10 | 71 | 30,039 | 42,641 | 14.0% | 70.5% |
| 2014 | 11 | 54 | 65,732 | 71,918 | 20.4% | 20.4% |

续表

| 年份 | 申请破产的上市公司数量 | | 资产 | | 十亿美元级公司占全部的百分比 | |
|---|---|---|---|---|---|---|
| | 十亿美元级 | 全部 | 十亿美元级 | 全部 | 数量 | 资产 |
| 2015 | 19 | 79 | 67,950 | 76,903 | 24.1% | 88.4% |
| 2016 | 25 | 99 | 88,272 | 104,665 | 25.2% | 84.4% |
| 2017 | 21 | 71 | 98,988 | 106,931 | 29.5% | 92.6% |
| 2018 | 12 | 58 | 42,615 | 52,056 | 20.6% | 81.8% |

* 资产单位为百万美元。

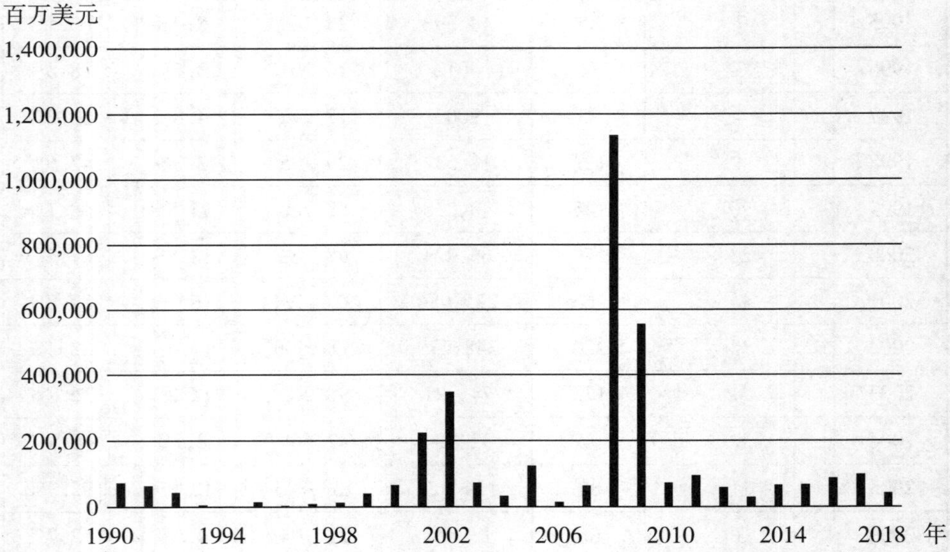


**申请破产的十亿美元级上市公司资产规模(1990～2018 年)**

**依据第 11 章申请破产的上市公司(2018 年)**

(以申请前资产规模递减为排列顺序)

| 公司名称 | 破产日期 | 简介 | 资产 * |
|---|---|---|---|
| iHeartMedia, Inc. | 03/14/18 | Media & Entertainment Co. | 12,862 |
| Sears Holdings Corporation | 10/15/18 | Integrated Retailer | 7,262 |
| FirstEnergy Solutions Corp. | 03/31/18 | Energy – Related Services | 5,514 |
| Claire's Stores, Inc. | 03/19/18 | Specialty Accessory Retailer | 2,000 |

续表

| 公司名称 | 破产日期 | 简介 | 资产 |
|---|---|---|---|
| Southeastern Grocers, LLC (BI－LO, LLLC) (2018) | 03/27/18 | Operates Grocery Stores | 1,874 |
| Aegean Marine Petroleum Network Inc. | 11/06/18 | Marine Fuel Logistics Company | 1,766 |
| EV Energy Partners, L. P. | 04/02/18 | Oil & Natural Gas Properties | 1,607 |
| Bon－Ton Stores, Inc., The | 02/04/18 | Operates Department Stores | 1,505 |
| Westmoreland Coal Company (2018) | 10/09/18 | Energy Mining Company | 1,389 |
| Tops Holding II Corporation | 02/21/18 | Operates Supermarkets | 1,027 |
| American Tire Distributors, Inc. | 10/04/18 | Motor Vehicle Supplies | 1,000 |
| Parker Drilling Company | 12/12/18 | Oil and Gas Well Drilling | 990 |
| Nine West Holdings, Inc. (2018) | 04/06/18 | Designs & Markets Footwear | 988 |
| Rex Energy Corporation (R. E. Gas Development, LLC) | 05/18/18 | Independent Oil & Gas Co. | 942 |
| Remington Outdoor Company, Inc. | 03/25/18 | Mfgs. & Markets Firearms | 921 |
| Cenveo, Inc. | 02/02/18 | Provides Print Related Products | 913 |
| EXCO Resources, Inc. | 01/15/18 | Oil & Natural Gas Company | 661 |
| White Eagle Asset Portfolio, LP | 12/13/18 | Life Settlements | 500 |
| Aralez Pharmaceuticals US Inc. | 08/10/18 | Specialty Pharmaceuticals | 453 |
| Patriot National, Inc. | 01/30/18 | Insurance Carrier Services | 418 |
| Gastar Exploration Inc. | 10/31/18 | Independent Energy Company | 380 |
| Orexigen Therapeutics | 03/12/18 | Biopharmaceutical Co. | 305 |
| Erin Energy Corporation | 04/25/18 | Oil & Gas Exploration Co. | 251 |
| Rand Logistics, Inc. | 01/29/18 | Bulk Shipping Company | 249 |
| Synergy Pharmaceuticals Inc. | 12/12/18 | Gastrointestinal Drugs | 167 |
| Petro Quest Energy, Inc. | 11/06/18 | Independent Oil and Gas Co. | 164 |
| Egalet Corporation | 10/30/18 | Specialty Pharmaceutical Company | 120 |
| Walking Company Holdings, Inc., The (2018) | 03/06/18 | Shoe Stores | 105 |
| Gibson Brands, Inc. | 05/01/18 | Guitar Manufacturer | 100 |
| David's Bridal, Inc. | 11/19/18 | Apparel Retail | 100 |

续表

| 公司名称 | 破产日期 | 简介 | 资产 |
|---|---|---|---|
| LBI Media, Inc. | 11/21/18 | Radio Broadcasting Stations | 100 |
| Tintri, Inc. | 07/10/18 | Develops Cloud Mgmt. Software | 76 |
| Bio Amber Inc. | 05/04/18 | Biotechnology Company | 66 |
| JRjr 33, Inc. | 06/29/18 | Direct – to – Consumer Brands | 53 |
| Brookstone, Inc. (2018) | 08/02/18 | Specialty Retailer | 50 |
| Hooper Holmes, Inc. | 08/27/18 | Provides Health and Wellness | 40 |
| Nighthawk Energy plc | 04/30/18 | Oil & Natural Gas Co. | 40 |
| Argos Therapeutics, Inc. | 11/30/18 | Biotechnology | 21 |
| Orion Healthcorp, Inc. | 03/16/18 | Healthcare Services Organization | 8 |
| Bakken Resources, Inc. | 12/07/18 | Crude Petroleum and Natural Gas | 7 |
| AG&E Holdings Inc. (American Gaming & Electronics, Inc.) | 10/15/18 | Distributes Parts & Repairs Gaming Equip | 6 |
| Enumeral Biomedical Holdings, Inc. | 01/29/18 | Biopharmaceutical Company | 5 |
| Alliance Bioenergy Plus, Inc. | 10/22/18 | Renewable Energy Tech Co. | 5 |
| Ecosphere Technologies, Inc. | 12/21/18 | Environmental Services | 2 |
| Active Care, Inc. | 07/15/18 | Health Monitoring Products | 2 |
| Rockies Region 2006 Limited Partnership | 10/30/18 | Natural Gas | 1 |
| Encompass Compliance Corp. | 05/03/18 | Drug & Alcohol Testing | 0 |
| Worthington Energy, Inc. | 05/01/18 | Develops Oil & Gas Properties | 0 |

*资产单位为百万美元。

**依据第11章申请破产的上市公司(2017年)**

(以申请前资产规模递减为排列顺序)

| 公司名称 | 破产日期 | 简介 | 资产* |
|---|---|---|---|
| Seadrill Limited | 09/12/17 | Offshore Drilling Contractor | 21,666 |
| Walter Investment Management Corp. | 11/30/17 | Originator of Mortgage Loans | 16,759 |
| Toys "R" Us, Inc. | 09/19/17 | Toy & Game Retailer | 6908 |
| Avaya Inc. | 01/19/17 | Telecommunication Services | 6862 |
| Pacific Drilling S. A. | 11/12/17 | Offshore Drilling Contractor | 5998 |

续表

| 公司名称 | 破产日期 | 简介 | 资产 |
|---|---|---|---|
| J. G. Wentworth Company, The | 12/12/17 | Financing Solutions Provider | 4993 |
| Tidewater Inc. | 05/17/17 | Energy – Related Transport Svcs. | 4991 |
| GenOn Energy, Inc. | 06/14/17 | Power Generation Facilities | 4860 |
| First NBC Bank Holding Company | 05/11/17 | Bank Holding Company | 4706 |
| Memorial Production Partners LP | 01/16/17 | Oil & Gas Exploration & Prod. | 2906 |
| Vanguard Natural Resources, LLC | 02/01/17 | Oil & Gas Development | 2709 |
| Cumulus Media Inc. | 11/29/17 | Owns & Operates Radio Stations | 2413 |
| Cobalt International Energy, Inc. | 12/14/17 | Oil and Gas Expl. & Production | 2230 |
| Homer City Generation L. P. | 01/11/17 | Generates & Sells Electricity | 2036 |
| Ezra Holdings Limited | 03/18/17 | Integrated Offshore Solutions | 1937 |
| Global A&T Electronics Ltd. | 12/17/17 | Semicond. Assembly & Testing | 1364 |
| Bonanza Creek Energy, Inc. | 01/04/17 | Independent Energy Co. | 1273 |
| Gymboree Corporation, The | 06/11/17 | Children's Apparel Retailer | 1157 |
| 21st Century Oncology Holdings, Inc. | 05/25/17 | Cancer Treatment Centers | 1128 |
| Gulf Mark Offshore, Inc. | 05/17/17 | Offshore Support & Transp. | 1054 |
| Global Brokerage, Inc. | 12/11/17 | Online Foreign Exchange Trading | 1039 |
| Ultrapetrol (Bahamas) Limited | 02/06/17 | Industrial Shipping | 849 |
| Real Industry, Inc. | 11/17/17 | Mfgs. Aluminum Products | 646 |
| Azure Midstream Partners, LP | 01/30/17 | Operates Midstream Energy | 567 |
| Adeptus Health Inc. | 04/19/17 | Operates Emergency Rooms | 525 |
| Forbes Energy Services Ltd. | 01/22/17 | Oilfield Services Contractor | 412 |
| Appvion, Inc. | 10/01/17 | Carbonless & Thermal Papers | 387 |
| hhgregg, Inc. | 03/06/17 | Appliance & Electronics Retailer | 385 |
| Nuverra Environmental Solutions, Inc. | 05/01/17 | Solutions for Oil & Gas Industry | 343 |
| Ciber, Inc. | 04/09/17 | IT Service Company | 334 |
| Armstrong Energy, Inc. | 11/01/17 | Produces Thermal Coal | 334 |
| A. M. Castle & Co. | 06/18/17 | Specialty Metals Distribution Co. | 329 |

续表

| 公司名称 | 破产日期 | 简介 | 资产 |
|---|---|---|---|
| Rentech, Inc. | 12/19/17 | Wood Fiber Processing Co. | 313 |
| Perfumania Holdings, Inc. | 08/26/17 | Specialty Retailer of Perfumes | 310 |
| SquareTwo Financial Corporation | 03/19/17 | Manages Charged – Off Accounts | 308 |
| Rue 21, inc. | 05/15/17 | Clothing Retailer | 307 |
| Goodman Networks Incorporated | 03/13/17 | Telecommunications Industry | 253 |
| Gordmans Stores, Inc. | 03/13/17 | Department Store | 230 |
| CGG Holding (U. S.) Inc. | 06/14/17 | Geophysical Svcs. for Oil & Gas | 181 |
| Ignite Restaurant Group, Inc. | 06/06/17 | Restaurant Operator | 148 |
| TerraVia Holdings, Inc. | 08/02/17 | Produces & Sells Specialty Foods | 136 |
| Foundation Healthcare, Inc. | 06/21/17 | Operates Surgical Hospitals | 120 |
| Unilife Corporation | 04/12/17 | Mfgs. Drug Delivery Systems | 88 |
| Rooster Energy Ltd. | 06/02/17 | Oil & Gas Expl. & Development | 84 |
| Katy Industries, Inc. | 05/14/17 | Mfgs. Cleaning & Storage Prod. | 82 |
| Quadrant 4 System Corporation | 06/29/17 | Delivers SaaS Platforms | 37 |
| Point. 360 | 10/10/17 | Media Mgmt. Services Co. | 21 |
| Ironclad Performance Wear Corp. | 09/08/17 | Manufactures Work Wear | 19 |
| PhaseRx, Inc. | 12/11/17 | Biopharmaceutical Company | 16 |
| Uni – Pixel, Inc. | 08/30/17 | Mfgs. Polymer Film Materials | 10 |
| COPsync, Inc. | 09/29/17 | Mobile Data Information System | 10 |
| Dextera Surgical Inc. | 12/11/17 | Mfg. Surgical Equipment | 9 |
| Peekay Boutiques, Inc. | 08/10/17 | Specialty Retailer | 9 |
| Cecil Bancorp, Inc. | 06/30/17 | Bank Holding Company | 8 |
| Crossroads Systems, Inc. | 08/13/17 | Intellectual Property Licensing | 6 |
| Grandparents. com, Inc. | 04/14/17 | Social Media Company | 5 |
| WestMountain Gold, Inc. | 03/01/17 | Mining Company | 4 |
| Protea Biosciences Group, Inc. | 12/01/17 | Molecular Information Company | 3 |
| Oakridge Holdings, Inc. | 05/22/17 | Mfgs. Aviation Support Equip. | 3 |

续表

| 公司名称 | 破产日期 | 简介 | 资产 |
|---|---|---|---|
| US Dataworks, Inc. | 05/01/17 | Prepackaged Software Services | 3 |
| T 3M Inc. | 05/15/17 | Mfgs. Electric Vehicles | 3 |
| Soupman, Inc. | 06/13/17 | Mfgs. & Sells Soups | 2 |
| PFO Global, Inc. | 01/31/17 | Manufactures Prescription Lenses | 2 |
| P10 Industries, Inc. | 03/22/17 | Mfgs. Power Supply Products | 2 |
| RDX Technologies Corporation | 12/05/17 | Energy & Water Treatment Tech. | 1 |
| America Greener Technologies, Inc. | 04/18/17 | Improvement Technologies | 0 |

* 资产单位为百万美元。

**依据第 7 章申请破产的上市公司(2018 年)**

(以申请前资产规模递减为排列顺序)

| 公司名称 | 破产日期 | 简介 | 资产 * |
|---|---|---|---|
| STG Group, Inc. | 04/19/18 | Computer Security Services | 145 |
| Great Basin Scientific, Inc. | 03/05/18 | Diagnostic Testing Co | 73 |
| Rosetta Genomics Ltd. | 05/31/18 | In Vitro and In Vivo Diag. | 12 |
| CSA Holdings, Inc. | 04/30/18 | Provides Security Systems | 2 |
| Medizone International, Inc. | 05/08/18 | Mfgs. Disinfection Systems | 0 |
| Petrone Worldwide, Inc. | 07/27/18 | Import/Export Dec. Prod. | 0 |
| Axion Power International, Inc. | 08/10/18 | Energy Solutions Company | 0 |
| Education Management Corporation | 06/29/18 | Post – Secondary Education | 0 |

* 资产单位为百万美元。

**依据第 15 章申请破产的上市公司(2018 年)**

(以申请前资产规模递减为排列顺序)

| 公司名称 | 破产日期 | 简介 | 资产 * |
|---|---|---|---|
| Noble Group Limited Servicos de Petroleo | 10/17/18 | Provides Supply Chain Mgmt Ser. | 4809 |
| Constellation S. A. | 12/06/18 | Drilling Oil and Gas Wells | 0 |

* 资产单位为百万美元。

**依据第 7 章申请破产的上市公司(2017 年)**

(以申请前资产规模递减为排列顺序)

| 公司名称 | 破产日期 | 简介 | 资产* |
|---|---|---|---|
| Electronic Cigarettes International | 03/16/17 | Distributes E – Cigarettes | 95 |
| Hyperdynamics Corporation | 12/22/17 | Oil & Gas Company | 3 |
| Mogul Energy International, Inc. | 09/20/17 | Oil & Gas Exploration Co. | 1 |
| e. Digital Corporation | 07/06/17 | Intellectual Prop. Licensing | 1 |
| CD International Enterprises, Inc. | 12/07/17 | Dist. Industrial Products | 0 |

*资产单位为百万美元。

**依据第 11 章申请重整的规模最大的上市公司(2017 年)**

| 公司名称 | 破产日期 | 简介 | 收入* |
|---|---|---|---|
| Toys "R" Us, Inc. | 09/19/17 | Toy & Game Retailer | 11,540 |
| Avaya Inc. | 01/19/17 | Telecommunication Services | 4081 |
| Seadrill Limited | 09/12/17 | Offshore Drilling Contractor | 3169 |
| hhgregg, Inc. | 03/06/17 | Electronics Retailer | 1960 |
| GenOn Energy, Inc. | 06/14/17 | Power Generation Facilities | 1862 |
| Real Industry, Inc. | 11/17/17 | Mfgs. Aluminum Products | 1250 |
| Gymboree Corporation, The | 06/11/17 | Children's Apparel Retailer | 1247 |
| Cumulus Media Inc. | 11/29/17 | Operates Radio Stations | 1141 |
| 21st Century Oncology Holdings | 05/25/17 | Cancer Treatment Centers | 1079 |
| Walter Investment Management | 11/30/17 | Orig. of Mortgage Loans | 996 |

| 公司名称 | 破产日期 | 简介 | 负债* |
|---|---|---|---|
| Walter Investment Mgmt. Corp. | 11/30/17 | Orig. of Mortgage Loans | 16,479 |
| Seadrill Limited | 09/12/17 | Offshore Drilling Contractor | 11,603 |
| Avaya Inc. | 01/19/17 | Telecommunication Services | 10,240 |
| Toys "R" Us, Inc. | 09/19/17 | Toy & Game Retailer | 8068 |
| J. G. Wentworth Company, The | 12/12/17 | Financing Solutions Provider | 5033 |
| GenOn Energy, Inc. | 06/14/17 | Power Generation Facilities | 4520 |

续表

| 公司名称 | 破产日期 | 简介 | 负债 * |
|---|---|---|---|
| First NBC Bank Holding Company | 05/11/17 | Bank Holding Company | 4276 |
| CGG Holding (U. S. ) Inc. | 06/14/17 | Geophysical Svcs. | 3445 |
| Pacific Drilling S. A. | 11/12/17 | Offshore Drilling Contractor | 3332 |
| Cobalt International Energy, Inc. | 12/14/17 | Oil and Gas Expl. & Prod. | 3072 |

| 公司名称 | 破产日期 | 简介 | 雇员 * |
|---|---|---|---|
| Toys "R" Us, Inc. | 09/19/17 | Toy & Game Retailer | 64,000 |
| Avaya Inc. | 01/19/17 | Telecommunication Services | 11,701 |
| Global A&T Electronics Ltd. | 12/17/17 | Semi. Assembly & Testing | 10,402 |
| Ezra Holdings Limited | 03/18/17 | Int. Offshore Solutions | 8000 |
| Ignite Restaurant Group, Inc. | 06/06/17 | Restaurant Operator | 7000 |
| rue21, inc. | 05/15/17 | Clothing Retailer | 6966 |
| Tidewater Inc. | 05/17/17 | Energy – Related Transport | 6550 |
| Ciber, Inc. | 04/09/17 | IT Service Company | 6000 |
| Gymboree Corporation, The | 06/11/17 | Children's Apparel Retailer | 5492 |
| Cumulus Media Inc. | 11/29/17 | Operates Radio Stations | 5479 |

* 资产单位为百万美元。

**依据第 11 章申请重整的规模最大的上市公司(2018 年)**

| 公司名称 | 破产日期 | 简介 | 收入 * |
|---|---|---|---|
| Sears Holdings Corporation | 10/15/18 | Integrated Retailer | 16,702 |
| Southeastern Grocers, LLC (BI – LO,LLC) (2018) | 03/27/18 | Operates Grocery Stores | 9977 |
| iHeartMedia, Inc. | 03/14/18 | Media & Entertainment Co. | 6274 |
| Aegean Marine Petroleum Network | 11/06/18 | Marine Fuel Logistics | 5674 |
| FirstEnergy Solutions Corp. | 03/31/18 | Energy – Related Services | 3098 |
| Bon – Ton Stores, Inc. , The | 02/04/18 | Operates Department Stores | 2601 |
| Tops Holding II Corporation | 02/21/18 | Operates Supermarkets | 2457 |
| Cenveo, Inc. | 02/02/18 | Print Related Products | 1660 |

续表

| 公司名称 | 破产日期 | 简介 | 收入 * |
|---|---|---|---|
| Nine West Holdings, Inc. (2018) | 04/06/18 | Designs & Markets Footwear | 1660 |
| Westmoreland Coal Company (2018) | 10/09/18 | Energy Mining Company | 1385 |

| 公司名称 | 破产日期 | 简介 | 负债 * |
|---|---|---|---|
| iHeartMedia, Inc. | 03/14/18 | Media & Entertainment Co. | 23,748 |
| Sears Holdings Corporation | 10/15/18 | Integrated Retailer | 10,985 |
| FirstEnergy Solutions Corp. | 03/31/18 | Energy Services | 7584 |
| Southeastern Grocers, LLC (BI - LO, LLC) (2018) | 03/27/18 | Operates Grocery Stores | 2625 |
| Claire's Stores, Inc. | 03/19/18 | Specialty Accessory Retailer | 2518 |
| Westmoreland Coal Company (2018) | 10/09/18 | Energy Mining Company | 2133 |
| Nine West Holdings, Inc. (2018) | 04/06/18 | Designs & Markets Footwear | 1937 |
| EXCO Resources, Inc. | 01/15/18 | Oil & Natural Gas Company | 1533 |
| Bon - Ton Stores, Inc., The | 02/04/18 | Operates Department Stores | 1528 |
| Cenveo, Inc. | 02/02/18 | Provides Print Related Products | 1502 |

| 公司名称 | 破产日期 | 简介 | 雇员 * |
|---|---|---|---|
| Sears Holdings Corporation | 10/15/18 | Integrated Retailer | 89,000 |
| Southeastern Grocers, LLC (BI - LO, LLC) (2018) | 03/27/18 | Operates Grocery Stores | 51,700 |
| Bon - Ton Stores, Inc., The | 02/04/18 | Operates Department Stores | 23,300 |
| Claire's Stores, Inc. | 03/19/18 | Specialty Accessory Retailer | 18,200 |
| Tops Holding II Corporation | 02/21/18 | Operates Supermarkets | 14,800 |
| iHeartMedia, Inc. | 03/14/18 | Media & Entertainment Co. | 14,300 |
| Nine West Holdings, Inc. (2018) | 04/06/18 | Designs & Markets Footwear | 8380 |

续表

| 公司名称 | 破产日期 | 简介 | 雇员 * |
|---|---|---|---|
| Cenveo, Inc. | 02/02/18 | Provides Print Related Products | 7300 |
| American Tire Distributors, Inc. | 10/04/18 | Motor Vehicle Supplies | 4400 |
| Remington Outdoor Company, Inc. | 03/25/18 | Mfgs. & Markets Firearms | 3000 |

* 资产单位为百万美元。

**上市公司的破产确认日期及结果(2018 年)**

| 公司名称 | 破产日期 | 认定日期 | 生效日期 | 结果 |
|---|---|---|---|---|
| 21st Century Oncology Holdings, Inc. (2017) | 05/25/17 | 01/11/18 | 01/16/18 | 脱离破产保护—仍为上市公司 |
| Aeropostale, Inc. | 05/04/16 | 03/30/18 | 04/19/18 | 收购—出售;清算 |
| American Tire Distributors, Inc. | 10/04/18 | 12/19/18 | 12/21/18 | 脱离破产保护—变为非上市公司 |
| Appvion, Inc. | 10/01/17 | 08/14/18 | 08/25/18 | 清算 |
| Armstrong Energy, Inc. | 11/01/17 | 02/02/18 | 02/20/18 | 脱离破产保护—变为非上市公司,被 EIG Global Energy 公司收购 |
| Breitburn Energy Partners LP | 05/15/16 | 03/26/18 | 04/12/18 | 变为合伙企业 |
| Cenveo, Inc. | 02/02/18 | 08/16/18 | 09/07/18 | 脱离破产保护—名称变为 Cenveo World-wide |
| Claire's Stores, Inc. | 03/19/18 | 09/21/18 | 10/12/18 | 脱离破产保护—变为非上市公司 |
| Cobalt International Energy, Inc. | 12/14/17 | 04/05/18 | 04/10/18 | 收购—被 W&T Off-shore 公司收购 |
| COPsync, Inc. | 09/29/17 | 09/21/18 | 11/16/18 | 清算 |
| Cumulus Media Inc. | 11/29/17 | 05/10/18 | 06/04/18 | 脱离破产保护—仍为上市公司 |
| Dextera Surgical Inc. | 12/11/17 | 11/08/18 | 11/28/18 | 清算—被 Aesculap 公司收购 |
| Energy Future Holdings Corp. | 04/29/14 | 02/27/18 | 03/09/18 | 被 Sempra Energy 公司收购 |
| Enumeral Biomedical Holdings, Inc. | 01/29/18 | 05/25/18 | 05/25/18 | 脱离破产保护—变为非上市公司 |

续表

| 公司名称 | 破产日期 | 认定日期 | 生效日期 | 结果 |
|---|---|---|---|---|
| EV Energy Partners, L. P. | 04/02/18 | 05/17/18 | 06/04/18 | 脱离破产保护—名称变为 Harvest Oil & Gas |
| Ezra Holdings Limited | 03/18/17 | 10/18/18 | 12/31/18 | 脱离破产保护—变为非上市公司 |
| Gastar Exploration Inc. | 10/31/18 | 12/20/18 | 01/22/19 | 脱离破产保护—被 Ares Management 公司收购 |
| Gibson Brands, Inc. | 05/01/18 | 10/02/18 | 11/02/18 | 脱离破产保护—Kohlberg Kravis Roberts 成为公司大股东 |
| Global Brokerage, Inc. | 12/11/17 | 01/22/18 | 02/08/18 | 脱离破产保护—仍为上市公司 |
| Ironclad Performance Wear Corporation | 09/08/17 | 02/13/18 | 02/28/18 | 清算—被 Brighton Best 公司收购 |
| J. G. Wentworth Company, The (2017) | 12/12/17 | 01/17/18 | 01/25/18 | 脱离破产保护—变为非上市公司 |
| Katy Industries, Inc. | 05/14/17 | 05/02/18 | 11/29/18 | 清算 |
| Nighthawk Energy plc | 04/30/18 | 11/28/18 | 02/06/19 | 清算—被 Polaris Prod 公司收购 |
| Oakridge Holdings, Inc. | 05/22/17 | 07/18/18 | 08/02/18 | 脱离破产保护—Stinar 公司法人 |
| Pacific Drilling S. A. | 11/12/17 | 11/02/18 | 11/19/18 | 脱离破产保护—仍为上市公司 |
| Patriot National, Inc. | 01/30/18 | 05/04/18 | 07/02/18 | 脱离破产保护—变为非上市公司 |
| Quadrant 4 System Corporation | 06/29/17 | 08/22/18 | 09/13/18 | 清算 |
| Rand Logistics, Inc. | 01/29/18 | 02/28/18 | 03/01/18 | 被 American Ind. Ptnrs 公司收购 |
| Real Industry, Inc. (2017) | 11/17/17 | 05/02/18 | 05/10/18 | 脱离破产保护—仍为上市公司 |
| Red Mountain Resources, Inc. | 03/08/16 | 11/05/18 | 12/01/18 | 脱离破产保护—跨境资源 |
| Remington Outdoor Company | 03/25/18 | 05/03/18 | 05/16/18 | 脱离破产保护—变为非上市公司 |

续表

| 公司名称 | 破产日期 | 认定日期 | 生效日期 | 结果 |
|---|---|---|---|---|
| Rentech, Inc. | 12/19/17 | 04/04/18 | 04/17/18 | 清算 |
| Rex Energy Corporation（R. E. Gas Development, LLC） | 05/18/18 | 10/16/18 | 11/14/18 | 清算—被 PennEnergy 公司收购 |
| Seadrill Limited | 09/12/17 | 04/17/18 | 07/02/18 | 脱离破产保护—仍为上市公司 |
| Southeastern Grocers, LLC（BI－LO, LLC）（2018） | 03/27/18 | 05/14/18 | 05/31/18 | 脱离破产保护—变为非上市公司 |
| TerraVia Holdings, Inc. | 08/02/17 | 01/08/18 | 01/30/18 | 清算 |
| Tops Holding Ⅱ Corporation | 02/21/18 | 11/09/18 | 11/19/18 | 脱离破产保护—变为非上市公司 |
| Triad Guaranty Inc. | 06/03/13 | 01/09/18 | 04/27/18 | 脱离破产保护—仍为上市公司 |
| Walking Company Holdings, Inc., The（2018） | 03/06/18 | 06/13/18 | 06/29/18 | 脱离破产保护—变为非上市公司 |
| Walter Investment Management Corp. | 11/30/17 | 01/18/18 | 02/09/18 | 脱离破产保护—仍为上市公司 |
| WestMountain Gold, Inc. | 03/01/17 | 01/19/18 | 01/23/18 | 脱离破产保护—仍为上市公司 |

**上市公司的破产确认日期及结果(2017 年)**

| 公司名称 | 破产日期 | 认定日期 | 生效日期 | 结果 |
|---|---|---|---|---|
| 4Licensing Corporation | 09/21/16 | 01/20/17 | 02/06/17 | 脱离破产保护—变为非上市公司 |
| A. M. Castle & Co. | 06/18/17 | 08/02/17 | 08/31/17 | 脱离破产保护—仍为上市公司 |
| Abeinsa Holding Inc. | 03/29/16 | 12/15/16 | 03/31/17 | 部分出售；清算 |
| Abengoa Bioenergy US Holdings | 02/24/16 | 06/08/17 | 07/06/17 | 部分出售；剩余资产清算 |
| Adeptus Health Inc. | 04/19/17 | 09/29/17 | 10/02/17 | 被 Deerfield Mgmt. 公司收购 |
| Ameriforge Group Inc. | 04/30/17 | 05/23/17 | 06/09/17 | 脱离破产保护—变为非上市公司 |
| Angelica Corporation | 04/03/17 | 08/31/17 | 09/26/17 | 被 Kohlberg Kravis Roberts 公司收购 |

续表

| 公司名称 | 破产日期 | 认定日期 | 生效日期 | 结果 |
|---|---|---|---|---|
| Answers Corporation | 03/03/17 | 04/10/17 | 04/14/17 | 脱离破产保护—变为非上市公司 |
| Avaya Inc. | 01/19/17 | 11/28/17 | 12/15/17 | 脱离破产保护—仍为上市公司 |
| Azure Midstream Partners, LP | 01/30/17 | 05/19/17 | 06/02/17 | 收购 |
| BCBG Max Azria Group, LLC | 02/28/17 | 07/26/17 | 07/31/17 | 被 Marquee Brands 公司收购 |
| BH Sutton Mezz LLC | 02/26/16 | 01/18/17 | 01/19/17 | 清算 |
| Bonanza Creek Energy, Inc. | 01/04/17 | 04/07/17 | 04/28/17 | 脱离破产保护—仍为上市公司 |
| Buffets, LLC | 03/07/16 | 04/27/17 | 05/18/17 | 被 Food Mgmt. Ptr. 公司 收购 |
| C&J Energy Services Ltd. | 07/20/16 | 12/16/16 | 01/06/17 | 脱离破产保护—仍为上市公司 |
| Caesars Entertainment Operating Co. | 01/15/15 | 01/17/17 | 10/06/17 | 脱离破产保护—变为非上市公司；名称变为 CEOC LLC |
| Cecil Bancorp, Inc. | 06/30/17 | 10/11/17 | 10/26/17 | 再投资 |
| CGG Holding（U. S.）Inc. | 06/14/17 | 10/16/17 | 02/21/18 | 脱离破产保护—变为非上市公司 |
| Chaparral Energy, Inc. | 05/09/16 | 03/10/17 | 03/20/17 | 脱离破产保护—仍为上市公司 |
| CHC Group Ltd. | 05/05/16 | 03/03/17 | 03/23/17 | 脱离破产保护—仍为上市公司 |
| ChinaCast Education Corporation | 11/09/16 | 12/08/17 | 12/22/17 | 脱离破产保护—变为非上市公司 |
| Ciber, Inc. | 04/09/17 | 12/20/17 | 12/27/17 | 清算 |
| Cosi, Inc. | 09/28/16 | 04/25/17 | 05/10/17 | 脱离破产保护—变为非上市公司 |
| Crossroads Systems, Inc. | 08/13/17 | 09/18/17 | 10/03/17 | 脱离破产保护—仍为上市公司 |
| Dakota Plains Holdings, Inc. | 12/20/16 | 09/25/17 | 01/03/18 | 清算 |
| Emas Chiyoda Subsea Inc. | 02/27/17 | 06/29/17 | 06/29/17 | 脱离破产保护—变为非上市公司 |

续表

| 公司名称 | 破产日期 | 认定日期 | 生效日期 | 结果 |
|---|---|---|---|---|
| Emerald Oil, Inc. | 03/22/16 | 03/24/17 | 04/07/17 | 脱离破产保护—变为非上市公司;名称变为 National Oil Prod. |
| Erickson Incorporated | 11/08/16 | 03/22/17 | 04/28/17 | 脱离破产保护—变为非上市公司 |
| Essar Steel Minnesota LLC | 07/08/16 | 06/13/17 | 12/22/17 | 脱离破产保护—变为非上市公司;名称变为 Mesabi Metallics Co. |
| Forbes Energy Services Ltd. | 01/22/17 | 03/29/17 | 04/13/17 | 脱离破产保护—仍为上市公司 |
| Foundation Healthcare, Inc. | 06/21/17 | 09/11/17 | 10/18/17 | 清算 |
| Fresh & Easy, LLC | 10/30/15 | 04/27/17 | 06/06/17 | 出售;清算 |
| Gawker Media, LLC | 06/10/16 | 12/22/16 | 03/17/17 | 清算 |
| General Wireless Operations Inc. (RadioShack) | 03/08/17 | 10/26/17 | 01/01/18 | 脱离破产保护—变为非上市公司 |
| GenOn Energy, Inc. | 06/14/17 | 12/12/17 | 12/14/18 | 脱离破产保护—仍为上市公司 |
| Global A&T Electronics Ltd. | 12/17/17 | 12/22/17 | 01/12/18 | 脱离破产保护—变为非上市公司 |
| Goodman Networks Incorporated | 03/13/17 | 05/04/17 | 05/31/17 | 脱离破产保护—变为非上市公司 |
| Gordmans Stores, Inc. | 03/13/17 | 10/18/17 | 11/15/17 | 被 Stage Stores 公司收购 |
| Grandparents. com, Inc. | 04/14/17 | 09/20/17 | 09/26/17 | 清算 |
| GreenHunter Resources, Inc. | 03/01/16 | 08/04/17 | 10/06/17 | 清算 |
| GulfMark Offshore, Inc. | 05/17/17 | 10/04/17 | 11/14/17 | 脱离破产保护—仍为上市公司 |
| Gymboree Corporation, The | 06/11/17 | 09/07/17 | 09/29/17 | 脱离破产保护—变为非上市公司 |
| Hampshire Group, Limited | 11/23/16 | 09/28/17 | 10/05/17 | 清算 |
| Hancock Fabrics, Inc. | 02/02/16 | 06/20/17 | 07/28/17 | 被 Michaels Stores 公司收购 |
| Hastings Entertainment, Inc. | 06/13/16 | 02/14/17 | 02/20/17 | 清算 |

续表

| 公司名称 | 破产日期 | 认定日期 | 生效日期 | 结果 |
|---|---|---|---|---|
| Homer City Generation L. P. | 01/11/17 | 02/15/17 | 04/06/17 | 脱离破产保护—变为非上市公司 |
| Ignite Restaurant Group, Inc. | 06/06/17 | 12/01/17 | 12/19/17 | 清算 |
| Illinois Power Generating Company | 12/09/16 | 01/25/17 | 02/02/17 | 脱离破产保护—变为非上市公司 |
| Implant Sciences Corporation | 10/10/16 | 08/03/17 | 08/11/17 | 脱离破产保护—名称变为 Secure Point Technologies |
| International Shipholding Corp. | 08/01/16 | 03/02/17 | 07/03/17 | 部分出售；脱离破产保护—变为非上市公司 |
| La Paloma Generating Company | 12/06/16 | 11/06/17 | 12/04/17 | 收购 |
| Limited Stores Company, LLC | 01/17/17 | 12/20/17 | 01/02/18 | 清算 |
| LINN Energy, LLC | 05/11/16 | 01/25/17 | 02/28/17 | 脱离破产保护—仍为上市公司 |
| Louisiana Pellets, Inc. | 02/18/16 | 09/08/17 | 10/13/17 | 清算 |
| Memorial Production Partners LP | 01/16/17 | 04/14/17 | 05/04/17 | 脱离破产保护—扩大 |
| Midway Gold Corp. | 06/22/15 | 11/15/17 | 12/06/17 | 清算 |
| MIG, LLC, d/b/a Metromedia Int'l. | 06/30/14 | 12/16/16 | 07/24/17 | 脱离破产保护—变为非上市公司 |
| Modular Space Corporation | 12/21/16 | 02/15/17 | 03/02/17 | 脱离破产保护—仍为上市公司 |
| Money Centers of America, Inc. | 03/21/14 | 03/13/17 | 04/18/17 | 清算 |
| National Consumer Outdoors Corp. | 10/08/15 | 07/28/17 | 08/22/17 | 清算 |
| Nephro Genex, Inc. | 04/30/16 | 05/10/17 | 05/25/17 | 被 Medpace 公司收购 |
| Nortel Networks, Inc. | 01/14/09 | 01/24/17 | 05/08/17 | 部分出售；资产清算 |
| Novation Companies, Inc. | 07/20/16 | 06/12/17 | 07/27/17 | 脱离破产保护—仍为上市公司 |
| Nuverra Environmental Solutions | 05/01/17 | 07/25/17 | 08/07/17 | 脱离破产保护—仍为上市公司 |

续表

| 公司名称 | 破产日期 | 认定日期 | 生效日期 | 结果 |
|---|---|---|---|---|
| Optima Specialty Steel, Inc. | 12/15/16 | 10/16/17 | 11/15/17 | 脱离破产保护—变为非上市公司 |
| P10 Industries, Inc. | 03/22/17 | 04/27/17 | 05/04/17 | 脱离破产保护—仍为上市公司 |
| Paragon Offshore plc | 02/14/16 | 06/07/17 | 07/18/17 | 脱离破产保护—变为非上市公司 |
| Payless Inc. | 04/04/17 | 07/26/17 | 08/10/17 | 脱离破产保护—变为非上市公司 |
| Peabody Energy Corporation | 04/13/16 | 03/17/17 | 04/03/17 | 脱离破产保护—仍为上市公司 |
| Peekay Boutiques, Inc. | 08/10/17 | 11/15/17 | 11/22/17 | 被 TLA Acquisition 公司收购 |
| Performance Sports Group Ltd. | 10/31/16 | 12/20/17 | 12/21/17 | 收购 |
| Perfumania Holdings, Inc. | 08/26/17 | 10/06/17 | 10/11/17 | 脱离破产保护—变为非上市公司 |
| Perseon Corporation | 05/23/16 | 12/28/16 | 01/13/17 | 被 MedLink Technologies 公司收购 |
| Republic Airways Holdings Inc. | 02/25/16 | 04/20/17 | 04/30/17 | 脱离破产保护—变为非上市公司 |
| Roust Corporation (CEDC) | 12/30/16 | 01/10/17 | 02/17/17 | 脱离破产保护—变为非上市公司 |
| Rue 21, inc. | 05/15/17 | 09/08/17 | 09/22/17 | 脱离破产保护—变为非上市公司;名称变为 New rue, LLC |
| Ryckman Creek Resources, LLC | 02/02/16 | 12/22/17 | 12/27/17 | 脱离破产保护—变为非上市公司 |
| Samson Resources Corporation | 09/16/15 | 02/13/17 | 03/01/17 | 脱离破产保护—变为非上市公司 |
| SH 130 Concession Company, LLC | 03/02/16 | 05/18/17 | 06/28/17 | 脱离破产保护—变为非上市公司 |
| Sherwin Alumina Company, LLC | 01/11/16 | 02/17/17 | 02/27/17 | 被 Corpus Christi Alumina 公司收购 |
| Shoreline Energy LLC | 11/02/16 | 02/24/17 | 04/12/17 | 清算 |
| Sports Authority, Inc., The | 03/02/16 | 12/05/17 | 12/18/17 | 清算 |

续表

| 公司名称 | 破产日期 | 认定日期 | 生效日期 | 结果 |
|---|---|---|---|---|
| Square Two Financial Corporation | 03/19/17 | 06/09/17 | 06/15/17 | 脱离破产保护—变为非上市公司 |
| Stone Energy Corporation | 12/14/16 | 02/15/17 | 02/28/17 | 脱离破产保护—仍为上市公司 |
| Sun Edison, Inc. | 04/21/16 | 07/28/17 | 12/29/17 | 脱离破产保护—变为非上市公司 |
| Tidewater Inc. | 05/17/17 | 07/17/17 | 07/31/17 | 脱离破产保护—仍为上市公司 |
| Transtar Holding Company | 11/20/16 | 03/21/17 | 04/12/17 | 脱离破产保护—变为非上市公司 |
| Triangle USA Petroleum Corp. | 06/29/16 | 03/10/17 | 03/24/17 | 脱离破产保护—仍为上市公司 |
| True Religion Apparel, Inc. | 07/05/17 | 10/05/17 | 10/27/17 | 脱离破产保护—变为非上市公司 |
| Ultra Petroleum Corp. | 04/29/16 | 03/14/17 | 04/12/17 | 脱离破产保护—仍为上市公司 |
| Ultrapetrol (Bahamas) Limited | 02/06/17 | 03/17/17 | 03/31/17 | 脱离破产保护—仍为上市公司 |
| Unilife Corporation | 04/12/17 | 12/13/17 | 12/29/17 | 清算 |
| US Dataworks, Inc. | 05/01/17 | 11/29/17 | 12/13/17 | 清算 |
| USA Discounters, Ltd. | 08/24/15 | 02/26/17 | 03/06/17 | 清算 |
| Vanguard Healthcare, LLC | 05/06/16 | 12/21/17 | 01/31/18 | 脱离破产保护—变为非上市公司 |
| Vanguard Natural Resources, LLC | 02/01/17 | 07/18/17 | 08/01/17 | 脱离破产保护—仍为上市公司 |
| Vertellus Specialties Inc. | 05/31/16 | 02/24/17 | 04/10/17 | 被 Lenders 公司收购 |
| Violin Memory, Inc. | 12/14/16 | 04/18/17 | 04/21/17 | 脱离破产保护—变为非上市公司 |

**由依据 11 章转为依据第 7 章申请破产的上市公司(2018 年)**

| 公司名称 | 破产日期 | 变更日期 |
|---|---|---|
| Erin Energy Corporation | 04/25/18 | 07/13/18 |
| Encompass Compliance Corp. | 05/03/18 | 10/08/18 |
| JRjr 33, Inc. | 06/29/18 | 10/26/18 |

由依据 11 章转为依据第 7 章申请破产的上市公司(2017 年)

| 公司名称 | 破产日期 | 变更日期 |
|---|---|---|
| Aztec Oil & Gas, Inc. | 04/13/16 | 08/17/17 |
| Cal Dive International, Inc. | 03/03/15 | 03/08/17 |
| Constellation Enterprises, LLC | 05/16/16 | 10/02/17 |
| Core Resource Management, Inc. | 06/13/16 | 03/30/17 |
| ESP Resources, Inc. | 03/10/16 | 05/01/17 |
| PFO Global, Inc. | 01/31/17 | 11/14/17 |
| Sable Natural Resources Corporation | 11/11/16 | 12/18/17 |
| Scrips America, Inc. | 09/07/16 | 02/08/17 |
| Soupman, Inc. | 06/13/17 | 10/31/17 |
| STW Resources Holding Corp | 08/02/16 | 07/17/17 |
| T3M Inc. | 05/15/17 | 09/26/17 |
| Walter Energy, Inc. | 07/15/15 | 02/21/17 |
| Westech Capital Corp. | 03/14/16 | 08/08/17 |
| Xtera Communications, Inc. | 11/15/16 | 02/21/17 |

被驳回破产申请的上市公司(2018 年)

| 公司名称 | 破产日期 | 变更日期 |
|---|---|---|
| Bio Amber Inc. | 05/04/18 | 06/20/18 |
| Worthington Energy Inc. | 05/01/18 | 07/16/18 |

被驳回破产申请的上市公司(2017 年)

| 公司名称 | 破产日期 | 变更日期 |
|---|---|---|
| Bio Nitrogen Holdings, Corp. | 11/03/15 | 06/07/17 |
| Direct Buy Holdings, Inc. | 11/01/16 | 08/29/17 |
| TriStar Wellness Solutions, Inc. | 01/15/16 | 11/16/17 |

**历史上最大的 40 家申请破产的上市公司(按资产)**

| 排名 | 公司名称 | 破产日期 | 资产 * |
|---|---|---|---|
| 1 | Lehman Brothers Holdings Inc. | 09/15/08 | 691,063 |
| 2 | Washington Mutual, Inc. | 09/26/08 | 327,913 |
| 3 | World Com, Inc. | 07/21/02 | 103,914 |
| 4 | General Motors Corporation | 06/01/09 | 91,047 |
| 5 | CIT Group Inc. | 11/01/09 | 80,449 |
| 6 | PG&E Corporation /Pacific Gas (2019) | 01/29/19 | 71,385 |
| 7 | Enron Corp. | 12/02/01 | 65,503 |
| 8 | Conseco, Inc. | 12/17/02 | 61,392 |
| 9 | Energy Future Holdings Corp. | 04/29/14 | 40,970 |
| 10 | MF Global Holdings Ltd. | 10/31/11 | 40,542 |
| 11 | Chrysler LLC | 04/30/09 | 39,300 |
| 12 | Thornburg Mortgage, Inc. (TMST, Inc.) | 05/01/09 | 36,521 |
| 13 | Pacific Gas and Electric Company | 04/06/01 | 36,152 |
| 14 | Texaco, Inc. | 04/12/87 | 34,940 |
| 15 | Financial Corp. of America | 09/09/88 | 33,864 |
| 16 | Refco Inc. | 10/17/05 | 33,333 |
| 17 | Indy Mac Bancorp, Inc. | 07/31/08 | 32,734 |
| 18 | Global Crossing, Ltd. | 01/28/02 | 30,185 |
| 19 | Bank of New England Corp. | 01/07/91 | 29,773 |
| 20 | General Growth Properties, Inc. | 04/16/09 | 29,557 |
| 21 | Lyondell Chemical Company | 01/06/09 | 27,392 |
| 22 | Calpine Corporation | 12/20/05 | 27,216 |
| 23 | New Century Financial Corporation | 04/02/07 | 26,147 |
| 24 | Colonial BancGroup, Inc., The | 08/25/09 | 25,816 |
| 25 | UAL Corporation | 12/09/02 | 25,197 |
| 26 | AMR Corporation | 11/29/11 | 25,088 |
| 27 | Delta Air Lines, Inc. | 09/14/05 | 21,801 |

续表

| 排名 | 公司名称 | 破产日期 | 资产 * |
|---|---|---|---|
| 28 | Seadrill Limited | 09/12/17 | 21,666 |
| 29 | Adelphia Communications Corp. | 06/25/02 | 21,499 |
| 30 | Capmark Financial Group Inc. | 10/25/09 | 20,638 |
| 31 | MCorp | 03/31/89 | 20,228 |
| 32 | Mirant Corporation | 07/14/03 | 19,415 |
| 33 | Ambac Financial Group, Inc. | 11/08/10 | 18,886 |
| 34 | American Home Mortgage Investment Corp. | 08/06/07 | 18,829 |
| 35 | NTL Incorporated | 05/08/02 | 16,834 |
| 37 | Guaranty Financial Group Inc. | 08/27/09 | 16,796 |
| 38 | Walter Investment Management Corp. | 11/30/17 | 16,759 |
| 39 | Delphi Corporation | 10/08/05 | 16,593 |
| 40 | Residential Capital, LLC | 05/14/12 | 15,676 |

* 资产单位为百万美元。

**历史上最大的 40 家申请破产的上市公司(按收入)**

| 排名 | 公司名称 | 破产日期 | 资产 * |
|---|---|---|---|
| 1 | General Motors Corporation | 06/01/09 | 148,979 |
| 2 | Enron Corp. | 12/02/01 | 100,789 |
| 3 | Chrysler LLC | 04/30/09 | 66,225 |
| 4 | Lehman Brothers Holdings Inc. | 09/15/08 | 59,003 |
| 5 | Kmart Corporation | 01/22/02 | 37,028 |
| 6 | Sears Holdings Corp. | 10/15/18 | 36,188 |
| 7 | WorldCom, Inc. | 07/21/02 | 35,179 |
| 8 | Texaco, Inc. | 04/12/87 | 32,591 |
| 9 | Yukos Oil Company * * | 12/14/04 | 28,867 |
| 10 | Delphi Corporation | 10/08/05 | 28,622 |
| 11 | Lyondell Chemical Company | 01/06/09 | 28,603 |
| 12 | AMR Corporation | 11/29/11 | 22,170 |
| 13 | Pacific Gas and Electric Co. | 04/06/01 | 20,820 |

续表

| 排名 | 公司名称 | 破产日期 | 资产＊ |
|---|---|---|---|
| 14 | Washington Mutual, Inc. | 09/26/08 | 19,489 |
| 15 | UAL Corporation | 12/09/02 | 16,138 |
| 16 | Fleming Companies, Inc. | 04/01/03 | 15,628 |
| 17 | Delta Air Lines, Inc. | 09/14/05 | 15,002 |
| 18 | Lear Corporation | 07/07/09 | 13,571 |
| 19 | SemGroup, L. P. | 07/22/08 | 13,200 |
| 20 | Circuit City Stores, Inc. | 11/10/08 | 11,744 |
| 21 | Toys "R" Us, Inc. | 09/19/17 | 11,540 |
| 22 | Northwest Airlines Corporation | 09/14/05 | 11,279 |
| 23 | Nortel Networks, Inc. | 01/14/09 | 10,948 |
| 24 | Winn – Dixie Stores, Inc. | 02/21/05 | 10,633 |
| 25 | Visteon Corporation | 05/27/09 | 9,544 |
| 26 | Calpine Corporation | 12/20/05 | 9,230 |
| 27 | Dana Corporation | 03/03/06 | 9,056 |
| 28 | Great Atlantic & Pacific Tea Co. | 12/12/10 | 8,814 |
| 29 | EOTT Energy Partners | 10/08/02 | 8,609 |
| 30 | CHS Electronics, Inc. | 04/04/00 | 8,546 |
| 31 | Southland Corp., The | 10/24/90 | 8,352 |
| 32 | US Airways Group, Inc. | 08/11/02 | 8,253 |
| 33 | Conseco, Inc. | 12/18/02 | 8,108 |
| 34 | Pilgrim's Pride Corporation | 12/01/08 | 7,599 |
| 35 | LTV Corporation, The | 07/17/86 | 7,582 |
| 36 | AmeriServe Food Distribution | 01/31/00 | 7,421 |
| 37 | Smurfit – Stone Container Corp. | 01/26/09 | 7,420 |
| 38 | Eastman Kodak Company | 01/19/12 | 7,187 |
| 39 | AbitibiBowater Inc. | 04/16/09 | 6,771 |
| 40 | Macy (R. H.) & Co., Inc. | 01/27/92 | 6,762 |

＊资产单位为百万美元。

＊＊表示被驳回的案件。

**历史上最大的 40 家申请破产的非金融性上市公司(按资产规模)**

| 排名 | 公司名称 | 破产日期 | 资产 * |
|---|---|---|---|
| 1 | World Com, Inc. | 07/21/02 | 103,914 |
| 2 | General Motors Corporation | 06/01/09 | 91,047 |
| 3 | PG&E Corporation/Pacific Gas (2019) | 01/29/19 | 71,385 |
| 4 | Enron Corp. | 12/02/01 | 65,503 |
| 5 | Energy Future Holdings Corp. | 04/29/14 | 40,970 |
| 6 | Chrysler LLC | 04/30/09 | 39,300 |
| 7 | Pacific Gas and Electric Company | 04/06/01 | 36,152 |
| 8 | Texaco, Inc. | 04/12/87 | 34,940 |
| 9 | Global Crossing, Ltd. | 01/28/02 | 30,185 |
| 10 | Lyondell Chemical Company | 01/06/09 | 27,392 |
| 11 | Calpine Corporation | 12/20/05 | 27,216 |
| 12 | UAL Corporation | 12/09/02 | 25,197 |
| 13 | AMR Corporation | 11/29/11 | 25,088 |
| 14 | Delta Air Lines, Inc. | 09/14/05 | 21,801 |
| 15 | Seadrill Limited | 09/12/17 | 21,666 |
| 16 | Adelphia Communications Corp. | 06/25/02 | 21,499 |
| 17 | Mirant Corporation | 07/14/03 | 19,415 |
| 18 | NTL Incorporated | 05/08/02 | 16,834 |
| 19 | Delphi Corporation | 10/08/05 | 16,593 |
| 20 | Kmart Corporation (2002) | 01/22/02 | 14,630 |
| 21 | Northwest Airlines Corporation | 09/14/05 | 14,042 |
| 22 | Charter Communications, Inc. | 03/27/09 | 13,882 |
| 23 | Tribune Company | 12/08/08 | 13,150 |
| 24 | iHeart Media, Inc. | 03/14/18 | 12,862 |
| 25 | Yukos Oil Company * * | 12/14/04 | 12,276 |
| 26 | R. H. Donnelley Corporation (2009) | 05/28/09 | 11,881 |
| 27 | Caesars Entertainment Operating Company, Inc. | 01/15/15 | 11,676 |

续表

| 排名 | 公司名称 | 破产日期 | 资产* |
|---|---|---|---|
| 28 | Sun Edison, Inc. | 04/21/16 | 11,500 |
| 29 | Peabody Energy Corporation | 04/13/16 | 11,021 |
| 30 | NRG Energy, Inc. | 05/14/03 | 10,884 |
| 31 | Alpha Natural Resources, Inc. | 08/03/15 | 10,736 |
| 32 | Federal – Mogul Corporation | 10/01/01 | 10,150 |
| 33 | LINN Energy, LLC | 05/11/16 | 9,977 |
| 34 | Dynegy Holdings, LLC / Dynegy Inc. | 11/07/11 | 9,949 |
| 35 | Dana Corporation | 03/03/06 | 9,047 |
| 37 | Nortel Networks, Inc. | 01/14/09 | 9,000 |
| 38 | Comdisco, Inc. | 07/16/01 | 8,754 |
| 39 | NII Holdings, Inc. (2014) | 09/15/14 | 8,680 |
| 40 | United Pan – Europe Communications N. V. | 12/03/02 | 8,475 |

*资产单位为百万美元。

**表示被驳回的案件。

**25 家破产申请待决的最大上市公司**

以下是截至 2019 年 2 月,在《美国破产法》第 11 章保护下继续经营的最大的上市公司的名单,包括 2018 年申请的破产(即其重组计划尚未确定)。

| 排名 | 公司名称 | 破产日期 | 资产* |
|---|---|---|---|
| 1 | PG&E Corporation/Pacific Gas (2019) | 01/29/19 | 71,385 |
| 2 | Thornburg Mortgage, Inc. (TMST, Inc.) | 05/01/09 | 36,521 |
| 3 | Sears Holdings Corporation (2018) | 10/15/18 | 7,262 |
| 4 | Toys "R" Us, Inc. | 09/19/17 | 6,908 |
| 5 | FirstEnergy Solutions Corp. | 03/31/18 | 5,514 |
| 6 | Noble Group Limited | 10/17/18 | 4,810 |
| 7 | First NBC Bank Holding Company | 05/11/17 | 4,706 |
| 8 | China Fishery Group Limited | 06/30/16 | 2,653 |
| 9 | Aegean Marine Petroleum Network Inc. | 11/06/18 | 1,766 |
| 10 | Bon – Ton Stores, Inc., The | 02/04/18 | 1,505 |

续表

| 排名 | 公司名称 | 破产日期 | 资产＊ |
|---|---|---|---|
| 11 | Westmoreland Coal Company（2018） | 10/09/18 | 1,389 |
| 12 | Parker Drilling Company | 12/12/18 | 990 |
| 13 | Nine West Holdings, Inc.（2018） | 04/06/18 | 988 |
| 15 | EXCO Resources, Inc. | 01/15/18 | 661 |
| 16 | White Eagle Asset Portfolio, LP | 12/13/18 | 500 |
| 17 | Aralez Pharmaceuticals US Inc. | 08/10/18 | 453 |
| 18 | hhgregg, Inc. | 03/06/17 | 385 |
| 19 | New Source Energy Partners L. P. | 03/15/16 | 377 |
| 20 | Orexigen Therapeutics | 03/12/18 | 305 |
| 21 | Synergy Pharmaceuticals Inc. | 12/12/18 | 167 |
| 22 | STG Group, Inc. | 04/19/18 | 145 |
| 23 | LBI Media, Inc. | 11/21/18 | 100 |
| 24 | Electronic Cigarettes International Group, Ltd. | 03/16/17 | 95 |
| 25 | Tintri, Inc. | 07/10/18 | 76 |

＊资产单位为百万美元。

**年资产和收入规模的趋势(2010～2018年)**

2018年,在所有申请破产的上市公司中,有21%的上市公司的资产规模超过10亿美元,这一数据相较2017年的29.6%和2016年的25.2%有所下降。2018年,就资产规模来看,最大的破产公司是iHeartMedia, Inc,其于2018年3月14日提出破产申请时的资产规模为129亿美元。历史上最大的破产公司为Lehman Brothers Holdings Inc.,它在2008年9月15日申请破产时的总资产达到6911亿美元。

| 资产规模 | 2018 | 2017 | 2016 | 2015 | 2014 | 2013 | 2012 | 2011 | 2010 |
|---|---|---|---|---|---|---|---|---|---|
| 超过100亿美元 | 1 | 2 | 2 | 2 | 1 | 0 | 1 | 2 | 1 |
| 50亿～100亿美元 | 2 | 3 | 2 | 2 | 1 | 2 | 2 | 1 | 3 |
| 25亿～50亿美元 | 1 | 6 | 7 | 3 | 2 | 2 | 7 | 3 | 5 |
| 10亿～25亿美元 | 8 | 10 | 14 | 12 | 7 | 6 | 4 | 6 | 10 |
| 5亿～10亿美元 | 7 | 4 | 15 | 4 | 4 | 8 | 7 | 5 | 13 |
| 1亿～5亿美元 | 14 | 17 | 17 | 24 | 13 | 20 | 18 | 15 | 21 |

续表

| 资产规模 | 2018 | 2017 | 2016 | 2015 | 2014 | 2013 | 2012 | 2011 | 2010 |
|---|---|---|---|---|---|---|---|---|---|
| 0.5 亿 ~1 亿美元 | 5 | 4 | 6 | 6 | 2 | 4 | 2 | 6 | 5 |
| 小于 0.5 亿美元 | 20 | 25 | 36 | 26 | 24 | 29 | 46 | 48 | 48 |
| 破产公司数 | 58 | 71 | 99 | 79 | 54 | 71 | 87 | 86 | 106 |

2018 年,就收入来看,最大的破产公司为 Sears Holdings 公司,它在 2018 年 10 月 15 日提出破产申请时的收入为 362 亿美元。General Motors 公司于 2009 年 6 月 1 日申请破产,它凭借破产时 1490 亿美元的收入创造历史记录。

| 收入规模 | 2018 | 2017 | 2016 | 2015 | 2014 | 2013 | 2012 | 2011 | 2010 |
|---|---|---|---|---|---|---|---|---|---|
| 超过 100 亿美元 | 1 | 1 | 0 | 0 | 0 | 0 | 0 | 1 | 0 |
| 50 亿 ~100 亿美元 | 2 | 0 | 1 | 0 | 1 | 0 | 1 | 0 | 2 |
| 25 亿 ~50 亿美元 | 2 | 2 | 3 | 3 | 1 | 1 | 0 | 2 | 2 |
| 10 亿 ~25 亿美元 | 1 | 8 | 13 | 7 | 3 | 7 | 9 | 2 | 5 |
| 5 亿 ~10 亿美元 | 7 | 11 | 15 | 9 | 3 | 6 | 6 | 5 | 7 |
| 1 亿 ~5 亿美元 | 12 | 17 | 23 | 16 | 18 | 21 | 13 | 19 | 25 |
| 0.5 亿 ~1 亿美元 | 4 | 4 | 7 | 8 | 1 | 2 | 8 | 9 | 10 |
| 小于 0.5 亿美元 | 29 | 28 | 37 | 36 | 27 | 34 | 50 | 48 | 55 |
| 破产公司数 | 58 | 71 | 99 | 79 | 54 | 71 | 87 | 86 | 106 |

### 申请破产的上市公司(按地区法院分类)

从 19 世纪 90 年代早期开始,位于威尔明顿的特拉华州法院在破产案件的处理上已经十分出名。特拉华州法院于 1991 ~2003 年和 2006 ~2018 年处理的破产案件数量均在全美领先,2004 ~2005 年则是纽约南区法院领先。2018 年不同地区法院的破产案件数量如下:

| 2018 | 申请数量(个) | 总资产 * | 数量百分比 | 资产百分比 |
|---|---|---|---|---|
| All Districts | 58 | 52,056 | 100% | 100% |
| California – Southern | 1 | 1 | 1.72% | 0.00% |
| Colorado | 1 | 2 | 1.72% | 0.00% |
| Delaware | 23 | 11,200 | 39.66% | 10.47% |
| Florida – Southern | 4 | 7 | 6.90% | 0.01% |
| Massachusetts | 1 | 5 | 1.72% | 0.00% |

续表

| 2018 | 申请数量(个) | 总资产 * | 数量百分比 | 资产百分比 |
|---|---|---|---|---|
| Nevada | 2 | 7 | 3.45% | 0.01% |
| New Jersey | 1 | 6 | 1.72% | 0.01% |
| New York – Eastern | 1 | 8 | 1.72% | 0.01% |
| New York – Southern | 10 | 17 | 17.24% | 0.02% |
| Ohio – Northern | 1 | 6,000 | 1.72% | 5.61% |
| Pennsylvania – Western | 2 | 1,000 | 3.45% | 0.94% |
| Texas – Northern | 2 | 54 | 3.45% | 0.05% |
| Texas – Southern | 7 | 16,700 | 12.07% | 15.62% |
| Utah | 1 | 74 | 1.72% | 0.07% |
| Virginia – Eastern | 1 | 145 | 1.72% | 0.14% |

* 资产单位为百万美元。

**上市公司破产申请持续时间**

重整时间(按月计)

| 年份 | 重整的数量 | 最短 | 最长 | 平均 | 重整耗时最长的公司 |
|---|---|---|---|---|---|
| 1990 | 43 | 2.1 | 68.2 | 19.1 | Wheeling – Pittsburgh Steel |
| 1991 | 40 | 1.4 | 35.9 | 13.0 | Overland Express, Inc. |
| 1992 | 76 | 0.5 | 43.5 | 14.7 | Revco D. S. |
| 1993 | 69 | 1.0 | 82.4 | 16.1 | LTV Corp. |
| 1994 | 69 | 0.5 | 70.6 | 18.3 | Continental Information Sys. |
| 1995 | 43 | 1.1 | 62.2 | 18.0 | Hillsborough Holdings Corp. |
| 1996 | 52 | 1.0 | 70.4 | 16.3 | Eagle – Picher Industries |
| 1997 | 53 | 1.2 | 48.6 | 16.4 | Leslie Fay Companies |
| 1998 | 52 | 1.4 | 106.3 | 22.5 | Sorg, Inc. |
| 1999 | 77 | 1.3 | 118.3 | 15.8 | MacGregor Sporting Goods |
| 2000 | 103 | 1.0 | 53.5 | 12.1 | Underwriters Financial Group |
| 2001 | 98 | 1.1 | 66.3 | 14.2 | Medical Technology Systems |
| 2002 | 181 | 1.2 | 52.1 | 12.6 | Gateway Data Sciences, Inc. |

续表

| 年份 | 重整的数量 | 最短 | 最长 | 平均 | 重整耗时最长的公司 |
|---|---|---|---|---|---|
| 2003 | 180 | 1.1 | 66.8 | 16.5 | Struthers Industries, Inc. |
| 2004 | 138 | 0.5 | 96.6 | 16.5 | Color Tile, Inc. |
| 2005 | 79 | 1.0 | 178.8 | 20.3 | GF Corporation |
| 2006 | 76 | 1.6 | 206.5 | 22.8 | Raytech Corporation * |
| 2007 | 59 | 1.4 | 73.5 | 16.6 | Federal – Mogul Corporation |
| 2008 | 51 | 1.2 | 118.7 | 18.9 | Builders Transport, Inc. |
| 2009 | 103 | 0.9 | 212.1 | 11.5 | Southeast Banking Corp. |
| 2010 | 126 | 1.0 | 98.8 | 12.0 | Kushner – Locke Int'l, Inc. |
| 2011 | 72 | 1.2 | 39.1 | 13.6 | Lehman Brothers Holdings Inc. |
| 2012 | 66 | 1.0 | 134.4 | 15.9 | W. R. Grace & Co. |
| 2013 | 67 | 0.6 | 147.9 | 17.9 | Ames Department Stores, Inc. |
| 2014 | 50 | 1.3 | 88.5 | 11.8 | Tweeter Home Entertainment |
| 2015 | 54 | 1.2 | 67.6 | 9.6 | Point Blank Solutions, Inc. |
| 2016 | 69 | 1.0 | 29.8 | 7.3 | MIG, LLC |
| 2017 | 56 | 0.4 | 96.4 | 9.0 | Nortel Networks, Inc. |
| 2018 | 41 | 1.0 | 55.3 | 9.9 | Triad Guaranty Inc. |

注:①根据上一期年鉴指南,一些数据已修正。
②重整月份表示申请日期和确认日期之间的月份数。
* 地区法院确认日期。其中,石棉工业的申请文件必须获得地区法院以及破产法院的确认。

**依据 11 章申请破产前预重整的上市公司(2018 年)**

2018 年,共有 9 家上市公司依据《美国破产法》第 11 章在申请破产前预重整。若债权人和破产公司对重整方案的重要条款达成一致,则可在依据第 11 章提出破产申请前预重整。预重整具有高效、快速、减少争议等优势,为债权债务人节约诉讼成本。

| 公司名称 | 破产日期 | 资产 * | 确认日期 | 生效日期 |
|---|---|---|---|---|
| David's Bridal, Inc. | 11/19/18 | 100 | 01/04/19 | 01/18/19 |
| Gastar Exploration Inc. | 10/31/18 | 380 | 12/20/18 | 01/22/19 |
| Parker Drilling Co. | 12/12/18 | 990 | – | – |
| Patriot National, Inc. | 01/30/18 | 418 | 05/04/18 | 07/02/18 |

续表

| 公司名称 | 破产日期 | 资产 * | 确认日期 | 生效日期 |
| --- | --- | --- | --- | --- |
| PetroQuest Energy, Inc. | 11/06/18 | 164 | 01/31/19 | 02/08/19 |
| Rand Logistics, Inc. | 01/29/18 | 249 | 02/28/18 | 03/01/18 |
| Remington Outdoor Co. | 03/25/18 | 921 | 05/03/18 | 05/16/18 |
| Walking Company (2018) | 03/06/18 | 105 | 06/13/18 | 06/29/18 |

* 资产以百万美元为单位。

**行业趋势(2018 年)**

2018 年破产的上市公司所涉行业分布广泛,其中化学品及其相关产品、石油和天然气、零售业占主导地位。

| 行业 | 公司名称 | 破产日期 |
| --- | --- | --- |
| 汽车 | American Tire Distributors, Inc. | 10/04/18 |
| 化学品及相关产品 | Enumeral Biomedical Holdings, Inc. | 01/29/18 |
| | Orexigen Therapeutics | 03/12/18 |
| | BioAmber Inc. | 05/04/18 |
| | Rosetta Genomics Ltd. | 05/31/18 |
| | Aralez Pharmaceuticals US Inc. | 08/10/18 |
| | Alliance Bioenergy Plus, Inc. | 10/22/18 |
| | Egalet Corporation | 10/30/18 |
| | Argos Therapeutics, Inc. | 11/30/18 |
| | Synergy Pharmaceuticals Inc. | 12/12/18 |
| 计算机和软件 | STG Group, Inc. | 04/19/18 |
| | Tintri, Inc. | 07/10/18 |
| | AG&E Holdings Inc. | 10/15/18 |
| 建筑和供应 | Ecosphere Technologies, Inc. | 12/21/18 |
| 教育 | Education Management Corporation | 06/29/18 |
| 电力 | Axion Power International, Inc. | 08/10/18 |
| 能源 | First Energy Solutions Corp. | 03/31/18 |

续表

| 行业 | 公司名称 | 破产日期 |
| --- | --- | --- |
| 医疗保健 | Great Basin Scientific, Inc. | 03/05/18 |
| | Orion Healthcorp, Inc. | 03/16/18 |
| | Medizone International, Inc. | 05/08/18 |
| | Active Care, Inc. | 07/15/18 |
| | Hooper Holmes, Inc. | 08/27/18 |
| 保险 | Patriot National, Inc. | 01/30/18 |
| | White Eagle Asset Portfolio, LP | 12/13/18 |
| 制造业(各类) | Gibson Brands, Inc. | 05/01/18 |
| 矿业 | Westmoreland Coal Company (2018) | 10/09/18 |
| 石油和天然气 | EXCO Resources, Inc. | 01/15/18 |
| | EV Energy Partners, L. P. | 04/02/18 |
| | Erin Energy Corporation | 04/25/18 |
| | Nighthawk Energy plc | 04/30/18 |
| | Worthington Energy, Inc. | 05/01/18 |
| | Rex Energy Corporation | 05/18/18 |
| | Rockies Region 2006 Limited Partnership | 10/30/18 |
| | Gastar Exploration Inc. | 10/31/18 |
| | Aegean Marine Petroleum Network Inc. | 11/06/18 |
| | PetroQuest Energy, Inc. | 11/06/18 |
| | Servicos de Petroleo Constellation S. A. | 12/06/18 |
| | Bakken Resources, Inc. | 12/07/18 |
| | Parker Drilling Company | 12/12/18 |
| 其他 | CSA Holdings, Inc. | 04/30/18 |
| | Petrone Worldwide, Inc. | 07/27/18 |
| 包装 | Cenveo, Inc. | 02/02/18 |
| 出版和印刷 | Encompass Compliance Corp. | 05/03/18 |

续表

| 行业 | 公司名称 | 破产日期 |
|---|---|---|
| 零售 | Bon – Ton Stores, Inc. , The | 02/04/18 |
| | Walking Company Holdings, Inc. , The（2018） | 03/06/18 |
| | Claire's Stores, Inc. | 03/19/18 |
| | Nine West Holdings, Inc. （2018） | 04/06/18 |
| | JRjr33, Inc. | 06/29/18 |
| | Brookstone, Inc. （2018） | 08/02/18 |
| | Sears Holdings Corporation（2018） | 10/15/18 |
| | David's Bridal, Inc. | 11/19/18 |
| | Tops Holding II Corporation | 02/21/18 |
| | Southeastern Grocers, LLC（BI – LO, LLC）（2018） | 03/27/18 |
| 钢铁及金属 | Remington Outdoor Company | 03/25/18 |
| | Noble Group Limited | 10/17/18 |
| 电信 | iHeartMedia, Inc. | 03/14/18 |
| | LBI Media, Inc. | 11/21/18 |
| 运输 | Rand Logistics, Inc. | 01/29/18 |

# 欧洲公司破产报告（2018～2019年）*

**信用改革联合会**

信用改革联合会成立于1879年，总部位于德国诺伊斯，是世界著名的信用信息服务提供商，旗下拥有从事信息、评级、保险、保理、商帐管理和数据营销等事业分支，在24个国家设有独立国家级分支机构，在全球共有168个办事机构和5000名在册员工。服务的客户包括保险公司、银行、民间小额贷款及担保公司、网商平台、互联网支付平台、财务公司、金融分析机构以及大中型商贸。

**翻译：王淑瑶**

中国政法大学民商经济法学院经济法专业硕士研究生。

## 1. 2018年西欧破产情况——事实与数据

### 1.1 引言

2018年欧洲经济增速放缓，一个原因是英国脱欧后没有达成一致的协议。与此同时，欧洲各国的经济暂时增长稳定，失业率较低。在轻微的通货膨胀影响下，员工工资上涨，政府公共投资增加，为经济发展带来了新的动力。在部分欧元区，2018年国内生产总值（GDP）的增长率低于2%，但欧洲经济抵抗负面因素的能力大大提升。在接下来的几个月里，经济增长可能缺乏动力，有可能逐渐破坏企业的稳定状态。

本报告考察了欧洲企业面对破产和破产威胁时的稳定性，特别是对在其他地区没有自己生产基地和销售基地的中小企业来说，了解跨国企业经营所涉及的风险尤为重要。

---

### 1.2 2017－2018 年欧洲国家发展情况

西欧[①]的公司破产数据有小幅回升，2018 年的总案件数是 165,213 起，相比 2017 年的 164,798 起，增长了 3%。这是 2013 年之后破产数据的第一次增长，虽然其总数仍然低于 2013 年巅峰时期的 192,769 起。此次增长的主要原因是斯堪的纳维亚国家的发展。

**表 1 西欧的公司破产数据**

| | 2018 | 2017 | 2016 | 2015 | 2014 | 2017－2018 年的变化（以百分制计算） |
|---|---|---|---|---|---|---|
| Austria 奥地利 | 5,224 | 5,138 | 5,534 | 5,422 | 5,600 | －1.8 |
| Belgium 比利时 | 9,878 | 9,968 | 9,170 | 9,762 | 10,736 | －0.9 |
| Denmark 丹麦 | 7,155 | 6,383 | 6,674 | 4,029 | 4,049 | +12.1 |
| FInland 芬兰 | 2,534 | 2,160 | 2,408 | 2,574 | 2,954 | +17.3 |
| France 法国 | 53,887 | 54,515 | 57,953 | 61,429 | 60,853 | －1.2 |
| Germany 德国 | 19,410 | 20,140 | 21,560 | 23,180 | 24,030 | －3.6 |
| Greece 希腊 | 84 | 123 | 108 | 189 | 330 | －31.7 |
| Ireland 冰岛 | 767 | 874 | 1,032 | 1,049 | 1,164 | －12.2 |
| Italy 意大利 | 13,695 | 14,108 | 15,057 | 16,015 | 16,101 | －2.9 |
| Luxembourg 卢森堡 | 1,195 | 935 | 983 | 873 | 845 | +27.8 |
| Netherlands 荷兰 | 3,145 | 3,291 | 4,399 | 5,271 | 6,645 | －4.4 |
| Norway 挪威 | 5,010 | 4,557 | 4,544 | 4,462 | 4,803 | +9.9 |
| Portugal 葡萄牙 | 5,888 | 6,284 | 7,195 | 7,288 | 6,773 | －6.3 |
| Spian 西班牙 | 4,131 | 4,261 | 4,297 | 5,097 | 6,564 | －3.1 |
| Sweden 瑞典 | 7,599 | 6,714 | 6,019 | 6,433 | 7,158 | +13.2 |
| Switxerland 瑞士 | 6,878 | 6,684 | 6,504 | 6,098 | 5,867 | +2.9 |
| UK 英国 | 18,733 | 18,483 | 17,976 | 15,983 | 17,660 | +1.4 |
| Total 总计 | 165,213 | 164,798 | 171,413 | 175,154 | 182,132 | －0.3 |

① 本报告所探讨的范围是十五个欧盟国家（奥地利、比利时、丹麦、芬兰、法国、德国、希腊、爱尔兰、意大利、卢森堡、荷兰、葡萄牙、西班牙、瑞典、英国），以及挪威和瑞士。

在调查的 17 个国家里,公司破产数据有一定的提升,这点从表 1 即能看出。其中有卢森堡、芬兰、瑞典、丹麦和挪威五个国家增长显著,分别增长了 27.8%、17.3%、13.2%、12.1% 和 9.9%。正是斯堪的纳维亚国家公司破产数据的大幅增长,使得整个西欧的数据总数呈增长状态。瑞士和英国也延续了之前的增长趋势。

相比之下,希腊和爱尔兰破产数据的迅速减少已经成为了一个问题,2018 年这两个国家分别减少了 31.7% 和 12.2%。总数下降的问题同样出现在葡萄牙、荷兰、西班牙和意大利,分别下降了 6.3%、4.4%、3.1% 和 2.9%,同时奥地利、法国和德国也存在破产案件总量小幅减少的情况。

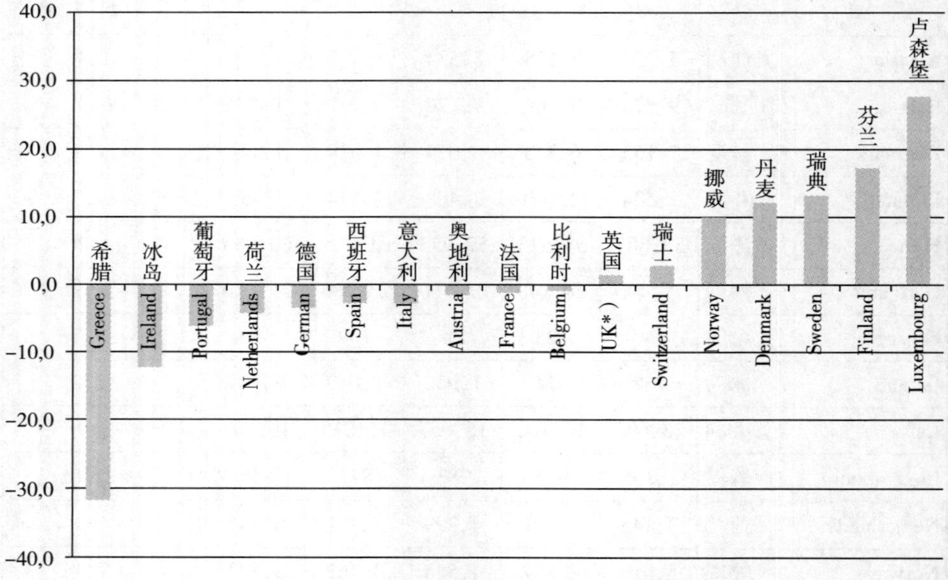


**图 1　西欧 2017 - 2018 年度的公司破产变化①**

欧洲金融危机后,欧洲的破产数据从 2009 年起急速增长,随后的几年里增速放缓。从图 1 可以看出,在以德国为首的一些国家,破产总量已经回到了金融危机前的状态,法国和比荷卢②基本上跌回了 2008 年的标准。意大利和西班牙破产总量超过金融危机之前的标准,仍在最高点之后又有一定回落。从 2005 年开始,斯堪的纳维亚国家和英国基本呈现上升趋势。

---

① 变化以百分制统计。从 2015 年起采用了新的计算方法,自 2008 年起更新数据。数据来源于信用改革联合会。

② 比荷卢是指比利时、荷兰和卢森堡。

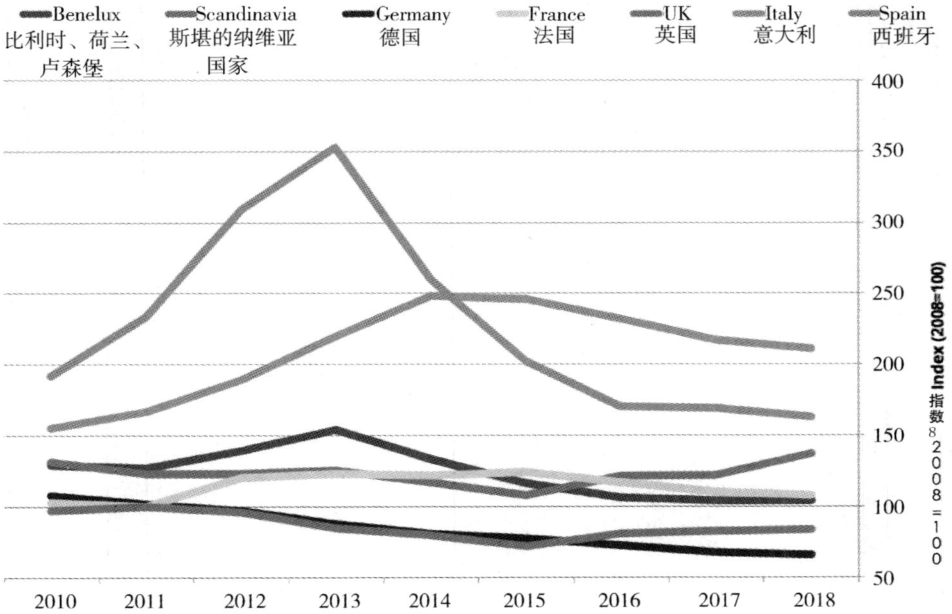


**图 2　选定国家/地区的公司破产情况①**

由于斯堪的纳维亚国家的破产数据增长,这片区域占欧洲总数的比重上升至13.5%,而在2012年这个数据只有10.4%。另一方面,德国的比例近些年来急速下降,从2010年的18%到12%;法国在总额中占比小于1/3,为32.6%;英国的份额有所回升,目前已有11.3%。剩下的国家约占总数的1/6,包括冰岛、葡萄牙和希腊。

① 数据以标准指数计算(标准指数:2018=100)。资料来源:信用改革联合会。

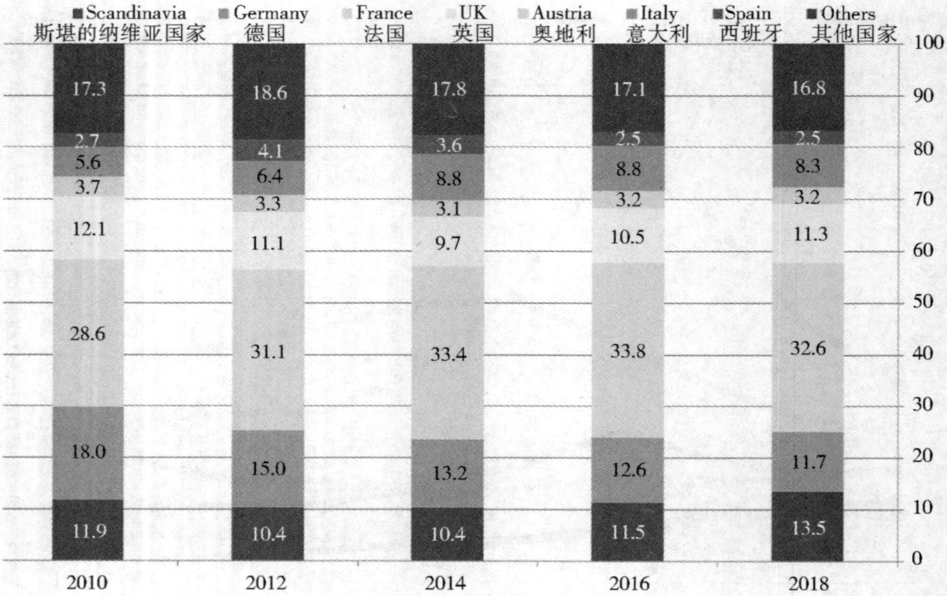


**图3　西欧公司破产分布①**

下面来看一下各个国家的破产分布情况：

英国：在过去的3年里，英国②破产数据持续增长，2018年共增长了1.4%，共增加了18,733起案件。英国破产数量的增加或许是受到了脱欧的影响，在全民公投之后，英国经济增速放缓，2018年仅增长了1%。商业和消费的不确定性增强，极有可能对商业局势造成影响。即使英国的劳动力市场依旧充满活力，仍然存在投资推迟和个人消费受限的问题，这很有可能是破产数据增加的原因。

德国：虽然2018年德国的破产数据延续了前9年的下降，但是3.6%的下降速度相比前几年有所减慢。2018年共有19,410起破产案件立案，而2017年有20,140起。德国经济发展增速放缓，2018年德国的经济增速仅为1.4%，其中上一年度的增速为2.2%，而在下半年出口不景气的情况下，德国经济仅仅是勉强回避了经济衰退的影响。国内经济长期稳定的状态、高工资和低失业率将持续为德国的经济发展提供强有力的动力。

比利时、荷兰、卢森堡：2018年荷兰和比利时的破产数据均存在小幅下降，分别

① 分布以百分制统计。资料来源：信用改革联合会。

② 英国包括英格兰、威尔士、苏格兰和北爱尔兰。

下降了4.4%和0.9%,而卢森堡的破产总数增长了27.8%,在2013年之后首次超过了1,000起。荷兰的数据相对较低,达到历史最低值,共3,200起。

瑞士:瑞士是2018年西欧数据增长的7个国家之一,共上涨了2.9%,总数为6,878起,而2017年总数仅有6,684起。这是2012年以来的最高值,尽管近些年瑞士经济蓬勃发展:2018年增长值有望达到3.0%,增长速度超过前些年。国内的经济繁荣和因有利外汇汇率增加的国外需求,是经济增长的重要动力。

奥地利:奥地利的破产数据在2017年下跌3.9%后,2018年继续下跌了1.8%。2018年,奥地利共有破产案件5,224起,创17年来的新低,而这一数据在2017年还有5,318起。职员人数低于10人的小微企业受到了更大的影响。奥地利整体经济形势向好,2018年国内生产总值(GDP)的增速达到了2.7%,再一次高于欧洲的平均值。制造业的繁荣促进了经济的发展,对于东欧的重视削弱了英国脱欧的不利影响,个人消费市场也不断扩大。

斯堪的纳维亚国家:斯堪的纳维亚国家的破产环境显著恶化。2018年芬兰的破产数据增长了17.3%,瑞典增长了13.2%,丹麦增长了12.1%,挪威增长了9.9%,均超出西欧的平均值。瑞典的破产案件达到了自2013年以来的最高值7,599起,挪威达到了自2009年来的最高值5,010起,丹麦的7,155件也是很长一段时间来的最高值。虽然斯堪的纳维亚国家的经济持续增长,但增速放缓。2018年挪威的经济增速低于2%,丹麦也经历了显著的经济下行情况,不过2018年瑞典经济增长了2.5%。

法国:法国2018年总共有53,887起破产案件,与2017年的54,515起,有小幅下降。像欧洲的其他地区一样,法国经济增长的动力明显减弱,世界经济的降温和国内的冲突、罢工,使得法国经济在2018年仅增长了1.5%。法国刚刚从经济滞胀中恢复过来,逐步提高了产能利用率。因为较低的利率政策和政府补贴,2018年法国投资积极性较高。

意大利:意大利公司破产数据持续下降,2018年降至3%以下,共13,695起,但仍然高于2009年金融危机之前的数据。2018年意大利经济增长受限,没有达到上一年度1.5%的增速,国家经济接近于衰退状态。国内产业的增长也远不如其他欧洲国家,不确定性笼罩着消费者和投资者。

葡萄牙:2018年葡萄牙的破产总数继续减少,下降了6.3%,总数下降至5,888起,而上一年度的下降趋势更加显著。2018年葡萄牙的经济增长略微放缓,国内生产总值(GDP)增速取得了2%的不错成绩,虽然上一年度的增速为2.8%。葡萄牙经济增长的主要动力是个人消费和公司投资。

西班牙：西班牙的破产环境持续优化，破产总数下降了3.1%，降至4,131起，相比2012年的7,799起和2013年的8,934起，下降幅度较大。2018年西班牙的经济增长了2.5%，超过了欧洲的平均增速，这种增势已经持续了五年。经济的增长促进了公司领域的发展。

冰岛：2018年冰岛的破产数额急剧下降，从2017年的874起下降到2018年的767起，下降了12.2%。冰岛的经济繁荣发展，2018年经济增长超过6%。冰岛破产数据改善的另一个原因是国外的直接投资，海外投资的多元化使得公司不再受英国脱欧的影响。同时，冰岛的就业率增加，个人消费不断扩大。

### 1.3 不同行业的破产情况

2017－2018年，制造业和服务业破产数额分别下降了1.8%和2.6%，建造业和商贸业虽然在上一年度下降，但在这一年度分别增长了1.0%和4.2%。

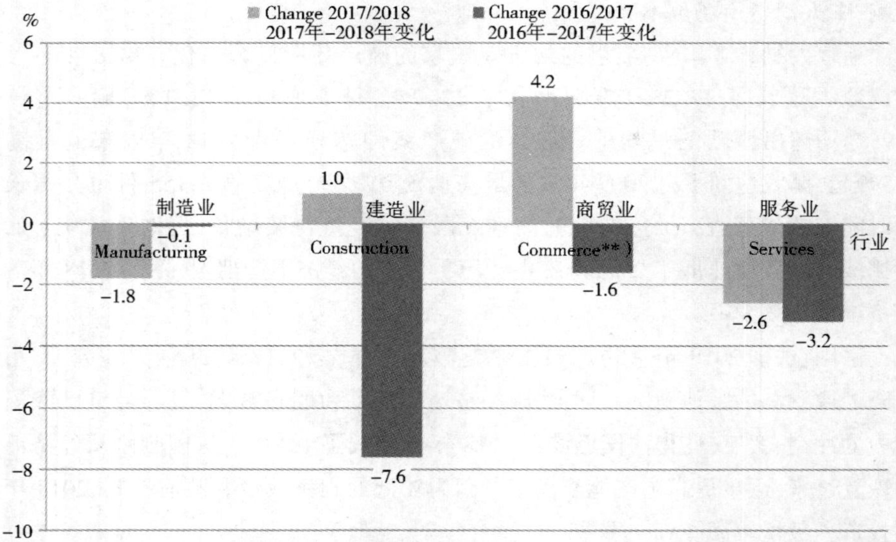


**图4 2017－2018年度主要经济部门变化①**

不同国家主要行业的公司破产情况不同。例如，在德国和意大利，所有行业的破产数量均在下降，而在斯堪的纳维亚国家，所有行业的破产数量均在增长。在英国，建造业和商贸业的破产数量相比上一年度增加，法国和西班牙的商贸业也受破产影响较大。而在比利时、荷兰、卢森堡和奥地利，服务业受破产影响最大。

---

① 变化以百分制统计。本图不包括爱尔兰和希腊的数据，包含招待性行业数值。数据来源：信用改革联合会。

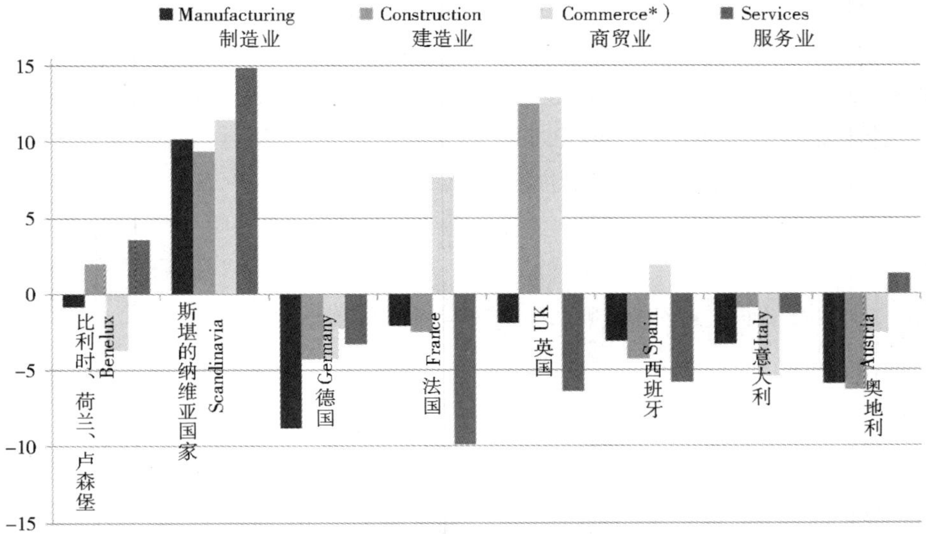


图 5　2017 - 2018 年按照国家/地区划分的关键行业变化①

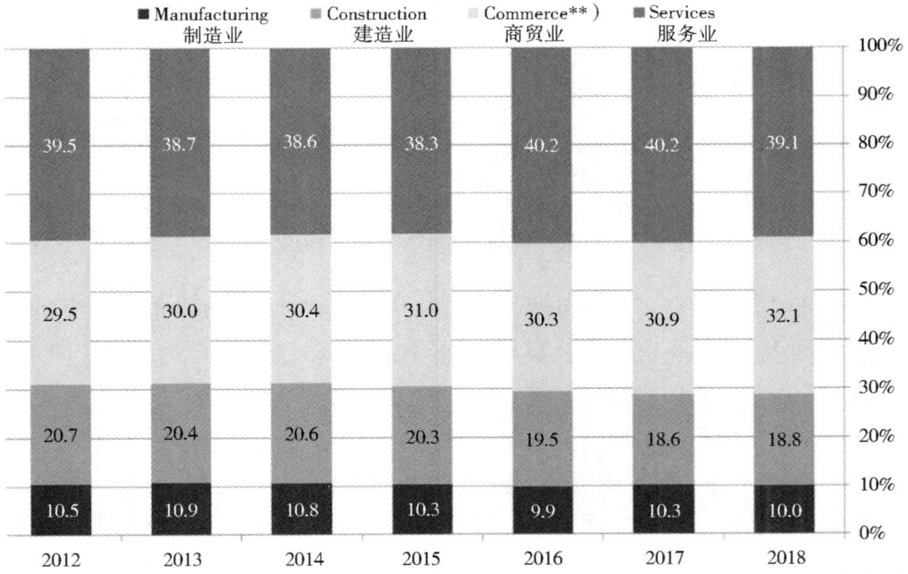


图 6　2012 - 2018 年主要行业破产变化②

① 变化以百分制统计。本图数据包括招待性行业。数据来源:信用改革联合会。

② 变化以百分制统计。本图不包括爱尔兰和希腊的数据,包含招待性行业数值。数据来源:信用改革联合会。

西欧的服务业公司破产数量最多,2018 年占到了欧洲破产总数的 39.1%,而上一年度有 40.2%。制造业和建造业破产数量也较多,制造业 2018 年占欧洲破产总数的 10.0 %,2017 年占 10.3%;建造业 2018 年占 18.8%,2017 年占 18.6%。然而近些年建造业的份额急剧下降。32.1% 的破产企业都在商贸业①,保持了上一年度的持续增长趋势,上一年度商贸业破产企业的比例为 30.9%。

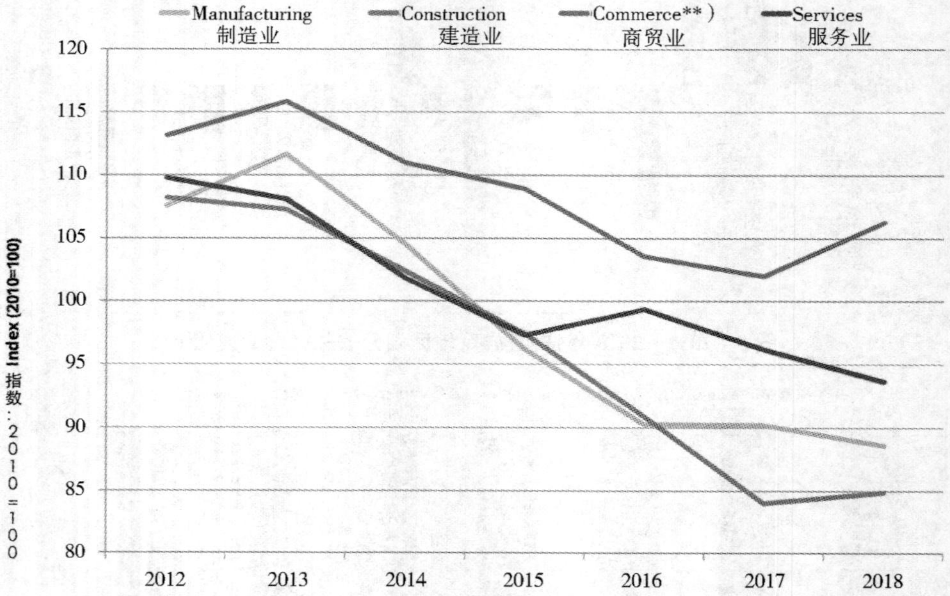


**图 7　主要行业的破产变化(2012－2018 年)②**

各国的国内数据显示了公司破产数量在产业间的不同分布。商贸业③主导了破产分布,在法国占 39.0%,在比荷卢占 38.9%,在奥地利占 33.5%。另一主要破产部门是建造业,法国占 22.1%,意大利占 19.9%,瑞士占 21.1%,这几个国家的建造业破产贡献率均超过了西欧的平均水平。除了法国和意大利,服务业对破产的贡献率最大,甚至在一些国家中,每两个破产公司里就有一个是服务业的。

即使考虑到西欧各国破产法上的差异和不同公司数据统计上的差异,相关行业破产率仍有很大差异。需要注意的是,本份调查中规范的破产程序不是企业退出市场的唯一途径。以南欧为例,很多案件中,破产程序不是典型的退市路径,相

① 商贸业包括零售、宾馆和酒店业务。

② 标准点计数(标准点:2010＝100)。数据不包括爱尔兰和希腊,包括招待性行业。

③ 商贸业包括招待性行业。

反,永久性停业和其他清算手段得到了广泛运用,这使欧洲破产数据难以完全反应各国经济状况。

**表 2　特定国家破产的行业分配①**

| 国家 | 制造业 | | 建造业 | | 商贸业 | | 服务业 | |
|---|---|---|---|---|---|---|---|---|
| | 2018 | 2017 | 2018 | 2017 | 2018 | 2017 | 2018 | 2017 |
| 比利时、荷兰、卢森堡 | 5.5 | 5.5 | 15.3 | 15.0 | 38.9 | 40.4 | 40.4 | 39.0 |
| 斯堪的纳维亚国家 | 6.8 | 7.0 | 18.7 | 19.3 | 29.6 | 29.9 | 44.8 | 43.9 |
| 德国 | 7.0 | 7.4 | 14.7 | 14.8 | 21.5 | 21.2 | 56.8 | 56.6 |
| 法国 | 9.9 | 10.0 | 22.1 | 22.4 | 39.0 | 35.8 | 29.0 | 31.8 |
| 英国 | 9.2 | 9.5 | 17.1 | 15.4 | 25.4 | 22.8 | 48.3 | 52.3 |
| 西班牙 | 14.4 | 14.4 | 15.2 | 15.4 | 28.9 | 27.5 | 41.5 | 42.7 |
| 意大利 | 24.5 | 24.6 | 19.9 | 19.5 | 30.9 | 31.7 | 24.6 | 24.2 |
| 奥地利 | 4.3 | 4.5 | 16.6 | 17.4 | 33.5 | 33.8 | 45.6 | 44.3 |
| 瑞士 | 6.4 | 7.0 | 21.1 | 19.2 | 18.8 | 20.3 | 53.7 | 53.5 |
| 西欧 | 10.0 | 10.3 | 18.8 | 18.6 | 32.1 | 30.9 | 39.1 | 40.2 |

**表 3　2018 年西欧破产率②**

| 国家 | 每 10,000 个企业中的破产个数 |
|---|---|
| 卢森堡 | 344 |
| 丹麦 | 274 |
| 瑞士 | 203 |
| 比利时 | 150 |
| 挪威 | 136 |
| 法国 | 132 |
| 瑞典 | 103 |
| 奥地利 | 90 |

① 数据以百分制计算。数据统计包括招待性行业。当缺乏部门信息时,有关数据被列入服务业下。

② 数据来源:欧洲统计局,本报告仅进行计算。

续表

| 国家 | 每10,000个企业中的破产个数 |
| --- | --- |
| 英国 | 77 |
| 芬兰 | 72 |
| 德国 | 61 |
| 葡萄牙 | 58 |
| 冰岛 | 41 |
| 意大利 | 31 |
| 荷兰 | 22 |
| 西班牙 | 12 |
| 总数 | 67 |

## 2. 欧洲公司的财务状况和流动性

### 2.1 息税前利润率—收入和收益

根据披露的不同国家的约310万公司的资产负债表中的收益和变化情况，可以得出潜在破产风险的初步结论。以下评估结果是基于2017年资产负债表的情况和变化作出的。

西欧国家的利润率①不断提高，16.9%的公司拥有超过25%的较高利润率，上一年度这一数值为16.2%。17.1%的公司拥有10%～25%的利润率，该数值也呈现出连续的增长。存在负利润率的公司大约有22.2%，而在2016年这一数值有22.9%。经济增长的趋势也反映在公司报表上，财务报表在很长时间内被认为是认定发展状况的重要因素；2012年起，负利润率的企业数量下降了5.7%。

① 收益率指收益在销售额中的占比。

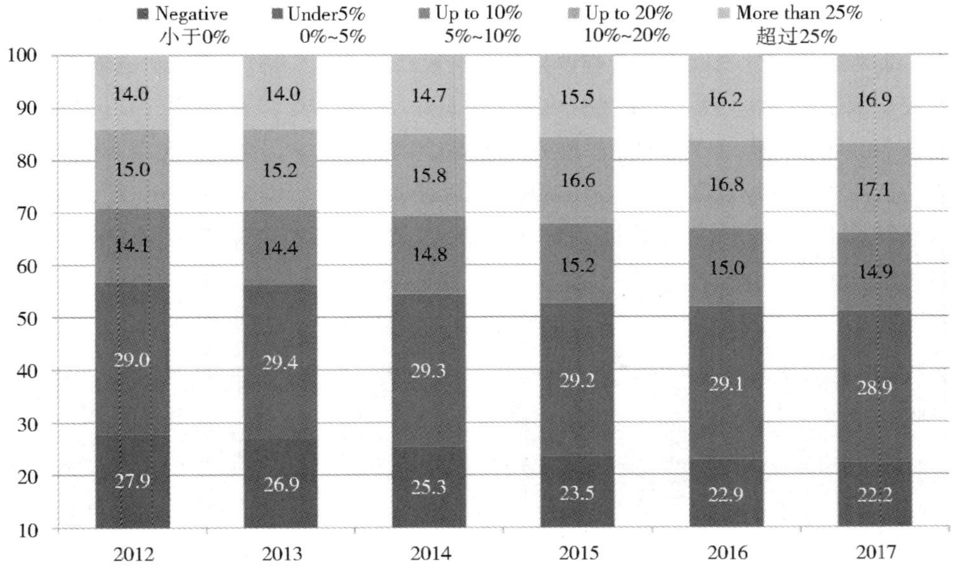


**图 8　西欧国家息税前利润率①**

财务状况和流动性是衡量公司稳定性和经济领域破产原因的重要因素。比如,商贸业②中 24.2% 的公司存在亏损,超过 25% 的高利润企业很少,仅占公司总数的 5.6% 。然而,传统低利润行业的状况已经得到显著改善,2016 年仅有 25% 的公司存在亏损。西欧的建造业中,公司的发展趋势向好,2017 仅有 20.2% 的公司利润较低,而 2016 年这一数据为 21.4% 。

**表 4　2017 年特定行业的息税前利润率③**

| | 建造业 | 商贸业 |
|---|---|---|
| 小于 0% | 20.2(21.4) | 24.2(25.0) |
| 0% ~5% | 30.6(30.6) | 41.0(40.9) |
| 5% ~10% | 17.6(17.5) | 16.2(16.3) |
| 10% ~25% | 18.7(18.0) | 13.0(12.7) |
| 超过 25% | 13.0(12.6) | 5.6(5.2) |

① 利润率以百分制计算。资料来源:信用改革联合会。

② 商贸业包括宾馆和酒店。

③ 利润率以百分制计数,括号内数值为 2016 年。数据包括招待性行业数值。数据来源:信用改革联合会。

## 2.2　股权比例

近年来经济的发展也反应在西欧公司的股权比例上。2017 年越来越多的公司股权比例超过 50%，这一数据在今年增长了 1%，从 43.7% 增长到 44.7%。22.8% 的公司的股权比例低于 10%，上一年度这个比例为 23.5%。西欧公司自 2012 年以来在这一方面持续发展：2012 年 1/4 的公司股权比例低于 10%，从 2012 年开始，股权比例超过 50% 的公司增长了约 5%，从 2012 年的 40.1% 提高到 2017 年的 44.7%。

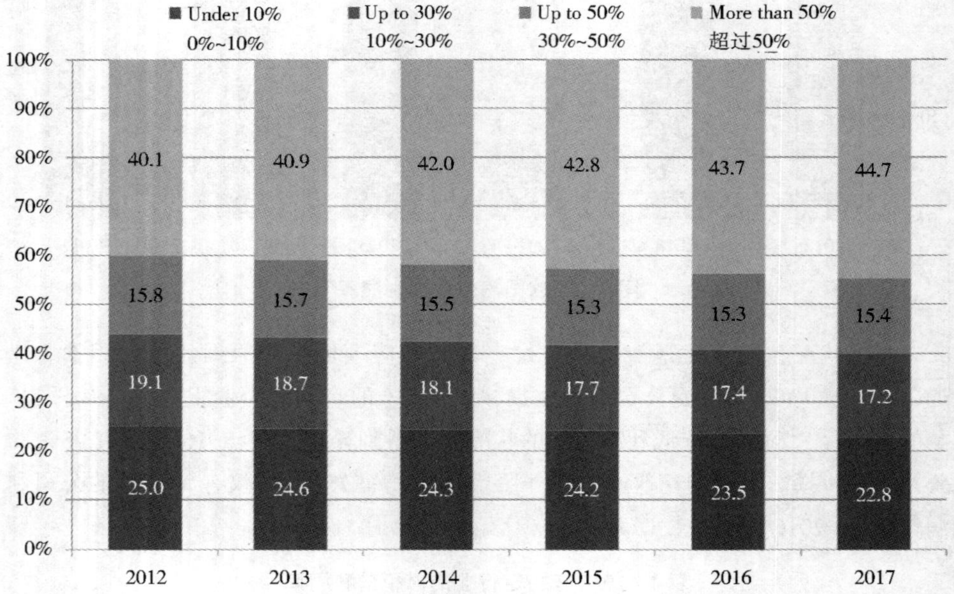


**图 9　西欧股权比例①**

制造业中 38.2% 的公司股权比例超过 50%，展现了较强的稳定性，而 2013 年这一数据仅有 34.7%。21.4% 的公司在 2017 年拥有股权比例小于 10%，而 2013 年这一数据为 23.9%。

① 比例以百分制计数。资料来源：信用改革联合会。

**表 5a　西欧制造业股权比例①**

| | 2017 | 2016 | 2015 | 2014 | 2013 |
|---|---|---|---|---|---|
| 0% ~10% | 21.4 | 22.3 | 23.0 | 23.5 | 23.9 |
| 10% ~30% | 21.3 | 21.5 | 21.7 | 22.0 | 22.4 |
| 30% ~50% | 19.1 | 18.9 | 18.8 | 18.9 | 19.0 |
| 超过 50% | 38.2 | 37.3 | 36.5 | 35.6 | 34.7 |

2013 年起，建造业的股权结构显著改善，股权比例低于 10% 的公司，从 2013 年的 28.2% 下降到 2017 年的 25.4%。2017 年 34.9% 的公司股权比例超过 50%，2016 年这一数据仅为 33.7%，而 2012 年仅为 30.6%。

**表 5b　西欧建造业股权比例②**

| | 2017 | 2016 | 2015 | 2014 | 2013 |
|---|---|---|---|---|---|
| 0% ~10% | 25.4 | 26.7 | 27.5 | 27.8 | 28.2 |
| 10% ~30% | 21.0 | 21.3 | 21.0 | 21.9 | 22.7 |
| 30% ~50% | 18.7 | 18.4 | 17.9 | 18.3 | 18.5 |
| 超过 50% | 34.9 | 33.7 | 33.6 | 32.0 | 30.6 |

欧洲商贸业的发展得益于欧洲经济的繁荣。股权集中的企业显著增长，从 2013 年的 30.2% 上升到 2017 年的 33.5%。然而相较于其他行业，服务业的股权比例低于 10% 的公司仍然最多。2017 年 26.8% 的公司股权比例低于 10%，这一比例正在下降，相比而言，2016 年这一数据为 27.8%，2013 年为 29%。

**表 5c　西欧商贸业股权比例③**

| | 2017 | 2016 | 2015 | 2014 | 2013 |
|---|---|---|---|---|---|
| 0% ~10% | 26.8 | 27.8 | 28.3 | 28.7 | 29.0 |
| 10% ~30% | 22.0 | 22.1 | 22.3 | 22.7 | 23.2 |
| 30% ~50% | 17.7 | 17.4 | 17.5 | 17.5 | 17.6 |
| 超过 50% | 33.5 | 32.6 | 32.0 | 31.1 | 30.2 |

---

① 比例以百分制计算。原始数据来源为信用改革联合会数据库，本报告仅进行了数值计算。

② 数据以百分制计算。原始数据来源为信用改革联合会数据库，本报告仅进行了数值计算。

③ 数据以百分制计算。原始数据来源为信用改革联合会数据库，本报告仅进行了数值计算。

在较长的一段时间内,许多服务业公司股权比例超过50%,这一比例现在上升到了49%。2017年,服务业中仅有21.7%的公司股权比例低于10%。

**表5d　西欧服务业股权比例①**

| | 2017 | 2016 | 2015 | 2014 | 2013 |
|---|---|---|---|---|---|
| 0%～10% | 21.7 | 22.4 | 23.1 | 23.0 | 23.1 |
| 10%～30% | 15.1 | 15.4 | 15.7 | 16.1 | 16.7 |
| 30%～50% | 14.2 | 14.3 | 14.3 | 14.6 | 14.7 |
| 超过50% | 49.0 | 47.9 | 46.9 | 46.3 | 45.5 |

## 2.3　托收期

2017年西欧的平均托收期为53.5天,而上一年度为53.9天。这意味着发票结算期的缩短,对于商品供应商和服务提供者来说,影响尤其大。

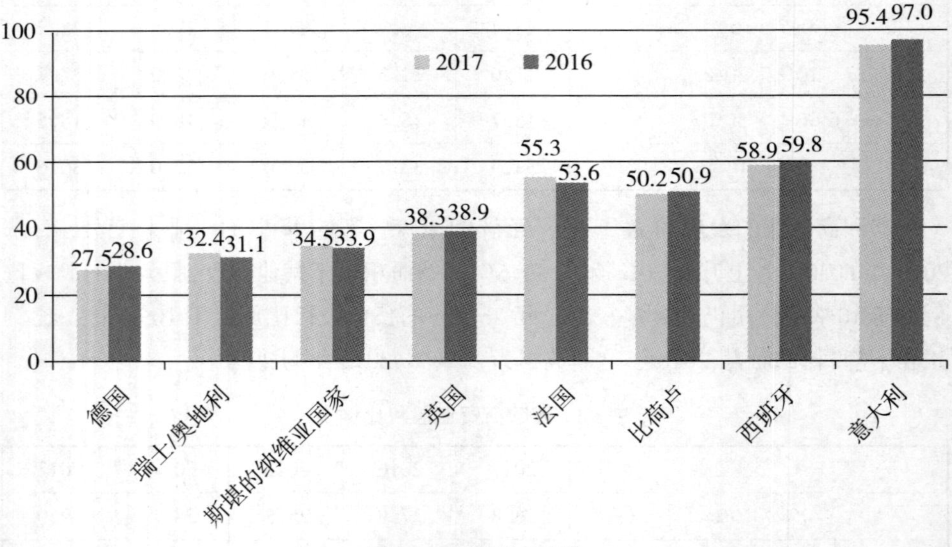


**图10　欧洲托收期②**

不同国家托收期的增长趋势存在差异。例如,在法国、奥地利/瑞士和斯堪的纳维亚地区,销售期限显著增长。而在意大利和西班牙,这一数据则进一步下降,这意

① 数据以百分制计算。原始数据来源为信用改革联合会数据库,本报告仅进行了数值计算。

② 数据值为中间值。数据统计以天为单位,托收期最小值为1天。本图数据来源是信用改革联合会数据库。

味着卖方可以更快地接收到货款。意大利的托收期为 95.4 天,高于平均水平。2017 年德国的托收期明显低于欧洲平均水平,仅为 27.5 天。

### 3. 中欧和东欧公司破产情况

中欧和东欧的破产数量持续减少。2018 年中欧和东欧破产案件①的总数下降了 6.6% ,下降到 46,698 起。其中 7 个国家破产案件数量减少,6 个国家破产案件数量增加,增加的国家包括保加利亚、拉脱维亚、马其顿、波兰、斯洛文尼亚和乌克兰,马其顿增长速度最快,增加了 309.2% 。随着国家政策的变化,许多管理体制落后的公司不得不申请破产。2018 年保加利亚的破产数据也存在两位数的增长,增长了 29.5% 。另一方面,捷克与斯洛伐克的数值均有大幅度下降,其中捷克下降了 42.4% ,斯洛伐克下降了 29.7% 。2018 年没有获得匈牙利的破产数据。

**表 6　中欧和东欧的破产数据②**

| | 2018 | 2017 | 2016 | 2015 | 2014 | 2017 - 2018 年的变化（以百分数统计） |
|---|---|---|---|---|---|---|
| 保加利亚 | 1,112 | 859 | 871 | 1,083 | 1,031 | +29.5 |
| 克罗地亚 | 8,094 | 10,744 | 18,811 | 19,543 | 2,641 | -24.7 |
| 捷克 | 1,039 | 1,803 | 2,438 | 3,004 | 3,563 | -42.4 |
| 爱沙尼亚 | 273 | 343 | 335 | 376 | 428 | -20.4 |
| 拉脱维亚 | 591 | 587 | 731 | 802 | 964 | +0.7 |
| 立陶宛 | 2,219 | 2,865 | 2,560 | 2,012 | 1,594 | -22.5 |
| 马其顿 | 581 | 142 | 182 | n. s. | n. s. | +309.2 |
| 波兰 | 629 | 618 | 616 | 770 | 864 | +1.8 |
| 罗马尼亚 | 8,177 | 8,256 | 8,053 | 10,269 | 20,696 | -1.0 |
| 塞尔维亚 | 2,080 | 2,113 | 2,104 | 2,072 | 2,062 | -1.6 |
| 斯洛伐克 | 260 | 370 | 692 | 715 | 831 | -29.7 |
| 斯洛文尼亚 | 1,497 | 1,316 | 1,376 | 1,154 | 1,302 | +13.8 |
| 乌克兰 | 20,146 | 19,975 | 19,853 | 13,696 | 13,198 | +0.9 |
| 总计 | 46,698 | 49,991 | 58,622 | 55,496 | 49,174 | -6.6 |

① 数据统计不包括匈牙利。

② 因为 2015 年新破产法的实施,前几年数据的参考价值有限。自 2013 年以来,自主创业人士的一些破产申请被列入私人破产案件中。

三个波罗的海国家以及波兰、罗马尼亚、保加利亚、捷克的数据，使破产环境的状况通过经济结构显现出来。2018 年商贸业[①]以 38.4% 的比例，破产案件数量最多，虽然相比 2017 年的 39.8%，这一数据有所下降。另一方面，服务业破产总数增加，从 25.8% 增长至 30.0%。制造业份额显著减少了 2.1%，减少至 16.1%；建造业也小幅度下降，减少了 0.7%，减少至 15.5%。

**表 7　主要经济部门对中欧和东欧破产的贡献[②]**

| | 2018 | 2017 |
|---|---|---|
| 制造业 | 16.1 | 18.2 |
| 建造业 | 15.5 | 16.2 |
| 商贸业 | 38.4 | 39.8 |
| 服务业 | 30.0 | 25.8 |

在上述数据的基础上，我们分析 4 个主要经济产业 2017 ~ 2018 年对破产贡献的变化：3 个行业均有显著下降，制造业下降了 17.7%，建造业下降了 11%，商贸业下降了 10.2%；相反，服务业对破产贡献增加，增加了 8.2%。

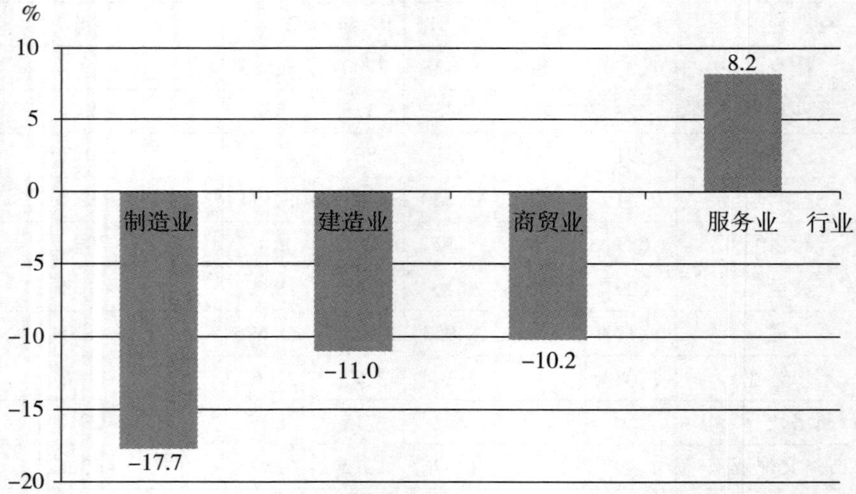


**图 11　中欧和东欧 2017/2018 年主要行业的破产数据变化[③]**

① 商贸业包括招待性产业。

② 数据在选定欧共体国家的基础上进行计算。其中商贸业数据包括酒店和餐饮行业。

③ 数据在选定欧共体国家的基础上进行计算，选定国家为保加利亚、捷克共和国、爱沙尼亚、拉脱维亚、立陶宛、波兰和罗马尼亚。商贸业数据包括酒店和餐饮行业。

下面是对于个别欧共体国家破产现状的分析。

保加利亚:保加利亚 2018 年共有 1,112 起破产案件,相比 2017 年的 859 起,增长了约 30% 。62.5% 的破产案件集中在服务业,其次是商贸业①。2018 年的破产案件共导致了约 10,000 人失业。对于债权人而言,保加利亚的破产程序冗长而复杂。

克罗地亚:2018 年克罗地亚的破产总数显著下降,超过 8,000 家公司受破产影响,而上一年度该数值接近 11,000 家。在 2015 年破产法体制改革之后,破产案件急速增加。不过这一情况现在已经得到缓解,其中一个重要原因是经济的增长。在绝大多数破产案件中,相关企业没有可分配的资产,所以债权人很可能空手而归。

爱沙尼亚:爱沙尼亚的破产数量显著减少,下降了 20.4% ,2018 年总共有 273 起破产案件,而 2017 年有 343 起。爱沙尼亚的服务业的破产下降幅度高于欧洲平均水平,而其他行业均低于平均水平。

拉脱维亚:一改 2017 年的急剧下降情形,2018 年拉脱维亚的数值几乎没有发生改变。2018 年共有 591 起破产案件立案,而 2017 年有 587 起。最近东欧的经济发展放缓,导致破产状况难以得到改善。商贸业②对破产总数的贡献下降,而在制造业破产案件数量增加。

立陶宛:相比 2017 年的 2,865 起破产案件,2018 年立陶宛的破产案件数量下降,仅有 2,219 起。破产案件主要集中在商贸业,③占了总数的 38.8% ,其次是服务业,占总数的 36.1% 。

波兰:2018 年波兰的公司破产总数略有上升,增加了 1.8% ,案件总数增加至 629 起。制造业和建造业的破产总数下降,破产状况好转,而商贸业和服务业的破产总数增加。受破产影响的下岗员工数量从 2017 年的 22,000 人增加至 2018 年的 23,000 人。

罗马尼亚:2018 年罗马尼亚的破产总数为 8,177 件,存在小幅度的变化,下降了 1.0% ,而 2017 年破产案件总数增加了 2.5% 。2018 年制造业和商贸业④破产总数下降的尤为迅速,而建造业相比 2017 年破产案件数量增加。商贸业仍然是罗马尼亚公司破产的主要行业,占据了超过 40% 的比例。相比前几年,大中型企业较少受到破产的影响。

---

① 商贸业数据包括宾馆和酒店。
② 商贸业数据包括招待性经济,即宾馆和酒店。
③ 商贸业数据包括宾馆和酒店。
④ 商贸业数据包括宾馆和酒店。

捷克与斯洛伐克:2018 年捷克共和国的破产数据显著下降,减少了 42.4%。2018 年共有超过 1,000 起破产案件,而 2017 年有超过 1,800 起,2015 年有超过 3,000 起。2018 年破产大约造成了大约 25,000 人的失业,而 2017 年这一数字超过 30,000 人。大量的小型贸易商的破产被统计为个人破产,因而没有计入本次破产报告的数据中。斯洛伐克的破产总数显著下降,下降了 29.7%,其中大约有 260 个破产程序通过国内法院进行。

乌克兰:2018 年乌克兰大约有超过 20,000 家公司破产,这个数据和 2017 年报道的几乎一样,仅增长了 0.9%,与 2014、2015 年两年的数据情况相类似。乌克兰的破产数据整体上呈现了上升趋势,据分析,破产数据的增长的原因可能是国内经济的不景气和恶劣的政治环境。

土耳其:土耳其 2018 年的破产总数下降至 13,593 起,下降了 7.5%,这种下降趋势主要是受 2017 年的影响。2017 年土耳其的经济仍保持着 7.4% 的较快增速,但是这主要是因为政府强有力的项目支撑。而在 2018 年经济增速明显放缓,存在经济衰退的趋势。高失业率和通货膨胀对消费者和运营中的公司都产生了影响。制造业的破产数量低于平均水平,而商贸业的破产率小幅度下降,商贸业 2018 年有大约 5,000 起破产案件。

**表 8　土耳其破产数据**

| 2018 | 2017 | 2016 | 2015 | 2014 | 2017 ~ 2018 年的变化<br>以百分制统一) |
|---|---|---|---|---|---|
| 13,593 | 14,700 | 11,038 | 13,701 | 15,822 | -7.5 |

## 4. 总结

2018 年西欧①的公司破产总数在 2013 年之后首次出现了小幅增长,共有 165,213 起破产案件,与 2017 年的 164,798 起相比,增长了 0.3%。然而在中欧和东欧,破产案件总数持续下降,减少了约 6.6%,下降至 46,698 起。

西欧破产案件总数的增长主要来源于斯堪的纳维亚地区破产案件数量的增长,其中芬兰增长了 17.3%,瑞典增长了 13.2%,丹麦增长了 12.1%,挪威增长了 9.9%,都出现了较快增长。另外,比利时、荷兰、卢森堡、瑞士和英国也存在破产案件数量的增长。

与此相反的是,希腊、冰岛和葡萄牙的破产案件数量减少,其中希腊减少了

① 西欧包括欧盟 15 个国家和挪威、瑞士。

31.7%,冰岛减少了12.2%,葡萄牙加少了6.3%。荷兰、德国、西班牙和意大利小范围下降,其中荷兰下降了4.4%,德国下降了3.6%,西班牙下降了3.1%,意大利下降了2.9%。奥地利和法国也小幅度下降。

东欧的破产数据变化也同样复杂。保加利亚、拉脱维亚、马其顿、波兰、斯洛文尼亚和乌克兰破产案件数量增加,而捷克、斯洛伐克、克罗地亚、立陶宛和爱沙尼亚的破产案件数量显著减少。

土耳其的破产总数下降了7.5%,下降至13,593起。2018年美国的破产案件总数轻微下降,下降了0.6%,下降至37,822起。

西欧商贸业破产案件总数增加最快,增长了4.2%,建造业也增长了1%,而2017年这两个行业的破产总数均下降了。相反,制造业和服务业的破产总数分别下降了1.8%和2.6%。大约有1/3的破产案件都集中在商贸业,①与2017年相比,这一比例存在显著增长。

东欧主要的破产案件均集中在商贸业,2018年商贸业占了破产案件总数的38.4%。与欧共体国家不同的是,东欧服务业的破产案件数量增加,从2017年的25.8%增加到2018年的30%。

西欧的公司利润增加,并且股权结构进一步完善。2017年16.9%的公司息税前利润率高于25%,而2016年这一数据仅为16.2%。约有22.2%的公司遭受损失,相比2016年的22.9%,这一数据有所下降。商贸业②亏损的公司数量高于平均数值。

西欧的股权结构持续优化,2017年仅有22.8%,即约1/4的公司存在低于10%的低股权结构,低于2016年的23.5%。商贸业股权结构不均衡的公司最多。44.7%的企业存在超过50%的高股权结构,而这一数字在2016年为43.7%,自2012年起拥有高股权结构的公司数量大约从40.1%上涨了5%。

## 附:本文数据来源列表

### 1. 西欧地区和美国部分

| | |
|---|---|
| 比利时 | StatBel Institut National des Statistique, Brussels |
| | SPFEconomie, P. M. E. |

① 商贸业包括零售、宾馆和酒店。

② 商贸业数据包括酒店和宾馆。

续表

| | |
|---|---|
| 丹麦 | Danmarks Statistik, Copenhagen |
| 德国 | Verband der Vereine Creditreform e. V. |
| | Statistisches Bundesamt, Wiesbaden |
| 芬兰 | Statistikcentralen Finland, Helsinki |
| 法国 | INSEE, Institut National de la Statistique et des Etudes Economiques |
| | Banque de France |
| 希腊 | ICAP Group S. A. , Athens |
| | Bank of Greece |
| | National Statistical Service of Greece |
| | Germangy Trade and Invest – Gesellschaft für Auβenwritchaft Und Standortmarketing mbH, Athens |
| 英国 | Office for National Statistics, London, gov. uk |
| | The Insolvency Service |
| 爱尔兰 | Central Statistical Office |
| | Insolvency Journal |
| 意大利 | Creditreform Italia Modena |
| | ISTAT, Istituto Nazionale di Statistiva, Roma |
| 卢森堡 | Creditreform Luxembourg SA |
| | STATEC, Service Central de laStatistique et des Etudes Economiques |
| 荷兰 | Statistics Netherlands |
| 挪威 | Statistics Norway |
| 奥地利 | Creditreform Austria, Vienna |
| | Österreichisches Statistisches Zentralamt |
| 葡萄牙 | Instituto Nacional de Estatistica |
| | Deutsch – Portugiesische Industrie – und Handelskammer, Lisbon |
| | Iberinform – IGNIOS Portugal |
| 瑞典 | Statistics Sweden |
| | Kronofogden, Amt für Beitreibung und Vollstreckung |

续表

| | |
|---|---|
| 瑞士 | Schweiz. Verband Creditreform, St. Gallen |
| | Statistik Schweiz |
| 西班牙 | Instituto Nacional de Estadistica |
| 美国 | US Department of Commerce, Economics and Statistics Adminstration, Washington D. C. |
| | United States Courts |
| | American Bankruptcy Institute |

此外,数据还来源于毕威迪数据库、德国联邦经济部、欧洲央行月度报告、欧洲复兴开发银行地区经济展望、世界自然基金会世界经济展望、德国联邦外贸与投资署以及欧洲委员会欧盟统计局。

**2. 信用改革联合会在东欧的工作机构**

爱沙尼亚:Creditreform Eesti OU, Estonia

拉脱维亚:Creditreform Latvija SIA, Latvia

立陶宛:Creditreform Lietuva UAB, Lithuania

波兰:Creditreform Polska Sp. z o. o. , Poland

斯洛伐克:Creditreform k. s. , Slovakia

斯洛文尼亚:Creditreform d. o. o. , Slovenia

捷克:Creditreform s. r. o. , Czech Republic

克罗地亚:Creditreform d. o. o. Croatia

罗马尼亚:Creditreform Romania

保加利亚:Creditreform Bulgaria EOOD

俄罗斯:OOO Creditreform RUS

塞尔维亚:Creditreform Serbia

土耳其:Creditreform Turkey

乌克兰:Creditreform Ukraine

# 德国破产数据(2009~2018年)*

翻译整理:李鹦键

中国政法大学中欧法学院经济法专业硕士研究生。

| 年份 | 破产(Konkurse/Gesamtvollstreckungsverfahren/Insolvenzen①) | | | | | 破产(Insolvenzen) | | | |
|---|---|---|---|---|---|---|---|---|---|
| | 公开 | 不足以支付破产费用而未能启动破产 | 通过债务调整计划 | 总数 | 和解程序 | 总数 | 公司破产数量总数 | 上一年的变化 | |
| | | | | | | | | 破产总数的变化比例 | 公司破产的变化比例 |
| | 数量 | | | | | | | % | |
| 1999 | 12 255 | 21 542 | 241 | 34 038 | × | 34 038 | 26 476 | – | – |
| 2000 | 19 698 | 21 357 | 1 204 | 42 259 | × | 42 259 | 28 235 | 24.2 | 6.6 |
| 2001 | 25 230 | 22 360 | 1 736 | 49 326 | × | 49 326 | 32 278 | 16.7 | 14.3 |
| 2002 | 61 691 | 21 551 | 1 186 | 84 428 | × | 84 428 | 37 579 | 71.2 | 16.4 |
| 2003 | 77 237 | 22 134 | 1 352 | 100 723 | × | 100 723 | 39 320 | 19.3 | 4.6 |
| 2004 | 95 035 | 21 450 | 1 789 | 118 274 | × | 118 274 | 39 213 | 17.4 | -0.3 |
| 2005 | 115 470 | 19 279 | 1 805 | 136 554 | × | 136 554 | 36 843 | 15.5 | -6.0 |
| 2006 | 143 781 | 15 607 | 2 042 | 161 430 | × | 161 430 | 34 137 | 18.2 | -7.3 |
| 2007 | 149 489 | 13 206 | 1 902 | 164 597 | × | 164 597 | 29 160 | 2.0 | -14.6 |
| 2008 | 140 979 | 12 107 | 2 116 | 155 202 | × | 155 202 | 29 291 | -5.7 | 0.4 |
| 2009 | 147 974 | 12 935 | 1 998 | 162 907 | × | 162 907 | 32 687 | 5.0 | 11.6 |

* 数据来源:德国联邦统计局,https://www.destatis.de/DE/Home/_inhalt.html。

① “Konkurse”“Gesamtvollstreckungsverfahren”“Insolvenzen”是德国在不同时期对“破产”的不同称呼。自1999年以来,德国将“破产”统称为“Insolvenzen”。

续表

| 年份 | 破产（Konkurse/Gesamtvollstreckungsverfahren/Insolvenzen） | | | | | 破产（Insolvenzen） | | | |
|---|---|---|---|---|---|---|---|---|---|
| | 公开 | 不足以支付破产费用而未能启动破产 | 通过债务调整计划 | 总数 | 和解程序 | 总数 | 公司破产数量总数 | 上一年的变化 | |
| | | | | | | | | 破产总数的变化比例 | 公司破产的变化比例 |
| | 数量 | | | | | | | % | |
| 2010 | 153 549 | 12 770 | 2 139 | 168 458 | × | 168 458 | 31 998 | 3.4 | -2.1 |
| 2011 | 145 702 | 11 798 | 1 918 | 159 418 | × | 159 418 | 30 099 | -5.4 | -5.9 |
| 2012 | 137 653 | 10 826 | 1 819 | 150 298 | × | 150 298 | 28 297 | -5.7 | -6.0 |
| 2013 | 129 269 | 10 264 | 1 799 | 141 332 | × | 141 332 | 25 995 | -6.0 | -8.1 |
| 2014 | 123 231 | 9 924 | 1 716 | 134 871 | × | 134 871 | 24 085 | -4.6 | -7.3 |
| 2015 | 115 847 | 9 711 | 1 880 | 127 438 | × | 127 438 | 23 101 | -5.5 | -4.1 |
| 2016 | 111 197 | 9 347 | 1 970 | 122 514 | × | 122 514 | 21 518 | -3.9 | -6.9 |
| 2017 | 104 287 | 9 456 | 1 889 | 115 632 | × | 115 632 | 20 093 | -5.6 | -6.6 |
| 2018 | 98 409 | 9 485 | 1 690 | 109 584 | × | 109 584 | 19 302 | -5.2 | -3.9 |

**德国破产数据（2018 年）（按月份）**

| 月份 | 破产 | | | | 与去年同期相比 | 与去年同期相比的比例 | 工作员工 | 应收债权 |
|---|---|---|---|---|---|---|---|---|
| | 公开 | 不足以支付破产费用而未能启动破产 | 通过债务清算计划 | 总数 | | | | |
| | 数值 | | | | | % | 数值 | 欧元（百万） |
| 总数（各种类型） | | | | | | | | |
| 1～12 月 | 98 409 | 9 485 | 1 690 | 109 584 | 115 632 | -5.2 | 103 398 | 27 780.6 |
| 1 月 | 8 472 | 878 | 157 | 9 507 | 9 199 | 3.3 | 11 104 | 3 408.4 |
| 2 月 | 7 954 | 730 | 151 | 8 835 | 9 188 | -3.8 | 6 761 | 4 163.9 |
| 3 月 | 8 683 | 883 | 156 | 9 722 | 11 149 | -12.8 | 13 763 | 1 945.7 |
| 4 月 | 8 333 | 820 | 155 | 9 308 | 8 850 | 5.2 | 9 147 | 2 432.0 |
| 5 月 | 8 171 | 779 | 138 | 9 088 | 10 168 | -10.6 | 8 370 | 2 377.1 |

续表

| 月份 | 破产 | | | | 与去年同期相比 | 与去年同期相比的比例 | 工作员工 | 应收债权 |
|---|---|---|---|---|---|---|---|---|
| | 公开 | 不足以支付破产费用而未能启动破产 | 通过债务清算计划 | 总数 | | | | |
| | 数值 | | | | | % | 数值 | 欧元(百万) |
| 6月 | 8 681 | 720 | 130 | 9 531 | 9 697 | -1.7 | 7 524 | 2 199.6 |
| 7月 | 8 664 | 853 | 128 | 9 645 | 9 612 | 0.3 | 6 600 | 1 666.1 |
| 8月 | 8 288 | 814 | 150 | 9 252 | 9 952 | -7.0 | 8 414 | 2 812.7 |
| 9月 | 7 470 | 692 | 145 | 8 307 | 9 085 | -8.6 | 7 535 | 1 632.5 |
| 10月 | 8 278 | 824 | 124 | 9 226 | 9 344 | -1.3 | 8 457 | 1 650.0 |
| 11月 | 8 303 | 805 | 137 | 9 245 | 10 488 | -11.9 | 7 751 | 1 827.8 |
| 12月 | 7 112 | 687 | 119 | 7 918 | 8 900 | -11.0 | 7 972 | 1 664.8 |
| 公司 | | | | | | | | |
| 1~12月 | 13 907 | 5 395 | × | 19 302 | 20 093 | -3.9 | 103 398 | 21 020.0 |
| 1月 | 1 107 | 501 | × | 1 608 | 1 664 | -3.4 | 11 104 | 2 817.0 |
| 2月 | 1 167 | 457 | × | 1 624 | 1 580 | 2.8 | 6 761 | 3 641.9 |
| 3月 | 1 299 | 489 | × | 1 788 | 1 933 | -7.5 | 13 763 | 1 339.6 |
| 4月 | 1 223 | 506 | × | 1 729 | 1 573 | 9.9 | 9 147 | 1 837.7 |
| 5月 | 1 182 | 434 | × | 1 616 | 1 764 | -8.4 | 8 370 | 1 855.9 |
| 6月 | 1 167 | 436 | × | 1 603 | 1 705 | -6.0 | 7 524 | 1 634.1 |
| 7月 | 1 170 | 471 | × | 1 641 | 1 612 | 1.8 | 6 600 | 1 067.4 |
| 8月 | 1 182 | 434 | × | 1 616 | 1 712 | -5.6 | 8 414 | 2 310.5 |
| 9月 | 1 100 | 390 | × | 1 490 | 1 621 | -8.1 | 7 535 | 1 134.7 |
| 10月 | 1 239 | 455 | × | 1 694 | 1 637 | 3.5 | 8 457 | 1 104.1 |
| 11月 | 1 077 | 450 | × | 1 527 | 1 771 | -13.8 | 7 751 | 1 058.9 |
| 12月 | 994 | 372 | × | 1 366 | 1 521 | -10.2 | 7 972 | 1 218.3 |

**德国破产数据（2018 年）(按债务人类型划分)**

| 联邦州 | 破产 | | | | 与去年同期相比 | 与去年同期相比的比例 | 工作员工 | 应收债权 |
|---|---|---|---|---|---|---|---|---|
| | 公开 | 不足以支付破产费用而未能启动破产 | 通过债务清算计划 | 总数 | | | | |
| | 数值 | | | | | % | 数值 | 欧元(百万) |
| 总共 | | | | | | | | |
| 德意志联邦 | 98 409 | 9 485 | 1 690 | 109 584 | 115632 | -5.2 | 103 398 | 27 780.6 |
| 巴登-符腾堡 | 9 201 | 1 254 | 393 | 10 848 | 11 506 | -5.7 | 14 434 | 2 937.1 |
| 巴伐利亚 | 11 026 | 992 | 135 | 12 153 | 12 684 | -4.2 | 12 129 | 4 636.1 |
| 柏林 | 4 686 | 661 | 110 | 5 457 | 5 734 | -4.8 | 5 957 | 1 386.3 |
| 勃兰登堡 | 3 262 | 147 | 10 | 3 419 | 3 798 | -10.0 | 2 347 | 352.1 |
| 不来梅 | 1 338 | 97 | 18 | 1 453 | 1 576 | -7.8 | 1 484 | 4 518.3 |
| 汉堡 | 2 914 | 201 | 7 | 3 122 | 3 367 | -7.3 | 1 923 | 1 218.0 |
| 黑森 | 6 418 | 837 | 226 | 7 481 | 7 704 | -2.9 | 5 156 | 1 303.0 |
| 梅克伦堡-前波美拉尼亚 | 2 212 | 83 | 40 | 2 335 | 2 378 | -1.8 | 1 047 | 309.7 |
| 下萨克森 | 12 928 | 719 | 205 | 13 852 | 14 694 | -5.7 | 15 482 | 2 172.9 |
| 北莱茵-威斯特法伦 | 24 121 | 2 373 | 323 | 26 817 | 28 109 | -4.6 | 23 381 | 4 726.0 |
| 莱茵-普法尔茨 | 4 342 | 418 | 89 | 4 849 | 5 413 | -10.4 | 3 599 | 711.2 |
| 萨尔 | 1 515 | 98 | 11 | 1 624 | 1 823 | -10.9 | 1 468 | 137.4 |
| 萨克森 | 4 630 | 940 | 20 | 5 590 | 5 400 | 3.5 | 4 474 | 1 111.1 |
| 萨克森-安哈尔特 | 3 148 | 247 | 12 | 3 407 | 3 797 | -10.3 | 2 913 | 1 010.6 |
| 石勒苏益格-荷尔斯泰因 | 4 408 | 229 | 51 | 4 688 | 5 003 | -6.3 | 4 306 | 959.1 |
| 图宾根 | 2 260 | 189 | 40 | 2 489 | 2 646 | -5.9 | 3 298 | 291.7 |

续表

| 联邦州 | 破产 | | | | 与去年同期相比 | 与去年同期相比的比例 | 工作员工 | 应收债权 |
|---|---|---|---|---|---|---|---|---|
| | 公开 | 不足以支付破产费用而未能启动破产 | 通过债务清算计划 | 总数 | | | | |
| | 数值 | | | | | % | 数值 | 欧元(百万) |
| | | | | 总数 | | | | |
| 德意志联邦 | 13 907 | 5 395 | × | 19 302 | 20 093 | -3.9 | 103 398 | 21 020.0 |
| 巴登-符腾堡 | 1 329 | 616 | × | 1 945 | 1 902 | 2.3 | 14 434 | 2 177.1 |
| 巴伐利亚 | 1 764 | 680 | × | 2 444 | 2 559 | -4.5 | 12 129 | 3 518.0 |
| 柏林 | 896 | 468 | × | 1 364 | 1 349 | 1.1 | 5 957 | 1 108.2 |
| 勃兰登堡 | 319 | 99 | × | 418 | 436 | -4.1 | 2 347 | 159.1 |
| 不来梅 | 168 | 63 | × | 231 | 206 | 12.1 | 1 484 | 4 461.0 |
| 汉堡 | 536 | 140 | × | 676 | 741 | -8.8 | 1 923 | 1 047.4 |
| 黑森 | 916 | 487 | × | 1 403 | 1 457 | -3.7 | 5 156 | 808.1 |
| 梅克伦堡-前波美拉尼亚 | 203 | 45 | × | 248 | 251 | -1.2 | 1 047 | 190.8 |
| 下萨克森 | 1 185 | 438 | × | 1 623 | 1 710 | -5.1 | 15 482 | 1 428.7 |
| 北莱茵-威斯特法伦 | 4 038 | 1 537 | × | 5 575 | 5 892 | -5.4 | 23 381 | 3 195.7 |
| 莱茵-普法尔茨 | 509 | 213 | × | 722 | 715 | 1.0 | 3 599 | 376.4 |
| 萨尔 | 201 | 62 | × | 263 | 245 | 7.3 | 1 468 | 63.8 |
| 萨克森 | 644 | 168 | × | 812 | 918 | -11.5 | 4 474 | 811.5 |
| 萨克森-安哈尔特 | 334 | 147 | × | 481 | 501 | -4.0 | 2 913 | 838.7 |
| 石勒苏益格-荷尔斯泰因 | 614 | 154 | × | 768 | 888 | -13.5 | 4 306 | 695.1 |
| 图宾根 | 251 | 78 | × | 329 | 323 | 1.9 | 3 298 | 140.4 |

续表

| 联邦州 | 破产 | | | | 与去年同期相比 | 与去年同期相比的比例 | 工作员工 | 应收债权 |
|---|---|---|---|---|---|---|---|---|
| | 公开 | 不足以支付破产费用而未能启动破产 | 通过债务清算计划 | 总数 | | | | |
| | 数值 | | | | | % | 数值 | 欧元(百万) |
| 个人 | | | | | | | | |
| 德意志联邦 | 65 564 | 504 | 1 529 | 67 597 | 71 896 | -6.0 | × | 2 953.5 |
| 巴登-符腾堡 | 5 325 | 26 | 343 | 5 694 | 6 188 | -8.0 | × | 284.5 |
| 巴伐利亚 | 6 414 | 15 | 123 | 6 552 | 7 020 | -6.7 | × | 324.7 |
| 柏林 | 3 058 | 5 | 105 | 3 168 | 3 367 | -5.9 | × | 142.3 |
| 勃兰登堡 | 2 517 | 8 | 10 | 2 535 | 2 767 | -8.4 | × | 86.6 |
| 不来梅 | 975 | 3 | 18 | 996 | 1 122 | -11.2 | × | 32.2 |
| 汉堡 | 1 749 | 6 | 5 | 1 760 | 1 939 | -9.2 | × | 69.2 |
| 黑森 | 3 786 | 9 | 189 | 3 984 | 3 997 | -0.3 | × | 178.4 |
| 梅克伦堡-前波美拉尼亚 | 1 634 | 4 | 36 | 1 674 | 1 724 | -2.9 | × | 52.8 |
| 下萨克森 | 9 472 | 38 | 188 | 9 698 | 10 355 | -6.3 | × | 349.6 |
| 北莱茵-威斯特法伦 | 16 718 | 357 | 307 | 17 382 | 18 167 | -4.3 | × | 854.1 |
| 莱茵-普法尔茨 | 2 777 | 1 | 80 | 2 858 | 3 209 | -10.9 | × | 134.5 |
| 萨尔 | 1 122 | — | 10 | 1 132 | 1 346 | -15.9 | × | 44.7 |
| 萨克森 | 3 144 | 11 | 18 | 3 173 | 3 086 | 2.8 | × | 124.0 |
| 萨克森-安哈尔特 | 2 289 | 8 | 12 | 2 309 | 2 626 | -12.1 | × | 79.2 |
| 石勒苏益格-荷尔斯泰因 | 3 036 | 2 | 49 | 3 087 | 3 237 | -4.6 | × | 126.1 |
| 图宾根 | 1 548 | 11 | 36 | 1 595 | 1 746 | -8.6 | × | 70.8 |

续表

| 联邦州 | 破产 | | | | 与去年同期相比 | 与去年同期相比的比例 | 工作员工 | 应收债权 |
|---|---|---|---|---|---|---|---|---|
| | 公开 | 不足以支付破产费用而未能启动破产 | 通过债务清算计划 | 总数 | | | | |
| | 数值 | | | | | % | 数值 | 欧元(百万) |
| 前个体经营者 | | | | | | | | |
| 德意志联邦 | 16 452 | 1 718 | 161 | 18 331 | 19 881 | -7.8 | × | 2 909.1 |
| 巴登-符腾堡 | 2 281 | 368 | 50 | 2 699 | 2 877 | -6.2 | × | 407.3 |
| 巴伐利亚 | 2 300 | 177 | 12 | 2 489 | 2 577 | -3.4 | × | 474.1 |
| 柏林 | 656 | 94 | 5 | 755 | 951 | -20.6 | × | 122.8 |
| 勃兰登堡 | 403 | 25 | — | 428 | 561 | -23.7 | × | 101.1 |
| 不来梅 | 163 | 16 | — | 179 | 212 | -15.6 | × | 20.4 |
| 汉堡 | 587 | 41 | 2 | 630 | 641 | -1.7 | × | 66.5 |
| 黑森 | 1 567 | 283 | 37 | 1 887 | 2 032 | -7.1 | × | 262.9 |
| 梅克伦堡-前波美拉尼亚 | 350 | 18 | 4 | 372 | 366 | 1.6 | × | 51.8 |
| 下萨克森 | 1 985 | 155 | 17 | 2 157 | 2 334 | -7.6 | × | 341.2 |
| 北莱茵-威斯特法伦 | 2 819 | 187 | 16 | 3 022 | 3 190 | -5.3 | × | 506.5 |
| 莱茵-普法尔茨 | 949 | 96 | 9 | 1 054 | 1 252 | -15.8 | × | 159.8 |
| 萨尔 | 175 | 15 | 1 | 191 | 199 | -4.0 | × | 19.6 |
| 萨克森 | 607 | 39 | 2 | 648 | 741 | -12.6 | × | 110.9 |
| 萨克森-安哈尔特 | 500 | 81 | — | 581 | 638 | -8.9 | × | 80.8 |
| 石勒苏益格-荷尔斯泰因 | 682 | 56 | 2 | 740 | 793 | -6.7 | × | 116.3 |
| 图宾根 | 428 | 67 | 4 | 499 | 517 | -3.5 | × | 67.0 |

续表

| 联邦州 | 破产 | | | | 与去年同期相比 | 与去年同期相比的比例 | 工作员工 | 应收债权 |
|---|---|---|---|---|---|---|---|---|
| | 公开 | 不足以支付破产费用而未能启动破产 | 通过债务清算计划 | 总数 | | | | |
| | 数值 | | | | | % | 数值 | 欧元(百万) |
| 其他债务人① | | | | | | | | |
| 德意志联邦 | 2 486 | 1 868 | × | 4 354 | 3 762 | 15.7 | × | 897.9 |
| 巴登－符腾堡 | 266 | 244 | × | 510 | 539 | −5.4 | × | 68.2 |
| 巴伐利亚 | 548 | 120 | × | 668 | 528 | 26.5 | × | 319.4 |
| 柏林 | 76 | 94 | × | 170 | 67 | 153.7 | × | 12.9 |
| 勃兰登堡 | 23 | 15 | × | 38 | 34 | 11.8 | × | 5.3 |
| 不来梅 | 32 | 15 | × | 47 | 36 | 30.6 | × | 4.7 |
| 汉堡 | 42 | 14 | × | 56 | 46 | 21.7 | × | 34.9 |
| 黑森 | 149 | 58 | × | 207 | 218 | −5.0 | × | 53.7 |
| 梅克伦堡－前波美拉尼亚 | 25 | 16 | × | 41 | 37 | 10.8 | × | 14.4 |
| 下萨克森 | 286 | 88 | × | 374 | 295 | 26.8 | × | 53.4 |
| 北莱茵－威斯特法伦 | 546 | 292 | × | 838 | 860 | −2.6 | × | 169.7 |
| 莱茵－普法尔茨 | 107 | 108 | × | 215 | 237 | −9.3 | × | 40.4 |
| 萨尔 | 17 | 21 | × | 38 | 33 | 15.2 | × | 9.3 |
| 萨克森 | 235 | 722 | × | 957 | 655 | 46.1 | × | 64.6 |
| 萨克森－安哈尔特 | 25 | 11 | × | 36 | 32 | 12.5 | × | 12.0 |
| 石勒苏益格－荷尔斯泰因 | 76 | 17 | × | 93 | 85 | 9.4 | × | 21.5 |
| 图宾根 | 33 | 33 | × | 66 | 60 | 10.0 | × | 13.6 |

① 作为合伙人的自然人死亡后，其所有遗产不能清偿债务的情况。

# 俄罗斯公司破产数据（2011～2019年）

**翻译整理**：刘　冰

华北电力大学人文与社会科学学院，讲师。

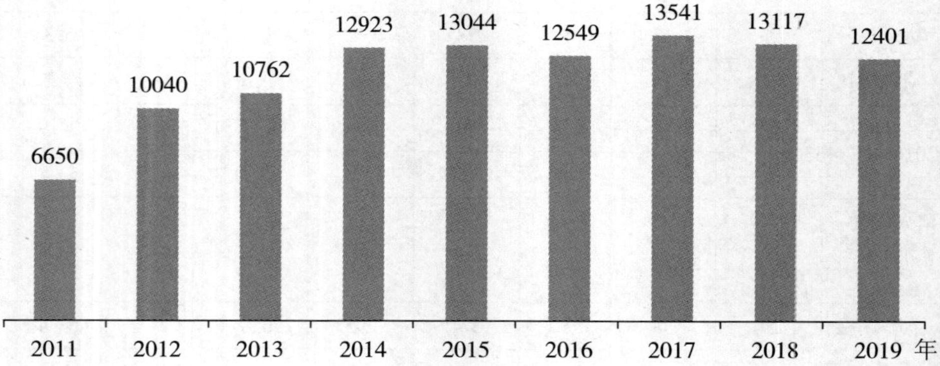


**1.5　公司破产数量**

• 2019 年法院宣布 12401 家俄罗斯公司破产，比 2018 年减少了 5.5%。

• 2019 年法院裁定了 228 件外部管理和财务恢复重整程序的案件，占所有案件的 1%，而 2018 年是 297 件。

**1.6　俄罗斯企业破产各类程序数量**

| 年　份 | 2015 | 2016 | 2017 | 2018 | 2019 |
|---|---|---|---|---|---|
| 宣布债务人破产并开始清算程序 | 13044 | 12549 | 13541 | 13117 | 12401 |
| 观察程序 | 10198 | 10487 | 11495 | 10547 | 10134 |
| 外部管理程序 | 434 | 372 | 363 | 278 | 209 |
| 财务恢复程序 | 38 | 52 | 32 | 19 | 19 |
| 终止诉讼 | 1943 | 2342 | 2495 | 2802 | 3817 |

# 日本破产数据(2009～2018年)*

**翻译整理:裴驿菲**

中国政法大学民商经济法学院经济法专业硕士研究生。

| 年份 | 民事 | | | | | | | | | |
|---|---|---|---|---|---|---|---|---|---|---|
| | 为实现担保权而拍卖 | | 财产公开 | 企业担保权实行 | 破产清算 | 民事再生 | 小规模个人再生 | 薪资所得者等的再生 | 公司更生 | 总数 |
| | 不动产 | 债权 | | | | | | | | |
| 2009年 | 62832 | 3215 | 893 | — | 137957 | 659 | 18961 | 1770 | 36 | 226323 |
| 2010年 | 46308 | 2828 | 1207 | — | 131370 | 348 | 17665 | 1448 | 20 | 201194 |
| 2011年 | 38923 | 2536 | 1124 | — | 110451 | 327 | 13108 | 1154 | 7 | 167630 |
| 2012年 | 34633 | 2017 | 1086 | — | 92555 | 305 | 9096 | 925 | 24 | 140641 |
| 2013年 | 29519 | 1842 | 979 | — | 81136 | 209 | 7655 | 719 | 6 | 122065 |
| 2014年 | 23956 | 1523 | 919 | — | 73370 | 165 | 6982 | 686 | 4 | 107605 |
| 2015年 | 21007 | 1366 | 791 | — | 71533 | 158 | 7798 | 679 | 42 | 103374 |
| 2016年 | 18808 | 1234 | 732 | — | 71840 | 151 | 8841 | 761 | 1 | 102368 |
| 2017年 | 17243 | 1115 | 686 | — | 76015 | 140 | 10488 | 796 | 10 | 106493 |
| 2018年 | 16531 | 1145 | 578 | — | 80012 | 114 | 12355 | 856 | 4 | 111595 |
| 总计 | 309760 | 18821 | 8995 | | 926239 | 2576 | 112949 | 9794 | 154 | 1389288 |

* 来源:日本最高裁判所。

# 日本破产清算案件数量（2018年）（地方法院）*

**翻译整理：裴驿菲**

中国政法大学民商经济法学院经济法专业硕士研究生。

2018年12月份 单位：件数

| 法院 | 新受理案件 | | | | | | |
|---|---|---|---|---|---|---|---|
| | | | | | | 一个月的案件累计 | |
| | | 其中 | | | | | |
| | 当月破产清算案件总数 | 自愿破产清算数量 | 其中自然人破产清算 | 前月 | 前年同月 | 当年 | 前年 |
| 全国地方法院案件总数 | 7872 | 7838 | 7190 | 7301 | 7604 | 80011 | 76015 |
| 东京高等法院管辖范围内的地方法院 | 3150 | 3128 | 2821 | 3004 | 3048 | 33429 | 31718 |
| 东京地方法院 | 1066 | 1051 | 908 | 1064 | 1074 | 11740 | 11313 |
| 横浜地方法院 | 562 | 560 | 510 | 461 | 530 | 5516 | 5506 |
| 琦玉地方法院 | 438 | 436 | 405 | 375 | 371 | 4246 | 3800 |
| 千叶地方法院 | 362 | 360 | 335 | 359 | 344 | 3952 | 3441 |
| 水户地方法院 | 140 | 140 | 127 | 152 | 116 | 1461 | 1403 |
| 宇都宫地方法院 | 92 | 92 | 85 | 94 | 101 | 958 | 915 |
| 前桥地方法院 | 88 | 87 | 78 | 86 | 94 | 939 | 916 |

* 资料来源：日本最高裁判所。

续表

| 法院 | 新受理案件 | | | | | | |
|---|---|---|---|---|---|---|---|
| | | | | | | 一个月的案件累计 | |
| | | 其中 | | | | | |
| | 当月破产清算案件总数 | 自愿破产清算数量 | 其中自然人破产清算 | 前月 | 前年同月 | 当年 | 前年 |
| 静冈地方法院 | 188 | 188 | 175 | 201 | 210 | 2146 | 2110 |
| 甲府地方法院 | 35 | 35 | 32 | 31 | 42 | 453 | 412 |
| 长野地方法院 | 86 | 86 | 79 | 81 | 77 | 979 | 932 |
| 新泻地方法院 | 93 | 93 | 87 | 100 | 89 | 1039 | 970 |
| 大阪高等法院管辖范围内的地方法院 | 1497 | 1491 | 1367 | 1333 | 1473 | 14574 | 14401 |
| 大阪地方法院 | 754 | 750 | 683 | 715 | 763 | 7694 | 7628 |
| 京都地方法院 | 181 | 179 | 163 | 165 | 156 | 1637 | 1589 |
| 神戸地方法院 | 363 | 363 | 333 | 297 | 330 | 3311 | 3293 |
| 奈良地方法院 | 79 | 79 | 77 | 69 | 83 | 809 | 716 |
| 大津地方法院 | 75 | 75 | 72 | 42 | 77 | 670 | 684 |
| 和歌山地方法院 | 45 | 45 | 39 | 45 | 64 | 453 | 491 |
| 名古屋高等法院管辖范围内的地方法院 | 664 | 663 | 599 | 577 | 671 | 6380 | 6079 |
| 名古屋地方法院 | 352 | 351 | 316 | 306 | 391 | 3450 | 3326 |
| 津地方法院 | 76 | 76 | 71 | 73 | 68 | 773 | 832 |
| 岐阜地方法院 | 75 | 75 | 65 | 83 | 85 | 833 | 774 |
| 福井地方法院 | 53 | 53 | 48 | 36 | 43 | 386 | 335 |
| 金沢地方法院 | 67 | 67 | 63 | 39 | 46 | 519 | 466 |
| 富山地方法院 | 41 | 41 | 36 | 40 | 38 | 419 | 346 |
| 広广岛高等法院管辖范围内的地方法院 | 404 | 403 | 379 | 394 | 390 | 3994 | 3716 |
| 广岛地方法院 | 154 | 154 | 146 | 164 | 148 | 1603 | 1485 |

续表

| 法院 | 新受理案件 | | | | | | |
|---|---|---|---|---|---|---|---|
| | | | | | | 一个月的案件累计 | |
| | 其中 | | | | | | |
| | 当月破产清算案件总数 | 自愿破产清算数量 | 其中自然人破产清算 | 前月 | 前年同月 | 当年 | 前年 |
| 山口地方法院 | 67 | 67 | 63 | 57 | 60 | 683 | 622 |
| 冈山地方法院 | 116 | 115 | 107 | 104 | 117 | 997 | 968 |
| 鸟取地方法院 | 34 | 34 | 31 | 37 | 31 | 345 | 334 |
| 松江地方法院 | 33 | 33 | 32 | 32 | 34 | 366 | 307 |
| 福冈高等法院管辖范围内的地方法院 | 991 | 989 | 921 | 914 | 885 | 9742 | 8853 |
| 福冈地方法院 | 417 | 417 | 378 | 349 | 362 | 3934 | 3729 |
| 佐贺地方法院 | 57 | 57 | 54 | 63 | 45 | 586 | 555 |
| 长崎地方法院 | 85 | 83 | 79 | 89 | 76 | 849 | 728 |
| 大分地方法院 | 62 | 62 | 61 | 62 | 66 | 670 | 607 |
| 熊本地方法院 | 110 | 110 | 103 | 86 | 86 | 929 | 793 |
| 鹿儿岛高等法院管辖范围内的地方法院 | 114 | 114 | 106 | 110 | 83 | 1142 | 963 |
| 宫崎地方法院 | 83 | 83 | 81 | 74 | 75 | 855 | 738 |
| 那霸4地方法院 | 63 | 63 | 59 | 81 | 92 | 777 | 740 |
| 仙台高等法院管辖范围内的地方法院 | 491 | 491 | 476 | 474 | 483 | 5043 | 4711 |
| 仙台地方法院 | 160 | 160 | 152 | 151 | 140 | 1549 | 1407 |
| 福岛地方法院 | 60 | 60 | 59 | 83 | 65 | 756 | 649 |
| 山形地方法院 | 55 | 55 | 54 | 46 | 53 | 557 | 505 |
| 盛冈地方法院 | 81 | 81 | 79 | 73 | 80 | 788 | 780 |
| 秋田地方法院 | 57 | 57 | 55 | 59 | 69 | 610 | 618 |
| 青森地方法院 | 78 | 78 | 77 | 62 | 76 | 783 | 752 |

续表

| 法院 | 新受理案件 | | | | | | |
|---|---|---|---|---|---|---|---|
| | | | | | | 一个月的案件累计 | |
| | | 其中 | | | | | |
| | 当月破产清算案件总数 | 自愿破产清算数量 | 其中自然人破产清算 | 前月 | 前年同月 | 当年 | 前年 |
| 札幌高等法院管辖范围内的地方法院 | 445 | 443 | 418 | 431 | 434 | 4721 | 4514 |
| 札幌地方法院 | 299 | 297 | 279 | 305 | 301 | 3172 | 3091 |
| 函馆地方法院 | 53 | 53 | 51 | 45 | 50 | 446 | 385 |
| 旭川地方法院 | 38 | 38 | 34 | 30 | 30 | 439 | 397 |
| 釧路地方法院 | 55 | 55 | 54 | 51 | 53 | 664 | 641 |
| 高松高等法院管辖范围内的地方法院 | 230 | 230 | 209 | 174 | 220 | 2128 | 2023 |
| 高松地方法院 | 61 | 61 | 57 | 51 | 53 | 560 | 522 |
| 德岛地方法院 | 29 | 29 | 25 | 30 | 47 | 363 | 368 |
| 高知地方法院 | 72 | 72 | 64 | 38 | 57 | 531 | 496 |
| 松山地方法院 | 68 | 68 | 63 | 55 | 63 | 674 | 637 |

# 日本破产清算案件数量（2019 年）（地方法院）*

**翻译整理：裴驿菲**

中国政法大学民商经济法学院经济法专业硕士研究生。

2019 年 12 月份　　　　单位：件数

| 法院 | 新受理案件 | | | | | | |
|---|---|---|---|---|---|---|---|
| | | | | | | 从 1 月开始案件累计 | |
| | 其中 | | | | | | |
| | 当月破产清算案件总数 | 自愿破产清算数量 | 其中自然人破产清算 | 前月 | 前年同月 | 当年 | 前年 |
| 全国地方法院案件总数 | 7882 | 7847 | 7116 | 6810 | 7872 | 80202 | 80012 |
| 东京高等法院管辖范围内的地方法院 | 3168 | 3147 | 2787 | 2783 | 3150 | 32908 | 33429 |
| 东京地方法院 | 1111 | 1092 | 915 | 964 | 1066 | 11505 | 11740 |
| 横浜地方法院 | 539 | 539 | 484 | 489 | 562 | 5661 | 5516 |
| 琦玉地方法院 | 388 | 387 | 358 | 360 | 438 | 4049 | 4246 |
| 千叶地方法院 | 350 | 350 | 323 | 336 | 362 | 3750 | 3952 |
| 水户地方法院 | 157 | 157 | 142 | 104 | 140 | 1490 | 1461 |
| 宇都宫地方法院 | 86 | 86 | 76 | 74 | 92 | 953 | 958 |

* 资料来源：日本最高裁判所。

续表

| 法院 | 新受理案件 | | | | | 从1月开始案件累计 | |
|---|---|---|---|---|---|---|---|
| | 当月破产清算案件总数 | 其中 | | 前月 | 前年同月 | 当年 | 前年 |
| | | 自愿破产清算数量 | 其中自然人破产清算 | | | | |
| 前桥地方法院 | 72 | 72 | 65 | 62 | 88 | 872 | 939 |
| 静冈地方法院 | 224 | 224 | 203 | 173 | 188 | 2214 | 2146 |
| 甲府地方法院 | 52 | 52 | 43 | 39 | 35 | 434 | 453 |
| 长野地方法院 | 95 | 95 | 89 | 95 | 86 | 954 | 979 |
| 新泻地方法院 | 94 | 93 | 89 | 87 | 93 | 1026 | 1039 |
| 大阪高等法院管辖范围内的地方法院 | 1395 | 1391 | 1276 | 1218 | 1497 | 14393 | 14575 |
| 大阪地方法院 | 753 | 751 | 677 | 626 | 754 | 7642 | 7694 |
| 京都地方法院 | 160 | 160 | 149 | 140 | 181 | 1548 | 1637 |
| 神戸地方法院 | 288 | 287 | 269 | 301 | 363 | 3362 | 3311 |
| 奈良地方法院 | 86 | 86 | 81 | 64 | 79 | 771 | 809 |
| 大津地方法院 | 66 | 65 | 62 | 55 | 75 | 620 | 671 |
| 和歌山地方法院 | 42 | 42 | 38 | 32 | 45 | 450 | 453 |
| 名古屋高等法院管辖范围内的地方法院 | 658 | 656 | 585 | 565 | 664 | 6457 | 6380 |
| 名古屋地方法院 | 334 | 333 | 290 | 301 | 352 | 3453 | 3450 |
| 津地方法院 | 96 | 95 | 88 | 88 | 76 | 871 | 773 |
| 岐阜地方法院 | 95 | 95 | 81 | 65 | 75 | 772 | 833 |
| 福井地方法院 | 35 | 35 | 34 | 36 | 53 | 353 | 386 |
| 金沢地方法院 | 56 | 56 | 54 | 43 | 67 | 565 | 519 |
| 富山地方法院 | 42 | 42 | 38 | 32 | 41 | 443 | 419 |

续表

| 法院 | 新受理案件 | | | | | 从1月开始案件累计 | |
|---|---|---|---|---|---|---|---|
| | 当月破产清算案件总数 | 其中 | | 前月 | 前年同月 | 当年 | 前年 |
| | | 自愿破产清算数量 | 其中自然人破产清算 | | | | |
| 広广岛高等法院管辖范围内的地方法院 | 447 | 445 | 415 | 321 | 404 | 4065 | 3994 |
| 广岛地方法院 | 188 | 187 | 174 | 120 | 154 | 1614 | 1603 |
| 山口地方法院 | 70 | 69 | 66 | 50 | 67 | 639 | 683 |
| 冈山地方法院 | 123 | 123 | 112 | 86 | 116 | 1100 | 997 |
| 鸟取地方法院 | 31 | 31 | 31 | 31 | 34 | 340 | 345 |
| 松江地方法院 | 35 | 35 | 32 | 34 | 33 | 372 | 366 |
| 福冈高等法院管辖范围内的地方法院 | 942 | 939 | 878 | 916 | 991 | 9868 | 9742 |
| 福冈地方法院 | 415 | 413 | 388 | 385 | 417 | 3988 | 3934 |
| 佐贺地方法院 | 34 | 34 | 34 | 44 | 57 | 594 | 586 |
| 长崎地方法院 | 91 | 91 | 87 | 85 | 85 | 841 | 849 |
| 大分地方法院 | 64 | 64 | 58 | 64 | 62 | 663 | 670 |
| 熊本地方法院 | 82 | 82 | 76 | 102 | 110 | 1037 | 929 |
| 鹿儿岛高等法院管辖范围内的地方法院 | 98 | 97 | 86 | 87 | 114 | 1085 | 1142 |
| 宫崎地方法院 | 89 | 89 | 84 | 72 | 83 | 846 | 855 |
| 那霸4地方法院 | 69 | 69 | 65 | 77 | 63 | 814 | 777 |
| 仙台高等法院管辖范围内的地方法院 | 545 | 543 | 497 | 418 | 491 | 5320 | 5043 |
| 仙台地方法院 | 152 | 152 | 139 | 135 | 160 | 1629 | 1549 |
| 福岛地方法院 | 93 | 92 | 85 | 60 | 60 | 835 | 756 |
| 山形地方法院 | 64 | 64 | 54 | 46 | 55 | 537 | 557 |

续表

| | 新受理案件 | | | | | | |
|---|---|---|---|---|---|---|---|
| | | | | | | 从 1 月开始案件累计 | |
| 法院 | | 其中 | | | | | |
| | 当月破产清算案件总数 | 自愿破产清算数量 | 其中自然人破产清算 | 前月 | 前年同月 | 当年 | 前年 |
| 盛冈地方法院 | 82 | 82 | 78 | 67 | 81 | 818 | 788 |
| 秋田地方法院 | 73 | 73 | 67 | 45 | 57 | 616 | 610 |
| 青森地方法院 | 81 | 80 | 74 | 65 | 78 | 885 | 783 |
| 札幌高等法院管辖范围内的地方法院 | 501 | 500 | 474 | 406 | 445 | 4967 | 4721 |
| 札幌地方法院 | 329 | 328 | 312 | 288 | 299 | 3451 | 3172 |
| 函馆地方法院 | 40 | 40 | 39 | 39 | 53 | 426 | 446 |
| 旭川地方法院 | 54 | 54 | 49 | 27 | 38 | 443 | 439 |
| 釧路地方法院 | 78 | 78 | 74 | 52 | 55 | 647 | 664 |
| 高松高等法院管辖范围内的地方法院 | 226 | 226 | 204 | 183 | 230 | 2224 | 2128 |
| 高松地方法院 | 56 | 56 | 48 | 49 | 61 | 592 | 560 |
| 德岛地方法院 | 39 | 39 | 32 | 40 | 29 | 398 | 363 |
| 高知地方法院 | 52 | 52 | 47 | 38 | 72 | 506 | 531 |
| 松山地方法院 | 79 | 79 | 77 | 56 | 68 | 728 | 674 |

图书在版编目(CIP)数据

破产法评论. 第2卷, 营商环境与破产重组 / 李曙光,
刘延岭主编. -- 北京 : 法律出版社, 2021
ISBN 978-7-5197-5012-1

Ⅰ. ①破… Ⅱ. ①李… ②刘… Ⅲ. ①破产法－研究
－中国 Ⅳ. ①D922.291.924

中国版本图书馆 CIP 数据核字(2020)第190757号

破产法评论:营商环境与破产重组(第2卷)
POCHANFA PINGLUN:YINGSHANG HUANJING
YU POCHAN CHONGZU(DI-2 JUAN)

李曙光 刘延岭 主编

责任编辑 薛 晗 田 浩
装帧设计 马 帅

出版 法律出版社
总发行 中国法律图书有限公司
经销 新华书店
印刷 中煤(北京)印务有限公司
责任印制 胡晓雅

编辑统筹 法商出版分社
开本 710毫米×1000毫米 1/16
印张 45
字数 528千
版本 2021年1月第1版
印次 2021年1月第1次印刷

法律出版社/北京市丰台区莲花池西里7号(100073)
网址/www.lawpress.com.cn
投稿邮箱/info@lawpress.com.cn
举报维权邮箱/jbwq@lawpress.com.cn
销售热线/400-660-8393
咨询电话/010-63939796

中国法律图书有限公司/北京市丰台区莲花池西里7号(100073)
全国各地中法图分、子公司销售电话:
统一销售客服/400-660-8393/6393
第一法律书店/010-83938432/8433 西安分公司/029-85330678 重庆分公司/023-67453036
上海分公司/021-62071010/1636 深圳分公司/0755-83072995

书号:ISBN 978-7-5197-5012-1 定价:168.00元